Richard Doebner

Quellen und Darstellungen zur Geschichte Niedersachsens

Richard Doebner

Quellen und Darstellungen zur Geschichte Niedersachsens

ISBN/EAN: 9783742891747

Hergestellt in Europa, USA, Kanada, Australien, Japan

Cover: Foto ©ninafisch / pixelio.de

Manufactured and distributed by brebook publishing software
(www.brebook.com)

Richard Doebner

Quellen und Darstellungen zur Geschichte Niedersachsens

Quellen und Darstellungen

zur

Geschichte Niedersachsens.

Band IX.

Annalen und Akten

der

Brüder des gemeinsamen Lebens

im

Lüchtenhofe zu Hildesheim.

MIT EINER EINLEITUNG

HERAUSGEGEBEN

VON

Dr. Richard Doebner,

ARCHIVDIREKTOR UND GEHEIMEN ARCHIVRATH
IN HANNOVER.

HANNOVER UND LEIPZIG.

HAHN'SCHE BUCHHANDLUNG.

1903.

Quellen und Darstellungen

zur

Geschichte Niedersachsens.

HERAUSGEGEBEN
VOM
HISTORISCHEN VEREIN FÜR NIEDERSACHSEN.

BAND IX.

ANNALEN UND AKTEN DER BRÜDER DES GEMEINSAMEN LEBENS
IM LÜCHTENHOFE ZU HILDESHEIM.

VON

RICHARD DOEBNER.

HANNOVER UND LEIPZIG.
HAHN'SCHE BUCHHANDLUNG.
1903.

Annalen und Akten

der

Brüder des gemeinsamen Lebens

im

Lüchtenhofe zu Hildesheim.

MIT EINER EINLEITUNG

HERAUSGEGEBEN

VON

Dr. Richard Doebner,

ARCHIVDIREKTOR UND GEHEIMEN ARCHIVRATH
IN HANNOVER.

HANNOVER und LEIPZIG.
HAHN'SCHE BUCHHANDLUNG.
1903.

LUDWIG HÄNSELMANN

in Verehrung und Freundschaft.

Vorwort.

Die Kenntniss der Handschriften, welche ausser einem Codex der Bererinischen Bibliothek dieser Veröffentlichung zu Grunde liegen, verdanke ich dem Regens des Priesterseminars zu Hildesheim Herrn Domkapitular Heise. Nach Genehmigung der Herausgabe seitens des Bischöflichen General-Vicariats unter dem 11. Januar 1895 hat der hochwürdige Herr die Handschriften mit seltener Liberalität und Nachsicht mir zugänglich gemacht und durch so manche freundliche Auskunft mich zu wärmstem Danke verpflichtet, dem ich hier gern Ausdruck gebe.

Dass die Annalen des Rektors Peter Dippurch und die übrigen bisher fast völlig unbekannten Quellen des Lüchtenhofes, abgesehen von zwei Kürzungen,[1] vollständig dem Wortlaute nach wiedergegeben sind, wird keiner Rechtfertigung bedürfen. Sind sie doch in ihrer Gesammtheit, wenn ich nicht irre, ein werthvoller Beitrag zur Geschichte jener merkwürdigen Reformbewegung der Brüder des gemeinsamen Lebens. Zugleich spiegeln sie die kirchlichen, geistigen und kulturellen Zustände Hildesheims in der zweiten Hälfte des 15. Jahrhunderts treu wieder und liefern auch untrügliche Beweise dafür, dass die Besten des Volkes von der Nothwendigkeit einer Erneuerung der Kirche durchdrungen waren.

Um den hier dargebotenen Stoff nach der kirchengeschichtlichen und theologischen Seite gebührend würdigen zu können, bedürfte es völliger Beherrschung der einschlägigen älteren und neueren Forschungen in Holland und Deutschland, wozu es mir an Zeit gebricht. Umsomehr ist der Wunsch berechtigt, dass bewährte Kenner dieses besonderen Gebietes die Ergebnisse aus dem Buche ziehen möchten.

Die Einleitung beschränkt sich im Wesentlichen darauf, folgende Punkte der Annalen kurz zu behandeln: Den Verfasser und seine Glaubwürdigkeit, die Anfänge, Bauten und Nöthe des Hauses, die Organisation und ihre Wandelung, die Wirksamkeit der Brüder in

---

[1] S. 218 und 219 Anm.

der Krankenpflege wie in der Schreibstube und Schülerausbildung, den Standpunkt des Rektors in gewissen tiefgreifenden Fragen der Lehre und Disciplin, die Biographien und die Gründung der Tochterhäuser. In die übrigen Theile des Textes führen Bemerkungen ein über die Abfassungszeit und das Verhältniss der einzelnen Niederschriften zu einander. Hie und da werden knappe Hinweise auf den Inhalt gegeben, die Statuten, Protokolle, kirchlichen und liturgischen Anordnungen jedoch nur kurz gestreift.

Für freundliche Unterstützung der Publikation spreche ich den Herren Konsistorialrath Professor D. Ludwig Schulze in Rostock, Domkapitular Dr. Adolf Bertram in Hildesheim, Oberkonsistorialrath D. Philipp Meyer in Hannover, dem jeweiligen Herrn Bibliothekar der Beverinischen Bibliothek in Hildesheim und meinen verehrten Herren Kollegen, den Archivdirektoren zu Darmstadt, Düsseldorf, Köln, Magdeburg, Marburg und Münster verbindlichen Dank aus.

Hannover, den 14. Februar 1903.

Richard Doebner.

Inhaltsübersicht.

___

Texte.

[1] *Nachzutragen ist S. 408:* Pattensen, Conrad, dessen Biographie S. 18—20.
S. 416 unter Kulm Z. 5: 293. *S. 426:* Tirlemont (Thenis) in Brabant, Clausnerinnen
s. Agnetis in — (1433) 254. *S. 428 unter Annalen vor 163:* S. 10.

[2] *Dazu noch: S. 29 Z. 22 l.* austeritatem. *S. 32 Z. 17 l.* previdit. Quantum.
S. 32 Z. 8 von unten l. proprie. *S. 47 Note 3 l.* 1463. *S. 70 Note 2 l.* 63. *S. 118
Z. 5 l.* Godfridus. *S. 147 Z. 8 von unten l.* consueverunt. *S. 147 Z. 1 von unten l.*
exclamaret. *S. 152 Z. 8 von unten l.* laudantes. *S. 336 Z. 5 l.* Februarius.

Einleitung.

Die Handschriften.

Bibliothek des Priesterseminars zu Hildesheim.

1) Ge 65. Handschrift der Annalen mit Fortsetzung, Papier, Quart (20×13 Cent.), enthaltend Bl. 1—16 (17 übersprungen), 18—30 (31 übersprungen), 32—42 (43 herausgeschnitten), 44—[48], 49—58 alter Zählung; es folgt eine gleichfalls alte Zählung umfassend C 9—15, C 24—33, C 35—46, 48. Über die später der Handschrift eingefügten Blätter ist das Erforderliche in den Textnoten bemerkt. Neuerdings wurde die Handschrift mit 1—198 paginirt. Der zweifellos im Lüchtenhofe hergestellte Einband in Lederdeckeln mit Messingschliessen stellt in stilvoller Umrahmung auf dem Vorderdeckel die Verkündigung Mariae, auf dem Rückdeckel die Anbetung der Weisen aus dem Morgenlande dar. Auf dem Rücken des Bandes findet sich noch die alte Aufschrift: Protocol [1a] Conventus Pars I.

Ein 1643 vorne eingefügtes Titelblatt besagt:

Instructio Literalis Per Rev. D[ominum] Petrum Typurg Quartum Rectorem Clericorum, sive Fratrensium S. Hieronymi in Congregatione Hildesii habitantium Circa Annum D[omini] 1490 compilata et ad P. P. Cappucinos devoluta, quam ratione Successionis in varias difficultates, necessitates et pericula, quae quasi hereditario invenerunt, continuare non neglexerunt. Anno Domini MDCXLIII.

Der Annalenhandschrift beigebunden ist die angekündigte Historica Narratio *der Kapuziner zu Hildesheim, welche nach einem Rückblick auf die Fraterherren der Congregation die Geschichte des Kapuzinerklosters von 1627—1658 eingehend darstellt.*

2) Ohne Signatur. Papier, Quart, 187 Seiten, enthaltend von einer Hand gegen Ende des 16. Jahrhunderts (S. 1—96) Statuta Domus seu Congregationis Fratrum Hildesiae.

*3) Ge 67. Pergament, Folio (30 × 22 Cent.), 42 Blätter, in
starken, mit Pergament überzogenen Holzdeckeln mit Messingknöpfen
und Schliessen, unter einem Messingschild mit Horndeckel:* Requiescant
in pace. Amen. *Bl. 5—10 ein sehr vollständiger Kalender, Bl.: 11—35
das Necrologium, Aufzeichnungen über die Weihen der Kirche, Altäre,
Schenkungen, Verzeichnisse der Wohlthäter und andere Aufzeichnungen.*

Beverinische Bibliothek zu Hildesheim.

*Handschrift 351. Papier, Quart (21 × 14 Cent.), mit Messing-
schliessen. Auf dem hellen Pergamentbande wiederholt sich wie oben (1)
die Verkündigung Mariae und die Anbetung der Weisen aus dem Morgenlande. Auf dem spät eingefügten Titelblatte:* Prima Fundatio, sive
Unio Fratrensium et Colloquia sive Capitula a religiosis ordinis
illius in Congregatione habitantibus conscripta. *Auf Fol. 1—27 der
neuen Foliirung folgen, bis 1490 von Dieppurchs Hand, die Protokolle
und Aktenstücke über die Colloquia der unirten Frater- und Schwesternhäuser in Münster, Fol. 173'—182' erstes Drittel der Seite ebenfalls von
Dieppurchs Hand die Verzeichnisse der Wohlthäter, Rektoren, Brüder des
Lüchtenhofes u. A., Fol. 186—197 von mehreren anderen Händen
der Festkalender, Fol. 198'—223 Anordnungen für den Gottesdienst,
Fol. 225—241 Anweisung für den Küster und Verzeichnisse der Utensilien, Bücher u. A.*

Die Annalen des Rektors Peter Dieppurch.

*Von den Niederlanden ging in der zweiten Hälfte des 14. Jahr-
hunderts die volksthümliche Bewegung der Brüder und Schwestern des
gemeinsamen Lebens aus. Ihr Begründer Gerhard Groot, ein Bürger
von Deventer, wurzelte noch in der mittelalterlichen Mystik. Unter dem
Eindruck der eigenen Bekehrung und tief durchdrungen von der Nothwendigkeit einer sittlichen Erneuerung des Volkes unternahm er, durch
eine praktische Organisation auf weite Kreise zu wirken.*

*Ohne durch Gelübde für immer gebunden zu sein, setzten die Brüder
des gemeinsamen Lebens an Stelle der Beschaulichkeit, der freiwilligen
Armuth und des Bettelns der Ordensleute* (religiosi) *die ernste Arbeit zu
gemeinsamem Unterhalt und zwar lenkte der wissenschaftliche Sinn des
Stifters die Thätigkeit der Fratres vorwiegend auf die Herstellung von
Handschriften meist kirchlichen Inhalts und auf das Einbinden von
Büchern hin. In beschränktem Masse gehörte auch die Ausbildung von*

Schülern zu ihren Aufgaben. Die Grundlagen dieser moderna devotio bildeten Selbstzucht, Gehorsam, der Geist echter Frömmigkeit und Liebe, sittlicher Wandel und das Ringen nach einem wahren, vollkommenen Leben. Für die Ausbreitung der Bewegung war es von grosser Bedeutung, dass die Angriffe ihrer Gegner aus den Mönchskreisen sowohl bei der jungen Universität zu Köln als von dem Konstanzer Konzile abgewiesen wurden.[1] Als Stifter der Brüder des gemeinsamen Lebens in Deutschland darf mit Recht Heinrich von Ahaus angesehen werden.[2]

Zahlreiche Quellenschriften und die umfangreiche ältere und neuere Litteratur über die Anfänge und Verbreitung der Fraterhäuser in Holland und Deutschland hat Ludwig Schulze, fussend auf Hirsche, in der Realencyklopädie für protestantische Theologie und Kirche 3. Aufl. Bd. 3 S. 472—507 sorgfältig verzeichnet und die Entwicklung und Bedeutung dieser Vereinigung nach den verschiedensten Richtungen dargelegt.[3]

Die ersten Nachrichten von der Begründung eines Hauses der Brüder des gemeinsamen Lebens in Hildesheim verdanken wir Johannes Busch, dem Propste des Bartholomäistiftes auf der Sülte. Schon hoch bejahrt, hat er in seinem Buche[4] über die Reform der Klöster dem Fraterhause zwei Capitel gewidmet und darin seine Verdienste um die Erhaltung der jungen Pflanzung und um die Versorgung des Schwesternhauses zu Eldagsen mit einem Beichtvater unter Wiedergabe seiner Gespräche hervorgehoben. Die Reihe der Rektoren des Lüchtenhofes theilte der Archivar Zeppenfeldt aus der Necrologhandschrift mit.[5] Hermann Adolf Lüntzel[6] widmete den Bestrebungen der Brüder meist auf Busch beruhende warme Worte der Anerkennung, die an einzelnen Stellen auf eine Kenntniss der Annalenhandschrift schliessen lassen. In tief empfundenen Sätzen würdigt A. Bertram[7] die Ziele und Mittel der unmittelbar aus dem Volke entsprungenen „modernen Devotion".

---

[1] *Vgl. L. Korth, Die ältesten Gutachten über die Brüder des gemeinsamen Lebens, Mittheilungen aus dem Stadtarchiv von Köln V S. 1—27 und H. Keussen, Der Dominikaner Matthäus Grabow und die Brüder vom gemeinsamen Leben. Ebendaselbst S. 29—47.* [2] *Vgl. L. Schulze in Luthardts Zeitschrift für kirchliche Wissenschaft und kirchliches Leben III. Jahrg. (1882) S. 38—48 und 93—104.* [3] *Vgl. auch den Artikel Fraterherren in Wetzer und Weltes Kirchenlexikon 2. A. Bd. IV. Freiburg 1886 S. 1924—1926 und F. Landmann, Das Predigtwesen in Westfalen in der letzten Zeit des Mittelalters. Münster 1900 S. 52—60.* [4] *Des Augustinerpropstes Johannes Busch Chronicon Windeshemense und Liber de reformatione monasteriorum. Bearbeitet von K. Grube (Geschichtsquellen der Provinz Sachsen 19. Band) S. 545—550.* [5] *Beiträge zur Hildesheimischen Geschichte Bd. II (1829) S. 275.* [6] *Geschichte der Diöcese und Stadt Hildesheim II S. 431 und 636—640.* [7] *Geschichte des Bisthums Hildesheim I S. 405—406.*

Bei diesem Stande der Überlieferung ist es als ein besonderes Glück
zu betrachten, dass in Peter Dieppurchs Annalen ein durchaus getreues
Bild vom Lüchtenhofe, von dem Geiste, der ihn erfüllte, von den
Schwierigkeiten und Leiden, mit denen die Brüder von Anfang an und
bis zum Niedergang des Hauses zu kämpfen hatten, auf uns gekommen
ist. Neben den Chroniken von Busch, Oldecop und Brandis wird diese
neue Quelle ihren eigenartigen Platz behaupten. Sie ist nicht nur werth-
voll für die Ortsgeschichte, sondern die hier niedergelegten Erlebnisse
und Bekenntnisse eines Mannes, der fast 50 Jahre dem Brüderhause
angehörte und 17 Jahre bis zu seinem Tode die leitende Stelle innehatte,
dürfen eine typische Bedeutung für die Erforschung dieses Reform-
versuches beanspruchen. Das Gedächtnissbuch des Fraterhauses zu Münster[1]
überragen unsere Annalen in jeder Hinsicht. Die Fülle und Anschaulich-
keit der Biographien, die den bewegten Verlauf der äusseren und inneren
Begebenheiten wirkungsvoll unterbrechen, sichern in Verbindung mit den
theologischen Betrachtungen der Excurse der Leistung Dieppurchs ein
besonderes historiographisches Interesse.

„Dass auch die Karthäuser, Karmeliter, Franziskaner, die Fraterherren u. a. ihre Chroniken führten, ist gewiss. Indess sind auch hier
die meisten verloren gegangen", hebt W. Moll[2] gewiss mit Recht hervor.
Gerade den Aufzeichnungen aus den Kreisen der Brüder des gemeinsamen
Lebens aber drohten besondere Gefahren. Wie die Anmerkungen zu den
Annalen ebenso wie zu den Protokollen der Frater- und Schwesternhäuser[3] nachweisen, ist an zahlreichen Stellen der Text verändert, durchstrichen und oft durch Überkleben[4] vernichtet worden, ohne Zweifel, weil
die Grundsätze und der kirchliche Standpunkt der Fraterherren nicht
selten sich im Gegensatz zum Bischof und zum Clerus der Stifter und
Klöster befanden. Damit stimmt überein, dass, von dem Rostocker Hause[5]
abgesehen, die zum Theil namhaften Congregationen zu Weidenbach in
Köln, Wesel, Springborn in Münster, Herford, Cassel, Magdeburg und
Marburg mehr oder weniger nur unerhebliche Zeugnisse ihrer Wirksamkeit hinterlassen haben.

---

[1] Mitgetheilt von H. A. Erhard, Zeitschrift für vaterländische Geschichte und
Alterthumskunde, herausgegeben von dem Verein für Geschichte und Alterthumskunde
Westfalens Bd. VI S. 89—126.   [2] Die Vorreformatorische Kirchengeschichte der
Niederlande, deutsch bearbeitet von P. Zuppke. Lpz. 1895 II S. 356.   [3] Vgl. be-
sonders S. 248 Anm. a, 271 und 280 Anmerkungen.   [4] Besonders auf den Blättern
C 13—15 und C 25 der Annalen. Entfernt aus den Annalen wurden die Blätter
C 1—8, 16—23 und 34 (vgl. S. I).   [5] Vgl. Lisch, Geschichte der Buchdruckerkunst
in Meklenburg. Jahrbücher des Vereins für meklenburgische Geschichte und Alter-
thumskunde Jahrg. IV Schwerin 1839.

Der Niedergang des Hildesheimer Hauses im 16. Jahrhundert spiegelt sich schon in der Dürftigkeit der Fortsetzung von Dieppurchs Annalen wieder. Nach den Stürmen der Stiftsfehde begab sich die Congregation 1526 in den Schutz der Stadt.[1] *Ein Inventar des Lüchtenhofes vom 21. Dezember 1546 im Stadtarchiv zu Hildesheim*[2] *verzeichnet das dem Domküster erbzinspflichtige Haus mit 12 Kammern der Fratres im Schlafhause, Bibliothek* (liberie) *und Kirche, einen Garten bei der Hohnser Mühle, einen Zehnten mit zwei halben Meierhöfen und drei Kothöfen zu Westfeld, 6 ½ Morgen Land zu Rutenberg. Von der Einrichtung und dem Bestehen einer Buchdruckerei, wie sie in anderen Häusern, z. B. in Rostock bereits 1476 nachweisbar ist, findet sich im Lüchtenhofe keine Spur. Gegen Ende des Jahrhunderts stark verschuldet, empfingen nach dem Tode des Paters Johann Engelken 1594 Johann Philips, Senior, und der Convent einen städtischen Schutzrevers.*[3] *Unter Bischof Ernst II. wurde ihr Haus 1604 der bischöflichen Verwaltung überwiesen und für arme Studenten bestimmt.*[4] *An ihrer Stelle zogen 1631 die Kapuziner in den Lüchtenhof ein.*[5] *In dem Vorworte ihrer oben erwähnten Chronik wird des Beispiels der Vorgänger mit folgenden Worten gedacht:* Sicque communis vitae clerici in hoc, quia reverendi P. P. et fratres ordinis S. Hieronymi vulgo Fratrenses dicti valde eluxerunt et pleraque notabiliora (: ut in libro videre est:) a multis annis ad posteritatem transtulerunt, nos etiam, qui hunc beatissimae Virginis Matris Mariae congregationis locum olim ipsorum residentiam modo inhabitamus, animarunt litteris mandare ea quae circa nos ab anno domini 1630 — observatu digna contigere. *So übten die historischen Aufzeichnungen aus dem Lüchtenhofe nach fast zwei Jahrhunderten noch eine befruchtende Wirkung aus auf eine der strengsten Ordensniederlassungen der alten Bischofsstadt.*

Der Verfasser unserer Annalen, dessen Hand auch einen erheblichen Theil der übrigen jetzt veröffentlichten Quellen überliefert hat, tritt mit seiner Person geflissentlich in den Hintergrund, nur wenige Stellen setzen seine Urheberschaft ausser Zweifel. Gehört doch dieses Verschwinden des Individuums gegenüber der Gesammtheit der Brüder, das Verschweigen der Persönlichkeit im Sinne der Worte Thomas' a Kempis: ‚Non quaeras quis hoc dixerit, set quid dicatur attende‘ *zu den charakteristischen Zügen jener Gemeinschaft.*[6]

---

¹) *Vgl. mein Urkundenbuch der Stadt Hildesheim VIII S. 600 und Henning Brandis' Diarium, herausg. von Ludwig Hänselmann S. 243. 246.* ²) *Akten XCI Nr. 99.* ³) *Vgl. auch Beiträge zur Hildesheimischen Geschichte II S. 274.* ⁴) *Bertram, Die Bischöfe von Hildesheim S. 154.* ⁵) *Ebenda S. 171.* ⁶) *Vgl. F. Jostes, Johannes Veghe. Halle 1883 S. XIX ff.*

Auf der Rückreise von Münster führte Reynerus, dem als rubricator
*die Verzierung der Handschriften oblag, aus dem Clerikerhause zu
Herford einen schwachen und kranken Novizen mit sich, der zuerst in
der Küche, dann in der Schreibstube beschäftigt wurde.*[1] *Zu dieser
Nachricht ist am Rande später nachgetragen*[2] nomine Petri Dieppurch
*und zwar ohne Zweifel von Dieppurch selbst. Im Jahre 1467 verzeichnet
er,*[3] *dass seit der Gründung des Hauses nur Rinteln geblieben sei* et
alius qui hec scripsit, *einst als Koch aus Herford nach Hildesheim
gesandt, aber auch hierzu, wie er bescheiden meldet, unnütz:* hic est
discipulus qui scripsit hec. *Mit Hermann Rinteln zugleich als Frater
aufgenommen nennt sich Dieppurch im Jahre 1491.*[4] *Unter den sieben
Priestern des Lüchtenhofes, welche die Pest von 1463 überlebten,*[5] *führt
er sich an zweiter Stelle nächst Hermann Rinteln und zwar als Petrus
de Dieppurch auf. In der Necrologhandschrift*[6] *wird als Wohlthäter
des Hauses Frater Petrus genannt, der Gottfried in Hildesheim besuchte
und eine Zeit lang mit ihm allein verblieb, in dem Wohlthäterverzeich-
nisse*[7] *versteckt er sich unter dem Namen Peters von Herford, „der
im Anfang eine Zeitlang mit Gottfried wohnte.“ Das Necrologium
berichtet ferner von ihm unter Peter und Paul (29. Juni):*[8] Anniversarius
domini Petri Typorch quarti rectoris. Anno domini MCCCCXCIIII
obiit. *Aus der Rektorenreihe*[9] *erfahren wir dazu, dass er aus der Diöcese
Mainz gebürtig war und 17 Jahre dem Hause vorstand.*

*Der Familienname Dieppurch, dessen Ungewöhnlichkeit zu Um-
formungen führte, und die Herkunft des Trägers aus der Diöcese Mainz
lassen mit Bestimmtheit annehmen, dass Peter aus der früher Kur-
mainzischen Stadt Dieburg an der Gersprenz in dem gleichnamigen
Kreise von Rheinhessen stammte. In der Erfurter Universitätsmatrikel*[10]
*sind verzeichnet 1422 Paulus und Heylmannus Dipporg (S. 122), 1432
Hermannus de Dyporch (S. 156) und 1441 Conradus und Johannes de
Dipporg (S. 185). Für nähere Beziehungen Dieppurchs zu den Frater-
und Schwesternhäusern im Rheingau*[11] *und zu ihrem Leiter, dem
Magister Gabriel Biel (1460 in Mainz, † 1495)*[12] *liegen mancherlei
Anhaltspunkte vor. Dass Peter aus einem der beiden Dieburger Burg-
mannsgeschlechter Ulner (auch von Diepurg)*[13] *und Grossschlag ent-
stammt sein könne, erscheint nach gütiger Mittheilung des Herrn Archiv-*

---

1) *Vgl. auch S. 305 Z. 6.*   2) *S. 3 Anm. q.*   3) *S. 153.*   4) *S. 128.*   5) *S. 64.*
6) *S. 315.*   7) *S. 307.*   8) *S. 290.*   9) *S. 316. 317.*   10) *Geschichtsquellen der Provinz
Sachsen Bd. VIII.*   11) *Vgl. S. 264.*   12) *Vgl. S. 28 Anm. b, Register und Realencyklopädie 3. A. S. 492 und 493.*   13) *Vgl. auch Kneschke, Neues allgemeines
deutsches Adelslexikon Bd. 9 S. 336.*

direktors Dr. Freiherrn Schenk zu Schweinsberg in Darmstadt ausgeschlossen. In Theodericus Arndes, welcher laut Urkunde des dortigen Grossh. Haus- und Staatsarchivs am 31. Juli 1486 auf eine durch päpstliche Provision ihm zustehende Pfründe in Dieburg verzichtete, ist sicher Dietrich Arndes, der spätere Bischof von Lübeck und Domdechant zu Hildesheim, zu erkennen. Dass Dieppurch nicht dem Sächsischen Stamme entsprossen war, bestätigt er selbst, wenn er 1491 unter den Gründen für die Vornahme einer Neuwahl des Rektors seine Unkenntniss des Niederdeutschen (sermo vulgaris) hervorhebt.[1]

Welche Beweggründe den Frater Peter bestimmten, die Abfassung von Annalen des Lüchtenhofes in Angriff zu nehmen, lässt sich unschwer erkennen. Wenn er auf dem ersten Blatte seiner ,Descripcio‘, wie die Ueberschrift lautet, bemerkt, die Erzählung von dem Wirken Gottfrieds in Herford,[2] bevor er nach Hildesheim kam, überlasse er den dortigen Brüdern, so wird dadurch bestätigt, dass die biographische Schilderung verdienter Persönlichkeiten in den Fraterhäusern herkömmlich war. In Hermann von Rinteln aber, dem langjährigen Procurator und Schreibmeister (scripturarius), und in Dieppurch war die Ueberlieferung des Hildesheimer Hauses seit seinen Anfängen verkörpert. Die Unsicherheit der Lage, die fortdauernde Feindseligkeit der Bewohner und die Ungunst des Rathes gegen die Brüder[3] mochten Dieppurchs Entschluss zur Reife bringen. Nach Martini (11. Nov.) 1467 griff er zur Feder[4] und entwickelte noch in demselben Jahre[5] den Zweck der Annalen und die dabei ihn leitenden Gesichtspunkte. Wenn Dieppurch zum Jahre 1443 bemerkt, diese Niederschrift sei 1468 erfolgt,[6] so ist der Schluss berechtigt, dass die umfangreiche Biographie[7] des ersten Rektors Bernhard von Büderich und die daran geknüpften Betrachtungen des dritten Excurses[8] den Ausgangspunkt der Darstellung bildeten. Seiner nachträglichen

---

[1] S. 128. [2] Nach L. Hölscher, Geschichte des Gymnasiums in Herford I (Programm des evangelischen Friedrichs-Gymnasiums zu Herford 1869) S. 13 ging Gottfrieds Thätigkeit der Einrichtung eines Hauses durch den Priester Conrad Westerwolt aus Osnabrück voraus. L. Schulzes Annahme in Luthardts Zeitschrift für kirchliche Wissenschaft und kirchliches Leben III (1882) S. 101, dass Bruder Godfridus up dem Haghen de Kempis (gest. 1439) aus Münster nach Hildesheim gekommen sei, kann nicht zutreffen, da der Frater Gottfried in Hildesheim erst 1453 starb (vgl. S. 23). Niederdeutsche Statuten des Fraterhauses zu Herford mit deutscher Uebersetzung sind nach einer früher im Priesterseminar vorhanden gewesenen Handschrift mitgetheilt Theologische Monatsschrift herausgegeben von Professoren an dem Bischöflichen Seminar zu Hildesheim. Zweiter Jahrgang (Mainz 1851) S. 543—582. [3] S. 51 f. [4] S. 54. [5] S. 153. [6] S. 8. [7] S. 27—35. [8] S. 152—154.

*Ueberschrift: „Beschreibung gewisser Ereignisse bei der Errichtung
und Begründung unseres Hauses" hat Dieppurch eigenhändig die Jahr-
zahl 1468 hinzugesetzt.* „Ungefähr in demselben Jahre", wie er, der
kleinen Schrift nach zu urtheilen, viel später nachtrug, stellte er eine
Erhebung über die Vision eines brennenden Lichtes an dem Orte des
Lüchtenhofes im Jahre 1437 an.[1]
Dieppurch selbst hat sich mehrfach auf seine Arbeit bezogen und
nennt sie dabei „unsere Annalen" oder „Annalen des Hauses".[2] Nachdrücklich erklärt er,[3] dass nicht das Lob und die Verherrlichung der
Brüder ihn leite. Nicht für Andere ohne Unterschied, sondern nur
für das Haus schreibe er im plumpen Stile zur Erhaltung des An-
denkens der Heimgegangenen und zu ihrem Seelenheil. „Wir handeln
hier Nichts von der Heiligkeit, sondern von unsern und der Unsrigen
Schwächen und dem Erlebten von Jahr zu Jahr".

Als Dieppurch die Anfänge des Hildesheimer Hauses zu erzählen
begann, mag er — etwa 1420 geboren — bereits den Fünfzig sich
genähert haben. Ob er es war, welcher 1476 der Wahl zum Rektor
im Hinblick auf sein Alter den äussersten Widerstand entgegenstellte,
muss nach dem merkwürdigen Bruchstücke des Berichtes[4] zweifelhaft
erscheinen. Dieppurch selbst gab, als er 1491 bei der Visitation auf
die Neuwahl eines Rektors drang,[5] 1476 als das Jahr seiner Wahl
an, während er nach dem Rektorenverzeichnisse[6] 17 Jahre vor seinem
Tode, also 1477 gewählt sein müsste.

Die einzige auf uns gekommene Handschrift der Annalen erweist
sich bis zum Jahre 1467 als eine Reinschrift von der charakteristischen,
grossen und deutlichen Hand Peter Dieppurchs, hie und da verändert und
durch eigenhändige Zusätze ergänzt, die in den Anmerkungen möglichst
gekennzeichnet sind. Die späteren Eintragungen sind wohl meist von
Jahr zu Jahr erfolgt. Dabei lässt sich die mit dem Alter zu-
nehmende Verkleinerung der Handschrift Dippurchs verfolgen. Nur
verhältnissmässig wenige und inhaltlich unerhebliche Nachrichten rühren
nicht von Dieppurch her. Die Erwerbung eines eigenen Hauses
(1444),[7] die Annahme der Privilegien (1466)[8] und die Gründung des
Hauses in Berlikum (1482)[9] gaben den Anlass zu besonderen Capitel-
überschriften, im Uebrigen ist im Allgemeinen die chronologische Anordnung durchgeführt. Zwischen den einzelnen Jahren wurde Raum
gelassen, sodass hie und da ursprünglich nicht behandelte Jahre nachträglich berücksichtigt wurden.

---

¹) S. 10. ²) S. 268. 269. 272. 310. ³) S. 152. 153. ⁴) S. 84. ⁵) S. 128.
⁶) S. 317. ⁷) S. 10. ⁸) S. 61. ⁹) S. 99.

*eppurchs Erzählung der Begebenheiten im Lüchtenhofe beruht
rwiegend auf Selbsterlebtem. Ob und inwieweit dabei gleich-
Aufzeichnungen sein Gedächtniss unterstützten, dafür finden
..n keine bestimmten Anhaltspunkte. Indem er im Eingang die vor-
bereitende Wirksamkeit des Herforder Fraters Gottfried in Hildesheim
schildert, spiegelt sich der tiefe Eindruck dieser Persönlichkeit in einem
abgerundeten Bilde wieder. Bei Verzeichnung des Todes Gottfrieds
(1453) weist Dieppurch nachdrücklich auf sein persönliches Verhältniss
zu ihm hin.[1] Wie er vorsichtig die Rückkaufsbedingungen der ersten
Niederlassung im Luremanshofe nach dem Muster des Fraterhauses
in Münster auf mündliche Berichte zurückführt,[2] so behält er sich bei
Erzählung der Anwesenheit des Cardinallegaten Nicolaus von Cusa in
Hildesheim in zwei Punkten die Möglichkeit des Irrthums vor.[3] Ueber
Johann Batenborch will er, wenn er nicht irre, gehört haben, dass er
vor dem Eintritt bei den Brüdern Schreiber am Dome in Köln gewesen
sei.[4] Finden die Tagesangaben vielfach im Necrolog ihre Bestätigung,
so ergiebt der Vergleich mit anderen Quellen ein für unsern Autor
durchaus günstiges Urtheil. Von seiner Gewissenhaftigkeit zeugt, wenn
er bei Schilderung des Zustandes der Kirche des Lüchtenhofes im
Jahre 1448 bemerkt, er wisse nicht, ob bereits ein Glasfenster vorhanden gewesen sei,[5] wenn er dahingestellt sein lässt, ob der Kanzler
des Cardinals Nicolaus von Cusa dem Cistercienserorden angehörte,[6]
oder wenn er den Bau der Bäckerei und des Brauhauses nur „um"
1445 angiebt und Aehnliches.*

*Von dem Werthe der Urkunden und Briefe ist Dieppurch durch-
drungen. Er beklagt den Verlust des Registers[7] Gottfrieds über die
ersten Wohlthäter des Hauses in Folge der wiederholten Bauten, verweist auf die Abschrift eines von ihm behandelten Briefes,[8] fügt das
Schreiben eines päpstlichen Legaten an den Rath von Magdeburg den
Annalen ein[9] und nimmt ein auf Veranlassung des Paters zu Münster
von ihm erstattetes Gutachten[10] über die Behandlung der dem Hause
untreu gewordenen Söhne „dem Sinne nach", die Eingabe[11] an den
Bischof zu Gunsten der Schüler (1491), die Anweisung[12] für die
Fratres in Schwesternhäusern (1479) und Formulare[13] für die Aufnahme von Laien wörtlich in den Text auf. Dieppurchs Bericht[14]
über die Begründung des Weissen Hofes in Cassel verräth seine völlige
Vertrautheit mit den Urkunden. Ein Dimissorium hat er nicht finden*

---

[1]) S. 23. [2]) S. 4. [3]) S. 22. [4]) S. 41. [5]) S. 17. [6]) S. 22. [7]) S. 306 und 315.
[8]) S. 55. [9]) S. 92. 93. [10]) S. 113—115. [11]) S. 125. 126. [12]) S. 77—79.
[13]) S. 100—102. [14]) S. 25. 26.

II*

*können.[1] Wenn er im Texte wiederholt auf folgende Copien hinweist,[2]
so ist anzunehmen, dass ein die Annalen begleitender Urkundenband
ebenso wie das einmal[3] erwähnte Privilegienbuch verloren gegangen ist.
Bei Schilderung der von dem ersten Rektor entfalteten Schreibthätigkeit
unterlässt Dieppurch nicht zu bemerken, dass manche Handschrift
seinem Gedächtnisse entfallen sei.[4]
Alle diese Merkmale lassen Peter Dieppurch in dem Lichte eines
durchaus gewissenhaften Berichterstatters erscheinen. Er verdient
deshalb volle Glaubwürdigkeit auch bei Nachrichten, die sonst nicht
überliefert sind, wie über Bischof Magnus' Privilegienertheilung[5] an
die Brüder für die ganze Diöcese (1440), über den Consens[6] des Domcapitels im folgenden Jahre und über die päpstliche Privilegien-
bestätigung von 1460.[7]*

*Bei dem Colloquium der seit 1431 unirten Frater- und Schwestern-
häuser zu Münster im Jahre 1439 wurde beschlossen,[8] auf Einladung
zwei Kundschafter nach Hildesheim zu senden, die vor weiterer Entscheidung den guten Ruf der Stadt prüfen sollten. Aus Dank für
die Verschonung der Häuser zu Münster und Köln von der Pest und
zum Ruhme Gottes entschied das Colloquium 1440, eifrig für die neue
Congregation in Hildesheim zu wirken. Bernhard von Büderich
(Büren[9]), Rutgher Derikes Sohn,[10] der erste Rektor,[11] brach mit
einigen Clerikern von Münster dorthin auf, während der Gedanke
auch in Sarstedt ein Haus zu errichten, bald aufgegeben wurde. Ein
Schwesternhaus bestand bereits in Eldagsen. In der Bischofsstadt
hatte seit etwa zehn Jahren Frater Gottfried[11] vom Herforder Hause
durch Wandel und Wort im Geiste des gemeinsamen Lebens bei
Männern und Frauen erfolgreich gearbeitet. Bald in gemietheten
Häuschen, bald in Klöstern, mit Mönchen und Priestern leitete er die
Herstellung von Handschriften und das Einbinden nach Sitte der Brüder.
Eifrig bemüht, seine deutschen Schriften zu vermehren als Mittel zur
Stärkung der Gottesfurcht, disputirte er bei den Bürgern in den Häusern
über das wahre Leben und bekehrte nach dem Beispiele Gerhard Groots.
Noch in hohem Alter beschäftigte ihn die Gründung einer Nieder-
lassung in Lübeck.
In Hildesheim fand Gottfried verständnissvolle Unterstützung bei
dem Collegiatstifte im Schüsselkorbe (in Cartallo), welches, aus der bischöflichen Capelle hervorgegangen, durch Johann Conolvus 1424 reorganisirt*

---

[1] S. 75. [2] z. B. S. 39. 41. 43. 76. [3] S. 319. [4] S. 37. [5] S. 4. [6] S. 5.
[7] S. 41. [8] S. 258 ff. [9] Buschs Chronik S. 546. 548. [10] S. 319. [11] S. 1—3.

*und auf acht Präbenden gebracht wurde. Fromme Gemüther, die nicht
nach menschlichem Lobe streben, zu geistlichem Wetteifer in dieser
Welt anzuregen,[1] war das Ziel, in dem er sich mit den Brüdern eins
wusste. Als Unterkunft stellte ihnen der Schüsselkorb den ihm zugehörigen Luremanshof auf dem Alten Markte zur Verfügung, ausser
einer Capelle zwei Häuser, die zu Zellen, Refectorium und Küche ein-
gerichtet wurden. Gefördert durch Bischof und Domcapitel entfaltete
die kleine Schaar, von Heinrich Kalkar in blauer und rother Schrift
und im Paginiren unterrichtet, eine lebhafte Schreibthätigkeit. Trotz
der bescheidenen Einrichtung fanden sich bis zur Reform einiger Klöster
in der Stadt zahlreiche Gäste und Fremde bei den Brüdern ein. Bald
jedoch beschwerten sich die aus dem Hofe verdrängten Bürger beim
Rathe, dass er ein nach Stadtrecht steuerpflichtiges Grundstück unbekannten Ankömmlingen überlassen habe. Man forderte ihre Ausweisung
aus Hildesheim, das bereits vom Clerus überfüllt sei, während dem
Rathe ein Wechsel der Wohnung genügte. Bei der Uebersiedelung in
eine gemiethete Curie[2] des Kreuzstiftes mit kleiner Capelle unweit des
Brühlthores nach Ostern 1443 erfuhren die Brüder die ganze Miss-
gunst der Menge,[3] die von dem Wohlstande der Klöster und so auch
von ihnen sich benachtheiligt glaubte. Noch in demselben Jahre fand
endlich die junge Siedelung in dem Lüchtenhofe U. L. Frauen (Hortus
Luminum) im Brühle eine bleibende Stätte. Er war benannt nach der
Verpflichtung zur Zahlung von jährlich 6 Schillingen an den Domküster für Lichter, die an den hohen Festen dem Bilde der Jungfrau
Maria vorangetragen wurden,[4] während eine Vision[5] etwa im Jahre
1436 von einem an der Stelle der späteren Kirche allnächtlich brennenden
Lichte berichtete.[6] Die nach der Stadt zu gelegene, zunächst gemiethete
Hälfte des Hauses wurde 1444 von den Domvicaren für 120 rhein.
Gulden käuflich erworben,[7] die andere Hälfte erst 1446 von dem Dom-
propste Ekkehard von Hahnensee als eine Pertinenz der Capelle St. Pauli
in dessen Curie. Die neue Behausung mit einem dunklen und tief-*

---

*gelegenen Betsaale wies zahlreiche Mängel auf und erforderte bald
einen völligen Neubau. Auch jetzt ruhten die Anfechtungen,[1] selbst
der Domvicare, nicht. Neidische Bürger suchten eine Begrenzung der
Personenzahl zu erreichen. Demgegenüber verlangte der Rektor 10 bis
12 Priester, dazu für jeden einen Cleriker als Diener, ausserdem
je einen Koch, Brauer, Schneider und eine Anzahl Diener. Für die
kommenden und gehenden Novizen lehnte er jede Festsetzung einer Zahl
ab, da ihm alle bisherigen Erfolge dadurch in Frage gestellt schienen.
Bald drohte wieder die Anlage eines neuen Stadtgrabens[2] durch das
Grundstück, aber auch diese Sorge ging vorüber.*

*Im Sommer 1448 wurde der Bau der Kirche[3] im Garten des
Lüchtenhofes begonnen, aus Furcht vor den Bürgern heimlich, man ver-
barg die Steine für die zwei Altäre so lange als möglich und der
Weihbischof Johann von Mixina, Generalvicar der Bischöfe von Hildesheim und Minden, weihte beim Morgengrauen zugleich die Kirche, den
Kirchhof und die Altäre ohne Feierlichkeit, ohne Gesang und las zum
Schluss auch die Messe ohne Gesang. Noch starrten die vier leeren
Wände und die schmucklosen Altäre in der nicht gepflasterten Kirche,
zu deren Bau der Priester Conrad Steckeldey 100 rheinische Gulden
beigesteuert hatte. Im Drange der Geschäfte und Sorgen geriethen die
vom Weihbischof ertheilten Ablässe in Vergessenheit[4] und wurden später
wieder erneuert. Das Interdict jedoch, welches in Folge der Wegnahme
von Steinen des Klosters Marienrode zur Reparatur des Rathhauses
2½ Jahre lang auf der Stadt lastete, lenkte die Aufmerksamkeit von
dem Brüderhause ab und führte zu einer milderen Behandlung des
Clerus.[5] Zugleich flössten die Armuth der Brüder, die Persönlichkeit
des Rektors Bernhard und seine Beziehungen zur Römischen Curie
Achtung ein.*

*Einen wesentlichen Fortschritt bedeutete der Neubau[6] eines grossen
Hauses für Refectorium, Zellen und Schlafhaus der Fratres und der
Beginn der Errichtung einer Schreiberei (scriptoria) im Jahre 1450
durch Johann von Köln vom Fraterhause in Münster, den Erbauer
des Schwesternchors in der Kirche zu Eldagsen. Aber auch jetzt ge-
lang es Gegnern des Hauses, den Rath zur Einstellung der Arbeiten
einheimischer Zimmerleute zu bestimmen. Unter harter Mitarbeit der
Brüder führten darauf Handwerker aus Eldagsen das Werk zu Ende,
woran sich 1452 die Errichtung der Küche und des Kellers ebenfalls
durch Johann von Köln und im folgenden Jahre der Bau eines Hauses
jenseits der Strasse neben einem Hause des Dominicanerklosters St. Pauli*

---

[1] S. 10. [2] S. 12. [3] S. 16 f. [4] S. 17. Vgl. S. 165 A. [5] S. 13. [6] S. 20. 21.

schloss.[1] *Aus Furcht vor dem Widerstand der Menge entschloss man sich jetzt sogar, das Balkenwerk in Seesen am Harze herzustellen und auf Wagen seinem Bestimmungsorte zuzuführen. Aus Furcht vor Ausschreitungen einzelner Bürger im Brühle wandelte Frater Gottfried in hohem Alter Nachts am Hause und auf dem Kirchhofe umher.*[2]
Bei Gelegenheit der Anlage eines Privets und aus Anlass einer Traufstreitigkeit kam es 1466 zu wilden Drohungen der Nachbarn gegen die Brüder.[3] *Zugleich wurde zweimal ein Aufruhr der Menge gegen den Dompropst, das Domcapitel und den Clerus überhaupt befürchtet. Lange Zeit wurde der Brühl bei Nacht bewacht, die Brüder rüsteten sich zum Wegzuge, vergruben den Schatz der Bücher oder brachten sie weg, sodass die Bibliothek leerstand.*
Das Jahr 1451 brachte den Besuch des Cardinallegaten Nicolaus von Cusa in Hildesheim.[4] *Ihm reiste der Rektor nach Magdeburg entgegen und wurde mit drei anderen Prälaten zum Pönitentiar für den Jubiläumsablass ernannt. Von Bernhard mit einer kostbaren Handschrift beschenkt, bestätigte Cusa die Erhebung des Lüchtenhofes zum Collegiatstift unter Verleihung von Statuten und Ablässen. Dagegen brachte der Rath, der dem hohen Gaste ein kostbares Gefäss im Werthe von 500 Gulden verehrte, seine Feindseligkeit gegenüber den Brüdern zu scharfem Ausdruck. Er verlangte in einem von 12 Artikeln die Vertreibung der Congregation aus der Stadt, wurde aber von dem Legaten ablehnend beschieden mit Rücksicht auf die bereits erfolgte päpstliche Bestätigung der Fraterherren, die allerdings erst 1460 in Hildesheim eintraf.*[5] *Während Cusa selbst wenigstens dreimal vor zahlreichem Volke in deutscher Sprache predigte, hielt der ihn begleitende Cardinal in der Kirche des Lüchtenhofes zwei lateinische Ansprachen.*
Der neue Rektor Johann Hoghe von Lochne (1457—1463) brachte, vom Colloquium zu Münster heimkehrend, 1459 aus Wesel den Maler Heinrich, Frater des dortigen Clerikerhauses, mit. Dieser vollendete mit Hülfe einiger Brüder im Laufe eines Jahres das grosse Altargemälde für den Hochaltar mit zwei bemalten Flügeln und vergoldeten Tabernakeln.
Den baulichen Aufgaben im Lüchtenhofe kam die zwiespältige Bischofswahl zwischen Henning von Haus und Landgraf Hermann von Hessen im Herbste 1471 zu Statten,[6] *deren noch in die Regierung Bischof Ernsts fallende Ursachen zu verfolgen Dippurch vorsichtig ablehnt.*[7] *Der Bau der Kirche fand in den beiden folgenden Jahren durch die Weihung der Capelle in der Crypta mit den Altären der*

[1] S. 23. [2] S. 24. [3] S. 51. [4] S. 22. [5] S. 41 f. [6] S. 65. [7] S. 66.

Jungfrau Maria und Aller Jungfrauen, des Hochaltars Aller Apostel oben im Chore und der Altäre der Märtyrer und der Bekenner seinen Abschluss.[1] *Während zunächst die völlige Trockenheit der Capelle dem Sültestift und den Carthäusern gegenüber als Muster gerühmt wurde, zeigten die Fundamente der Kirche 1475 zum Schrecken der Brüder bedenkliche Feuchtigkeit,*[2] *die Anlage von Abzugsgräben ergab einen unterirdischen Gang und mit dem Stadtgraben in Verbindung stehende Wasserläufe, die mit erheblichen Kosten nach der Treibe abgeleitet wurden. Gegen die Feuersgefahr wurden die Lehmwände der Kirche mit Ziegelsteinen umkleidet. Gegen Weihnachten 1478 stürzte der nach Westfälischer Weise erbaute Brunnen ein*[3] *und wurde im Herbste des folgenden Jahres in einer Tiefe von 63 Fuss neu angelegt. Dabei unterlässt Dieppurch nicht, den geologischen Befund zu verzeichnen. 1483 wurde das Refectorium hergerichtet und zugleich das Schreiberhaus* (domus scriptorum) *einem Neubau unterzogen. In die Jahre 1490 und 1491 fiel der Umbau des Brunnens,*[4] *ein Anbau an die Buchbinderei* (domus ligatorum librorum) *und die Erneuerung des Kirchendachs.*[5] *In einem an den Lüchtenhof anstossenden Häuschen wurde eine Badestube für die Brüder hergerichtet,*[6] *eine nothwendige Folge der Krankheiten, von denen auch Hildesheim nicht verschont blieb.*

In den Jahren 1463 und 1464 wüthete wie in den südlicheren Gegenden auch in Hildesheim die Pest.[7] *Auf zwei Sterbefälle im Casseler Hause im Juli und September 1463 folgte im Lüchtenhofe der Tod des sich aufopfernden Arztes und Krankenmeisters Heinrich Ysenak (aus Eisenach), am 6. October erlag der Rektor Johann Hoghe von Loehne, dann der Koch Johann, 1464 folgten der Cleriker Arnold von Utrecht noch vor Vollendung des Probejahres und der frühreife, sorgsame Sacristan Nicolaus Calkar. Von 22 Brüdern, einschliesslich der Casseler, blieben nur 5 von der Pest verschont. Als eine Gnade Gottes wird noch verzeichnet, dass Keiner von seinem Posten wich, vielmehr mit wenigen Ausnahmen alle freudig dem Tode entgegen gingen und gleichsam die Gelegenheit zur Ansteckung suchten. Als die Pest 1473 wieder auftrat, wurden 16 Conventualen des Godehardiklosters mit ihrem reformirten Abte Lippold von Stemmen dahingerafft.*[8] *Zehn Jahre später drohte die Gefahr nochmals, doch war in Hildesheim kein einziger Fall zu verzeichnen.*

Noch nach Jahren beschäftigte jene schwere Heimsuchung die Brüder, man mühte sich ab, aus der Ablehnung von Berufungen zu

---

[1] *S. 66. 67.*   [2] *S. 68—70.*   [3] *S. 82.*   [4] *S. 116.*   [5] *S. 121.*   [6] *S. 122.*
[7] *S. 43—49.*   [8] *S. 66.*

gewissen Aemtern die Strafe des Himmels abzuleiten, und Dieppurch fügte noch 1476 seinen Annalen ein Blatt über diese Frage ein.[1] *Der Verlust derjenigen Kräfte, auf deren Schultern im Wesentlichen allein die Leitung des Hauses geruht hatte, führte naturgemäss zu Erwägungen,*[2] *ob die bisherigen Einrichtungen sich bewährt hätten oder nicht. Man verhehlte sich nicht, dass bisher der Rektor mit Einem oder Zweien das Haus in geistlichen und weltlichen Dingen lenkte, während die Andern bei der Seltenheit der Colloquia in die Geschäfte sehr wenig eingeweiht waren, auch wurde über Mangel an Ordnung geklagt. Der Gedanke, durch Umwandlung der Congregation in ein Collegiatstift der Sache zu dienen, hatte schon den ersten Rektor von Anfang an beschäftigt. Von Heinrich von Ahaus war Bernhard von Büderich 1437 an Papst Eugen IV. entsandt worden behufs Erwerbung von Privilegien zur Befestigung des gemeinsamen Lebens.*[3] *Oft und gern erzählte er später, wie der heilige Vater auf seinen Bericht von den Lebensgewohnheiten der Brüder äusserte: „Gepriesen sei Gott, dass noch Menschen von solchem Wandel leben". Im päpstlichen Consistorium gab es Anhänger ihrer Richtung. Trotzdem rieth man Bernhard, das in der alten Kirche gebräuchliche, später jedoch erkaltete gemeinsame Leben durch den Titel eines Collegiums zu stützen und zu befestigen. Den Versuchungen gegenüber, nach dem Beispiel so Vieler in der ewigen Stadt für sein Fortkommen zu sorgen, blieb Bernhard fest und erklärte, als niedriger Bruder sterben zu wollen. Kurz vor seinem Tode aber, als es sich vermuthlich schon 1457 um den Verzicht*[4] *Herzog Bernhards von Braunschweig auf das Bisthum Hildesheim und um dessen Nachfolger handelte, war. der Rektor als Gesandter des Domcapitels an die Curie in Aussicht genommen. Dieppurch giebt eine Aeusserung desselben wieder: wenn er noch einmal nach Rom komme, werde er so für das Haus sorgen, dass seine Bewohner künftig nichts zu entbehren brauchten, und beklagt diese Aenderung seines Standpunktes. Dass Gott diesen thatkräftigen, unermüdlichen Mann in den besten Jahren abgerufen habe, erscheint ihm als ein Hinweis, dass das Haus in der alten Niedrigkeit bleiben solle, unbekümmert um weltliche Geschäfte und auch um die Klosterreform und Aehnliches, wozu Bernhard gegen seinen Willen oft verlangt wurde. Nachdem seit 1449 die Entscheidung verschoben war, wurden die Privilegien des Lüchtenhofes 1463 einer erneuten Prüfung unterzogen und einstimmig angenommen.*[5] *Zugleich entschied man sich zwar für*

---

[1] *S. 49—51.* [2] *S. 61—64.* [3] *S. 28—31. Vgl. auch S. 206 und 207.* [4] *Bertram, Geschichte des Bisthums Hildesheim I S. 413.* [5] *S. 61—65.*

den Titel „Collegium", vermied es indessen in der Praxis von den Würden Canonicus, Capitel u. s. w. Gebrauch zu machen. Seitdem wurde der Rektor auch Senior genannt. Thatsächlich behielt es sein Bewenden bei den Namen und Begriffen der Congregation und der Priester und Cleriker des gemeinsamen Lebens. Ein ungewohnter Titel,[1] eine neue Tracht und ein feierliches Bekenntniss auf eine bestimmte Regel würden einen neuen Orden (religio) *bedeuten. Dagegen betont Dieppurch:* Vita autem clericorum communis non est novus aut inusitatus titulus set ex decretis patrum sumptus.

Nachdem der zu wählende Senior im Voraus auf die Befolgung der Statuten verpflichtet worden war, fand am 30. October 1463 unter dem Vorsitz des Sültepropstes Johannes Busch und Johann Loffs, Paters und Beichtvaters des Augustinerinnen-Schwesternhauses zu Eldagsen, die einstimmige Wahl Lamberts von Köln statt, der nach dem Orte seiner Erziehung auch von Immenhausen genannt wurde. Er leistete den genannten Patres den Treueid, empfing das Statutenbuch und von den Brüdern das Gelübde des Gehorsams. An der Wahl nahmen der Procurator Hermann von Rinteln, 6 Priester und 2 Cleriker Theil.

Während das Blatt, welches das Jahr 1465 behandelt haben wird, herausgeschnitten ist, schweigen die Annalen über die Jahre 1468 und 1469 vollständig, obwohl eine Lücke in der Handschrift nicht vorliegt. Da die Eintragungen über die Jahre 1471 und 1472 von Dieppurchs Hand herrühren, ihrem Inhalte nach aber im Wesentlichen sich auf Bauten, Weihung von Altären und dergl. beschränken, so liegt die Vermuthung nahe, dass der neue Senior Dieppurchs annalistischer Thätigkeit nicht günstig war und dass auch später ein nachträglicher Bericht nicht angezeigt erschien. Wie wenig beide Männer in den wichtigsten Fragen übereinstimmten, ergiebt die Thatsache, dass Dieppurch später die protokollarischen Eintragungen über die Verhandlungen der unirten Frater- und Schwesternhäuser, getreu seiner Abneigung gegen diesen Verband,[2] besonders vom Jahre 1465 ab[3] mit kritischen Zusätzen begleitete über die Nichtausführung seiner Beschlüsse und über die mangelnde Uebereinstimmung zwischen dem Senior und den Brüdern.

Im Mai 1466 änderte Bischof Ernst die von seinem Vorgänger Magnus dem Hause verliehenen Statuten in einer Reihe von Punkten ab.[4] Er dehnte den Begriff des gemeinsamen Lebens ausdrücklich auch auf Einkünfte von kirchlichen Lehen aus. Auf Anordnung des Seniors soll jeder Bruder unter Eid all seinen beweglichen und unbeweglichen Besitz ausliefern. Vor Empfang der Weihen werden die Fratres

---

[1]) S. 63. [2]) Vergl. S. 13. [3]) S. 263 ff. [4]) S. 53 und Urk. n. 8 (S. 172—175).

eidlich zum Verbleiben im Hause verpflichtet, ausgenommen den Eintritt in ein regulirtes Kloster oder das Ausscheiden mit Zustimmung des Seniors und des Convents. Die Wahl des Seniors und Procurators, die Pfarrbefugnisse des ersteren über die Canoniker und ihre Haus- und Tischgenossen, das Verbot besonderer Schlüssel, die jährliche Visitation durch den Senior mit zwei Brüdern, die Rechnungslegung durch den Procurator u. A. wurden geregelt. Die auf Vorschlag der Fratres vom Bischof bestellten Visitatoren sollen wenigstens alle vier Jahre ihr Amt ausüben.

Bald nachher wählten die Brüder zu Visitatoren den Dompropst Ekkehard von Wenden, Johann Clövekorn, Prior des Klosters Riechenberg bei Goslar, den Domherrn Dietrich von Alten und die Rektoren der Schwesternhäuser zu Münster, Herford und Eldagsen. Sie wurden vom Bischof bestätigt mit der Vollmacht, an seiner Statt zu verfügen und zu corrigiren und den von den Fratres erwählten Senior zu bestätigen oder abzusetzen. Dieppurch bemerkt dazu, dass die vom Bischof besiegelte Papierurkunde auch nach dem Ableben der Visitatoren für ihre Nachfolger anwendbar sein solle.

Die Wegnahme der Hinterlassenschaft des Weihbischofs Johann von Misina durch Bischof Ernst und die Sorge, durch Annahme eines Vermächtnisses des Ersteren das Haus mit unrechtem Gut zu beschweren, gaben den Anlass, zur Vorsicht bei Annahme von Geschenken und Uebernahme von Memorien zu mahnen. „Wenn Reichthum schon Religiose und Klöster zerstört, die an sich durch Armuth gebunden sind, um wieviel rascher und leichter die Congregationen von Clerikern, die doch weltlich sind und als solche gelten." Bei diesem Vorgange scheint es, als ob die zum Theil getilgten Worte gegen den Bischof den Vorwurf der Simonie gerichtet hätten.[1]

Nach Dieppurchs Meinung[2] ermuthigte die zwiespältige Bischofswahl von 1471 die Handwerksämter der Schuhmacher und Schneider in den Jahren 1476 und 1480[3] zu Vorstössen gegen die Concurrenz der Brüder. Im ersteren Falle wies die Einmüthigkeit der Benedictinerklöster mit den Carthäusern und dem Lüchtenhofe die Ansprüche zurück, später beschränkten sich die Abgesandten auf das Verlangen, dass keine neuen Schuhe im Hause angefertigt werden sollten. Darauf wurde der alte Schuster Johann Brink angewiesen, immer ein Stück altes Leder einzulegen.

Die Darstellung dieser Plackereien giebt dem Senior Dieppurch die erwünschte Gelegenheit, seinem bedrückten Herzen Luft zu machen.[4]

---

[1] S. 54 und A. [2] S. 72. [3] S. 85. [4] S. 85 f.

Die Nachkommen, schreibt er, möchten aus den begütigenden Worten gegen die Schuhmacher nicht seine Zustimmung schliessen zu ihren unbegründeten, neidischen und gehässigen Forderungen und namentlich auch nicht zu denen der Bösen — vermuthlich im Domcapitel —, die Jene und Andere, auch den Brüdern Wohlgesinnte, aufstacheln zum Verderben der Brüder und um Anlässe zu Verhandlungen vor dem Rathe und der Gemeinde gegen sie zu finden, weil sie damals Bischof Henning auf ihrer Seite hatten. Auf eine bessere Zukunft hoffend verzeichnet Dieppurch: „Hat nicht der Tag zwölf Stunden? Eine Generation geht und kommt und auf bewegte Winde folgen ruhigere Zeiten, ja so ruhige, dass sogar besiegelte Verträge verändert oder für nichtig erklärt werden", wie in dem vorliegenden Falle, da es Sache des Bischofs sei zu erklären, dass die Privilegien der Handwerksämter der Freiheit der Cleriker nicht schaden. Leider gestattet die Tilgung der folgenden Worte und der Mangel anderweitiger Nachrichten nicht, den Zusammenhang dieser eindringlichen Beschuldigungen zu ergründen. Noch einmal wiederholten später drei Abgeordnete des Schuhmacheramtes, darunter Einer aus dem Rathe, das Verbot der Anfertigung neuer Schuhe[1] und behaupteten fälschlich das Gerben von Leder im Hause. In Gegenwart der 7 Priester erneuerte der Senior gegenüber dem Frater Johann Brink und dem Laienbruder Johann als Schuhmacher das Verbot Schuhe anzufertigen.

In den 70er Jahren hatte der Lüchtenhof eine schwere Krisis durchzumachen in Folge des Verhaltens des dritten Rektors Lambert Holtappel. Als Frater früher friedlich und gehorsam, im Schreiben auch von Noten geschätzt, als Rektor erst von seltener Tüchtigkeit,[2] zog er sich durch unregelmässiges Leben ein Magenleiden zu und war angeblich zu seiner Erholung meist ausser dem Hause zu finden.[3] Diese seine Schwäche wurde die Quelle vieler Widerwärtigkeiten und Unruhen im Hause. Vergeblich waren die Bemühungen ihn zu bessern. Der Rektor zog sogar die Brüder in sein ungeordnetes Leben hinein. Endlich legte er 1476 sein Amt nieder, empfing das Dimissorium und nahm seinen Aufenthalt in einem Schwesternhause in Hessen, wahrscheinlich Merxhausen. Von Rostock kommend, traf er im Juni wieder in Hildesheim ein, verliess aber schon im August den Lüchtenhof mit einem neuen Dimissorium, das ihn verpflichtete, entweder vor Weihnachten zurückzukehren und dem Senior Gehorsam zu leisten oder sich einem anderen Prälaten zu unterstellen. Als keines von beiden geschah, wurde Lambert wegen Ungehorsams aus dem Kreise der Brüder ausgeschlossen

---

[1] S. 112. [2] S. 269. [3] Die Note S. 88d ist zu streichen.

und starb am 14. oder 15. September[1] *1481 im Augustiner-Frauenkloster Merxhausen bei Wolfhagen.*

Sein Nachfolger wurde Peter Dieppurch, der Verfasser der Annalen.[2] *Im ersten Jahre seines Rektorats trat an ihn das Bemühen heran,*[3] *nach dem Vorgang der Häuser zu Münster, Köln und Wesel alle bei dem Münsterschen Colloquium betheiligten Congregationen in einem Gesammt-verband mit päpstlichen Privilegien und mit einem Jahresbeitrag zu ver-einigen. Wiederum vertrat dagegen der Lüchtenhof unter Hinweis auf das Beispiel des ersten Rektors seinen abweichenden Standpunkt in dieser Frage. Die geplante Neuerung wurde damals aufgegeben. Auf seinen Wunsch schied Dieppurch aus der Verwaltung des von dem Dompropste Ekkehard von Wenden begründeten und reich dotirten Dreizehnurmen-hospitals auf der Neustadt aus.*[4] *Mit ihm stimmten die Fratres in der Auffassung überein, dass eine solche mit Vergütung verknüpfte Mühe-waltung dem Geiste des Hauses und dem gemeinsamen Leben wider-spreche. Die Nachfolger werden ernstlich auf die aus solchen Geschäften erwachsenden Schwierigkeiten hingewiesen. Nicht ohne Gewissensbisse nahm der Senior von demselben Dompropste 20 Goldgulden für Dotation einer wöchentlichen Todtenmesse am Altar der Märtyrer für ihn an.*[5]

Um jede Gelegenheit zur Erwerbung von Privateigenthum zu be-seitigen und die strenge Durchführung des gemeinsamen Lebens zu er-reichen, liess der Senior 1478 neue Schlüssel für die Kisten und Kasten anfertigen, die nur dem Senior und den beiden Schliessern (clavigeri) *zugänglich waren. Dem Procurator und dem Senior lag der Verschluss der Kiste mit Gaben für die Votivmessen und Vigilien und mit dem Erlös des Schreibmeisters vom Verkauf von Handschriften u. A. ob. Zwei Brüdern waren ebensoviel Kisten zur Verwahrung des Geldes der Schüler anvertraut.*[6] *Als sich 1486 die Schwierigkeit ergab, einen ge-eigneten Schliesser zu finden, betont Dieppurch,*[7] *dass auf den beiden Inhabern dieses Amtes, auf ihrer Eintracht und Selbstlosigkeit der Frieden und das Gedeihen des Hauses beruhe.*

Im Jahre 1479 führten Eigenmächtigkeiten[8] *von Brüdern in den Schwesternhäusern zur Abfassung einer strengen Ordnung*[9] *über die Abgrenzung ihrer Befugnisse, ihre Stellung gegenüber den Schwestern, die Verwendung der Einnahmen u. A. Bei dem Colloquium in Münster 1481*[10] *kam die Missstimmung gegen das bisher nicht vertretene Hildes-heimer Haus so stark zum Ausdruck, dass seine Ausschliessung zur Erwägung kam. Da war es der besonders als Prediger bekannte Rektor*

---

[1]) *S. 87 Anm. 3 und S. 88 Anm. 1.* [2]) *Vgl. S. XVIII.* [3]) *S. 74.* [4]) *S. 79. 80.*
[5]) *S. 80.* [6]) *S. 81.* [7]) *S. 107.* [8]) *S. 76.* [9]) *S. 77—79.* [10]) *S. 269.*

*des Fraterhauses Springborn in Münster Johann Veghe, welcher sich der
Angegriffenen annahm und das Erscheinen des Rektors von Hildesheim
in jedem dritten Jahre verkündigen konnte. Im folgenden Jahre bestätigte Bischof Barthold von Landsberg dem Lüchtenhofe Statuten[1]
über die Ordnung des Gottesdienstes unter Ertheilung von Dispensen in
einer Reihe von Punkten, wie die eingeschränkte Theilnahme an den
sonntäglichen Processionen und an der allgemeinen Procession, die Lectüre
bei Tisch, die Abhaltung des Capitels oder Colloquiums in Ermangelung
eines Capitelraumes, die Fusswaschung u. A. Unter Theilnahme des
Casseler Paters einigten sich 1483[2] die älteren Priester über die Annahme
eines mitgetheilten Formulars[3] für die Aufnahme von Laien, welchem
ein Laienrevers[4] folgt. Dem Capitel sollen nur Priester[5] angehören,
Meinungsverschiedenheiten und andere Fälle unterliegen der Entscheidung
des Colloquiums. Die Bewahrung der Geheimnisse des Hauses auch nach
dem Austritt wurde besonders eingeschärft.*

*Waren die beiden „Wehe", Pest und Theuerung, vorübergezogen, so
stellte sich 1484, wie Dieppurch schreibt,[6] als drittes die grosse drei-
jährige Fehde der Stadt gegen Bischof Barthold und seine Verbündeten
ein. Das feindliche Heer zerstörte den kostbaren Galgen und die Warte
auf dem Galgenberge. Bald folgte von dort aus die Beschiessung der
Stadt, man fürchtete die Zerstörung des Brühles mit der Neustadt durch
Griechisches Feuer. Inmitten dieser Gefahren entschlossen sich die
Brüder, nach dem Beispiele anderer Kirchen die seit 12 Jahren in Arbeit
befindlichen kunstvollen Gestühle (sedilia stallata) an Stelle der alten
von Tannenholz mit Pulten in der Kirche aufzustellen, was die Einen
als Neuerung und Luxus, zumal man nicht viel singen wolle, die Andern
als Schmuck der Kirche und dem Hause nicht nachtheilig erklärten.
Unter dem sechsten und siebenten Stuhle vom Vicesenior ab gerechnet
hatte man eine gemauerte Grube hergerichtet, um dort im Nothfalle
Kleinodien zu verbergen. Auch Handschriften, Privilegien und Utensilien hatte man an sichere Orte gebracht. Zum Schutze gegen die
Feinde rief man die Jungfrau Maria als Patronin des Hauses in Gebeten an. Nach einem geringfügigen Zusammentreffen bei der Sülte
und der Katharinenkirche zog der Gegner Ende Juli 1485 ab.*

*Nach der Resignation des Dompropstes Ekkehard von Wenden, der
als vornehmster Gönner des Hauses einen Schlüssel zum Lüchtenhofe
besass[7] und seinen Neffen dort unterrichten liess,[8] empfing die Con-*

---

[1] S. 376—379. Vgl. dazu S. 93.   [2] S. 98.   [3] S. 100—102.   [4] S. 102.
[5] S. 98.   [6] S. 103—105.   [7] S. 271.   [8] Im Texte ist zu lesen a[nno LX]XXVII.
[9] S. 109.

gregation von seinen Bevollmächtigten bei Uebernahme der von ihm da-
selbst hinterlegten Sachen und Urkunden 200 Gulden zur Erwerbung
eines Hauses für die Schüler (scolares). *Sein Testament enthielt darüber*
noch die Bestimmung, dass das Haus zur Sammlung der Schüler, zu
ihrem Unterricht und zu ihrer Vorbereitung für ein Kloster oder zum
Priesterstande dienen solle. Auch durften die Zinsen für studirende
Scholaren verwandt werden.

Ueber die Aufnahme und Unterweisung von Schülern bringen die
Annalen wenn auch nicht eingehende doch unbedingt zuverlässige Angaben.
Der erste Rektor Bernhard vertrat den Standpunkt, dass etwaige Ueber-
schüsse vom Ertrag der Händearbeit zur Heranziehung armer Scholaren,
sonstiger Bedürftigen oder für fromme Zwecke zu verwenden seien.[1] *Aus*
der Zeit des Rektors Lambert, etwa um 1466, liegt die Nachricht[2] *vor,*
dass die Pflege der geistlichen Betrachtungen (collationes) *nach dem*
Muster der Häuser zu Deventer und Zwolle zur Herbeiziehung von
Clerikern erfolglos geblieben sei wegen der ungeeigneten Lage des Hauses,
aber auch in Folge des zügellosen Wandels der (Kloster- und Pfarr-)
Schüler, wegen der Härte der Lehrer und des Widerstandes des Clerus
gegen die Concurrenz der Brüder, jedoch hätten besuchende Schüler und
Andere nicht ohne Gottes Wort das Haus verlassen. Schon vor dem
Wendenschen Legat hatten die Brüder eingehend mit dem Domcapitel
über die Erwerbung eines Schülerhauses verhandelt, doch scheiterte die
Sache an dem Domscholaster. Trotz dieser ungünstigen Verhältnisse, die
den Gedanken nahe legten, auf den Schulbetrieb zu verzichten, konnte
Dieppurch zwei Jahre vor seinem Tode verzeichnen,[3] *in dem Zeitraum*
von 1465 bis 1492 hätte das Haus einen ziemlichen Zufluss von Schülern
gehabt. Er bittet Gott um unverdrossene Arbeiter in seinem Weinberge,
„wozu die Modernen mehr geneigt sind als zur Beschäftigung mit den
Ceremonien". Zwei oder drei Domherren[4] *hatten 1491 dem Bischof zu-*
getragen, die Brüder hielten in geschlossenen Kammern heimliche Con-
ventikel ab unter Belehrung und Predigen vor Auswärtigen. Darauf
ordnete Bischof Barthold an, dass diese Collationen nur bei offenen
Thüren und stets nur von Einem gehalten und Prüfung und Discussion
durch die Zuhörer ermöglicht würden. Nach einer Unterredung des
Viceseniors und Schreibmeisters mit dem Bischof übersandte Dieppurch
diesem eine im Wortlaut aufgenommene Bittschrift, die den Anklägern
vorgelegt wurde. Die Brüder des Lüchtenhofes bitten, mit den Schülern
und besuchenden Clerikern wie früher verkehren und geistliche Uebungen
abhalten zu dürfen, wie sie es seit über 50 Jahren bei wechselndem

---

[1] *S. 58.* [2] *S. 56—57.* [3] *S. 56—57 Anm. e.* [4] *S. 124 f.*

Zufluss meistens gegenüber ihren Landsleuten bethätigt haben. Unter Hinweis auf die Beschränktheit der Räume, auch der Kirche, wird um Belassung der bisherigen Gewohnheit jedoch bei offenen Thüren nachgesucht. Nachdem die Bittschrift durch vieler Domherren Hände gegangen war, ertheilte der Rektor der Domschule den Schülern eine erweiterte Erlaubniss zum Besuch der erbaulichen Ansprachen.

Im Jahre 1490 wurde das Colloquium zu Münster durch Gerhard Goch und den Laienbruder (secularis) *Heinrich beschickt.[1] Sie überbrachten Dieppurch den Auftrag des Münsterer Paters, ihm zu begründen, weshalb die austretenden Glieder des Hauses* (filii inconstancie) *durch das erlangte Privileg gezwungen würden, nicht zurückzukehren, sondern in einen Orden einzutreten. Damit kann nur die Statutenänderung Bischof Ernsts und zwar der oben erwähnte Punkt[2] gemeint sein, dass nur der Eintritt in einen reformirten Orden oder die Verschickung in ein anderes Haus auf Geheiss des Seniors und Conventes von dem Verbleib bei den Brüdern entbinde. Dieppurchs nicht ganz klare Ansicht, die er nicht immer von Wort zu Wort, sondern dem Sinne nach* (sensum ex sensu) *aufgezeichnet hat,[3] lässt sich in Folgendem kurz zusammenfassen: Keiner soll vom Hause entlassen werden, ohne zuvor das Brüdergewand mit dem der Geistlichen vertauscht und seine Absicht des Eintritts in den Ordensstand* (religio) *erklärt zu haben. Dies gilt vor Allem für die als Priester Ordinirten. Cleriker und Laien erhalten eine Erlaubniss* (licenciatorium) *immer nur, um in einen höheren Stand sich zu begeben, nicht in die Weltlichkeit* (seculum). *Dass aber die trotz Beibehaltung der Tracht als weltlich Lebenden excommunicirt werden bis zur Ablegung der Tracht oder Ausweisung aus Deutschland* (a finibus nostris), *nämlich nach Ungarn, Livland, England u. s. w., erscheint für die Gewissen der Brüder geboten, weil sie nicht Religiose sind, sondern in der Welt religiös leben wollen. „Denn — so lauten die Worte — von dem päpstlichen Stuhle zu verlangen, dass solche gezwungen werden entweder in ein Kloster zu treten oder zu den Brüdern zurückzukehren, scheint mir nichts Anderes zu sein, als auf unsere Kosten unsere Freiheit, die Hauptzierde der christlichen Religion* (libertatem nostram, singulare decus Christiane religionis) *zu verkaufen und eine grosse Last, Bande und Gefangenschaften einzutauschen, den Klosterleuten zum Gefallen und zur Annäherung darin, dass auch wir uns der Knechtschaft derer unterwerfen, die nur mit Strafen gebessert werden. Denn es ist dasselbe, als wenn wir feierlich Profess thun. Es fehlt nur noch, dass auch die Ordensregel angenommen werde." Dieppurch*

---

[1] *S. 112 f.* [2] *S. XXVII.* [3] *S. 113—115.*

fügt dem hinzu, er erinnere sich einst der ersteren Ansicht gewesen zu sein, doch sei er durch Gabriel Biels Antwort bekehrt worden, es gebe schon genug Religiose. Wenn schon die Klöster durch Unbeständige und Zügellose der Entartung (irreformatio) *verfallen, wie rasch würde das Leben der Brüder durch Rückberufung der zahlreichen Widerspenstigen und Unbeständigen zerstört werden? Es sei besser, die räudigen Schafe sich selbst zu überlassen als das ganze Haus anzustecken. Dieppurch beruft sich auf die Regel Benedicts, Augustins u. A. und auf die alte Kirche, während erst die neuere an Stelle der Ausweisung die Haft gesetzt habe. „Uns genügt es wie im gemeinsamen Leben so auch hierin mit den Alten übereinzustimmen."* Der Bericht[1] *über die Schicksale der von dem Hause abgefallenen Fratres Nicolaus Lesse und Johann Serges redet eine deutliche Sprache zu den vorangehenden Ausführungen.*

Im folgenden Jahre (1491) suchte Dieppurch durch seine Vertreter Goch und einen anderen Bruder bei dem Colloquium zu Münster die Patres von Deventer und Münster für Visitation des Lüchtenhofes zu bestimmen. Während Jener verhindert war, sagte Dieser zu und unternahm Mitte August mit dem Herforder Rektor die Reise nach Hildesheim, musste jedoch beim Kloster Möllenbeck in Folge der Fehdeankündigung Herzog Heinrichs zu Braunschweig gegen die Stadt und den Clerus zu Münster und wegen Hochwassers umkehren. Auch der Pater des Augustinerchorherrenstiftes Hamersleben, der bereits früher visitirt hatte, sah sich vor Weihnachten behindert. Mitte October jedoch — früher schon vor Michaelis — fand die Visitation durch Johann Dusseldorp, den Rektor des Brüderhauses zu Magdeburg, und durch den Prior des Klosters Riechenberg bei Goslar statt. Mit den Visitatoren auf dem Fussboden oder auf dem Estrich sitzend, vernahm die Versammlung nach einleitenden Worten des Priors die Ansprache des hochbetagten Rektors Dieppurch. Es scheine ihm am Nothwendigsten, diesem Hause einen geeigneten Senior zu geben, der persönlich die Angelegenheiten zu besorgen vermöge, besonders die auswärtigen nahe und fern, der mit dem Clerus verhandeln und die Colloquia der Patres wie Andere besuchen könne. Der Sprache, namentlich des Niederdeutschen unkundig, sei er in hohem Alter Dank der Geduld nicht Weniger 15 Jahre lang Senior gewesen, eine Sprache, die ihm aus dem Munde eines Andern unerträglich sein würde. Nur dem Namen nach sei er Leiter des Hauses, die beamteten Brüder seien seine Füsse, Augen, Ohren, Mund in und besonders ausser dem Hause, dem es nicht fromme, thatsächlich

---

[1] *S. 119—121.*

zwei Patres zu haben. Alle diese eindringlichen Ausführungen blieben jedoch ohne Erfolg.

Den ganzen Sommer 1491 hindurch vernichteten anhaltende Regengüsse das Getreide, Ueberschwemmungen versperrten den Kaiserweg (via regia), Ernte und Saat wurden gehindert. Unerhört war der Preis des Scheffels Getreide zu 16, 18 und 20 Schillingen und Niemand wollte Getreide verkaufen. Zur Besänftigung Gottes ordnete das Domcapitel eine allgemeine feierliche Procession mit dem Allerheiligsten am 2. September an. Dieppurch bemerkt dazu, die Gebete des Lüchtenhofes verdienten nicht erhört zu werden, Gott wisse warum. Auf die Einladung des Domkellners zur Betheiligung mit dem ganzen Clerus und auf die Zusicherung eines guten Platzes erschienen zwei Fratres und zwar unter dem Volke, die übrigen hielten Procession und Gottesdienst in der eigenen Kirche ab.

Die letzten Eintragungen Dieppurchs behandeln kurz die Fehde Braunschweigs und Hildesheims gegen Herzog Heinrich den Aelteren von Wolfenbüttel (1493) und die Theuerung dieses Jahres, als 600 Personen, darunter die Hälfte Kinder, vor der Thüre des Lüchtenhofes Almosen empfingen. Die in dieser Zeit erfahrene Güte Gottes stärkte den Glauben des dem Grabe zueilenden Seniors.

Aus dem reichen Inhalt der Annalen verdienen die Biographien besonders hervorgehoben zu werden, in denen Dieppurch die Gestalten der meisten verstorbenen Brüder festgehalten hat. Als Begründer des Hauses und durch ihre umfassende Wirksamkeit treten Frater Gottfried und der Rektor Bernhard von Büderich, dieser auch durch seine Schreibthätigkeit, in den Vordergrund, als Hauptwohlthäter der Priester Bruno vom Schüsselkorbe, der dem Lüchtenhofe seine seltenen mechanischen Instrumente und sein Meisterwerk eines Kelches vermachte. Mit besonderer Liebe wird Hermann Rinteln, Dieppurchs ältester Gefährte und als erster Novize von der Hildesheimer Domschule übernommen, gezeichnet, eine Säule des Fraterhauses, dem er als Koch, Procurator und Schreibmeister (scripturarius) lange Jahre diente, nach Johann Loffs Tode gegen 17 Jahre Leiter des Schwesternhauses zu Eldagsen. Unter den Opfern der Pest leuchtet die hingebende Gestalt des Arztes Heinrich Eisenach hervor, der, früher Rektor des Weissen Hofes zu Cassel, seinem Berufe erlag. Er fasste selbst ein Leben der h. Elisabeth ab, betheiligte sich an der Herstellung von Handschriften und war eifrig bemüht, die Sammlung der Bücher zu vermehren. Bei dem Frater Wilhelm in Cassel wird besonders die wissenschaftliche Befähi-

gung hervorgehoben. Als Typus der Selbstüberwindung erscheint Conrad Pattensen, der Conflict mit verschiedenen Orden angehörigen Verwandten wird bei dem Priester Gottfried geschildert. Durch seine Schreib-thätigkeit tritt Frater Conrad hervor, aber auch bei Andern werden die Leistungen auf diesem Gebiete verzeichnet. Neben dem Sacristan Nicolaus Calcar ziehen der Priester Conrad Steckeldey als Tischgenosse, der Koch Heinrich, der Buchbinder und Schneider Godeke und der in fernen Landen erfahrene Zimmermann Thomas aus Livland vor den Augen vorüber. Warnende Beispiele der Widerspenstigkeit und des Abfalls sind Johann Calcar und die schon erwähnten Nicolaus Lesse und Johann Serges.

In der Charakterisirung der Persönlichkeiten überragt, wenn ich nicht irre, Peter Dieppurch durch Eingehen und psychologisches Ver-ständniss andere biographische Aufzeichnungen kirchlicher Herkunft. Dabei kommt ihm zu Statten, dass sein Latein über einen umfang-reichen Sprachschatz verfügt und bei meist knappem, treffendem, öfter freilich auch schwerem und dunklem Ausdruck sich völlig freihält von dem Barbarismus, der Breite und Weitschweifigkeit Johann Buschs.

Schon zur Zeit des ersten Rektors Bernhard überschritt der Wirkungskreis der Brüder die Grenzen der niedersächsischen Bischofsstadt. Unter dem Einflusse, wie es scheint, des Dompropstes Ekkehard von Hahnensee, der in der Urkunde als Begründer des Lüchtenhofes be-zeichnet wird, überwies[1] Landgraf Ludwig II. von Hessen 1454 dem Hildesheimer Hause den Weissen Hof im Brühle zu Cassel zum Bau einer Capelle und zur Errichtung einer Congregation des gemeinsamen Lebens unter Verpflichtung zu Gebeten für sein Geschlecht und nahm beide Häuser in seinen Schutz. Für den Fall, dass das Casseler Haus seine Bestimmung nicht erfülle oder der Lüchtenhof die Filiale mit geeigneten Personen nicht besetzen könne, sollen der Abt von Bursfelde und der Prior zu Eppenberg (Karthaus) die Versorgung durch die Häuser zu Köln oder Münster bewirken. Im Jahre 1457 wurden je zwei Priester und Cleriker mit allem Nöthigen, auch für die Schreib-thätigkeit versehen, zur Einrichtung des Weissen Hofes entsandt, der bald mit Privilegien des Landgrafen und mit dem h. Kreuzaltar der nahen Kirche des Klosters Ahnaberg ausgestattet wurde. Aus den zahlreichen Beziehungen des Weissen Hofes zum Mutterhause seien die Erwähnungen eines Bündnisses und Recesses (1486), der Beitritt Cassels zur Union der Fraterhäuser von 1473, welcher der Lüchtenhof fernblieb,

---

[1]) *Vgl. S. 25 und Urkunden n. 5.*

*die Ermächtigung beider, das Münstersche Colloquium ein Jahr ums
andere zu beschicken, und die Erneuerung des Confraternitätsverhältnisses
durch das Casseler Haus im Jahre 1483 hervorgehoben. Das Original
der Bestätigungsurkunde Landgraf Wilhelms des Älteren von Hessen
für den Weissen Hof von 1490 [1] gelangte in die Hildesheimer Congregation.
Die Errichtung eines neuen Hauses in Marburg beschäftigte 1476 das
Münstersche Colloquium. Der Pater des Hauses Springborn übernahm
die Erkundigung, im folgenden Jahre bestätigte [2] Papst Sixtus IV
auf Bitten Heinrich Rodes im Hofe und seiner Ehefrau die am Fusse
des Löwenbachs zu Marburg begründete Collegiatkirche und das Haus
der Brüder des gemeinsamen Lebens. Die Bulle liess sich der Lüchtenhof
transsumiren, an dessen Visitationen der Marburger Rektor sich betheiligte.*

*Weit eingehender berichten die Annalen von der Gründung und
Entwicklung des Magdeburger Fraterhauses. [3] Während man bisher die
Anfänge dieser Congregation in das Jahr 1488 oder 1489 setzte, [4] erzählt
Dieppurch, dass Dr. Thomas, ein Arzt in Magdeburg, schon von dem
Rektor Bernhard († 1457) vergeblich die Entsendung von Brüdern be-
gehrte. Nach dem Wachsen der Schülerzahl des Lüchtenhofes erinnerte
sich Peter Dieppurch des Anliegens, im Jahre 1482 wurden Johann
von Bocholt, der erste Rektor des Magdeburger Hauses, mit einem Laienbruder, der zugleich Koch und Buchbinder, nach Magdeburg abgeordnet
mit den nöthigen Instrumenten, reichlichen Geldmitteln zur Ausstattung
von vier Brüdern mit Kleidung, Betten und allem sonst Erforderlichen.
1486 wurden eine Conföderation und Recess zwischen beiden Häusern
abgeschlossen, im Jahre darauf überwies man dem besonders nahestehenden [5]
Tochterhause eine Reihe von Paramenten.*

*Eine neue und besonders schwierige Aufgabe übernahm der Lüchten-
hof, indem er 1482 auf Bitten des Priesters Gerhard von Bolsward
der Verwaltung des von einem Hauptmann Hetto begründeten Fraterhauses zu Berlikum nordwestlich von Leuwarden in Westfriesland sich
unterzog. Die Priester Gervin und Gobelinus, der Bruder Johann
Hinsberch und später der Priester Nicolaus Dorsten wurden nacheinander
über Deventer und Zwolle nach ihrem Bestimmungsorte geschickt. Dankbar
wurde verzeichnet, dass die beiden jungen Pflanzungen zu Magdeburg*

---

[1]) *Urkunden n. 16.*   [2]) *Urkunden n. 10.*   [3]) *S. 90 ff. Vgl. auch S. 270.*
[4]) *Vgl. F. Wiggert, Über Martin Luthers Schülerleben zu Magdeburg und den
dortigen Verein der Brüder vom gemeinsamen Leben im Thal des h. Hieronymus,
auch Trulbrüder (Nulbrüder, Lulharden) genannt (Programm des Königl. Dom-
gymnasiums zu Magdeburg 1851 S. 7 und G. A. v. Mülverstedt Magdeburger Geschichts-
blätter Jahrg. 6 (1871) S. 253 f.* [5]) *S. 108.*

und Berlikum 1483 von der Pest verschont blieben. Aber der Tod des Rektors Gobelinus im Jahre 1485, das ungesunde Klima des Ortes, die weite Entfernung, der Ueberfluss an Clerus und die Unzuverlässigkeit der Friesen führten 1488 die völlige Auflösung dieser Station herbei. Als 1496 der Bischof von Lübeck und Domdechant zu Hildesheim Dietrich Arndes von dem Lüchtenhofe sich einen Beichtvater für das Schwesternhaus in Plön erbat, nahm man es nicht ohne Bestürzung auf, da von einer Ablehnung der Verlust des Altars ss. Innocentum in der Capelle s. Anthonii im Kreuzgange des Domes für den Senior befürchtet wurde. Nur probeweise und unter Vorbehalt der Rückkehr folgte der Frater Heinrich Götting dem Rufe. Zur Reform des Fraterhauses zu Culm in Westpreussen wurde endlich vom Lüchtenhofe der Bruder Johann Hasselt entsandt,[1] in welchem Jahre ist nicht überliefert. Er starb dort 1512. Ihm folgten auf dasselbe Arbeitsfeld Hans Oldenborch und Nicolaus von Köln, die beide 1522 in Culm starben.[2]

Es bleibt übrig des Verhältnisses zu gedenken, welches zwischen dem Lüchtenhofe und dem einzigen Schwesternhause der Diöcese, Marienthal zu Eldagsen, einem alten Archidiakonatssitze, bestand. Im Jahre 1437, als bereits Gottfried in Hildesheim seine Thätigkeit entfaltete, bestätigte[3] Herzog Wilhelm der Aeltere zu Braunschweig und Lüneburg die Aufnahme von Schwestern des Augustinerinnenklosters Wittenburg in dessen Hofe zu Eldagsen durch den Rath und gestattete ihnen die Tuchbereitung und den Gewandschnitt, wozu Herzog Erich I. von Calenberg und seine Gemahlin Katharina 1501 die Ausübung des Schneiderns, Schmiedens und Radmachens für ihren und ihrer Zugehörigen Bedarf fügten und andere Freiheiten verliehen.[4] Als Leiter des Schwesternhauses wurde von den Visitatoren 1443 Johann Loff berufen, später waren Adam und Heinrich Huls, Fratres des Lüchtenhofes, in Eldagsen stationirt, deren pflichtwidriges Betragen jedoch die Festsetzung einer Ordnung für das Verhalten der Brüder im Schwesternhause zur Folge hatte. Der schwierigen Aufgabe war dann Hermann Rinteln als Rektor und Beichtvater bis zu seinem Tode (1491) in vollem Masse gewachsen.

Aus der Fortsetzung der Annalen seien noch folgende Begebenheiten im Lüchtenhofe erwähnt. Ueber die Wahl eines Rektors, entweder Goswin Wagenings (1494) oder seines Nachfolgers Johannes Hinsberch (1495) hat Henning Kalberg, Abt zu s. Godehard, in seinem Copialbuche[5] verzeichnet: In electione patris in congregacione fui presens et habeo

---

[1] S. 289. [2] S. 293. 295. [3] S. 202 f. [4] S. 203 f. [5] Im Staatsarchiv zu Hannover VI 61 fol. 31'.

penes me c[ap.] I ex suis statutis de eleccione senioris.[1] *Noch einmal (1502) zog der Bau eines grossen Hauses innerhalb kurzer Zeit die Aufmerksamkeit der Väter der Stadt auf sich.[2] Der gesammte Rath und die Vierundzwanzig erschienen im Lüchtenhofe, waren aber von der Auskunft befriedigt, dass es sich nur um die Verlängerung des Schlafhauses handele. Auf die Herrschaftsgelüste des gemeinen Mannes* (Hans de man) *führte der Rektor die Feindseligkeit gegen Bischof, Domcapitel und Rath zurück. Ueber das Eindringen der Reformation und insbesondere in den Lüchtenhof, fehlt es an jeglicher Nachricht. Im Jahre 1546 unterwarf sich die Congregation dem protestantischen Rath und einer geregelten Finanzcontrolle durch zwei deputirte Bürger. Mit einem Verzeichnisse der in den Jahren 1512 bis 1568 dem Rathe, Bischof und Domcapitel und Herzog Heinrich dem Jüngeren von Wolfenbüttel geleisteten Steuern und anderen Lasten schliesst die Fortsetzung der Annalen ab.*

Peter Dieppurchs Excurse.

An manchen Stellen der Annalen und besonders in den Biographien sind kirchliche und religiöse Fragen gestreift oder hie und da mehr oder weniger eingehend behandelt worden. Ausserdem hat Peter Dieppurch, anknüpfend an von ihm erzählte Begebenheiten, in vier Excursen einerseits zu zwei Punkten der kirchlichen Lehre Stellung genommen, andererseits den Brüdern des gemeinsamen Lebens die Richtschnur ihres Handelns vorgezeichnet und ihren Gegensatz zu den Orden nachdrücklich betont. Da diese Bekenntnisse in einem gewissen planmässigen Zusammenhang stehen, erschien es angemessen, die vier Excurse hinter einander wiederzugeben.[3] Auf das Wesentlichste des Inhalts sei hier kurz hingewiesen.

In einem 1468 niedergeschriebenen Rückblick auf die geistliche Entwicklung des Hauses bemerkt[4] Diepurch zum Jahre 1443, dass damals der Rektor Bernhard der einzige Priester des Hauses gewesen sei und ausserdem oft die Messe bei dem Dompropste celebrirt habe. Dazu sei die Verhängung des $2^1/_2$ Jahre dauernden Interdicts[5] über die ganze Stadt gekommen, weil der Rath, wie auch sonst bekannt ist, zur Wiederherstellung des theilweise eingefallenen Rathhauses eigenmächtig den Steinbruch des Klosters Marienrode benutzte. Während des Interdictes hörten die Brüder äusserst selten die Messe, die einer

---

[1]) *Vgl. S. 216.* [2]) *S. 135. 136.* [3]) *S. 144—159.* [4]) *S. 9.* [5]) *Dass auch 1478 und 1482 dieselbe Kirchenstrafe auf der Stadt lastete, wird in den Anordnungen für den Gottesdienst (S. 366) beiläufig erwähnt.*

nach dem Loose im Refectorium des Hauses abhielt. Dieppurch fügt hinzu, je weniger die Brüder an den feierlichen Messen Theil nahmen, umsomehr seien sie zu sich selbst gekommen, und knüpft daran in dem ersten Excurse[1] eingehende, auf zahlreiche Bibelstellen gegründete theologische Betrachtungen.

Der häufigen Gegenwart bei dem Mysterium des Sacraments, wobei die Herzen oft dürr und leer bleiben, je reicher die heiligen Orte, die Reliquien, je häufiger die Messen, stellt Dieppurch die Einkehr im eigenen Herzen, die Gewissheit, dass der Mensch selbst der Tempel Gottes sei, das geistliche Essen und Trinken, die innere Theilnahme an Christi Leiden gegenüber, der Gewalt der Kirche zu binden und zu lösen und allen ihren Handlungen den alleinigen Mittelpunkt des Glaubens Jesus Christus, den Mittler zwischen Gott und den Menschen. Von Christus kann Niemand gegen seinen Willen ausgeschlossen werden. Wer zu ihm flieht, der wird der Freiheit wiedergegeben, mit welcher Schuld er auch beladen sein mag.

Dieppurch beklagt die Seltenheit der Liebe, Frömmigkeit und der wahren Religion einer demüthigen und schlichten Zwiesprache mit Christus. Viele drängen sich zum Priesteramte, denen es an der inneren Frömmigkeit fehlt. „Wir suchen und beanspruchen von Aussen einen grossen Schein von Heiligkeit, und während wir anderen helfen, gehen wir selbst an Hunger zu Grunde." Fast die ganze Welt ist voll von Priestern, die Kirchen von Altären und wer für einen armen Priester oder vielmehr für Freunde, Sohn oder Enkel, einen Altar stiften kann, glaubt seines Seelenheils sicher zu sein. Dieppurch widmet diese Gedanken den Niedrigen zum Troste und denen, welchen unbeschadet des kirchlichen Gehorsams die Geheimnisse der Herzen mehr gefallen.

Der zweite Excurs[2] geht aus von den letztwilligen Verfügungen des Priesters Bruno vom Schüsselkorbe vor Notar und Zeugen zu Gunsten des Lüchtenhofes im Jahre 1447. Auf die Frage des Rektors,[3] was er für solche Wohlthaten an Messen, Vigilien, Memorien wie viele Andere wünsche oder verlange, erwiderte Bruno: „Ob wohl Gott dessen nicht gedenken kann, ohne dass Ihr und Andere Memorien daraus macht? Wenn ich Memorien der Menschen suchte, wüsste ich meine Angelegenheiten anders oder zu meinem Ruhme zu ordnen." Dieppurch fügt hinzu, Bruno habe die Gnade Gottes sich dadurch gesichert, dass er auf Memorien der Menschen verzichtend nur um Gottes Willen das Seine gab, ohne für Fleisch und Blut, nämlich für Verwandte und Freunde zu sorgen.

---

[1]) S. 144—150. [2]) S. 150—152. *Vgl. auch S. 309 - 310 und Register.* [3]) S. 15.

Es wird ausgeführt, dass die einfache, bedingungslose Hingabe des Besitzes an Arme, Kirchen und Klöster und ohne Rücksicht auf eine Wiedervergeltung nach dem Tode lobenswerther sei als die Stiftung von Memorien, Psalmen und feierlichen Begräbnissen. Dem liege ein Mangel an Vertrauen in die Weisheit Gottes zu Grunde, als ob Gott die Stiftungen vergesse, wenn sie nicht durch die Memorien der Menschen in Erinnerung gebracht werden. Zugleich hafte an den Memorienstiftungen die menschliche Eitelkeit und Habsucht, die bei der Gewissheit, die Schätze hier zurücklassen zu müssen, um die Vermächtnisse und den Nachlass nach Möglichkeit einen Lohn im Jenseits eintauschen wolle. Wenn auch nicht Heilige, wollen doch die Memorienstifter ihre Namen auf Erden verewigen, während bei dem jährlichen Gedächtnisse doch auch die Sünden der Verstorbenen wieder aufleben. Dazu werde die Ausführung der Bestimmungen des Stifters, zumal wenn sie sich häufig wiederholen, oft als Last empfunden. Arm und nackt aus der Welt zu scheiden, Niemand zu verpflichten sei das Vollendete, seien doch auch von den Heiligen dergleichen oder ähnliche Einrichtungen nicht bekannt.

Im Anschluss an die den Charakter und die Verdienste des Rektors Bernhard nach allen Seiten würdigende Biographie[1] lehnt Dieppurch im dritten Excurse[2] den etwaigen Verdacht der Leser ab, dass er beabsichtige, die Brüder wie Heilige zu zeichnen[3] oder von Wundern zu berichten. Bei Verlesung der Namen der Wohlthäter soll ihrer in Gebeten gedacht werden, damit Gott ihnen gnädig sei, wenn sie bei der menschlichen Gebrechlichkeit und in den Unruhen und Sorgen der Gründung des Hauses in Predigten und geistlichen Uebungen nachlässig gewesen seien. Dieppurch bemerkt, dass die Zahl der nach 1444 Eingetretenen, d. h. dem Hause treu Gebliebenen, geringer sei als die der zur Weltlichkeit oder zu Orden wieder Ausgeschiedenen. Ob Letztere der Brüder unwürdig oder diese Jener, überlässt er allein Gottes Urtheil. „Grösser ist und wird der Erfolg des gemeinsamen Lebens der Cleriker sein, wenn sie nicht wie ein Leben von Heiligen führend geehrt, sondern in Verborgenheit und Niedrigkeit verachtet werden wie die, von denen hier gehandelt wird. Denn wenn die Heiligkeit an die Oeffentlichkeit tritt, schwinden schnell die Frömmigkeit und Niedrigkeit, und in demselben Masse wird oft von dem Wahren und Innerlichen gewichen, als die äussere Schätzung der Menschen beginnt. „Es ist gut zu fliehen, zu schweigen und zu ruhen.“ Dieppurch weist auf die Verweltlichung in der Geschichte der Kirche hin

---

[1] S. 27—35. [2] S. 152—154. [3] Vergl. auch S. XVIII.

und äussert: „Ich weiss auch andere lieber zu verschweigende Beispiele."
Er ermahnt die Nachfolger, als treue Söhne für Jene zu beten, deren
Wohlthaten sie geniessen, und an den überkommenen Einrichtungen
und Gewohnheiten festzuhalten.

Anknüpfend an das Beispiel der Habgier eines Klosters und zur
Genügsamkeit und Zufriedenheit mahnend, berührt Dieppurch im Ein-
gang des letzten Excurses[1] *die bald offenen, bald heimlichen Anfech-*
tungen der Brüder seitens ihnen geistlich nahestehender Religiosen und
tröstet sich damit, dass auch das Christenthum von Jugend auf verfolgt
worden sei. Es gebe unter scheinbar mit ihnen Einmüthigen Solche,
die Gott gehorsam zu sein glaubten, wenn es ihnen gelänge, einen
falschen Ueberredungen zugänglichen Bruder von dem bisherigen, an-
geblich unsicheren und gleichsam schiffbrüchigen Leben ihrem Orden
zuzuführen, als ob Gott nur ihnen, keinem Anderen gehöre. Unter
Missbrauch des ihnen geschenkten Vertrauens und ohne wegen eines
zweifelnden Bruders mit dessen Beichtvater zu berathen, brechen sie
grausam unter die Schafe Christi ein, um ihn an sich zu ziehen.
Dieppurch räumt ein, dass das Aufsteigen zu einem höheren Wandel
und zumal vom Cleriker zum Ordensmann erlaubt sei, immer aber
bleibe es ein Zeichen der Ungeduld und Unbeständigkeit. Er beleuchtet
eingehend die bestechenden Seiten des Ordensstandes und bekennt sich
zu der Religion nicht im Buchstaben, sondern in der That und Wahr-
heit. Nicht die Hörer des Gesetzes, sondern die Thäter sind gerecht
bei Gott. Dieppurch verweist eindringlich auf die Evangelien als die
Grundlagen hin, die ihm Pfarrer, Gesetz und Orden ersetzen und selbst
Regel, Orden und Gesetz sind. Bei aller Anerkennung der Gründer
der Orden und ihrer Nachfolger hält er die Möglichkeit eines anderen
Weges zur Vollkommenheit aufrecht und verweist auf den Abschnitt
von der Religion in dem leider verlorenen Capitel „Vom Leben der
Cleriker".

Urkunden und Briefe.

In Anschluss an die Annalen werden die im Priesterseminar zu
Hildesheim verwahrten Originalurkunden, Copien und Briefe mit ver-
einzelten bereits gedruckten Stücken anderer Provenienz mitgetheilt. Ist
ihre Zahl auch nicht beträchtlich und der Inhalt nicht bedeutend, so
beziehen sich diese Dokumente doch auf die verschiedenen Seiten der
Verwaltung des Lüchtenhofes. Zu nennen sind die Bestellung eines

---

[1] S. 154—159.

Psalters durch die Herzogin Anna von Lüneburg,[1] die Anfertigung eines Siegelstempels,[2] Klagen über die Unziemlichkeit der Tracht einer Jungfrau im Dreizehnarmenhospitale,[3] eine Entscheidung über den Zehnten zu Segeste,[4] die Aufnahme des Seniors und Convents in die Union und Immunität des Domstiftes (1536)[5] und der Revers Dietrich Fynemans als Tisch- und Hausgenossen des Lüchtenhofes (1554).[6]

Aus einer Herforder Handschrift im Staatsarchiv zu Münster sind Auszüge von Briefen des achten Rektors Paul Nagelsmedt von Ahlen in Hildesheim (1520—1559) an zwei Rektoren des Herforder Hauses aus den Jahren 1526—43 aufgenommen,[7] die besonders anderweitige Nachrichten über die Schicksale der Klöster in Hildesheim bei Einführung der Reformation bestätigen und ergänzen.

Die Statuten der Congregation im Lüchtenhofe.

In seiner Prologus primus sive prefacio in statuta nostra *überschriebenen Einleitung[8] setzt Dieppurch in Uebereinstimmung mit den Annalen[9] die Abfassung und Annahme der Statuten in das Jahr 1463. Das von ihm erwähnte Original des Statutenbuches ist nicht erhalten. Die unserem Texte zu Grunde liegende Abschrift[10] ist von* einer *Hand gegen Ende des 16. Jahrhunderts vermuthlich in Hildesheim geschrieben und erweist sich ihrem Inhalte nach als die Statutensammlung der Fraterhäuser zu Münster, Köln und Wesel, welche A. Miraeus in seinen* Regulae et Constitutiones Clericorum in Congregatione viventium *(Antwerpen 1638) S. 142—150 in Auszügen veröffentlicht hat. Der Abdruck der Hildesheimer Handschrift erscheint durchaus gerechtfertigt, weil sie den vollständigen Text darbietet, während Miraeus zwar in vielen Sätzen wörtlich mit jener übereinstimmt, aber z. B. von dem Abschnitt* De capitulo generali[11] *nur die ersten 11 Zeilen, von dem Capitel über die Rektorwahl[12] nur die erste Hälfte bis* impetranda *mittheilt; der* Modus eligendi rectorem hujus domus[13] *fehlt ganz, ebenso der Abschnitt* De rubricatore,[14] *der über den Novizenmeister[15] ist dort auf vier Zeilen gekürzt. Auch sonst finden sich viele Abweichungen.*

Da das Latein zu Bedenken keinen Anlass giebt, ist anzunehmen, dass der hier vorliegende Text die ursprüngliche Fassung im Wesentlichen getreu wiedergiebt.

---

¹) n. 13. ²) n. 18. ³) n. 19. ⁴) n. 15. ⁵) n. 28. ⁶) n. 30. ⁷) S. 200—202.
⁸) S. 206—208. ⁹) S. 62—64. ¹⁰) Vgl. S. XL ¹¹) S. 212—214. ¹²) S. 216.
¹³) S. 216—218. ¹⁴) S. 229. ¹⁵) S. 229—230.

Protokolle und Aktenstücke der unirten Frater- und Schwesternhäuser.

Mit ziemlicher Sicherheit ist anzunehmen, dass sowohl die als „Prolog" bezeichneten Betrachtungen über die Grundsätze der Brüder des gemeinsamen Lebens[1] als die folgende Stiftungsurkunde der zum jährlichen Colloquium in Münster vereinigten rheinischen und westfälischen Frater- und Schwesternhäuser[2] und die protokollartigen Aufzeichnungen über die Beschlüsse der Colloquia von 1431 bis 1444 einschliesslich[3] eine von Peter Dieppurch ohne Unterbrechung, also vermuthlich bald nach dem Schlussjahre für den Lüchtenhof hergestellte Abschrift darstellen. Soweit festzustellen war, sind weder die grundlegende Urkunde von 1431 noch die Protokolle bisher bekannt, nach gütiger Mitteilung meines Herrn Collegen F. Philippi auch im Staatsarchiv und im Priesterseminar zu Münster nicht erhalten.

Nach Beendigung der Münsterschen Fehde hat dann Dieppurch von 1458 ab fast von Jahr zu Jahr bis 1490 auf Grund der ihm zugegangenen Nachrichten die Beschlüsse verzeichnet. Von dieser rein geschäftsmässigen Behandlung geht er als Rektor 1477 zu eingehenderen Berichten über den Verlauf der Colloquia über, zumal seitdem der Lüchtenhof selbst Vertreter dorthin entsandte. Ausser den oben erwähnten[4] kritischen Bemerkungen über die Nichtausführung der Beschlüsse und die abweichende Meinung des Hildesheimer Hauses erklärte Dieppurch 1483, das Haus könne nur Beschlüsse als bindend anerkennen, die ihm vorher zur Zustimmung mitgetheilt seien. Gleichzeitig wird der Entwurf einer erneuerten Generalunion der Brüder- und Schwesternhäuser im Wesentlichen wiedergegeben[5] und mit meist ablehnenden Zusätzen (correlaria) begleitet. Die kurzen Berichte der Nachfolger Dieppurchs schliessen mit dem Jahre 1506 ab.

Das Necrologium des Lüchtenhofes.

Die Eintragungen im Todtenbuche rühren von verschiedenen Händen 15. und 16. Jahrhunderts, darunter vereinzelt auch die Dieppurchs, her, sind jedenfalls bald nach dem Todestage erfolgt und umfassen, soweit sie datirt sind, den Zeitraum von 1453 bis 1563. Die in der Handschrift mit rother Farbe geschriebenen oder wenigstens roth unterstrichenen Monatsnamen und kirchlichen Festtage sind im Texte gesperrt gedruckt. Die Buchstaben A - G bezeichnen bekanntlich die Wochentage (Sonntag bis Sonnabend), die links davon stehende Ziffer das Monatsdatum. Mit-

---

[1] S 246—248. [2] S. 248—252. [3] S. 252—262. [4] S. XXVI. [5] 272—277.

getheilt sind alle Eintragungen des Necrologiums. Die Einrichtung des Necrologiums weicht von der im späteren Mittelalter üblichen nicht ab. Demnach sind ausser den Anniversaren und Memorien für die Verstorbenen und ihre Angehörigen öfter auch ihre Schenkungen und Stiftungen verzeichnet, bisweilen unter Hinweis auf die Wohlthäterlisten. Die Bedeutung des in jedem Monate vorkommenden Wortes Carta wird in dem Kalender der Necrologhandschrift (Bl. 5') so erläutert: Pro singularibus autem et precipuis benefactoribus [fiat memoria] in mense semel, quando carta[1] appenditur, que sic concluditur: ‚Et pro omnibus benefactoribus et orationes nostras desiderantibus, hoc est XII° in anno‘.

Verzeichnisse der Wohlthäter, Verstorbenen und Brüder.

Die einleitenden Bemerkungen[2] zu dem Verzeichnisse der Wohlthäter und der Verstorbenen des Hauses und das Verzeichniss[3] selbst hat Peter Dieppurch der Schrift nach zu urtheilen gleichzeitig mit der Abfassung der Annalen 1467 oder 1468 in der Handschrift 351 der Beverinischen Bibliothek niedergeschrieben. Unter den Verstorbenen sind die Namen von Johannes Calcar[4] ab bis Johann von Bocholt[5] sogleich nach deren Tode nachgetragen. Das eingehendere Register der Wohlthäter[6] von Dieppurchs Hand gewinnt dadurch an Werth, dass es, von einzelnen Zusätzen und Nachträgen abgesehen, etwa bis vor Eghardus Harlsem[7] in einem Zuge vermuthlich 1467 oder 1468 ins Reine geschrieben ist. Es folgen jüngere Eintragungen theils von Dieppurchs theils von zwei Händen nach seinem Tode.

Daneben enthält die Necrologhandschrift in unmittelbarem Anschluss an das Necrologium von einer in diesem begegnenden Hand ein 1479 angelegtes[8] Verzeichniss[9] der vornehmsten Wohlthäter, denen die bemerkenswerthe Eintragung[10] über den Hildesheimer Domherrn und späteren Bischof von Schleswig Ekkehard Durkop aus dem Jahre 1492 hinzugefügt ist. Daran schliesst sich eine kürzere Liste[11] von Mitarbeitern und Förderern der Gemeinschaft. Nach einer kurzen Betrachtung[12] über das Kommen und Gehen im Fraterhause wird auf den Unterschied im Inhalte der Confraternitätsbriefe der Klöster einerseits und des Lüchtenhofes[13] andererseits hingewiesen[14] als Uebergang zu dem umfangreichen Verzeichnisse[15] derjenigen Personen, Männer, Frauen und Jungfrauen, welche in die Confraternität des Hauses aufgenommen wurden. Auf ein

---

[1]) Vgl. S. 309 scodula—que appenditur semel in omni mense. [2]) S. 299—300.
[3]) S. 300—309. [4]) S. 300. [5]) S. 301. [6]) S. 301—309. [7]) S. 307 unten. [8]) S. 309.
[9]) S. 309—314. [10]) S. 314. [11]) S. 315. [12]) S. 316. [13]) S. 330. 331. [14]) S. 331.
[15]) S. 317—324.

*nach 1487 begonnenes und bis Anfang des 16. Jahrhunderts fort-
geführtes Verzeichniss der verstorbenen Fratres*[1] *folgt das Verzeichniss*[2]
*der verstorbenen Rektoren des Lüchtenhofes. Die drei ersten Rektoren
sind zusammen nach dem Ableben des Rektors Lambert von einer
Hand, die folgenden jedenfalls sogleich nach ihrem Ableben eingetragen.*

*In allen diesen Aufzeichnungen und Listen, deren Namen und
Inhalt sich theils ergänzen theils wenn auch in anderer Form wiederholen, ist eine Fülle von Nachrichten über die Ausbreitung der Congregation von ihren ersten Anfängen an niedergelegt. Der Mannig-
faltigkeit von Gaben der Liebe für die Brüder an Geld und Geldes-
werth, an Kelchen, Paramenten, Handschriften, Utensilien und Gegen-
ständen der verschiedensten Art entspricht die Verpflichtung des Hauses
zu zahllosen Anniversaren, Memorien und Gebeten.*

*Aus dem grossen Kreise der Gönner des Lüchtenhofes ist als
weltlicher Fürst Landgraf Ludwig II. von Hessen zu erwähnen.
Bischof Magnus von Hildesheim wurden die ersten Privilegien ver-
dankt. Von den Dompröpsten Ekkehard von Hahnensee und Ekkehard
von Wenden als Hauptwohlthätern*[3] *besänftigte der Erstere die Stürme
des Clerus und des Rathes gegen die Brüder und überwand die
Schwierigkeiten bei Erwerbung des Lüchtenhofes und später des einstigen
Weinbergs des Domkellners Burchard Steinhoff durch die Brüder.*[4]
*Eine Reihe von Würdenträgern des Domcapitels, Domherren und Dom-
vicare, auch der Schreiber Bischof Bartholds begegnen unter den Namen,
aber auch Angehörige anderer Stifter und Klöster in und ausserhalb
der Stadt bethätigten ihre Theilnahme für das Haus. Mit den älteren
Fraterhäusern zu Münster, Köln, Wesel und Herford waren die Brüder
verbunden, aber viel enger blieben ihre Beziehungen zu den Tochterhäusern.
Unter den nicht näher gekennzeichneten Personen sind meist Hildesheimer,
namentlich auch einfachen Standes zu vermuthen, während die Raths-
geschlechter vorwiegend unter den Stiftsgeistlichen vertreten sind. Das
Adelsgeschlecht von Stockem schenkte den Zehnten zu Segeste bei Alfeld.
Von auswärtigen Städten scheint namentlich Lübeck Verständniss für
das Hildesheimer Haus der Brüdergemeinschaft bewiesen zu haben.*

Der Festkalender des Lüchtenhofes, Anweisung für den Küster u. a. Aufzeichnungen.

In Verbindung mit den vorhergehenden Aufzeichnungen[5] *über die
Bringmansche Messstiftung und die täglichen Messen enthält der Fest-*

---

[1] S. 324—326. [2] S. 316, 317. [3] S. 313. [4] S. 26. Vgl. auch Urkb. der
Stadt Hildesheim VIII n. 817. [5] S. 331—334.

kalender unter Hervorhebung der Monatsnamen, Festtage, Zahl der amtirenden Canoniker, Subdiakonen und Vicare und anderer Rubriken durch rothe Schrift meist von einer Hand in verschieden grosser Schrift geschrieben, die zur Erhöhung der Festfeier getroffenen Vorbereitungen, die liturgischen und sonstigen Anordnungen. Daran schliessen sich wohl bald nach 1486[1] niedergeschriebene und besonders eingehende Bestimmungen[2] für die Ausgestaltung des Gottesdienstes,[3] die Anweisung für den Küster (sacrista), welcher die Statuten[4] Bischof Bartholds für den Lüchtenhof von 1482 und andere Anordnungen desselben eingefügt sind, Alles in Allem ein reiches Material für Erforschung der gottesdienstlichen Formen der Brüder und ihrer Abweichungen von den Ritualien der Stifter und Klöster.

Die am Schlusse[5] veröffentlichten Inventare der Utensilien, Paramente, Handschriften u. A. enthalten meist die Namen der Geber, oft eine kurze Beschreibung der Gegenstände, Vermerke über ihre Abgabe an die Tochterhäuser und dergl. Bei den Handschriften liturgischen Inhalts sind bisweilen die Schreiber angegeben, darunter auch Peter Dieppurch. Einige im Lüchtenhofe geschriebene Handschriften sind in der Herzoglichen Bibliothek zu Wolfenbüttel erhalten. In wieweit die Angabe Buschs[6] von dem bedeutenden Ertrage, der dem Lüchtenhofe aus Handschriften und Büchereinbänden zufloss, genau ist, entzieht sich der Beurtheilung, da keinerlei Rechnungen auf uns gekommen sind.

---

[1] *Vgl. S. 367.*   [2] *S. 350—374.*   [3] *S. 374—387.*   [4] *S. 376—379.*
[5] *S. 386—392.*   [6] *ed. Grube S. 547.*

Descripcio* quorundam eventuum circa domus nostre primariam erectionem et institucionem anno domini LXVIII.

Anno a nativitate domini millesimo CCCCXL post pascha[1] ad 1440. instanciam venerabilium personarum ex diffinicione patrum colloquii Monasteriensis missus fuit dominus Bernhardus[2] de Buderik cum domino Reynhero rubricatore et aliis duobus clericis, quorum unus dicebatur Johannes Batenborch[b], in Hildensem ad Gotfridum, qui morabatur eo tempore in Antiquo foro in curia, que vocatur Luremannes hoff. Clerici autem secundi missi, quia non perseveravit, nec nomen ejus exprimimus. Qui videlicet Godfridus[3] prefatus ad decem plus minusve annos deguerat in Hildensem pro facienda clericorum congregacione, vir senex et bonus, valde animarum salutem siciens, sicut patuit ex fructibus ejus, quibus justi secundum domini dictum[4] a falsis discernuntur fratribus. Nam vestibus, moribus et conversacione fratrum de congregacionibus clericorum preferens vitam, non minus facto docuit quam verbo. Multos enim utriusque sexus a vana seculari conversacione convertit ad dominum, quorum aliqui intrarunt religionem, alii congregacionibus clericorum aut sororum admixti usque ad tempora nostra floruerunt. Ad quoscumque pene devotos et reformatos venisses, Godfridi nomen in benedictione audisses. Qui eciam, antequam ad Hildensem venerit, unus de primitivis fratribus in Hervordia erat, et quamdiu ibidem steterit qualiterque conversatus fuerit, fratribus et patribus loci illius narrandum relinquimus.

---

a) *Fol. 1. Der erst später von Dieppurch niedergeschriebene und irrthümlich vorne in der Handschrift der Annalen eingeklebte Prolog zu den Statuten ist unten den Statuten vorausgeschickt.* b) *Hierzu wieder getilgte Note am Rande.*

1) *März 27.* 2) *mit Zunamen Dyrken, vgl. Gedächtniss-Buch des Frater-Hauses zu Münster, mitgetheilt von H. A. Erhard, Ztschr. für vaterl. Gesch. und Alterth. Bd. VI S. 91.* 3) *Ueber ihn vgl. Joh. Buschs Chronicon Windeshemense und Liber de reformatione monasteriorum, bearbeitet von K. Grube (Geschichtsquellen der Provinz Sachsen Bd. 19 Halle 1886) S. 545, 546, 549, 550.* 4) *Matth. 7, 16.*

1410. Ad Hildensem autem veniens nunc in domunculis conductis nunc in monasteriis cum monachis licet nondum reformatis stetit aut cum aliis devotis presbitris conmanens ligabat[a] et scribebat libros, informabat in via dei se visitantes et visitatos salutariaque monita, quibus habundabat, omnibus ministrabat. Undo et plurimos habebat libellos maximo Teutonicales, quos et cotidie scribendo augmentare sategit, devotos et aptos ad provocandum devotionem, ad incutiendum divinum timorem, ad accendendum divinum amorem et ad contemptum omnium mundanorum, utpote Quatuor novissima [1], vitas et exempla sanctorum, decem precepta et similia, quorum adhuc nonnullos habemus, aliquos forte subtractos amisimus, eo quod vir ille ex senio jam obliviosus, quos quibusque concesserit, ignorans fratribusque ceteris, utpote novis hospitibus, aliis occupatis. Sepius eciam a civibus seu aliis invitatus, quia multis carus fuit, aut de emendacione morum et vera vita disputabat aut ex libellis istis aliqua ad mensam legebat, ut occasionem salutarium colloquiorum convivantibus prestaret, quo fraudatus sepe, ut in talibus fieri assolet, garrulitatibus et dissolucionibus exortis et prevalentibus, ipse conpressis oculis omnino tacebat et comedebat aut quasi dormienti similis residebat. Quod eciam inter fratres positus sepe faciebat, si quandoque gracia loquendi in mensa data vel alias in collacione existens fratrum sermo secularis et multiloquia agitari cepisset inutilia. Sepe eciam studuit ammonere fratres et corripere de multiloquio vel clamosa locucione, de dissolucione vel indisciplinacione, quandocumque tale aliquid notavit. Ad increpaciones vel admoniciones proprias ita promptus et paratus fuit, ut non solum[b] eas pacienter audiret set ut audire et dici sibi mereretur, rogaret, ita ut eum in aliquo arguenti aliquando eciam Ave Maria causa mercedis promitteret legendum.

Vestibus, moribus et verbis per omnia putares ipsum tibi dicere ac clamare ‚Regnum [2] meum non est de hoc mundo‘ et ‚Non [3] habemus hic manentem civitatem, set futuram inquirimus.‘ Simplicitatem valde amabat, superfluitatem et curiositatem acrius increpabat. Multo zelo flagrabat erga convertendos homines et gloriam dei augendam in instituendis domibus et congregacionibus clericorum, sororum aut reformandis monasteriis. Ei licet ipse primus inchoare et instituere ceperit congregacionem clericorum in Hervordia, deinde multum adjuverit ad faciendam congregacionem clericorum in Hildensem, attamen adhuc paratum se prebuit ad

---

a) Fol. 1'. b) Fol. 2.
[1] Ueber Tod, Gericht, Hölle, Fegefeuer. [2] Joh. 18, 36. [3] Hebr. 13, 14.

inchoandam novam domum in Lubeke, quamquam circiter[a] octoginta 1440.
esset[b] annorum[c].

Hujus igitur viri studium erat explorare de loco convenienti ad
fundandam congregacionem in Hildensem cum adjutorio fautorum suorum,
dominorum videlicet in Cartallo[1], qui fuerunt dominus Wernerus[2] senior
in Cartallo, dominus Bruno, dominus Hermannus, dominus Hinricus
Sifridi[3] et alii plures, set et cives nonnulli. Quibus considerantibus ad
hoc negocium aptum arbitrabantur locum in Antiquo foro vulgariter
dictum Luremanshof[4], qui spectabat ad dominos in Cartallo, et Godfridus
eo in tempore ibidem morabatur aliquando solus, aliquando cum socio
clerico causa recreacionis[d] illic misso. Consensu igitur dominorum de
Cartallo obtento super loco predicto, utensilibus eciam nonnullis per Godfridum procuratis, estimantes se propositum habere, miserunt ad colloquium patrum in Monasterio pro rectore et personis, — Godfridus[e] enim
anno XXXIX obtinuit litteram ab episcopo Magno Hildensemensi[5], ut
possent habitare fratres in diocesi Hildensemensi — ubi etiam conclusum
fuerat, ut mitterentur 4[or f] persone predicti cum domino Bernhardo et,
si res prosperum haberet processum, tunc dominus Conradus Westerwolt
rector domus in Hervordia alios duos clericos de suis similiter illinc
mittere deberet in futurum tempore oportuno. Quibus patres colloquii
dederunt XX florenos de communi contribucione colloquii pro erectione
domus predicte.

Anno eodem circa festum Michaelis[6] pergens dominus Reynnerus
versus Monasterium et partes inferiores detulit secum clericum civitatis
Hildensemensis convertendum nomine Bertoldum Clinghenbiiel[7], quem
dimisit in Monasterio, qui diu ibidem socius, tandem factus fuit pater
sororum et confessor. Rediens autem dominus Reynerus versus Hildensem, cum venisset ad Hervordiam, adduxit secum clericum unum novicium
de domo clericorum in Hervordia debilem et infirmum, qui coquine
deserviret[g], ad quod eciam opus cum inutilis adjudicaretur, scriptorie
arti deputabatur, et sic ille idem frater primus fuit de Hervordia in

---

a) circiter auf Rasur. b) esset desgl. c) nach annorum durchstrichen
septuaginta. d) Fol. 2'. e) Godfridus bis Hildensemensi am unteren Rande der
Seite nachgetragen. f) 4or auf Rasur, wie es scheint später eingetragen. g) Hierzu
nomine Petri Diepurch von dessen eigener Hand später am Rande nachgetragen.

1) Das Collegiatstift s. Mariae Magdalenae im Schüsselkorbe zu Hildesheim.
2) Vgl. Busche Chronik S. 545 — 546. 3) Priester der Diöcese Paderborn und in
Hildesheim 1434, vgl. Urkundenbuch der Stadt Hildesheim IV n. 229. 4) Früher
Hof der angesehenen Rathsfamilie Lureman. 5) 1424—52. 6) Sept. 29. 7) Vgl.
Gedächtnissbuch des Fraterhauses zu Münster S. 93.

1440. Hildensem missus, alio similiter ad Hildensem mittendo fratre Hervordie retento, donec eciam tempore suo vocaretur, nomine Conradus Pattensce.

Anno[a] igitur domini XL veniente domino Bernhardo cum personis tribus predictis post pascham[1] ad supradictam curiam cives inibi inhabitantes paulatim liconciati a dominis de Cartallo transmigrare ac loco cedere conpulsi sunt, ut comodosior ac capacior fieret locus pro recipiendis fratribus. Erant autem duo domus magne altrinsecus posite, que usque hodie manent. In quarum una est capella, sicuti et adhuc est, cum campana et sub cappella cellarium, et in illa domo versus septentrionem morabatur Gotfridus, in alia autem domo opposita conmanebant cives distinctis mansiunculis cum ortulis retro mansionibus uniuscujusque proporcionatis. Civibus itaque ejectis excussisque distinctionibus parietum et sepibus in curia evulsis sub spe bona presumpta set vacua, ut postea patuit, factus est locus spaciosus tam in domibus quam in orto. Adaptatis ergo cellis, refectorio et coquina suis expensis residerunt ibi adminus duobus annis. Nam ea condicione emebatur locus ille, ut, si post centum annos redimi deberet, dempta summa capitali omnium edificiorum expense persolverentur. Sic enim factum dicunt de domo fratrum in Monasterio.

Anno primo s[cilicet] XL adventus fratrum in Hildensem dedit episcopus Magnus Hildensemensis litteram privilegiorum fratribus habitandi, erigendi capellas, celebrare, legere et cantare etc. per totam dyocesim suam. Hanc litteram nobis dominus[b] Johannes abbas de Bursfeldia procuravit[c] et in vigilia[2] sancti Andree apostoli et ipso in persona propria veniens ad fratres detulit eam. Dominus Bernardus enim eo 1441. tempore presens non fuit. Item anno sequenti ante pascha[3] missus fuit Conradus Pattenze de Hervordia ad fratres in Hildensem, cui et dominus Bernhardus eodem anno ad colloquium pergens commisit domum respiciendam et fratres cum Godfrido. Pergente itaque domino Bernardo cum domino Reynero alii duo clerici de Monasterio, sicut ordinatum fuit a domino Bernardo, sequebantur eos, portantes breviarium in magna forma, quod scripserunt fratres, in Hildensem. Illud enim scribendum secum detulerunt a Monasterio, ut pro primo operis quicquam haberent. Revertenti itaque domino Bernardo dederunt patres socium dominum Johannem Loff[4] pro[d] domino Reynero, qui fuit intraneus Monasteriensis, et X florenos

---

a) *Fol. 3.* b) *Fol. 3'.* c) procuravit et am *Rande.* d) pro domino Reynero *Zusatz am Rande.*
1) *März 27.* 2) *Nov. 29.* 3) *1441 April 16.* 4) Vgl. *Gedächtnissbuch des Fraterhauses zu Münster S. 92.*

B[enenses]. Manente autem in Monasterio Johanne Batenborch clerico, 1441.
qui postea missus fuit ad Wesaliam, ubi et mansit usque ad mortem,
alius clericus revenit consocius, cum quo venit et alius clericus nomine
Theodericus Blitterswiik¹ do Wesalia oriundus. Hic commanens scripsit
pro domo nostra Ysidorum De summo bono pro libraria nostra, item
dyalogum beati Gregorii pape etc. Eodem anno per litteram datam a
capitulo ecclesie majoris factus fuit consensus dominorum super privilegia
prefata. Circa idem tempus venit ad nos dominus Conradus Westerwolt
rector domus in Hervordia cum Hinrico Kalkar, qui docuit* fratres
facere blaveas et rubeas litteras et paginare. Nam pauci fuerunt fratres
et propter incommoda nonnulla, ut assolet in primordiis, non omnes qui
venerunt manserunt. Memini, quod nobis aliquando tempore studii et
silencii simul ad candelam sedentibus in eadem domo forte adminus
pariete intermedio saltarent, chorizarent et vanitatum ludicra exercebant,
ut domus et locus, ubi sedebamus, concuterentur. De cubilibus et
impuditiciis taceamus. Porro alias inconveniencias et defectus in lectis,
lectisterniis et vestibus ac aliis per singula commemorare non licet, cum
omni tempore benedicendus sit deus maxime ab hiis, qui egressi de Egipto
accedunt ad serviendum deo etc. Quamquam ad commovendum posteros
ad hospitalitatem hoc addimus, quemadmodum, licet fratres adhuc et
ipsi quodammodo hospites et advene essent, attamen magnam copiam
frequenter habebant hospitum. Omnes enim pene religiosi et proximi
eorum ad eos diverterunt a principio, usque dum reformarentur aliqua
monasteria in civitate et prope civitatem Hildensemensem, demptis nichilominus aliis peregrinis, quibus omnibus pro sua facultate dominus
Bernardus satis humanum et liberalem se exhibuit. Unde et sepe contigit, ut alibi divertens stratum proprium hospitibus relinqueret, frequentius
tamen hoc ipsum facere fratres alios necessitas conpulit hospitalitatis
causa, unde sepe accidit, ut duo in uno lecto condormirent, alii autem
in straminibus aut ubi melius poterant.

Anno⁰ d[omini] XLI venit ad nos Hermannus clericus de Rintelen
conversus per Godfridum et dominum Bernardum, qui fuit visitans in
Hildensem°.

Interea cives isti, qui loco cedere ad introitum fratrum compulsi
fuerant, dolentes querimonias moverunt de sua ejectione et fratrum in-
troductione, quibus non pauci adherentes et condolentes murmurare

a) Fol. 4. b) Fol. 4'. c) Danach späterer Zusatz von Dieppurchs Hand:
Ipse est dominus Hermannus diu procurator, nunc confessor sororum in Eldagessen.
¹) Vgl. Gedächtnissbuch des Fraterhauses zu Münster S. 93.

1442. ceperunt, eo quod in prejudicium rei publice locus hucusque juribus civilibus obnoxius cedere deberet hereditarie clero ignoto et advenis, fuitque studium eorum, fratres non solum a loco exturbare predicto set omnino eosdem propulsare ac extra civitatem eicere, eo quod jam habundaret et superhabundaret clerus. Quod cum consulatus domino Bernardo et suis per quosdam denunciasset, ipse tandem personaliter cum domino Johanne Loff pretorium intrans rumoris hujus ac denunciacionis veritatem finaliter scire et audire volens, consulatui se presentavit. Quibus assurgentibus et humane responsum secundum morem suum dantibus adjecerunt, se de expulsione fratrum nichil precepisse set tantum a loco juri civili obnoxio cedere debere, alias quoque posse habitare, ubicumque vellent et possent, sine detrimento ipsorum, interim eciam usque ad pascha [1] inibi residere ac de loco alio sibi provideri. Hoc autem fuit anno XLII circa carnisprivium [2]. Circumstantiis igitur singulis pensatis negocii hujus, quod videlicet locus ille pacifice inhabitari non posset neque hereditarie emi, ut supra dictum est, consulte judicarunt a [a] loco cedere et de alio providere. Patres autem colloquii decreverunt, revocari dominum Bernardum cum suis, et nihilominus per quosdam in oppositum laboratum fuit, maxime per Johannem Bussz [3] priorem et primum reformatorem monasterii in Sulta ordinis canonicorum regularium. Que reformacio eodem tempore inchoata fuit. Idem enim prior audiens diffinicionem patrum statim ad patres accessit, eo quod et ipse illo in tempore a capitulo veniens de Windensem Monasterii esset. Qui in tantum laboravit, quod sententia jam lata revocaretur usque ad futurum colloquium.

1443. Anno igitur domini XLIII post pascha [4] a supradicta curia Lursmanshoff nuncupata secedentes fratres et sua submoventes, aliqua eciam constructa destruentes et asseres secum tollentes, nunc vehentes nunc portantes per plateas civitatis spectaculum facti hominibus, aliis ridentibus, ceteris subsannantibus, nonnullis invidentibus ac utensilia attente considerantibus et conputantibus et dolentibus, eo quod jam inciperent ditescendo civitatem more religiosorum spoliare in ipsorum prejudicium. Vidisses ibi fratribus sic occupatis duabus vel tribus diebus transmigracionis mulieres et alios ultro se cameris fratrum ingerentes ac aliis locis jocose pene omnia tractantes. Invenit una virgam, quam

---

a) Fol. 5.
1) April 1.   2) 1442 um Febr. 14.   3) Vgl. Buschs Chronik S. 546—547.
4) April 21.

tenens, si quem vidisset signo correctionis fratres disciplinari[a], cum eudem 1413.
designavit. Traductis igitur cunctis ad se pertinentibus fratres tandem
secuti ad domum conductam pervenerunt, s[cilicet] ad curiam quandam
dominorum sancte Crucis prope murum et portam civitatis que ducit ad
Brulonem versus monasterium sancti Godhardi ad orientalem plagam
platee, qua[b] et ecclesia jacet sancte Crucis, cujus possessor eo in tempore
fuit dominus Johannes Westfael[1]. Ibidem[c] iterum paucis aptatis et con-
structis ad divertendum pocius quam ad manendum illa residebant estate
nec gratis nec propter deum ibidem hospitabantur set circiter decem
florenos ibidem pro conductione domus aliorumque quorundam coaptacione
exposuerunt. Ubi iterum fratres non pauca sustinuerunt incommoda in
diversis. Oportuit enim aliquando aliquos dormire prope vel sub gradu
quodam communis transitus domus eciam mulieribus parvis[d], quin et
mulieres in coquina pinsebant fratrum, quia furnus ibidem erat. Item in
eadem curia prope plateam est adhuc cappella admodum parva duas
habens januas, unam ad plateam et aliam versus curiam a latere, et per
illam januam vel pocius posticam intrantes fratres predictam cappellam[e]
legerunt horas in pavimento sedentes et alia divina exercebant et consummarunt, qui locus vix eos capiebat. Eadem estate et in eadem curia
ad instanciam domini prioris Godfridi, Johannis Bussze et aliorum patrum
tunc presentium estimo visitatorum assumptus fuit dominus Johannes Loff
ad regimen sororum in Eeldagessen. Item eadem estate et in eadem
curia consistentibus fratribus venit causa visitacionis caritative et consolacionis dominus Conradus Westerwolt rector de Hervordia ad eos cum
fratre suo Hinrico Kalkar, qui concessus eisdem mansit, donec com-
ponendo, sculpendo perfecisset proprie dat ablatenysere[2], quod usque hodie
habemus et eo utimur[f]. Laboratum fuit interea consilio et auxilio patrum
et amicorum non dormienti sollicitudine pro loco manenti et apto. Ubi
licet super locis multis estimaciones ferrentur quorundam forte bene
acquisitis set dubium an aptis, tamen tandem deo ordinante in locum
hunc, Ortum videlicet[g] Luminum beate Marie virginis spectantem ad vicarios
ecclesie majoris, ciciebantur fratres. Manserunt autem fratres tantum per
illam estatem in curia predicta domini Johannis.

---

a) sic. b) Hdschr. quo. c) Fol. 5'. d) ? Die Stelle ist verderbt. e) Am
Rande von neuerer Hand bemerkt NB. Rappenhagen hodie. f) Späterer Zusatz
Dieppurchs: Datum nunc est fratribus in Magdeborch. g) Fol. 6.
1) Canonikus des Kreuzstiftes, vgl. Urkb. der Stadt Hildesheim IV n. 413.
2) Erwähnt im Nekrolog s. Register unter Kalkar.

1443.   Anno XLIII circa festum Michaelis [1] eo tempore, quo solent et ceteri cives tenues castra sua movere et alia hospicia conducere, submoventes iterum fratres sua portando, vehendo devenerunt in priorem partem curie presentis versus civitatem, iterum novi hospites et advene, nam alteram partem, idest medietatem aliam hujus curie versus meridiem ad sanctum Godhardum, postea emerunt. Ad cujus ingressum dejecti et conturbati nonnulli fratres propter loci ineptitudinem necnon edificiorum ymmo tuguriorum ruinosam ac vetustam structuram et loci angustiam conceptam mesticiam abscondere nequibant. Quod animadvertens dominus Bernardus ut vir prudens, licet et ipse alium se non nesciret, attamen in domino confisus et sollerter se ipsum immutans solaciosum se fratribus, sicut sepe solitus fuit facere, exhibuit sicque factum est, ut successive animequiores facti spem resumerent. Altius tamen in animo nonnullorum residebat labor futurus, quoniam nichil aptitudinis pro conversacione fratrum edificia pretendebant, set omnia quantocius instauranda, destruenda et iterum edificanda fuerant, quemadmodum hodie videmus omnia a novo immutata. Unde non mirum videri debet, quod multi vocati fuerunt et admodum pauci usque ad ista tempora permanserunt. De fratribus enim existentibus in curia Lurmanshoff tantum [2] duo permanserunt [b] cum [c] domino Bernardo et Gotfrido [d]. Porro ab inicio usque modo id [e] est anno LXVIII qui intrarunt religionem fuere quinque vel sex. Tres eciam adminus facti sunt rectores fratrum vel sororum, decem eciam adminus demptis tribus predictis defunctis mortui sunt feliciter. Ceterorum aliorum accedentium et recedentium, sicut latam et spaciosam ingressi sunt vitam, ita et numero invaluerunt. Omissis igitur aliis edificiis quasi nullius momenti fuit ibi domus quadrata secundum mensuram cellarii [f] sive penoris illius partis que est ad orientem, nam aliam partem cellarii fecerunt fratres, que respicit ad occidentem [g]. In ista domo habitaverunt fratres in valde abjectis cellulis et parvis et inferius erat oratorium vile, tenebrosum et bassum, quo tamen contenti erant, si non defecissent sacerdotes. Dederunt autem annuum censum ex habitacione illa, usque dum emeretur, domino Johanni Drochtleve vicario et

---

a) Vor tantum durchstrichen usque in presentem diem. b) Nach permanserunt durchstrichen nobiscum (auf Rasur) hiis qui mortis exsolverunt debitum in vita bona inchoata. c) Fol. 6'. d) Nach Gotfrido durchstrichen Conrado l'attensee, qui apud nos requiescunt. e) id est anno LXVIII am Rande von Dieppurch bemerkt. f) Hierzu Zusatz Dieppurchs am unteren Rande: Istud cellarium funditus effractum. in altitudine, latitudine (Hdschr. latititudine) et longitudine majoratum et lapidea testudine innovatum est anno 8 IIII, ut patebit infra. g) Am Rande: Omnia immutata sunt, ut infra patebit.

1) Sept. 29.

filio ejus nominis ejusdem Carthusiensi, quorum erat locus, ad vitam **1443.**
IV florenos, quibus fratres tandem data summa satisfecerunt et eos con-
tentarunt, ut patet in litteris[1] desuper confectis. Exceptis igitur
adversitatibus et inconvenientiis aliis sustinuerunt fratres ibidem magnam
penuriam sacrorum ecclesiasticorum, nam absque hoc, quod non nisi
unum habebant sacerdotem, id est dominum Bernardum, qui tamen sepe
coram domino preposito ecclesie majoris celebravit, accessit eciam interdictum papale super totam civitatem Hildensem validum. Nam statim
post denunciacionem predictam, qua[a] fratres jubebantur recedere a[b] curia
Lurmanshoff, tale quid accidit. In carnisprivio[2] post multas chorearum
saltus et vanitates recedentil us civibus pars domus consulum cecidit in
nocte. Cui ruine restaurande continuo in estate secuta operam dantes,
foveam lapidariam sive fossam dominorum de Merghenrode invaserunt,
eo quod habundaret lapidibus jam evulsis et quia instinctu seu informacione quorundam eandem ad se pertinere arbitrabantur. Quibus
monachi predicti vehementer resistentes, qui lapides predictos ad per-
ficiendam ecclesiam suam jam inchoatam effoderant, facta est longa
contraversia[3] et concertacio primo verborum deinde verborum et cita-
cionum, sicque tandem sequebatur excommunicacio major et fulminatum
interdictum super totam civitatem. Et quamvis eciam amoto interdicto
raro fratres missas audirent et sepe ecclesias pro missis audiendis extra
domum visitarent, interdicti tamen illius occasione rarissime missas
audierunt, dempto tantundem uno qui sorte exigente ad missam ministrasset
in domo. Similiter et a communione fratres abstinebant. Quod satis
onerosum fuit divinis scilicet carere, qui jam humanis omnibus renun-
ciarant. Tempore tamen misse in unum convenientes in refectorium,
quod erat ante oratorium, ibidem eo devocius se sibi ipsis reddere
poterant, quo missarum solempniis carebant.

Excursus
siehe Excurse des Rektors Peter Dieppurch (I).

Reditus[c].

Steterat autem hec excommunicacio predicta ad tercium[d] dimidium
annum[4]. Quo disturbio occupati cives et consules deo disponente minus

---

[a]) *Hdschr.* quo. [b]) *Fol. 7.* [c]) Reditus *am Rande.* [d]) tercium dimidium
auf Rasur.
[1]) *Vgl. unten Urkunden n. 1.* [2]) *1442 Febr. 14, vgl. S. 6 und Urkundenbuch der Stadt Hildesheim VI S. 661, 662.* [3]) *Vgl. ebendaselbst IV n. 472,
593—595, 615.* [4]) *Vergl. die Urkunde über Aufhebung des Interdiktes Urkb. der
Stadt Hildesheim IV n. 495.*

1443. attonderunt facta negociaque domini Bernardi et suorum.   Ipsisque hac tempestate quassatis et domino Bernardo cum ceteris dominis et fautoribus non dormientibus dominus, qui omnia sapienter disponit, suis domum edificavit locumque manentem prestitit, hunc videlicet, quem usque hodie, id est anno domini MCCCCLXVIII, inhabitant.

De* titulo loci hujus.

1444.   Anno domini XLIIII emebatur[1] a domino Bernardo et ejus fratribus medietas arce istius versus civitatem a vicariis in summo pro centum et XX florenis R[enensibus] cum condicione, ut, si quandoque displiceret, eisdem primum vendenda preberetur.   Quia autem ex eadem mansione annuatim custodi do summo VI dantur solidi[b] Hildensemenses pro candelis sivo luminibus ante ymaginem b. Marie virginis portandis, placuit titulum domus institui ex eo, ut videlicet Ortus nuncupetur Luminum beato Marie, set et hic non defuit inimicus homo zizaniam seminans. Quidam enim de vicariis consulatum adeunt dictumque locum eis emendum prebuerunt, quibus, aliis occupati videlicet placitacionibus, ut dictum est, aurem hac vice non apposuerunt deo pro nobis melius providente, ne sine nobis emeretur.   Quod autem hoc dei sit nutu factum, nulli vertatur in dubium, nam, ut postea clare patuit, a domino factum fuit. mirantibus non solum nobis set et nostris adversariis, quod eo tempore tanta ignavia ac negligencia obdormierant.   Testes sunt machinaciones callidaque persepe argumenta, quibus eosdem fratres pace cum monachis composita adhuc usque hodie eciam cum injuria sua vel dampno insequontes et, si quo modo expellere eos possent, nullo modo dimitterent. Absit autem, ut omnes, maxime de consulatu sanior pars, idipsum intenderet, set ut verbis utamur evangelicis: ‚Turba[2] hec que legem non novit‘ nec licet addere nobis ‚Maledicti sunt‘, quibus dicitur ‚Benedicite[3] et nolite maledicere‘.

     Dilecte[c] Johannes.   Velit mihi dileccio vestra propter deum, cum tempus arriserit, inscribere huic cartule nomina uxorum vel mulierum cum sua propinquitate congnacionis, quemadmodum desideravi, que hoc viderint et si tempus aliquo possent conjecturare.
     Circiter[d] annum MCCCCLXVIII[m] misi hoc inquirere.

---

     *) *Fol. 11'.*   b) *Hier und später ist das Zeichen für Schilling durch solidus ersetzt.*   c) *[Bl. 11a], zwischen 11 und 12 eingeklebt.*   d) *Circiter bis Responsum von Dieppurchs Hand, das Vorhergehende und Folgende von zwei verschiedenen Händen.*
     1) *Vergl. S. 9 und Anm. 1.*   2) *Joh. 7, 49.*   3) *Röm. 12, 14.*

Responsum.

Anno domini MCCCCXXXVI vel quasi erat quedam mulier nomine Wolbeke seu Walburgis, cujusdam viri per longa tempora relicta, cujus nomen Henninghus Rike erat, que mulier visionem vidit loco ecclesie vestre, s[cilicet] lumen ardentem omni nocte, quod revelavit alicui mulieri nomine Ghertrudis, que erat filia sororis prius dicte mulieris s[cilicet] Walburgis, et Gherdrud postea accepit virum, cujus nomen est Johannes Gherhardi campanarius ecclesie Hildensemensis. Quod protestor ego Johannes Gherhardi, quia sic audivi ab uxore mea legitima, manu mea propria.

Per idem tempus missus fuit Hinricus Piper, frater clericus de Wesalia oriundus, per fratres congregacionis Fontis Salientis ad Hildensem, qui multum diligenter laboravit, maximo die noctuque scribendo pro erectione domus *, quamdiu hic fuit, scilicet circiter triennium. Scripsit pro domo missale integrum parvum in parva notula scriptura, quod usque hodie manet, et fuit primum missale pro domo scriptum. Item scripsit libros collacionum sanctorum patrum partes tres cum institutis eorundem, que est pars quarta. Hic frater magno fraglans desiderio redeundi ad fratres suos, unde missus fuit, scilicet ad Monasteriensem civitatem, optans ibidem claudere diem extremum, potitusque optata licencia rediens paucis transactis diebus obiit desiderio suo non frustratus.

Circa idem tempus videntes aliqui de civibus et iterum invidentes, quod fixum haberent fratres locum, alia calliditate assumpta temptabant eisdem numerum personarum imponere certum. Quod cum omnino dominus Bernardus rennueret, conquisicione cum suis facta, si salva pace sedari non possent, tali responsione eos compescere proposuit, ut videlicet admitterent sacerdotes decem vel duodecim, quorum unusquisque haberet ministrum suum clericum, demptis coco, braxatore, sartore vel servitoribus Noviter autem adventantibus et probandis noviciis nunc venientibus nunc redeuntibus nunc recedentibus numerum imponere nullius esse racionis. Quem modum vel similem admittere si nollent, nullo se modo eis consensurum dicebat. Nam licet in aliis adversitatibus prioribus quasi hesitans et exorabilis visus fuisset, in hac tamen causa ita virilem et audacem et inexorabilem eum vidimus, ut videretur putare, omnia huc usque elaborata convulsisse ac frustrasse hac admissa personarum annumeracione. Set iterum domino ordinante quieverunt mirabiles maris elaciones iste.

---

*) Fol. 12.

1445. Circa annum XLV edificabatur pistrinum seu braxatorium van ᵃ viff spannen. Deinde aliquantulum postea edificabantur alie sex proprie spanne versus meridiem minoris latitudinis contigue braxatorio. Alia successive edificabantur, pars autem alia ab alia parte versus civitatem contigua braxatorio similiter van vif spannen edificabatur circa annum LIII. De bruwepand empta fuit, postquam edificatum fuit braxatorium, et constetit circiter XXX florenos et ᵇ florenus illo tempore solvebat XXVI aut VII ¹ solidi Lubicenses.

1446. Anno domini XLVI empta fuit alia pars medietatis aree et curie nostre a domino preposito Hanenze Egghardo, singulari fautori et promotori domus nostre, que pertinebat ad cappellam sancti Pauli, que est in curia prepositi ejusdem, que pars incepit a domuncula ᶜ uppe dem wallo inclusive versus meridiem usque ad curiam Arnts van Bremen ᵈ. Et III solidi Hildensemenses dantur ex parte ejus custodibus in summo annuatim. Supradictam domunculam edificavit quidam civis Hildensemensis nomine Vollencolt ², quam fratres summopere deberent conservare in esse propter testimonium, dat dy walle pertineret ad curiam nostram, nam fratribus non concederet consulatus, ut quicquam ibi desuper edificarent. Qua empcione iterum comperta dolentes quidam de consulatu et civibus, quod dilatasset nos dominus, ad aliam se astuciam ᵉ verterunt, ut videlicet in munimentum civitatis per hereditatem nostram novissime emptam fossa fieret nova. Quo opinio in tantum invaluit, ut dominus Bernardus et dominus prepositus ecclesie majoris et alii fautores hesitantes in hac parte multitudini cedendum esse timerent. Missis itaque quibusdam de consulatu ad videndum locum responsumque accipiendum a domino Bernardo hoc audierunt, locum scilicet hunc esse liberum emptumque de contribucione non civium set collacione patrum aliorumque nostrorum amicorum, inhabitantes eciam nichilominus esse liberos, quia presbitri et clerici. ‚Si tamen hic locus ita necessarius est, ut asseritis, utilitati civitatis, detur nobis locus alius sua situacione nobis congruus, eque magnus et libertate donatus jureque hereditario nobis perpetuo appropriatus. Quo facto libenter annuimus consulatui et communitati'. Quod responsum gratum

---

ᵃ) Fol. 12'. ᵇ) et bis Lubicenses von Dieppurchs Hand später nachgetragen. ᶜ) Zu domuncula am Rande Zusatz: jam deposita est et unus continuus positus paries, ut infra patebit CIII. Dieses Bl. 103 fehlt. ᵈ) Nach Bremen, das vermuthlich verschrieben ist aus Brenem (== Breinum), folgt pro und Rasur. ᵉ) Fol. 13.
¹) d. h. 26 oder 27 Lüb. Schill. 1446 war der rh. Gulden in Hildesheim = 27 Hild. Schill., vgl. Urkb. IV n. 626. ²) Wahrscheinlich der im Urkb. der Stadt Hildesheim VI mehrfach vorkommende Vogt Hermann Volkold.

habentes unus ex eis susurrando dixit conparibus suis: ‚Nonne dixi vobis, **1446.**
nil nisi racionalia vos audituros?' Die itaque quadam venientes, quorum
intererat, describentes metati sunt terminos fosse nove in crastinum
inchoando cum fossorio. Quo exscripcio talis erat, ut latus fosse ad
aquilonem esset prope fontem et sic fossa quo ad latitudinem occuparet
totam illam partem arce nostre versus Affricum seu meridiem, terra
autem exhumanda proiceretur versus aquilonem ad ecclesiam nostram, sic
tamen, quod remaneret spacium cimiterii inter medium quatuor vel quinque
pedum vel citra ad circueundam ecclesiam. Porro longitudo ipsius fosse
inciperet a fossa civitatem Novam et Brulonem dividente et protenderetur
usque ad Indistriam sublatis domibus et ortulis. Jam jamque expecta-
bamus fossorum adventum, fit conquisicio domini Bernardi cum suis de
insolencia populi fossuri et quomodo ab habitaculis vel injuria arceretur
fratrum vel vexaciones, set domino iterum manum supponente nec hoc
consilium stetit, set[a] facta exscriptione fosse, quasi diceret: ‚Hucusque
gradieris et confringentur in te fluctus tui', immisit eis alium spiritum,
ut eandem fossam differrent et eam trans claustrum sancti Godhardi
quandoque ponerent, quod et factum est, sicut hodie videtur. Jam enim
premissa vexacione et tribulacione excommunicacionis et placitacionis ex
parte dominorum de Merghenroide intellectum receperant, ut amplius
mitius atque consulcius contra clerum procederent. Fuerunt enim qui,
quociens aliquid contra clerum movebatur, clara[b] voce responderent:
‚Attendite diligenter, quid agatis, an obliti estis vexacionis illate? Isti
insuper, quos jam persequi disponitis, sicut hic in Hildensem, sic scribere
poterunt in curia Romana. Nobis dampnum incumbit, nam hii quid
amittere habent, qui preter locum quem possident pene nichil habere
videntur?' Multi eciam metuebant dominum Bernardum utpote cortu-
sanum et virum expertum, dicentes: ‚Si barbatus ille quandoque recederet,
videremus, quidnam de suis fieri posset.' Fuit[c] enim copiosus in barba
nigra. Interea redierunt fratres de Monasterio ad suos successive, ut
tandem nec unus remaneret cum domino Bernardo, videntes, quod majorem
sensum haberet ad fratres Hervordenses, quia melius cum eis concordant.
Quibus ablatis adhuc plus conjungebatur illis, ita quod non multum
curabat de Monasteriensibus nec de eorundem colloquio et visitacionibus,
quod non latuit eos etc. Et inde effervuit scintilla displicencie inter
Monasterienses et Hildensemenses, que variis eventibus accidentibus
augmentabatur usque ad annum domini LXXV vel circiter[d].

---

a) *Fol. 13'.* b) *Hdschr.* qui clara. c) Fuit *bis* vel circiter *späterer Zusatz.*
d) *Nach* circiter *fast zwei Zeilen dick durchstrichen.*

1447. Anno domini XLVII obiit dominus Bruno presbiter de Cartallo in
domo nostra, in qua et decubuit, singularis et precipuus fautor et benefactor noster, sepultus in Cartallo in ambitu juxta januam ecclesie ad
partem orientalem. Qui fuit quondam cappellanus episcopi Magni et ejus
predecessoris [1], nam illo temporo fratres nondum habuerunt ecclesiam
nequo cymiterium. Hic homo fuit subtilis mechanicus multarum artium,
unde vix reperitur[a] aliquod officium fratrum, quod non suis instrumentis
satis aptis dotaverit. Fuerunt autem instrumenta ejus non communia
nec vilia set sumptuosa, magistraliter ac artificiose subtilia, ut usque
hodio est videre, in tantum, ut faciliter discernantur ab aliis et artificem
suum extollant. Et usque hodie est cista quedam, in qua habentur
nonnulla instrumenta et clenodia cum lapidibus preciosis multis nondum
pollitis, magnis et parvis, et diversis coloribus, multis[b] nunc inde sublatis,
et aliis quibusdam, quorum utilitatem seu usum ignoramus. Quam
ignoranciam ipse nobis adhuc vivens intimavit. „Nonnulla, inquit, circa
mea invenietis, quorum usum ignorabitis'. Dedit nobis calicem bonum,
quem ipsemet fecit, et est de optimis et valde aptus disposicione et
fortitudine, in cujus stipitis capulo sive nodo per circuitum patent foramina rotunda sive loca ad recipiendos lapides[c] preciosos causa ornatus.
Maximi autem lapides preciosi et polliti positi sunt in marginibus tabule
nostre summi altaris per circuitum. Omnia utensilia et bona sua dedit
fratribus. In pecuniis sive[d] redditibus dedit circiter trecentos florenos.
Condidit autem testamentum tantummodo, ut vexacionem removeret a
fratribus. Iu quo eciam aliqua distribuenda disposuit quibusdam, ut
contentati ulterius de bonis suis inquirendis occasionem non haberent.
Quare eciam episcopo Magno pixidem argenteam delegavit, quam post
mortem ejus dominus Bernardus eidem tradidit, quam grataoter accipiens
quievit, nichilominus tamen boni calicis ejus mentionem fecit. Facturus
ergo testamentum lecto decubuit. Audiens autem, supervenire testatores
seu notarium, cito se erigens, vestimenta deposcens indutusque lecto se
excuciens in sedem suam se collocavit[e]. Mirantibus autem, condolentibus
ei domino Bernardo et qui aderant do violentia, cum infirmum illum
non nescirent, et, ut sibi parceret et in lecto resideret, suadentibus ait:
„Quod jam facio, postea scietis'. Sic et factum est. Emergentibus casibus
experimentaliter cognoverunt, quod, nisi sic actum fuisset, testamentum

---

*) Fol. 14. ᵇ) multis his sublatis Zusatz am Rande. c) Zu lapides am
Rande nachgetragen: quorum lapidum loco impositi sunt flores blavei subrufi etc.
anno 1482. ᵈ) sive redditibus Nachtrag am Rande. ᵉ) Fol. 14'.
¹) Johann III, Graf von Hoya (1398—1424).

ejus minoris vel nullius fuisset roboris. Sicque residens ultimam suam 1447. voluntatem testamentaliter, vocaliter coram predictis presentibus exposuit. Omnia sua quecumque sive in utensilibus, lectis, ornamentis, vestimentis, instrumentis etc. ceteris sine aliqua condicione, paucis admodum ea intencione qua supra exceptis, domino Bernardo et fratribus domus nostre contradidit. Herens autem dominus Bernardus de tanta liberalitate interrogavit, quidnam pro tantis beneficiis sibi retribui vellet in missis, vigiliis, memoriis etc., quemadmodum multi desiderare, aliqui eciam exigere solent, respondit verbum plenum fide et humilitate et caritate omnique accepcione dignum verbis hujuscemodi: ‚An forte deus memoriam horum habere* non posset, nisi vos vel alii memorias inde faciatis? Si enim memorias hominum quererem, aliter aut gloriose mea ordinare scirem‘. Quo in facto hic vir misericordiam dei verius sibi obligasse firmissime credendus est, qui contempnens memorias hominum solo dei intuitu omnibus se nudavit nec carnem aut sangninem curavit, dico autem cognatos et amicos.

Excursus

siehe Excurse des Rektors Peter Dieppurch (II).

Reditus.

Ordinavit autem dominus Bernardus cum suis, quatinus nichilominus memoria viri hujus a fratribus jugiter cum vigiliis et missis, sicut hactenus servatum est, annuatim agatur non obstante, quod ipse hoc non desideraverat. Insuper per totum annum, cum pro benefactoribus fit oracio, inter primos et precipuos benefactores habeatur, que idcirco annotamus, ut sciant, qua caritate et non necessitate pro pia illa anima exorare condeceat, et debeant, que sic donando in nullo obligavit vel aggravavit domum nostram. Erat enim vir ille maturus et paucorum verborum, diligens non verbis et blandimentis fratres, sicut moris est quorundam, set opere et veritate. Et quamquam ipse esset subtilis artifex in multis, tamen opera aliorum forte minus subtilia annullare non solebat, ymmo[b] aliorum opera vilipendenti solitus erat dicere: ‚Tu ne hoc melius facies? Non debet vilipendere qui nescit reprehensa emendare‘. Et addidit: ‚Ipse fecit quod potuit‘. De isto viro, cujus anima requiescat in pace, quere inter nomina benefactorum infra[1].

---

a) Hdschr. haberi. b) Fol. 16'.

[1] Vgl. unten das Registrum benefactorum nostrorum und das Personenregister.

1448.   Anno XLVIII circa festum Marie Magdalene[1] ceperunt edificare
ecclesiam, non tamen aperte quasi ecclesiam set quasi domum quandam
propter metum civium.   Undo quidam suspiciosi perlustrantes curiosius,
ad quid nam talis domus ab aliis abstracta — nam ipsa sola in orto
steterat et alia domus scriptorie nondum erat edificata — edificaretur.
Videntes eciam in capitibus, id est proprie in beyden ghevel, loca vacua[a],
quorum unus remansit pro altari summo illinc murando et ponendo, alius
in oppositum pro janua ecclesie facienda, et quia trabes in alto locati
fuerant, conquirentes mutuo unus ex ipsis, cum a domino Bernardo vel
suis responsum certum habere nequivisset, ait: ,Bonum erit horreum pro
frumentis introducendis cum curribus et equitibus, quia patent magne
valve ex utraque parte et quia apta est area ad triturandum inibi frumenta, nam tribule nequeunt attingere trabes'[b].   Fuerunt eciam lapides
altarium in eodem loco et domo subter terra absconsi usque in diem
revelacionis eorundem oportunum.   Edificata autem erigebatur estate
eadem in die videlicet Johannis baptiste decollacionis[2] et fuit in meridie
eo die eclipsis parva particularis.   Deinde omnibus latenter dispositis
cum altaribus tribus, duobus hinc et inde, medio autem in capite domus
versus[c] orientem, id est summum altare fuit in pariete et non habuit
circuitum, eam sic imperfectam quantocius consecrandam estimabant[d].
Itaque anno XLVIII eodem quo supra cantata missa de domina nostra
in summo, quam auream[3] nuncupant, per venerabilem antistitem Johannem
ecclesie Misinensis, in pontificalibus vero vicarium reverendorum patrum
et dominorum dominorum Magni et Alberti, episcoporum ecclesiarum
Hildensemensis et Myndensis, vespere illius sabbati latenter idem venerabilis antistes ingressus domum nostram inibique pernoctans summo mane
citius surgendo lectis legendis cum die illucescente consecraro disposuit,
quod et fecit, nam aliter forte consecracio impedita fuisset, ut postea
clarius patuit.   Quod precavens ecclesiam cum cymiterio et tribus altaribus simul et semel uno impetu sine solempnitate, sine cantu set omnia
legendo auxiliante deo consecrando consummavit, ne mora periculum
afferret.   Altare autem in sacristia[e] alio tempore consecrabatur, nam
sacristia nondum ibi erat.   Omnibus consummatis ipse antistes missam
in summo altari legit, non cantavit.   Erant autem tantum quatuor parietes

---

a) sic. b) trabes auf Rasur. c) versus orientem bis circuitum Nachtrag.
d) Fol. 18; 17 übersprungen. e) Am Rande späterer Zusatz dudum ablata.
    [1] Juli 22. [2] Aug. 29. [3] Die Goldene Messe, die am zweiten Sonnabend
nach Michaelis im Dome begangen wurde, vgl. Bertram, Geschichte des Bisthums
Hildesheim I S. 321.

ecclesie et tria illa altaria inania et vacua sine omni ornatu, set et pavi- 1448.
mentum terreum nondum stratum nec compositum, nescio si fuerit aliqua
fenestra vitrea, ita ut legentibus illis pro introitu, ut moris est, ,Terribilis [1]
est locus iste' etc. animum subiit: ,Vere horribilis est locus iste'. Cujus
dedicacionis annuam memoriam et celebritatem servandam idem episcopus
instituit anticipando in dominicam [a] precedentem [b], set post aliquos annos
certa de causa ab eodem consecratore episcopo ad dominicam consecracionis vere ecclesie ejus eadem dedicacionis memoria translata est, hoc
est ad dominicam terciam post Michaelis immediate sequentem sabbatum,
in quo cantatur aurea missa [2] in summo, sub interminacione divini judicii
contestans, ne aliter transferatur [c].   Sed quia dominus Bernardus et sui
hiisdem temporibus prepediti multimoda distractione occupacionum, edificacionum et aliarum sollicitudinum et laborum, quales noverunt qui novis
edificandis et instituendis congregacionum clericorum domibus desudaruut,
idcirco indulgencie, quas habundo idem anstistes venerabilis dedit, sicut
et nonnulla alia hujus negocii gesta et domus hujus varietates et eventus
et casus succedentibus annis, personis quoque transmissis decedentibus
vel eciam aliquibus recedentibus a memoria quasi exciderunt.   Ideoque,
cum dominus aliquantulam requiem dedisset suis, placuit fratribus revocare, quantum possibile eis esset, ad memoriam indulgencias [3] datas tam
ex parte ecclesie, cymiterii, ymaginum et eciam aliorum, que postea
successive acquisita fuerunt, ymaginum, tabularum set et campane, que
omnia idem episcopus nobis licet diversis temporibus consecrarat, in unam
constringere [d] litteram signatam sigillo memorati antistitis, quod et factum
est anno domini MCCCCLIX [e], ut patet in littera eadem [f].   Idem enim
venerabilis antistes dedit eciam pelvim pro locione pedum hospitum et
aliorum et, ni fallor, eciam XL dies indulgenciarum tempore illo, que
utinam eo tempore similiter [g] sicut et alia quedam neglecte non essent.
Eodem autem anno dato fuerunt nobis dies XL indulgenciarum de locione
pedum per reverendum in Christo patrem et dominum dominum Magnum
episcopum ecclesie Hildensemensis.   Cujus in pontificalibus vicarius predictus [h] dominus Johannes Misinensis consecrator ecclesie nostre omnia
consecrando nobis liberalissime consecravit.   Fecit eciam redditus centum
florenorum sublevandos post mortem suam a fratribus fundata memoria

---

a) *Hdschr.* dominica.   b) *Fol. 18'.*   c) *Am Rande Zusatz:* causis tamen
emergentibus aliter ordinatum est, ut infra.   d) *Hschr.* constrinxere, uxere *auf Rasur.*
e) L *auf Rasur.*   f) *Ueber* eadem Nota †.   *In der entsprechenden Note unter dem*
Texte durchstrichen: Copia litere.   g) *Fol. 19.*   h) predictus *am Rande nachgetragen.*
      [1]) *Genes.* 28, 17.   [2]) *Vgl. S. 16 Anm. 3.*   [3]) *Vgl. unten Urkunden n. 3*
und Anm.

1448. perpetua apud eos inchoanda in die defunctionis ejus, quam dominus
secundum voluntatem suam in longius differre dignetur, que tamen postea
domino cum evocante evenit feria* V in profesto¹ sancti Dyonisii et
sociorum ejus in ebdomada communi, quando generaliter fit memoria
fidelium, cujus animaᵇ oracionibus fidelium devotis in pace requiescat.
Consecrata enim ecclesia nostra sepe improperatum ei fuit, quare hoc
fecerit, cum non nesciret, congregacionem istam clericorum civibus multis
onerosam et, si fieri posset, in brevi exturbandam. Ideo memoria viri
hujus inter benefactores nostros computatur, prout ipse desideravit.
Exhinc cepit dominus Bernardus inquisicione frequenti cum suis habita
cogitare et, ubi id oportunum videbatur, sollicitare, ut ecclesia nostra
auctoritate ordinaria in collegiatam erigeretur ecclesiam, propter multa
instancia, ut post patebit, utᶜ sic tandem auctoritate apostolica confirmata
cum certis statutis et ordinacionibus inibi clericorum cetus quietius et
salubrius deo famulare posset.

1449.   Annoᵈ domini MCCCCXLIX venit legatus sedis apostolice Johannes
cardinalis tituli sancti Angeli ad Coloniam, ad quem accedens et pergens
dominus Bernardus obtinuit indulgentias quasdam pro ecclesia nostra, ut
patet in litteris².

Eodem anno circa festum exaltacionis Crucis³ obiit in domo nostra
Conradus Pattense clericus, procurator domus congregacionis fratrum in
Hervordia. Ipse est primus in cymiterio nostro sepultus, veluti primicie
ibidem dormiencium. Quod et deo jubente factum creditur. Nam ipse
ordinatus fuit et designatus, ut in Hildensem missus ibidem remaneret
cum alio quodam fratre pro coco deputato, de quibus supra⁴, in adju-
torium domini Bernardi. Qui exorta occasione revocatus rediit in Hervordiam, unde, quem habere forte non merebamur sanum et vivum, postea
missum infirmum, nunc tenemus mortuum. Cadendo enim de tecto
ecclesie fratrum clericorum in Hervordia pro mortuo sublatus est, quo
paulatim convalesconte tysicus est effectus sicque ad nos in Hildensom
vectus quasi ad proprium solum consilio quorundam ibidem recuperandus
decubuit, quam tamen recuperacionem ipse non magnopere affectabat.
De cibi enim confortacione mencione facta proferebat exemplum senis illius,

---

a) feria *bis* fidelium *auf leer gelassenem Raume nachgetragen.* ᵇ) anima *in
der Hdschr. hinter* requiescat *nachgetragen.* ᶜ) ut *über der Zeile,* sic *auf Rasur.*
d) *Fol. 19'.*

¹) *October 8.* ²) *Vgl. Urkunden n. 3 und das Personenregister.* ³) *Sept. 14.*
⁴) *Vgl. S. 3 und 4.*

qui urgenti ad comedendum discipulo ait: ‚Et cur commedam?' Cui ille: **1449.**
‚Ut confortatus saneris'. Ait: ‚Fili, et ego oro, ut deficiens moriar', unde
et decumbens frequenter bona monita et consolatoria aspectus jocunditate
dabat, aliquando cantabat. Hec autem fuit causa revocacionis ejus.
Dominus[a] Bernardus indigens sacerdotis adjutorio et consocio eundem
Conradum ordinare disposuit adjutorio vicarii cujusdam ecclesie majoris,
cognati ejus, a quo et prebendatus fuisset, propter domus nostre pro
primo faciliorem progressum et utilitatem. Quod percipiens secrete idem
frater dissimulans se scire honoris hujus occasionem precavens, nullo
sciente nisi fratre uno consocio suo [1] occulte subordinavit, quatinus revocari
mereretur ad locum suum priorem, eo quod in dubio esset, si fratres
clerici in Hildensem manere et habitare possent. Jam enim rumor divul-
gatus fuerat, quod fratres a loco, in quo tunc erant, id est in Luremanshof,
propellendi seu expellendi essent. Quo cognito dominus Conradus Westerwolt[b] rector domus clericorum in Hervordia et sui eundem cedula missa
libentissime revocarunt. Licencia itaque petita causam sui recessus, incertam
congregacionem fore clericorum in Hildensem, intimavit seque redire posse
firmiori habito fundamento pro congregacione fienda. Qua pro primo
nullo modo data tandem multimoda collacione facta fuit propter incertam
et instantem necessitatem difficulter admissa. Qui solus pergens versus
den Snellen Market [2] et inibi pernoctans sub arbore quodam se collocans
usque ad mane dormivit iterque suum complevit. Fuit enim vir magna-
nimus et impavidus et strennuus sicut in exterioribus ita et contra vicia
in interioribus, jocundus valde inter fratres, conpunctus autem et gemens
solus frequenter et ad manum, ut videbatur, lacrimas habens, quas habunde
effudit sub missarum solempniis, quas eciam aliquando inter loquendum
de spiritualibus materiis continere nequibat[c]. Unde factum fuit, ut subtilis
esset indagator viarum, scilicet viciorum et virtutum, quare et ydoneus
fuit mederi et consolari contritos corde et oberrantes revocare. Transiens
quondam per forum Hildensemensem cum socio portando in vase simul
siliquas, quando adhuc fueramus in Lurmanshof in[d] Antiquo foro tempore
quo supra, contigit, confratris sui calopede fracto casum minitantis aut
cadentis siliquas excidere. Quo velociter pre verecundia inspicientis populi

---

[a] *Fol. 20.* [b] *Westerwolt von Dieppurch am Rande nachgetragen.* [c] *Fol. 20'.*
[d] In Antiquo foro *Zusatz am Rande.*
[1] *Peter Dieppurch vgl. oben S. 3.* [2] *Vgl. Urkundenbuch der Stadt Hildesheim IV n. 204 und C. H. F. Walther, De snelle Market. Anhang zu „Vom
Rödingsmarkte und seinem Namen". Festschrift für die Versammlung des Hans.
Geschichtsvereins in Hamburg. 1899. S. A. S. 20—22.*

1449. se erigente quantocius progredi temptabat. Cui ille ‚nequaquam‘ ait depositoque onere scalpendo manibus e terra effusa collegit atque in tynam rejecit. Quod cum focisset, eciam ad domum quandam accedens et a muliere quadam malleolum sibi propter deum concedi rogavit sicque percuciendo et fabricando populo inspiciente et mirante propter vite novitatem aut propter curiositatem calopedem refecit, fastidiose * valde expectante socio novicio propter verecundiam libenter volente se abstrahere, reportatoque malleolo cum graciarum actione, cum copiam presencie sue populo sufficienter exhibuisset, ut vel sic superbam verecundiam in se vincerent, resumpto vase cum onere et non cum honore recesserunt. Fecit[b] autem hoc Conradus, ut et in se et in suo consocio superbam verecundiam vinceret. Erat enim virtutis vir. Fuit enim idem frater Conradus quondam in seculo tabernator et dissolutam gessit vitam cum bibulis[c] et luxuriosis subsistenciam suam consumens contra voluutatem amicorum suorum utpote filius perdicionis. Quem Godfridus convertit et ad Hervordiam misit domino Conrado rectori domus clericorum, ubi eciam perfecte conversionis iter arripuit nec immemor fuit malorum, de quibus eum dominus eripuit, unde et temptatus valde sepe flevit deumque pro se rogari poposcit. Cum apud nos, ut dictum est, infirmaretur, quodam tempore sibi vim inferens ecclesiam nostram, ut potuit, intravit, quem videns dominus Bernardus admirans ait: ‚Et quid agitis hic‘, cui ille: ‚Videbo locum, in quo jacebo‘.

Anno[d] d[omini] XLIX incepit guerra in dyocesi Monasteriensi durans usque LVIII exclusive, in qua dispergebantur fratres Monasterionses hinc inde. Dominus Johannes Colonie[1] declinavit ad Saxoniam ad Eldagessen et ibidem edificavit chorum sororum. Pervenit eciam desideratus ad nos in Hildensem et maturato consilio emere cepit dominus Bernardus ligna, lapides etc. necessaria pro edificando domo scriptoria, alii autem fratres de Monasterio puto omnes recesserunt jam ab Hildensem.

1450.   Anno igitur[e] domini MCCCCL edificabatur domus nostra major, in qua est refectorium et cellule dormitoriumque fratrum. Cui in edificando et exscribendo prefuit dominus Johannes dictus[f] Colonie frater congregacionis de Monasterio cum adjutorio carpentariorum ex civitate

---

a) fastidiose *bis* abstrahere *Zusatz am Rande.* b) Fecit autem *bis* virtutis vir *Zusatz am unteren Rande.* c) *Hdschr.* bibilis. d) *Fol.* 21. Anno *bis* ab Hildensem *theils auf Rasur, theils auf leerem Raume nachgetragen.* e) igitur *über der Zeile nachgetragen.* f) dictus *desgl. am Rande.*

1) *Johannes Scriptoris de Colonia, vgl. Erhard a. a. O. S. 92.*

Hildensemensi. Quo vulgato iterum quidam de civibus insanientes et opus 1449. dei destruere molientes, dum quid facerent non haberent, quoniam violenciam nec loco nec personis inferre licuit, tandem scrutantes scrutinio invenerunt, quid facerent. Inductus enim consulatus per quosdam misit aliquos, qui ex parte consulatus auctoritate qua poterant interminantes prohiberent, ne ultra in edificando procederent. Insuper advocantes carpentarios et opifices sub juramento consulatui prestito inhibentes precipiebant, ne ab illa hora quicquam ultra laboris adicerent, set sicut essent imperfecta queque abeuntes relinquerent. Qui indignantes coacti quiescentes recesserunt valde inviti et non sine multo murmure contra consulatum, eo videlicet quod hac occasione lucro precii fraudarentur nec eciam sic repente de opere alio faciendo previsi fuerant. Quo facto iterum dejecti fratres merore et tandem se ipsos consilio quorundam bono animantes audacia presumpta cum deliberacione in domino confortati mittentes ab Eldagesszen alios lignorum opifices [a] evocarunt, qui magisterio domini Johannis Colonie gubernati operi perficiendo instabant una cum fratribus, quicumque ad hoc apti fuerant, collaborantibus unanimiter. Quibus incessanter adjuvantibus quod restabat operis auxilio dei statim compleverunt et perfectam ocius erexerunt surda aure omnes oblatrantes transeuntes. Que cum erecta fuisset, emuli quidam transeuntes per viam et aspicientes erectam domum dolentes et ammirantes se ipsos consolabantur, quasi ipsis pocius quam nobis edificata profutura essent, dicentes: ‚Potestis quidem nidificare, set neque diu inhabitare neque pullos inibi procreare‘. Fratres autem multis et gravibus laboribus successive domum perfecerunt per se ipsos, parietes stipitibus, virgulis lutoque limitos implentes. Circa [b] idem tempus omnes fratres nobis de Monasterio concessi recesserant revertendo ad suos s[cilicet] ad Monasterium.

Anno L erecta erat ecclesia nostra auctoritate ordinaria in collegiatam 1450. ecclesiam, ut in littera. Hoc [c] totum fieri procurabat dominus Bernardus propter adversarios vite communis et quod timuit, hoc evenit, ut statim infra patebit, tempore legacionis cardinalis Cuse.

Anno domini MCCCCLI post jubilei annum dominus Nicolaus de [d] 1451. Cusa cardinalis tituli ad Vincula Petri legatus per Alemaniam peragratis partibus superioribus venit ad civitatem Magdeburgensem. Incertus

---

1451.   autem dominus Bernardus, an veniret Hildensem, occurrere illi paravit ad
civitatem Magdeburgensem propter privilegia domus et alia necessaria.
Quo cum pervenisset, intellexit eciam, eum venturum ad civitatem
Hildensem, quod et fecit. Apud quem et dominus Bernardus singularem
invenit graciam, nam ad promerendam graciam anni jubilei mediante
moderata et discreta contribucione posuit confessores penitenciarios* quatuor
principales, qui et, si necesse foret, haberent potestatem substituendi
adhuc decem, nisi fallor. Fuerunt autem hii principales prior[1] in Carthusia,
dominus Hinricus abbas de Merghenroide, her Ghropelinghe canonicus
ecclesie majoris et quartus dominus Bernardus rector domus clericorum
Ortiluminum beate Marie. Sed et fratres nostri eo tempore annum
jubileum, id est graciam anni jubilei, habuerunt sine contribucione, que
mutata fuerat in opera exercicii spiritualis. Dominus eciam Bernardus
inter alia humanitatis officia propinavit eidem legato canonem habentem
crucifixum ex votivali quodam, quod valde gratanter accipiens dixisse
ferebatur, quod a nemine per totam viam demptis que ad cibum pertinent
tantum accepisset. Hic eciam auctoritate legacionis sue erectam in collegiatam ecclesiam nostram certis statutis et ordinacionibus conditis litteris
et sigillo suis approbavit et ratificavit. Insuper et indulgencias consuetas
pro ecclesia dedit nostra.

Rursum ergo interea consulatus graciam erga fratres aliquam postu-
labat ab eodem legato. Nam propinantes vas quoddam preciosum
argenteum et pulchrum impositis circiter quingentis florenis, si bene
memini, forte XII articulos ab eo poscebant, inter quos unus erat, ut
exturbaret congregacionem clericorum a civitate Hildensemensi. Super
quo isto modo respondisse fertur: ,Presbytri isti et clerici jam sic
auctoritate apostolica sunt confirmati, ut contra eos jam laborare vobis
non expediat, et suadeo, ut quiescatis ab hominibus istis'. Jam[b] enim
pridem auctoritate legacionis sue privilegia de erectione ecclesie et domus
nostre in collegiatam sive collegium auctoritate ordinaria data ipse littera
et sigillo suo confirmaverat. Ipse fecit adminus tres sermones solempnes
ad populum, qui undique confluebant ad civitatem Hildensem, in vulgari,
quia Teutonicus erat genere, quia de Chusa[c]. Habuit[d] idem cardinalis
secum episcopum pro cancellario puto doctorem ordinis Cisterciensis
domui nostre faventem, qui et duos sermones fecit in ecclesia nostra pro
fratribus et clero concurrente in Latino.

---

*) Fol. 22. b) Jam enim bis confirmaverat wenig späterer Zusatz. c) Nach
Chusa Zusatz villa apud Confluenciam. d) Habuit bis Latino nachgetragen.
¹) Michael, vgl. Urkb. der Stadt Hildesheim VII n. 51, 55.

Anno[a] domini deinde LII edificabatur coquina per dominum Johannem 1452. Colonie et cellarium sub eo a novo factum fuit et additum priori, ut adhuc videri poterit ex muri intersticio, sub quo muro fundantur camini sive fumigalia, et est debile fundamentum secundum sui molis quantitatem, nisi quod fulcitur duabus domibus, inter quas stat. Unde si in penu quandoque ponerentur duo pylers de lapidibus ex una parte et duo ex alia, ita quod dy pylers in altum excrescerent ex utraque parte superius usque ad pavimentum, qui extunc conjungerentur duo ex una parte testudine arcuata et similiter ex alia fieret parte, super quas testudines fieret focus ex uno latere in coquina et similiter in alio latere, puto, si melius pro primo fieri non posset, quod isto modo bene solidaretur. Hoc certum[b] esset.

Item post hoc anno LIII edificabatur alia pars domus illius, que est ex transverso ad plateam civitatis directa, van vif spannen et incipit a braxatorio et protenditur usque ad domum dominorum predicatorum s. Pauli. Et illam domum propter tumultuantem civium querimoniam fecerunt edificari extra terram, s[cilicet] by dem Harte to[c] Zezen ultra tria miliaria et edificata ibidem in curribus ligna illa advecta sunt et hic erecta.

Anno[d] domini MCCCCLIII VIII[1] idus Maji obiit Godfridus frater, 1453. senex circiter LXXX annorum, de quo in principio[2] mentio est facta, qui adhuc virgo permanens portavit pondus diei et estus, quod eciam non semper, prout ab eo didici, leve aut suave sensit. Sepultus in cimiterio nostro, a quo quondam inter alia salutis monita, que mihi dare aliquando solitus erat, hoc intulit, quod quodam tempore eo cenante fantasma quoddam coram eo stare viderit, quo dissimulante et nil advertente audivit: „Siccine voluptuose comedendo deo te placere putabis?" Quo expuente evanuit. Erat enim imperterritus ad quoscumque inopinatos casus aut terribiles eventus et, an hoc ex virtute an ex natura, nescio. Si eum contigisset cum moriente solum permanere pernoctando, mortuo defuncto et amoto vel in altera eo parte locato in eodem lecto dormire

---

a) *Fol. 22'. Vor* Anno *später nachgetragen:* Iste frater Johannes Colonie presbiter ligator librorum fratrum in Monasterio fuit satis benivolus, benignus et longanimus in operibus suis necnon et subtilis mechanicus et pacificus et bone sufferencie. b) *Unten am Rande hierzu nachgetragen:* Jam factum est facta testudine in cellario ad occidentem anno LXXVI et alia ad orientem, in qua maximum est cellarium factum anno deinde LXXXIV ut infra. c) to Zezen *am Rande hinzugefügt.* d) *Fol. 23.*
    [1] *Mai 8.* [2] *S. 1 ff.*

1453. non cunctaverat, quemadmodum audivi et eciam simile quid vidi. Dormientibus eciam fratribus ipse solus baculo suo innitens sepe vigilando curiam[a] aut cymiterium circuibat oraciones seu horas de domina et similia legendo. Fuit enim valde sollicitus, ne quidam perversi de civibus, quorum sepe aliqui bibendo residebant in Brulone, vel alius quis dormientibus fratribus domum irrumperet fraudem aliquam vel furtum perpetrando, maximo quia sic malignabantur super fratres[b].

Item anno eodem post IIII dies, die videlicet Nerei et Achillei[1], obiit in domo nostra Hinricus, frater noster laycus et cocus. Quem post temptacionem validam inconstancie dominus misericorditer revocatum statim suscepit[c], quoniam voluit eum. Qui et ipse virgo sepultus est in cymiterio nostro. Suggerente enim maligno, ut scolas frequentaret, quia ingeniosus erat, ne semper omnibus diebus suis ut laycus laborare opus haberet, silenter recedens ad Hamelen venit, quem mendicantem cum aliis scolaribus videns dominus[d] Rutgherus[2] prior eo tempore in Wittenborch post factus Carthusiensis[3] anno LXIV vel circiter et eum recognoscens interrogabat, admirans hujus novitatis causam. Qua cognita fideliter eum instruens, quod hec esset non nisi temptacio inimici bone ejus vite invidentis, et, quod reverteretur, instanter consuluit, promittens eciam cum juvare in omnibus. Cum quo ad locum priorem rediit et ejus intercessione receptus non diu supervixit, quasi diceret dominus: ‚Nolo, fili mi, diucius te in hoc certamine dubioso stare, quia melior est misericordia mea tibi super vitas'. Idem frater valde abjecte comedere solebat, nam quod omnes ceteri dedignabantur, ipse comedere solitus erat, ne quid periret. Erat[e] enim cocus de civitate Monasteriensi oriundus.

Item anno eodem et tempore in crastino[4] Cancianorum qui fuit dies penthecostes[5] obiit dominus Conradus Stikkeldey in domo nostra presbiter. Non tamen fuit unus de fratribus set commensalis et benefactor domus nostre, qui et pene omnia bona sua dedit nobis, sepultus in cymiterio nostro. Ipse fecit memoriam suam et matris sue etc. apud fratres et est unus de singularibus et precipuis benefactoribus nostris. De quo dicebatur, quia enim solitus erat legere omni die horas de Spiritu sancto,

---

a) curiam aut *am Rande nachgetragen.* b) *Zusatz:* Ipse fuit frater domus congregacionis in Hervordia prius, ut supra. *Vergl. S. 1.* c) *Hdschr.* suscepit eum. d) *Fol. 23'.* e) Erat *bis* oriundus *Zusatz.*
1) *Mai 12.* 2) *Luneborch, vgl. Joh. Buschs Chronik S. 482 Anm., S. 433, 435.* 3) *in Erfurt, ebendas. S. 722, 729.* 4) *Juni 1.* 5) *Irrig. Pfingsten fiel 1453 auf den 20. Mai.*

idcirco obierit in penthecosta, quod est festum sancti Spiritus, hora 1454. terciarum ante prandeum. Anno[a] LIV dedit lantgravius[1] domum pro congregacione clericorum in Cassel, ut patebit in littera, circa Marie Magdaleno[2].

Anno domini MCCCCLIIIII misit dominus Bernardus duos sacerdotes, 1455. s[cilicet] Hynricum Huls, qui postea factus est pater sororum, et Hinricum Ysenak, de[b] quo infra, cum clericis duobus, s[cilicet] Hinrico Dulmanie, qui post modicum temporis, quo iu Cassel manserit, a supervenientibus hospitibus minoribus religiosis reformatis forte persuasus frater minor factus est, et alio clerico[c]. Hos[d] misit dominus Bernardus in Cassel pro facienda nova clericorum congregacione. Nempe lantgravius Ludwicus ad ammonicionem domini Hermanni de Werne[3], patris sororum in Monasterio, quondam rectoris congregacionis clericorum ad Fontis Salientem in Monasterio, dedit domum et curiam quandam dictam den Wissenhoff propter deum ad hoc pium negocium. Dictus enim dominus Hermannus fuit Hasso de genere nobilitari ortus et lantgravio familiaris. Proficiscentibus autem illac fratribus dedit dominus Bernardus et sui utensilia et necessaria non pauca et plus quam forte opinabamur pro coquina, ligacione librorum, pro scriptoribus etc., in pecunia autem in primo recessu eorum XVI florenos R[enenses]. Et quamvis domus illa non parum expoliaverat domum nostram tam in utensilibus quam personis, attamen libenti animo et maxime dominus Bernardus liberaliter indulsit tum propter domus illius profectum tum propter fratres illuc mittendos, ut voluntarii ad hoc efficerentur opus, multe enim lacrime effundebantur ex utraque parte pro mutua ab invicem separacione. Et, secundum quod patet ex litteris[4] super tradicione hujus curie factis, hoc modo assumpta est domus illa, ut videlicet senior congregacionis clericorum de Hildensem et sui ad requisicionem abbatis de Bursfeldia et prioris Carthusiensium de Cappenbergh, qui et visitatores domus illius constituti sunt, providere habeant domui eidem in personis illuc collocandis. Quare et dominus lantgravius singulariter eandem domum in Cassel dedit seniori et fratribus congregacionis Hildensemensis et illas duas domus, s[cilicet] congregacionem Hildensemensem et in Cassel, ut in littera desuper confecta

---

a) Anno *bis* Magdalene *nachträglich eingefügt.* b) de quo infra *am Rande.*
c) *Nach* clerico *durchstrichen* qui adhuc superstes modo sacerdotali dignitate fungitur in Cassel domo congregacionis nostre in Hildensem. d) *Fol. 24.*
1) *Landgraf Ludwig I von Hessen.* 2) *Juli 22. Vgl. Urkunden n. 5.*
3) *Vgl. Ztschr. des Ver. f. Gesch. Westfalens VI S. 91.* 4) *Vgl. Urkunden n. 4 und 5.*

1455. patet, in tuicionem ac defensionem singularem sui et successorum suorum suscepit, desiderans in eadem littera nunc ª et jugiter ab eisdem pro se et suis orari. Si autem fratres in Hildensem domui predicte in Cassel subvenire in personis non possent, tunc rector fratrum de Colonia et sui hoc supplere deberent. Et si nec isti hoc facere queant vel nolint, tunc fratres de Monasterio faciant. Quod si et isti nequiverint vel noluerint, tunc abbas Bursfeldensis et prior Carthusiensium predicti personas inibi deo servientes collocare et ad dei honorem cam deputare possent.

1456. Anno domini MCCCCLVI acceptavit dominus Bernardus et sui perpetuam missam legendam in summo altari fundatam ab honesta domina Haseke Bruningehusen ob salutem anime sue, parentum, fratrum et omnium amicorum suorum, ut patet in littera desuper confecta, et celebrans legere potest ᵇ, quicquid voluerit, quia missa illa non est determinata.

1457. Anno ᶜ domini MCCCCLVII emit dominus Bernardus et sui vineam positam retro claustrum sancti Godhardi by der Honeszmole, que fuit quondam Burchardi Stenhof ᵈ cellerarii ¹ in summo, a domino preposito ecclesie majoris dicto Eghardo de Hanenzee et aliorum ᵉ, quorum intererat, servitorum dominorum pro centum florenis R[enensibus] et XII florenis, ut patet in littera. Que quidem vinea quia magnos requirebat labores et impensas et parvum reportabat fructum, fratres parvipendentes vini fructum quasi nullum laboris respectu ex consilio amicorum successive vites eradicantes et evellentes divisam agricolis collocabant, ut hodie est videre, quamquam eadem vinea primo anno, quo eam acquisivimus, cum illo in anno non esset exculta set neglecta, plurimum fructum attulerit ᶠ et sic quasi valefaciendo suis possessoribus deinde, licet excoleretur, parum vel nichil attulit. Idem enim dominus Burchardus cellerarius, ejus possessor, maximis expensis eandem vineam plantavit, in nullo parcens pecuniis, dummodo satisfaceret voluntatibus suis, nam palmites et vites sumptuoso commercio de partibus superioribus advehi fecit, ut effectum vindemie hiis in partibus experire posset. Erat enim dives valde, unde adhuc campus ille ² vindemia aut vinetum dicitur ab aliquibus, licet vinum nullum ibidem crescat.

ª) Fol. 24'. ᵇ) potest am Rande nachgetragen. ᶜ) Am Rande von anderer, jüngerer Hand Emitur hortus. ᵈ) Beide Namen hier und unten Burchardus erst später eingetragen. ᵉ) sic. ᶠ) Fol. 25.

¹) Ueber Burchard Steinhoff vgl. Bertram, Gesch. des Bisthums Hildesheim I S. 397. ²) Jetzt der Garten der Villa Dyes.

Anno domini LVII fudimus campanam nostram in profesto [1] sancti 1457.
Viti martyris, que habet talenta circiter II czintener demptis VI talentis.
Consecrabatur autem imposito nomine Maria anno dehinc LIX datis
indulgenciis, ut infra in littera de indulgenciis habetur. Quo licet ad
nostram indigenciam sufficeret minor, volebant tamen priores ad eam
produci magnitudinem, ut ejus sufficiencia prohiberet ulteriorem quantitatem quasi minus necessariam, ymmo humilitati nostre vite contrariam.

Anno domini MCCCCLVII in crastino [2] sancti Mauricii, que fuit
feria VI[a] quatuor temporum, ingruente nocte circa horam decimam obiit
dominus Bernardus primus rector domus nostre Ortiluminum beate Marie
virginis virgo. Qui et sepultus est in choro ecclesie nostre in medio
ante gradus altaris summi[a]. Qui fuit frater congregacionis clericorum
in Monasterio et huc missus, ut supra[3] patuit. Hic, cum adhuc esset
in noviciatu domus predicte, maxima temptacione perculsus a fratribus
recessit et hospicium in civitate intravit. Erat enim oriundus de Buderik,
civitate parva vel castello, ex parentibus mediocribus tamen divitibus.
Cumque, ut diximus, vespere facto, quemadmodum ab eo audivimus,
locum aptum ad meditandum, orandum sive legendum, ut consuetus apud
fratres fuerat, non inveniret, set nec verbum ibi dei set, ut moris est,
apud ignem ab utriusque sexus incolis et familiaribus proferre verba
secularia, impudica et nociva et ad rem non pertinencia audiret, exper-
gescens, quid amiserit ad quidve devenerit, vel sero deo miserante cognovit,
unde[b] ad se conversus et penitenciam de facto suo agens valde doluit
et quasi totam noctem illam insompnem ducens lacrimis stratum suum
rigavit. Factoque mane quantocius surrexit et sicut columba ad archam
Noe sic iste ad congregacionem clericorum convolavit. Non enim invenit,
ubi requiesceret pes ejus, quia corvus non erat. Injunctam itaque penitenciam libenter amplectens fratribus satisfecit tantaque exinde humilitate
se subjecit, ut fortius ab illa hora et usque ad finem sue vite staret,
quam si forte lapsus non fuisset. Nam privatis eum exerciciis temptantes
fratres veritatem constancie vel spiritum ejus probare volentes in tantum,
ut nonnumquam cartulam ligatam ad brachium deferret tempore colla-
cionis, quo alieni adesse solebant, in qua scriptum erat: ‚Frater iste
adhuc superbus est vel impaciens aut inobediens' vel similia, que videlicet
nos sapientes secundum carnem indiscrecionem judicaremus, similia nobis
si injungerentur. Ipse autem hac humilitate, hiis exerciciis edoctus et

---

     a) *Zu* summi *Zusatz unter dem Texte:* modo autem, quia ecclesia mutata
est, jacet ante introitum ad chorum.   b) *Fol. 25'.*
   [1]) *Juni 14.*   [2]) *September 23.*   [3]) *S. 1 ff.*

1457. multis aliis sicut de intercepcione sompni, cibi et aliorum humilium officiorum sub domino Hinrico Ahus* primo rectore domus ejusdem tantam experienciam didicit ex hiis, que passus fuerat, ut ydoneus esset consolari eos, qui in omni pressura vel temptacione esse possent. Circa annos igitur domini MCCCCXXXVII a domino Hinrico rectore domus Fontissalientis in Monasterio fuit ipse missus ad curiam ad Eugenium [1] papam ad acquirendum privilegia [b] quedam pro majori confirmacione vite communis clericorum modernorum. Et, sicut ab ore ejus non semel tantum audivimus, ipse sedens ad pedes ejusdem vicarii Christi, cum idem dominus apostolicus consuetudines et vitam audisset fratrum clericorum, complosis manibus dixit: ,Benedictus deus, quod adhuc vivunt homines, quibus sic conversari placet'. Asseruit eciam monstrante cardinali quodam, promotore ejus, se ibidem in consistorio domini pape vidisse presbiteros, qui citra religiones sectatores essent communis vite. Ex quorum [e] numero assumptus erat ipse Eugenius papa, dicente ei cardinali predicto: ,Ecce, frater Bernarde, isti sunt de modo et vita vestra', unde curiosius eo scrutante comperit, sic esse. Habebant autem idem domini togas blaveas et totam hereditatem et patrimonium suum unusquisque in communem usum tradidit. Et quamvis quo ad deum et conscienciam tale predictum tanti viri s[cilicet] apostolici, ut supra dictum est, pro approbacione vite clericorum sufficere videretur, sicut et sufficit maxime adjectis aliquibus privilegiis, consultum tamen fuit domino Bernardo in curia, ut vitam istam propter ignorantes et vitam communem clericorum in ecclesia dei quondam satis usitatam, novissimis autem temporibus istis habundante malicia et refrigescento caritate multorum abolitam et quasi exspiratam, licet non interdictam nec illicitam non intelligentes collegii sub titulo nunc usitato instituerent et nichilominus privilegiis, statutis et ordinacionibus sibi congruis, cum diversa collegia diversis gaudeant institutis, decenter ac religiose fulcirent et firmarent. Non quia vita communis clericorum modernis temporibus erecta aliunde licita, admissa ymmo laudabiliter approbata sufficientissime ostendi non posset, set quo brevius unius termini vocabulo omnium suspicionum scrupulos ac dubitaciones plenius adimerent, nec opus esse omnibus indifferenter raciones [d] vite ejus per multa variantes exponere qui ei

---

a) *Hdschr.* Nahus. b) *Hierzu Zusatz unter dem Texte:* Ipsa sunt privilegia, quibus nunc domus fratrum Monasteriensis et magister Gabriel cum suis domibus innititur, quibus domus nostra valefecit humillori institucione per eundem dominum Bernardum instructa et firmata, ut infra et in aliis locis patebit.   c) *Fol. 26.* d) *Hdschr.* racionem.
1) *Papst Eugen IV 1431—1447.*

contradicunt. De quorum eciam numero inveniuntur nonnulli religiosi, 1457. quibus videntur fratres onerosi, quia forte eorum communis vita et simplex conversacio nonnullorum vite dissolute est derogacio. Et forte adversario humani generis instigante, qui in suum dampnum videt sibi utcumque auferri lucrum, ne scilicet confusione adducti religiosi suos quandoque corrigant mores aut eciam quidam seculares immitatores fratrum relictis religiosis fiant quandoque presbitri seculares. Hinc credendum, actitari magistros* aliquos et doctores leges studiosius perscrutari, forte non ut sit illis salutaris erudicio set sicubi religionis vere inveniatur descriptio, ut⁵ fiat vite clericorum restrictio vel inhibicio. Et sollicicius inquiritur, ne excedatur in nimia religiositate quam timeatur, ne quandoque argui contingat de nimia secularitate aut vanitate. Hii ᶜ sunt qui domino non jubente artam viam ad vitam dilatare student. Favent hiis nonnulli religiosi, forte ut eo impune perverse vivant aut soli ipsi videantur virtuosi. Sicque fit, ut illis, dico autem secularibus, dissimulantibus religiosis auram sanctitatis captantibus nec reformatur religiosus nec citra religiones emendatur secularis sacerdos, nisi, ut aiunt, mutato habitu et traditis omnibus rebus suis fiat monachus. Quare autem hoc, nisi quia defecit quin ymmo derelictus est status medius, in quo ut dicitur consistit virtus. Perditus itaque quondam et nunc reinventus clericorum communis usus non esset utique impugnandus set pocius defendendus maxime a clero, qui hac inter nimiam religionum ansteritatem et secularium vanitatem via incedere posset media non ex necessitate set desiderio regni celestis aut perfectionis de sua bona voluntate et in hoc partem suam non pejorare set pocius ministerium suum honorificare et uti potestate sua sibi ab ecclesia tradita, qua, quandocumque et quibuscumque ex ipsis placuerit, possunt uti communi vita jure hereditario non ut religiosi quondam, quorum major pars, ut beatus Jeronymus testatur, layci fuerunt, hoc habebant et habent a capite clericorum domino apostolico ex dato sive concesso privilegio.

In ᵈ curia consistens apud cardinalem, ad quem fuerat missus, s[cilicet]ᵉ Anthonium episcopum Hostiensem sacrosancte Romane ecclesie cardinalem Bononiensem, considerata viri maturitate, verecundia, prudencia et facundia, morum composicione ac negocii sui diligencia manuumque scribendi seu alia, erat enim mediocris stature, amabilis, rotunde ac plene faciei, calvus in fronte capitis, canis aspersus, spissus et carnosus, ait ad

---

a) *Fol. 26'*. b) ut *bis* clericorum *am Rande nachgetragen.* c) Hii *bis* student *deagl. unter dem Texte.* d) *Fol. 27.* e) scilicet *bis* Bononiensem *über dem Texte nachgetragen.*

1457. eum cardinalis quodam tempore inter alia: ,Video te, o frater Bernarde, diligentem execntorem commissionis patris tui et tuorum. Secundum consilium ergo meum arbitror rectum et justum, ut, dum hic es, in aliquo eciam tibi provideas. Si ergo vis, poteris consilio auxilioque meo promoveri ad aliquod vacans episcopium, quo titulo ad vicariatum in pontificalibus alicujus ordinarii ascendere valebis ad majorem promocionem et gloriam fratrum tuorum.' Cui humiliter cum graciarum actione cum respondisset, se non ad hoc vel simile quid missum nec propter suum comodum venisse set ex obediencia pro utilitate et privilegiis fratrum missum, quo obtento contentum se stare ac circa se prospere actum fuisse arbitrari. Quo audito admirando more Ytalico exclamans ajebat: ,Ergo ne tu, frater, honorem et statum hunc contempnis, pro quo obtinendo tam multi honorabiles, religiosi et viri illustres itineribus, laboribus et expensis multis oportune inoportuneque se ingerunt?' Hec ab ore ejus audivimus non jactando set materia se ingerente oportuna jocose et ad edificacionem et fratrum suorum stabilitatem prolata, maxime ne qui autumarent, quod non tam ex virtute set quasi ex necessitate simplicitatem, abjectionem* ac humilitatem hujus conversacionis moderne clericorum communis vite sectaretur, set et ne quis occasione aliqua qualicumque eciam speciem pretendente pietatis exorta a vita semel cepta faciliter recedens locum suum deserat. Sunt preterea et multi religiosi, cum aliquam ydoneam ex fratribus viderint personam, furtivis inductionibus, non apertis, ne arguantur ab exercitatis opera eorum, suadere non cessant, ut ascendendo, quemadmodum ipsi dicunt, locum deserat, monachum induat, si quonam modo ei imponere onus prevaleant, quod forte nec ipsimet et aliqui similes portare vix poterant, set forte ut solacium sit miseris socium habere in penis, an semper hec ita fieri debeant aut an secundum deum aut consciencias utriusque sic facere expediat, ipsi viderint. Attamen super hac materia modicum alias dicetur propter simplices aliquos nescientes, si sic quandoquo expediret, quod aliquis religionem intrare deberet, qua discrecione id fieri salubrius deceret. Ita quod, cum dominus Bernardus in multis locis similiter temptatus fuisset, ita ut .eciam eidem promittere vellent, quod elapso anno in abbatem, priorem aut prepositum eligere vellent, quod sepe contigit et aliquociens, ut ipsi cognovimus, speciem magne utilitatis quo ad dei honorem et salvandorum multitudinem hujusmodi permutacio pretendebat, attamen incunctanter semper respondit, humilem se velle mori fratrem et in proposito semel cepto immobiliter permanere. Quibusdam eciam econtra asserentibus

*) Fol. 27'.

dignitate pollentem monastica utpote super candelabrum positum et multis 1457.
profuturum nichilominus posse mori fratrem humilem et pauperem,
‚Sufficit, ait, michi caputium istud, quo satis michi cappatus videor'.
Scio eciam et non ego solus, quoddam ei [a] oblatum negocium non parvi
honoris et, quidnam hoc fuerit, ab eo interrogando [b] variaque aliquando
coram eo narrando [c] et inquisitive aut opinative ei proponendo scire seu
extorquere nequivimus [d]. Et [e] hoc fuit eo tempore, quo ambasiatoris fungebatur loco ex parte capituli dominorum in summo de eligendo episcopo
Hildensemensi in anno ultimo etatis sue, nam statim post obiit. Et
credidimus, propter quod et loquimur, quod hujus modi tam fortem et
multorum laborum executorem, indefessum virum, qui nobis dixit, numquam in vita sua se doluisse caputium nec adeo senem, quod non multo
puto excedebat quinquagesimum annum, ideo tam cito sublatum, ut
domus ista maneret in abectione et despectione. Hoc enim tantum
congnovimus, quoniam in foribus erat, ut ad curiam mitteretur a dominis
nostris, quod tamen nobis occultandum indixit. Addidit eciam: ‚Si adhuc
semel venero ad curiam, talia procurabo pro domo ista, ut decetero
nullius se egere sciant inhabitantes in ea'. Quodsi dominus virum hunc
domui nostre tam utilem idcirco forte tulerit de medio, tunc credendum,
quod plus placeat deo, ut fratres studeant quieti et silencio et sic panem
suum manducent, caventes discursus superfluos, maxime curias dominorum
et magnatorum, dummodo necesse non fuerit, et ne se intromittant negociis
arduis ad se non pertinentibus seu reformandis personis claustralibus,
ad que et horum similia sepe requisitus ipse fuit eciam contra voluntatem
suam dominus Bernardus. Ex hiis enim et similibus non solum con-
temptibiles tandem set et odiosi efficiuntur fratres religiosis et eciam
sacerdotibus secularibus. Verum [f] quem finem seu exitum habebant omni
sollicitudine procurata a domino Bernardo privilegia illa — non [g] ea, que
ipse in curia utsupra impetravit —, quibus intendebat efficere et nitebatur
deducere, licet preventus morte, quatinus sub collegii titulo, prout edoctus

---

a) *Nach* ei *am Rande* nescio *zugesetzt.* b) *Fol. 28.* c) narrando *über*
durchstrichenem edicendo. d) *Nach* nequivimus *durchstrichen:* nisi hoc, quod hujus
negocii nullam adhuc ei mencionem fecissemus nec hoc suspicari possemus, quod in
foribus esset suis ipsius et arbitrio ejus. e) *Vor* Et *unter dem Texte später Zusatz:*
Anno autem domini MCCCCLXXXV congnovi, quod dixerit revelante mihi uno prelato
et vere magnum, inopinabile atque fratribus omnibus omnino inusitatum neque ad hoc
unquam consensisset, nam eandem dignitatem preposito sancte Crucis domino Eghardo
de Wenden ad curiam Romanam veniens procurasset, in tantum nobis significavit,
set non dixit, quod ei illa dignitas offerebatur. f) *Fol. 28'.* g) non *bis* impetravit
am Rande zugesetzt.

1457. fuerat in curia, domino militaretur communis clericorum domus, hujus
conversacio tantum, ne ab adversariis reprehendi possit veluti nova ac
prohibita vel suspecta religio, et quando et quomodo et per quos acceptata sint in communi cum certis statutis et suis ordinacionibus, postea
patebit post mortem domini Johannis [1], secundi hujus domus nostre rectoris.
Itaque, ut dictum est, dominus Bernardus, quia fortis erat, magnos sudores
et labores et sollicitudines pro domo hac erigenda gerebat. Nam in
scribendo tantam sibi violenciam sepissime indixit, ut de sede sua, qua
scribebat, de mane ab hora 3ᵃ aut 4ᵃ usque ad noctem circa VIIIᵃᵐ,
nonam vel eciam aliquando diutius non surgeret nisi pro necessitatibus,
legendis horis, missis aut corporis refectione. Ad quam refectionem venit
sepe primo ferculo a fratribus commesto et nihilominus aliis adhuc
comedentibus recessit. Sepius eciam pro cena parum pocius quid gustando
quam comedendo in sede sua scribens remansit, aliquando omnino absti-
nendo ter potavit. Quod pene semper eciam per totum adventum fecit,
nichilominus tamen per adventum fratribus de vespere graciam dando
de refectione qualicumque vel pulmento et similibus previdit Quantum
enim in ipso erat, liberaliter necessaria maxime refectionum procurabat.
Quotiens audivimus eum arguero eos, quorum intererat, si quid minus
evenire accidisset, quo aliquos licet extremi carere contigisset? Et dicere
solebat: ‚Sicut volo, ut corpori sine defectu suam tribuatis necessitatem,
sic ᵃ eciam isto habito quod anime est volo ut tribuatis, id est laborem,
disciplinam, obedienciam, ut sollicite coram deo ambulare, allegans sepe,
corpus esse fovendum quasi victurum annis centum sic anime providendum, viciis resistendum, quasi hodie nobis esset moriendum. Hoc autem
dicebat ideo, quia valde timebat infirma et, ut verbis ejus utamur,
etroclita capita, asserens illa egregia instrumenta inimici et omnium
viciorum. Aiebat exhinc fratribus, ad quos administracio spectabat,
quemadmodum et hoc se didicisse commemorabat: ‚Inde, inquit, proprietarii, inde propie voluntatis servi, inde murmura, cum non aut difficulter
administrantur fratribus necessaria, eo quod occasione hac discunt sibi
ipsis primum providere et procurare, deinde procurata furtive occultare,
occultata tandem ut propria vel alias non acquirenda sibi vendicare.
Item solebat sepius nacta occasione lectionis mense aliquos, quidnam
legerent, interrogare, et, si quem negligentem in hac parte invenisset,
modeste increpare, ut de cetero os cibo, aures paterent dei verbo. Sepe
eciam occurente lectionis mense materia oportuna solebat ᵇ fervida

---

ᵃ) *Fol. 29.* ᵇ) *Hdschr.* solebebat.
[1]) † *1463 vgl. unten.*

collacione et copiosa non tam instruere quam, ut ita dicamus, calefaciendo 1457. ignire fratrum corda exhortacione efficaci ad persuadendum sermonibus optimis et gratis auctoritate sive exemplis habundanter et convenienter firmatis, ita ut nulli presentium opus esset dubitare* ignem, de quo scintillo tales et carbones desolatorii prodirent, quibus eciam nonnulli tam avide intendebant, ut comedere negligerent, quibus et dicere solebat, ut eque comederent et verbo intenderont. Solitus᪲ erat nobis dicere dominus Johannes, hujus domus rector 2ᵘˢ: ‚Tam libenter collaciones audivi domini Bernardi, ut hiis delectatus manducare nequivi'. Valde solaciosus erat fratribus et maxime hiis temporibus, quo expediebat gaudere cum gaudentibus, affirmans sepe, quod contubernium suorum fratrum preeligeret et preferret mense conviviisque opulentissimis dominorum. Quibus eciam temporibus vigilanter circumspiciens, ne quis eciam vel minimus set nec cocus esset absens, secundum quod scriptum est ipso allegante: ‚Non¹ videbitis, inquit Joseph verus, faciem meam, quin adduxeritis fratrem vestrum minimum'. Preterea, cum esset largus et liberalis omnibus, maxime ad deum convertendis scolaribus vel aliis, ita ut nonnumquam sua liberalitate et condescensione talibus dando et imparciendo, ipse vice versa talione accepta suo frauderetur desiderio et malum reportaret pro bono dato, quod et domui aliquando non parvum importabat dispendium et dampnum. Quod eciam pluries factum fuisset, nisi contradictione fratrum suorum quievisset et dimisisset licet invitus. Ait enim: ‚Si bene vixerimus et deum toto corde quesierimus, possibilius esset hic in domo crescere frumenta quam suis deesse alimenta'. Pene nichil cogitabat in hujus modi de crastino, ita ut quandoque audiret a fratre ex joco: ‚Novi, diluculo magna est fides tua'. Qua eciam liberalitate pene sine modo utebatur ad parentes et cognatos fratrum suorum, ubi et a multis arguebatur pro jam factis beneficiis et a nonnullis retrahebatur faciendis. Set et hiis, qui instigacione inimici aut infirmitate corporali urgente recessissent a monasteriis aut a fratrum congregacionibus, tantum condoluit, utᵉ, quamquam domui nostre hoc non expedire clarum esset, nichilominus tamen tales colligere paterneque fovere non destitit, si quo modo alii resipiscere aut convalescere possent. Quod eciam tandem congnoscentes fratres eidem consentire amodo in similibus difficiles fuerunt. ‚Num, aiunt, civitatem profugorum de domo nostra facere vultis?', ita ut in proverbium statim vertitur commune: ‚Qui nequit invenire locum, vadat

---

ᵃ) *Am Rande als Zusatz vor* ignem *nachgetragen* ibre *(??)* habundantem.
ᵇ) *Fol. 29'.* ᶜ) *Fol. 30.*
¹) *Genes. 43, 3.*

1457. in Hildensem ad dominum Bernardum'. Quibus ille: ,Credo, quod majus meritum habebit apud deum qui errantem reducit ovem quam qui converterit a novo peccatorem'. Ipse eciam sepe accepto libro lectoris in mensa ad tempus fungebatur officio. Quodam eciam tempore sedens in inferiori parte mense cenantibus fratribus apud ministrum mense sedens legit more lectoris alterius ad mensam, donec cenatum fuit, nichil addens vel demens vel auctoritate ostendens fratre alio tempore congruo dicente[a]: ,Tu autem'. Hec autem in inicio inchoate domus fecit, quibus eciam temporibus aliquando festivis diebus post prandium fratribus collacionem fecit examinando eciam eos, quid quis retinuisset. Multas enim sustinuit adversitates, quoniam non tantum, ut supra dictum est, ei pugne fuerunt exterius, set et intus timores et anxietates cum fratribus suis. Nam adversitatibus illis videlicet civium, instabilitas locorum et an adhuc in Hildensem manendum esset, vertebatur in dubium opinionesque rumorum non bonorum, set et alie inconvenientie nunc ciborum nunc utensilium nunc eciam quorundam perversorum fratrum forte non sincere ambulantium, eciam quandoque, ut assolet, quia homines sumus, contentionum. Hic nolebat diucius manere, iste non scivit omnia illa sustinere, isti nolebant concordare, alius eligere voluit locum, in quo quietius et sine tantis laboribus et miseriis posset vivere, alter ad locum, unde missus fuerat, voluit redire, alius[b] voluit claustrare. Inter hec omnia nullum aut vix adjutorem fidelem[c] habuit unum. Nam ad hoc opus ydonei nolebant se miserie huic submittere. Hinc sepe convocatis fratribus omnibus tenuit capitulum cum eis tenebrosum, hoc enim nomine ipse nuncupavit hoc exercicium, eo quod ibi ex multorum cordibus revelabantur cogitaciones, murmura, suspiciones sive passiones libere sine offensa eciam domini Bernardi super quocumque fratre, super quacumque alia disposicione, ordinacione aut transgressione sive in generali sive in speciali. Habuit enim hoc vir ille, quod equo animo illa omnia sufferre potuit et nulla supervacua sollicitudine diu occupabatur, nisi si scisset, fratrem aliquem non esse bene contentum. Tunc nec ipse erat contentus, nisi vocato eo in spiritu mansuetudinis eum placasset. Unde sepe dicebat nobis: ,Fratres dilecti, sit pax a nobis et in nobis et nichil timebimus, quicquid minatur foris'. Item memini me, eciam convocatis fratribus et aliquibus, secundum quod superius dictum est, et non paucis valde nutantibus dixisse in communi inter cetera: ,Quicumque ex vobis non animo volente et bona voluntate manere voluerit mecum, transeat in nomine domini, ubi melius sibi placuerit. Sufficit mihi cum uno, nam

---

a) Hdschr. dicendo.   b) alius v. c. Zusatz.   c) Fol. 30'.

ministerio nullius vestrum indigeo'. Quod, ut mihi videbatur, plus con- 1457.
cussit corda quorundam ad stabilitatem. Talem enim animum manendi
in Hildensem induerat, ut diceret: ,Si expellor a loco isto, vadam et
scribam et quiescam in paradiso in summo, donec dominus dabit graciam,
et qui voluerit manere mecum, idem faciat'. Et ne putaretur hoc dicere
ex necessitate, aliis licet temporibus ab eo audivimus sepe: ,Preoptarem,
inquit, cum fratribus meis in Monasterio diem peragere parascheues quam
in Hildensem diem pasche'. De* mane, licet ultimus isset ad requiem,
nichilominus tamen sepe prior surgens et lectis legendis, scribendo eciam
fratrum laborem prevenit, ymmo aliquando ante suscitacionem ipsorum,
quos eciam nonnumquam pulsando aut signo facto suscitavit horologio
nondum habito aut habito postea errante et nedum valente. Sed et in
labore externo communi, nisi singulariter prepeditus fuisset, in medio
fratrum brevi in tunica, caputio exuto, pileo capiti imposito quasi unus ex
illis eciam in vilibus operibus luti et virgulis parietibus intexendis lutoque
liniendis nunc destruendo vetera nunc instaurando nova, laborando eciam
pre aliis sepe desudavit, ita eciam, ut supervenientibus aliquando venerabilibus personis ac dominis colloquium ejus poscentibus eisdem vestibus
deornatus occurrere non tardaverit aut dubitaverit, quorum eciam aliqui
non parum mirabantur, alii eciam secundum mundi sapienciam hec eum
non decere consulebant. Scio eciam, quod aliquociens me eum sequente
procedenti tempore instar fratrum aliorum absque pileo domum exivit et
civitatem intravit. Valde reverenter se ad dominos prelatos et ad quoscumque in dignitate positos habuit, cui necdum similem vidi. Unde valde
amabatur a dominis pene omnibus et eciam episcopo Magno. Virtus
enim, ut dicitur, non est in honorato set in honorante. Unde eo infir-
mante et infirmato valde sollicite pene ab omnibus interrogabamur de
valitudine ejus. Senciens autem se morti destinatum inungi se fecit, ipse
eciam legere adjuvit fratres. Et communicatus in lecto residens deo
complosis manibus gracias egit et dominum benedixit. Responsorium
,Ingrediente domino sanctam civitatem' decantavit. Confortatus a quibusdam, ut spem firmam in domino haberet, ait: ,Absque dubio'. Interrogavit
aliquando, an candelam defunctorum ad manum haberent et alia ad
defunctos aut b morientes spectancia.

Excursus
siehe Excurse des Rektors Peter Dieppurch (III).

---

*) *Fol. 32, Fol. 31 übersprungen.* b) *Fol. 32'.*

Reditus".

Interrogatus dominus Bernardus ante mortem instantius a quibusdam
de suis, insuper et a domino Johanne Loff patre sororum in Eeldagessen,
quemnam in locum suum substituendum consuleret quidve ordinandum
prediceret, nichil aliud omnibus istis respondit nisi hoc: ‚Dominus bene
ordinabit'. Quod mirum valde videbatur, quia nichil aliud extorqueri ab
eo posset, quamquam postea experiencia dictante non minus miranda
apparuit ejusdem responsionis profunda discrecio. Non enim magnum
fructum in hujusmodi interrogacionibus invenio. Nam domino testante [1]
‚accensa candela sub modio non absconditur nec abscondi potest civitas
super montem posita'. Sepe enim indignus invenitur, qui tantum prelati
sui testimonio lucere predicatur. Oportet, ait apostolus [2], illum habere
testimonium bonum nou solum a suis set et ab hiis qui foris sunt. Adde,
quod sepe contingit maxime in hiis, qui nondum decem vel circiter annis
adminus steterint sub disciplina, qui servili quodam timore multomagis
curant placere, multomagis se irreprehensibiles exhibere ymmo aliquotiens
fingere coram prelato quam coram fratribus, et ideo ipsorum ypocrisis
et simulacio facilius et limpidius videtur oculis fratrum eciam minorum
quam oculis prelatorum. Quid insuper, si moriens prelatus suo judicio
eligendum edicoret illum, quem postea satrapis displicere contingeret?
Nonne inter duas necessitates fratres suos coartandos posuisset, ut aut
sustinerent indignum aut judicio extraneorum reprehendere viderentur
dilecti patris mortui consilium, nisi coacti proderent eligendi defectum in
omnium ipsorum scandalum? Vel certe id quo occultius eo suavius
interrogans sicut [b] Aman libenter audiret de se verbum adulatorium [3]?
Fuit eciam idem dominus Bernardus scriptor bonus tam in notulis quam
in grossa scriptura sive textuali et multa valde scripsit in Monasterio
maxime pro libraria et pro precio magna volumina. In Hildensem eciam
pro precio scripsit magna volumina, s[cilicet] psalteria duo et antiphonaria
duo, ex quibus usque hodie cantaut in [c] ecclesia Hildensemensi corales,
item totam bibliam in magna forma que jam data est [d] fratribus regularibus in Sulta, et cetera alia multa. Doluit autem sepe, quod tempus
scribendi pro libraria in Hildensem non habuit. Aliorum tamen diligenciam
in scribendo pro domo exhortando provocavit et animavit, bifarie eos bene
agere asserens, et quia studerent sibi ipsis, dum scriberent, et nichilominus sua scripta legentes docere non cessarent. Scripsit ipse tamen

──────────
a) *Fol. 33'*. b) *Fol. 34.* c) in ecclesia Hildensemensi *Zusatz am Rande.*
d) *Hdschr.* sunt.
[1]) *Matth. 5, 15, Marc. 4, 21 f.* [2]) *Vgl. 1. Timoth. 3, 7.* [3]) *Vgl. Esther 3, 2.*

pro domo nostra Gregorii librum super Ezechielem, licet tarde complevit, **1457.**
similiter et partem libri s[ancti] Augustini De sancta Trinitate et, si que
sunt alia, que memorie non occurrunt. Adjuvit eciam nonnumquam aliorum
pro domo scripta fratrum eradere, corrigere seu inscribere. Fuit eciam
dictator bonus, ut quandoque, cum necesse fuerat, ipse scribendo pro
precio in sede sua fratri sedenti ad pedes ejus nichilominus et scribenti
litteram ipse eandem decentissime compositam pronunciaret eidem
scribendam.

Epitaphium^a versificum.

Nomine Bernardus qui de Buderick oriundus,
Fundator primus rectorque domus fuit hujus.
Largus, morosus, cunctis fuit officiosus.
Iste locus corpus, animum celum tenet ejus[b].

Anno domini MCCCCLVII eodem, quo mortuus fuit Bernardus, electus
fuit dominus Johannes Hoge[c] de Lone in rectorem, frater erat domus
nostre, in una dominica, que forte fuit 2^a vel 3^a post[d] mortem ejus.
Qui annis sex rexit domum istam, post quos eadem dominica, qua fuit
electus, vel valde prope percussus pestilencia obiit feria V^a sequenti
immediate in eadem ebdomada. Hic de mediocribus licet non infimis[e] oriundus parentibus ex Westfalia causa studii venit ad Hildensem spirituque bono, quem collacionantibus
patribus nostris in Swollis, ubi antea visitaverat, imbiberat, ductus
monasterialia perlustravit loca. Audiens autem de prope, Hildensem
claustrum consistere regularium, perrexit illac emendacioris vite sue
firmum habens propositum. Cumque venisset ibidem by de linden, prout
sepius ab ore ejus audivimus, comperto nomine monasterii, quod Zulta
diceretur, abhorrens et nomen deridens in cachinnum solvebatur, erat
enim valde risibilis eciam ex facili causa, quare et sepius correptus sibi
ipsi in hoc imperare pro primo non potuit. Nam eo stante cum fratribus

---

a) *Von anderer Hand.* b) *Fol. 34'. Auf eingeklebtem Zettel von einer
Hand um 1500 die folgende Grabschrift Johanns von Bocholt, Rektors des
Magdeburger Hauses:*

Sit tibi pax, requies, clarus virtute Johannes
De Boeckbolt natus, hic corpore set tumulatus
Magdeburgensis tu caput atque domus
Gracia gessisti plus forcia quique tulisti
Rutiles eterno nomine sicque deo.

c) *dominus Hoge am Rande statt Hoe im Texte.* d) *Nach post durchstrichen*
Mauritii *(Sept. 22).* e) *Hdschr. iufinis.*

1457. ad legendum ‚Benedicite‘ vel ‚Gracias‘ vel alio quoquam loco occurrente aliquo inusitato eventu aut eciam, si cuculus de prope cantasset cantum suum, mox in tantum ridere ceperit, ut alii se abstinere a risu vix aut nullo modo potuissent, unde* et magnam sibi violenciam sepe fecit, ne in ecclesia aut aliis locis maturitati congruis ridere inciperet. Unde et ait: ‚Nunquam ego Zultam intrabo istam, quid enim dicturi essent mei, si in Zulta me conmanere audirent?‘ Et protinus se avertens abibat. Audiens autem, quod et congregacio clericorum communis vite similiter prope Hildensem esset, illuc properavit nec vilia quodammodo tuguria nostra curavit, sed introiens et noticiam fecit et inibi usque ad mortem suam permansit. Cum igitur comperisset pater ejus et congnati et amici de hoc facto, plurimum, ut mos est carnalium et hominum animalium, doluerunt. Tandem pater ejus cum aliquibus in curru veniens et in Wilczenach tendens, irato et indignanti animo de suis premittens ad domum nostram, ipse foris permansit et educendum filium expectavit, forte ut vi eum reduxisset. Cumque, ut breviter dicam, nunc minis, quibus eciam filius non mediocriter territus quasi ferocem congnoscens patrem, ut ipse nobis retulit, occidi ab eo timuit, nunc blandimentis cum effusione lacrimarum et improperacionibus, quoniam in expensis ubique ipsi largiter providisset, et ad universitatem transmittere disposuisset Coloniensem etc., ei suadere non potuisset, vix de necessitate facta virtute modestior factus consilio eciam amicorum suorum inductus qui aderant, ad hospitandum domum nostram intravit. Fateor mihi videnti, patrem ejus virum procerissime stature cum filio suo non multo minori stantem flere, mirabile videbatur. Vixque tandem tenuiter consenciente patre vel pocius dissimulante hoc eum momordit, quod tale quid intendens non consilio suo ad loca seu claustra honorabiliora divertisset omissa tam abjecta tamque pauperi clericorum conversacione. Electus ᵇ autem in rectorem in alium conversus est virum, postponens, si quid levitatis aut dissolucionis esset occasio. Unde factum est successive, ut vir ille in populo suo strennuus appareret zelo tamen et rigore discipline. Nam dissoluciones, strepitus in disciplina communes aut alias levitates maturitati et inquieti oppositas vix paciencer ferebat. Metuens, ne in diebus suis mores boni deperirent, magis autem, ne vel domus debitis gravata succumberet, eo quod propter novellam jam domus plantacionem curieque ejusdem jam pridem empcionem, novorum edificiorum fundacionem, utensilium aliorumque multorum necessariorum procuracionem et instauracionem in debitis esset licet non magnis, pervigili tamen cura provideri et respici habebat, ne propter

---

*) Fol. 35. ᵇ) Fol. 35'.

hujusmodi et similia jam attenuata negligenciusque habita vix tandem vel **1457.**
tardius esset sublevanda facta proclivioris ruine causa. Quod ipse idem
rector sollerter animadvertens, diligenter precavens sic exceutus est, ut
non tantum solvendis debitis set eciam non parum[a] minorandis pro nostra
paupertate habitis seu possessis ejus desudaret animus. Labori enim
manuum scribendo diligentius intendens una cum suis domum aliqualiter
promovit in temporalibus. Scripsit eciam pro domo nostra ante electionem
suam libros Regum, Augustini librum De verbis domini, item Manuale
ejusdem Augustini, item Epistolare Petri Damiani de continencia episcoporum, item De muliere septies percussa Jieronymi, item Commonitorium
Petri Damiani ad electum Carnotensem etc. Set pro domo aut ecclesia
scribere volentibus annuit, quosdam eciam hortabatur, ut eo melius
prestarent[b] se seque a supervacuis seu inutilibus confabulacionibus occu-
pationibusque temperarent. Non enim in hujusmodi tantum lucrum
pensandum est temporale quantum spirituale, et maxime hoc convenit
juvenibus et qui se nesciunt occupare interioribus, ut temporibus debitis
scribant pro precio et pro recreacione aliquantula satisfaciant desiderio
suo scribendo cum delectacione parumper quid pro ecclesia aut domo.

Anno LVIII impetrata fuerunt privilegia in curia pro domo nostra **1458.**
in Cassel fundata per omnia super institucione domus nostre in Hildensem,
ut patebit infra in littera[1]. Ideoque[c] non fuisset necesse, ut privilegia
nostra apostolica auctoritate confirmarentur retentis XX florenis R[enen-
sibus], quos exposuerunt postea pro confirmacione eorum.

Anno domini LVIII litigio sive controversia habita cum domino
Wedekindo[2] coram prelatis nostris, eo quod plus se nobis concessisse
diceret quam alicubi scripto invenire[d] potuimus aut alicui nostrum constare potuit post mortem domini Bernardi. Tandem hoc sentencia
prelatorum nostrorum concordatum fuit, ut perpetuo singulis diebus de
domina nostra a nobis et nostris successoribus legeretur missa, ita tamen,
ut per annum officium illud diceretur die illa, qua occurreret festum
annunciacionis[3] Marie, hoc est ,Rorate celi desuper' etc., ut et in littera,
feria[e] V[a] post Oculi, non tamen tenemur ad missam illam ,Rorate'
utsupra nec de hoc aliquid continetur in littera, set sic desideratum fuit,
si bene meminimus. Set quia cantor ecclesie Hildensemensis Harlesheym[4],

---

[a]) parum *am Rande hinzugesetzt.* [b]) *Fol. 36.* [c]) Ideoque *bis eorum wenig
jungerer Zusatz.* [d]) *Hdschr.* inveniri. [e]) feria *bis singularis Nachtrag.*

[1]) *Vgl. Urkunden n. 7.* [2]) *Wedekind von Warborch, vgl. Register.* [3]) *März 25.*
[4]) *Ekkehard von Harlessem, Domkantor 1453, vgl. Urkundenbuch der Stadt
Hildesheim VII n. 131.*

1458. et ut puto alii quidam similiter, eandem missam ‚Rorate‘ etc. teneri disposuit ea in die per annum, in qua fuit festum annunciacionis, idcirco tenemus sic et tenendum est a posteris in honore b. Marie virginis, nostre patrone ecclesie singularis.

1459. Anno domini LIX in carnisprivio¹ obiit in domo nostra Diderik frater noster laycus receptus, qui fuit cocus, qui post temptacionem inconstancie validam, ita ut loco cederet ad breve, quem dominus secundum mirabilia sua et misericordiam suam revocavit, et eodem anno statim, ne malicia intellectum ejus immutaret, educere properavit medio anno elapso.

Anno ᵃ domini eodem s[cilicet] LIX pergens post pascha² dominus Johannes rector domus nostre ad colloquium versus Monasterium accessit ad Wesaliam pro acquirendo pictore Hinrico, qui fuit frater domus clericorum ibidem, cui dominus Bernardus pie memorie jam dudum viam perfacilem eum acquirendi impetravit. Quo cum pervenisset, invenit pene in agonia constitutum dominum Johannem Batenborch. Qui quondam in primo anno adventus fratrum in Hildensem destinatus et missus fuit cum domino Bernardo in Hildensem, sicut et ibidem superius³ tetigimus, pro clerico. Et quia potum patrie sustinere non poterat necnon propter alia adhuc sub dubio reperta anno elapso cum socio suo ᵇ conclerico post festum pasche reversus ad Monasterium missus fuit ad Wesaliam. Habuit autem idem Johannes in Hildensem strennuum magistrum seu institutorem qui eciam, ut videbatur, citra condignum eum probando temptavit, ita ut altari deserviens, cum aquam ex platea publica hauriendam sine toga more fratrum et in hyeme cum calceis magnis sive sotularibus dignus spectaculo incedens pergeret, aliquociens institutor ejus voluntarie eandem allatam in oculis ejus effudit aquam fictam aliquam assignans accusacionem, utpote quia forte immundicia adesset aliqua, revera tamen, ut eum forte humiliaret et voluntatem ejus sic frangendo impugnaret. Tum necesse iterum denuo habuit domum exire et iterum in platea aquam haurire publica ᶜ, indutus sutularibus nec togatus spectaculum prestans intuentibus. Non enim erat puer set vir barbatus habundanter, qui et, antequam ad

---

ᵃ) Fol. 36'. ᵇ) Hierzu unten von Dieppurch nachgetragen: nomine Ludwico qui visitando patriam et parentes mansit in seculo etc. Ipse est dominus Ludwicus de Ymmenhusen, qui domum suam dedit pro sororibus deo ibidem servituris usque in hodiernum diem (nach diem durchstrichen annum LXXXV, geändert in LXXXIII). ᶜ) publica bis intuentibus am Rande gleichzeitig nachgetragen.
¹) Febr. 6. ²) März 25. ᵃ) S. 1.

fratres venerat, scriptor fuerat cathedralis in Colonia, quemadmodum, ni [1459.] fallor, eo percepi tempore[a].

In[b] agonia igitur constitutus, ut supra diximus, audiens advenisse rectorem domus fratrum clericorum de Hildensem, tanta devocione aspirans asscribi ad confraternitatem clericorum in Hildensem, tanta denique laudabili quadam importunitate sua necnon et instancia suorum ibidem desideravit et rogavit in hoc exaudiri, quemadmodum idem pater noster nobis retulit, ut alias vix salvari aut in sua consciencia quietari posse putaretur. Quapropter pater noster dominus Johannes instantie ac peticioni sue et suorum annuens presumpta in tam pia causa fratrum suorum consensus spe, ut eo quietius domino spiritum redderet simulque intuitu caritatis mutue, qua eciam nobis pictorem concesserunt ut supra [1], consensit. Reveniensque rector domus nostre in Hildensem secum deducens pictorem, fratrem laycum Hinricum, cum consensu fratrum suorum anniversarium ejusdem fratris Johannis videlicet Batenborch anniversario Thederici fratris nostri coci, de quo supra[2], annotavit et sic servari a posteris decrevit et desideravit. Veniens igitur idem frater Hinrik pictor cum patre nostro post pascha[3] anno quo supra, tabulam magnam summi altaris jam compactam et pene ex toto ad depingendum preparatam cum tabernaculis jam excisis manens nobiscum usque post pascha[4] anni sequentis bituminando et aptando et sic depingendo tabernacula deaurando cum adjutorio tamen aliquando fratrum aliquorum perfecit[e] cum duabus alis interius exteriusque depictis, desiderans et ipse loco precii devotas oraciones fratrum nunc et post mortem, et dignum et justum est, ut hoc ei fiat a nostris. In pasca sequenti tempore colloquii cum predicto patre remeavit.

Item anno eodem venerabilis antistes dominus Johannes Misinensis consecravit nobis in die XI [milium][d] virginum[5] predictam tabulam et campanam nostram, ut patet in litteris[6]. Cujus copiam quere infra[7].

Anno[e] domini LX dominus Hinricus Plettenborch[8] a curia Romana [1460.] veniens secum detulit nobis litteram apostolice confirmacionis privilegiorum prius auctoritate ordinaria concessorum, deinde auctoritate legacionis apostolice a Nicolao[f] Chusa approbatorum et constabat nos illa littera

a) *Nach* tempore *nachgetragen* Obiit ibidem in Wesalia. b) *Fol. 37.* c) *Am Rande nachgetragen* in uno anno. d) milium *fehlt in der Hdschr.* e) *Fol. 37'.* f) *Hdchr.* a Cusa Nicolao Chusa approbata.

1) *Vgl. S. 40.* 2) *S. 40.* 3) *März 25.* 4) *1460 April 13.* 5) *1459 October 21.* 6) *Vgl. ausführlicheren Bericht im Nekrolog (s. Register).* 7) *Die Abschrift ist nicht erhalten.* 8) *Heinrich Plettenberg, Canonikus des Johannisstiftes 1452—1495.*

1460. XX florenos R[enenses], quos in auro dedimus domino Hinrico Plettenberch, que littera licet executa fuisset, ut patet in transsumpto, attamen non omnes fratres unanimi consensu eadem acceptarunt, ut infra[1] patebit, set neque adeo grata omnibus fuerunt. Set[a] neque necesse fuisset illam apostolicam confirmacionem impetrasse, tum quia tanta necessitas non urgebat, tum quia privilegia apostolica auctoritate firmata domus fratrum Cassellensis innitebantur per omnia nostris privilegiis, quibus confirmatis et nostra confirmata erant.

Item anno eodem LX dominica Cantate[2] ordinatum fuit per magistrum dominum Theodericum[3] decannm in monte ecclesie sancti Mauricii et per dominum Johannem Bringman et d[ominum] Johannem Moghelken, testamentarios[b] bone memorie Johannis Steinborch preshitri, quatinus senior domus nostre una cum suis legant vel legere faciant singulis annis CLXXXIII missas animarum cum totidem vigiliis, que medium annum representant, et XXXII psalteria, assignantes nobis elemosinam IX talentorum[c] pasche et Michaelis IX talentorum, et est in voluntate nostra positum, quamdiu hec legere voluerimus, nam aliam medietatem anni in totidem missis et vigiliis et psalmis supplent fratres monasterii in Clusa.

Anno[d] domini LXXXVII feria 4[a] quatuor temporum[4] ante Thome in adventu domini resignavimus predictas missas, vigilias, psalmos patri priori et conventui suo in Wittenborch. Qui et summam acceptarunt a Carthusiensibus totam, ex qua predicta XVIII[e] talenta annuatim effluebant, presente domino Joanne Creyenberg.

1461. Anno domini MCCCCLXI obiit in domo nostra Conradus, frater noster, clericus de Monasterio ex Westfalia oriundus, qui inter alia bona scripsit pro domo Origenis librum super epistolam beati Pauli apostoli ad Romanos, item Ambrosii libros De officiis, De misteriis, De cura pastorali, De jejunio, De[f] Helya, De bono mortis, De fratris recessu, De ressurectione volumine uno. Item Ambrosium Super Lucam, item Bedam Super Marcum. Novissime continuare voluit Clymachum dudnm inceptum, in quo opere obiit. Unus autem fratrum curiosius explorans volens scire ultima verba scripta in Clymacho ab eo et repperit: „Non saciebuntur iste in secula seculorum'. Virgo obiit. Sed et in brevi consummatus complevit tempora multa. Et quia fortis, utpote nondum triginta annorum,

---

a) Set *bis* confirmata erant *Zusatz auf hinter* fuerunt *freigelassenem Raume*. b) *Hdschr.* testamentariorum. c) IX talentorum *beide Male auf Rasur.* d) Anno *bis* Creyenberg *Zusatz.* e) *Hdschr.* XVII. f) *Fol. 38.*
[1]) *Siehe besonders unter 1463.* [2]) *Mai 11.* [3]) *Dietrich Broyer.* [4]) *Dec. 19.*

in agonia fortiter laborabat. Febricitans enim diu tandem in morbum, **1461.**
quem ictericiam vocant, devenit, in quo et obiit. In extremis autem
constitutus diu anhelitum profundius concipiens et attrahens cum tanto
eum sono iterum emisit ymmo rejecit, ut in proxima domo audiri posset.
Quo sono paulatim minorato et tandem cessante diem clausit extremum.
Et cum mortuus putari posset cessante anhelito et repressis oculis sicut
prius, nil enim sic agonizans dixit aut fecit, circumstantibus fratribus
subito inopinate fluere cepit sanguis niger cum impetu ex utrisque ejus
naribus omnibusque nobis mirantibus eodem momento hilariter oculos
non perversos nec obumbratos set claros et jocundos elevans fratres
aspexit, quasi liberatum se gaudens, quibus repressis ab instante spiritum
tradidit.

Anno[a] LXII dominus Bruno[1] rector domus clericorum de Monasterio **1462.**
et dominus Hermannus Wernen[b] pater sororum visitarunt domum nostram
ipso die Septem fratrum[2]. Cartam hujus require infra.

Anno domini LXIII fuit pestilencia in Hildensem sicut et in aliis **1463.**
quibusdam regionibus versus partes superiores. In qua obiit XII kalendas
Julii[3] Lodwicus, frater noster, sacerdos in Cassel, nam ipse missus fuit
olim clericus a domino Bernardo illac de congregacione nostra Hildensemensi.

Anno[c] eodem et forte eadem pestilencia XVIII kalendas Octobris[4]
obiit in Cassel Wilhelmus frater noster presbiter receptus, oriundus ex
Westfalia de Sutlon[5]. Qui licet propter tenuitudinem et debilitatem
corporis in primordiis conversionis sue temptacionibus ingruentibus nutaret
ita, ut eciam a loco recedere temptaret, attamen tandem misericordie dei
oculis inspectus mutatus fuit adeo, ut presbiter factus, cum a domino
Johanne rectore secundo domus nostre mitti deberet in Cassel, non nisi
ea consensit condicione, ut videlicet sive mortuus sive vivens sub obediencia
rectoris domus nostre in Hildensem et confratrum inibi commanentium
manere et dici vellet, obtento jure fraternali sibi debito cum eisdem.
Qua condicione admissa perrexit et in Cassel virgo obiit, unde et perpetuam memoriam inter receptos fratres nostros habebit. Utinam et
dominus voluisset, ut et corporaliter apud nos sepultus in morte non
fuisset[d] divisus. Fuit enim vir ille in omnibus valde ydoneus spiritu et

---

a) Anno *bis* infra *zwischen den beiden Abschnitten nachgetragen.* b) *Hdschr.*
Werden, vgl. aber S. 25. c) *Fol. 38'.* d) *Hdschr.* fuit.
1) *Dyrken von Wesel, vgl. Erhard S. 92.* 2) *Juni 10.* 3) *Juni 20.* 4) *Sept. 14.*
5) *Südlohn, Dorf südw. von Ahaus.*

1463. corpore, morigeratus et exemplaris, humanus et maturus et semper spiritualibus deditus. Licet enim ad aliqua exteriora exercenda valde sua subtilitate esset ydoneus illaque per eum fieri pocius placuisset patri et fratribus, nichilominus tamen ipse quietis et vacacionis dei amore captus semper semetipsum sibi dare, ad se reverti paracior fuit et promptior celle consciencieque sue studiosior cultor et observator. In collacionibus vero et ubi verbum dei tractabatur sive per alios sive per so ipsum, ita frequenter ex alto suspensus, avidus ac esuriens intendebat, ut sepius impleri in eo putares illud: ‚Beati[1] qui esuriunt et siciunt justiciam' et illud Daviticum: ‚Et[2] in verbum tuum supersperavi'. Si autem de conversacione aut passione domini Jhesu vertebatur sermo, tunc sepe vidisses quasi florere faciem ejus exultante[a] spiritu ejus in deo salutari[b]. Secularia vero aut mundana vel inutilia agitari si cepissent verba, velut simulachrum eum aspexisses, de quo psalmus: ‚Os[3] habent et non loquentur, oculos habent et non videbunt'. Et ut divine delectionis ei non deesset testimonium juxta illud: ‚Ego[4], quem diligo, arguo' etc., sic infirmabatur sepe et debilitabatur. Ut tamen viveret, sic vixit, ut raro illum letum vidisses ex corde, nisi secundum quod scriptum est: ‚Memor[5] fui dei et delectatus sum'. Scripsit breviarium illud pro ecclesia nostra, quod mixtum pergameno et papiro hodie in ecclesia habetur, non tamen complevit, et alia quedam parva. Plus enim se dedit studio, devocioni, meditacioni et oracioni. Et licet quandoque in diebus juventutis scolas deservisset et quasi inscius operi sartorio se mancipasset, attamen ad fratres veniens in brevi tantum profecit, tantum a mandatis domini intellexit, ut super alios, qui supra modum videbantur litterati respectu sui, utilior et ydonior esset et intellectu ipso et eciam in lectura ad mensam, set et in interpretando seu transferendo eciam ricmatice de Latino in Teutonicum. Cum infirmaretur ea infirmitate, que erat ad mortem temporalem et ad requiem eternam, propter inunctionem sacram lecto decubuit, quo facto exurgens in sedem scriptoriam se collocans predixit, se cicius migraturum. Quod dixit et fecit.

Obiit[c] in domo fratrum in Cassil. Hic postulatus ad rectoratum sororum[6] per venerabiles patres regularium consentire resistentibus patribus suis prohibebatur. Quod si utinam factum non fuisset, usque hodie superstes vixisset, ut pio creditur et dicebatur, quia debilis fuit complexionis, castus et maturus et morigeratus.

---

[a]) *Fol. 39.* [b]) *Hdschr.* salutari ejus. [c]) Obiit *bis* morigeratus *Zusatz von* anderer Hand.
[1]) *Matth. 5, 6.* [2]) *Ps. 118, 81.* [3]) *Ps. 113 b, 5 der Vulgata, vgl. Weish. Salom. 15, 15.* [4]) *Offenb. Joh. 3, 19.* [5]) *Ps. 76, 4.* [6]) *zu Herford, vgl. S. 46.*

Anno eodem peste eadem in die sancti Lamberti [1] qui fuit in dominica 1463. obiit in domo nostra frater noster Hinricus Ysenak receptus presbiter oriundus ex Thuringia. Qui ut in multis expertus s[cilicet] artibus liberalibus necnon medicine[a] et aliis quibusdam, virilem habens etatem et animum, jam in sacris constitutus domino Bernardo in partibus inferioribus constituto assignatus ad nos venit, nondum tamen sacerdocii dignitate preditus. Hic, licet perantea in seculo per multos fortune eventus bona et mala didicisset et vidisset, ita ut ad ordines promovendus non in liberalibus set in medicinalibus examinaretur, seculo tamen abrenuncians sic quasi nichil sciens humilitati et obediencie seso subjecit, ut non alius videretur ymmo predicaretur nisi vir simplex et rectus ac timens deum, qui eciam timor domini ita in eo excrevit, ut et ipse vere dicere posset: ‚Verebar [2] omnia opera mea, sciens, quod non parceres delinquenti'. Et cum quadam die ad colloquium vocati fratres inter alia necessaria tractanda modicum durius respondisset rectori, mox tamen in conventu omnium, cum esset de senioribus, ad genua sedens proprio motu rogavit humiliter ex corde, ne quis tali motus exemplo scandalizaretur, confessus culpam suam et indiscrecionem. Singulariter enim caute metuebat semper, ne aliquod offendiculum vel scandalum prestaret fratribus. Hic factus sacerdos, cum, ut supra dictum est, a domino Bernardo bone memorie mitteretur cum aliis in Cassel, multas effudit lacrimas cum aliis, ita ut et alii quidam lacrimas continere non possent pro separacione hujusmodi a fratribus. Deinde procedente tempore revocato fratre eo, qui pro rectore illuc fuerat missus, maxima cum difficultate et labore ad regimen illud arripiendum induci vix potuit. Ad quod tandem coactus cum pervenisset et fideliter ad tempus executus fuisset, tandem[b] non ob demeritum set rogatum ipsius absoluus magno excussus oneri ad locum suum pristinum, quem prius obtinebat, cum omni humilitate et gaudio rediens ut vere humilis in congregacione nostra Hildensemensi usque in finem vite sue reversus laudabiliter vixit et quemadmodum ut prius in principio sue abrenunciacionis omni cum diligencia obediencie ac discipline conversacionis nostre se subjecit, quasi numquam in aliquo constitutus regiminis culmine. Qui infirmarii functus officio usque in finem vite sue sollicite et timorate et valde diligenter fratribus eciam minimis ministravit, non querens que sua set aliorum. Tanta enim negligencia erga se ipsum

---

[a]) *Fol. 39'.* [b]) *Fol. 40.*

[1]) *Sept. 17, Lamberti fiel jedoch 1463 auf den Sonnabend, nicht Sonntag.*
[2]) *Hiob 9, 28.*

1463. et sua utebatur, ut in composicione vestium ac coaptacione ita negligentem
se exhiberet, ut tibi veraciter eum dicere putares: ‚Si ¹ adhuc hominibus
placerem, Christi servus non essem'. Idem fuit apud eum judicium in
moribus et verbis eciam coram prelatis, quibus amabilis eciam fuit.
Quam tamen amiciciam sepe egre tulit, unde eciam aliquando veritati
consentaneae audacter non libenter forte audientibus ingessit, ut scriptum
est: ‚Justus ² ut leo confidit'. Correpciones autem pro hujusmodi inadver-
tenciis libenter audivit. Dissoluciones et indisciplinaciones, ubi vidit,
redarguit, simplicitati congaudebat In mensa ad leccionem sic se habuit,
ut nisi comescionis opere occupatus alias, quando a comescione vacabat,
tremere ac eciam corporaliter se ipsum deicere ad verba dei vidisses, et
non solum in mensa set ubicumque divina panderentur eloquia, ut dicere
posset: ‚Et ³ a verbis tuis formidavit cor meum'.

Fuit ᵃ eciam valde studiosus pro libraria colligere libros, affirmans,
sicut et vere est, ut occupato fratre et nunc scribendo pro precio tunc
pro desiderio suo aliquam bonam materiam pro studiis fratrum et pro
se multas evaderet inimicorum insidias maxime juvenes. Sicut enim
Pharo ille, id est dyabolus, suos amatores diviciis, curiositatibus et multi-
plicibus occupacionibus seculi ac delectationum irretire more aranearum,
ne ocio vacantes exire Egiptum temptent, precavet, sic absque dubio
magnum stabilitatis confert subsidium, si continue divinis sive hiis que
immediate divinis junguntur exerciciis aut certe illis, que ad finem spiritualium spectant, prout eciam in collacionibus sanctorum scribitur patrum,
mens fuerit cottidie quadam spirituali occupacione ligata et quodammodo
coartata. O quam felix qui hoc modo absque mediis exteriorum mentem
frequenter divinis immediate exerciciis habet occupatam, qui concupiscit
et deficit in atriis domini. Scripsit eciam idem frater pro domo prophetas
majores et minores, item opus b[eati] Cris[pini] ᵇ imperfectum Super
mathesi, item Jeronymum Super ecclesiasten, item omelias Cris[pini] ᵇ,
Severiani et aliorum, item vitam s[ancte] Elizabeth vidue, ad quam
specialiter quasi patronam natalis sui soli fuit affectus, cujus eciam
vitam, mores et simplicitatem atque seculi contemptum, sicut fratribus
proposuit et extulit verbis devotis, sic et moribus suis nichilominus
pretendit, ut ᶜ crederetur altera Elizabeth. Ipse est qui fuit postulatus
in rectorem a fratribus in Hervordia, ut supra ᵈ patuit. Quod si
factum fuisset et ipse cum illis, quorum tunc intererat, consensisset ᵈ,

---

ᵃ) *Fol. 40'*. ᵇ) *?* ᶜ) ut crederetur *bis* postea dicebatur *späterer Zusatz.*
ᵈ) *Hdschr.* consensissent.

¹) *Gal. 1, 10.* ²) *Sprüche Sal. 28, 1.* ³) *Ps. 118, 161.* ⁴) *Vgl. S. 44 und unten
Fol. 59' auf eingeschobenem Blatte.*

forte usque hodie vivus permansisset, prout pie credebatur et sepe postea **1463.**
dicebatur.

Anno[a] domini quo supra LXIII in eadem pestilencia pridie[1] nonas
Octobris obiit in domo nostra dominus Johannes Hoghe[b] rector secundus
hujus domus, de quo supra[2], quem dominus Bernardus successive ad
ordines promovit sacros, dicens: ‚Quia viriliter egit contra patrem suum
et amicos et congnatos, ad sacerdotii eum gradum promovebo et singulari
dileccione cum amplexabor de cetero'. Set quia privilegia ex parte collegii nondum unanimiter ab omnibus fratribus fuerunt sub rectore isto
efficaciter acceptata, set medio modo suspensa, ideo, quo tempore quove
modo eadem fuerunt postea acceptata, patebit inferius, ubi de eleccione[d]
domini Lamberti tercii rectoris agetur.   Ideo[c] non processum fuit in
eleccione ejus secundum formam in statutis positam nec tunc ei obedienciam fecerunt fratres nec ipse fidelitatem promisit suis et domui.
Rexit annis VI.   De ejus conversione quere supra folio 34[4].

Anno eodem LXIII peste eadem in profesto[5] sancte Katherine virginis
obiit Johan frater noster receptus laycus et cocus noster oriundus ex
Westfalia, qui sibi ipsi indixit vitam strennuam pre aliis in laboribus
multis et sudoribus, que exercere potuit eo securius et devocius, quo a
fratrum consorcio coquine sollicitudinibus magis fuerat abstractus. Nam
reficiendo non fratrum more consueto comedebat set antiquata et aliis
ad preponendum inconveniencia et quasi reicienda ipse edebat. Fratribus
eciam nonnumquam in mensa graciam loquendi habentibus ipse, quantum
salva et aliquociens vix salva obediencia poterat, coquine necessaria procurabat occupatus in lavandis et mundandis coquina et utensilibus ejus.
Set et vestimentorum ejus tanta erat[d] abjectio et vilitas maxime illorum
que intrinsecus habentur, ut post mortem suam manifestata lectus, camisee
et tunice etc. eciam ipso visu horrori essent et nullo deinceps usui
profutura.

Anno LXIV eadem pestilencia durante obiit in carnisprivio[6] frater **1464.**
Arnoldus Trajecti clericus XV[e] kalendas Marcii. Qui, quia nondum fuerat
receptus, eo quod annus probacionis nondum ex integro erat completus
deficiente mense vel circiter, per se ac alios instabat et rogabat obnixius,
quatinus ex speciali gracia inter fratres receptos anumerari mereretur.

---

a) *Fol. 41.* b) Hoghe *am Rande von anderer Hand an Stelle des durchstrichenen* Lon Hoe. c) Ideo *bis* folio 34 (34') *Nachtrag.* d) *Fol. 41'.* e) *Hdschr.* XL.
       ¹) *Oct. 6.* ²) *Vgl. S. 37 ff.* ³) *Vgl. unter 1468.* ⁴) *Vgl. S. 37 ff.* ⁵) *Nov. 24.*
⁶) *Febr. 15.*

1464. Cui tandem senior dominus Lambertus tercius domus rector habito consilio fratrum et voluntate consensit. Accepta itaque ab eo obediencia in licitis et honestis secundum domus statuta eo tamen pacto, quod evoluto probacionis anno, si convalesceret, secundum privilegia moremque fratrum nostrorum obedienciam jam factam ratificare deberet et, ut eo quietius moriens aut vivens permaneret, inter fratres receptos annumerari et asscribi eum decrevit.

Anno eodem in pestilencia eadem deinde XV[1] kalendas Aprilis obiit Nicolaus Calcar clericus, frater noster receptus, qui fuit sacrista et officium oculata diligencia in tantum peregit, ut nec calamum jacere in pavimento quamquam parvum set aliquid incompositum in altaribus vel alias in[a] ecclesia suo loco suo modo aliquid exorbitans permanere pateretur. Hic, licet juvenis ad fratres venerit et quasi puer, nichil tamen puerile pene in omni vita sua gessit, set maturitate morum, qua eciam seniores precessit aliquos, conquerebatur sepe, quare non magis argueretur, increparetur ac diligentius probaretur ab institucione juvenum aut noviciorum, et per hoc se contempni vel desperare de eo causabatur. Cui cum aliquando ad humiliandum cum responderetur, quod puer esset adhuc nec hujusmodi jugum superponendum esset grave set expectanda legitima etas, respondit: ‚Nolite dicere, quia puer ego sum‘, nec potuit audire, quod puer censeretur aut juvenis, cum successive creverit in vita, in statura et moribus. Et cum in naturalibus per omnia ydoneus esset, sciens dominus virtutem in humilitate perfici, ne concupiscencia subverteret cor ejus, non est passus, ut et ipse sibi videretur vocari Noemi id est Pulcher, set amaritudine eum replevit, ita ut quasi semper lugens ac contristatus incederet nichilque nisi diem vocacionis sue tardare causaretur. Adveniente itaque pestilencia estimabat se propositum tenere, quasi dissimulante et pene jam cessante supervixisse se morientibus fratribus indoluit et se ab expectacione sua jam confusum et fraudatum timuit dixitque[b]: ‚Si ego in peste hac non moriar, pestilenciam hic fuisse negabo‘. Hanc enim graciam contulit dominus fratribus illis omnibus, ut tanta peste grassante nullus a loco recedens fuge presidium quereret aut posceret, quinymmo paucis valde demptis parati ymmo gaudentes ultro se morti ingererent et quasi occasiones, ut pestilencia inficerentur, querebant. Quam paratissimam voluntatem congnoscens dominus Johannes in fratribus certos ad ministrandum pestilenticis deputavit[c], ceteros abegit,

---

a) *Fol. 42.* b) dixitque *bis* negabo *Zusatz unter dem Texte.* c) *Fol. 42'.*
1) *März 18.*

licet egre valde ferentes hujusmodi in operibus misericordie exclusionem. 1464. Per omnia benedictus dominus, qui dignetur hanc voluntatem conservare in posteris in evum. Fuerunt igitur de nostris infecti pestilencia circiter XVII, mortui autem sunt de hiis pestilencia infectis [a] receptis cum duobus sacerdotibus Wilhelmo et Ludwico in Cassel septem fratres. De quorum numero novissimus erat Nicolaus hic sacrista. Qui jam desinente pestilencia exterius [b] quidem set non in ejus mente quadam nocte in sompnis pestilencia se infectum et morientem vidit, quo evigilante pestilencia se percussum invenit et postea circiter triduum cum flore virginitatis ad dominum migravit. De qua virginitate sua domino servanda valde sollicitus erat, ne vel aliqua palliata posset pollucione vel libidine amitti. Cum adjutorio enim aliorum erectus a [c] lecto in sede pausans parum omnibus sacramentalibus communitus, quemadmodum et alii omnes fuerant, set et racione vigente ait: „Jam valde doleo' et statim cadente capite emisit spiritum. Scripsit Quatuor Novissima et alia. Fratres autem, qui non infecti fuerunt pestilencia, erant quinque. Hujus [d] oculi post mortem suam non fuerunt confracti nec eversi set ita clari, vivaces ac jocundi permanserunt, ut vivum crederes, si corpus non obriguisset, alioquin multum dubitassemus.

Dominus Bernardus quiescit ante gradus, quo ascenditur in chorum, sic quod pars crurium sunt sub gradu et posterior pars crurium a pedibus usque ad tibias detruncato sepulchro propter crepidinem ablata et in sarcophagum [e] interius projecta, et positus est super eum cum epitaphio lapis [1]. Nam primus lapis qui super tumbam ejus fuit nullum habens epytaphium necessitate urgente ablatus fuit et deposita parte altare b[eate] Marie virginis in cappella ejusdem ex eo factum est. Sculpta est autem et ymago in lapide in forma fratris, qua et ipse usus fuit, ut posteri sui ab hac simplicitate non recedant [f].

Notandum [g] circa hujus pestilencie grassacionem, qua domus nostra tam valide concuciebatur sublatis majoribus et melioribus personis, ut in ore et maxime in corde quorundam ad deum ferretur sepe tale suspirium: „Num [2] ad internecacionem mucro tuus desevietur?' Nam primo omnium

---

a) *Ursprünglich stand* de nostris recepta. b) *exterius bis* mente *Zusatz am Rande.* c) a lecto *desgl.* d) Hujus *bis* dubitassemus *Zusatz.* e) *Hdschr.* sarcophum. f) *Hierzu nachgetragen* Dominus Johannes rector 2 us jacet etc. ibi *und ein Zeichen, dessen Zugehörigkeit nicht ersichtlich ist.* g) *Das Folgende bis vor* Anno LXVI etc. *auf einem etwas kleineren Quartblatte zwischen* Fol. 40 *und* 41 *eingefügt und, wie aus dem Schlusse sich ergiebt, 1476 abgefasst.*

1) *Vgl. S. 37.* 2) *2. Könige 2, 26.*

1464. valide invasit Hermannum antiquiorem sacerdotem et procuratorem, cujus providencie ac sagacitati sic innitebatur quasi cura tocius domus, ut pene nulli constaret quo ad temporalia status domus, non in parvum domus periculum, cui malo previsum postea fuit, utet in statutis*. Quo sic percusso ac pene desperato dominus Johannes rector adhuc delicatus in externis et necdum expertus in singulis cum domino Hinrico Ysenac valde obstupuere, nam hiis tribus columpnis[b] tota domus innitebatur. Dominus autem Hinricus Ysenac, dum oracionibus ac arte sua medicinali sine intercessione pro procuratoris predicti desudaret recuperacione, ita ut omne ingenium medicinale in persona propria elaborando evomeret, maximis precibus obsecravit et tandem obtinuit apud eundem Hermannum, ut cum sua voluntate annueret, si rogatus dominus ipsi parceret et se vocaret. Quo annuente[c] idem frater Hinricus ad Carthusienses ivit et se sic oracionibus eorum commendavit quasi in brevissimo recessurus[d], cum admiracione eorum, ut postea relacione percepimus. Mirum, eadem nocte s|cilicet| sequente feriam V[am] validissima pestilencia tactus dominica sequenti, que fuit Lamberti[1], ante prandium obiit. Procurator autem noster evasit mortem quidem, set necdum morbum, nam adeo debilitabatur, ut eciam stultizaret, licet tandem successive convalesceret. Quo facto rector utrisque caris et necessariis orbatus usque ad mortem contristabatur, qua* et in eadem pestilencia utet decessit cum aliis. Horum autem inopinatorum eventuum causam fuisse hanc quidam fratrum indubitanter asseruerunt. Contigit ante hoc pestilenciale tempus, predictum fratrem Hinricum Ysenac missis fratribus duobus, quos ambos patres factos postea vidimus vel audivimus, postulari obnixius in rectorem domus clericorum Hervordie[2]. Quorum exaudicio racionabilis extantibus certis causis forte fuisset, fuerunt enim augustiati ex hac parte et hii vacui remittebantur[f] non* sine conpassione fratrum quorundam. Egit enim supradictus Hinricus frater cum rectore domino Johanne, cum quo bene concordabat, ne eis consentiret. Supra modum enim timebat processe. Inde est, quod cum procuratore ad mortem disposito, ut jam dictum est, concordare provideret, ut consenciente illo ipse decedere potuisset et ille remaneret. Nam sine dubio electus fuisset in[h] rectorem in Hildensem. Circa idem tempus frater Wilhelmus in patrem sive confessorem sororum postulabatur.

---

*) *Am Rande gleichzeitiger Zusatz* de officio procuratoris.   b) *Hdschr.* calumpnis.   c) *Nach* annuente *durchstrichen* mirum dictu pestilencia eundem Hinricum. d) *recessurus am Rande.*   e) *sic.*   f) *Darunter steht* verte folio hoc.   g) *Fol.* 40a'. h) *in* bis Hildensem *am Rande Zusatz.*
1) *Sept. 17, jedoch fiel weder 1463 noch 1464 Lamberti auf einen Sonntag.*
2) *Vgl. S. 44 und 46.*

Pro quo tandem evocando venit prior de Zulta, primus reformator ejus- 1464. dem monasterii, dominus Jo[hannes] Busz et nescio quem priorum secum habens cum littera supplicatoria, si bene memini, prioris in Bodekem, qui verbis exhortatoriis, comminatoriis multis laborans et nichil proficiens, tandem in hec verba prorupit: ‚Si in tam pia causa tot patrum consiliis et precibus non consentitis, in spiritum sanctum peccatis'. Nam idem Wilhelmus licet bonus esset scriptor et satis utilis, corpore tamen et maxime in stomacho debilis erat. Hiis similiter cum adhuc aliis patribus, qui a memoria exciderunt, repulsam passis recedentibus quidam presbyter de numero eorum licet non merito, qui hiis omnibus interfuit set[a] non approbavit et secum in corde suo replicans spiritu vehementi in hec verba quodam die jam missam celebraturus prorupit, dicens confratri, ministro suo: ‚Nichil dubito, ait, quin dominus pestilencia aliquos de domo nostra percuciet et maxime[b] presbytros adminus', et sic factum fuit, ut supra, quasi dominus non verbis set factis nobis dicere videretur: ‚Si illi personas illas non habere poterunt, nec vos eos habebitis'. Hec tamen non scribo, ut ex facili causa persone emittantur, quoniam et ibi periculum est, set ut discrete fiat et sciamus omnes, nos esse populum domini et oves pastoris. Et nemo viciosa proprietate super personas conglutinet set dei ordinacioni et potestatibus sublimioribus omnis anima subjectam se meminerit. Sepius eciam usque nunc LXXVI[um] annum domini dictum fuit et creditum, quam, si predicte persone date fuissent in ministerium postulatum, adhuc viverent.

Anno[c] LXVI in estate fecerunt fratres privetum seu necessarium et 1466. parietem illum retro cloacam, ubi iterum fuit jurgium de eodem pariete et de quodam meatu aque pluvialis de tecto descendentis vicinorum, quem proprie eyn seghe[1] vocant, pro quo cum multe fuissent contenciones verborum, diffamacionum, ita ut vix se ab injectione manuum in fratres continuissent adversarii et mortem minarentur, quoscunque loco oportuno reperire possent. Cumque concordari non possent eciam missis ter vel amplius arbitris de consulatu, tandem senior cum fratre et aliis amicis evocatus ad consulatum similiter, bis vel ter euntes receperunt finale responsum, ut aut ibi remaneret eyn seghe aut voluntatem facerent data pecunia postulata a civibus. Quod cum fratribus valde fuisset contrarium et importabile, utpote plus favore civium quam justicie tramite prolatum,

---

a) set non approbavit *Zusatz am Rande.* b) maxime *auf Rasur.* c) *Fol. 44.*
Blatt 43, welches jedenfalls das Jahr 1465 behandelte, ist, wie der Rest einer Randaufzeichnung beweist, herausgeschnitten.
1) *Traufe.*

1466. volens senior declinare occasiones perturbacionum, placitacionum aut eciam
dispersionum fratrum dissimulavit et consensit sperans, in futurum cum
majori pace et minori labore amovendum pro qualitate inhabitancium,
nam L⁴ florenos postulabant pro composicione. Set° processu temporis
et morte interveniente adversariorum evanuit et conticuit ista injusta
presumpcio.

Maxime eciam idcirco, quia illa estate instabant gwerre civitati et
patrie, set et civitas Hildensemensis cum proprio discordavit episcopo et
inimicabatur ducibus adjunctis illis aliis quibusdam civitatibus ¹. Set et
bis in foribus erat, ut populus sedicione facta contra voluntatem consulatus irruisset in clerum vim facturus, maxime in dominum prepositum ²
et dominos ecclesie majoris pro primo, et quod tunc secutum fuisset,
clerus expectasset reliquus. Sederunt itaque fratres hoc anno sepe in
magno timore et periculo tum propter timorem civium hostiliter malignan-
cium et seviencium in clerum tum ᵇ propter timorem ducum, a quibus
locus ille a multis dicebatur debachandus aut comburendus, in quo
morantur, s[cilicet] de Brule. Inde venit, ut eciam longo tempore vigiles
armati in noctibus custodirent ᶜ locum illum quemadmodum et alia loca
oportuna. Fratres ergo eo tempore fecerunt vasa transmigracionis, sicut
et alii ibidem habitantes nunc factis fossis in terra sua abscondentes et ad
alia loca hinc inde transmittentes. Unde contigit, ut eciam libros nostros
pene omnes circiter ad mensem subterrantes postea timentes eorundem
periculum extrahentes ad alia loca transferrent, ita ut libraria nostra
vacaret. Similiter factum fuit de utensilibus, quorum usu continue vel
non de necessario indigebamus. Nam civitates, villas et parva opida
ducum invadentes cives combusserunt aut in dedicionem ad tempus sus-
ceperunt etc. Fossam vero retro claustrum sancti Godhardi nondum
completam post pascha ³ anno sequenti uno impetu consummarunt.
Omnibus ᵈ autem formidantibus et hiis iniciis dolorum multo peyora futura
certitudinaliter expectantibus et prophetantibus ecce anno dehinc LXVII ᵉ
sequenti circa festum Corporis Christi ⁴ iterum pro composicione in id
ipsum convenientes principes et civitatum primates insperatam et omnibus
mirantibus et pre gaudio dubitantibus inierunt concordiam ⁵ et pacem.

ᵃ) Set bis presumpcio am unteren Rande nachgetragen.   ᵇ) Fol. 44'.
ᶜ) Hdschr. custodiebant.   ᵈ) Omnibus bis est späterer Nachtrag.   ᵉ) LXVII am Rande
hinzugefügt.
   ¹) Vgl. Urkb. der Stadt Hildesheim VII n. 561.   ²) Ekkehard von Wenden.
³) 1467 März 29.   ⁴) 1467 Mai 28, vgl. Urkb. der Stadt Hildesheim VII n. 589
Anm. 1.   ⁵) 1467 Mai 29 ebendaselbst Anm. 1.

Qua edicta in ore omnium nil audisses nisi: ,A domino factum est illud **1466.** et est'.

Facte ergo fuerunt in priveto aut cloaca, qua supra [1], due fenestre aut parve janue inferius in muro a superficie terre distantes circiter ad XVI pedes profunditatis. Nam privetum in altitudinem profunditatis habet XXVI pedum et ejusdem altitudinis est murus ille quadrangularis et una janua aut fenestra est in medio muro illo, qui est contra aquilonem distans a superficie superiori terre circiter XV pedes. Alia autem fenestra est in muro illo qui est contra occidentalem[a] plagam ejusdem distancie a superficie terre set non est prescise in medio ipsius muri set plus vergit versus aquilonem sive septentrionem, quia hoc plus convenit intencioni, propter quam facte sunt janue ille. Facte sunt enim, ut quandoque repleta stercoribus cloaca per easdem fenestras efferri possent stercora, facta decontra fossa versus unam illarum januarum. Et ideo scriptum est, ut sciant posteri, quomodo debeat purgari, cum repleta fuerit, cloaca. Cloaca[b] murata est cum archilla et non cemento. Quod utinam factum non esset.

Item anno eodem s[cilicet] LXVI in vigilia penthecostes[2] data nobis fuerunt privilegia[3] ab ordinario super confirmacione senioris per visitatores per nos eligendos et auctoritate ejusdem admittendos cum quibusdam declaracionibus institucionum domus nostre necnon super jure parrochiatus senioris in et super suos adjectis nihilominus quibusdam statutis vite communi necessariis.

Item eodem tempore et anno quo supra licet modicum postea eligerunt fratres pro visitatoribus dominum Egghardum de Wende prepositum ecclesie majoris, dominum Johannem[4] priorem de Richenberch, dominum Theodericum Alten canonicum ecclesie Hildensemensis, dominos[c] Brunonem[5], Wilhelmum, Johannem Loff, rectores congregacionum Monasteriensis, Hervordiensis et sororum in Eldagessen. Qui denunciati ordinario ab eodem ejus auctoritate nobis pro visitatoribus deputati sunt, quique aut quivis eorum requisiti aut requisitus auctoritate eadem ordinaria disponere et corrigere ac seniorem electum per fratres confirmare aut, si utile foret, poscentibus fratribus infirmare ac deponere poterunt aut poterit, ut[d] est in littera. Et[e] est hec littera scripta in papiro inpressum habens sigillum episcopi, quia illis visitatoribus defunctis

---

a) *Fol. 45.* b) Cloaca *bis esset wenig späterer Zusatz.* c) *Vor* dominos *Raum für eine Person leergelassen.* d) ut est in littera *Zusatz.* e) *Fol. 45'.*
1) *S. 51.* 2) *Mai 24.* 3) *Vgl. Urkunden n. 8.* 4) *Clövekorn, vgl. Joh. Buschs Chronik S. 499 und Register.* 5) *Dyrken von Wesel.*

1466. secundum formam ejusdem alios debebunt oligere eidem presentandos et ab eodem admittendos et ideo ª mutabilis, sicut et factum est postea, ut patebit infra.

1467. Item dominus Johannes prior de Richenberg et dominus Johannes Loff pater et confessor sororum ordinis sancti Augustini in Eeldagessen anno domini MCCCCLXVII circa festum sancti Martini¹ ad requisicionem senioris domini Lamberti fratrumque suorum visitaverunt domum nostram, prout patet in littera visitacionis, eo quod secundum statuta nostra quartus versabatur annus. Copiam carthe visitacionis hujus quere infra².

Mortuo itaque domino Johanne episcopo Misinensi in pontificalibus vero episcoporum Hildensemensis et Mindensis ecclesiarum vicario episcopus Hildensemensis dominus Ernestus consilio legis peritorum suorum omnia, quecumque idem suffraganeus habuit et habere potuit in utensilibus, auro et argento et omnibus perfecta expoliacione abstulit et in castrum Sturwold in curribus et equitibus transvexit non obstante testamento cum voluntate episcopi Hildensemensis facto, eciam per litteram sigillato ᵇ, ... eo quod monachus ordinis sancti Augustini heremitarum, nulla racione ad eum pertinere poterant possessa, set omnia de jure ad arbitrium ordinarii divolvenda, quod et factum fuit.

Quo ᶜ comperto dominus Lambertus senior, nolens conscienciam suam vel domum nostram hujusmodi injusta pecunia gravari seu maculari, IV florenos reddituum de centum florenis apud consulatum in Brunswiik positos representandos et offerendos episcopo Hildensemensi tradere cogitavit, pocius eligens carere eis quam aliquid injuste possidere vel injusta bona tenere. Et inductis fratribus ad consensum voluntatis ejus per dominum prepositum Eghardum, fautorem nostrum, negocium istud episcopo intimavit, eo quod ad ordinarium secundum doctores spectabat ordinacio bonorum illius, et cui ipse vellet dare vel data confirmare, ut licite et juste illis uti possit. Quod et fecit littera sigillata tradita, approbans et confirmans concessionem dictam, quamquam primum LX florenos postulasset, dicente seniore et suis nolle quicquam dare, nec enim eis commodum arbitrabantur emere scilicet injusta bona, sicque simpliciter negocium prosperatum fuit, ut per litteram sigillatam propriis manibus episcopi Hildensemensis hujusmodi redditus ex parte Johannis episcopi Misinensis defuncti nobis remanerent pro domo nostra. Et servabitur memoria ejus et pro quibus ipse desideravit quater in anno a

---

ª) et ideo bis infra wenig jüngerer Zusatz. ᵇ) Nach sigillato der Rest der Zeile dick durchstrichen, erkennbar fulsset symonia. ᶜ) Fol. 46.
¹) Nov. 11. ²) Der Visitationsbericht ist nicht erhalten.

fratribus, quemadmodum ipse desideravit, et fratres consenserunt. Copiam 1467. littere predicte require infra 78ᵃ.

Idcirco autem id annectendum putavi factum ad exemplum posterorum, ne faciles sint ad accipienda munera vel faciendas memorias, prout et supra tetigimus¹, maxime ut cauti sint, qualia sunt bona oblata et si licite et honeste acquisita, nam injusta bona, prout audivimus a religiosis et in scriptis exemplariter legitur, dempto animarum periculo eciam deo ordinante raro eciam temporaliter proficiuntᵇ. Fuit enim in partibus inferioribus monasterium², quod fulmine de celo descendente mirabili eventu igne hincinde discurrente et quasi comburanda examinante pene per totum absumptum fuit. Dixit autem quidam frater ibidem senex, quod ipso conscio et teste omnia illa per ignem absumpta de bonis fuerunt injustis edificata vel acquisita. Scimus eciam, quod clericiᶜ vite communis dempto, quod laborare debeant et sic expediat, ut videlicet labores manuum suarum manducent, non tantas exercent asperitates in vigilando, jejunando etc. Idcirco eciam periculosius est eis accipere more religiosorum multas et habundantes elemosinas, quia timendum, quod satisfacere nequeant pro dantibus eas, cum unicuique sufficiat onus suum et qui orat absolvi a propriis, aggregando contra se lucum densum non gravetur externis. Item, si divicie destruunt religiosos et monastoria, qui tamen omnino incumbant paupertati, nulli dubium, quin facillime et citissime destruant congregaciones clericorum, qui ipso actu jam sunt et censentur seculares. Et si ego jam laboribus meis utcumque sustentor, que michi utilitas, ut in dampnacionem meam et in nullum commodum meum posteris procurem venenum, unde facilius intereant? Omnis etas prona est in malum et vix aut non conpesci poterunt claustrales jugum ordinis portantes, quanto magis hoc onere absoluti? Maximeque congregacionibus dictum b. Pauli³ ydoneum est quo ait: „Sint mores sine avaricia presentibus contenti', si necdum capere possunt apostolicam perfeccionem, qua dicitur „Habentesⁿ victum et quibus tegamur, hiis contenti simus'. Et hec contra insaciabilem cupiditatem que nunquam dicit „Sufficit', numquam finem ponit.

Excursusᵈ
siehe Excurse des Rektors Peter Dieppurch (IV).

ᵃ) *Fol 78 der alten Foliirung fehlt.* ᵇ) *Fol. 46'.* ᶜ) clerici vite communis auf *Rasur.* ᵈ) *Fol. 47.*

¹) *Vgl. S. 39 f.* ²) *Vielleicht das Augustinerinnenkloster Dorstadt bei Wolfenbüttel. In Buschs Chronik (S. 648) wird des Brandes der Kirche und des Schlafhauses gedacht, vgl. auch Buschs Bericht (S. 793 - 799) über die Zehntstreitigkeiten zwischen den Klöstern Heiningen und Dorstadt.* ³) *Hebr. 13, 5.* ⁴) *1. Tim. 6, 8.*

Reditus*.

[c. 1466.] Supradictas ergo contraversias sciens dominus Bernardus atque consideratis circumstanciis patrie et civitatis Hildensemensis et quia copia habundat religiosorum et adversarii multi, veri amici pauci, sicut laboravit pro loco hereditarie acquirendo et acquisito, sic sollicite egit, ut et vita clericorum domus sue firmiori inniteretur fundamento, nichilominus tamen hujus simplicis conversacionis et humilitatis more retento. Non autem consuluit nec laboravit pro erigendo monasterio, tum quia jam habundarent in civitate et secundum cives superhabundarent, qui eciam in prima fratrum persecucione[1] dixerunt, nolle admittere plures monachos, quibus in hoc satisfecit, quod dixerat, se nec hoc efficere velle, item quia non parve expense requiruntur ad construendum monasterium. Et secundum consilium, quod acceperat in curia Romana[2], consuluit et egit, ut in collegium mutaretur vita clericorum suorum, eo quod, si vellent, sub hoc titulo omnis perfectionis gaudere possent bono firmatis statutis, consuetudinibus hactenus servatis et retentis, vocum novitatibus seu dignitatibus suppressis, ut[b] sunt decanatus, canonicatus, prepositura, capitulum etc. nisi extrema urgente necessitate ymmo quibusdam omnino abdicatis, idque commodius ad detractorum amovendum injurias, si sub titulo collegii cum certis constitucionibus a sede apostolica confirmatis lateret aut pocius tueretur vita clericorum communis, eciam quia in hoc magis fieret conformitas ecclesie tempore presente. Animadvertit eciam inconveniencia quedam amoveri, nonnulla eciam hoc titulo assumpto licere, que alias de foro communi non licerent, sicut est usus sigilli communis et horum nominum: dormitorii, refectorii, item potestas condendi statuta, quibus eciam magis firmaretur clericorum vita etc. Item quia mos faciendi collaciones — per[c] omnia sicut Daventrie et Zwollis etc. bis in uno die festivis diebus — pro attrahendis clericis adhuc effectum consequi nequiret oportunum tum propter loci nostri inconvenientem huic negocio sitnacionem tum propter scolarium[d] dissolutam et effrenem conversacionem rectorumque eorundem torpentem et negligentem rigorem aut discipline execucionem tum eciam propter religiosorum et predicatorum supereffluentem verbi dei seminacionem et amministracionem id ipsum in fratribus odiencium sive egre ferencium* eisque in projudicium fieri id contendencium,

---

a) Fol. 51. b) ut bis abdicatis wenig späterer Zusatz. c) per bis diebus gleichzeitiger Zusatz. d) Fol. 51'. e) Am unteren Rande der Seite von Dieppurch hierzu im Jahre 1492 bemerkt: Nota. Supradicte raciones suadentes, fratres non bene posse cum scolaribus laborare, pro nunc sicut et dudum sopite sunt ab anno
1) Vgl. S. 5 f. 2) Vgl. S. 28 ff.

quamquam nos visitantes scolares aut alios sine pabulo verbi dei inanes [c. 1466.] a nobis recedere mos nunquam fuit nec esse debebit. Nam dominus Bernardus olim eciam libenter secundam domum pro clericis visitantibus instituisset, set experiencia imperante cum graciarum actione didicit retinere vel primum. Horum igitur et similium respectu dominus Bernardus collegium arripere consuluit et voluit factaque inquisicione fratrum in diversis colloquiis de sermone hoc suadendo iterum et iterum proposuit. Quibusdam non curantibus, aliis dicentibus, ne forte occasione hac nimis seculo conformati pedetemptim dilabentes a pristina humilitate ac vite simplicitate exciderent et inciperent esse, quod ut non essent ad hanc conversacionis simplicitatem venissent, meliusque fore suspendendum, respondit dominus Bernardus, huic malo subveniendum fore conditis statutis et privilegiis acquirendis, cum et religiosi hiis preserventur. Cui cum diceretur, hoc posse stare, si non negligencia aut tepiditate interveniente et ipsa aut mutarentur aut omitterentur, quemadmodum in irreformatis videtur religiosis. Quibus ille: ‚Si evellenda sunt instituciones aut statuta, multomagis consuetudines‘. Item movebatur: ‚Admisso collegio consequens erit, ut quandoque solis intenti cerimonialibus in cantu et aliis secundum statum secularem, secundum hominem exteriorem ambulantes laborem manuum ac interioris hominis negligant reformacionem. Insuper et personas cantui aptas* eligant aliis forte melioribus neglectis aut eciam refutatis‘. Dixit dominus Bernardus eo tempore, quemadmodum et ipse ab expertis didicit viris, non esse cantum de necessitate collegii, maxime cotidie cantare, magis autem hoc fieri ex institucione ac prediorum multiplicacione necnon prebendarum aliorumque necessariorum fundatam provisionem et sufficientem administracionem, quas eciam idcirco augmentandas dissuasit, ut vel sic coacti labori intenderent manuum. ‚Quid aiunt, si quandoque ita ditentur, ut laborare necesse non sit?‘ Dictum fuit, hoc non faciliter posse fieri maxime hic in Hildensem propter nimiam religiosorum clerique copiam, ad quas recurrere habebunt qui magnifice quid fundare contendunt, et non ad nostram vilitatem, nisi parum quid dare intendentes accipientes pocius missis, vigiliis, psalteriis et similibus gravare quam ditare proponebant, quod eciam vigilanter cavendum erit. Item admisso collegio et domo pro suo modulo ditata contingere est, ut quidam tenues seculares clerici ex necessitate aut emulacione vel simili

---

domini LXV usque ad hodiernum LXXXXII et deinceps, quibus competenter accessum habuimus scolarium, nisi adessent qui sine tedio cum eis laborare vellent (sic). Donet hoc nobis dominus, ut in vinea ejus viriliter laboremus, ad quod moderni magis sunt inclinati quam cerimonialium divinis occupari. Amen.

*) Fol. 52.

[c. 1466.] occasione aut in curia aut apud ordinarium pro qualicumque loco aut prebenda more aliorum collegiorum instare habebunt, maxime autem pro senioris officio. Cui obviando malo optimum erit remedium, ut senior una cum suis institucionem ordinariam et apostolicam cum statutis domus efficaciter opere compleant et illis inhereant, sic quod numquam aliqua admittatur honorum temporalium divisio, set neque altarium neque aliqua cujuscumque rei appropriacio set secundum institucionem primariam omnia maneant in communi. Si* enim, quod deus avertat, fratres diviciis ampliati voluptatibus ciborum et potuum se inmergant postposita sobrietate, si vestimentorum preciositati seu subtilitati more seculariuin neglecta vestium consuetarum simplicitate indulgeant, si ocio torpentes laborem, disciplinam, obedienciam senioris, silencii, studii, oracionis et meditacionis et aliorum exercitacionum spiritualium studia negligentes discursibus, conviviis et vanitatibus vacare velint aliisque levitatibus, quis inquam dubitet, quin multi ad talem vitam aspirare, nonnulli sese intrudere et ultro ingerere huic periculoso conventiculo necesse habeant? ‚Ubi¹ enim fuerit cadaver, congregabunt et aquile‘. Nec privilegiis hujusmodi abigere valerent, quinymmo ad eadem ut prevaricatores confusi remitterentur. Qui enim offendit in uno, factus est omnium reus. Qui faciliter excludi poterunt, si institucionem domus cum statutis et bonis consuetudinibus hactenus servatis inviolabiliter custodire et ad posteros summa studeant diligencia transmittere, neque enim credibile est aliquem pro tali instare beneficio aut gracia, in qua se pocius ad laborem et ad disciplinam quam ad quietam et voluptuosam vitam promovendum conspiceret, laborem enim labore mercari demencie est apud illos. Idcirco solitus erat dicere dominus Bernardus hiis quorum intererat, quantum in se esset, nolle umquam ita ditare domum set neque consulere sic ditandam ad providendum eidem de omnibus necessitatibus aut necessariis nisi tantum in pane et cerevisia et lardo, cetera que ad esum spectant manibus suis elaborarent juxta tenorem privilegiorum, demptis hiis que pro edificacione, instauracione aut utensilibus ecclesie sive domus donari contingeret et similibus. Et nulli dubium, quin hoc servato⁵ aut simile quidᶜ, domus in suo vigore remaneret jugiter. Quicquid autem hiis habundaret, pauperibus scolaribus attrahendis aut aliis indigentibus largiri deberet aut in pios converti usus. Quid enim destruit monasteria, claustra et collegia, nonne diviciarum copia? ‚Incrassatus² est dilectus et recalcitravit‘. ‚Sedit³ populus manducare et bibere et surrexerunt ludere‘ et Moyses⁴: ‚Cum

---

edificaveris domus et plantaveris vineas' etc., caveas, ne obliviscaris [c. 1466.] domini dei tui etc. Quod sciens sanctus Franciscus extremam paupertatem sibi et suis indixit. Que si permansisset, numquam ejus ordo reformacione indiguisset. Nec valet objectio de paucitate personarum recipiendarum, si necessaria deessent. Hoc enim arguit, honorabiles, divites, scientificos et potentes secundum seculum excludendos set non pauperes hujus mundi, divites in fide et abjectos, quos deus eligere non dedignatur, et hos homines discernere et refutare sepe signum est, magis nos esse amicos hujus mundi quam dei. ,Vos, ait b. Jacobus[1], exhonorastis pauperes, nonno divites per potenciam opprimunt vos?" etc. O accepcio personarum, quanta parte destruuntur et destructa sunt monasteria vel collegia, dico autem quantum ad disciplinam et ad servandum patrum statuta. Nonne ipsi sunt, qui ut pre ceteris digniores dum in congregacionibus in multis privilegiari volunt et aliquando convencione facta prius exigunt aliqua, ut modico suo fermento totum conventum confundunt? etc. Item movebatur de obediencia prestanda et censuris ecclesiasticis a quibusdam. Qui hoc acceperunt responsum: non posse hoc graviter pensari maxime ab hiis, qui non ficto corde set[a] animo jugiter manendi in hac conversacione firmiter coram deo se hoc proposuisse et in receptione expressisse meruerint, ymmo suspectos se per hec redderent, qui sic se palpando difficiles ac involuntarios ad obedienciam prestandam ostenderent, cum secundum doctores majus est meritum obediencie firmate quam voluntatis libere.

Hiis et similibus materiis ventilatis quidam dubitabant, alii neutrales permanebant, ceteri absolute resistebant suspicantes et timentes quia obligati obediencia prestita, exurgeret quandoque senior qui pro suo libitu hunc humiliare, alium forte non placentem transmittere, istum licet indignum promovere et exaltare habens facultatem potestate ista abuteretur, maxime cum deessent visitatores more religiosorum hec temperantes, quin et visitatores eligere et statuta secundum suam voluntatem vellet condere. Qua propter dilatum fuit hoc negotium ab anno circiter XLIX usque ad annum LXIII, quando electus fuit rector tertius, qui et senior secundum privilegia assumpta vocatus est, dominus Lambertus. Errabant autem fratres in hoc predicti, nam, si cum consilio primum scire voluissent, quinam esse deberent visitatores queve statuta aut pocius puncta statuenda, decipi tunc sua estimacione non potuissent, cum utique statuta sic forent temperanda, ut inter seniorem et fratres non dissidium set vinculum esset

---

a) Fol. 53'.
[1]) Jac. 2, 6.

[c. 1466.] pacis et caritatis, non quia uni esset remissio, alteri tribulacio set esset equalitas, sicut scriptum est: ‚Equitas¹ testimonia tua', non ut senior plus quam prius dominari deberet in clerum set pro ulteriori fundamento et confirmacione partis utriusque et equali laute reprimerentur, cum necesse foret, et vicia fratrum et quod absit senioris. Hiis* itaque aliisque collacionibus et laboribus pro vito hujus majori confirmacione habitis intelligens dominus Bernardus, adhuc nondum esse tempus exequendi intentum negocium, simul nolens facere scissuram in domo forte^b aliquo assumpto et idem consenciente et nolentibus relictis, quemadmodum et quidam faciendum arbitrabantur, ab importunitate quadam quievit. Fundamentum autem hujus negocii in privilegiis procurandi et exequendi non neglexit in aliud oportunius tempus propalandum et communiter assumendum, quod tamen universaliter tempore suo nec eciam sequentis rectoris tempore effectum efficacem habere potuit. Sciens ergo in uno supposito aut duobus collegium virtualiter posse subsistere, ut fratres pacificati et quieti manerent et domus nichilominus sua fundacione non careret, pro hujusmodi domus erectione primum ab ordinario deinde ab apostolice sedis legato Cusa cardinali, ut supra dictum est², effectum negocii hujus impetravit. Collegiumque tale pro se actualiter et quoad fratres suos potencialiter acceptavit, racione cujus a recipiendis ut prelatus obedienciam recipere potuit, quod alias facere non licuisset sine singulari privilegio. Et sic rebus stantibus fratres ceteri quasi condomestici et familiares quo ad collegium censebantur nec de corpore erant collegii, quamquam eciam aliqui obedienciam non promisissent, quia nondum assensum prebuerunt nec citra^c voluntates suas esse membra^d ejus potuerunt. Unde tamquam prelatus et pater familias ordinare et statuere poterat dominus* Bernardus pro domus utilitate, sicut ei videbatur, eciam inconsultis fratribus ex parte collegii, sicut et successor ejus dominus Johannes fecit, nisi quantum bono pacis et intuitu caritatis eos admittere seu consulere voluisset. Similiter facere potuit de consuetudinibus, colloquiis etc. omittendo vel servando, cum ipse fuerit lex et regula eorum, secundum quem se regere et instituere habebant, quemadmodum eciam fieri vidimus. Accedente autem collegio regulacione statutorum tam in capite quam in membris unum effecti corpus omnes incorporati membra

---

a) *Fol. 54. Vor Hiis dick durchstrichen: Alias mellus esset eodem priorem relinquere, quod magis destrunnt magis probaretur servire quam edificare (??).* b) forte aliquo *auf Rasur später nachgetragen.* c) *Vor citra durchstrichen* canonici. d) membra ejus *am Rande nachgetragen.* e) dominus Bernardus *desgl.*
¹) *Ps. 118, 144.* ²) *S. 21 f.*

facti^a sunt et ideo cum scitu et consilio omnium tractanda erant et^b [e. 1466.] tractabantur negocia notabilia et ardua, quia salus, ubi consilia multa, tamen auctoritate senioris statutis ampliata et eciam limitata etc. Horum igitur omnium idcirco mentionem fecimus, ut sciant posteri, cum quanta humilitate, paupertate et simplicitate hec domus sit inchoata, qua eciam de causa quave racione quantaque cum deliberacione, masticacione maturoque consilio ac temporis diuturnitate in collegium sive in ecclesiam collegiatam tandem sit erecta auctoritate ordinaria et apostolica qualique institucioni inniti habeat posteritas.

Bulla^c privilegiorum nostrorum scripta est Rome in libro quarto [1] folio XXIII anno tercio Pii pape anno domini MCCCCLX kalendas Decembris. Ipsa est bulla confirmacionis ecclesie nostre in collegium erecte canonicorum^d.

Unanimis^e acceptacio privilegiorum domus.

Anno igitur domini MCCCCLXIII mortuo domino Johanne rectore 1463. domus secundo, cum de electione tercii rectoris eligendi agi cepisset, movebatur iterum instancius de arripiendo collegio et privilegiis maxime hac de causa. Pestilencia enim debachante secundum prophetam a scutario domini ita inceptum fuit, ut primi et principales, quibus^f tota inniti videbatur fabrica, percussi decederent et infirmarentur plures, ut supra diximus [2]. Quod attendentes aliqui timore percussi non tam propter metum pestilencie quam periculo mortuorum ac mori disponentium personarum, videntes succumbi domum tam quo ad spiritualia quam temporalia, deo id, ut creditur, ordinante, ut vel tandem sic vexacio daret intellectum auditui hiis qui prius torpuerant, ut incipirent cogitare de statu domus, nam, ut supra diximus [3], rector cum uno vel duobus totam gubernabat providendo tam in spiritualibus quam temporalibus domum, aliis peno nichil de statu domus scientibus neque de debitis, emptis aut emendis, dispositis sive disponendis aut ceteris negociis, — quia^g raro servabatur colloquium —, quorum non habebatur certa consuetudo set, quando videbatur rectori, tunc aliquando convocabat fratres. Similiter fiebat de

---

a) facti sunt *Zusatz am Rande.* b) et tractabantur *desgl.* c) Bulla *bis* canonicorum *Nachtrag.* d) *Darauf einige Zeilen getilgt.* e) *Fol. 55.* f) *Hdschr. cui.* g) quia *bis* multorum *Zusatz.*

1) *Nach Auskunft des Kgl. Preussischen Instituts zu Rom vom 4. Nov. 1899 enthalten die Vatikanischen Registerbände für das 3. Pontifikatsjahr Pius' II keine entsprechende Eintragung; in den Datarieregistern fehlt der etwa in Betracht kommende Theil.* 2) *S. 43—49.* 3) *S. 50.*

1463. exercicio vespertino. Set neque ad mensam fiebat signum nisi ad edictum rectoris non obstante, si X ᵃ esset tacta sive 5 ᵃ aut nullum horum, unde et contigit, nonnulla talia et similia satis confuse ac inordinabiliter agi non sine displicenciis vel murmuracionibus multis et multorum. Qua occasione accedente vel sero ceperunt intelligere, quam ᵃ congruum sit omnia ordinate fieri, et sepe, ut in unum convenirent cum reliquiis filiorum Israhel, egerunt, nam mortui aut pestilencia debilitati jam fuerant deo mirabiliter ordinante, qui huic negocio repugnantes aut alias omnino impedissent. Unde in unum congregati, ut privilegia expensis dudum elaborata in medium producerentur, voluerunt, ut vel sero scirent, que aut quid haberent, et si in ea omnes consentire et secundum eam in electione procedere vellent et an simul uno facto corpore collegii humeris omnium suppositis domus dejectionem erigere placeret secundum consilium quondam domini Bernardi aut ᵇ, si omnino omittendo tot labores et tantam diligenciam sui patris frustrare et quousque in duas partes claudicando nutare vellent, cum pro ipsis et suis sequacibus hec jam privilegia essent impetrata. Quibus propositis non minori iterum difficultate et inquisitione set et exhortacione laboratum fuit pro et contra, ut semotis scrupulorum intricacionibus consentirent unanimiter. Renovantur rursum omnes et forte plures questiones secundum eas, quas prius tempore domini Bernardi motas fuisse diximus [1]. Item, ne aliquid decepcionis putaretur inesse negocio, concordatum fuit, ut ante electionem ex consuetudinibus vel alias eligerentur et ordinarentur puncta aliqua, unde pro utraque parte tam senioris eligendi quam fratrum examinata et per voces admissa que accedente eleccione effici deberent statuta domus, eo tamen pacto, ut, si s[cilicet] patres nostri partium inferiorum componerent statuta, similiter racione collegii ipsorum ᶜ assumendi et placeret eorundem statuta aliqua assumere vel suis interserere, quod tunc facerent, prout eis expedire videretur, et interim sua retinerent, donec melius nomen haberent. Nam ᵈ eo tempore nondum assumpserunt patres in Monasterio privilegia sua. Quare autem fratres Monasterienses non assumpserint sui collegiatus privilegia, hec fuit causa, que et fratrum nostrorum, prout supra. Unde certissimum est, si privilegia nostra non fuissent moderata a nominibus dignitatum ac a ceremonialibus collegiatis ceteris solempnizatis consuetis alienata ᵉ, numquam in perpetuum . . . hic habere ipsam rem sine nominibus nisi tempore necessitatis magne. Sicque dilata fuit eleccio et

---

ᵃ) quam *bis* fieri *auf Rasur.* ᵇ) *Fol. 55'.* ᶜ) ipsorum *auf Rasur.* ᵈ) Nam *bis* necessitatis magne *Zusatz am Rande.* ᵉ) *Hdschr.* alienatum.

[1] *S. 56 ff.*

aliquociens interea convenientes obiciebantur contraria, solvebantur objecta, **1463.**
examinabantur puncta statuenda. Difficile enim fuit consueta modicum
alterare, bonum eciam nichilominus fuit privilegiis gaudere. Sed obstabant
nomina dignitatum, qui fastus videbatur superbie, s[cilicet] collegium,
canonicatus, capitulum etc. Unde tunc placuit, quod et hucusque retentum
fuit, ut rebus nominum utentes, nomina ipsa supprimerent, nisi necessitas
aut utilitas urgeret extrema. Que enim est necessitas, ut hoc nomine
collegio cotidie utamur sive in litteris sive verbis aut quod nos ipsos
canonicos vocitemus aut capitulum pro colloquio ponamus? Sufficit enim
generaliter[a] de modo vite nostre interrogantibus, an monachi simus aut
quam regulam habeamus, assignare titulum hunc vel similem, scilicet
congregacionem vel vitam presbitrorum et clericorum secundum certa
statuta a sede apostolica approbata et confirmata in communi vivencium.
Nam titulus inusitatus et novus, habitus similiter inusitatus novus salva
humili, simplici et penitenciali vestitu et professio solempnis ad certam
regulam religionem novam inducunt, ideo non valet, quod dicunt aliqui
simplices fratres se habere regulam s. Martini aut apostolorum. Vita
autem clericorum communis non est novus aut inusitatus titulus set ex
decretis patrum sumptus. Igitur[b] predictis motivis inducti fratres
stantibusque per omnia condicionibus antedictis, scilicet ut nulle novitates
aut vocum inducerentur dignitates, perseverante per omnia primeve
institucionis facie domus et quod inter fratres nulla mentio fieret terminorum
collegiatus aut canonicatus nisi extrema necessitate urgente et non aliter.
Vix tandem cum magna difficultate acceptabant privilegia et instituciones
ordinarii super collegio a domino Bernardo procurata pro se suisque
sequacibus auctoritate apostolica[1] approbata et confirmata manente tamen
eadem simplicitate conversacionis et vestium, quas vestes licet pene uni-
formes habeant, nullo tamen modo pro habitu censeri poterunt nec debent.
Nam neque capucia, toge aut tunice religioni asscribi poterunt, que in se
non sunt inusitata, ut pharisaico more notabit se a cetu fidelium quis
separatum per hec se tribus substantialibus que vulgariter dicuntur
religiosorum obligatum quasi[c] monachum ostentare nomine[d] religionis
valeat. Esse autem nos communes cum seniore in victu et vestitu et
non singulares auctoritate ordinaria et apostolica confirmacione jubemur.
Unde[e] eciam pro majori pristine conversacionis ac simplicitatis conversacione
quedam excerpentes puncta ex consuetudinibus et moribus consuetis

---

a) *Fol. 56.* b) Igitur *bis* difficultate *auf Rasur nachträglich eingefügt.*
c) *nach* quasi *Wort getilgt.* d) nomine religionis *auf Rasur.* e) *Fol. 56'.*
1) *Vgl. S. 29 ff.*

1463. hactenus et necessariora adjectis paucis aliis huic institucioni arridentibus perpresens bene discussa et in unum constringentes non jam ut statuta set accedente eleccione statuenda et jam facta eleccione secundum ea quasi moribus utentium jam approbata et confirmata statuta[a] effecta. Concordarunt enim inter se, ut quicumque ex eis eligeretur in seniorem[b] amodo et deinceps promittere deberet fratribus[c] suis stipulatis presidentium visitatorum[d] manibus fidelitatem secundum statuta domus eaque grata ac rata habere. Fratres similiter viceversa seniori[e] electo obedienciam[f] stipulando in licitis et honestis secundum domus statuta prestare.

Anno igitur domini LXIII quo supra dominica[1] ante Omnium sanctorum presidentibus venerabilibus dominis et patribus Johanne Busz primo priori et reformatori fratrum de Zulta, fratre conventuali de Windesem de primitivis[g] ordinis sancti Augustini canonicorum regularium, et domino Johanne Loff eque patre et confessore sororum ordinis sancti Augustini in Eeldagessen in medio choro[h] fratribus hinc in locis suis sedentibus facta insinuacione unanimis consensus absque aliqua contradictione in jam consummato eleccionis processu e medio fratrum suorum evocatus fuit dominus Lambertus frater domus jam concorditer electus ad patres predictos. Quorum ad manus promittente fidelitatem fratribus suis[i] secundum statuta domus date ei fuerunt claves et liber statutorum domus. Cui eciam in medio illorum patrum sedenti omnes fratres singillatim venientes ab antiquioribus incipientes ad manus promiserunt obedienciam in licitis et honestis.

Fuerunt[k] igitur eo tempore, ad quos eleccio spectabat, mortuis tribus sacerdotibus in pestilencia Hermannus de Rintelen, qui et procurator, qui jam quasi de infirmitate pestilencie convaluit, Petrus de Dieppurgh, Johannes Calcar, Johannes Wesalie, Hermannus Bruse, qui adhuc in eadem infirmitate decubuit, ad quem eciam presidentes personaliter accesserunt et vocem ejus audierunt, Lambertus de Colonia oriundus set[l] de Ymmenhusen nominatus, Henninghus Luchem de Lubeke, sacerdotes, Albertus Calcar, Johannes Wissel, clerici, exclusis noviciis et laycis.

Hermannus autem Bruse[m] oriundus de Lubek magna instancia aliquas assignans causas vix obtinuit tandem, ut licenciaretur ire ad partes. Quo

---

a) statuta effecta am Rande.   b) Nach seniorem durchstrichen capitulo.
c) fratribus suis auf Rasur.   d) visitatorum am Rande nachgetragen.   e) seniori electo auf Rasur.   f) Vor obedienciam durchstrichen tenentes.   g) de primitivis am Rande nachgetragen.   h) choro auf Rasur.   i) fratribus suis desgl.   k) Fol. 57. Im Anfang der Seite sieben Zeilen Schrift getilgt.   l) set bis nominatus am Rande nachgetragen.   m) Vor Bruse durchstrichen Lubek cogno[mine].

1) Oct. 30.

ibidem manente scripsit pro eo dominus Wernerus sacre[a] theologie 1463.
professor, vicarius provincie Saxonice ordinis sancti Francisci, supplicans,
ut licenciatus terciam regulam sancti Francisci probaturus acceptaret.
Quam[b] tamen elapso tempore non acceptavit set ad seculum rediens nec
ad annum in eo supervixit set ibidem obiit, qua consciencia quove merito
ipso jam expertus novit.

Henninghus Luchem eque de Lubek[c] vix tandem, ut intrare mereretur
ordinem canonicorum regularium qui fuerunt in Zulta, et tandem cum
certis condicionibus presente officiali et domino decano in Monte et
notario obtinuit, ubi[d] inedificatorie vixit et tandem apostatando misera-
bilius vixit et subitanea morte nemine sciente interiit.

Anno[e] domini LXXI volentes ponere murum transversalem inter 1471.
domum dormitorii et ecclesiam propter periculorum incommoda impediti
fuerunt fratres per consulatum, eo quod extra civitatem in communitatis
videretur vergere detrimentum, sicut dicebatur, licet frustra et calva
esset excusacio et[f] emulorum nostrorum machinacione conficta. Qua de
re nichilominus novum chorum ligneum edificantes et a parte posteriori
ecclesie proprie eyn spanne dementes utrumque per intersticium diviserunt.
Consilioque maturiori et diuturno inito ex lapidibus pro predicto muro
procuratis anno sequenti tam novo choro quam veteri ecclesia in sublime
per prela proprie schruven ad tercium dimidium pedem elevatis fundamentum emendaverunt ac sub choro edificium testudinatum id[g] est
criptam, quod modo consecratum cum duobus altaribus cappella b. Marie
virginis nuncupatur. Factum est deo pro nobis mirabiliter agente, ut
tunc per totam istam estatem laboriose et cum timore edificantes nullum
occurreret obstaculum ex parte civium, cum undique nobis infortunia
prophetarentur, set et nos ipsi modice fidei pene desperantes in incertum
nitebamur nostro judicio. Adjuvit autem nos etiam tempus. Nam mortuo
eodem[h] anno scilicet Marie Magdalene[1] episcopo Ernesto Hildensemensi
discors eleccio facta fuit sicque[i] civitas Hildensem adhesit decano[2] in
episcopum confirmato cum aliquibus canonicis, et alii in Hermannum
lantgravium[3] statim[k] post[4] in archiepiscopum Coloniensem electum consencientes et postulantes, per quod factum diocesis magnum dampnum

---

a) sacre bis Francisci in leerem Raume später nachgetragen. b) Quam bis
novit Zusatz. c) Nach Lubek durchstrichen .... multis precibus. d) ubi bis interiit
nachgetragen. e) Fol. 57'. f) et bis conficta am Rande nachgetragen. g) id est
criptam Zusatz am Rande. h) eodem bis Magdalene am Rande nachgetragen.
i) Hdschr. sicqe sicque. k) statim bis electum am Rande.
1) Juli 22. 2) Henning von Hus. 3) von Hessen. 4) 1480.

1471. rapinis et incendiis et exactionibus sustinuit. Quibus sic occupatis nos operi predicto non segniter instetimus atque deo protegente ad effectum deduximus. Causas supradicti dissidii tempore Ernesti inchoati non est
1473. nostre intencionis hic prosoqui. Anno* LXXIII fuit eciam pestilencia paulatim devastans licet non nimis seviens. Obierunt tamen ad minus XVI fratres ex claustro sancti Godhardi cum abbate[1] primo reformato, monachis et familiaribus.

1472. Anno[b] itaque domini MCCCCLXXII in octava[2] b. Laurencii consecrata est cappella id[c] est cripta sub choro in honorem sanctissime dei genitricis Marie per venerabilem virum dominum Bertoldum Panodensem[3] vicarium in pontificalibus reverendissimi in Christo patris domini ac domini Henninghi episcopi Hildensemensis confirmati licet nondum per omnia pacifice admissi, conferens eandem oracionis causa visitantibus XL[a] dies indulgencie. Post cujus consecracionis complecionem immediate eodem dio et hora consecravit altare b. Marie virginis[d] in honorem ejusdem gloriose dei genitricis Marie principalis patrone et maxime et singulariter ob veneracionem dominice annunciacionis, sanctorum Johannis evangeliste et Thome apostolorum, Fabiani, Sebastiani et sanctorum Innocentum martirum. Cujus dedicacio est dominica post Felicis et Adaucti martirum[1]. Ad* hoc altare dedit annuatim V florenos, quos dare deberent domini in summo set sepissime nil nobis dant, honorabilis vir dominus Eghardus[5] canonicus et cantor ecclesie Hildensemensis pro salute anime sue suorumque parentum et benefactorum set et omnium animarum fidelium defunctorum, deprecans devote in missis ibidem legendis predictorum haberi memoriam. Et quia noluimus nec nos nec posteros nostros ad hanc memoriam obligari, idcirco desiderium dumtaxat ejus vel posteris nostris intimari sufficiat. Ipsum est altare ad austrum.

1473. Porro in eadem capella altare ad aquilonem post nativitatem[6] domini proxime sequentem quo scribebatur LXXIII die[f] dominica[7] post circumcisionis consecratum est in honorem Omnium virginum et nominatim sequencium, Agathe, Cecilie, Agnetis, Lucie, Katherine, Gertrudis, Speciose,

---

*) Anno *bis familiaribus Zusatz.* b) *Fol. 58. Am oberen Rande der Seite in grosser Schrift* Cripta cum altaribus. c) Id est cripta *am Rande.* d) *Am Rande hinzugesetzt* ibidem. e) Ad *bis dant auf Rasur geändert.* f) die *bis circumcisionis nachträglich eingefügt nach durchstrichenem* Thome Cantuariensis.

¹) *Lippold von Stemmen, vgl. Lüntzel, Geschichte der Diöcese und Stadt Hildesheim II S. 586.* ²) *Aug. 17.* ³) *Bischof von Banados in Thracien.* ⁴) *Aug. 30.* ⁵) *Ekkehard von Harlessem.* ⁶) *Dec. 25.* ⁷) *1473 Jan. 3.*

XI m[ilium][a] virginum, Barbare, Margarete, Katherine de Zenis, sancti 1473. Michaelis, Omnium angelorum et Omnium beatorum spirituum. Cujus dedicacio habetur dominica post festum nativitatis[1] Marie virginis.

Anno[b] d[omini] LXXII in[c] vigilia[2] s. Bartho[lo]mei, que fuit in 1472. dominica, altare apostolorum in choro superius, ipsum est summum, quia violatum fuit prius[d], cum ceteris duobus altaribus inferius ante chorum ante[e] cripte edificacionem reconsecratum est ad honorem sanctorum apostolorum Petri, Pauli atque Andree et Omnium sanctorum apostolorum et evangelistarum, sanctorum quatuor doctorum, sanctarum Ursule et XI milium[f] virginum, que virgines ideo adjecte sunt, quia reliquie earum pro majori parte sunt in tabula magna vel in pede ejus. Ejus dedicacio est dominica immediate post Bartholomei[g] apostoli[3].

Altare martirum, ipsum est extra[h] et ante chorum ad aquilonem, consecratum est ad honorem sancti Johannis baptiste et omnium patriarcharum, sanctorum martirum Stephani, Ignacii, Laurentii, Clementis, Johannis et Pauli, Cosme Damiani, Tiburcii, Valeriani, Georgii, Viti, Vincencii, Justi et Arthemii, Lamberti, Petri, Erasmi, Thome Canthuariensis, Mauricii et sociorum ejus et Omnium sanctorum martirum. Cujus dedicacio servatur dominica post Lamberti[4] martiris.

Altare confessorum, ipsum est ante chorum ad meridiem, consecratum 1473. est anno d[omini] MCCCCLXXIII post[i] nativitatem domini[5] statim ad honorem sanctorum Martini, Godhardi, Epiphanii, Bernwardi, Silvestri et Nicolai episcoporum, sanctorum Anthonii, Benedicti, Bernhardi, Dominici, Thome, Vincencii, Francisci et Omnium sanctorum confessorum, sanctarum Marie Magdalene[k], Anne et Elizabeth. Cujus dedicatio celebrabitur dominica prima post nativitatem[6] Marie virginis.

Item[1] concordatum fuit, quod littera papirea recongnicionis domus Cassellensis L[a] florenorum ipsis a nobis concessorum scriberetur in pergameno apposito sigillo. Factum est. Item, quod non requiratur, quod patres sororum convocentur ad colloquium nostrum.

Colloquium anni LXXXI quere C 26[7].

---

a) *Hdschr.* $\overline{XI}$. b) *Fol. 58'*. c) in *bis* dominica *nachgetragen.* d) *prius am Rande.* e) ante *bis* edificacionem *desgl.* f) *Hdschr.* $\overline{XI}$. g) *Vor* Bartholomei *durchstrichen* Lamberti. h) *extra et auf Rasur.* i) post *bis* statim *nachträglich eingefügt.* k) Magdalene *bis* virginis *später ergänzt.* l) *Fol. C 9, die vorhergehenden Blätter C 1 bis 8 fehlen.*

1) *Sept. 8.* 2) *Aug. 23.* 3) *Aug. 24.* 4) *Sept. 17.* 5) *1472 Dec. 25.* 6) *Sept. 8.* 7) *Vielmehr C 25' (siehe unten).*

Nota, quod capelle fundamentum a principio nullum pretendebat signum humiditatis set ita siccum fuit, quod pulveribus exuberabat, set modicum fuit glebosa. Sic nonnulli dementes gloriabantur dicentes, quod Sultenses et Carthusienses bene possent dare magnam pecunie summam, quod ecclesie eorum vel alia tanta pollerent siccitate. Nec nobis hoc mirum, cum multas glebarum foveas in nostra area eo altius foderimus, ut vel aquam aliquam sive aque venam elicere possemus. Nam propter aque penuriam sepe ex Indistria portando, vehendo vel ex vicinorum nostrorum fontibus aquam congessimus non obstantibus duobus nostris fontibus et aquis cannalibus positis collectam. Propterea eciam novum fontem latiorem et profundiorem fecimus versus meridiem, de quo infra C 22 [1].

1475. Set ecce anno d[omini] LXXV statim post pascha [2], quod ita tempestive occurrit, quod Godehardus in vigiliam venerit ascensionis [3], cepit fundamentum cappelle predicte a parte orientali ab angulo circa altare b. Marie id est inter murum meridialem [a] et altare madescere, quasi aqua sit perfusum modica in superficie. Simili modo circa angulum muri aquilonaris apud gradum similiter humectari cepit fundamentum sicque in dies crescere in tantum, ut in diebus rogacionum [4] tota superficies humecta appareret [b], set et columpne lapidee in medio ad altitudinem pedis versus capitellum aquam imbibentes humidarentur. Obstupefacti ergo, timentes totius cappelle et ecclesie periculum pro eo, quod non solum cappelle fundamentum set nec basium in alta fossacione supra firmam sit positum petram, volentes scire, quid amplius, fecimus fossam parvam feria III que fuit in crastina Philippi et Jacobi [5]. Invenimus venas parvas a latere irruentes, una venit a parte aquilonari versus orientem, alie autem adminus due ab oriente versus meridiem tamen. Que emittentes aquas pedetemptim facta fossa illa profundius in tantum creverunt, ut una die bis vel ter exhaurientes aliquando XII, aliquando XVI tine aquarum communiter exportarentur omni die vel circiter usque ad diem sancti Viti [6] martiris ejusdem anni, circa quod tempus fodiendo altius et latius factus est in eodem loco fons muratus usque hodie. Qui fons ejecit aquas suas superfluas ad fontem cymiterii per aqueductum ligneum [c], qui vadit sub terra per januam que ducit ad cellarium ibidem ad fontem contiguum muro extra ecclesiam in cimiterio, in quem aqua superflua influit, licet sepe adeo modica sit, quod nichil ex illo in istum fluat. Quia aqua ista non est fontalis set pocius fossalis civitatis a parte

---

a) sic. b) Hdschr. appereret. c) Fol. C 9'.
[1]) Bl. C 22 fehlt. [2]) März 26. [3]) Danach wäre die Translatio Godehardi in Hildesheim am 3., nicht am 4. Mai begangen worden, falls nicht ein Irrthum des Schreibers vorliegt. [4]) Mai 1–3. [5]) Mai 2. [6]) Juni 15.

orientali, a qua parte, dum fossatum civitatis quondam per Industriam* 1475.
fuisset repletum aqua, in brevi et extemplo cum hiatibus evanuit et, ubi
manserit, experti fuerunt hii, qui habitabant uppe dem Hoge wege retro
sanctum Andream et alii, qui in cellariis suis exuberantes invenerunt
aquas. Quibus eciam cum expensis non parvis obviaverunt etc. et per
subterraneum meatum eduxerunt in dy Dryve eciam subter domos etc.
Sicque quievit hoc incommodum etc. Fuerunt qui consuluerunt, ut
firmiter fulcitis columpnis et testitudine et expositis columpnis fundamenta
earum altius in profundo collocarentur. Set si hoc fuisset attemptatum,
quod deus avertat, valde multum profundius quam creditur fundamentum
verum fuisset querendum, quia immediate post fundamentum basium jam
positum sequuntur silices commixta gleba, deinde blavea cleyerde ad
spissitudinem palme vel circiter, qua perfossa iterum sequitur arena in
qua currunt aque aliquando etc. Quare eciam firmius stat fundamentum
basium nunc quam si altius foderetur.

Nota. Eciam si fons in cappella esset profundior et caunale ejus
ducens ad fontem cimiterii bassius esset positum ad altitudinem palme
ad minus magne, hoc plus proficeret[b] ad siccitatem pavimenti in cappella.
Fuit ideo non factum, quia timebatur, ne aqueductus 1) fontem cymiterii
repleret aqua 2) aqua cogeretur retro cedere ad cappellam, de quo non
fuisset timendum, ut jam expertum est, eciam si duarum palmarum et
amplius profundius fuisset positus aqueductus.

Proinde vigilanter sciendum, quod fundamenta basium sive tocius
muri quadrangularis in cappella parum vel quasi nichil a pavimento
cappelle altius sive profundius sunt locata et ex utraque parte basium
ab altari b. virginis et ab altari virginum versus occidentem sunt facte
subterranei meatus cum lapidibus compositi euntes ad fontem in cappella
et illuc aquas ad se devolutas deducentes, et idcirco nil est in pavimento
cappelle fodiendum. Maxime autem nemo umquam ibidem erit sepeliendus,
quisquis eciam ille fuerit. Incipit autem ille lapideus et subterraneus
meatus sive aqueductus a parte aquilonari a fonte tendens versus altare
virginum, circa quod veniens girat versus altare b. virginis, quod dere-
linquens ad levam declinat iterum versus occidentem relinquens ambas
columpnas ad dexteram sicque descendens usque quasi ad murum, ubi
intratur in cappellam, reflectitur et deducitur ad fontem in cappellam,
unde prius cepit. Est autem meatus ille latitudinis circiter duorum
pedum, bassitudinis autem illius profunditatis sicut cannale ligneum
ducens aquam ad fontem cymiterii et hoc apud fontem, nam in ascensu

---

*) *statt* Industriam, *die Innerste.* b) *Hdschr.* profecoret.

1476. versus orientem paulatim incipit deficere ab illa bassitudine, ut aqua melius descendat ad fontem ad occidentalem partem. Sunt autem lati lapides positi in fundamento istius [a] meatus, super quos sunt gestulpet altrinsecus duo equi lati et longi lapides in superiori parte sc tantum contingentes, als men dy huse plecht to speren, sic: △ unde up dat gesperet jactata est arena et alii lapides sive lapilli, quo sic planato clausum est cum terra super jactata pavimento reliquo aptata. Sub terra autem sic est ordinatum [b]:

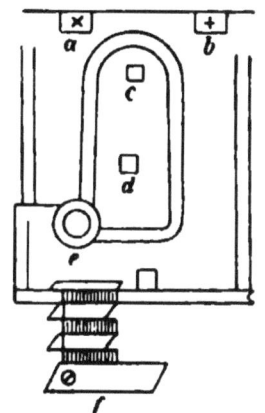

1474. Anno LXXIIII circa dominicam palmarum [1] perfecta fuerunt illa duo magna candelabra a levunculis sustentata. Et alia duo ejudem forme set non quantitatis de nostra materia fusa purganda tamen ad meliorem colorem habent talenta circiter LII. Constabant autem quo ad laborem III ¹/₂ tal. I ¹/₂ sol., que dedimus artifici.

Circa idem tempus fuerunt nobis data et alia duo candelabra a Cord Holthusen, cujus anima requiescat in pace. Alta quidem ut alia set alterius forme s[cilicet] gradata in pedibus.

Minora autem candelabra parva quatuor cotidiana forme pulcre [e] facte fuerunt de materia auricalci undique congregrata, quam habuimus ab honorabili viro domino Brunone, qui fuit singularis benefactor, pie memorie et numquam obliviscende. Et illa fuerunt prima nostra candelabra altarium, nam alia duo competenter bone forme et materie fuerunt facta tempore domini Johannis secundi rectoris [2].

1475. Anno LXXV in estate circumducte ac murate [h] sunt coctis lapidibus parietes ecclesie nostre in spissitudine unius tantum cocti lateris latitudine propter ignis pericula. Ejusdem enim latitudinis murus fundamenti excedebat parietes glebatas ecclesie.

Item murus, cui innititur ecclesia ab aquilone et meridie, vix est duorum pedum vel circiter profunditatis in terra et ideo quo ad profundum neque equiparatur profundo cappelle neque domatis [3].

---

a) *C 10.* b) *An Stelle der Buchstaben stehen in der Zeichnung folgende Worte: a)* altare Virginum. *b)* altare Marie v. *c)* columpna. *d)* columpna. *e)* fons. *f)* gradus cappelle. *g)* ? pulcre *am Rande.* h) *Hdschr.* murati.
¹) *April 3.* ²) *1457 – 68.* ³) doma *Säule.*

Expedit eciam, ut in cappella non fiant fortes percussiones aut malle- 1474. aciones[1] vel consimiles magni impulsus sive casus, quia fundamentum est omnino humidum unde umme des drones possit tota fabrica se immutare.

Nota[a]. Circa XL[2] anno LXXVI venerunt Hans Lampe, Hans Hesse cum aliis duobus vel tribus ex parte der gildemeysters sutorum, denunciantes nobis, quod non liceret alicui de nostris facere calceos novos pro fratribus set tantum resartire aut subunculare etc. Tunc senior cum suis consilio accepto mutuo congruerunt ab extra et intra irracionabiliter nobis hoc intimari, et quia eo in tempore non expediebat sine causis injustis sive irracionalibus eis obsistere nec multum opponendo defendere, eo quod, licet layci semper sint clericis infesti, tamen maxime dissimulanda fuit illo tempore aliqualis dissensio. Quare responderunt eis satis invite dicentes, se nolle eis in aliquo obsistere aut contraire nec facere illicita. Addidit tamen senior, non recte nobiscum agi, licet nos nolle jus nostrum nec posse consequi. Dixerunt enim, quod similia egerint[b] cum abbatibus sancti Michaelis et sancti Godhardi. Nichil tamen profecerunt, ut postea congnovimus. Asserebant eciam, quod dudum preterito tempore forte ante XIII annos[3] hec eadem nobis denunciassent et nichilominus nos non advertisse. Super quo requisitus unus de antiquioribus fratribus respondit, non hoc modo quid nobis esse denunciatum set sic: Nullus sutorum expers der gilde ipsorum posset nec deberet nobis facere calceos in domo nostra, eciam de nostris materialibus, posset tamen qualitercunque admitti, si haberemus sutorem de nostris. De eodem quere post X folia, vide tale signum gd[4]. Anno eodem in XL[a][5] vix tribus vel circiter elapsis ebdomadibus venerunt cives der gilde sartorum similia predictis sui officii denunciantes sive inhibentes. Qui et simile audientes responsum sicut sutores libencius tamen annuebant et gratanter acceperunt multo mansuetiores sutoribus. Qui et ipsi ad supradicta adierunt monasteria eadem relaturi, licet similiter nil profecerint. Prior autem Carthusie requisivit eos, qua id auctoritate facerent. Responderunt, se habere litteras a consulatu. Quibus ipse: ‚Si vos habetis litteras consulares, nos papales. Ite. Nichil nobis et vobis'.

Abbas autem sancti Godchardi[6] sic eis respondit: ‚Jam non habeo sutorem in claustro, ideo non facimus calceos, set si hodie possem habere

---

[a]) C 10'. [b]) Hdschr. agerint.

[1]) Hämmern. [2]) Sonntag Invocavit (März 3). [3]) 1463. [4]) Dieses Zeichen findet sich auf C 24', wo im Jahre 1480 (siehe unten) derselbe Gegenstand wieder aufgenommen wird. [5]) Die Fastenzeit. [6]) Bertram Bredenbeck.

1476. sutorem, deberet nobis facere calceos, ymmo gherben et corium preparare'. Sartoribus autem arridendo dixit: ,Si vultis facere nova nostra vestimenta, debetis eciam antiqua nostra resartire immunda femoralia. Nichil nobis et juri vostro, de quo nos nil curamus. Set neque vostrum est nobis inhibere'.

Presumebatur autem hec sutorum sartorumque audacia inde exoriri ª, quia eo tempore anno domini LXXI electo domino Henningho et a sede apostolica confirmato in discordia canonicorum mortuo episcopo Ernesto adhesit tota civitas contra alios et omnes vasallos in armis promptissimi, postulantibus aliis et pene omni milicia dominum Hermannum lantgravium postea episcopum Coloniensem, reicientibus Hennighum, qui prius fuit decanus ecclesie Hildensemensis. Sicque civitas tota cum duce Frederico ¹ per multa incommoda dyocesis et dampna in castra, villas exurendo ᵇ, debachando sive destruendo et obsidendo et devastando per vim partem adversam opprimens. Quod optime placuit duci Frederico, qui et ait: ,Felix hic dies, qua orta est michi talis occasio contra dyocesim'. Verum ut dicebatur, ipse autem non sic arbitrabatur, set ad conterendum fuit cor ejus, ut patuit, nisi resistenciam habuisset domino imperante.

Anno d[omini] LXXVI statim post visitacionis Marie ² incepimus renovare antiquum cellarium versus occidentem sub coquina. Et quia murus, sub quo stat caminus, satis debilis et cum argilla muratus fuit, ita ut experimentaliter deficere visus sit, idcirco sustentaculis inductis cum prelis fulciebatur, donec frustatim inferioribus lapidibus sublatis usque ad altitudinem IX pedum vel circiter impositis lapidibus melioribus cum calce resartiretur. Manente alia parte in alio latere versus orientem usque ad annum LXXXIIII, quia illo tempore et alia pars similiter muri ejusdem in quo stat caminus resartita est et aptata magno cellario versus orientem. Quere C 31 ibi ◁ . Domatum autem fundamentum ad occidentem sub coquina pene ex toto diruptum fuit et sustentaculis fulcitum et sic a novo cum calce renovatum est posito profundius fundamento eoque satis tenue ac vile fuit fundamentum. Alii eciam muri hinc inde similiter ex toto remoti de novo sunt facti et profundius ad minus duorum pedum positi cum calce.

Set et hoc facientes non caruimus usque quaque suspicione adversitatis. Fuerant enim eodem anno ad nos missi duo consulares, qui licet

---

ª) C 11. ᵇ) Hdschr. exurando. ᶜ) Das Dreieckzeichen findet sich vielmehr auf C 30' (unten im Jahre 1484).
¹) Friedrich, Herzog von Calenberg. ²) Juli 2.

satis caute minabantur tamen nobis quasi consulentes, ut a vectura 1476. cessaremus lapidum sive edificacione, ne forte quid inconveniens et ipsis et nobis oriretur. Quibus ostendimus necessitatem cellarii versus fontem et quomodo fulcitus sit sustentaculis. Non adeo contradixerunt set involute nobis et astute insinuabant, hec fieri debere cum voluntate consulatus vel magistri civium. Alii autem oppositum consulebant, quorum et consilium magis placuit, ut post patuit.

Eodem tempore et impetu factum fuit et cellarium testudinatum effossa prius terra, oblongum sub divo ad longitudinem coquine versus meridiem extra coquinam coquine immediate contiguum, que testitudo dupliciter facta est id est duplicata, unde et spissior est in duplo alia testudine coquine tum quia extra domum sub divo tum quia tam bonam calcem non habuimus, ideoque cum terra bene coagitata contecta est testitudo, deinde alia terra blavea proprie cleyerde fortiter tunsionibus similiter est coagitata et tecta et super illam gleba communis usque ad summum ejus. Ideoque caveatur, ne super eam effundantur aque maxime in lotura pedum et similium ibidem fieri consuetorum.

Eodem[a] anno LXXVI in et ante hyemem temptaverunt fratres procurare a domino episcopo Henningo dispensacionem, ut non sit necesse seniorem nostrum sive patrem deferre religionem intra septa ecclesie, eo quod sit commissarius altaris sancti Anthonii ecclesie Hildensemensis, set ut alii incederet habitu fratrum suorum, propter majorem humilitatem suorumque conformitatem. Quo dubitante, an posset dispensare, quievimus, donec oportunum[b] occurreret tempus. Nam antea circiter annum LXX similiter attemptavimus coram capitulo Hildensemensi et pene impetrassemus, nisi quod unus ex ipsis nimis vehementer restitit, dictus dominus Rodolfus Fryso[1].

Fuit eciam attemptatum domini Johannis[2] tempore secundi rectoris licet tepide nec seriose Dominus autem Lambertus rector tercius obtinuit a decano ecclesie Hildensemensis illo quidem tempore, post episcopo Henningo[3] consenciente et domino preposito et quibusdam aliis dissimulantibus, quod suis diebus incederet sine superpellicio, donec audiret inhibicionem, et sic per successum temporis ipso usu per oblivionem duceretur in consuetudinem. Et sic factum est usque hodie. Nam secundum statuta hoc pendere videtur in prelatis coadjuvante maximo vestitu fratrum talaribus, tunicis, togis et caputiis collotenus indutorum.

---

a) C 11'. b) Hdschr. oportunus.

1) Rolef Frese, Domherr 1431—74 und Archidiakon zu Eldagsen, vgl. Bertram, Geschichte des Bisthums Hildesheim I S. 458. 2) 1457—68. 3) von Hus.

1476. Qui citra religionem religiosorum ita religionem ostendit, ut a multis religio putetur. Quamquam hic vestitus non solum non faciat religiosum, set ita communis est, ut declaracione sedis apostolice admittatur, et conceditur licite eo uti omnibus pio vivere volentibus. Quartus⁎ autem senior Petrus quia antiquus et inutilis senex nunquam tempore sui senioratus exivit domum, ideo nulla indiguit dispensacione[1].

1477. Anno d[omini] LXXVII ceperunt patres aliqui unam unionem canonicorum[b] in communi viventium ad instar unionis trium domorum Monasteriensis, Coloniensis et Wesaliensis generalem impetratis privilegiis a sede apostolica contribucione facta superinducere omnibus domibus colloquii Monasteriensis. Et cum fratres in Hildensem optarent ac laborarent exemi et nullomodo involvi unioni prime trium domorum dictarum, multo magis egerunt, ut nec secunde involverentur. Quare et appologeticum scripserunt patribus colloquii Monasteriensis rogantes, ut cum caritate pristina permanente sincerentur sibi ipsis permanere, ut sunt et dominus Bernardus primus institutor eorum et fundator eos reliquit. De quo negocio cum non parva fieret litterarum verborumque concertacio nec cito fieret finis, domino pro nobis pugnante ipsius generalis unionis eo tempore pro primo fuit pro tunc cassata intencio et presumpcio et fuit dilata etc. etc.[c]

1478. Anno[d] d[omini] LXXVIII venit dominus Lambertus de Rostik quasi post duos annos resignacionis sue ab officio senioratus ad Hildensem feria V[2] post nativitatem Johannis baptiste in crastino ejusdem. Cui permisimus ad solacium suum visitare amicos et claustra et alia, ut solitus erat, providendo bona non tantum coram deo set eciam hominibus, quamquam nos hujusmodi discursus non habuimus nec habere volumus in consuetudine nec domus nostra sic sit instituta, set potius domi manere et solitudinem amare, nisi necessitate cogente. Quare et non pauci de fratribus valde egre ferebant et contra seniorem movebant seriose et querulabantur, ipso econtra asserente, quod expediret tam ex parte ejus quam fratrum, ut non adeo stricte cum eo ageretur. Elapsis dehinc

---

a) Quartus *bis* dispensacione *Zusatz von Dieppurchs Hand.* b) canonicorum *bis* viventium am Rande. c) *In der folgenden Zeile dick durchstrichen:* Benedictus dominus qui ipsius . . . . d) *C 12.*

[1] *An den Verhandlungen der Fraterhäuser von Münster, Köln und Wesel im Jahre 1476 nahm mit den Patres von Herford und Cassel auch der Hildesheimer Theil, nach der obigen Eintragung jedenfalls noch der Rektor Lambert, Ms. Boruss. Quart 273 der Königl. Bibliothek zu Berlin fol. 9' f.* [2] *Juni 25.*

circiter VIII diebus sollicitarunt idem fratres conferre cum eodem domino **1478.**
Lamberto, an hic mancre aut qualiter vitam suam[a] ordinare vellet, maxime
ad stabiliendum se in aliquo loco. Cumque suadentibus racionibus ex
utraque parte allegatis placeret, ut nobiscum maneret, et pro parte
consentire videretur, rediens alio tempore sentenciam suam revocans
asseruit, se potius apud sorores alicubi vello residere, accepto dimissorio
propter sui infirmitatem, qua disciplinam sequi prohiberetur, quamquam
cum eo jam actu dispensabatur, quod ad laborem quemadmodum alii
obligari nou deberet et quod, quandocumque placeret, ignem constitueret
et se calefaceret, etsi experiencia dictante processu temporis seniori videatur
racionabilibus suadentibus causis in aliis quibusdam adhuc amplius dis-
pensari cum eo vellet. Racio autem, quare fratres eum voluissent manere
apud se in Hildensem, hec fuit, quia facilius ei in necessariis provideretur
quam alibi existenti, quamquam nil aut parum laboraret, item quia moribus
se fratrum facilius reconformare consuesceret nunc quam post multos
rediens annos, item propter relovacionem cure anime sue quo ad seniorem
et conscienciam. Expedit enim, quod senior sciat ejus conversacionem
adminus, si curam anime ejus agere deberet et si ipse se pro fratre
domus habere vellet, et ideo, ut aut hic aut in alio aliquo loco se fixe
firmaret, ubi ejus vita eum latore non posset. Set quia in dyocesi
Hildensemensi nisi una domus erat sororum, ubi illo tempore actu duo
residebant de nostris, ideo eum ad hoc adjuvare non potuimus. Set patri
in Monasterio scripsimus ipso sic desiderante, quatinus ipse eum alicubi
apud sorores promoveret. Similiter et aliis quibusdam patribus, ad quos
ipse erat perrecturus cum dimissorio ei tradito. Cujus exemplar cum
aliis habetur dimissoriis s[cilicet] Hermanni Keppel[b], qui ivit ad
predicatores. Qui quomodo ibidem vixit, melius tacendo edificat quam
loquendo. Dimissorii d[omini] Jo[annis] Keller, qui ivit ad minores
reformatos aliquorum monasteriorum guardianus factus, non potui invenire
exemplar. Dimissorium Jo[annis] Calcar habetur.

Abiit autem dominus Lambertus versus Hassiam s[cilicet] Cassel
feria 4 ta [1] post Bartholomei cum curru anno predicto LXXVI. Denunciabatur autem nobis mortuus anno LXXXI. Quere infra post VI folia [2] ·X· ibi.
Anno[c] d[omini] MCCCCLXXVIII circa Bartholomei[3] datum fuit
fratrum diffinicione fratri nostro domino Lamberto dimissorium ipso sic
eligente ad probandum se apud aliquod monasterium vel domum sororum

---

a) suam *über der Zeile nachgetragen*. b) Keppel *am Rande*. c) *[C 33 b.]*
1) *Aug. 28.* 2) *C 25, vgl. unten 1481.* 3) *Aug. 24.*

1478. usque ad nativitatem domini [1], in quo spacio, si non prostaret seniori obedienciam, alium eligeret prelatum. Et quia hoc non fecit, ideo fratres nostri non tenent eum pro fratre domus. Stetit* enim sic usque ad pascha [2] anni d[omini] LXXXI et obiit. Propter labores tamen multos, quos fecit, ex misericordia dederunt anniversarium. Require in alio libro C 26 [3] fol. Et quia pater et senior domus nostre fuit et bene prefuit etc.

1479. Anno domini utsupra LXXIX alius frater noster quidam contra statuta domus et communem vitam attemptavit apud sorores positus sibi ipsi providere, pecunias inbursare ac de ipsis secundum libitum suum disponere etc.[b]

Cum quo post multas disceptaciones senior cum suis disputantes etc. sic concludebatur, quod, nisi suis omnibus resignaret, locum in domo nostra habere non posset, set et ipse alium prelatum eligeret. Quo resignante alium prelatum eligere coactus non est, set dimissorium accepit cum condicione, qua puncta sequencia pro fratribus apud sorores residentibus ex statutis ac moribus nostris congesta secum acciperet et secundum ea se regeret. Quod et se facturum dixit. Set hoc infregit iterum, dimisorium aliud accepit. Obiit[c] in tali apostasia pestilencia.

Fuit et alius domus nostre frater[d] ex primitivis qui ultra XIII annos extra obedienciam apud sorores resedit, qui tandem ad se reversus desideravit anno d[omini] LXXVIII per litteram et munusculum, scilicet capsulam ornatam panno rubeo precioso quod kamcot vocatur cum duobus inibi corporalibus, se licenciari sive ut cum licencia senioris ibidem permitteretur residere, eo quod sonex esset, dicens se obedire velle usque ad mortem nichilque aliud desiderare, nisi ut ibidem talem vitam ducere posset sicut fratres in Hildensem. Cui tandem annuimus, quere inter litteras.

Hiis motivis predictis, s[cilicet] hoc ultimo sic desiderante, superioribus autem duobus alio obedienciam persequente, 2[o] communem vitam commaculare nitente omnino consultum videbatur seniori et fratribus, ut pro absentibus elicerentur puncta sequencia, ut et ipsi suam metam scirent et senior cum fratribus suis consciencias suas a peccatis alienis illesas servarent.

---

a) Stetit *bis* prefuit etc. *Nachtrag.*   b) *Zu diesem Absatze am Rande bemerkt* Adam.   c) Obiit *bis* pestilencia *Zusatz.*   d) *Am Rande* Hinricus Hulsz.
    [1]) *Dec. 25.*   [2]) *April 22.*   [3]) *Vgl. S. 73 f.* *Daraus ergiebt sich, dass die Blätter [C 33 a-c] einem besonderen Theile der Handschrift entstammten.*

Puncta[a] **pro fratribus apud sorores residentibus collecta** 1479.
ex statutis circa festum visitacionis Marie[1] **anno d[omini]**
MCCCCLXXIX pro[b] **statutis eorum tenenda.**
Primo ad arbitrium senioris vocati sine retractacione venire, quantum
in ipsis est, parati sint, in cujus eciam potestate erit, utrum remitti au
manere debeant, cum consilio sacerdotum tamen. Quique eciam quandocunque a seniore pro defectibus suis culpati fuerint, ad humilem satis-
faccionem veniam petendo similiter parati sint, maxime si in scandalosis
defectibus reperti fuerint aut, quod deus avertat, in casibus expulsionis,
quibus eciam ut alii subiciendi sunt. Qui casus quo ad illos in summulam
redacti hii sunt: Contra fidem katholicam pertinaciter sentire, venire seu
agere. Item ab obediencia senioris declinare et consuetudinem rebellionis
habere. Item contra voluntatem senioris pecuniis pro suo libitu uti
proprietarium se constituendo. Item lites, placitaciones vel discordiarum
fomenta contra senioris et suorum voluntatem ducere. Item in lapsum
carnis incidere aut conatus talia perpetrandi exquirere vel similia, unde
scandala oriri possint, actitare. Contra hujusmodi secundum expulsionis
sive abcisionis censuram in statutis expressam procedendum erit. Qua
de re si quis eorum criminaliter peccaverit, hoc ipsum quocitius poterit
seniori suo confiteri debet non obstante, cuicumque alteri confessus fuerit.
Criminaliter id est mortaliter et scandalosum male fame aut confusione
dignum putandum[c]. Quando ad domum nostram venerint, sine licencia
non exeant neque in civitate absque inevitabili causa pernoctent neque
ingracialiter in domo agant nec sine licencia fratres ad usus suos occupent,
set edificatorii sint. Nullus de domo nostra sive intra sive extra locatus
testamentum condere aut aliquid de domo nostra sub pena excommunicacionis alienare presumat, auctoritate apostolica confirmatum est. Maneat
apud eos consuetudo, ut capucia sua non faciliter exuant et quod sermo
eorum sit ‚Est est, non non‘, cohibentes linguas suas a juramentis,
detractionibus et similibus. Commessaciones in et extra domum devitent
nec consuescant extravagari, et ideo expediet non ire ad nupcias et ad
primas missas neque pueros de fonte levare, que prohibita sunt in domo
existentibus. Non fiant advocati, procuratores, emonitores sive tutores
cujuscumque extranei aut extraneorum, nisi in causis miserabilibus et
derelictorum, si sic contingeret, set ut milites Christi non impliceant se
negociis secularibus. In camiscis aut tunicis dormiant neque corpus suum
aut alterius inhoneste contrectent vel inspiciant. Cum sola solus sine

---

[a] [C 33 *b*'.] [b] pro *bis* tenenda *Zusatz*. [c] *sic*.
[1] *Juli 2.*

1479. arbitro maxime in locis secretis loqui caveant nec nudas earum manus attrectent. Expedit enim, ut eo magis cauti sint, quo proximiores existunt periculo castitatis solempniter professe, quantum[a] licite vitare possunt. Eciam adminus in 4 or festivitatibus disciplinam super ipsis dent, si alter defuerit. Obedionciam seniori pro tempore more aliorum in licitis et honestis secundum statuta domus promittant et servent, si membrum domus esse voluerint. Magnas reysas maxime ad partes cum senioris et fratrum consilio faciant, quando commodose ore vel scripto illi intimare poterunt, et hoc in causis propriis. Domus sororum nullus eorum sine socio indivisibiliter adherente, nisi maxima causa cogat, excepta sacramentorum necessitudine et, quando inibi aliquid notabiliter edificandum fuerit, ingrediatur set neque mater sola aut aliqua sororum domum ipsorum ingrediatur sine socia individua. Item extra domum suam absque inevitabili necessitate non pernoctabunt. Et quia sub obediencia stare neque proprietarii esse debebunt, ideo pecunias apud se non habeant nisi ex singulari commissione ad tempus aut quando ambulare deberent, set nec ipsi sese sine scitu et consensu senioris locare aut concordando obligare presumant apud[b] sorores. Quicquid ex patrimonio, labore, offertorio vel quocunque modo acquisierint, ad domum sue recepcionis pertinebit nec poterunt talia sua dumtaxat auctoritate a domo alienare sub pena excommunicacionis, utsupra ex statutis allegatis probari poterit. Et ideo que eis dantur et ea que proprio labore vel industria acquisierint, ad repositorium aliquod vel apud sorores reponantur cum consensu sive ordinacione senioris et inde, si aliquo indiguerint, accipiant et exposita et recepta conscribant et semel in anno vel duobus adminus seniori, quod superest, dent vel denuncient, secundum quod ipsi expediens videbitur. Quando autem causas sororum ambulando vel alia tractando vel expediendo agunt, ipse impensas dent. Habeant apud se conscriptos omnium fratrum receptorum domus nostre anniversarios et in diebus suis morientium, pro quibus omnibus et singulis faciant debitum fraternitatis in disciplinis, vigiliis, missis et psalteriis ut alii in domo, si saltem volunt, quod hocipsum post mortem suam pro se fratres faciant anniversarium eorum tenendo. Si eos contigerit portare nigras tunicas, birreta vel proprie slotzen, quibus nos nolumus uti, tamen omnino nolumus, quod hec portent in domibus nostris vel alias coram fratribus nostris, et birreta sint bassa, nigra et

---

a) [C 33 c.] Das Folgende ebenfalls von Dieppurchs Hand auf einem über Schrift aufgeklebten Blatte. Am oberen Rande der Seite von ebenderselben Hand: Anno LXXXII Anne matris Mariae (Juli 26) in tercio colloquio conclusum et diffinitum fuit secundum subjectum modum procedi debere amodo cum recepcione laycorum. b) apud sorores am Rande nachgetragen.

simplicia. Alias consuetudines bonas, instituciones et mores fatrum, prout **1479.**
edocti sunt, pro tempore et loco quantum possunt non disuescant.

Item anno domini LXXXI circiter Peregrini [1] martiris presente et **1481.**
consentiente domino Hermanno de Eld[agessen] hec addita sunt vexacione
nobis dante intellectum: Quando sunt in civitatibus, in quibus sunt domus
recepcionis eorum, omnia, que ibi illis dantur vel offeruntur, presentabunt
seniori et sint contenti sua ordinacione. Item visitatores suarum sororum
et ipsos visitent ac respiciant et apud suos seniores oretenus vel littera-
tenus accusentur, si rebelles vel diffamate eos vivere invenerint et
adjudicante seniore pro excessibus suis corrigantur. Item fratrem rejectum
vel expulsum a fratribus ultra unam noctem apud se non retineant.
Item cum per annum vel circiter apud sorores fuerint, adjudicante seniore
inito pacto sub racionabili pena pecuniaria usque ad finem vite sue eos
retineant. Item pergentes cum matre vel sororibus cum eisdem in curru
vel supra nullus eorum sedeat. Item diligenter observetur, quod de
eisdem in statutis synodalibus precipitur.

Feria[a] II[2] post Lucie anno LXXVII dominus prepositus Eghardus **1477.**
de Wenden ecclesie majoris Hildensemensis post prandium venit ad domum
nostram et dedit litteras reddituum ville Herbernsze [3], quibus donantur
XIII pauperes in Nova civitate annuatim, abbati sancti Godehardi domino
Bertrammo in presencia her Lubbert plebani Nove civitatis, senioris et
procuratoris et Johannis Bocoldie, committens ei procuraturam predictorum
pauperum loco senioris domus nostre hoc valde desiderantis et rogantis,
manentibus aliis tribus procuratoribus, s[cilicet] plebano predicto, domino
Hinrico Furehan presbitro et Ludecke Lebe magistro civium Nove civitatis.
Benedictus dominus, qui nos exoneravit illo negocio. Racio hujus commissionis fuit: Predictus enim dominus prepositus instituit domum novam
XIII pauperum, quibus providit elemosinam distribuendam mille et
sexaginta florenorum, constituens illis singulis anni quartalibus de eorundem
florenorum reddituum. Constituit super hoc procuratores quatuor, s[cilicet]
predictos tres et seniorem domus nostre. Set quia predictus senior [4] eo
tempore inydoneus et ineptus fuit ad talia negocia quemadmodum eciam
ad alia, amotus fuit ab isto officio, prout desideravit et rogavit, et sub-
rogatus fuit abbas predictus cum suo procuratore. Non autem solus senior
set et omnes alii fratres hoc desiderarunt perpendentes, hoc nullomodo

---

1477. convenire quieti et paci domus nostre neque communi vite nostre. Nam annuatim et ipse et alii tres procuratores singuli singula pro labore suo sublevarunt talenta. Predicta constitucio et ordinacio facta fuit circa annum domini LXX[1].

Sciendum eciam, talia et similia negocia et execuciones testamentorum et similia interim[a] a nobis desiderata fuerunt, que omnia vix salva pace amovere et abnegare potuimus. In quibus si posteri nostri similiter probati inventi fuerint negligentes aut segnes vel incauti assenciendo, quod absit, experientur et ipsi vel sero, quantas resistencias, invidias, oblocuciones, dispendia domus in temporalibus et spiritualibus, quantas distractiones et occupaciones ex hiis et similibus emergentur. Que omnia aut vix aut non istius misericordie bono abolentur.

Nec valet objectio: „Quare ergo religiosi hujusmodi elemosinas distribuendas assumunt?" Primo quo ad temporalia, isti actu jam famantur habundantium, nos autem minimi de clero incipimus similiter habundare et avarizare. Quo ad spiritualia autem, isti asstricti professionibus et[b] regulis necessario perseverantes manebunt eciam depositi ab officiis, nostri autem non sic. Tu autem, domine, miserere nostri.

Item eodem die et anno, eodem tempore et loco s[cilicet] nostro in refectorio presente predicto abbate petiit et desideravit predictus dominus propositus[2] a seniore ac fratribus, ut per totum annuum in ebdomada[c] feriis VI in altari martirum ecclesie nostre legeretur post ejus mortem una missa pro defunctis, nisi festum aut aliud interveniat inconveniens, tunc posset anticipari aut post fieri, secundum quod melius conveniat. Dedit autem seniori XX florenos in auro pro offertorio, quos apposuimus aliis florenis facta summa s[cilicet] centum florenorum, quibus empti sunt census annuales. Addidit tamen, se adhuc eosdem florenos meliorare velle.

Quod acceptavimus propterea, quia semper fidelissimus noster fuit promotor et fautor, alias non. Super quo negocio factam desuper litteram nostre domus sigillo communivimus. Et hoc post mortem ejus[3]. Quamdiu viveret, legeretur de passione domini cum suffragio de domina. Concede, queso, omnipotens deus fragilitati nostre etc.

---

a) *Hdschr.* iterim.   b) *C 13.*   c) *Hdschr.* ebdomeda.
[1] *Vgl. die Stiftungsurkunde des Dreizehnarmenhospitals und deren Be-stätigung aus diesem Jahre Urkb. der Stadt Hildesheim VII n. 668 und 669.*
[2] *Ekkehard von Wenden, Dompropst.*   [3] *Dompropst Ekkehard von Wenden starb nach seiner Resignation 1488 in Halberstadt, vgl. Bertram, Geschichte des Bisthums Hildesheim I S. 454.*

Anno domini LXXVIII post penthecostes [1] occurrere ac excludere 1478. volens senior omnem proprietatis occasionem, ne vita communis in domo nostra detrimentum incurrat, effregit, excussit et deposuit a capsis et cistis omnes seras non necessarias communi utilitati nullamque clausuram aut seram in domo reliquit, cujus ipse non eque haberet clavem. Fecit eciam fieri claves novas ad illas seras, que non nisi unam vel nullam habuissent clavem, ut demptis duobus clavigeris nullus in domo deprehendi posset habere clavem sine licencia senioris et cujus ipse senior non similiter haberet clavem exceptis clavigeris predictis ciste communis, nisi [a] esset aliqua clausura, cujus clavis deserviret eciam aliis et penderet aut jaceret eo in loco, ubi et ab aliis posset inveniri.

Est et alia clausura sive cista [b], in quam proiciuntur ea, que offeruntur et pro quibus leguntur misse et vigilie votive et similia pro communi, item residua preciorum de venditis libris et aliis per scripturarium. Similiter ea que [c] congregat portarius pro incausto, oblatis et ceteris. Que omnia in una cista continentur, ad quam senior habet unam clavem et procurator sive alius habet alteram. Quam tunc aperiunt, quando procurator indiget pecunia, ut non sit necesse tam sepe recurrere ad cistam communem trium clavium, ad quam cistam tantum illa imponuntur, quando est notabilis summa non cito exponenda.

Item deputate fuerunt eciam due ciste pro duobus discretis fratribus ad conservandam scolarium pecuniam habentes singulas seras, quarum unaqueque habet duas claves. Unam habet senior, aliam custodiens cistam suam, alias nullus in domo habet seram cum una clave tantum. Set habentes seras in cameris, sicut procurator et scripturarius vel portarius, eo modo utsupra habent, s[cilicet] cum duobus clavibus, quorum unam habet senior, ipsi alteram. Factum autem hoc fuit, non quia proprietarii essent in domo, quod deus avertat, set quia tot ciste et cistule successive fuerunt cum suis seris et clavibus date domui et dispertite inter fratres, sic quod nemo advertebat vel notabat periculum proprietatis future. Set hoc tantum diligenter custodiebatur, ne cui permitteretur edificare vel edificari cista cum sera nisi ad communem utilitatem, ubi tamen semper habet et senior clavem suam, sicut in infirmaria et hospitaria.

Notandum [d] ergo breviter recapitulando summatim, que supra dicta sunt de quantitate, minoracione et alternacione cymiterii nostri, que sit ejus latitudo et longitudo.

---

a) C 13'. b) cista am Rande. c) Hdschr. quam. d) Notandum bis appodiatoriis ligneis von jüngerer Hand auf aufgeklebtem Papiere nachgetragen.
1) Mai 10.

1478.   Nam longitudo ejus incipit a domo nostra magna, sub qua est cellarium magnum, ab occidentali parte et tenditur versus orientem usque ad titulos lapideos exclusive, super quos jacent lignea appodiatoria. Latitudo vero ejus incipit a parte meridiali a latere ecclesie et porrigitur versus aquilonem usque ad titulos lapideos ibidem exclusive quadrangulariter concludens totius cymiterii spacium. Et sic cymiterium est quadratum, extra* quam quadraturam non est cymiterium. Et in cymiterio non est transitus aliquis neque calcatur, nisi in ejus occidentali parte translongum domus predicte, in quo est cellarium et transitus ille parvus, quo in latere ecclesie aquilonari ibidem itur ad fontem qui est in cymiterio.

Illud itaque spacium predictum quadratum pro cymiterio teneatur ad sepulturam custoditis suoque tempore, cum necesse fuerit, restauratis et reformatis titulis prefatis cum suis appodiatoriis ligneis.

Anno d[omini] LXXVIII in nocte sancti Thome ¹ qui fuit in dominica in nocte sequenti sabbatum illapsus est sive incidit fons noster ad austrum soluta lapidum composicione, quibus seipsum replevit cum urnis et cathena, circa horam nonam tanta impulsione et sonu, ut crederes bombardam emissam, domino mirabiliter ordinante, quod nemo ibi fuit aut vidit. Fuerunt autem, ut nos notare potuimus, due cause illius lapsus, una, quia neglectus fuit in eo, quod foramina hinc inde in illo non fideliter fuerunt cum lapidibus ad hoc aptis reformata etc., alia, quia pene omnes lapides quadrandi et aptandi apud istum fontem ymmo quasi super os ejus fuerunt suis tunsionibus et percussionibus ibidem formati et eorumdem inepta corpora et magna voluta et posita, dar vele droninghe her quam. Et hoc multis annis et temporibus ibidem fieri solebat, quare etc. Item idem fons, ut apparuit more Westfalico, hadde eyn slinge van eynem ratt et fossa ejus non erat in ore superius multum amplior quam muracio exigebat fontis, et murata parte fontis profundius fodebant sequente eos muro fontis etc. communiter. Quod nobis mirum videbatur et verissime creditur, quod fons in cymiterio eodem modo sit factus. Unde et magister novi fontis nos avizans dixit, quod post 5 vel 10 annos fons ibi novus ab eo factus deberet caute interius perlustrari et in locis, ubi excidisse lapides deprehenderentur, alii lapides apti reintrudi et fons ab ymo aqua extracta mundari et tunc posset durare. Quod ex parte facere curaverunt circa annum domini dehinc LXXX ᵐ. Non negligant hoc facere posteri,

---

*) C 14.

¹) Dec. 21, jedoch 1478 am Montag.

nam per hoc et aqua multiplicatur et purificatur, et fiat post X annos, **1478.**
id est, quando scribitur LXXXVII.

Anno* igitur d[omini] LXXIX[b] feria[1] II[c] post Egidii, quando aque **1479.**
fontales parve sunt et modice, incepimus eundem collapsum fontem
instaurare facta fovea quadrata equali differencia amplitudinis XII pedum,
fodientes et in medio antiquum fontem successive emundantes. Fulciebatur
autem fovea, ne incideret, cum quadratis slinghe sic[d] retropositis asseribus.
Qui asseros cum cuneis magnis ligneis inter asseres unde den slinghen
violenter incussis tuebantur terram, ne dissolveretur. Unde multi plutei
sive asseres et multi cunei unde veele der slinghe requirebantur, eo quod
ultra XX pedes altius fodebatur quam fuit primus fons, querentes venam
sive aquam vivam, quam tamen non invenimus, set tantum aquam, quo
per rimas hinc inde effluit et sufficienter. Fodissemus eciam adhuc altius,
set terra, in qua fodiebatur, spem magistri frustravit*. Erat enim blavea
et coagitata in se dura valde als scheversteyn et precise illius coloris et
forme, ut nil ei deesse videretur nisi ut soli propinquior induraretur, et
habuit aliqualiter odorem sulphureum et videbatur esse vestigium ibi
eris, plumbi, cupri[f], argenti vel auri. Invenimus enim in ea conchas
quasi deauratas vel de auricalco pulcro polito et similia. Et cum fossa
haberet in altitudine sive profunditate circiter LXII pedum, facto terebro
longitudinis XIII pedum cum eo terebrantes profundius non aliam invenerunt terram. Tandem cum esset profunda LXIII pedum, cessaverunt
fodere nil dubitantes de aqua sufficienti futura. Habet ergo fons ille
novus LXIII pedes profunditatis, amplitudinis vero inferius in profundo
dempta muri spissitudine VI pedes et modicum plus, secundum quam
amplitudinem prosecuta est muracio usque ad superficiem terre crescente
paulatim amplitudine in parva tamen quantitate. Nota eciam, quod in
profundo fontis non muraverunt cum moste, dixit enim magister, quod
moste fetidam generaret aquam set sine calce unde an moste factum
usque ad altitudinem circiter XII pedum. Circa quam eciam altitudinem
ab ymo non sunt repleti isti anguli quadrature cum terra set cum
lapidibus, ut locum accedendi haberet aqua, sic deinde utebantur des
mostes usque ad summum[g].

---

a) *C 14'.* b) *IX auf Rasur.* c) *II über der Zeile nachgetragen.* d) *In der
Handschrift folgt ein kleines Quadrat mit eingezeichnetem Kreise.* e) *Am Rande
geändert statt des ursprünglichen* frustasset. f) *Vor* cupri *durchstrichen* auricalci.
g) *In der Handschrift sind zwei Quadrate mit eingezeichneten Kreisen beigefügt.*
1) *Sept. 6.*

1479. Anno^a d[omini] LXXIX communicato consilio sacerdotum et fratrum placuit, ut in die parasceues[1] omnes in communi cenemus in terra sedentes. Quod postea in colloquiis diffinitum fuit omni anno in aliqualem dominice passionis memoriam sic debere servari. Item feria 4^a[2] in ultima ebdomada ante pasche eodem tempore placuit sacerdotibus, ut altera die[3] in bona feria quinta communicarent sacerdotes stolis superpositis superpelliciis in summa missa, eo quod ea die nisi una debeat fieri missa, sicut et feria 6^a et sabbato sancto sequentibus. Et sacerdotes intermittentes missas communicaverunt. Et sic fecerunt annis sequentibus deinceps.[4]

[1480.] Addidit^b eciam, quod perseverantes in hac vita sine dubio salvarentur, allegans id actuum apostolorum, quo dominus dixit ad Paulum: ‚Donavit[5] tibi dominus omnes qui tecum in navi sunt' et multa alia in spiritu fervoris effudit quasi carbones desolatorios non risum set lacrimas provocantes. Suasit ad obedienciam senioris et quorum interest et quod brevis est vita ista, que vanitati subjecta est, et omnia vanitas. ‚Videtis, ait, hec brachia mea et totum corpus, en cras vel ultra cras proicitur in foveam consumenda a vermibus. Jam vellem, quod aliter me rexissem, qui tepide et negligenter vixi' etc. Ipse est dilectus ille frater ex nomine a deo scitus anno d[omini] MCCCCLXXVI paucissimis demptis ab omnibus unanimiter electus in seniorem domus, set neque hii, qui ei voces suas non dederant, eleccioni ejus resistebant, ita quod nulla ibi fuit repugnacio, nisi ipse contradixisset. Adeo enim contradicebat, excusabat et inydoneum proclamabat, quasi in agonia consisteret. Unde conpacientes fratres et visitatores ei et quasi coacti timore pejoris mali annullarunt eleccionem istam, eo quod diceret, non se velle vivere et similia, nisi amoverent eum et liberum dimitterent. Unde liberato justo illo^c de ea necessitate despectus traditus fuit pro eo, desperantibus fratribus, quod induci possit ad consenciendum. Quomodo enim induci possit ad locum suppremum, qui ante, magis autem postea usque ad mortem adeo quesierit infimum, ut nonnullis proferret tedium magnum causantibus indiscretam ejus humiliacionem? Sic egit in vestibus. Denique in tantum verecundie et discipline operam dedit, ut pene omnium sibi affectus conciliaret et reverenciam, ita gratus et contentus in omnibus, ut nemini posset esse

---

a) C 15. *b*) C 24. *Vorher fehlen die Blätter 16—23. Das vor* Addidit *Vorhergehende, worauf ein Zeichen hinweist, ist offenbar durch jene Lücke verloren.* *c*) *Nach* illo *durchstrichen* inprimo traditus fuit pro eo.
[1]) *April 9.* [2]) *April 7.* [3]) *Gründonnerstag April 8.* [4]) *Es folgt die eingeklebte Niederschrift vom Jahre 1546 (siehe unten am Schlusse der Annalen).* [5]) *Apostelgesch. 27, 24 in wenig abweichender Fassung.*

onerosus. Set nec onerosus esse voluit domui in medicinis, rogans humiliter, [1480.]
ut parceremus expensis in vacuum expositis. Fuit in moribus satis
exemplaris et ideo diu exivit ad altare Anthonii vel cappellam domini
prepositi in summo compulsus set invitus. Eciam in clericatu existens
ibidem ministravit ad hoc deputatus propter morum aptitudinem, quam
non ut nonnulli naturaliter per omnia habuit set magno labore et, ut ita
dicatur, in gladio suo dei adjutorio. Nam ut omnia secreta ejus scienti
et confessori ejus constabat, adeo secularitate et hujus mundi delectabatur
mentetenus pompa, ut comparata mens conversacioni ejus monstrum
judicares et aperte pronunciares forciorem graciam dei naturali inclinacioni,
unde eciam ex parte accidit, quod raro hylaris apparuit, intantum contra
suas inclinaciones laboravit, set et mors ei in desiderio diu fuit.

Item* anno domini LXXX in profesto [1] Cyriaci martiris venerunt 1480.
iterum adminus quinque numero ex sutoribus de senioribus et aliis vocantes
seniorem domus, cui benigne suaserunt, occulte eciam minarunt, quatinus
novos calcios in domo per nostros fratres aut fratrem non faceremus.
Addiderunt eciam, quod suggestum ipsis esset, dat wy gerwede leddere
et eciam novos calceos adhuc pro extraneis faceremus, desiderarentque,
quatinus eis in hujusmodi contrarii non essemus etc. Quibus senior:
„Non intendimus ulli hominum esse contrarii libenterque facere, que eis
sunt placita eciam majora hiis etc., set quod nobis usurpemus opus
cerdonum, sicut impingitur, non fecimus'. Habere autem nos fratrem
antiquum subunculatorem et non simpliciter sutorem qui adeo senuit,
quod curvus incedit, si sic placeret, quod suspenderent istam inhibicionem
usque ad ejus mortem, cui et in brevi vicinus fuit. Super quo secedentes
et deliberantes redierunt et annuerunt, nisi quod nobis ipsis et nulli alii
calcios faceremus. Unus autem vel duo, qui minus principales videbantur,
addiderunt: „Sic tamen, ut non novos calcios faciatis nec vobis'. Prin-
cipaliores autem hec verba non confirmantes set dissimulantes benignius
loquebantur rogantes, ne egre ferremus hec verba, quoniam juramento
constricti hec dicerent, et reverenter recesserunt. Et hec fuit conclusio
et intentum aliis multis verbis omissis [b]. Senior autem dixit fratri nostro
calcifici Johan Bring, ut numquam faceret calcios per omnia novos set
semper interponeret vel parvam peciam de antiquo corio.

Item non estiment posteri, quia benigne in hiis locuti sumus sutoribus
predictis, ideo nos consensisse vel consentire irracionabilibus eorum et

---

*) C 24'. Am Rande gd als Hinweis auf Fol. C 10' (S. 71). b) omissis
hinzugesetzt.

[1] Aug. 7.

1480.   invidiosis ac insidiosis machinacionibus et maxime eorum perversorum, qui instigarunt illos et alios eciam nobis bene motos, ut hiis nos molestacionibus perturbent aut radicem placitacionum coram consulatu et communitate tota contra nos inveniant, eo quod eo tempore episcopum Henninghum pro se habebant, quem et in sua causa alligabant, set tempus redimentes locum ire et insidiarum dedimus propter bonum pacis et temporis necessitatem etc., ne pejor scissura sequeretur. Nonne XII hore diei sunt? Generacio preterit et generacio sequitur et turbulentis auris sequuntur tempora placidiora, adeo placidiora, ut aliquando eciam pactiones sigillis confirmate immutentur aut annullentur, maximo hic, eo quod hec privilegia habebant ab episcopo Hildensemensi, cujus et est hec interpretari et declarare, quod non obsint libertati clericorum".

.   .   .   .   .   . Marie Magdalene hoc est .   .   .
feria .   . sabbato .   .   .   .

.   .   .   .
.   .   .   .

Qui* redierant deinde anno eodem emergente circa pascha revocati, eo quod missale scribendum ibidem pene finitum erat et compleri in Hildensem habebant et quia loca ibi emenda preciosiora multo quam audieramus aut credebamus. Erant set nec venalia nec a jure civili libera, quin eciam vix aliquis aut paucissima huic negocio propter .   .   .   .

1482.   Anno d[omini] etc. LXXXII facta est dissencio inter episcopum Bertoldum volentem habere ciisz ac civitatem Hildensem nolentem assentire isti exactioni, factaque est inter eos quedam concertacio, licet non essent aperti inimici, et utraque pars sustinebat non parvum dampnum etc. Unde contigit et necessarium fuit, diligentissime die noctuque custodiri civitatem Hildensem propter partium insidias, nam nec capitulum nec cives per omnia concordabant etc. In ista dissensione contigit, quondam non bone fame virum de numero vagorum et suspectorum nomine° Maas metu sue necis ex Nova civitate in hyeme satis aspera per fossam inter Novam civitatem et Brulonem curie nostre contiguam fugam capere, et in Brulonem deveniens sepemque nostram in aggere positam transiliens per nostram curiam ad publicam plateam in Brulone devenit, qui captus a custodibus et unde veniret interrogatus, per nostram se curiam venisse respondit et in signum, quod claves valve nostre in sera sua continerentur

---

a) *Die folgende obere Hälfte von C 25 zugeklebt durch das unter dem Jahre 1540 später folgende Bruchstück über die Lasten für den Marktbrunnen.*
b) *Das Folgende bis* propter *noch erkennbar.* c) nomine Maas *am Rande.*

aperte. Quesitum est in media nocte intrautibus magistro civium et 1482. civibus curiam nostram nobis omnibus dormientibus et sic inventum est. Per negligenciam enim satis culpabilem fratrum mansit clavis in sera valve. Ex hinc consulebatur nobis construere maceriam sive parietem in aggere, quatinus propter nostram negligenciam similis vel pejor casus periculosus Bruloni et civitati non proveniret et custodiretur locus noster, quibus pugnare non licet etc. Sicque in sequenti estate cepimus et edificavimus et perfecimus parietem in aggere, nam ante semper ibi erat sepes anno quo supra[a].

Anno[b] etc. LXXX convenientes[c] presbiteri visum fuit bonum, ut XXX 1480. misse legende per quemlibet sacerdotem pro jam defuncto fratre recepto possent persolvi cum collecta et quando tamen legitur pro defunctis similiter, pro eo, quod melius juvatur anima, quando citius pro ea solvitur, item quia tamen in omnibus missis vivorum et mortuorum nostrorum fratrum habere solemus memoriam. Erant autem tunc presentes sacerdotes Petrus senior, Johannes Wesalie, Johannes Hinseborch, Gebhardus Goch, Gobelinus, Conradus Rad, Gerhardus Dorsten.

Anno d[omini] LXXXI feria III[1] post dominicam Cantate veniente 1481. domino Johanne patre de Cassel a colloquio Monasteriensi retulit, nil singularius ibidem tractatum nisi de patribus sororum etc. mencione tamen tenui facta de nostris. Quidam ait: „Abcidantur". Dominus autem Johannes Veghe[2] adhuc pater existens respondit, nos venturos in 3° anno, quod approbavit pater Cassellensis, cui hoc ipsum scripsi. Dominus autem Johannes Veghe post colloquium resignavit electo alio nomine Thymando. Retulit eciam ibidem et nobis pater Cassellensis mortem domini Lamberti. Qui obiit eodem anno altera die[3] invencionis sancte Crucis in monasterio monialium Merkenshusen sepultus ad latus priorisse ibidem in cimiterio earum sepulte etc., ut hic sequitur ibi[4].

Circa eadem tempora cessavimus ex unanimi consensu in XL sabbatis diebus legere vigilias propter confessiones clericorum, propter scopare domum, locionem amferarum et rasuras fratrum.

---

a) *Hierzu nachgetragen:* Quere post quinque folia C 30 *(vorher Stern als Zeichen, welcher jedoch C 29' (vgl. unten vor 1483) sich findet.* b) *C 25'.* c) *sic.* d) *Durch ein Zeichen auf das folgende* Anno igitur etc. *verwiesen.*
1) *Mai 22. Dem folgenden Absatz liegt das Protokoll der Fraterhäuser zu Grunde (siehe daselbst unter diesem Jahre).* 2) *Vgl. Fr. Jostes, Johannes Veghe, ein deutscher Prediger des XV. Jahrhunderts. Halle 1883.* 3) *Sept. 15.*

1481.   Anno igitur d[omini] LXXXI invencionis s. Crucis[1] obiit[a] dominus
Lambertus, et quia acceperat dimissorium[2], in quo prefigebatur terminus
s[cilicet] a Bartholomei[3] anni d[omini] LXXVIII usque ad nativitatem[4]
Christi, infra quem aut redire habebat et obedienciam seniori facere, ut
alii, si frater domus vellet esse, aut certe alium eligere prelatum, sub
quo caste et sine proprio suo primo proposito satisfacere posset, quo
facto et si fidelitatem domui nostre inconcussam servavit etc. debitum,
ei fraternitatem domus nostre fratrum receptorum faciemus.   Set licet
honeste conversacionis eum fuisse crederemus, quia tamen predictum
dimissorium non servavit nec eciam elapso dudum termino alium prelatum
elegit et acephalus ab anno predicto usque ad annum d[omini] LXXXI
stetit, ne viderentur fratres nostri quasi affirmare hanc inobedienciam, pro
eo fecerunt aliqua, non omnia, que solent fieri pro fratribus nostris
defunctis receptis, ad exemplum et terrorem posteris, ne simile quid faciant.
Set quia domui nostre annis XIII quasi fideliter prefuit et ab inicio sue
conversionis laudabilis approbabilisque vite extitit pro sua infirmitate,
anniversarium ei inter nostros annuum dedimus.   Fuit enim revera homo
mansuetus, pacificus et paciens[b], taciturnus, moribus gravis et maturus,
nulli tamen onerosus, obediens et disciplinatus, bonus scriptor et notator
optimus, utputa instructus in cantu, voce, usu et arte formaliter, homo
procerus et facie modica pallidus, quod forte ei contigit, quia parce
commedit, pro qua re sepe admonitus tandem auctoritate sacre scripture,
qua abstinencia verbis et exemplis approbatur, se munire forte in malum
suum studuit.   Nam stomacho languescente et cibum consuetum fastidiente
in prelatum levatus cepit tandem in nonnullis cibis discernere[c] notabiliter
quibusdam de fratribus ei compacientibus et faventibus, aliis autem satis
dure renitentibus, pro eo quod homo adhuc juvenis communibus dimissis
ferculis singularis esse inciperet, erat enim junior et novissimus sacerdos.
Obfuit eciam communitati, quod tam sepe exibat domum, ita ut omnes
attediati vix consocium in tota domo invenire possent.   Semper enim
erat[d] et moris nostri est domi manere, illo econtra credente et dicente,
quod propter infirmitatem suam relevandam faceret.   Alii autem putabant
eum merito hoc jam lucre, eo quod non audivit ymmo obedivit institutori
suo et aliis expertis viris, ut bene comederet et biberet, antequam electus
fuit, faciens sicut alii fratres.   Nam propter illam suam infirmitatem

---

a) *In der Hdschr. ein Kreuz.* b) *C 26.* c) discernere notabiliter *am Rande.*
d) *sic.   Vielleicht ist absens vergessen.*
1) *Sept. 14, vgl. S. 87 Note 3.* 2) *Vgl. S. 75 ff.* 3) *Aug. 24.* 4) *Dec. 25.*

multa adversa et disturbia in domo nostra orta fuerunt, que adeo creve- 1481.
runt, ut illis urgentibus tandem resignaret senioratui.

In[a] similem timorem misit nos dominus Lambertus. Nam et ipse
in laxiorem vitam declinavit et consensit et fratres suos ad hanc subtiliter
provocavit. Quo a fratribus intellecto passi sunt eum resignare. Diu
enim resistentes querebant emendacionem et in quampluribus ejus infir-
mitati condescensorunt. Ipse vero, postquam resignavit, pergens versus
Hassiam pro socio presbitri apud sorores resedit. Nos[b] autem scientes,
eum non posse sic quietare, consulebamus, quod fieret ipse pater et
confessor sororum. Similiter et patres in Monasterio consuluerunt et alii
volentes ei procurare locum bonum, quibus omnibus non consensit etc.
Dehinc post II quasi annos rediens ad nos, prout supra revolvendo
IX folia[c] post multa hic omissa illa fuit finalis ejus intencio, quod volebat
manere frater domus set noluit seniori facere obedienciam, sicut alii
faciunt et ipsemet ab aliis recepit obedienciam omnibus, quando in
seniorem fuit electus, et post venientibus. Fratres autem hoc videntes
dimissorium ei dederunt, in quo habebat tempus certum bene deliberandi
et eligendi unum ex hiis, s[cilicet] quod eligeret alium prelatum, sub
quo stando satisfaceret primo suo proposito aut infra hoc tempus prefixum
rediret et obedienciam seniori faceret, alias pro fratre domus nostre habere
eum nollent. Set quia nullum horum fecit, fratres eum pro fratre nostro
non tenuerunt neque recognoverunt, quamquam ipse hoc valde egre tulit
et scribendo litteras excusare nitebatur, non fore necesse, ut ipse obedienciam prestaret. Nobis autem similiter per litteras objectiones ejus
inanes et indiscretas probantibus et virtutem obediencie non abicere debere,
que et dominum decuit, sine qua nulla spiritualis fabrica de certa statuta
concordia aut communis potest durare vita. Et relinquere tale exemplum
posteris animo sue esset magnum periculum et omnibus nobis valde
inedificatorium maxime sequacibus. Idcirco noluimus isti cedere peticioni,
s[cilicet] ut talis vir maneret frater domus, qui obedienciam facere
refugeret secundum statuta domus. Deinde missis litteris improperiosis
et minatoriis rescripsimus, nos paratos satisfacere coram quibuscumque,
sicut et intendebamus, quamquam nos magis offendit, et de hoc magis
doluimus, quod hoc facto necesse habuimus aperire ora hominum et per
nos, ut ita dicam, blasphemari nomine dei, eo quod judicia deprehende-
remur habere inter nos et tale exemplum nisi necessitate noluimus
relinquere, pocius aliquam pecuniam exposuissemus. Ipse enim, ut dictum

---

a) *C 27' bis C 28'* (in evum amen) *durch Zeichen hierher verwiesen.*
b) *C 28.* c) *Vielmehr C 12 (S. 74 f.).*

1481. supra[1] fuit, libenter hinc inde ambulabat et multorum prelatorum, secularium, religiosorum set et patrum nostrorum parcium inferiorum noticiam habuit et in noticia habitus non parvum disturbium nobis generare potuisset. Habuit cum hoc adjutorem Adam similiter girovagum a nobis exeuntem, cum non esset de nostris, qui nec dominum timuit nec homines verebatur, qui et ipso non minus notus fuit pluribus. Nos autem alii pene omnes ut Jacob in domo habitantes ignoti valde paucorum habuimus et habemus noticiam, unde nullam aliam nisi in domino spem habuimus, cui et causam nostram ymmo domus sue revelavimus et ipsum rogavimus, ut exurgeret et judicaret causam suam et ut confunderentur et converterentur et non sineret bonam illam consuetudinem et statutum domus per ipsorum machinacionem deperire. Et[a] benedictus dominus deus noster, cui merito proclamare possumus, quoniam ex omni tribulacione eripuit nos. Ipse fecit judicium et justiciam, qui et secundum magnam misericordiam simili judicio protegere dignetur hunc suum locum a malivolis, indisciplinatis, scandalosis vel rebellibus et liberare in evum amen.

1482. Anno[b] domini MCCCCLXXXII feria IIII in capite jejunii[2] misimus Johannem Bocoldic et Johan Esbusen laycum cocum, librorum ligatorem, ad civitatem Magdeborchensem pro nova domus fratrum congregacione inchoanda, si domino placeret.

Quibus et dedimus de omnibus officiis instrumenta non modica et pro ceteris non habitis ac victualibus proprimo comparandis, et, si qua alia necessaria sunt, emenda in promptu quinquaginta florenos R[enenses], XLVIII in auro, alios II in argento hoc est II½ talenta solidorum Lubicensium tunc currentium, qui fecerunt II florenos R[enenses], nam I florenus constabat XXXV solidos Lubicenses.

Item XL florenos in auro feria[3] 2[a] post dominicam Quasimodogeniti eodem anno, inter quos fuerunt XXX floreni ex testamento honorabilis viri domini Theoderici[4] quondam decani in Monte sancti Mauricii prope Hildensem, cujus et perpetuam memoriam habebunt. Dedimus ei ad manus, quia presens fuit. Item exhinc feria[5] III[a] in rogacionibus eodem anno misimus ei per priorem dominum Bernardum in Hamersleve nonaginta florenos in auro.

Hec autem fuit causa tante pecunie date, quia pro quatuor fratribus intendebamus eis providere vestimentis hyemalibus et estivalibus, lectisterniis

---

a) *C 28'*. b) *C 26.*
1) *Vgl. S. 88.* 2) *Febr. 20.* 3) *April 15.* 4) *Broyer.* 5) *Mai 14.*

et eorundem correquisitis propter primum ingressum ad civitatem Magde-   1482.
borgensem, qui non fuit inanis set immediate de jam conducta domo
pecunia eciam exposita per consulatum denunciabatur eis exire, eos* debere
de domo rumpere fedus, dissolvere contractum.

Quapropter non multo post empta domo in Nova civitate Magdeburgensi practicante venerabili viro Andrea abbate ibidem sancti Jo[hannis]
baptiste in Berga et ecce propter hanc fit jurgium. Decanus enim ibidem
dominus Conradus Balder insurgit, contradicit, objurgat, diffamat verbis
et scriptis contra eos nunc coram consulatu et civibus, coram capitulo,
coram consulatu episcopi Magdeburgensis, qui episcopus [1] tunc adhuc puer
erat, expensis et laboribus. Denique ad hoc incitavit cives Nove ci[vitatis],
ut minarentur nostris telis et armis a se invadendi, si umquam empte
domus presumerent ingredi possessionem, adiciens eciam, velle appellare
ad curiam Romanam etc., quasi zelo divino accensus ipse solus pro utilitate
civium, capitulorum reformatorum set et episcopi Magdeburgensis pugnaret,
ipse sane dampnum reipublice intenderet. Nam ut favorem carperet
episcopi, denunciavit, nos jam emisse domum pro LX florenis R[enensibus]
in promptu et adhuc instare pro alia domo valorem dempto censu
CC et L florenorum, ne gratis daret nostris privilegia. Item religiosorum
sic, quoniam datis nobis elemosinis in prejudicium ipsorum et dampnum
habitaremus. Capitulorum autem dominorum sic, quoniam in ipsorum
derogacionem, cum essemus seculares, viveremus tamen de labore
manuum et singulares essemus. Civium autem sic, quia, cum essemus
de ordine clericali nec de altario ut ceteri set de operibus mechanicis in
illorum ipsorum dampnum veluti cives de labore manuum viveremus,
volentes nichilominus uti libertate clericali, tenentes morem Bohemorum
hereticorum in vestitu etc.

Interea dominus doctor Thomas phisicus collegit eos hospicio, vir
bonus, qui et dudum circa tempora domini Bernardi ultra vel circa
XXX annos laboravit pro facienda ibidem congregacione, qui spaciosum
habuit locum apud Premonstratenses [2]. Quo tempore dominus Bernardus
non habuit personas, cum domus fratrum in Hildensem vix pro se sufficeret.
Cujus tandem discipulorum crescente numero anno s[cilicet][b] domini
MCCCCLXXXII memor senior illius temporis quondam intenti desiderii
domini Bernardi patris nostri set et domini Johannis [3] archiepiscopi

---

*) Das Folgende bis zum Schlusse des Briefes an den Rath der Altstadt
durch Zeichen auf Fol. C 28' hierher verwiesen.   b) C 29.

[1] Ernst, Herzog zu Sachsen.   [2] Das Kloster U. l. Frauen.   [3] Pfalzgraf
von Simmern 1464—75.

1482. Magdeburgensis cum consensu fratrum suorum laboravit, ut mitterentur aliqui ex nostris, non obstante quod multi in Magdeburch prelati qui et videbantur fautores negocii suadebant differendum in aliud tempus, s[cilicet] quo episcopus sive administrator ecclesie Magdeburgensis, qui tunc adhuc puer erat[1], sui fieret juris, qua eciam opinione et nostrorum aliqui laborabant. Recedentes autem a doctore Thoma predicto venerunt in emptam domum apud summum ad locum vulgariter tom Deveshorn[2] dictum, in quo iterum multipliciter vexati a consulatu Antique civitatis instigacione religiosorum de ordine mendicantium et quorundam Premonstratensium usque nunc intercedente episcopo Magdeburgensi et scribente gracioso nostro episcopo Bertoldo Hildensemensi aliisque adhuc resident
1484. ad istum annum LXXXIIII. Intraverunt autem ibidem post festum b. Jeronimi[3] anno quo scribebatur LXXXIII.

Deinde venit cardinalis Bertoldus[a] legatus apostolicus ad partes illas, quem adiens dominus Johannes pater in Magdeburch petivit privilegia et patrocinium, qui cognoscens nostra privilegia: ‚Quid, ait, queritis rivulos habentes fontes aquarum?' prebuitque se ad quecumque paratum. Scripsit eciam litteram ad consulatum Magdeburgensem, in qua avizavit, ne hoc violare viderentur, quod dominus apostolicus sua approbacione honorasset etc. Post hec quietius egere cum nostris consulatus.

Exemplar hujus littere sequitur:

Magnifici ac potentes viri karissimi. Intelleximus, quandam congregacionem clericorum in communi viventium et ex opere manuum victum querentium superioribus annis ad vos declinasse et apud vos benigne locum habuisse et hactenus quiete vixisse, nunc vero a vobis molestari, quia eandem non approbatam nec ab apostolica sede fuisse confirmatam dubitetis. Quod nos diligentius perscrutantes ab opinione vestra alienum reperimus nec causam invenimus, qua congregacio hec ab apostolica sede approbata, admissa et confirmata, utet extat privilegiis archiepiscoporum Magdeburgensium et felicis recordacionis Pii pape 2[i 4], que omnia videre voluimus et que vos eciam videre poteritis, a magnificenciis vestris molestatur. Quare magnificenciis vestris congregacionem a sede apostolica non spretam commendamus hortamurque easdem magnificencias vestras, ut ab ejusdem molestacione desistentes eam favoribus prosequi velint, ne, quod a sede apostolica honoratum fuit, ab

---

a) Bertoldus leg. ap. *an leerer Stelle nachgetragen.*
[1]) *Vgl. S. 91.* [2]) *Diebshorn „auf dem südlichen Ende der heutigen Fürstenwallstrasse"* G. A. v. *Mülcerstedt in den Magdeburger Geschichtsblättern Jahrg. VI S. 254.* [3]) *Sept. 30.* [4]) *1458—64.*

eisdem sperni videatur. Valeant magnificencie vestre, ad cujus nos vota 1484.
paratos offerimus. Ex cenobio Novi Operis extra muros Hallensis oppidi
die prima Augusti MCCCCLXXXIIII.

B[ertoldus] episcopus civitatis Castelli
legatus apstolicus.

Magnificis ac potentibus viris, magistris civium et consulibus Veteris
civitatis Magdeburgensis, amicis nostris karissimis.

Albertus* Dinxlaken tempore eleccionis patris domus Cassellensis
declinans ad inconstanciam notatus a pluribus fratribus de ambitu senioratus. Qui mox, ut patriam suam attigit, constitutus in Reni flumine,
prout audivimus, pestilencia percussus matri sue introductus est infirmus.
Et in brevi sub gravi discrimine et pericule sue salutis est defunctus.
Retulit postmodum frater Thomas Dinxlaken de Bursfeldia, quod audierat
a plebano in Dinxlaken, cui ipse Albertus ultimam fecerat confessionem,
quod anxia valde et turbata decesserit consciencia et flebiliter conquestus
et penitens fuerit de tali recessu ab illis bonis fratribus[b].

Anno[c] domini MCCCCLXXXII feria II[a] post Mauricii que fuit 1482.
XXIII mensis Septembris fuerunt confirmata statuta[1] ordinacionis divinorum in horis, missis servandis certis temporibus, que habentur in statutis
domus capitulo XI in officio de sacrista ordinaria auctoritate, post quorum
tenorem in eadem littera et eodem die quo supra nobiscum dispensatum
fuit, indultum et concessum in sequentibus punctis non obstante ordinario
ecclesie Hildensemensis aliter specificante, s[cilicet] quod liccat nobis
‚Kyrieleison‘, ‚Gloria in ex[celsis‘], ‚Sanctus‘, ‚Agnus‘, item missam et
epistolas, evangelium, passionem domini, ‚Tedeum‘ cantare cum notis ad
placitum, tenere octavam pasce et ultimum in dominica V[a] novum festum.
Item de processionibus faciendis sufficiat ebdomadarium vel alium dominicis diebus consecrata aqua benedicta circuire cimiterium cum socio
aspergendo. Quando autem contingit fieri generalem processionem, tunc
ordinare possumus cantanda ante, in et post circuitum secundum proporcionem ecclesie nostre aut loco circuitus aut in stacione ad placitum.

---

a) *C 33'*, *jedoch durch Zeichen an diese Stelle verwiesen.* b) *Es folgt:
Et quia diu nobiscum fuit ille Johannes Calcar etc., reverte illa VII folia C 27
(vielmehr C 26').* c) *[C 33 a.]*

1) *Diese bischöflichen Statuten sind in der Hdschr. 351 der Beverinischen
Bibliothek Fol. 226' ff., und zwar, wie im Texte bemerkt, in dem Abschnitt über
den Sacristan überliefert (siehe unten Statuten). Die dort folgenden, vom Bischof nach-
gelassenen Punkte weichen in Fassung und Inhalt von dem obigen Texte derartig ab,
dass die Beibehaltung beider Texte angezeigt erschien.*

1482. Et quia ad vesperas non descendimus, possumus dimittere suffragia que propter descensum dicuntur. Item in dedicacione ecclesie ad vesperas super antiphonam ‚Tu domine‘ psalmus ‚Omnia laudate‘, qui cantentur in 3° tono*. Responsorium ‚Terribilis‘ vel ‚Benedictus‘ sine suffragio nec ‚Sanctus‘ sequatur. Prefacio de sancta Trinitate, eo quod ecclesia nostra dedicata sit in honore sancte Trinitatis, cujus dedicacio, quia mobilis est, et teneri debet in certo tempore, licet non in certo die s[cilicet] in una dominicarum infra Michaelis¹ et Andree². Si venerit in dominicam sancti vel sanctorum, poterimus eos exponere, similiter de vigilia, si venerit in dominicam communis ebdomade. Item de vigiliis mortuorum legemus vigilias dumtaxat pro nostris vel nobis commendatis vel fraternitatem nostram habentibus et similibus dempta communi commemoracione omnium defunctorum in die Omnium sanctorum³ et communis ebdomade, in qua quater legemus vigilias, nisi dedicacio impediat. Similiter in XLᵃ omni die legemus vigilias demptis sabbatis, dominicis ᵇ et festivis diebus ibidem occurrentibus et possent aliquando legi vigilie in leccionum temporibus, locis cum collectis nobis congruis, set nec tenemur ad psalmos pro defunctis, ad vesperas sabbatis et dominicis ad primam. Et quia frequenter leccionem habemus in mensa, nisi aliquando ex speciali gracia et licencia interrumpatur, sufficit nunc istum tunc alium librum testamentalem legere nec est opus omni anno legere vetus testamentum, legere ad mensam vel alibi. Item pro tenendo capitulo vel colloquio sufficit nos convenire in loco apto et honesto, eo quod non habeamus singularem locum capitularem, ubi eciam in bona feria Vᵃ servare poterimus mandatum lavante pedes omnium fratrum seniore omni anno. Possumus eciam in festis b. Marie virginis, quia singularis nostra est patrona, ad vesperas vel eciam in magnis aliis festivitatibus tenere responsorium illi festo congruum et offertorium ‚Recordare‘ vel Ave Maria. Item officium ‚Salve s[ancte] p[arens]‘ vel ‚Vultum tuum‘ indesinenter mutatis mutandis dicere possumus. Set et in ᶜ aliis locis ordinarii licet nobis demere, addere aut variare pro devocione nostra in causa racionabili ᵈ. Date insuper sunt indulgencie XLᵃ dierum nobis et omnibus dicentibus ᵉ post dictas collectas sive in missis sive in horis: ‚Et famulos tuos papam et antistitem nostros una cum ecclesia catholica ab omni adversitate custodi‘.

---

*) *Hierzu am Rande bemerkt:* Sic factum fuit anno LXXXII. ᵇ) dominicis am *Rande nachgetragen.* ᶜ) *Hdschr.* in in. ᵈ) *Zusatz:* intellige, quando sic fieri contingeret. ᵉ) *[C 33 a'.]*

¹) *Sept. 29.* ²) *Nov. 30.* ³) *Nov. 1.*

Nota. Registra sequencia* librorum utensiliumque ecclesie dudum 1482. facta circiter annum d[omini] etc. LXV^m multum immutata sunt per distribucionem domorum novarum in Magdeborch et Berlicum in Frisea, quibus de hiis communicatum est, et eciam aliis aliquando eciam commutatis aliquibus et eciam quibusdam superadditis etc., ut bene indigeant semel correctione vel innovacione.

Anno^b d[omini] MCCCCLXXIII obiit in domo fratrum in Wesalia 1473. Johannes Calcar presbiter domus nostre in Hildensem quondam^c. Et quia diu nobiscum fuit et ad exteriora quidem satis utilis et laboriosus, contra fratres tamen et eciam superiores presumptuosus satis et rigidus, in malum suum fuit. De quo sepe admonitus nunc dure nunc blande per multos annos non curavit. Predicebatur ei, quod non posset perseverare in hac domo, si nollet a se amovere illam superbiam et pertinaciam, set quandoque domino permittente graviter corruere juxta illud: ,Qui^1 autem mentis est dure, corruet in malum'. Item ,Qui^2 amat periculum, incidet in illud'. Quo dissimulante et dicente alios posse eici, ipsum vero, qui tot annis pene a principio hic desudasset, neminem posset abicere. Quibus verbis responderunt saniores mente fratres: ,Verum quidem dicitis, nemo vos expellet de nostris, set ipse vos expelletis nec quisquam vobis infestior aut gravior erit nisi vos vobis ipsi. Nemo quippe leditur nisi a semet ipso. Itaque quamvis aliis vos excusando inconstanciam vestram impingeritis, revera tamen vos vobis ipsi obestis et nemo alius. Quis^3 enim vobis nocebit, si boni emulatores fueritis?' Dictumque ei fuit, quod, si non se emendaret, tale malum parentibus suis et fratribus superinduceret, si opcio daretur, sanguince lacrime in ejus mali venturi expiacionem et annullacionem funderentur cauiciemque parentum ad mortem cum merore deduceret. Quo in sua pertinacia durante omnia hec super eum venerunt et majora horum, ita ut eciam dilectus frater Albertus noster eque presbiter propter suam inconstanciam et subitam mortem in tantam tristiciam devenerit^d, ut a nullo consolari posset, nisi ut et ipse citius moriretur, quod et factum est. Similiter dicebatur de morte matris, nam pater adhuc vivit^e satis contristatus. Plura omitto, que tamen satis prodesse possent filiis inconstancie. Missus fuit in remedium mali sui in Cassel pro seniore recturus domum ibidem fratrum Albe curie, set abusus illo

---

*) *Die Register selbst fehlen, vgl. jedoch das Capitel über den Sakristan gegen Ende.* ^b) *C 26'.* ^c) *Vor* quondam *Zeichen, dasselbe am Rande, darunter* Quere post VII fol. C 34 *(vielmehr 33').* ^d) *Hdschr.* devenerint. ^e) *Am Rande hiersu bemerkt* s[cilicet] anno LXXV.

^1) *Sprüche Sal. 28, 14.* ^2) *Sirach 3, 27.* ^3) *Vgl. 1. Petr. 3, 13.*

1473. officio recessit et fratrem suum Jordanum simili malo involvens secum, ne solus recedere videretur, ad fratres in Monasterio seduxit vel ª deduxit. Habuit enim hic adhuc duos fratres, s[cilicet] Albertum et Cord sartorem laycum, et noluit dividi ab eis, cum ipsi libenter caruissent eo sanius ipso sencientes, cum essent juniores. Quod tamen libenter annuissemus, si pacificus fuisset, quamquam periculosum fuisset, tres fratres carnales esse in domo. Cum autem pervenisset ad patres Monasterienses, Jordanum ibi relinquens ipse venit ad Wesaliam. Moliebatur autem agere contra domum nostram, habens fautores patres vel fratres Monasterienses, quatinus domus nostra subiceretur per omnia patribus et fratribus eisdem sicut Coloniensis domus et Wesaliensis, ita quod eciam intendebat ᵇ, ut postea audivimus, pro hac causa aggredi curiam Romanam. forte ut accepta auctoritate veluti alter Alchinous ᶜ aut Menelaus domum nostram conturbaturus, nobis nichil inde scientibus confunderet invadendo et omnia in domo nostra prepositus innovaret, alteraret et discipline hactenus consuete simplicitatem subverteret contra suam conscienciam agendo. Nam antea in domo nostra constitutus pene super omnes alios adversabatur dilectis illis patribus et fratribus Monasteriensibus vel potius eorum quorundam moribus non cum nostris concordantibus. Set que prius tangere nolebat anima ejus, facta sunt ei cibi dominante et ordinante mala voluntate, passione et superbia ejus, nonnullis tamen de nostris pro eo rogantibus dominum, ut sic confunderetur, ut postea confusus et humiliatus rediret emendatus. Quo in suo perseverante sensu dominus misertus nostri et hic pugnavit pro nobis, sicut sepe et antea et postea fecit, in brachio extento et manu valida expugnans impugnantes nos. Simili eciam judicio misericors dominus nostri misertus fuit recipiens ad se dominum Lambertum 3 ᵐ rectorem domus nostre simile quid cum domo nostra attemptantem, maxime si non ablatus fuisset. Quibus omnibus et aliis multis hic omissis ad mentem reductis veraciter et ex summa dicit domus nostra: ‚Sepe ¹ expugnaverunt me a juventute mea' etc. Quibus sepe visis merito regravabamur timentes et videntes Egipcios domum ymmo disciplinam nostram impugnantes mortuos aut alibi sublatos. Benedictus deus, qui usque huc, s[cilicet] annum domini MCCCCLXXXII numquam deseruit nos usquequaque in multis eventibus, ubi omne desperatum et inutile fuit humanum subsidium. Nam idem frater Johannes ᵈ onerosus fuit, zelosus, pro disciplina parum vel nichil de timore dei

---

ª) C 27. ᵇ) *Am Rande die Bemerkung:* Sic incitabat patres contra domum nostram augendo displicenciam. ᶜ) ? *Hdschr.* Alchimus. ᵈ) Johannes *am Rande.*
¹) *Ps. 128, 1. 2.*

curans, coram offensas se non humilians nec veniam petens, forensem 1473. solam honestatem auctoritative defendens[a] ab omnibus pene timebatur. Itaque[b] in Wesalia positus tactus pestilencia nemine quasi in civitate moriente, cum ad extrema veniret, supplicavit a procuratore et domino Jordano, ut eum recipere dignarentur in fratrem suum. Nam pater domus propter pestem a domo sua declinavit. Procurator vero vim supplicacionis ponderans et diucius respondere differens tandem verbis maturis ait: ,Faciemus, quod melius possumus'. Hoc solacio exul a suis, domo et fratribus vita excessit. Jacebat enim ex inflammacione pestilencie pectore et brachiis denudatus etc. Vere eterni manus domini tetigit eum. Nam deliberantibus fratribus nostris pacificis, mitibus et corde humilibus vitam illius contrarium paci, caritati, discipline et maximo obediencie — opposuit enim se pro parvis causis inexorabiliter senioribus, quia contenciosus erat, imponens silencium omnibus, minando et talionem et vindictam reddendo temporibus sibi congruis — responsum accepimus ab uno antiquo fratre: ,Magne arbores non nisi magnis percussionibus deponuntur'. Estimabatur enim talis sicut et fuit, quia nullus auderet se ei opponere, nam eciam de seniore illo tempore, s[cilicet] domino Lamberto non erubuit inter alia verba rebellionis dicere: ,Aut ipsum oportet cedere loco vel me, quia hec nolo ab eo pati' etc. Cum autem domino placuit pios de scandalis et temptacionibus eripere, ita opposuit manum suam, ut freno in os ejus posito sua voluntate a Cassel recederet cum suo Jordano, quasi factis nobis diceret dominus timentibus: ,Nolite timere, ego pugnabo pro vobis et defendam locum istum et non est opus manum apponere. Insuper de terra peregrinacionis sue auferam eum, ne expleat que contra vos cogitat'. A domino factum fuit hoc.[c]

Notandum[d] eciam circa ereccionem parietis sive macerie in aggere, 1482. quod terminus curie nostre versus Novam civitatem, prout in litteris desuper confectis continetur. Est seps positus in aggere usque ad illud tempus s[cilicet] ad annum MCCCCLXXXII utsupra[1], pro qua sepe in eodem loco positus est paries de quo supra. Sint igitur previsi nostri, quod respondeant in casu, quo fieret controversia de illo termino, eo quod desit seps, de qua agitur in litteris.

Item eodem tempore, quando illa particula parietis supradicti, que ex transverso ponitur attingens domum nostram ad meridiem situata de

---

a) *Nach* defendens *eingeklammert* verte folium. b) *C 27'*. c) *Es folgt* In similem timorem — in evum amen *(C 27' — 28' (oben S. 89 ff.)*. d) *C 29'*.
1) *S. 87.*

1482. aggere descendens et dividens hereditatem nostram ibidem eo tempore ponebatur.   Cives isti, s[cilicet] Seipel et alius s[cilicet] filius Arnd Breyme satis indirecte eum in funiculo distribucionis extenderunt et, ut adhuc videre est, plus quam pedis latitudinem ab hereditate nostra dirupuerunt, volontes sequi vestigia palorum sepis, qui pro eorum stabant hereditate amplianda et non aliorum qui pro nostra erant parte. Que cum dolore asperimus et verbis placidis admonuimus, licet proficere nil possemus. Nam in fortitudine et non in justicia sua hoc faciebant, sicut illis hactenus consuetum, est. Tunc[a] deposita fuit parva domuncula sive tugurium in aggeris medio stans confinium illarum partium, eo quod due fuerunt curie aut aree loci nostri et una medietas ad aquilonem prius empta fuit et alia post.

1483.   Anno[b] etc. LXXXIII feria[1] 6[a] ante dominicam Misericordia venit dominus Johannes pater Cassellensis et mansit usque ad feriam terciam[2], quia minuebamus simul etc. In eadem autem feria convenientes cum antiquioribus presbitris et eodem patre colloquentes consensum omnes unanimem dederunt et expediens judicabant, ut reciperentur layci sub ea forma, qua receptus est Evard laycus.

Item quod[c] de corpore capituli nequeant esse nisi in sacris constituti. Decernatur, ut decetero ordinandi promittant bona fide prestiti juramenti aut jurent pro conservacione domus laborare in spiritualibus quam temporalibus.   Stare eciam diffinicioni colloquii in dissensionibus aut aliis casibus ingruentibus.   Item servare fideliter secreta[d] domus nostre nec revelare, eciam si recedere contingeret, in hiis que possent revelata cedere in domus dampnum, periculum, diffamiam vel aliud quodcumque incommodum[e].

Item interrogatus pater Cassellensis, an aliquando recitaretur cartha confraternitatis mutue inter nos, respondit: Sic[f].

Eodem die emisimus ad colloquium Monasteriense propter domum in Berlikem in Frisia, quia sic consuluit dominus Egbertus rector domus Florencii in Daventria.   Hujus enim domus institucionis et inchoacionis hoc sequenti modo involuti[g] occupabamur.

---

a) Tunc *bis* alia post *Zusatz.*   b) *Am Rande* Colloquium.   c) quod *bis* constituti *dick durchstrichen.*   d) *Nach* secreta *dick durchstrichen* capituli.   e) *Hierzu Zusatz* nondum executum est.   f) *Der leer gelassene Raum nicht ausgefüllt.*   g) *C 30.*

1) *April 11.*   2) *April 15.*

De Berlicum in Fresia privilegium.

Venit ad nos anno etc. LXXXII ante Michaelis[1] presbiter ex Frisea 1482. Gerhardus Boldsuardie relacionem faciens litterasque ostendens, quomodo ibidem capitaneus quidam[2] in Berlikum consenciente ymmo propulsante communitate conventum vel domum fratrum instituere edificata jam ecclesia laboret, et quamvis cruciferi et fratres minores pro loco eodem insteterint, placuit tamen magis adducere illac fratres de domo Hildensemensi. Quorum noticiam et affectum inbibens idem Gerhardus quondam visitans in civitate Hildensemensi institucionem nostram ac fratres multimoda instancia sollicitabat. Cui tandem dei honoris promovendi intuitu, simul ut dominus personis nostris ab instanti, ut diffamabatur, pestilencia parceret, concessimus fratrem nostrum Gerwinum sacerdotem, tradentes copiam privilegiorum domus nostre, ut videret, si hec ita se habeant et an placeat secundum nostra privilegia procedere, etsi sic volumus ei concedere unum sacerdotem de nostris cum clerico vel layco et eos commendare gracie dei, ut ulterius crescant successive rebus et personis, eo quod habeant apud se fratres Zwollenses cum Daventriensibus, qui et visitatores eorum ordinaria auctoritate constituti sunt. Proficiscentes itaque post Michaelem et cum magnis labore et expensis, privilegia impetraverunt secundum modum nostrum, quorum copiam post pasca[3] ante dominicam Misericordia[4] veniens Gerwinus solus nobis attulit, referens nobis, quomodo cum patribus Daventrie et Zwollis consilium accepturus locutus fuerit, quemadmodum ei commisimus a nobis post Michaelem recedenti, et quomodo multis patribus placuerit, soli autem patri Daventriensi Egberto titulus collegii magis displiceret et idcirco deferendum ad colloquium Monasteriense consuluit. Quod et fecimus, mittentes cum eo Gobelinum, qui alias hoc anno ad colloquium nullum misissemus, eo quod in 3° anno mittere solemus, si senior ipse ire non poterit, quod jam anno elapso fecimus mittentes Johannem Wesalie anno LXXXII post pascha[5]. Ubi dicentibus patribus et patre Monasteriensi scribente responsum accepimus, ut qui cepissent perficerent et quod eis bona visa sint institucionis hujus privilegia[*]. Recitata enim eis fuit privilegiorum ipsorum copia. Unde adhuc pro meliori informacione et securitate et certitudine omnium nobis dictorum et maxime loci amplitudine, pro cujus ampliacione transponenda erat publica via, misimus fratrem nostrum Hinsberch cum Gerwino ad Daventriam et Zwollas, primo ut cum illis patribus conferrent

---

[*] ?
[1] Sept. 29. [2] des Namens Hetto, vgl. S. 105. [3] 1483 März 30. [4] April 13. [5] April 7.

1482. consiliando desiderandoque, si fieri posset, ut aliquis eorum morem et
linguam sciens Frisonum cum eis mitteretur. Nam patres eorum, ut in
persona sua commearent, rogare non audebamus, quamquam avide
desideraremus. Jerunt ante ascensionem domini feria 4 [a] [1] soli duo isti
et noluimus plures mittere personas, nisi illis reversis certi essemus de
omnibus. Quibus revenientibus et narrantibus loci ineptitudinem doluimus
pro parte acceptasse locum, nolentes tamen infringere semel dicta et
condicta misimus anno LXXXIIII circa Philippi et Jacobi [2] sacerdotes
Gobelinum et Nicolaum Dorsten illac, quibus dedimus centum florenos in
auro cum aliis etc. [a]

Item quasi adhuc V florenos in auro pro viatico et in subsidium
emendarum tunicarum demptis adhuc multis utensilibus ex coquina, ex
ecclesia, libraria, ligatoria et instrumentis carpentini [b] etc. quibusdam de
nostris datis sive a novo comparatis etc., que procurator conscripsit etc.
Eodem anno concurrente circa festum sacramenti obiit ibidem dominus
Gobelinus anno LXXXV in die s. Bonifacii [3].

1483. Anno [c] d[omini] quo supra LXXXIII sabbato [4] ante Michaelis recepimus perfectum caldarium pro aqua benedicta apud fores ecclesie stans
fusum de fragmentis et limatura ligatorum librorum, habens in pondere
XXVI talenta. Pro labore ejus s[cilicet] Hinrik Duller [5] dedimus II ½ talenta
pecunie et IIII campanulas parvas computando in eadem summa, quas
ab eodem accepimus eodem tempore.

Forma [d] instrumenti recepcionis laycorum nostrorum non
excludens meliorem.

Hac forma instrumenti subscripti receptus est Evard laycus noster
anno domini LXXXIII die epiphanie [6] in camera senioris presentibus
prelatis et quibusdam aliis.

In nomine domini amen. Anno a nativitate ejusdem MCCCCLXXXIII
indiccione N. die vero N. mensis N. hora N. vel quasi pontificatus sanctissimi in Christo patris et domini nostri domini N. divina providencia
pape N. anno N. in mei notarii publici testiumque infrascriptorum presencia
personaliter constitutus discretus vir N. aliquamdiu laudabiliter in domo
clericorum vulgariter to dem Luchtenhove beate Marie virginis extra et

---

a) *Nach* etc.: Verte hoc folium et vidi ibi P. *Dort (C 31) findet sich der
im Texte folgende Absatz:* Item bis Bonifacii. b) *sic.* c) *C 30'.* d) *[C 33 c.]*
   ¹) *Mai 15.* ²) *Mai 1.* ³) *Juni 5.* ⁴) *Sept. 27.* ⁵) *Giesser, vgl. Urkb. VII*
S. 715. ⁶) *Jan. 6.*

prope muros civitatis Hildensemensis conversatus et probatus sine induc- 1483. tione, convencione sive contractu ad instantiam multiplicem precum suarum pure ac simpliciter propter deum receptus est ab honorabili viro domino N. seniore ac patre domus ejusdem in familiarem perpetuum ac domesticum ad convivendum cum eisdem inibi caste, concorditer in communi sine proprietate sub obediencia. Et ne tantis beneficiis ingratus videretur domui predicte, bona fide et sincera caritate non inductus set sponte spiritui sancto non mentiens et finaliter ob spem vite eterne perpetua et irrevocabili ea que dicitur inter vivos dedit, resignavit, dat, resignat et donat omnia bona sua mobilia et immobilia, habita et habenda, presencia et futura, ad se devoluta vel devolvenda, quocumque titulo sive jure patrimonii aut proprii laboris vel alias quacumque de causa ipsum nunc et inantea contingencia seu sibi adveniencia ad communem usum inibi deo famulancium et inhabitancium presentium et futurorum.

Quodsi, quod deus avertat, predictis resultare attemptaverit factus inobediens, rebellis, contenciosus, incontinens, impacificus vel intractabilis et admonitus* se non correxerit et emendaverit, ne una ovis morbida alias inficiat, adjudicante et licentiante seniore de eorum societate sponte et pacifice sine contradictione rejectus recedere debebit ac teneatur, nichil de omnibus supradictis aut singulis allatis vel elaboratis exacturus, set in senioris erit potestate, quid ei dare voluerit, nisi vestimenta necessaria[b] cum capucio non collotenus induendo set super caput more secularium ponendo[c] et si quid aliud pro viatico dare voluerit.

Necnon mibi notario publico stipulanti et recipienti nomine et vice omnium et singulorum, quorum interest vel interesse quomodolibet in futurum poterit, solempniter promisit, omnia et singula puncta predicta et dictas donacionem et resignacionem semper et ubique habitura et habendas firmas, ratas atque gratas nec unquam contra eas venire velle, agere vel facere per se vel alium aut alios quoscunque quocumque quibuscunque modo, jure, occasione vel colore, renuncians exnunc et tunc et in perpetuum omnis juris canonici vel civilis adminiculo sive presidio, quibus ipse per se, alium aut alios quoscunque contra predicta omnia vel singula agere vel venire posset quovismodo, quomodolibet dolo et fraude seclusis penitus et semotis. Super quibus omnibus et singulis prefatus recipiens et resignans sibi a me notario publico infrascripto unum vel plura confici peciit publicum vel publica instrumentum vel instrumenta. Acta fuerunt hec in domo sub anno, indicione, die, mense, hora et

---

a) admonitus *auf Rasur.*   b) necessaria *desgl.*   c) ponendo *desgl.*

1483. pontificatu quibus supra presentibus ibidem discretis viris N. et N. testibus ad promissa vocatis pariter et requisitis.

1485. Forma* cyrographi layci recipiendi transferendi in Teutonicum, quando utile videretur.

Ego N. (expresso cognomine) recognosco per presentes ob meum rogatum per alium scriptas, me propter nimia precum mearum ac intercessorum meorum testium videlicet subscriptorum instanciam receptum in et ad domum fratrum tom Luchtenhove beate Marie virginis prope et extra civitatem Hildensem ab honorabili viro N. seniore et patre domus ejusdem simpliciter et pure propter deum traditis sine fraude ipsis omuibus bonis meis habitis et habendis et eciam coram notario publico, quandocunque requiror, resignandis pro familiari sive commensali. Et volo cum ipsis vivere in communi vita sine proprio caste, concorditer et sub obediencia senioris pro tempore omnibus diebus vite mee. Nec volo me ingerere nisi jussus causis, officiis aut tractatibus eorum in parvis sive in magnis set neque laborare secundum meam voluntatem set omnia agere secundum obedienciam et beneplacitum senioris et ejus successoris et cui ipse me commiserit. Et si aliter fecero aut si rebellis detractor, murmurator vel discordiarum inter fratres seminator aut incontinens, proprietarius, inobediens aut alio modo, quam eorum tenet consuetudo, attemptator inventus fuero, et maxime si casus expulsionis incidero (qui eciam casus ei exponantur) et admonitus adminus ter aut pluries me non emendavero, tunc ad eorum voluntatem pacifice recedere volo, sicut pacifice receptus sum in habito seculari super caput capucio posito, et volo contentari, quicquid mihi dederit senior sive pater pro tempore ultra vestes. Neque unquam per me aut alium quicquam eorum repetere que apportavi aut que labore, censu, prece ac precio in eadem domo acquisivi.

(Et si placet addatur juramentum hoc:) ,Sic me adjuvet deus', vel promittat ad manus senioris et testium presentium ad hoc ab ipso rogatorum, quorum ad minus sint duo et sint de amicis, notis, cognatis vel vicinis ejus, qui et spondeant vel condicant seniori, quod contraria agenti nolint assistere, favere aut defendere. In quorum omnium testimonium presentes litteras rogavi sigillo honorabilis viri N. supposito communiri. Facta sunt hec anno LXXXV etc. in presencia honorabilium virorum N. et N. testium hoc fieri rogantium.

*) [C 34.]

Anno LXXXIIII feria 3 ᵃ ¹ post LXX dominicam venit a Fresia de **1481.**
Berlicum frater Gerhardus Friso cum layco fratre nostro Godeke, quem
miseramus Petri Pauli² cum domino Johanne Wesalie antiquo presbitro
ad Berlicum pro rectore domus fratrum ibidem, nuncians nobis, eundem
mortuum, qui obiit feria 6 ᵃ ³ ante Laurencii eodem currente anno
LXXXIII, sepultumque ibidem in ecclesia eorum ante summum altare.

Item anno LXXXIII circa ᵃ nativitatem⁴ domini incipiente pestilencia **1483.**
in Hildensem venire, secundum quod et in multis locis jam nimis
grassabatur, secundum pronosticaciones quorundam experiencia dante
intellectum decreverunt fratres in honorem b. virginis post missas flexis
genibus legere vel cantare erecti, quando missa cantatur: ‚Recordare
virgo‘ etc. cum versu: ‚In omni tribulacione et angustia‘ et collectam
‚Interveniat pro nobis que‘ etc., ut nobis dominus parceret, ne novelle
due plantaciones in Magdeburch et in Berlicum abortivum facerent et
cassarentur ᵇ. Quas eciam propterea incepimus, ut dominus nostri
misereretur, quia pro honore ejus personis nostris non pepercimus. Et ᶜ
sic factum est. Pepercit enim dominus, ut nec unus pestilencia infirmaretur aut moreretur. Benedictus deus.

Anno LXXXIIII post dominicam LXX ⁵ recepimus vas eneum qua- **1484.**
dratum pro coquina fusum, quod habet in pondere unum centenarium et
XLIX talenta, pro quo dedimus magistro XI florenos pro materia et
labore suo.

Eodem anno LXXXIIII statim post penthecostes ante Barnabe ⁶
incepimus fodere pro muro ad faciendum et ampliandum cellarium cum
testudine et supra eandem aptare tandem refectorium cum expensis
laboribusque non parvis, eo quod adhuc aliqualiter fuerunt tempora cara
licet mitigata pre duobus aut tribus ante annis prioribus pestilencia
regnante in civitate Hildensem sicut pene in omnibus locis. Et fornacem
refectorii posuimus super testudinem cellarii, qui prius jacuit in terra in
pavimento cellarii antiqui. In quo labore pene omnino commutavimus
faciem domus scriptorum, in quo est et refectorium, in alium statum.

Itaque ᵈ pestilencia adhuc durante et caristia dominante magnis
laboribus et periculis domino protegente complevimus hec vix ante hyemem
pro majori parte. Et evasis illo anno duabus ve ⁷, s[cilicet] pestilencie et
caristie, ecce citissime in januis supervenit tercium ve, s[cilicet] discordia

---

ᵃ) circa *bis* domini *in leer gelassenem Raume nachgetragen.* ᵇ) *Hdschr.*
casserentur. ᶜ) Et *bis* Benedictus deus *Zusatz.* ᵈ) C 31.
¹) *Febr. 17.* ²) *1483 Juni 29.* ³) *1483 Aug. 8.* ⁴) *Dec. 25.* ⁵) *Febr. 14.*
⁶) *Juni 11.* ⁷) *Wehe.*

1484. civitatis contra episcopum Bertoldum Hildensemensem et vasallos, et
prohibite et concluse sunt ab episcopo Hildensemensi, duce Wilhelmo et
vasallis omnes vie et platee dyocesis ad civitatem Hildensem, ita ut nec
1485. advehere nec evehere de ea quicquam sineretur. Post pasca[1] statim
venit exercitus magnus, qui stacionem suam habuerunt upp dem Galghen-
berch, ubi et patibulum preciosum triangulare novum lapideum deposuerunt[2]
et ibidem destruxerunt de warden et adhuc alias duas circumquaque, ad
que omnia siluit quieteque dissimulavit consulatus et civitas cum displicencia tamen nonnullorum. Et post tres dies vel circiter recesserunt
redituri tempore messis. Quo tempore, in profesto[3] Marie Magdalene
s[cilicet], redierunt cum majori exercitu iterum in eundem locum erectis
tentoriis suis civitatem impugnaturi. Si et fecerunt concrepantibus et
tonantibus hinc inde terribiliter bombardis et se invicem ledentibus,
occidentibus ac captivantibus. Quia autem sedilia ecclesie nostre ante
circiter ad XII annos preparari successive inchoata sunt et eodem anno
predicto s[cilicet] LXXXV vix perfecta fuerunt, circa divisionis[4] apostolorum maturavimus ea cum stallis suis ponere et situare in ecclesiam
nostram timore futuri incendii, quia minati fuerunt inimici, sicut et sepe
aliis temporibus factum est[a], Brulonem cum Nova civitate jactato igne
Greco, cui dicunt aquam non obesse, incendio disperdere. Ponere igitur
ea cepimus feria 2[a,5] ante Marie Magdalene et pene consummavimus
feria 3[a,6] post Jacobi apostoli. Nam antea non utebamur sedilibus
stallatis set simplicibus ut in refectorio cum pulpetis, unde fuit non
solum diuturna, set de anno in annum volvebatur[b] questio, an de lignis
istis quercinis dudum preparatis simpliciter secundum prima sedilia
renovarentur sedilia an fierent stallata more aliarum multarum ecclesiarum,
dicentibus quibusdam, fieri sedilia stallata est nimia curiositas et superflua solempnitas et preciositas, utputa, quia non multum cantamus nec
cantare volumus etc., aliis respondentibus, hoc modo ornare ecclesiam
nulla est vanitas aut novitas nec notabilis curiositas set communis consuetudo ecclesiarum et nobis sinistram in partem non reputanda, maxime
cum alique de nostris domibus jam talia habeant et quia habemus fratrem
laycum carpentatorem Thomam, qni successive non habito alio opere hoc
potest perficere quasi sine expensis. Quo tandem admisso, ne posteri
quandoque adhuc preciosius quid attemptarent, secundum istum, ut videtur,
modum factum est. Hec idcirco annotavi, ut sciant posteri, cum quanta

---

a) *Zusatz am Rande* id est minatum fuit. b) *C 31'.*
    [1] *1485 April 3.* [2] *Vgl. Henning Brandis' Diarium, hgg. v. Hänselmann*
S. 66. [3] *Juli 21.* [4] *Juli 15.* [5] *Juli 18.* [6] *Juli 26.*

maturitate eciam in parvis rebus primitivi fratres suam simplicitatem et 1485. abjectionem amittere formidarunt. Nam sedilia antiqua fuerunt de lingnis abiegnis. Penituit eciam nichilominus, quod in eisdem stallis fuerit annexa aliqua curiositas et labor inutilis in excavacione asserularum, ubi pedes fratrum jacent, quando in genibus sedent, quod tamen pene nichil consideratur aut videtur et ideo quasi nil importat.

Eodem igitur anno LXXXV* venientes Conradus Rad et Conradus Meppis denunciaverunt nobis, obiisse dominum Gobelinum, qui pro rectore positus fuit in Berlicum. Quo eventu supra modum consternati de morte istius fortis viri nobis tam inopinata et insperata hesitavimus deliberando, quid nam ulterius faceremus, deficientibus nobis ydoneis ad hoc opus personis. Tandem bonum nobis videbatur, ut mitteremus karissimos nostros dominum Johannem Hinsberch antiquiorem fratrem et Conradum Rad, presbitros, cum patribus in Monasterio, Daventria, Zuollensi et Groningensi consiliantes et sensum eorum auscultantes. Quibus consulentibus, ut locum dimitteremus, ipsi perrexerunt ad Barlicum et resignaverunt locum capitaneo Hettoni et sublatis quibusdam libris recesserunt, dimittentes ibidem Gervinum presbitrum, qui statim sequeretur eos ad nos in Hildensem dispositis ac ordinatis ibidem disponendis et ordinandis et maxime, si adhuc aliqua de nostris bonis exigere posset. Nam omnia alia cum pecunia ad edificia exposita reliquimus ad honorem dei et dimisimus, quia impossibile erat ea sine magno discordiarum discrimine revocare. Revenerunt ergo predicti duo sabbato [1] in profesto sancti Augustini, quia exierunt feria II *[2] post visitacionis Marie LXXXV anno. Omnis autem revocacio illa facta fuit propterea, quia aer illic nostris ita obfuit, ut omnes gravissime infirmarentur et due ille columpne, s[cilicet] Johannes et Gobelinus, morerentur, item quia iste titulus s[cilicet] collegium [b] omnino contrarius erat illis patribus predictis, et quia parvus ibidem vel nullus [c] sperandus fructus.

Anno [d] LXXXV factus fuit transitus in ecclesia supra januam chori ante pasca [3] tendens ad dormitorium ligneus causa urgente gwerrarum inter episcopum et civitatem, quia januam domatis obstruximus lapidibus coctis propter ignem per inimicos ad civitatem jaciendum vel eorundem inimicorum irrupcionem. Et ideo lapidee ymagines hac occasione posite sunt directe in oppositum prioris loci, donec melius ponerentur, si tamen melius poni poterunt. Et quia propter pestilenciam hactenus legimus

---

1485. post missas ‚Recordare virgo, dum' etc., ingruentibus* immediate dissensione predicta decrevimus continuare idem suffragium non jam propter pestilenciam, set ut beata virgo domum nostram suo nomine insignitam custodire dignaretur ab incendio aut depopulacione sive hostium invasione et despoliacione ac deinde fratrum dispersione. Talia enim minabantur inimici civitatem impugnantes Magdalene[1] in estate et similia utsupra. Ad quos tandem egredientes cives circa Zultam et ecclesiam s. Katherine viriliter eis restiterunt facta virili concertacione cum diminucione tamen parva concertantium ex utraque parte, ut dixerunt. Nam neutra pars volebat pandere suum dampnum. Hoc factum fuit in profesto[2] s. Panthaleonis, in qua eciam die recesserunt. Quorum timore nos libros, clenodia, privilegia aliaque hinc inde utensilia ad loca tuciora ordinavimus et in occultis locis contutavimus eciam cum dampno aliquorum eorum, quia diucius stetit illa dissensio quam sperabamus. Eciam aliqua subterravimus, unde et in pavimento sedis stallate nove in choro foramen fecimus sub stallo VI et VII a capite vicesenioris numerando in parte aquilonari versus civitatem facta prius inferius fovea quasi murata unius adminus pedis latitudinis et circiter trium longitudinis protense versus orientem, ut, si talis casus exurgeret, citius possent imponi in illa fovea aliqua clenodia, quia competenter murandus est locus, reimposito assere ad hoc artificioso aptato et super eum jactata matta.

1486.   Anno[b] d[omini] LXXXVI feria[3] V post Letare, quia instabat tempus, quo secundum statuta ordinaretur claviger novus, qui censeretur[c] esse in gradu proximiori, cui daretur clavis uno de illis tribus clavigeris emisso propter domus negocia pro eo, quod ibidem scribitur[4], quod senior habeat clavem ad cistam communem cum aliis duobus fratribus discretis vel antiquioribus similiter singulis singulas habentibus claves etc., sic quod semper tres fratres habeant claves.

Anno igitur et die quibus supra convocatis omnibus presbitris proponebatur, ut unusquisque interrogatus ediceret cum, qui sibi ad hoc opus utilis videretur frater discretus, maturus et exemplaris, cui onus domus in profectu spirituali et temporali cordi esset, qui et posset secreta tenere secrete et esset paucorum verborum. Quibus examinatis vix unus fuit, qui nominetenus aliquem eligeret. Ceteri omnes in arbitrium posuere senioris et aliorum. Quibus tamen senior addidit singulis, si vellent cum pace et absque murmuracione illam ejus diffinicionem

---

a) sic. b) C 32'. c) Hdschr. conserentur.
1) Juli 22. 2) Juli 27, vgl. Henning Brandis' Diarium S. 71. 3) März 9.
4) Vgl. S. 81.

perseveranter tenere postea contenti de illo fratre ad hoc opus deputato. 1486.
Qui omnes affirmantem dedere responsum. De senioribus enim fratribus
ad hoc aptis duo obierunt sepulti in Berlicum, tercius fuit rector et
inchoator domus fratrum in Magdeburch. Quorum si unus affuisset, non
esset opus tali inquisicioni.

Expedit enim et oportet diligentissime perlustrare et examinare, qui
sint isti duo clavigeri, quia in eis totius domus pax et profectus latet
tam in spiritualibus quam temporalibus. Qui si invenirentur, quod deus
avertat, discordes et se ipsos non Jhesum querentes, tunc valde periculose
staret domus. Talis enim ibi latet vis, ut hoc opus eciam aliquociens
ipsum procuratorem a se excludat*.

In eodem colloquio movebatur et affirmabatur, nos resignaturos esse
altari sanctorum Innocentum in casu, si vicarii in summo non nobis darent
redditus annuales nobis assignatos, qui parvi sunt, ad hoc, quod omni
die ibi solemus legere missam, s[cilicet] VII florenos, et quia sepe
legentes ibidem non possunt habere ministrantem et multum nos negli-
gimus et tempora cara unde de Stinkende porta[1] clausa et multum
oportuit circuire. Non tamen nos voluimus esse primi, qui hunc
contractum infringeremus, set expectare legitimam occasionem et cum
consilio dominorum aliquorum principalium in summo. Item eodem
tempore motum et prohibitum fuit, ne fratres exeuntes diu loquerentur
cum mulieribus in publico, minus autem in ambitu vel ecclesia, set eas
velocius expedirent, si autem intricatum esset negocium, eas suspenderent
et ad portam domus nostre venirent, quia hec interpretabuntur nobis
in bonum.

Anno[b] eodem LXXXVI post pasca[2] misimus litteram excusatoriam
ad patrem Monasteriensem veniendi ad colloquium, eo quod tercius
volveretur annus, propter nimias guerras, et addidi[3] ibidem, quod libenter
misissem contribucionem, nisi quod incerta erant omnia. Ipse eciam
annus est, quo et pater Monasteriensis pergere solet ad colloquium
Zvollense. Ad quod eciam veniens Gerwinus, cum non reperisset nostros,
qui propter predictas guerras manserunt domi, missa nobis littera reversus
fuit ad Friseam, scribens inter cetera, se cum nostris voluisse redire
Hildensem, si illac venissent. Set et eum venisse ante Michaelis[4]

---

*) *Hierzu am unteren Rande der Seite bemerkt:* Qualiter finaliter hoc
teneri debeat, quere apud statuta: capitulo *(die nähere Bezeichnung des Capitels
unterblieb).* b) *C 33.*

[1]) *Stieneken Pforte, nach dem Plane von 1769 (Urkb. der Stadt Hildesheim IV),
vom Domhofe nach der Karthause zu.* [9]) *März 26.* [3]) *d. i. der Rektor Dieppurch.*
[4]) *Sept. 29.*

1486. Daventriam ibique mansisse circiter ad mensem perscrutando et consilio tandem patrum Daventrie, Zvollis et Groninghe redisse in Barlicum. Quin et tempore colloquii post multos tractatus diffinitum fuisse[a], ut pater Groningensis inviseret Barlicum relaturus predictis patribus duobus. Anno d[omini] LXXXVI circa dominicam terciam[1] post pasca venit pater dominus Johannes Bocoldie cum Conrado Rad, quando propter majorem servandam concordiam et continuandam inivimus ex utraque parte unam confederacionem et recessum inter domum nostram Hildensemensem et Magdeborgensem. Tunc secundum formam confederacionis et recessus domus Cassellensis procedentes ex parte mutuo concordavimus, in quibus et per que sic annectaremur caritate, ut tamen utraque[b] domus sua gauderet libertate in rebus, libris, pecuniis sive personis, in statutis eciam sive consuetudinibus.

Quibus eciam in temporalibus demptis omnibus prius datis dedimus et assignavimus centum viginti florenos R[enenses], calicem deauratum, duo ornamenta, reliquias ad formam duorum capitum cum aliis particulis, horologium nostrum antiquum, Profectus religiosorum, antiquum canterum stanneum, unum lectum, spissum papireum passionale, meditaciones b. Bernardi, item IIII pernas lardi.

1487. Que omnia veniente ad nos fratre Johan[2] ad hoc misso presentavimus anno LXXXVII feria IIII[3] post purificacionis superaddentes tres beotas[c], in quibus vix data contineri poterant, et alia.

1486. Anno[d] LXXXVI feria 3[a][4] post Trinitatis dominus Jordanus minister domini propositi quondam de Wenden et Henricus Ketelrant inter alia negocia, que apud nos disponebant ex parte ejusdem domini sui, receperunt deposita ejus et litteras etc. De quibus depositis ex ordinacione domini prefati reddiderunt nobis ducentos florenos ad subsidium domus scholarium a nobis, cum oportune poterimus, comparande. Si autem facta diligencia nostra non possemus elaborare, poneremus ad census reddituales[e] pro utilitate et necessitate domus nostre, prout nobis videretur, pro salute anime sue, dimittentes tamen eidem domino facultatem, quoad viveret, cum eadem summa pecunie propria sponte et irrequisiti eam in ejus arbitrio reliquimus[e]. Set hanc legacionem, sicut vivus adhuc fuerat executus,

---

a) fuisse *am Rande nachgetragen.* b) *Hdschr.* utreque. c) *sic.* d) *pag. 148 und 149, quer eingeklebtes Blatt in gross 4° mit gleichzeitiger Niederschrift.* e) *Hdschr.* redditualis.

1) April 16. 2) *Dusseldorp, Rektor des Magdeburger Hauses, vgl. später unter dem Jahre 1491.* 3) Febr. 7. 4) Mai 23.

sic eam sanam reliquit et minime revocavit, sicut in testamento ejus 1486. reperitur sub hac forma verborum: ,Item volo, ut ducenti floreni R[enenses] tradantur et assignentur ipsis fratribus in Brulone in subsidium pro emenda habitacione et domo in loco apto pro scholaribus colligendis ac per eos instruendis et verisimiliter ad religionem aut sacerdocium, si deo placuerit, inducendis. Census eciam ex dictis ducentis florenis ad comparacionem dicte domus cedant in necessitatem dictorum fratrum aut similiter emantur census pro certis scholaribus studentibus, ut ipsi apud deum pro me intercedant, et hoc ad dictorum fratrum discrecionem'. Hec ibidem de verbo ad verbum. Et superius in margine sic habebatur: ,Ista ordinacio jam est disposita et per me ipsum executa'.

Ex forma verborum istorum colligitur, quod ista ordinacio non directe pertinet ad testamentarios tum, quia fuit disposita et executa ab ipso adhuc vivente, sicut apertum est per premissa superius, tum, quia execucio ejusdem ordinacionis posita est in arbitrio et discrecione ipsorum fratrum plus quam testamentariorum, tum quia iidem fratres anno priore totis viribus quasi tota estate laboraverant pro dicta domo scholarium comparanda et perductum forte fuisset ad effectum, si domini nostri solidum responsum dedissent, super quo construi aliqua potuisset datis litteris. Nam diu est, quod super tali arenoso fundamento simile quid temptavimus et statim dispendio nostro cessare prohibiti fuimus a d[omino] scholastico [1], presertim cum opus consciencie sit aliter expendere tantam pecuniam, ubi certi non sumus de processu, quod esset agere contra mentem donatoris et infideliter. Item non legavit hanc pecuniam, ut, si uno, duobus vel tribus etc. annis non posset impleri intencio ejus, mox cassaretur inceptum, set ut fieret aliquando domino volente, dummodo in nobis non esset impedimentum aut negligencia. Item ponit legator in forma verborum sue legacionis unam disjunctivam, ,quod census dicte domus comparande cedant in necessitatem dictorum fratrum' etc. Ergo si in nobis non est culpa, quod opus cum scholaribus non procedit, quis jure pius arbiter a nobis temptabit extorquere summam predictam?

Item dato, quod non moverentur racionibus predictis, respiciant propter deum, quod ad duos annos demptis XI ebdomadis habuimus nepotem [2] ejus nobiscum in expensis, de cujus profectu in scienciis et virtutibus plurime regraciabatur nobis adhuc vivens, et de 2 º anno, quo apud nos stetit, nil accepimus nec eciam fecimus mencionem, quia tunc summam predictam nondum elargitus fuit, et gratos nos exhibuimus.

---

[1] *Wer 1486 Domscholaster war, lässt sich nicht feststellen, 1482 Johann Doypen, von 1487 ab Lippold von Bothmer.* [2] *Neffe.*

1486. Fuimus preterea sepissime in serviciis ejus, quandocumque et ubicumque volebat, et libentissime fecimus, quia et ipse nos in multis sepe promovit, sicut non minime familiares sibi et amicos. Dominus retribuat anime ejus in requie sempiterna. Item fecit apud nos perpetuam missam in ebdomada et dedit nobis XX florenos deinde, quod in posterum vellet emendare et non fecit, nisi forte in predicta summa sit intelligendum. Item tenemus annuatim ejus anniversarium conventualiter et insuper memoriam mensilem duodecies in anno cum ceteris precipuis benefactoribus nostris, ubi et primus asscribi voluit et obtinuit, quorum sunt forte V vel sex.

Forte ille istis et aliis consideracionibus inductus tam liberaliter se exhibuit erga nos preter spem nostram et estimacionem, licet nil aliud habeamus in votis, nisi utinam cras et sine dilacione domus illa scholarium posset habere processum, set pro certo sciant domini nostri, quod occulte fuimus avisati multum seriose et sub interminacione bonorum nostrorum et personarum, ne quicquam novi moliremur contra consulatum etc., et qui nos sumus, ut dominis de capitulo directe et plene nolentibus ymmo et quibusdam dissuadentibus faceremus instanciam apud consulatum indubie frustra et gratis, eciam gratis nobis comparando inimicos.

1487. Anno* d[omini] LXXXVII in dominica quinquagesime[1] venerabilis dominus Johannes episcopus Mysinensis in pontificalibus vicarius reverendorum episcoporum Hildensemensis et Myndensis ordinans nobis tres fratres in gradum accolitatus, Hinricum Borneman, Hinricum Trajecti et Hinricum Gottingen, consecravit nobis in eadem missa portatile van spercalc gegoten, quod solet jacere in sacristia in loco sibi congruo et ad hoc aptato in honore beate Marie virginis ot Omnium sanctorum, pro eo portatili, quod datum fuit fratribus nostris in Magdeborch. Sunt autem reliquie in altari portatili predicto de dente sancti Mathie, item particula de ossibus b. Marie Magdalene, item XI virginum.

In profesto[2] s. Michaelis recepimus lavacrum rotundum magnum de limatura ligatorum librorum fusum XXIIII talenta habens ponderis, pro labore exsolvimus II talenta VIII solidos, ab eodem magistro accepimus duo cymbala eodem anno LXXXVII.

1488. Anno^b d[omini] LXXXVIII feria V[3] infra octavas pasche misimus Johannem Hinsberch cum Conrado Meppis ad colloquium Zvollense cum

---

a) *C 33'.* b) *C 35.*
1) *Febr. 25.* 2) *Sept. 28.* 3) *April 17.*

juvene misso de Frisia a Gervino et Hettone cum littera post disturbium 1488. in domo nostra factum de via domini, dico de vita clericorum etc.

Dedimus autem Johanni X florenos Renenses et nichilominus, prout postea significavit nobis, accepit a fratribus in Hervordia XV½ cum argenteis grossis LX Lubesch et XVI stufis, quos ibidem deposueramus. Addidi ei et postulatum dandum patri Monasteriensi, quia tercius annus fuit mittendi ad colloquium Monasteriense, si non obstetisset domus Berlicensis.

Assignavimus eciam causas resignacionis domus Barlicensis. Quia autem periculose infirmantur nostri illac missi aut moriuntur, item nimia distancia loci. Habundant ibi fratres et patres, quorum nos extremi sumus filii, ut merito dicant Frisonibus: ,Non est deus in Israel, ut eatis et consulatis domini accursionem'ᵃ. Item experiencia et relacione edocti scimus, Frisones multa et magna promittunt, postea allectis manus adjutrices subtrahunt. Item privilegia nostra discordant a patribus illis, quia collegia etc. Item locus in Barlicum utputa villa magis congrueret agriculture deditis quam fratrum moribus et exerciciis, ut sint religiosi etc. Item populus ille vivit suo arbitrio. Ipsi papa, ipsi imperator destruunt, edificant sediciosi et parciales, regere vellent domum nostram ad suum placitum. Et ideo resignantes a loco destitimus illo.

Quia autem Hetto et sui nos sollicitare non desistunt, misimus utsupra adhuc semel, ut, si posset fieri, a Frisonibus absolvamur vel, si patres consuluerint, cum suppositis condicionibus adhuc semel eos accedere temptemus.

Primo. Nolumus decetero ei subvenire cum pecunia. Debita Gervini ipsi et non nos solvant. Item si nostri ceperint infirmari, redeant. Item nolumus obligari plures personas illac mittere. Item presentibus in Berlicum venientibus convocatis civibus omnium eorum consensus habeantur et non stent tantum in Hettone. Item nemo Frisonum se intromittat de regimine domus et maxime que concernunt disciplinam et exercicia et pacem domus, set pocius ei assistant contra inobedientes, eciam si foret dominus ipse Geruinus, quod absit.

Itemᵇ eodem anno feria VIᵃ que fuit XII kal. Julii¹ preanticipando tenuimus colloquium propter presentiam domini Bernardi patris de Cassil, ubi concordatum fuit, quod vellemus ex utraque parte contribuere ad privilegia impetranda, dante nobis occasionem honorabili viro Raymundo

---

ᵃ) ? ᵇ) C 35'.
¹) Juni 20.

1488. prothonotario se[dis] a[postolice]. Qui intulit maximas indulgencias et jubileum multis partibus. Cui asstiterunt nostri in confessionibus audiendis. Circiter divisionis [1] apostolorum presentavit se nobis custos ville ⁱ Gregorius, cui dantes litteras et privilegia impetranda misimus ad dominum doctorem Durecopp [2] auditorem [b] causarum, ut et per ipsum litteris nostris edoctum possemus obtinere intentum, dantes ei florenum R[enensem]. Qui fideliter egit, set nil impetravit, quia doctorem Durecopp ibi non invenit.

Eodem anno in die sanctorum apostolorum Petri et Pauli [3] que fuit dominica convocatis senior fratribus colloquii post vesperas proposuit eis, ut a festo Trinitatis usque [c] ad adventum domini omnibus dominicis diebus in primis versus et ymnus et ad matutinas loco ff. [d] de sancta Cruce tenerentur antiphone de sancta Trinitate, Gloria tribus terminis. Et placuit et assumptum est deinceps pro eo, ut dominus prosperare dignaretur privilegia intenta pro tribus domibus Hildensem, Cassi[l], Magdeborch. Maxime autem, quia ecclesia nostra in honore sancte Trinitatis est dedicata. In profesto [e] dehinc sancti Augustini obiit Johannes Rad dilectus deo et hominibus juvenis tysica diu irfirmitate detentus quasi ad dimidium annum, dilectus [e] deo et hominibus frater bono et amabilis conversacionis.

1489.   In vigilia [5] Epyphanie venerunt ad nos tres van der schomekers gilde, quorum unus fuit consularis, prohibentes nos calceos novos facere. Asserunt eciam licet false, dat wii geerden ledere. Ad primum respondimus, velle prohibere illi fratri s[cilicet] Johan Brink, ut non faceret novos calceos. Quod et factum est convocatis sacerdotibus Gerhardo Goch, Jo[hanne] Hinsberch, Petro Bursal, Arnoldo, Johanne Dantzik, Gosuino, Petro Walbek et Johan layco sutore, cui senior in horum presencia prohibuit, ne faceret calceos novos et auferret a nobis querelas. Ad secundum autem nobis false impositum respondimus, nobis fieri injuriam.

1490.   Anno [f] domini XC misimus ad colloquium Monasteriense Gerhardum Goch et Hinricum secularem. Judicavimus enim, expedire ea vice non mittere ad colloquium Zvollense propter dominum Gervinum in Barlicum, ut experimentaliter disceret per nostram subtractionem, quia decetero nolumus nos intromittere de causis suis et Frisonum etc. Illo anno non

---

a) *Raum für den Namen leer gelassen.* b) *Hdschr.* auditori.   c) *Hdschr.* usque usque. d) *?* e) dilectus *bis* conversacionis *Zusatz.*   f) *C 36.*

1) *Juli 15.* 2) *Ekkehard Durkop, Domherr.* 3) *Juni 29.* 4) *Aug. 27.* 5) *1489 Jan. 5.*

fuerunt patres inferiorum parcium in Monasterio, quod scientes cum 1490. consensu eorum non venimus Zvollis, sicut scriptis ipsis denunciavimus.

Pater autem Monasteriensis rescripsit mihi cum predictis nostris fratribus, inter que eciam inseruit, quatinus mentem meam ei aperirem super motivo isto, s[cilicet] quod filii inconstancie impetrato privilegio cogerentur non redire ad nos, set intrare religionem. Quod et feci rescribens secundum sequentem hic materiam non de verbo ad verbum semper set sensum ex sensu:

De coercendis inconstancie filiis hoc mihi videtur salvo p[aternitatis] v[estre] judicio.

Nemo eorum a nobis dimittatur, nisi prius deposito fratrum vestitu induatur secularium nec ab instanti se dicat intraturum religionem, ad quod tenentur maxime in sacris, prout in ordinacionibus suis promiserunt. Clericis et laycis similiter fiat cum licenciatorio semper ad alciora et non ad seculum.

Ut autem hujusmodi in seculo cum nostro vestitu remanentes gladio propulsentur excommunicacionis, donec aut relinquant vestitum nostrum aut exterminentur a finibus nostris, utputa in Ungariam, Lyvoniam, Angliam etc., omnino videtur expedire pro nostris consciencijs, quia non sumus religiosi, set in seculo religiose vivere nitimur et volumus.

Nam impetrare a se[de] ap[ostolica], ut hujusmodi compellantur intrare religionem aut redire, videtur mihi nichil aliud esse quam cum expensis nostris vendere libertatem nostram, singulare decus Christiane religionis, et emere laborem magnum, vincula et carceres ad complacendum et conformandum religiosis in hac parte, ut et nos inveniamur subjecti servituti generis servorum, qui non nisi cum suppliciis emendantur. Unum euim est, ac si solempnem faceremus professionem. Restat, ut et regula acceptetur. In qua opinione me quondam fuisse recolo, set resipui audiens magistrum Gabrielem super hec respondisse, quod sufficerent religiosi.

Quia autem vita nostra ex adipe processit et procedit devocionis, absit a nobis comparare tam multa tamque gravia fame, pacis, quietis, concordie et caritatis dispendia infausta, cum valde sit dissimilis voluntaria nostra fratrum vita et irrevocabilia religiosorum necessita[s], regula et statuta. Quod si illa* s[cilicet] monasteria per instabiles et infrenes ad irreformacionem dilabuntur, quanto igitur vita fratrum per hujusmodi revocatos multiplicatos rebelles et inconstantes citissime destrueretur?

---

*) C 36'.

1490. Quare melius videtur hujusmodi morbidas oves sibi ipsis relinqui et sole perire quam totam domum inficere reinserendo vel incarcerando, servicia diuturna, timores, sollicitudines, vexaciones plurimas et pericula nobis accumulare fierique corporum tortores, quos* pro nostra salute et aliorum elegeramus paciencie, humilitatis, benignitatis et caritatis esse imitatores in animarum edificacionem et non destructionem. Nec intendo dicere, quod religiosi tales non sint vel esse laborent, set quod nos tales esse absque eorum vinculis intendimus, ymmo laudandi sunt qui cum Ysaac immolando patri dicunt: ,Vinculis me constringe, alioquin morti me opponens nequaquam quietus ero'.

Primum placet mihi consilium domini, ut missa mola asinaria in colla eorum dimergantur in profundum maris seculi hujus aut ut ficulnea infructuosa succidatur et cum palmite abscisa* a vite focis mittatur etc. Hoc eciam dicit regula sancti Benedicti, Augustini et aliorum et in primitiva ecclesia sic fuit, nisi quod ecclesia dei modernis temporibus ejectionem horum interpretatur incarceracionem. Ab inicio autem sic non fuit, set sufficit nobis sicut in vita communi ita et in hac parte concordare cum primitivis.

Nec multum movet, quod dicitur: ,Compelle intrare', quod magis intelligi posset ad fidem, quemadmodum fecit Karolus et sepe alias factum legitur. Hii autem jam intraverunt set non cum nupciali veste. Stant jam in vinea sicut illa ficulnea set infructuosa et sicut infructuosa in vite palmes. Sic et Judas in numero apostolorum, cui et oportunitatem recedendi tribuit dicens: ,Quod facis, fac citius'. Vidit enim illum ibidem cum magno tedio sedentem et recessum machinantem. Nichilominus verum felix necessitas, set quando ad meliora et non ad deteriora compellit. Zyzania autem, quia nondum crevit in arborem, sustinetur.

Similiter nobiscum actum ejus ordinacione cognovimus, ut diu supportatus frater tandem sponte recedere quesivit et petiit, qui judicio fratrum dudum expelli suis perversitatibus promeruit, set salva pace fieri non potuit. Si ergo tales demulcentes contra nostras pacem, quietem et concordiam detinere vel ad carceres ponere deberemus, quid nisi pondera nobis importabilia imponeremus? Unde tales dei permissione et demeritis suis exigentibus nonne melius esset cum pace dimittere nec nimis hujusmodi ad permanendum exhortari ac dei ordinacionem cum graciarum actione acceptare quam in oppositum laborare et tandem novissimum pejorem errorem priori cum continuo timore exprecare? Quod utique sequeretur, si non solum presentes retinere set et recedentes cogeremur revocare.

---

a) *Hdschr.* qui. b) *Hdschr.* abcisa.

Ego eciam credo, quod hujusmodi sic recedentes vel ejecti in suam 1490. confusionem nonnullum ecclesie dei afferant decorem vel utilitatem non obstante, quod aliquis scandalizaret dei occulto judicio qui scit, ad quem eos locum transferre debeat in domo sua magna*, in qua sunt multa vasa etc., dempto, quod omnibus fratribus bone voluntatis convertuntur in statuas salis, ut inde lambentes meliores fiant, sicut experimentaliter comperimus, latenter enim sicut character quidam impressus adheret menti, ubi fuit et unde cecidit et coram aliis ab extra laudat sepe se non advertente, quos vituperat fratres.

Quod autem ego ex simplice vestra oracione, s[cilicet] ut cogerentur tantum intrare religionem et non redire, facio unam disjunctivam, hoc ideo pono, quia non credo, quod hoc modo impetrabimus omnibus nobis prelatis et doctoribus contradicentibus maxime religiosis vel conscienciosis et presertim collegiatis, qui habent in hac parte suas motas, secundum quas et nostra metiuntur, ut breviter experti sumus, dico autem in foro contencioso, et utinam non melius experiamur.

Hec sunt, karissime, que de hac materia in mente mea volvuntur.

Secundum hunc sensum respondi patri Monasteriensi domino Tymanno in die s. Servacii[1] anno XC.

Anno d[omini] etc. XC posuimus domunculam venerabilis sacramenti in ecclesia ad levam summi altaris, que ante circiter XXX amplius annos tempore domini Bernardi facta fuit, nondum tamen adeo sicut nunc completa neque colorata. Set neque venerabile sacramentum continue in ea stetit.

Igitur eodem anno in die sancti Andree[2], que fuit dies communionis fratrum, post missarum solempnia immediate benedicione data[b] in presencia fratrum a sacerdote qui eos communicaverat cum incensis candelis et thuribulo impositum fuit venerabile sacramentum et introductum in eandem domunculam dicente sacerdote predicto: ,Surge[3], domine, in requiem tuam, tu et archa sanctificacionis tue' cum collecta de venerabili sacramento. Expedisset et devocionis fuisset a choro legi psalmum, ,Memento domine', ,Dederunt' etc., set senior verecundabatur hoc auctoritative imponere fratribus, quamquam inde verba habuerit.

Anno[c] d[omini] etc. XCI circa Valentini[4] misimus ad curiam Romanam 1491. clausulam sequentem: ,Quia valde dubitamus, an domum sancti Anthonii Barlicensem in Frisia manutenebimus propter loci intemperanciam,

---

*) C 37. b) data am Rande. c) C 37'.
[1]) Mai 13. [2]) Nov. 30. [3]) Ps. 131, 8. [4]) Febr. 14.

1491. personarum illac missarum infirmitates et mortes et alia etc.ᵃ, petimus, ut, ubi mentio fit de domo Barlicum vel collegio sancti Anthonii in Berlicum, addatur: ,vel loco⚬ alia domus ejusdem vite extra muros Hildensemenses' diffinicione inserendam, in casu, quo eam manutenere non possemus'. Recuperatumᵇ post Marci¹ evangeliste eodem anno.

1490. Anno d[omini] XC post nativitatem² beate Marie virginis fuit fons magnus aquis suis extrahentibus fratribus evacuatus et murus ejus undique circumquaque ab intus a fundo impositis lapillis lapidibusque, prout foramina, si qua erant, exigebant, reformatus. Hoc enim consuluit fiendum magister, qui eam fecit, circiter decimum annum postea, quo factus fuit fons, quo facto diucius sine lesione deinde perseveraret³.

Eodem anno fabricavimus ediculam ad domum ligatorum librorum versus aggerem faciendo transitum novum in et super eundem aggerem recurvautem se versus domum supradictam super lobium, ubi frumenta jacent, facientes reciprocum transitum eundi ad siliginem etc.

Eodem anno in die sancti Nycolai⁴ frater noster obiit Bernardus de Alen receptus semilaycusᶜ.

1491. Annoᵈ d[omini] MCCCCXCI XII⁵ kal. Maji convenientibus in unum fratribus colloquii locuturi de nova historia patronorum per fratres nostros composita et congesta quo ad patronos ecclesie nostre in hoc concordavimus, ut in sequenti immediate III dominica⁶ que fuit VIII kal. Maji imponeremus eandem historiam probantes et quod dominicaliter et simpliciter teneremus decetero in una dominicarum infra octavam pasce et penthecostes, quando melius conveniret, si tamen placeret eam amodo continuare et non eam respuere vel abicore, quod absit. Et factum fuit hoc cum licencia et autoritate episcopi Bertoldi, qui eandem historiam legit, examinavit et approbavit.

Eodem anno obierunt duo nostri luyci in jejunio, Godeke in domo nostra in Hildensem Reminiscere⁷ idest III [kal.] Marcii, Thomas concessus fratribus in Magdeborch ibidem obiit kal.ᴴ Marcii. Godeke sartor noster diu fuit ultra XXX annos manualis eciam in fabricando vel libros ligando, homo maturus et simplex.

Thomas ex Livonia carpentator provecte etatis, quando venit ad nos, multum laboriosus, nichil timens nisi deesse sibi laborem, in multis

---

ᵃ) *Zusatz* neglectum fuit nuncio recedente. ᵇ) Recuperatum *bis* anno *Zusatz*. ᶜ) semilaycus *Zusatz*. ᵈ) *C 38.*
¹) *April 25.* ²) *Sept. 8.* ³) *Vgl. S. 82.* ⁴) *Dec. 6.* ⁵) *April 20.* ⁶) *April 24.*
⁷) *Febr. 27.* ⁸) *März 1.*

expertus valde et proinde multa sciens et recolens sepe nobis valde 1491.
mirabilia hominum diversorum, terrarum variarum mores et maris, ita ut
et de eo dici possit: ,Qui descendunt mare in navibus, ipsi vident
mirabilia c. d.', item mirabilia hominum vivorum et mortuorum et animarum
et spirituum horrenda. In tantis periculis constitutus, ut inter alia semel
contigit eum sedere in genibus cum aliis multis jam decollatis et decol-
landis expectans nil aliud nisi gladium sibi superventurum suos complices
decollantem. Cumque usque ad eum venisset lictor, jam jamque gladium
ferientem accepturus, dicit judex: ,Sufficit tot nos interfecisse Christianos.
Cessemus, ne nimia crudelitate nostra provocemus contra nos Christianos'.
Contigerunt enim hec in terra paganorum. Dixi ei aliquando: ,Si post
tanta terre, maris, gentium et aliorum pericula et mundi varietates
expertos contigerit vos in quieta et bona vita concludere finem vite, bene
poteritis cantare ,Misericordias domini in eternum, Benedictus dominus'.
Duo eciam vel tria scivit ydeomata vir bene per omnia in corpore
proporcionatus et fortis. Et licet aliquando commotus secundum longevam
vite mundane sue consuetudinem diceret furibundus verba impaciencia
insulsa, nichilominus ad se rediens tempore confessionis reformabatur in
spiritu domino eum non deserente, quamquam gravissime aliquando
temptatum eciam in infirmitate aliqualiter diu detentus sperans fuit, se
semper revaliturum et adhuc multum laboraturum. Quo tandem frustratus
pacientissime et humiliter se tradidit morti, ita ut non parum letatius
edificati fuerint fratres hoc videntes et scriptis suis nobis hec intimantes
et posteriora sua ejus similia optarent. Quamquam enim in mari, in
castris et cum vanis secularibus ejus fuerit conversacio, non tamen fecit
similia, semper inclinatus ad justiciam et misericordiam. Unde et pro-
venit, ut mulierem maritati continentia* sua protegens ipsi propter ejus
fidem commendate immaculatam resignaret sibi eam credenti, conjungens
eam eciam lateri suo dormiens aut vigilans et quasi suam legitimam
uxorem eam defendens igne nocte examinatus, ut mihi retulit, et non fuit
inventa in eo iniquitas. In tantum, ut et ipsa eadem mulier admirans
illi diceret: ,Eadem vobis conveniencia et mecum dormire vel cum porco'.
Rumorem cum aliis carpentariis laborantibus et ipse collaborans audiens
de quadam ancilla in flumine submersa accurrens et periculo patentissimo
se committens in flumen se misit et eam ut mortuam extractam sua
experiencia medicinali ad vitam reduxit hoc modo. Positam eam namque
super forte lintheamen, cujus inicia quatuor vel circiter viri fortes sumentes
et fortiter tenentes et in alta proicientes eam et eodem lintheamine

*) C 38'.

1491. nichilominus eam recipientes et hinc inde volventes tamdiu eam in hujusmodi commocione servaverunt, donec aqua insumpta cum magna quantitate ab ea exivit et reddita sanitate. Propter talia et alia sua bona misericordie opera deus eum non dereliquit.

Eadem sequenti estate obiit dilectus frater noster Gofridus presbiter eodem anno factus secunda [1] feria infra octavam Corporis Christi altera die Bonifacii. Quem libencius retinuissemus, si domini fuisset voluntas, quia zelosus fuit pro disciplina. Qui tamen zelus aliquando non fuit secundum scienciam, quia nimis fervidi eciam aliquando amaricant socialem vitam. Unde factum est, prout judicarunt fratres, quod ipse se ipsum intantum incommoditatibus frigoris et laboribus leserit, ut inde tisicus existens infirmari notabiliter ceperit. Quam eciam infirmitatem se ipsum virilem ostentans tamdiu occultabat, quod fratres tandem experiencia apertisque indiciis latere nequaquam valuit. Set nec ipse diucius valens dissimulare, attamen lecto incumbere distulit, quantum potuit. Tandem persuasus, quod propter sacram inunctionem recipiendam exui vestibus oporteret, consenciens vestibus depositis inunctus est in die sancti Bonifacii [2] qui fuit in dominica. Corporis [3] Christi celebravit. Cuidam e fratribus in sompnis, ut videbatur ei, aperte apparuit. A quo interrogatus, quid de vita fratrum sentiret, respondit: ‚Bona quidem est vita set male eam servatis'. Rursus ille: ‚an sim de numero salvandorum?' Ad que quid responderit, nescivit, set illico intremuit expergefactus et pavidus. Scribentibus ei parentibus, cognatis, sorore moniali et religiosis consanguineis sepe et munera mittentibus et conquerentibus et obicientibus, quare non ordinaretur in presbitrum curque non ad eos vel ad patriam quandoque veniret etc., durius rescripsit maxime religiosis illis, quibus consuetum fuit patriam et cognatos invisere, quorum unus erat de ordine predicatorum, alius regularis, revocans eos ad majorem maturitatem et simplicitatem etc. Que et illi egre ferentes similiter durius rescripserunt, vitam suam reprobantes. Qui consilio patris mitigavit stilum scribendi decetero. Quo facto venit ad nos ille, regulares invisere eum et predicta suadentes, maxime pro eo, quod in natali solo recuperare posset sanitatem. Cui in nullo annuens tandem finaliter respondit: ‚Si cras mori deberem et scirem me mortem repellere* dum visa patria, nollem ire'. Cum autem recedere vellet, sepius replicans desideranter interrogaret, quid nam parentibus denunciari vellet, responsum aliud obtinere non potuit quam: ‚Quod audistis'.

---

*) *Hdschr.* repellerondum.
1) *Juni 6.* 2) *Juni 5.* 3) *Juni 2.*

Non[a] eciam videtur silendum de conversacione et vita aliquod **1491.**
retexero fratris nostri quondam Nicolai Lessen, ut opposita, juxta se
posita etc. Hic circiter ad XVII annos nobiscum stetit, ut sepe patuit,
in fine autem magis illucescebat servus proprie voluntatis et institutori
suo numquam apertus. In exterioribus laboribus operosus et in sua
justicia devotus et in sibi placitis obediens, increpacionibus, admonicionibus
et informacionibus contrarius, indignabundus, aliquociens eciam litigiosus,
scandala non advertens, potator magnus. Contumacia sua non solum
fratres set eciam aliquando patrem offendendo onerosus. Fratres obedientes
et suo institutori apertos reputavit adulatores, pueriles vel ad oculum
servos[b]. Ad hanc dementiam tandem pervenit, ut eciam neque dominum
neque homines timens caritativas informaciones sive a fratribus sive patre
impugnans illorum ipsorum defectus ipsis improperando obiciebat. In
tantum pejoratus, quod eciam patri suo sive seniori ipsum pie admonenti
diceret: ‚Vobis ipsi intendite et curam vestram agite et me corrigere
cessate‘. Tempora silencii vel eundi ad requiem non advertebat. Confessio
ejus fuit sine verecundia, sine affeccione, quedam factorum narracio que
possit in foro predicari, folia tenuiter superficietenus discerpens, radicem
omnino intactam relinquens, ita ut sepe ei dicerem: ‚Si non confiteremini,
in idem coram domino rediret. Set nec perseverabitis, nisi conversus
aliter vos regatis‘ etc. multa. Que quodam risu suo sibi sepe in hujusmodi et suis correccionibus consueto quasi illudendo absolvit, affirmans
se nichilominus sicut alii perseveraturum, tantum ut nostri curam ageremus.
‚Nam me ex hac domo et a beata virgine nunquam exturbabitis.‘ Cui
pater non semel respondit: ‚Verum nos non expellemus te, set veniet
tempus domino vos deserente, quo vos ipsum expelletis‘. Quod et factum
est post multos tractatus et paciencias nostras. Et licet didicerit bene
scribere, tamen valde parum proficiebat, in organis ludere temptabat et
laborabat et hoc sepe in noctibus aliis dormientibus. Cum autem ab
antiqua patrum nostrorum tradicione habeamus experimentaliter pro certo,
quod illi numquam finaliter perseverabunt, qui non sunt aperti in omnibus
agendis et cogitandis et tractabiles et docibiles, hic solus aperte huic
instituto verbis et factis rigide se opponens contendebat oppositum sua
conversacione ostendere et quia ibi non lateret set sufficeret unicuique
apud deum sua consciencia. Et hujusmodi fratres magis esse probatos,
alios autem muliebres, adulatores vel ypocritas, servos[c] ad oculum, hominibus
placere gestientes et temporibus suis nichilominus recedentes. Talia et
similia garriens et diu nobiscum manens aliquantisper motus tractare

---

a) *C 39.*   b) *Hdschr.* servus.   c) *Hdschr.* servi.

1491. mentetenus cepi cogitareque, an ne ista sic esse possint. Tandem veniens turbo dominice indignacionis ostendit, quo hic miser inniteretur fundamento. Nam qui prius sepissime contestabatur se fortiter stare, numquam velle recedere nec beatam virginem deserere, sicut pulvis a vento verborum s[cilicet] auditu defectuum suorum a juvenibus manere eciam dissuadente suo seniore non voluit, set in mare hujus seculi de navicula seipsum precipitans cecidit. Prius tamen ad consilium senioris super terram in mensa sedentibus fratribus commedit et veniam rogavit et reconciliacionem fratrum petiit et oracionem.

Quo facto deducentibus eum fratribus duobus extra civitatem ibi caputium exuit et super capiti ᵃ posuit more secularium, ut et corpore se ostenderet secularem qui prius fuit corde. Sic enim statuerunt fratres, ut a nobis decetero recedentes exuerent caputium et in habitu recederent seculares seculari, ne diucius in ypocrisi deciperent alios ipsi pejus decepti. Qui ᵇ ad religiosos Benedictinenses declinans rursum caputio induitur, pro scriptore se exposuit et organista. Illi autem nimio creduli gloriabantur magnifice, tantum se prendidisse piscem. Scribenda apponunt, instrumentalia disponunt quasi magnum lucrati subsidium. Processu tandem claruit, se invenisse magnum potatorem, scriptorem desidiosum et proprie voluntatis servum etc. Unde tandem discordes cum eo habitu seculari eum abiciunt etc. Qui iterum vagus ad tempus in alio morabatur claustro monialium tamdiu, donec melius notus rejectus ad seculum ad tantam devenit paupertatem, ut vestitu meliori bene indigeret, si qui daret inveniret etc.

Qua necessitate tandem ad Richenberg devenit ibidem iterum scripturus. Ubi cum non diu fuisset, notabatur ab aliquibus infirmari. Qui cum ei dixissent, ut se confitendo ad mortem disponeret, valde et maxime ut solebat risit et pro nichilo verba eorum reputabat. Novissime sedente ad ignem admonebant ᶜ aliqui et eciam mercennarii ibidem laborantes eum iterum de sua ad mortem preparacione, iterum spernens pro nichilo valde cepit ridere et statim post modicum declinans caput exspiravit miserabilem relinquens vitam et exemplum. Obiit autem eciam hoc anno quo fratres nostri supra ¹ s[cilicet] anno d[omini] etc. XCI circa pascha ² sine confessione, sine sacramentalibus quemadmodum Hennighus Lochaw, de quo supra.

Anno ᵈ eodem in vigilia ³ sancti Mathei venit ad nos Johannes Serges minor factus, quondam frater noster circiter ad VI ᵉ annos. Qui suo voto

---

ᵃ) *Hdschr.* caputi. ᵇ) *C 39'.* ᶜ) admonebant *auf Rasur.* ᵈ) *C 40.*
ᵉ) VI *an leergelassener Stelle eingefügt.*
¹) *Vgl. S. 116.* ²) *April 3.* ³) *Sept. 20.*

ad minores circa annum d[omini] LXXXVII cum licencia ivit cum con- 1491.
dicione, si ferre non posset, ut rediret. In opido igitur Tzellensi aliquamdiu
cum minoribus in habitu conversatus circiter forte dimidium annum rediit
ad nos. De quo eciam reditu iterum penitens occulte a nobis aufugit ad
partes et tandem rediit ad minores, iterum in Leydis professionem fecit.
In qua consistens iterum penitens, quod furtive et eciam non vacuis manibus
nobis nescientibus recesserit, revenit ad nos anno et die predictis tantum
adhoc, ut reconciliaretur suis. Quod et fecit retexens sui itineris
infidelitatem sive stulticie historiam coram fratribus in id ipsum ad hoc
congregatis et veniam prostratus postulans, pollicens eciam ablata per
suos restituere, si sic vellemus. Surgere igitur per seniorem jussus et
iterum residens benignum et caritativum recepit responsum satisfactionis
tam in lesam caritatem et scandalum quo ad dei timorem quam eciam
ad ablata, que forte in pecunia ad florenum Renensem extendebant vel
circiter.

Illo anno in estate renovatum fuit tectum ecclesie et una pars
depositis lapidibus latericiis tecta est pro parte cum petris, eo quod cocti
lapides aliqui fuerunt defectuosi et quia magister architectus forte deficiente industria non bene custodivit etc., alia autem fuit cum eisdem
coctis lapidibus melioribus electis iterum retecta set adhuc non bene et
sine defectu.

Eadem estate et anno renovata fuit domuncula domui Serpels annexa
sive absides a fundamentis instaurata. Que quamvis digna non fuerit
tantis expensis, tamen quia non habuimus ligna, ut a novo instauretur,
nec adhuc concordatum qua amplitudine, longitudine etç. vel qualitate
edificaretur, maxime autem quia expediebat, ut locum istum propter certas
causas occuparent, factus fuit ille labor. Subtus enim ibidem est cellarium,
cujus fenestre in nostra hereditate stant et respiciunt et murus ejus ex
parte aliqua intrat nostrum humum, quod ab inicio displicuit, quia injuste
nobiscum ibi actum est, ut eciam supra patuit. Quare et evocavimus
eadem estate, de qua supra, civem illum Hinric Serpel, qui pro nichilo
hoc duxit. Dixit tamen, ponendum esse lapidem sive fenestras, puto due
sunt. Intenderet enim domum illam cum prelis in altum ducere et hoc
modo dissimulatum est iterum. Sollicitabat eciam, ut illam zeghe vel
aqueductum melius aperiremus, ut inde per nos aqua illa sua manaret.
Ex[b] cujus zeghe vel aqueductus parte injuriam sustinuimus, ut supra
patet[1], quando privetum fuit factum. Quare iterum[b] dissimulantes propter
bonum pacis, quia valde invaluit consulatus super clerum illis diebus ex

---

a) C 40'. b) ?

1) Vgl. S. 51.

1491. bellis, que egit dominus episcopus Bertoldus contra civitatem circa annum LXXX. In qua domuncula non sine quorundam dissimulacione sive displicencia et difficultate edificata fuerat stuba pro balneo fratrum urgente necessitate vel medicinali remedio.

Eodem anno d[omini] XCI ex edicto dominorum nostrorum in summo celebrata fuit solempnis et generalis processio per totam civitatem cum venerabili sacramento ad placandum dominum, ut daret aeris serenitatem et auferret inopie frumentorum malum, in tantum enim habundavit cotidie pene per totam estatem pluvia, ut pene ubique submergerentur omnia frumenta et pre nimia aquarum habundancia hominibus ambulantibus vix pateret via regia nec metendi nec serendi adesset copia. Tanta eciam fuit caristia, ut modius siliginis emeretur pro XVI, XVIII vel XX solidi et vix vixerit hodie homo qui viderit aut audierit talia. Et. quod pejus fuit, nemo volebat vendere frumenta. Sepissime eciam defecerunt in foro panes venales, ita ut nec panem nec frumenta conquirerent[a] cives venalia etc. Ex qua eciam inopia ex aliis partibus adhuc austeriora et quod nonnulli fame morerentur, aliqui per XV vel mensem aut amplius panem non gustaverint. Et erga futurum annum prophetabantur adhuc ventura majora mala ex eo, quod eciam serendi subtraheretur copia et summum remedium videretur pestilencia futura. Dixit mihi civis de mediocribus: ‚Numquam in vita mea tam angustiatus fui pro victu meo et meorum, sicut nunc fui et sum' etc.

Ad propositum redeo. Hujus processionis occasione, que facta fuit IIII[1] nonas Septembris feria VI, qua tamen exaudiri ad nostra vota non merebamur, dominus novit qua causa, absente domino decano senior dominus cellerarius Theodericus[2] proposuit nobis desiderans, ut interesse illi processioni vellemus, maxime cum omnis clerus ibi esset constituendus, et ipse, ut subjunxit, vellet nobis deputare bonum locum etc. Ad quem mittentes rogavimus humiliter, nos supportari ab illo negocio, quoniam, cum extremi et minimi essemus de clero, nec adhuc unquam consuetum vel aliquando attemptatum fuerit[b]. Preterea, si quibusdam sic placeret, non deesse tamen, quibus non parum displiceret. Eciam si hac vice conveniret, futuro tamen tempore inconveniens fieret etc. Placere magis hac vice quiescere sufficereque, quod sicut hactenus duo adminus inter[c] populares eundo adessent. Et alia in ecclesia nostra processioni et oracionibus incumbentes pro eadem causa suo modulo domino supplicarent[d].

---

a) Hdschr. conquirerentur.   b) Der Rest der Zeile durchstrichen.   c) C 41.
d) Nach supplicarent beinahe zwei Zeilen durchstrichen.
    1) Sept. 2.   2) Dietrich von dem Berge, Domkellner. Im Texte ist für den Zunamen Raum gelassen.

Missis igitur duobus ad processionem de nostris generalem nudipedibus 1491.
hoc modo celebravimus processionem et divina in nostra ecclesia. Lectis
VII psalmis, sicut solemus in rogacionibus, subjuncta fuit letania cum
procibus majoribus ad matutinam et cum collectis suis adjuncta eciam
collecta pro aeris serenitate. Deinde ‚Exurge domine, adjuva‘ etc. ut in
letaniis assumpto a sacerdote venerabili sacramento cum pixide infirmorum
sine monstrancia, cum cymbalis, thuribulo et candelis cum sua collecta
ut in rogacionibus. Deinde ad sublevacionem reliquiarum ‚Surgite sancti‘
ut ibidem. Et procedebatur cum antiphonis ‚Aufer a nobis‘ a toto choro ᵃ
cantato. Deinde duo cantabantur ‚Miserere, Miserere, Miserere‘ etc.
Deinde ‚Exaudi, Exaudi, Exaudi‘ etc. In stacione converso choro ad
venerabile sacramentum cantabantur ‚O salutaris hostia‘ etc. Deinde surgentes ‚Sanctifica nos d[omine]‘ etc., cum ‚Salvator mundi‘ ascendendo ad
chorum. Deinde missa ‚Salus populi‘ etc., in cujus fine ‚Recordare virgo‘.
In reductione venerabilis sacramenti in locum suum sanctuarii posset
cantari: ‚O salutaris hostia‘ etc. vel ‚Genitori genitoque‘ etc.

Anno eodem XCI propter certas causas placuit convenientibus in
unum presbitris dedicacionem ecclesie nostre ponere ad dominicam ¹
proxime sequentem festum sanctorum Symonis et Jude ² ibique communicare fratres et non Omnium sanctorum ³ statim sequentium, s[cilicet]
feria III ⁸, quia Symonis et Jude festum fuit feria VI ᵃ id est VI ⁴ kalendas
Novembris. Et pro festo communionis, communicaverunt dominica ⁵ ante
Michaelis. Festum enim Michaelis fuit IIII ⁶ feria post. Racio, quia tunc
fratres omnes possunt laboribus exterioribus maxime in Segest ⁷ postpositis
et peractis interesse quieti festo dedicacionis et quia eciam convenientius
hoc modo distinguuntur illa duo tempora communionis, scilicet Michaelis
et Omnium sanctorum et quia non tenemur tunc legere vigilias sicut in
illa communi ebdomada. Et quia possumus dedicacionem nostram ponere
in unam dominicarum infra Michaelis et Omnium sanctorum, sicut placet.
Et sic fieri placuit illo anno, in aliis autem sequentibus faciant iterum,
sicut placet. Si tamen poneretur ad dominiciam communis ebdomade ⁸,
possent tunc vigilie transponi ad alium diem.

Eodem ᵇ anno XCI circa Corporis ⁹ advocans reverendus in Christo
pater dominus episcopus Hildensemensis ad se de nostris, ad quem cum
venisset Gerhardus Goch cum socio, dixit, ut omissis collacionibus in

ᵃ) Hdschr. choro a toto choro. ᵇ) C 41'.
¹) Oct. 30. ²) Okt. 28. ³) Nov. 1. ⁴) Oct. 27. ⁵) Sept. 25. ⁶) Vielmehr V
⁷) Vgl. Urkunden und Briefe n. 15 und Ortsregister. ⁸) Die Woche nach Michaelis.
⁹) Juni 2.

1491. cameris pro scolaribus vicissim unus tantum in ecclesia vel patenti et publico apertis januis faceret pro tempore collacionem, ut omnes qui audire vellent accedere et auscultare possent que dicerentur, eciam si opus esset examinanda et discutienda. Suggestum enim fuit ei, quod nimis secretam facerent fratres viam ad regna celorum et maxime quo ad clerum. Qui autem, ut post patuit, suggesserant hoc, ex dominis in summo erant, quo motivo, ipsi viderint. Conscius ipse sibi de se putat omnia dici. Et quia vix duo vel tres erant, qui hec principaliter suggesserant, melius informatus episcopus tandem graciose retractavit et revocavit. Verum horum intentores, prout affirmare videbantur, non hoc contra nos set magis pro nobis hec fieri debere asserebant, utputa humilia deserentes more aliarum ecclesiarum solempnia temptaremus, non prospicientes, quoniam eis consencientes multo plures nobis emulos suscitaremus et horum assuefactione tandem et mulieres hujusmodi sermonibus interesse laborantes ad omnimodam dissolucionem et tumultuosam vanitatem nostram solitudinem, quietem et humilitatem induceremus. Nobis autem magis expedit manere in nostra simplicitate et humilitate consueta, a qua non nisi sub specie bona dyabolus nos nititur avocare hujusmodi et similibus occasionibus. Luculentius autem hujus materie processum quere ibi A vertendo sequens folium.

A.[a] De modo collacionis pro scolaribus nota.
Causantes.

Anno d[omini] etc. XCI feria III[a][1] ante dominicam Misericordia reverendus in Christo pater et dominus dominus Bartoldus episcopus Hildensemensis duobus de nostris Gerhardo Goch viceseniori et Arnoldo Alen scripturario ad eum missis post alia de libris paratis[b] et perficiendis etc. subintulit dominus episcopus: ,Nonnulli docti licenciati mihi suggesserunt, quomodo vos et fratres vestri celebratis conventicula in cameris clausis docentes et annunciantes verbum dei extraneis, inter que eciam nonnulla minus bene salita et indiscreta perferuntur' etc. etc. Expedire proinde, ut hujusmodi collaciones fierent in locis apertis et magis publicis, ubi multi possent adesse, audire et discutere ut in ecclesia vel alio loco publico. Adesse eciam aliquos de vestris[c] fratribus qui[d] assiderent et probarent, quid diceretur etc. neque eciam indifferenter permittere indiscretos et nondum probatos facere collaciones. Fieretque in loco quodam solempni utsupra una tantum collacio per unum assidentibus

---

a) C 42'.   b) Hdschr. patis.   c) sic.   d) Vor qui durchstrichen assidentibus.
1) April 12.

reliquis et alio tempore per alium sicque circuiret in orbem etc. Super 1491. que respondentibus nostris et illi quedam conscripta de hac materia tradentibus ipsi legit. Quibus lectis et eorum responsis auditis placidius respondit: ‚Bene. Confido de vobis, quod bene ordinabitis nostra intellecta voluntate'. Sicque recessum est. Nobis ergo pro hac causa in unum convenientibus et prout contra disputantibus placuit sic moderare pro primo, ut in majori camera fieret collacio per unum apertis januis principaliter. Et si ad alias cameras venire placeret aliquibus, non prohiberentur similiter ibidem aliqua bona apertis tamen cameris, donec melius deliberaremus, audituri. Intera* deliberato et cautius masticato negocio, ne videremur declinare nostro judicio a tanti viri nostri s[cilicet] prelati mandato b, cui merito obedire, eciam si rem grandem nobis dixisset, deberemus, placuit seniori concipere humilem supplicacionem et eciam ex parte informationem et mittere domino, per quam meliorem et finalem ejus possemus animadvertere intencionem. Cujus tenor infra ponitur.

Quam misimus ei per nostros in eadem ebdomada sequenti sabbato. Qua lecta respondit, se nolle destruere opus illud set tenere istam supplicacionem et ostendere accusatoribus et audire, quid ad hec dicerent, et revocatis nostris denuo annunciare. Se ipsum autem esse contentum, quod apertis januis collaciones continuarentur.

Supplicacio presentata gracioso nostro episcopo Hildensemensi sabbato[1] post dominicam Misericordia domini anno quo supra XCI.

Supplicant humiles fratres domus fratrum b. Marie virginis tom Luchtenhove prope et extra muros civitatis Hildensem, cappellani gracie vestre, quatinus illis liceat ut prius conversari et collacionari cum scolaribus et clericis visitantibus non obstante denunciacione ipsis in proximo intimata forte melius per presentes informanda. Hunc enim simplicem modum nemini injuriosum tenuimus jam ultra quinquaginta annos nunc pluribus nunc paucioribus ad nos confluentibus scolaribus, prout semper moris fuit a patribus nostris nobis relictum. Quorum eciam pecunias ipsorum vel suorum curam habentium c peticionibus custodire solemus. Qui eciam scolares pro majori parte fratrum nostrorum sunt compatriote, scientes hunc morem esse patrum et fratrum nostrorum maxime in inferioribus partibus, quorum provocacione vel emulacione sequuntur alii quamdiu ipsis placet, quando non placet, dimittunt. Quia ergo non habemus

---

a) C 43. b) mandato *Zusatz am Rande.* c) *Hdschr.* habentibus.
[1]) *April 23.*

1491. pronunc spacium vel locum aptum neque sub tecto neque sub divo omnes hujusmodi adventantes recipere valentem set neque ecclesiam nostram, placeat, humiliter rogamus, ut hujusmodi hactenus perseveret modus pristinus cum condicione adjecta, si utique requiritur, ut in cameris illis. ubi fit collacio notabilis, stent amodo harum janue aperte, ut omnes valentes possint accedere, intrare vel de foris stare in transitu et audire. Parati eciam sumus corrigi vel institui, quid vel quomodo sive qualiter dicendum sit vel eciam a quibus nobis temperandum vel omnino tacendum.

Eciam[a] si gracie paternitatis vestre videretur ab hujusmodi scolarium collacione omnino fore cessandum, non abnuimus, set sufficit nobis huc usque laborasse, licet cum nostris dispendio et dampno. In quibus eciam nonnulli de nostris ita sepissime tedio afficiuntur, ut omnino supersederent, si consciencia et patrum nostrorum consuetudo vel institucio non obsisteret, quemadmodum pronunc in presenciarum est sentire. Nonnullis hanc consuetudinem in aliam nobis ignotam interpretantibus partem.[b] — —

Mirandum tamen, quod tam maturi gravesque docti viri licenciati etc. hunc nostrum cum pueris ludum adeo sibi ipsis attrahunt, ut dignentur vel cogitare vel se ipsos hiis occupare, ne dicamus querimoniam inde facere, quin eciam clientulorum ipsorum admonicionibus piis auscultare et que non licent emendare parati simus[c]. Quid enim congruencie habet pugnare gladio, ubi triumphare poteris virga?

Attamen ad hujusmodi scolarium negocia numquam defuerunt neque desunt nobis exhortatores, promotores et fautores, viri non contempnendi et eum timentes, cui bona cuncta placent. Quod et speramus, desideramus et rogamus a vestre excellencie dignitate et gracia'. Finit.

Post hanc peticionem episcopo Hildensemensi presentatam nichil percepimus nec ulterius requisiti fuimus. Quin, prout post patuit, ad multorum dominorum manus devoluta fuit et major licencia visitandi collaciones scolaribus per rectorem in summo data fuit. Benedictus dominus.

Eodem[d] anno etc. XCI misso ad colloquium Monasteriense fratre Gerhardo Goch cum socio desideravimus a patre domino Jaspero Daventriensi et Tymanno Monasteriensi patre, quatinus illo in anno tempore sibi congruo domum nostram visitare dignarentur ante tamen Galli[1] confessoris adminus. Patre itaque Daventriensi nimis aliis negociis

---

a) *C 43'.*   b) *Es folgen zwei theils durchstrichene theils überklebte Zeilen.*
c) *sic.*   d) *C 41'.*
1) *Oct. 16.*

occupato pater Monasteriensis consensit, qui et ipse prepeditus tandem 1491. circa assumptionis[1] assumpto secum socio patre Hervordensi aggressus iter versus Hildensem arripuit et usque ad Molenbek venit. Ubi audiens, ducem Hinricum Brunsvicensem diffidasse civitatem Monasteriensem et eciam clerum etc. et nimiam aquarum habundanciam inesse viis et maxime quia vector noluit ulterius proficisci, nisi eum indempnem servare vellent cum equis etc., missis[a] ad nos litteris excusatoriis racionabiliter rediit, qua venerat via.

Misimus[b] et patri in Hamersleve litteras, ut dignaretur visitare nos, sicut quondam semel fecerat. Qui et ipse rescripsit, non posse ante Christi nativitatem[2] facere, et, ne negligencia fieret sua, sic alium assumi, alioquin libenter se velle facere. Misso igitur ad patrem dominum[c] Johannem Dusseldorp rectorem domus fratrum in Magdeborch, qui tamen ad Hildensem pro sue[d] domus negociis venturus erat, ut citius veniret et in via versus Richenberg declinaret et patri ibidem priori litteram nostram presentaret, ut circa idem tempus ante Galli[3] ipsi duo simul convenientes ambo in Hildensem constituerentur ad visitandam domum nostram, quemadmodum et factum fuit. Habuimus enim voluntatem patris prioris de Richenberg, qui vocatus veniret ad nos in casu, quo prior de Hamersleve non posset ad hoc vocari. Et ideo misimus prius ad patrem de Hamersleve, quoniam ipse nos olim visitavit et ipse adhuc in vita fuit, alii autem visitatores aut mortui fuerunt aut resignaverunt. Noluimus enim sine racionabili causa faciliter[e] mutare visitatores, ne fideles invenirentur, qui dixerint, quoniam levitate nostra nec illum nec istum, assumimus visitatores nobis placencia dicentes etc.

Venientibus autem predictis duobus patribus aggressi sunt actum visitacionis sabbato[4] ante Galli quo et aurea missa tenebatur in summo. Et prohemio ad fratres constitutos sedentes in terra cum visitatoribus similiter in terra sedentibus sive super pavimento in refectorio primo a priori facto senior ex ejusdem et cum ejusdem voluntate eciam prius prehabita secundum hunc modum cepi loqui ad communitatem: ‚Expedire videtur, karissimi patres et fratres, mihi presenti visitacione plus necessarium, ut provideatur quandoque domui huic de seniore ydoneo qui in propria persona negocia domus expedire valeat, maxime extra domum de prope vel de longe, et comparere coram dominis prelatis et visitare suis temporibus colloquia patrum, sicut mos est aliorum patrum.

---

a) *Hdschr.* missa. b) *C 42.* c) *Vor* dominum *stehen geblieben* de, *dazwischen durchstrichen* Hamersleve. d) *Hdschr.* sui. e) *Vor* faciliter *gestrichen* non.
1) *Aug. 15.* 2) *Dec. 25.* 3) *Oct. 16.* 4) *Oct. 15.*

1491.   Amoto homuncione hoc tantillo contemptibili imperito sermone maxime
vulgari et confecto senio, qui magis in dedecus glorie et honoris dei ac
filiorum ejus hactenus locum hunc occupavit cum paciencia forte non
paucorum annis XV. Qui licet hec a semetipso vel contra se ipsum
veritate non humilitate cogente dicat, ab alio tamen sibi hec dici superbia
dominante equo animo non ferret.

Et quod hoc idipsum quocitius sic fieret congruat, urget hoc ipsius
non suave suum senium, cujus incommodo pulsatus non nullociens desiderat
et orat dierum suorum finem. Quo in brevi, ut sperat, obtento oportet
nichilominus iterum convocatis visitatoribus idipsum sic fieri.

Parcatur proinde iteratis expensis, convencionibus, distractionibus,
rumoribus inanibus et occupacionibus superfluis quibus in voto est magis
latere quam apparere et* redimere hac unica visitacione presenti hujusmodi jacturam. Item deficit in auditu, quod plurimum obest confitentibus,
set et ipse non est bene contentus de hoc in sua consciencia.

Item ut cyfra presidet nomen tantum habens, fratres autem officiales
pro eo negocia ejus agunt, ipsi ejus sunt pedes, oculus, manus, aures et
eciam os intra domum, maxime autem extra domum. Et videmur habere
duos patres in domo, quod non expedit pro pace fratrum. Ad^b quod
ergo hujusmodi diucius locum hunc occupat? Hiis scriptis, dictis et
verbis executus nullus sequebatur effectus etc. etc. Ex predictis igitur
satis apparet, quam tempestive oportet cogitare et providere de visitatoribus.
Nam in preteritis temporibus visitacio fieri solebat ante Michaelis[1].

Anno^c d[omini] XCI in die sante Cecilie[2] obiit in Eeldagessen
dominus Hermannus Rintelen frater primus et de primitivis domus nostre
in Hildensem.   Ipse cum Petro Dieppurg primus fuit frater receptus,
ipse primus presbiter, quem dominus Bernardus in socium sibi ordinari
fecit. Industriosus fuit in omnibus ad domesticam curam spectantibus.
Fuit aliquando cocus, diu et sepe procurator et nichilominus officium
gessit scripturarie. Utilis valde domui in tantum, ut eo non habito vix
domus in esse suo opinione pene omnium perseverasset. Omnibus
proinde aptus, pacificus, mores aliorum eciam quorumcunque infirmorum
vel perversorum dissimulanter tolerando, multum laboravit, multum scripsit
non minus aliis qui nullum habebant officium. Dilectus omnibus et
jocunde semper maturus, semper occupatus et secundum disciplinam
incedens. Scriptura ejus etsi non excellens tamen competenter valens
correctione non indigebat, ita provide et correcte scribebat.

---

*) C 42'. b) Hdschr. Ut. c) C 44.
1) Sept. 29. 2) Nov. 22.

Ipse fuit primus novicius ad nos de scola Hildensemensi assumptus **1491.**
per primum fratrem nostrum Godfridum conversus, a deo electa et ydonea
secundum exteriorem hominem persona in omnibus absque defectu cum
longis et glaucis super humerum defluentibus crinibus, quem, si vidisses,
civem notabilem vel curialem judicasses. Ideoque nisi singulari dei
ordinacione et inspiracione ad nostram |domum|* humilem et abjectam,
ymmo eciam adhuc in Hildensem ignotam et instabilem, quia nondum
habuimus manentem in Hildensem locum, nullo modo declinasset, quem
eciam locum et vitam sua conversacione et morum honestate multum
provexit et ornavit non sine temptacionibus humanis ad alia loca suadentibus locum suum deserendo exhortacione et instigacione quorundam, ut
in talibus fieri assolet. Adjuvit autem eum ad perseverandum, quia non
magno fuit litterature, que ignorancia eum non effugit set semper apud
ipsum **b** utputa sagacem virum permansit ac humiliorem, benigniorem et
ad omnia alia apciorem reddidit, ut tam fratribus quam omnibus extraneis
graciosus et amabilis esset frater decorus facie, dulcior conversacione,
sincerus in factis suis, sine omni fastu superbie vel fictione, nullam
abhorrens laborem aut laboris vilitatem. „Non pudebit dicere vilitatem
meam‘, ego institutor ejus verbis instruxi. Ipse autem moribus et exemplis,
qualiter faciendum sit, mihi non parvam normam verecunde subministravit.
Quia non fuit magnus clericus, quedam humilia puncta et edificatoria
retinuit et sepe interrogatus in collacionibus dixit utputa de sancto Stephano:
„Hanc intencionem fecit amor dei contemptus sui‘ etc. Item ex omelia
XXI beati Gregorii de Romula. Erat quippe mire obediencie, summe
paciencie, custos oris sui ad silentium, studiosa valde ad continue oracionis studium. Hec in omelia de divite epulone et similia de festis puncta
alia etc. Que plus conversacione deprompsit quam sermone etc. Circiter
quinquaginta annis frater fuit. Ad **c** XVII annos vel circiter sorores in
Eldagessen rexit, alios annos continue in vita communi clericorum attrivit.
Non autem insistendo vel anhelando, ut heu plerisque moris est, ad
sorores pervenit regendas, ad quas, ut nonnullociens ab ipso audivimus,
oportunitate adveniente nullum sensum habuit, quin periculose ipsarum
confessores stare intente affirmabat, ita ut nunquam credidisses hujusmodi
ad sororum regimen vel confessiones audiendas pervenisse vel durasse.
Attendant ergo juvenes, quam attrective aut illective sint virginum aut
sanctimonialium carnes, conversaciones aut colloquia. Quamquam hic vir
continentissime cum illis conversabatur et eciam nonnullas abusivas
exorbitaciones ibidem correxerit, eandem intentam sollicitudinem, quam

---

*) domum *fehlt in der Hdschr.* **b**) ipsum *am Rande.* **c**) *C* 44'.

1491. prius pro domo nostra gerebat, ex toto convertit ad domum illam sororum. Ipse est primus frater de receptis nostris, qui ad patrum, priorum regularium et sorornm illarum instanciam legittime et cum maturo consilio et concordia ad hoc positus est regimen, quamquam sepe in preteritis temporibus ab antiqua matre temptatus, rogatus et exhortatus fucrit ad hoc ipsum regimen, non obstante confessore et rectore domino Johanne Loff fratre Monasteriensi, qui protunc adhuc in valore fuit[1], et nil aliud quam perpetuum ibidem suum domicilium possidebat, quemadmodum etc. et factum est. Qui cum senio vel infirmitate debilitatus ad quandam[a] puericiam declinaret ac perinde ad mortem, dux Fredericus[2] disponebat illis sororibus preficere prepositum secularem more aliarum monialium, qui et ipsi duci et nihilominus sororibus redderet que deberet, nec defuit secularis, ne dicam pomposus vir magne sciencie et fame non ignote, qui ad hoc officium anhelaret, quia fuit cancellarius[3] ejus domini ducis. Que si effectum habuissent, illa domus destructa ad nichilum redacta fuisset. Novella enim erat et pauper et humilis hujusmodi preposito omnino inydonea. Que fama cum ad aures venisset sororum earumque visitatorum, patrum s[cilicet] regularium, valde sollicite timuerunt et omnibus modis cum predictis patribus, priore de Wittenborch et Molenbek egerunt, ut hoc negocium adhuc vivente domino Johanne primo eorum patre cassaretur. Quod et factum est hoc modo. Idem patres venerunt Hildensem ad dominum Lambertum tercium domus nostre rectorem rogantes et instantes, ut dominus Hermannus huic operi aptus pro primo non concederetur sororibus, ne vacare videretur locus. Erat enim vir ille Hermannus satis bonus in multis consiliarius. Et consensum obtinuerunt, ut illac concederetur. Quo ibidem manente obiit dominus Johannes Loff primus earum rector infirmitate invalescente. Mansit autem dominus Hermannus, donec previderetur sororibus de alio confessore. Ipse autem interim noluit esse rector earum neque dici set tantum vices gerere se dicebat rectoris eligendi. Factaque est longa hujus electionis vel pocius inquisicionis mora ad annos aliquot, donec[b] experiencia edocte sorores cognoscerent, se meliorem forte non posse acquirere. Sicque tandem ex utraque parte sororum et domus nostre ratum gratumque habebatur visitatoribus earum consulentibus, ut rector et confessor ibidem perseveraret. Quod et factum est usque ad mortem ejus. Hanc autem ejus difficultatem posicionis ad sorores ideo posuimus, ut, si contingeret, quod absit, aliquem

---

a) *Hdschr.* quendam..   b) *C 45.*

[1]) *Vgl. S. 64.*   [2]) *Herzog Friedrich (der Unruhige) von Calenberg 1482—95.*
[3]) *Wahrscheinlich Heiso Grove, vgl. Krusch, Ztschr. d. Hist. Ver. f. Niedersachsen 1893 S. 212.*

iterum ibidem reponi pro rectore de nostris, per omnia teneat exemplum 1491.
hoc pretactum, invitus faciat et in tali necessitate et inductus per tales
viros ymmo requisitus et rogatus et persuasus sit et illius etatis, s[cilicet]
quinquaginta annorum etatis et tot annis, ut supradictum est, laudabiliter
steterit et conversatus fuerit in congregacione clericorum, adde sic
probatus per prospera et adversa.

Anno* domini XCII feria IIII* que fuit 14¹ kalendas Maji im- 1492.
mediate ante cenam² domini ultime ebdomade pasche consecravit nobis
in domo nostra venerabilis vir dominus Johannes suffraganeus et vicarius
in pontificalibus reverendorum episcoporum Hildensemensis et Myndensis
duo altaria portatilia aliqualiter magna, unumquodque eorum singulariter
in honore sancte et individue Trinitatis, beate Marie virginis et Omnium
sanctorum, hoc sunt patroni singulorum, tribuens singulis hujus domus
fratribus legentibus ante ea antiphonam cum collecta de eisdem patronis
vel coram unoquoque eorum unum pater noster et Ave Maria de
unoquoque altari⁵ XL dies indulgencie. Totidem dies indulgencie dedit
legentibus singulis ante domunculam venerabilis sacramenti vel antiphonam
,O sacrum convivium⁴ cum collecta de venerabili sacramento. Totidem
et indulgenciarum dies similia legentibus ad monstranciam dedit eodem
tempore sive pater noster, Ave Maria sive antiphonam ,O sacrum convivium⁴
cum collecta sua in die consecracionis eorundem s[cilicet] domuncule in
qua⁶ monstrancia stat, set et ipsam monstranciam, que ambo consecravit
die quo supra.
. . . . [la]teribus⁴ altarium portatilium et sufficeret et suis temporibus
renovarentur. Et sic factum est. Set et indulgencie non sunt limitate
ad fratres nostros tantum set ad omnes indeterminate diffuse, quia postea
eundem consulentes suffraganeum optavimus sic extendi, et libentissime
assensit. Set et sufficit, ut legatur unum pater noster et Ave Maria
pro optinendis indulgenciis supradictis omissis suffragiis de patronis.
Anno d[omini] XCII in estate posuimus pavimenta gipsea, vulgariter
esstrik van spercalk, in lobio magne domus super cameras fratrum super
dormitorio. Et similiter alia adhuc pavimenta ejusdem materie super
lobium alterius domus apud aggerem propter vermes siligineas extirpandas.

Anno d[omini] XCIII circa purificacionis³ eodem tempore, quo et 1493.
bellum magnum cum magno periculo utriusque partis, captivitate,

a) C 45'. b) altari am Rande. c) Hdschr. quo. d) C 46. Das Vorhergehende fehlt, da die untere Hälfte von C 45' weggeschnitten ist.
¹) April 18. ²) April 19. ³) Febr. 2.

1493. vulneracione et occisione alterutrorum, Hildensemensium ex parte civitatum stagnentium et ducis Hinrici obsidentis civitatem Brunsvicensem factum fuit, obtinentibus Hildensemensibus campum [1], fecimus altaria portatilia, que ambo consecrata fuerunt anno precedente utsupra [2], poni superius in transitu in ecclesia, unum supra altare martirum et aliud supra altare confessorum dispositis ibidem et aptatis asseribus locis congruis pro legendis ibidem missis, cum necessarium fuerit, et tanta cara fuere tempora, ut magistro hec facienti [a] I solidum dederimus in die, cui aliis temporibus dare consuevimus II ½ solidos vel III solidos integros. Unum modium siliginis emebatur pro XVIII solidis et amplius, aliquando pro talento. Pro magno habebatur, qui potuit habere modium unum pro XV solidis vel circiter. Et omni die dedimus ad januam domus nostre elemosinam omni advenienti, quorum extendebantur communiter numerus ad sexcenta, aliquando minus plusve, inter quos fuerunt pueri circiter trecenti, demptis adhuc [b] aliis pauperibus, quibus singulariter dabatur singulis a fratribus singulis vel seniore.

Et certe cum forte vix pro nobis fratribus suffecissent frumenta nostra, mirantibus nostris et extraneis hec videntibus et audientibus dominus secundum verbum suum auementavit in furno, in loco et ubi sibi placuit, ut nobis necessaria non deessent, ‚Date‘ [3] et dabitur vobis‘ etc. ‚Domine‘ [4] adauge nobis fidem‘, ut, sicut indubitanter crederimus verbis illis: ‚Hoc [5] est corpus meum‘ etc. ‚Hic [6] est calix sanguinis‘ etc., ita credam verbis istis: ‚Date‘ [3] et dabitur vobis‘ etc. ‚Omni‘ [7] petenti te tribue‘. Verum pro me modice fidei dubitavi paulisper set experimentaliter videns domini largitatem resumpsi fidem majorem et dissimulavi confidenter habenas largiter admittens fratribus ad elemosinas inclinatis.

In supradicto circa purificacionis [8] bello voverunt Hildensemenses congressuri cum duce sabbato sequenti velle omnes in pane et aqua jejunare. Hoc sabbatum tunc occurrit XIIII [9] kalendas Marcii post Valentini [10]. Nam IIII [a] feria [11] immediate precedenti commissum fuit bellum [12]. Tunc et nos omnes in terra sedentes jejunavimus illo sabbato in pane et aqua, nichil aliud commedentes vel bibentes nisi quod aqua illa, quam bibimus tam in prandeo quam in collacione, fuit bulita cum pane, sale addito modico melle propter nauseam tollendam.

---

a) *Hdschr.* faciente.   b) *C 46'.*

[1]) *Gefecht bei Blekenstedt am 13. Febr. 1493 (vgl. Henning Brandis' Diarium S. 119—123 und S. 271).*   [2]) *Vgl. S. 131.*   [3]) *Luc. 6, 38.*   [4]) *Luc. 17, 5.*   [5]) *Luc. 22, 19.* [6]) *Luc. 22, 20.*   [7]) *Luc. 6, 30.*   [8]) *Febr. 2.*   [9]) *Febr. 16.*   [10]) *Febr. 14.*   [11]) *Febr. 13.* [12]) *Vgl. Anm. 1.*

Anno* d[omini] etc. XCIII feria VI[1] ante Michaelis V kalendas 1493.
Octobris in colloquio nostro ibi habito propositum fuit et conclusum
omnibus ibidem consencientibus, quod in festo sancti Augustini[2] episcopi
teneremus decetero historiam ejus s[cilicet] ‚Letare mater nostra Jherusalem‘ etc., set in ejus octava teneremus ex communi, sicut tenet ordinarius
in die ejus.

Item ibidem similiter conclusum fuit, quod in festo concepcionis
s. Marie[3] virginis teneatur tota ejus historia, que dici solet in festo
nativitatis[4] ejus mutatis nominibus nativitatis in concepcionis secundum
revelacionem ejusdem beate Marie virginis, ut legitur in historia im-
posicionis ejusdem festi.

Anno etc. XCIII fecimus fundi de auricalco puro duas ymagines[b]
crucifixi domini inclusis inibi reliquiis Maurorum forte, quas fecimus
consecrari vel benedici IIII[5] idus Octobris ab episcopo, qui dedit omni
se devote cum ea signanti XL dies indulgenciarum. Quarum una pendet
ante fores ecclesie nostre.

Anno eodem in vigilia[6] Omnium [sanctorum[c]] missis duobus fratribus
ad graciosum dominum nostrum Bertoldum episcopum Hildensemensem
premissa supplicacione super predictas concepcionis beate Marie et dicti
Augustini historias servandas impetravimus licenciam in castro Sturewoldis
subscribente ipso manu propria cum adjecta tamen condicione, quod
festum reliquiarum beate Marie semper virginis adventus servetur in
octava[7] concepcionis, eo quod iste dignissime beate virginis reliquie sint
occasio motiva fundacionis Hildensemensis ecclesie.

Anno eodem XCIII circa festum Omnium sanctorum[8] fecimus fieri
istum lapideum caminum in ultima camera ab hospitaria versus meridiem[d].

Anno* domini 1496 post visitacionis[9] misit ad nos graciosus dominus 1496.
Theodericus Arndes episcopus Lubicensis ac decanus ecclesie majoris
Hildensemensis litteras supplicatorias pro confessore concedendo sororibus
in Plocn, de quo multum fuerunt fratres consternati varia pensantes.
Et quia racione decanatus fuit collator altaris sancti Anthonii, timuimus
eum offendere, ne exacerbatus conferret alteri et sic privaremur omni juri

---

*) *C 48'; die vordere Seite des Blattes leer.* b) *Hierzu hinter* indulgenciarum *Zusatz:* Ponderantes circiter VI ℔. c) sanctorum *fehlt in der Hdschr.*
d) *Hier schliesst Dieppurchs Hand ab, er starb 1494, vgl. Nekrolog unter Peter
und Paul.* e) *pag. 187.*

1) *Sept. 27.*   2) *Aug. 28.*   3) *Dec. 8.*   4) *Sept. 8.*   5) *Oct. 13.*   6) *Oct. 31.*
7) *Dec. 15.*   8) *Nov. 1.*   9) *Juli 2.*

1496. conservatorii, quo nunc gaudemus. Tandem post varios tractatus consensimus et misimus illuc fratrem nostrum dilectum Hinricum Gottingen
satis providum et honestum in moribus, ut probaret ad tempus aliquod.
Qui licet fuerit valde difficilis ad hoc et vix posset induci, acquievit
tamen resignans se ordinacioni divine, reservans sibi facultatem redeundi,
si videret sibi posse obesse ad salutem anime vel corporis. Quem utique
semper volumus recipere cum omni caritate, quandocunque rediret et
solitam fraterne dileccionis bonitatem impendere cum graciarum actione,
quod sic posuerit animam suam pro fratribus in casu tali, ubi nobis
evenire magnum periculum et indignacio dominorum nostrorum posset.

1497. Anno domini 1497 in die sancti Blasii [1] venerabilis dominus Johannes
episcopus Misznensis in pontificalibus, vicarius generalis domini nostri
domini Bartoldi episcopi Hildensemensis ac administratoris Verdensis
ecclesie, dedicavit nobis duas tabulas, videlicet altaris beate Marie ac altaris
virginum in capella, ac ymaginem beate gloriose virginis in sole et luna
sub pedibus stantem supra gradum, quo ingreditur chorum, ac ymaginem
sancti Judeci regis et duas alias imagines pertinentes capelle in Segest,
videlicet beate virginis Marie et sancte Lucie virginis, conferens omnibus
dicentibus Ave cum collecta aut dominicam oracionem coram eis de
qualibet ymagine XL dies indulgenciarum.

Anno domini 1497 nativitatis [2] Christi dominus abbas [3] de Marienrode
cum suis patribus redemerunt annuos redditus quatuor florenorum, reddentes nobis centum florenos Renenses in auro, quos honorabilis vir dominus
Bertramus Standenbeyn illuc locaverat, qui dicti redditus 4 florenorum
dantur pauperibus pro salute anime ejus parentumque suorum.

1496. Anno domini 1496 in adventu [4] domini concepcionis affectuosissime
insteterunt prekarissimi fratres nostri in Cassel, privilegia domus nostre,
quibus ipsi inniterentur, per verum transsumptum judicialiter executum
sibi transmitti. Quod cum omni diligencia fecimus multis laboribus et
expensis, et in vigilia [5] ascensionis domini anno 1497 presentavit rector
in propria persona eis transsumpta et pater Casselensis ac fratres sui
plene solverunt omnes expensas et exposita cum omni caritate et graciarum accione.

1497. Anno [a] domini 1497 infra Viti [6] et Johannis [7] reparavimus fontem
nostrum magnum ad pristinum modum, sicut prekarissimus frater noster

---

[a] *pag. 188.*
[1] *Febr. 3.* [2] *Dec. 25.* [3] *Heinrich Polman, vgl. Lüntzel, Geschichte der
Diöcese und Stadt Hildesheim II S. 666.* [4] *Nov. 27.* [5] *Mai 3.* [6] *Juni 15.*
[7] *Juni 24.*

Thomas fecerat anno 1479 [1]. Nam anno elapso scilicet 1496 nova quedam **1497.** ars hauriendi aquas fuit facta in Carthusia, quam eciam voluimus habere propter multam commoditatem, quam sperabamus ex ea consequi, scilicet quod faciliori modo hauriretur et nulla pericula deberent fieri, quia fons obstruebatur et claudebatur grandi lapide, set contraria omnia invenimus. Aqua enim ex obstructione corrumpebatur, insuper et lignum quercinum et cathena aquam nimium inficiebant, quod pene omnino inutilis efficiebatur. Insuper et hiemali tempore cathena congelabatur, quod non potuimus haurire. Ideo concluserunt fratres capitulariter, ut reformaretur juxta primum modum non attento dampno et derisione hominum, qui puerili curiositasi nobis asscribebant. Talia dampna plura tunc temporis passi sumus cum mola synapis et cubratorio[a], de quibus magnum emolumentum et levem laborem sperabamus habituros et contrarium invenimus, s[cilicet] maximum laborem et quasi nullum fructum. Ideoque de cetero simus cautiores et non faciliter credamus relatoribus novorum set maneamus in terminis, quos patres priores tenuerunt, nisi esset ars ita evidens et realiter comperta per alios, quod careret omni suspicione sinistra.

Item [b] anno domini 1502 feria quinta [2] post penthecostes purgaverunt **1502.** fratres cloacam set non eo modo. sicut superius [3] scriptum est, scilicet per fenestras sive januas illas, set foderunt magnam copiam glebe et illam novam fossam repleverunt stercoribus cloace. Fossa ista nova est quasi in medio orti nostri circa aggerem infra ecclesiam et ligatorium et habet XXIIII pedes in longitudine et totidem in latitudine et decem pedes in altitudine sive profunditate. Cloaca vero fuit mundata cum magnis et multis laboribus et fetoribus. Levati enim erant asseres superiores et sic per schalas fratres descendentes inferius repleverunt tinas et alia vasa lignea stercoribus, et alii quidam illa in altum trahentes portaverunt ad fossam illam magnam circa aggerem, de qua supra[4]. Et ideo scriptum est, ut sciant posteri, qualiter ipsi facient. Caveant eciam fratres cum magna diligencia, ne proiciant per foramina femoralia, gramina aut fenum, quia inventa fuerant interius ultra centum femoralia. Eciam bene extraxerunt quasi plaustrum feni, et ne cuiquam incredibile videatur, sciant posteri nostri, cloacam esse valde profundam. Habet, sicut scriptum est[3], XXVI pedes in altitudine profunditatis et extraximus ultra centum plaustra stercorum, sicut oculis nostris vidimus et manus nostre tractaverunt. Item eodem anno edificavimus istam magnam novam

---

1502. domum habentem XVI span, in qua structura fratres fecerunt magnam diligenciam et laborem, et incepimus in jejunio in profesto[1] beati Gregorii pape et tectum fuit erectum in die translacionis sancti Godehardi[2], que fuit vigilia ascensionis domini. Item eodem die, scilicet in profesto beati Gregorii, venit ad domum nostram totus consulatus Hildensemensis antiquus et novus cum viginti quatuor senioribus[a] sive viris, quorum primus fuit magister civium illius anni Henningh vamme Haringk, vir discretus et maturus, qui reverenter interrogavit seniorem domus tunc temporis: ‚Pater. Domini mei libenter scirent, quid hic intenditis edificare'. Cui S[enior] humiliter respondit: ‚Honorabiles domini. Jntendimus hic edificare ligneam domum et prolongare dormitorium nostrum, ne fratres hinc inde circa plateam dormiant'. Quod responsum approbaverunt et plura alia interrogaverunt et consilio inito finaliter dixit proconsul: ‚Pater. Domini mei de consulatu pronunc non sciunt consulere, utrum structura vestra sit civitati nostro prejudicialis et contraria'. Cui Senior: ‚Egregie proconsul. Non intendimus dominis nostris de consulatu aut civitati vestre cum structura nostra sive in aliquo esse contrarii'. Ad hec proconsul: ‚Hoc eciam speramus'. Quibus dictis recesserunt processionaliter bini et bini per magnam portam curie nostre et amplius non sunt nobis locuti, et perfecimus structuram nostram in nomine domini. Fuerunt quidam ficti amici nostri, sicut postea percepimus, qui suggesserant consulatui, quod vellemus edificare magnam lapideam domum, et ista occasione intraverunt domum nostram ad videndum. Domini de consulatu et XXIIII viri bene fuerunt contenti de structura nostra, set communitas et Hans de man volebant isto anno regere civitatem et compulerunt ad hoc[b] consulatum, ut irent ad domum nostram, ad Cartbusiam, ad Zultam, ad sanctam Mariam Magdalenam etc. Item precedenti anno[3] tota civitas fuit commota contra Carthusienses propter quandam ligneam domum, quam volebant edificare. Episcopus, capitulum et consulatus volebant, quod deberent edificare, et communitas et Hans de man omnino nolebant. Et communitas prevaluit contra episcopum, capitulum et consulatum et facta fuit magna turbacio. Ergo sint cauti posteri nostri.

1505.   Item[c] anno domini 1507 edificavimus primam partem domus nove circa plateam et pro ista structura fuerunt exposita D ℛ, sicut collegimus in diversis registris nostris. Anno vero domini 1513 continuavimus eandem a magna porta usque ad finem vel minorem portam.

---

a) *pag. 192.* b) *pag. 192ª.* c) *pag. 192ᵇ.*
[1] *März 11.* [2] *Mai 4.* [3] *1501.*

Anno[a] domini 1546 decima die mensis Februarii[1] omnes simul 1546. vocati fuimus ad domum consilii, set ex consilio decani solus procurator et scripturarius[b] iverunt. Erant tunc ibidem etiam ex omnibus collegiis et monasteriis bini et bini. Quibus singulariter advocatis et expeditis dixit nobis proconsul Tylo Brandius astantibus valde multis viris: ,Cum omnes vocati fueritis, fratres, cur soli duo comparetis?' Respondimus, non ita intellectum esse a nobis, set nec omnes fratres esse domi etc. Tandem subjunxit proconsul: ,Hec est ergo causa advocationis vestre, ut subdetis[c] vos consulatui, ordinantiam acceptetis, renunciantes papalibus et episcopalibus privilegiis etc. vel rebellem patrem vestrum sequamini' etc. Respondimus, nos semper obtemperasse consulatui in multis et magnis contributionibus, in mutatione habitus, omissione divinorum etc. aliorum. Peteremus humiliter propter deum, ultra hec nos et conscientias nostras gravare nolint. Emissis ergo nobis diutissime colloquebantur et tandem revocatis dixit proconsul: ,Honorandi fratres, damus vobis tres dies ad deliberandum, post quos omnes simul revenietis huc. Indicta igitur die introducti simul petivimus ut supra et emissis nobis post[d] longum colloquium emiserunt Berwardum Haken, Laurentium Stofregen, Cordt Hannen et Conradum Sluter notarium. Qui advocantes upt welfte Casselanum diutius examinaverunt, deinde Arnoldum et singulos alios secundum ordinem, suadentes singulis juxta primo propositas condiciones subditionem consulatui et abnegationem episcopi etc. Ad quod seniores valde difficiles erant perpendentes pericula domus. Nam intentum consulatus fuisse dicebatur, ut facerent de ea collegium studentium, collocantes illuc redditus et proventus aliorum cenobiorum et collegiorum.

Decima sexta Februarii[2] miserunt ad nos bene duodecim viros ex consulatu, ampten et gilden cum Conrado Sluter et Rickeling, scribis et notariis, et convocatis omnibus fratribus legerunt litteram, cujus effoctus erat, quod conclusum esset a consulatu et omnibus suis, ut singulis monasteriis preficerentur bini boni viri de civibus, qui superintenderent rebus et bonis, ne aliqua deperirent etc., coram quibus fieret plenaria computatio singulis diebus dominicis omnium receptorum et expositorum. Nobis igitur Balthazar Deventer et Brant Stavorden deputaverunt. Qui prestito juramento coram notario et omnibus promiserunt fidelitatem ipsis et nobis. Et per biennium fideliter servieruut, ut patet in sequenti[e] registro ipsorum.

---

a) *C 15 auf eingeklebtem Blatte.* b) *Hdschr. scripturarius.* c) *Hdschr. subdatis.* d) *C 15'.* e) *nicht mehr erhalten, da in der Hdschr. die Blätter C 16 bis C 23 fehlen.*
1) *Febr. 10.* 2) *Febr. 16.*

1546. Die 14 mensis Martii compuleruut nos ad consensum, ut daremus singulis annis viginti florenos pro sustentatione doctoris superintendentis, set deo gratie nihil inde secutum est.

1548. Anno 1548 feria quinta[1] post dominicam Letare liberaverunt nos ab illis duobus prepositis, registrum, copiale litterarum et claves reddiderunt etc.

Contributiones[a] et exactiones nostre.

1512-22. Anno domini 1512 dedimus consulatui Hildensemensi viginti plaustra lapidum nostrorum, quos convehi fecimus per estatem ad structuram domus apud plateam, veneruntque ad fortalicium retro furuum laterum[2] contra Carthusiam.

Anno domini 1513 dedimus consulatui viginti florenos in auro ad fortalicium Hagendores, insuper cementarios nostros abstulerunt, ad sua opera coegerunt. Nos autem, ne opus structure nostre impediretur, quinque alienos de Hannover[b] conduximus cementarios, quos nihilominus singulis hebdomadibus duos dies sibi cooperari compulerunt sub nostris expensis.

Anno 1514 triginta talenta minora ad fortalicium Osterdores.

Eodem anno etiam triginta talenta ad aggerem et fortalicium Niendores.

Anno 16 30 punt[c] ad fortalicium retro cenobium sancti Godehardi.

Anno 17 30 punt ad fortalicium retro molendinum ibidem.

Anno 19, quando episcopus obsedit Calenbergh, dedimus consulatui centum florenos in auro ad exactionem.

Anno 1520 ad aqueductum[3] primum 75 punt in promptis peccuniis et 32 punt minora in auricalco cum victualibus cibis duorum virorum per medium annum.

Anno[4] 1521 dedimus episcopo Hildensemensi 100 florenos ad redemptionem, ut promisit, cum debitis censibus.

Anno 1522 dedimus capitulo majoris ecclesie Hildensemensis 100 florenos ad restitutionem cum debitis censibus. Otto Winckelman sublevavit.

Eodem anno reedificavimus aqueductum cum majoribus expensis et laboribus quam prius.

---

a) *pag. 189.* b) *sic.* c) *Im Folgenden ist an Stelle des Pfundzeichens* punt, *an Stelle des Schillingzeichens* schill. *gesetzt, die römischen Zahlen sind in arabische umgesetzt.* d) *pag. 190.*

[1] *März 15.* [2] *Ziegelofen.* [3] *Vgl. Urkb. der Stadt Hildesheim VIII n. 620.*

Anno 23[a] post obsidionem Peynensem locatis ad domum nostram 1523–25.
duodecim militibus inquietis et admodum maliciosis coacti sumus dare
consulatui centum quinquaginta florenos in auro. Quos Dirick Pyni
proconsul et Hans Bumester camerarius sublevaverunt.

Anno 24 dedimus duci Hinrico[1] Brunswicensi pro redemptione
fructuum decimarum nostrarum Westhvelde[2] et Lystringe[3] quinquaginta
duos florenos Renenses in auro.

Item consulatus Brunswicensis retinuit ducentos quinquaginta florenos
in auro census duorum annorum propter bannum inperiale, quo episcopus
et sui innodati erant. Insuper noluerunt deinceps dare plenos census
juxta tenorem litterarum, ex quo retinent quotannis de nostris censibus[b]
ultra viginti septem florenos.

Hoc anno construximus domum lignorum apud stabulum porcorum
et constabat nobis ultra nonaginta talenta in peccuniis exceptis aliis
victualibus, laboribus et necessariis.

Item Steinbergenses[4] retinuerunt etiam quadraginta florenos in auro
census annorum domini 25 et 26.

Item dux Ericus etiam retinuit medietatem censuum Northeymensium
annorum 25 et 26 viginti octo florenos.

Hoc[c] tempore[5] ex mandato consulatus cum vicinis ex integro renovari
fecimus viam lapideam in platea et sub magna porta et constabat nobis,
ut sequitur: Emimus quindecim plaustra novorum lapidum, pro quolibet
in fovea 2½ schill., laboratoribus ibidem pro bibali 6 schill., pro vectura
cujuslibet quindecim schill., et de omnibus simul 3 schill. servo vectori
pro bibali. Harenam[6] vehi fecimus de monasterio sancti Pauli vectoribus
quatuordecim virgas longitudine et latitudine etiam sub magna porta,
computata simul quelibet virga sedecim pedes, de qualibet virga undecim
grossos Marianos. Dedimus magistro cuilibet sex servorum[d] Mathiensem
pro bibali et tres Goslarienses pro novo vitro et cerevisiam, quando
petebant. In octo diebus perfectum est opus. Omnium expensarum
tocius operis erat 39 punt 8 schill.

Anno 25 dedimus duci Hinrico de frumentis decime in Listringe
viginti octo florenos. Decima Westveldiana libera mansit ad instanciam
episcopi[7] Bremensis, eo quod propriis laboribus et expensis eam couveximus
et elaboravimus.

---

a) Hdschr. verschrieben 53; die dritte Belagerung von Peine war im
Juli 1522. b) pag. 193. c) pag. 191. d) pag. 192.

1) Herzog Heinrich der Jüngere von Wolfenbüttel. 2) Westfeld, südw. von
Salzdetfurth. 3) Listringen, südöstl. von Hildesheim. 4) Die Herren von Steinberg.
5) [1524.] 6) Sand. 7) Herzog Christoph zu Braunschweig und Lüneburg.

1526—40.   Anno 26 in tumultibus rusticorum por consulatum ad duos menses in habitatione nostra clausi, Majo videlicet et Junio. coacti dedimus consulatui ducentos quinquaginta florenos.

Anno 27 dedimus capitulo Hildensemensis ecclesie 51 punt ad exactionem. Item 10 florenos in auro ad actionem in curia Romana contra duces Brunswicios. Henningus Tyseman sublevavit Mauricii [1]. Item adhuc quinque Crispini et Crispiniani [2] idem sublevavit.

Anno [a] 29 dedimus duci Hinrico pro frumentis decimarum Westveldo et Heinde septuaginta florenos in auro.

Anno 31 dedimus capitulo majoris ecclesic Hildensemensis ad pletam [b] Romanam contra duces Brunswicios 34½ punt. Obiit dominus Ludolphus Suring filio ejus Ludero ante quatuor annos occiso prope Halverstadt.

Hoc anno accepit dux Hinricus medietatem frugum decimarum nostrarum in Westhvelde et Heynde.

Anno 34 dedimus consulatui 60 punt, duci Brunswicio medietatem fructuum . decimarum.

Anno 36 consulatui 60 punt et duci medietatem fructuum, ut annis proteritis.

Anno 37 consulatui 30 punt et duci medietatem fructuum. Vendidimus decimam in Heinde.

Anno 40 consulatui 60 punt, capitulo 4 florenos ad contributionem, duci medietatem frugum decime Westveldiane. Hoc anno Einbeck exuritur. Et novus aqueductus [3] tam in foro quam in Brulono edificatur, ad quem 545 punt in promptis peccuniis contulimus exceptis laboribus et victualibus. Nam operarios ejus ad tres bene menses aluimus.

---

[a]) *pag. 194.*   [b]) *sic.*
[1]) *Sept. 22.*   [2]) *Oct. 15.*   [3]) *Auf die oben erwähnte Wasserleitung und den Bau des Marktbrunnens* (Pipenborn) *durch den namhaften Braunschweiger Baumeister Barward Tafelmaker (vgl. Mithoff, Mittelalterliche Künstler und Werkmeister 2. A. S. 308—310) bezieht sich das folgende, auf Blatt C 25 (vgl. S. 86 Anm. a) zur Verdeckung der Schrift aufgeklebte Bruchstück über die von dem Lüchtenhofe unfreiwillig übernommenen Lasten; vgl. meinen Aufsatz: Der Erbauer des Rolandbrunnens zu Hildesheim, Studien zur Hildesheimischen Geschichte (Hild. 1901) S. 232 f.*
. . . . . ergo cum eis magno, quod prime littere stare recusarent satis proterve et injusto. Timidi, ne consulatum ant ipsos vicinos offenderemus, promisimus nos daturos expensas tribus famulis Bernwardi Tafelmeker, qui artifex (*vor* artifex *durchstrichen*) prefuit operibus) fuit operis, usque ad consummacionem tocius operis. Et in labore, quem cives acturi forent, nos duos, ubi quilibet illorum unum teneret. Ad hec 60 punt parva et vas servicii Empcksense nos daturos promisimus et solvimus. Et ita nos participes fecerunt, dummodo supra predicta uni braxatori nos conformes in omnibus sumptibus fecerimus, quod eciam promisimus dio prefata. *Unter dem Texte von einer Hand noch des 16. Jahrh.* Concernit den pipenborn.

Anno[a] 44 dedimus consulatui 60 punt, item contra Turcam 48 punt. 1544—49.
Cistariis sancti Andree quinquaginta florenos de hebdomadali missa
Heinken Knyphoves, cistariis sancti Pauli 15 punt ad exactionem, capitulo
ad contributionem 6 punt. Duci Brunswicio medietatem fructuum decime.
Item per octo annos accepit dux Hinricus medietatem fructuum decime
nostre in Heynde et curie ejusdem in Listringe et per undecim annos
decime Westveldiane et curiarum duarum ejusdem. Summa frugum
taxata et estimata est ad mille sexcentos florenos.

Anno 45 consulatui 30 punt ad aggerem retro cenobium sancti
Godehardi, 15 punt cistariis ecclesie sancti Godehardi. In octava Laurentii [1]
exiliatus est pater noster per consulatum ad instigationem predicantium
per quinquennium. In die sancte Ursule[2] captus est dux Hinricus[3].
Andree[4] apostoli dedimus consulatui 91 ½ punt minora ad exactionem.

Anno 46 dedimus cistariis ecclesie sancti Godehardi 15 punt minora
ad exactionem.

In die cathedre Petri[5] prefecit nobis consulatus duos cives ad
biennium, ut perscrutarentur bona et opera nostra. In octava[6] Marie
Magdalene suspensa et interdicta sunt divina, ecclesie clause, calices et
alia vasa sacra ablata et campane confracte, Carthusia et Sulta dirute,
lapides altariorum et sepulchrorum ad fossatum Damdores convecti.

Anno[b] 47 in sexagesima[7] dedimus consulatui 31 punt ad exactionem,
reliqua 31 punt nobis imposita ad intercessionem prefectuum nostrorum
relaxata sunt a camerariis.

Eodem anno Estomihi[8] iterum dedimus consulatui pro centimatione
omnium rerum et bonorum nostrorum per prefectos nostros conscripta et
estimata 114 punt. Eodem anno iterum translata sunt parrochialia ad
ecclesiam Paulinam de ecclesia Godehardina. Dedimus cistariis ejusdem
15 punt. Item ad renovationem platee nostre 38 punt 8 schill. Item
consulatui ad aggerem Damdores 30 punt.

Anno 48 arrestata est decima nostra in reditu ducis Hinrici per
amptmannum Winsenborgensem unde 20 punt, damnificati fuimus in
bibalibus datis et nunciorum viaticis etc. Item census Steinbergensium
20 florenos in auro retinuit.

Anno 49 dedimus duci Hinrico 157 punt 16 schill. pro frumentis
decime nostre et curiarum in Westvelde.

---

[a]) *pag. 195.* [b]) *pag. 196.*
[1]) *Aug. 17.* [2]) *Oct. 21.* [3]) *Herzog Heinrich der Jüngere von Wolfenbüttel.*
[4]) *Nov. 30.* [5]) *Vgl. die Verhandlungen von 1546 Februar S. 137.* [6]) *Juli 29.*
[7]) *Febr. 13.* [8]) *Febr. 20.*

1550-56.   Anno 50 dedimus consulatui 60 punt ad aggerem et piscinam Venedianam. Item duodecim florenos in auro capitulo et domino gracioso. Item 51 florenos duci Hinrico pro frumentis decime nostre et curiarum ejus in Westvelde.

Anno* 51 dedimus duci Hinrico 131 punt pro frumentis nostris. Anno 52 consulatui 60 punt ad aggerem Hagendores. Duci Hinrico pro frumentis 43 florenos. Item 100 daleros capitulo ecclesie Hildensemensis dandos comiti Mansfeldiano et suis. Item 7 daleros communitati Westveldiane pro domibus et rebus nostris ibidem, ne exurerentur.

Anno 53 dedimus consulatui 60 punt ad aggerem Hagendores. In die decollationis Joannis bapiste [1] depredaverunt nobis raptores Hannoverenses in via prope Marienrode tres currus frumentorum, videlicet 14 saccos siliginis, duos pisarum [2] et duos havers. Dedimus insuper ipsis 15 daleros pro curribus et equis. Item 10 florenos capitulo ad contributionem duci Hinrico Brunswicensi 106½ punt pro frumentis.

Anno 54 dedimus consulatui Hildensemensi ad aggerem in der Vhedrift 60 punt. Primum terminum solvimus sabato [3] post Philippi et Jacobi, scilicet 30 punt.

Anno domini 1554 in die Bartholomei [4] solvimus 2ᵐ terminum, eciam 60 punt.

Anno domini 1554 in profesto [5] Martini dedimus 30 punt ad confirmationem episcopi nostri [6].

Anno 1554 dedimus duci Hinrico Brunswicensi pro redemptione frumentorum nostrorum 114½ punt.

Anno [b] domini 1555 dedimus consulatui Hildensemensi in die Brigitte [7] vidue 30 punt, que sublevavit Hans Beren ad edificationem aggeris twisschen dem Hagendore und Almersdore.

Anno domini 1555 dedimus duci Hinrico Brunswicensi in redemptionem frumentorum 144 punt 8 schill.

Anno domini 1556 dedimus consulatui Hildensemensi 18 punt ad aggerem. Henni Blome sublevavit Magdalene [8].

Eodem anno sabbato [9] post octavas Augustini dedimus ad eundem aggerem 18 punt. Bartolt Ringe sublevavit.

Eodem anno in die Galli [10] dedimus ad eundem aggerem 24 punt. Henni Blome sublevavit.

---

a) pag. 197.   b) pag. 198.

1) Aug. 29.   2) Erbsen.   3) Mai 5.   4) Aug. 24.   5) Nov. 10.   6) Bischof Friedrich, Herzog von Holstein.   7) Febr. 1.   8) Juli 22.   9) Sept. 8.   10) Oct. 16.

Anno domini 1556 die Michaelis[1] dedimus duci Hinrico Brunswi- 1556—68. censi thom scheppelscatte 75 punt 6 den.

Anno domini 1557 dedimus consulatui Hildensemensi ad aggerem 60 punt, quorum 15 exposuimus feria[2] sexta post ascensionis domini, alia 15 punt exposuimus sabato[3] post Margarete. Item alia 30 punt exposuimus Mauritii[4].

Anno domini 1557 dedimus duci Hinrico tho scheppelschat 111 punt 4½ schill.

Anno domini 1558 dedimus consulatui Hildensemensi ad aggerem 30 punt. Sabbato[5] post ascensionis Jasper Cogelman sublevavit. Eodem anno 30 punt ad aggerem dedimus. Sublevavit Jaspar Cogelman feria[6] quarta post Corporis Christi.

Anno domini 1559 dedimus consulatui 60 punt. Dirick Lauce sublevavit.

Anno etc. 1560 dedimus consulatui Hildensemensi ad aggerem 30 punt Panthaleonis[7]. Eodem anno 30 punt octava[8] assumptionis. Hermen Cramer sublevavit.

Anno etc. 1561 dedimus ad aggerem Hildensomensem 60 punt.

Anno etc. 1562 dedimus ad aggerem 30 punt altera[9] die Joannis baptiste. Hinrik tulit.

Anno 1563 und 64 dedimus ad aggerem 60 punt.

Anno 1565 ad aggerem 30 punt. Hans Beer sublevavit.

Anno 66 ad aggerem 60 punt. Sublevavit Here.

Anno 67 et 68 dedimus ad aggerem consulatui Hildensem 60 punt. Werner Smedt, Hans Bere sublevaverunt. Ultimum terminum, scilicet 30 punt, sublevavit Peter up dem winkeller.

---

[1] Sept. 29. [2] Mai 28. [3] Juli 17. [4] Sept. 22. [5] Mai 21. [6] Juni 15.
[7] Juli 28. [8] Aug. 22. [9] Juni 25.

Excurse des Rektors Peter Dieppurch.

Excursus (I).[1]

In tali enim casu ad cor suum redire, se ipsum discutere, scire templum dei se ipsum esse, non tam sacramenta quam rem sacramenti querere, spiritualiter manducare et bibere et passionibus Christi communicare, nulli dubium, quin salubriori studio fructuosius exerceatur animus, purgetur affectus, illuminetur intellectus extra ecclesias, quam si sacramentalibus tantum misteriis occuparetur quis corporaliter in ecclesia constitutus. Contingit[a] enim nonnumquam, ut ibi inveniantur corda aridiora et intus vacua, ubi habundant loca sanctiora vel sanctorum reliquiarum pignora uberiora, missarum solempnia crebriora, maxime si sepius sint visitata aut usitata. Cum intersumus quodammodo contenti, occupamur misteriis et sacramentis visibilibus, non intelligimus, quam vacui et aridi corde remanentes quantoque bono privamur interius. Videre enim est, nonnullos, qui sic in sacramentalibus cordis sui constituunt profectum, sic in misteriis ponunt finem quasi ultimatum, ut nisi celebrent ipsi vel alias occupati, fraudati fuerint misteriis ceremonialibus, nichil ulterius querant de mentalibus, ymmo se a divinis alienando nec in choro vel ecclesia consistere queunt nisi tam diu, ut horas suas superficietenus percurrant nec mente divina, que aguntur aut que in mensa divitis Christi ipsis proponuntur, advertere student, cum utique eo devotius, eo attentius quis sibi vacando se occupare deberet mentalibus, quo ad horam minus aptus videretur sacramentalibus. Mens autem devota cum desiderio anime semper amplectitur divina misteria, sive per se sive per alium fuerint celebrata, eo quod multis emergentibus occasionibus cum dilecto suo necessaria habeat commisceri colloquia, ad que eciam divina, si aliquando inhabilis peragere reperitur ipsa vel si auctoritate interdicti vel alia causa puta obediencie vel caritatis ad tempus fiunt fraudata, nec continuo velut libera aut magno onere supportata set magis veluti feriata et ad vacandum sibi ipsi tempus oportunum nacta cordis sui

---

a) *Fol. 7'*.
[1]) *im Anschluss an das Interdikt von 1443, vgl. S. 9, wo in der letzten Zeile zu lesen ist n. 595 statt 495.*

gaudens petit secreta, ut si non de utroque certe vel altera ex ejus parte, dico autem re sacramenti[a] redeat visitata et consolata. Illo enim fine continuanda sunt missarum solempnia, licet heu nonnumquam evenire soleat, ut cerimonialibus intenti minus de fructu gustetur sacramenti. Blanditur enim aliquando sibi ipsi animus, cum divinorum officiorum fuerit comes individuus, licet revera sepius maneat ipsorum fructuum vacuus. Quid enim sanctius ecclesie calicibus et ceteris utensilibus, si non pocius anime quam corporis gereretur effectus. Effectus autem sacramentorum ex contenta et non tantum ex re causatur continente, set et res contenta non nisi mente percipitur intenta et pura. Cum autem utrumque haberi non potorit, ceteris paribus melius est a sacramento vel ecclesia peregrinari corpore quam mente nec participare sententie ejus qui corporalibus magis fidem accommodabat dicens: ,Domine[1], descende, priusquam moriatur filius meus' et qualiter laudata ymmo reprehensa sit fides ejus, audivimus dicente domino ,Nisi[2] signa et prodigia videritis, non creditis', et intuere alium, cujus laus est in evangelio, dicente domino: ,Amen[3], dico vobis, non inveni tantam fidem in Israel' et quid dixit?: ,Non[4] sum, inquit, dignus, ut intres sub tectum meum, set tantum dic verbo et sanabitur' etc. Sane factor et si forte non auditor verbi istius ,Venit[5] hora et nunc est, quando neque Iherosolimis neque in monte hoc adorabunt'. ,Pater[6] enim est spiritus et qui adorant eum, in spiritu et veritate adorare oportet'. Qui ergo loca adimit materialia et templa, procul dubio transmittit ad spiritualia. ,Spiritus[7] enim est qui vivificat nec prosunt quicquam absolute vel caro aut infirma elementa'. Debemus ergo quandoque exurgere a visibilibus et spiritualia spiritualibus comparare, ut videlicet secundum apostolum non solum ,spiritu[8] vivamus set et spiritu ambulemus' et vere ,spirituales[9] et non carnales' simus, dicentes cum sponsa ,Trahe[10] me, post te', ,Libera[11] me domine et pone me juxta te et cujusvis manus pugnet contra me'. Quid enim obesse illi ibidem constituto poterit, si arceatur ab ecclesia, si excommunicetur, si communione privetur, si vel tandem sepultura careat ecclesiastica, dummodo tamen ipse causam non dederit vel ex contemptu nullum horum omittat? Et[b] quamquam impossibile sit hujusmodi humano constringi judicio vel lata sentencia sacramentorum privari re vel fructu nec tamen parvipendenda set cum timore amplectanda est prelatorum solucio vel ligacio, cum nemo sciat, an timore dignus sit aut

---

a) *Fol. 8.* b) *Fol. 8'.*
1) *Joh. 4, 49.* 2) *Joh. 4, 48.* 3) *Matth. 8, 10.* 4) *Matth. 8, 8.* 5) *Joh. 4, 21.*
6) *Joh. 4, 24.* 7) *Joh. 6, 64.* 8) *Gal. 5, 25.* 9) *1. Cor. 3, 1.* 10) *Cantica 1, 3.*
11) *Hiob 17, 3.*

odio. Licet ergo multa sint loca sancta, multe ecclesie vel templa, multe et cotidie communiones, multa insuper cymiteria, tamen ad unum rediguntur hec omnia, in uno habemus universa, ad unum referuntur singula, unum significamus, unum insequimur et aquilarum more, ubi fuerit corpus, congregamur[1]. ‚Mediator[2] enim dei et hominum homo Christus Jhesus' citra sacramentalia vel significantiva misteria. Ipse est templum nostrum, sicut scriptum est: ‚Solvite[3] templum hoc', ipse cymiterium nostrum juxta illud: ‚In[4] pace in id ipsum dormiam et requiescam', qui nomine altaris in apocalipsi signatur, sub quo audiuntur voces occisorum dicentium ‚Usque[5] quo, domine, non vindicas sanguinem' etc. Sub illa terrra, sub hoc altare sepeliuntur omnes beati, qui[6] in domino moriuntur'. Denique ‚Altare[7] de terra facietis mihi', ait dominus. Et licet nunquam quis justorum ad cymiterium sepeliatur materiale, dummodo tantum ‚Christo[8] consepultus sit per mortem ejus', non fraudabitur communione omnium bonorum, que per totum mundum fiunt pro in cymiteriis sepultis, cum aliud sit res ipsa significata aliud significans, ymmo quicunque non fuerint sepulti sub terra hac, sub altari hoc, non solum nichil boni consequuntur ex ecclesiastica sepultura, set pocius majorem sustinebunt hujusmodi penam. Secundum Augustinum[9] enim solempnitates nichil prosunt defunctis set fiunt magis propter viventes. Ista deduci satis possunt per cadavera sanctorum martyrum nunc inhumata relicta nunc aquis suffocata, ignibus tradita, bestiis devorata etc. Qui[a] enim vitam finierunt in templo vero, quomodo mistico sive signato privarentur cymiterio? Nemo enim salvandus moritur citra templum hoc. Ipse templum nostrum, in quo, qui vult manere, qui non vult excludi aut anathematizari, debet, ‚sicut[10] ille ambulavit, et ipse ambulare'. Et non est alius locus sub celo, in quo nos oporteat adorari nisi in illo vel ad templum sanctum hoc, si cupis inveniri et tu in Christo. Nemo hic nolens includitur, nemo volens excluditur, locus hic nulli interdicitur, nullus nisi sua sponte hic excommunicatur, cum ‚porte[11] hujus templi neque per diem neque per noctem claudentur', dico autem adversitatem et prosperitatem. Quocumque imus, ubicumque fuerimus, templum hoc, nisi voluerimus, non amittimus. Ad templum hoc quicumque confugerit reus,

---

a) *Fol. 9.*
[1]) *Vgl. Matth. 24, 28.* [2]) *1. Thim. 2, 5.* [3]) *Joh. 2. 19.* [4]) *Ps. 4, 9.* [5]) *Offenb. Joh. 6, 10.* [6]) *Offenb. Joh. 14, 13.* [7]) *2. Mos. 20, 24.* [8]) *Röm. 6, 4.* [9]) *Die Erwähnung Augustins geht vielleicht zurück auf De cerb. Apost. serm. XXXII:* pompa funeris, agmina exequiarum *etc.* vivorum sunt qualiacumqne solatia, non adjutoria mortuorum. *(Gütige Mittheilung des Herrn Generalsuperintendenten Konsistorialraths D. Ph. Meyer).* [10]) *Vgl. 2. Joh. 6.* [11]) *Jes. 60, 11.*

libertati donabitur, eciam qualiumcumque criminum fuerit obnoxius reatu. O quam multi alioquin hic excluduntur vel excomminunicantur, qui in hoc honorifice admittuntur. Et quam multi hic introducuntur, qui ibidem vere excommunicati et reprobi inveniuntur. O[a] quam multi hic in hoc templo sunt primi noti ymmo familiarissimi possessores et amici, huic altari proximi sponsique verissimi, qui tamen ibi censentur ignoti, ultimi ymmo inimici longiusque a facie ejus projecti. Et si secundum apostolum novimus ‚Christum [1] dei virtutem, dei sapienciam, justiciam, pacem et sanctificacionem‘, quis audeat vel presumat in injuriam misericordiarum domini multarum ecclesiasticis sacramentis constringere aut circumscribere templum hoc, locum hunc, omnes quoque fide et respectu creatos[b] justos, pacificos, virtuosos, sapientes in bono, misericordes etc. citra ecclesiam indifferenter aut eciam secundum faciem peccatores intra ecclesiam indifferenter excludere? Demptis hiis tamen, qui non tantum ex ignorancia set ex contemptu nolunt videre et intrare regnum celorum id est ecclesiam militantium, secundum quod dominus ait: ‚Nisi [2] quis renatus fuerit ex aqua et spiritu, non potest intrare in regnum celorum‘. Omnibus enim, quibus hoc annunciatum est et qui audierunt preceptum et sub precepto cadit sic renasci, si facultas adest, domino dicente: ‚Si [3] non venissem et[c] locutus eis fuissem, peccatum non haberent‘ et mirandum, si non hoc mirabile videtur set in oculis nostris non ejus qui ait: ‚Ego [4] cogito cogitaciones pacis‘. Anselmus[d] in libro De vera religione dicit, quod adultus per solam penitenciam sanctificabitur et salvabitur. Penitencia enim cum fide et baptismi desiderio supplet in eo viam baptismi quantum ad remissionem culparum et perfectam emendacionem ab ipsis, nec reputandus est sine baptismo qui fidem et desiderium ipsius habet, unde et baptismum consuverunt sacri doctores penitenciam interiorem et flammis baptismum vocare. Dicit eciam ibidem in generalibus[b], quod nullam deus ex nacionibus desperit aut neglexit, nisi que semetipsam neglexit etc. ibidem. Ita quod in corde dei latet hoc. Hinc est, quod dominus de loco isto, quo hic agitur, dicit ad Moysen: ‚Est [5] locus penes me‘ etc. Audi, si non propheta concinnat. Apud dominum misericordia et copiosa apud eum redempcio, non apud nos, si enim apud nos, quomodo exlamaret qui ait: ‚Ubi[6] sunt misericordie tue antique, domine?‘

---

*) O bis ejus projecti *Zusatz am unteren Rande, durch Zeichen hierher verwiesen.* b) ? c) *Fol. 9'.* d) Anselmus bis ibidem *Nachtrag am unteren Rande von Fol. 9 und 10. Eine Schrift Anselms von Canterbury De vera religione ist nicht bekannt.*

[1] *1. Cor. 1, 30.* [2] *Joh. 3, 5.* [3] *Joh. 15, 22.* [4] *Jerem. 29, 11.* [5] *Exod. 33, 21.*
[6] *Ps. 88, 50.*

Si apud nos, quis umquam peccatorum desperacione periret? Ideo clamemus singuli: ‚Veniant[1] mihi miseraciones tue et vivam‘ nec impugnant predicta dictum apostoli: ‚Qui[2] sine lege peccaverunt, sine lege peribunt‘, si excludantur qui sibi ipsis sunt lex, ut ibidem a parte colligitur. ‚Per[3] legem enim cognicio intelligitur peccati‘, alioquin[4] quomodo deus judicabit hunc mundum‘, ut sit sicut impius justus? Quomodo ‚miseretur[5] omnium‘ et ‚nichil[6] odit eorum que fecit?‘ Non enim vano constituit omnes filios hominum qui et curam gerit, non enim apud ipsum hoc tantum peccatum est, quod nascimur, quod vivimus et quod morimur. Cum enim ad[7] Moysem ait: ‚Misereor‘, non dixit tantum semini Abrahe, set ‚cujus miserebor‘, quis dubitet, quin occasionem amovere velit vano gloriantium et dicentium: ‚Hebrei[8] sunt et ego. Christiani sunt et ego‘. Cum ergo Christiani in locum populi hujus peculiaris domini intraverint domino dicente: ‚Alii[9] laboraverunt et vos in labores eorum intrastis‘, et propheta: ‚Pro[10] patribus tuis nati sunt tibi filii, magno cum timore considerare debemus, ne contra nos id est. ‚oleastrum[11] contra naturam insertum‘ audire contingat, quod de naturali oliva in multis evangeliorum locis nunc aperte nunc parabolice terribili voce denunciatur: ‚Et[12] erunt primi novissimi et novissimi primi‘, cum secundum apostolum omnia illis ‚in[13] figura contingebant et scripta sunt propter nos‘, unde non solum judeis vel paganis* set eciam omnibus fidelibus Christi ‚terribilis[14] et vere terribilis est locus iste domus vel templum dei et porta celi‘. ‚Novit dominus qui stant in atrio domus hujus‘. Quod si in oliva naturali facta est cecitas, ut oleaster insereretur. tremendum valde oleastro, si in humilitate et timore non steterit. Dico autem, ait apostolus, gentes super misericordiam honorare deum, et si isti ideo non crediderunt, ut gentes misericordiam consequerentur, vide. si non in istis novissimis diebus habundante iniquitate in istorum misericordiam refrigescet caritas multorum. In paucis enim admodum jam viget caritas, devotio seu humilis et simplicis conversacionis Christi vera religio. Omnes pene sumus externi, omnes boni temporales, pauci templi predicti inhabitatores mentales, nonne jam in foribus videmus plenitudinem illam dudum expectatam, de qua apostolus: ‚Cecitas[15] ex parte contigit in Israel, donec plenitudo gentium intraret et sic omnis Israel salvus fieret?‘ Bene veniente plenitudine temporis misso filio dei cecidit corona judeorum.

---

a) Fol. 10.

1) Ps. 118, 77. 2) Röm. 2, 12. 3) Röm. 3, 20. 4) Röm. 3, 6. 5) Röm. 11, 32.
6) Sap. 11, 25. 7) Röm. 9, 15. 8) 2. Cor. 11, 22. 23. 9) Joh. 4, 38. 10) Ps. 44, 17.
11) Röm. 11. 24. 12) Matth. 19, 30. 13) 1. Cor. 10, 11. 14) Gen. 28, 17. 15) Röm. 11, 25. 26.

cum intraverit plenitudo gentium, ‚exurget[1] gens in gentem et regnum in regnum et erunt terre motus, pestilencie et fames' et nil aliud auditur et narratur nisi gwerre, prelia et opiniones bellorum, sicque redeat salus eciam judeorum. Et hec de vero templo et loco dei dicta opinative et non diffinitive sufficiant. Sic et de sacramentali communione arguendum, tamen non desit exercicium spirituale, cum dominus dicat: ‚Spiritus[2] est qui vivificat, caro enim nil prodest'. Cibus enim est anime et esurire et desiderium exigit et beati qui esuriunt et siciunt hunc panem, hunc potum. Ideo expedit, ut scopata anima ruminacione, meditacione partis alicujus dominice passionis vel vite ejus aut alterius utilis exercicii occupacione inflammata et ipsa cum desiderio desideret hoc manducare pascha, antequam ex hoc mundo transeat. Quod cum fecerit quis[a] spe et proposito emendacioris vite exemplo edoctus vita passioneque Christi, pie creditur hic hujusmodi gracia visitari salubriori quam hiis omissis tantum intendet communione sacramentali. Puto eciam, quod idcirco dominus noluerit subita lapidum rotatu subrui vel consimili inopinata et recenti morte vitam finiri, ne deesse contingeret materia habundans et superhabundans passionem ejus devote volente meditari, nec faciliter poterit cuiquam homini in hac vita casus talis vel miserabilis occurrere materia, quin in dominica passione inveniat conveniencia et oportuna remedia vel solacia. Hic accede securus, quandocumque et ubicumque volueris tu minister, tu levita, tu sacerdos hujus spiritualis communionis, quamvis sis laicus, omnis enim sanctus secundum Cris[ostomum][b] sacerdos, set non omnis sacerdos sanctus, nec patet hic locus timoris vel simulate excusacionis, nisi, ut ipse fateor, deest hic laudator, neque enim deo querimus set placere hominibus, omnia autem opera sua, ait dominus, faciunt, ut appareant hominibus. Invenimus enim multos ultro se ingerentes sacerdotali officio, apud quos tamen hec interna et principalis aut ignoratur aut deridetur, vel ut anilis reputatur devocio. Magnam sanctitatis umbram ab extra querimus et pretendimus et miro commercio alios reficientes aut salvantes ipsi fame interimus. Aliis servimus, aliis laboramus, alii labores nostros invadunt et sustollunt. Ecce totus pene mundus plenus est sacerdotibus, altaribus ecclesie replentur et habunde cumulantur et quicumque fundare poterit altare pro paupere, ut aiunt, sacerdote, ne dixerim pro amicis, filio vel nepote, gloriatur quasi de anime sue certa redemptione vel salute. Sicque fit, ut pro multitudine altarium copia requiratur sacerdotum, quorum ut communiter confusa et numerosa improbitate et

---

a) *Fol. 10'.* b) *?*
[1]) *Luc. 21, 10. 11, Matth. 24, 7.* [2]) *Joh. 6, 63.*

necessitate non parum derogatur clericali honestati. Cum* enim probati pauci inveniantur viri, qui tandem tot altaribus satisfaciat dignis sacerdotibus? Attamen vix reperitur altare tam tenue vel absconsum, quin bone[b] acquirat suum sponsum, utinam ydoneum et quesitum nec symoniace aut vi intrusum. Concurrunt ex hinc sepe angustiata scrupolositas consciencieque misere feda necessitas, dum cogitur pollutas dicere missas aut desperato animo nec advertere neglectas. Et sicut sacerdotibus paucis et dignis melius serviretur Christi famulis, sic forte non absurde concluderetur de paucis legendis missis. Cum quanta putas aviditate ac devocione frequentaretur missa, si fieret non nisi una? Si saltem de raritate estimantur rerum precia, nonne apostolicus sedisve ejus legatus devocius tractatur in Germania quam ab Ytalis in curia Romana? Et vide, si hec nou domino annuente sit causa, cur a gentibus incolatur terra sancta. Non autem ad derogandum divina officia solempnizantibus missas aut divinum cultum dilatantibus set pocius ad consolacionem humilium et quibus salva ecclesiastica obediencia magis placent secreta cordium, hec putentur dicta et quod ‚diligentibus[1] deum omnia cooperantur in bonum'.

Excursus (II)[2].

Forte fide bene oculata faciliter probari poterit, isto modo omnia sua pure et simpliciter sine aliqua condicione absque eciam ullius retribucionis post mortem respectu dare pauperibus, ecclesiis[c] aut monasteriis laudabilius, securius ac fructuosius esse quam memorias, missas singulares, vigilias, psalteria vel honoratas instituere sepulturas aut eligere. Nam morituri qui sua sic cum condicionibus seu pacto, prout communiter moris est, dant aut distribuunt, videntur aliquatenus infirmari fide erga providenciam dei, quasi oblivisci habeat deus eorum que disponunt, nisi eciam renovetur hoc memoriis hominum, vel quasi non sufficiat memoria apud deum, nisi fiat et apud homines. Item videtur hujusmodi commutacio redolere quodammodo et representare adhuc inesse anime fomitem vane glorie, avaricie ac tenacitatis, que infectam et consuetam animam difficulter dimittunt, quorum respectum licet sub specie boni spiritualis non tamen sua sine omnimoda vel qualicumque retribucione dare simpliciter

a) *Fol. 11.* b) *sic.* c) *Fol. 15.*
[1]) *Röm. 8, 28.* [2]) *zum Standpunkt des Priesters Bruno gegenüber Memorienstiftungen, vgl S. 15.*

vel relinquere sinunt. Videntesque, quod eis ammodo uti vel ea tenere
nequeunt, attamen pro expositis et datis ymmo relinquendis mercantur
quantum possunt agente hoc avaricia que animam illaqueatam hinc
abire non sinit. Item timendum, ne forte hujusmodi hoc modo et si non
totam tamen aliquam sue mercedis porcionem hic accipiant, ut in futuro
eo minus habeant aut certe totum amittant, cum exequiales solempnitates
magis fieri habeant ad consolacionem qualemcumque viventium quam
mortuorum, ymmo aliquando in detrimentum non parvum proficiunt ipsorum.
Nonne ut vane gloriosi notari videntur, qui more sanctorum, quos deus
propter edificacionem vivencium honorat, dando eis nomen magnum in
terra, hii veluti symee vocari eciam nomina sua in terra volunt? Quod
cum efficere nequeunt sanctitatis merito, saltem hoc sibi vendicent dato
precio, ut vel sic vivant nomina eorum in seculum seculi, qui* in hac
vita pocius quam in futura vivere preeligerunt et si non corpore tamen
nomine vocaverunt nomina sua in terris, ait quidam. Cum tamen frequenter
accidat, ut sicut memoria justorum fit in benedicione propter odorem
bonorum operum, sic et gloria istorum in [b] fetorem et in confusionem
ipsorum, cum enim annuatim revocantur ad memoriam opera et sepe
peccata mortuorum, timendum, quod coram deo rememorentur illa ad
majorem penam ipsorum, proniores sunt homines ad detractiones. Item [c]
fructuosius est simpliciter dare sine omni convencione sua propter deum
quam dare cum obligacione determinata, quia ad obligata sepe minus
afficimur et quodammodo aridiori corde ea quasi extorta persolvimus,
sicut et voluntarie oraciones assumptas [d] majori solemus devocione et
attencione consummare quam eas, ad que tenemur, et hoc maxime arguit
apud illos, qui jam gravati sunt talibus vel similibus. Quo namque illa
esse poterit intercessio, cujus sub onere gemunt vel murmurant inter-
cessores. Item hujusmodi determinata convencio quodammodo limitat
suffragium dantis et minuit, eo quod simpliciter et absolute tribuens
participat omnibus bonis indifferenter accipientium absque limitacione.
Hic autem, nisi illis que sunt determinata, que eciam qualitercumque
dicantur aut persolvantur, solutus est et si de fraude, negligencia vel
devocione causare voluerit, audiat: ‚Nonne ex denario convenisti mecum,
tolle quod tuum est'. Item perfectius est omnia simpliciter dare, quia,
sicut perfectorum est omnibus absolute abrenunciare in vita, sic et im-
minente mortis necessitate licet de necessitate facere virtutem et quod
quis in vita explere non potuit, saltem recessurus jam et angustiatus

---

a) qui *bis* ait quidam *unten am Rande der Seite hierzu nachgetragen.*
b) in fetorem et *Zusatz am Rande.* c) *Fol. 15'.* d) *Hdschr.* assumpte.

resipiscat et omnia abiciens tamquam vas perditum se humiliet, ut vel
sic graciam invenire queat, attemptare non desinat, et qui diviciis oneratus
vixit, saltem sponte nudus egrediatur hinc, sicut nudus est ex utero
matris sue egressus. Posset autem hoc nuditatis genus tali fieri devocione
vel ardore, quod valde gratum et meritorium possibile esset apud deum
inveniri. Item perfectius est eciam omnia absolute abicere et neminem
memoriis, vigiliis etc. onerare, ut patet racione exempli. Nam pene omnes
sancti, licet eciam aliqui eorum fundarunt ecclesias, monasteria et divina
officia dilatarent, nescio si umquam aliquis eorum talia pro se fieri
instituerit* vel similia pro se fieri procuraverit Ergo sic obligare, memorias
suas instituere pocius ex infirmitate procedit quam ex virtute. O quot
sancti cum Christo regnant in celo, quorum vita sancta occulta et erump-
nosa, mors ignominiosa vel scandalosa et confusione repleta, sepultura
abjecta vel certe nulla, quorum nomina vel memorie apud nullum viventium inveniuntur in terra. O quod cito perit, quis sapiens magnopere
querit? Omnia ergo sua simpliciter pauperibus vel ecclesiis erogare sine
omni contractu virtutis est, sicut legitur de multis sanctis, et magni
meriti. Quicumque autem hoc facere aut non potuerunt in vita aut
neglexerunt aut noluerunt, cum hoc sit consilium et non preceptum,
fructuosius et perfectius faciunt, si in morte sine condicione omnia simpliciter propter deum pauperibus dant more et exemplo sanctorum quam
quod cum determinata condicione et obligacione sua dispensant. Et hec
de sacerdote illo et ejus occasione dicta sint.

Excursus (III)[1].

Neque hec et similia hic legentes aliqua sinistra suspicione moveantur,
uti nostros landantes quicquam sanctis debitum eisdem appropriare scribendo contendamus, cum nec hoc sit propositi nostri set nec aliquid
miraculi causa proferre. Non enim indifferenter aliis set tantum nostris
hec rudi aggregavimus stilo, ut, quemadmodum aliorum benefactorum
nomina, memorie et pia opera recitantur, sic et nostrorum, ut eo ardencius
pro salute et animabus eorum orent pioque amplectantur affectu, quos
ignorant facie et visu, et ut misericors deus eis ignoscat liberius et largius,
si quid, ut humane est fragilitatis, in tantis adversitatibus, laboribus et

---

*) Fol. 16.
[1]) Zweck der Annalen, anknüpfend an die Biographie des ersten Rektors,
vgl. S. 27—35.

sollicitudinibus erigende domus de oracionibus exerciciisque spiritualibus et aliis persolverint aut peregerint negligencius.

Nulli enim hoc mirum videatur, si nunc ex diversis domibus, si ex diversis nunc partibus in unum convenientibus personis, illis recedentibus, aliis advenientibus, accedentibus insuper tot eventibus loci, quem certum non habebant per aliquot annos utsupra, set et adversitates et appugnaciones non solum civium set et quorundam religiosorum et aliorum litteratorum virorum vitam illam communem clericorum caninis dentibus rodentium, non mirum, si ibi in ventre Rebecce collisione facta inter probantes et probatos tot recedentes et advenientes absumente gladio nunc illum nunc istum ex utraque parte ceciderint vulnerati nonnulli. Nam in hiis XXVII annis, id est a primo anno adventus fratrum, in quo fuit de Akenvart[1], usque ad annum presentem id est LXVII, demptis domino Beinardo et Godfrido, qui feliciter dormiunt, de omnibus aliis personis non remanserunt nisi duo, quorum unus est Hermannus Rentelen et alius qui hec scripsit, qui a domino Conrado rectore ab Hervordia missus fuit in Hildensem pro coco, si saltem ad hoc valeret, alias enim inutilis erat et est frater. Quin[a] et eidem officio coquine inydoneus judicabatur et in veritate ita fuit, hic est discipulus ille, qui scripsit hec. Alii autem defuncti fratres nostri, quorum obitus dies sequuntur, cum Hinrico coco prescripto eciam defuncto[b] postea ad domum venerunt nostram jam emptam. Omnes autem alii successive venientes et similiter recedentes, quorum multo major est numerus, sive ad secularem vitam sive ad religiones, an forte idcirco abierint, quia nobis indigni aut nos ipsis, dei solius committimus judicio. Nichil igitur de sanctitate hic agimus, set de infirmitatibus et gestis quibusdam annalibus nostris et nostrorum. Major enim est et erit profectus hujus communis vite clericorum, si non quasi vitam ducentes sanctam honorentur, set pocius in abjecta humilitate dijudicentur et despiciantur, quemadmodum et hii, quorum hic scripto memoriam agimus. Cum enim in palam egreditur sanctitas, citius evanescit devocio et humilitas, in tantum enim sepe receditur a verioribus et interioribus, in quantum estimari incipimus exterius ab hominibus. Bonum est ergo fugere, tacere et quiescere. Exemplum autem horum sumatur a synagoga et ecclesia singulatim suis temporibus in superbias seculorum positis. Scio et alia exemplaria pocius silenda. Est ergo intentum nostrum, ut insinuata posteris erecte hujus domus humilitate, paupertate et abjectione participes radicis sue occasione hujus nominis collegii non superbientes se alienent

---

a sua vulva, non aberrando recedant ab utero, set ut veri et non adul-
terini filii hec pocius faciant duo, primo ut memores orent pro illis, quorum
ntuntur et sublevantur beneficiis, secundo ut illorum inhereant vestigiis,
id est consuetudinibus et institutis ab illis ipsis traditis. Non enim
consuetum unquam fuit uni ex illis panem suum manducare gratis, quinymmo et de suis laboribus non crapulando nec nimium thezaurizando set
erogando dabant scolaribus et aliis pauperibus.

Excursus* (IV)[1].

Narratis itaque quibusdam domus nostre fratrumque nostrorum
eventibus ac adversitatibus quasi a sinistris infestantibus hominum videlicet
animalium et secularium, contra quos finaliter arma proderunt nulla nisi
paciencia sola, cum et istis temporibus gygantes gemant sub aquis istis,
quorum justicia potencia, lex est violencia, placuit eciam modicum declinare ad dexteram et considerare, quomodo et clericorum communis vita
moderni temporis non solum ab hujusmodi carnalibus verum eciam a
spiritualibus quibusdam amicis et proximis nostris et religiosis nunc aperte
nunc occulte a juventute sua et usque nunc expugnata sit et expugnatur,
dijudicatur, ut non dicamus condempnatur. Nec hoc mirum et novum
videatur nobis, cum et pene omnis religio, eciam ipsa Christiana sepe a
juventute sua sit expugnata. Quod autem deus fieri decrevit, manus
hominum non dissolvent, ipso dante incrementum[2] qui plantavit pater
celestis. Fuerunt enim et utinam non amodo sint qui ut unanimes nostri,
de quibus eciam hoc suspicari non licuit, in occulte sagittantes obsequium
se prestare deo arbitrabantur, si quem e nostris forte ydoneum persuasi-
onibus quibusdam adulterinis et furtivis a vita ista quasi non tuta vel
periculosa, ne dicamus quasi de naufragio ereptum, ad suum ordinem
intrudere prevaluissent, quasi ipsorum deus solum et non aliorum qui et
quandoque domino ordinante postea condignam improperiorum mercedem
receperunt eciam[b] ab hiis, qui se abduxerunt, et ab aliis. Cum enim
quidam ipsorum a patribus vel fratribus nostris omni honore digni arbi-
trati ut cordialissimi nostri causa consolacionis aut alicujus alterius negocii
visitentur vel certe familiaritatis vel visitacionis aut hospitalitatis gracia
ad singularia admissi fuerint colloquia, si quem inter hec ut[c] modice

---

a) *Fol. 47.* b) eciam *bis* ab aliis *unter dem Texte nachgetragen.* c) *Fol. 47'.*
[1]) *Stellung zur Klostergeistlichkeit, anknüpfend an S. 53.* [2]) *Vgl. 1. Cor. 3, 6. 7.*

fidei fratrem dubitare aut mutare invenerint vel, si licet dicere, dubitare fecerint non sublevare nec more sapientis medici originem, causam, qualitatem temptati fratris cum patre suo spirituali utpote scienti infirmitatem ejus consulendo aut medendo vel consiliando discernere, tractare ac reducere, set continuo quasi potestatem habentes rapinam arbitrantes vere non ut fideles persuasores set Christi ovilis crudeles invasores statim in occulto insidiantes rapere festinant, dum attrahunt eum. Hec autem non idcirco dicimus, ut ad alciorem contendere profectum, ad artiorem anhelare vitam laudabile non sit, cum eciam ab una religione ad aliam alciorem ire permissum sit, taceo de vita clericorum ad religionem aliquam, set quia recessus omnes communiter mutacionesque locorum ceteris paribus quasi origines et iudices esse impaciencie, vanitatis, instabilitatis aut eciam perversitatis sepe inventi[a] sunt et ideo omni studio, discussione et discrecione examinandi aut vitandi non solum patrum sentenciis set eciam cotidianis exemplis docemur, cum non locum mutando, non fugiendo demptis carnalibus set viriliter pugnando laudabilius reperitur et fructuosius. Si enim secularibus hominibus aut vanis cum magna discrecione consulendum erit deserere locum suum, dummodo saluti sint in bono statu, si illis inquam ve minatur eternum qui inconsulte indiscreteque eciam que converterint vel a statu suo mutaverint, nisi eum eciam promovendo proficientem effecerint, dicente domino: ‚Ve[1] vobis, scribe et pharisei, qui circuitis mare et aridam, ut faciatis unum proselitum et, cum factus fuerit, facitis eum filium gehenne duplo quam vos'. Consequens[b] erit non indiscrete nec sine scrupulo agendum, ut a[c] congregacione aliqua clericorum quis indifferenter ad deserendum locum suum inducatur? Nam si dominus hoc dicit de ad fidem convertendis, quid de jam conversis et in vita vel via perfecte conversacionis positis?, quibus eciam hec eadem vita cum difficultate forte aut vix observabilis fuit. Qui autem in minimo infidelis, est et in maximo. Et in eminenciori positus raro meliorabitur, qui in humili negligenter egisse comprobatur. De hac autem materia plus quere alibi in libro[d] k vita clericorum.

Nisi forte pro novitate primum quasi omnium in se conversos erubescens oculos vanam insequatur gloriam, ne viciose declinasse videatur et laudatus quasi ex adipe prodeat fictio ejus. Solent enim hujusmodi permutaciones fieri non nisi sub specie bona quasi ascensum et non descensum suadentes, cum tamen sepe qui sic ascendit ipse sit et qui

---

[a]) ti sunt auf Rasur. [b]) Fol. [48.] [c]) a bis clericorum am Rande hinzugesetzt. [d]) Dieser Abschnitt ist nicht erhalten.
[1]) Matth. 23, 15.

descendit. Quicquid enim hujusmodi timidi et increduli aut vanegloriosi
viderint vel ymaginantur honorabile, magnificum aut gloriosum, statim
putant sanctum. Obicitur species pietatis, qua faciliter acquiri sompniatur
opus virtutis. Sabbatum enim delicatum non laboriosum et splendor
sanctorum refulgere videtur ex ipso habitu religiosorum, qui dum non
sincere insectatur aut adipiscitur aliquociens fervor devocionis aut humilitatis qui querebatur vel non invenitur aut eciam amittitur, dum plus
placet quod fulget quam quod ardet vel latet. Eciam forte aliquibus
parum constat aut cura est de fervore, dummodo carere contingat vite
humilioris despectione et abjectione. ,Qui¹ enim docti fuerint, fulgebunt
sicut sol et qui ad jus[titiam] cru[diunt] multos, quasi stelle in perpetuas et[ernitates].' Recte. Nemo quippe in occulto quid facit set querit
ipse esse in palam. Ad quid perdicio habetur? Quid enim prodest esse
et non apparere? Si non possum ardere, liceat saltem* fulgere. Esse
cappatum, esse solempniter professum, esse titulo sanctorum patrum
insignitum, operari cibum qui non perit, zelum solempniter predicando
habere animarum communius est, felicius est, securius est quam gerere
vitam etsi sinceram tamen occultam et suspectam. Nos scimus, istos
fulsisse predicacionibus et miraculis, hos autem nescimus unde sint. Ab
omni specie ma'a abstinendum erit argute et hoc de specie mala.
Adjunge nichilominus caute agendum sub specie bona, ne ut semen
Chanaan et non Juda te decipiat eciam species humana secundum
apostolum perhibentem de quibusdam qui speciem habent pietatis, virtutem
autem ejus abnegantes. Beatius ergo est, securius est insequi aut habere
virtutem pietatis quam sic ambire speciem tantum virtutis. Cappa non
te facit monachum set ostendit, quid tibi proderit ostendi et non esse.
Umbram persequeris tu non subsistenciam. Quod hic esse non studes
timeo, ne umquam alibi fias. Non enim tantopere pensanda sunt illa
exteriora et apparatus solempnis sanctitatis, in quibus veluti mediis in
utramque partem pro utencium qualitate declinandis et vertendis non
principaliter set instrumentaliter consistit virtus. Sepe autem contingit,
ut instrumenta aut eciam medicamina uni conveniencia alteri reddantur
inepta aut eciam nociva et periculosa. ymmo quod uni est vita alii
aliquando est mors. Noli ergo te ipsum decipere cito mutando locum
nec movearis omni vento doctrine, si audire contigerit aliquando aliquos
fimbrias suas aut aliorum magnificantes aut philacteria dilatantes, dico
votum solempne, habitum sanctorum patrum ac regulas eorundem, sicut

*) *Fol. 48'.*
¹) *Daniel 12, 3.*

nonnullos est invenire religiosos, absit autem omnes qui in propria persona
aut interpositas cornu [1] utinam salutis sue erigentes et de vinculis ipsis
sepe onerosis superbientes quasi participes gloriantur dicentis: „Juravi et
statui custodire judicia justicie tue', et hoc in emulacionem aut confusionem quorundam simplicium hec non habentium, maxime [a] autem vite
clericorum communis vite moderne devocionis, qui utique salubrius [b]
idque non ad insipientiam sibi ipsis orare pocius debuerant participes
fieri timentium dominum et humilia de se senciendo feras pocius incaveatas
se putare secundum Benedictum, qui alias a communi more hominum
domare non poterunt. Legitur autem, b[eatum] Benedictum mandasse
cuidam: „Si verus dei servus es, non te liget cathena ferrea, pene dixissem
professio tua set caritas Christi'. Quique eciam ne expertes videantur
eorum qui in facie et non in corde set in lege gloriantur, utinam dei
veluti gens sancta et admiranda pre aliis devotis dicere habent: „Nos
legem habemus, nos regulam habemus, nos statuta habemus'. Per legem
itaque te judicandum time pocius, quia ,non [2] auditores legis set factores
justi sunt apud deum'. Non enim qui in manifesto tantum set magis
qui in occulto est religiosus et religio non littera set opere et veritate,
cujus laus non ex hominibus est set ex deo. Et utinam, ut verbis utar
apostoli, ,nomen [3] dei per aliquos horum non blasphemetur inter gentes',
sicut scriptum est: Circumcisio prodest, si legem observas, cappa sive
religio prodest, si regulam servas, quam si neglexeris, religio tua vana
est. Ad regulam enim ibit eam appellans. Quibus tamen, ut verbis
puerilibus alludamus, in insipiencia loquimur. Si ergo et nostri auctoritate
eadem qua et isti gloriantur obedienciam facere simplicem habeant prelato
suo [c] secundum statuta sive consuetudines proposito suo conformes absque
habitus, regule aut solempnis professionis specie etc., nonne possibile esset
eam, scilicet obedienciam, fieri tali mente utpote corde magno et perfecto
ac omnimoda sui suorumque resignacione efficaci necnon animo jugiter
sic manendi, quia coram deo qui intuetur cor equiparari valeat voto tuo
solempni? Quid [d] si idem eciam clerici predicti exemplo vestro auctoritate
apostolica vel eciam [e] pecuniaria secundum exemplar in montibus illis
ostensum statuta suo proposito conveniencia, ordinaciones et observancias
eciam penales non tamen pecuniarias pro morum concordia et disciplina
facere et condere habeant potestatem vel ordinante caritate retentis
nichilominus moralitatibus sive consuetudinibus uniformibus, ut nec ipsis
desit liber usuum et secundum apostolum omnia ordinate fiant in eis

---

a) maxime *bis* devocionis *Zusatz.* b) *Fol. 49.* c) *Nach* suo *durchstrichen*
canonice intrante. d) *Fol. 49'.* e) eciam *auf Rasur.*

1) *Vgl. Ps. 17, 3.* 2) *Röm. 2, 13.* 3) *Röm. 2, 24.*

careantque obprobrio, quo quondam quidam religiosus quendam fratrem clericum simplicem interrogavit: ,Scriptum', inquit, ,est de resurrectione mortuorum, unusquisque autem in suo ordine, vos ergo nullam legem, nullum habentes ordinem aut regulam, cum quibus oritis?' Quo hesitante subjunxit: ,Cum illis, inter quos nullus ordo set sempiternus horror inhabitat'. Ecce quales sagitte potentes et acute vulnerare immaculatum, ecce quale rete ante oculos nondum pennati. Ergo citra religiones sine ordine resurgent universi salvandi? Ergo solis religiosis dicit apostolus: Omnia autem ordinate in vobis fiant?, cum nondum instituti erant. Ergo in Christiana religione viventes citra religiones sine ordine sunt? et quis sine lege, sine ordine Christianus? nonne filii Belial? qui se ut onagros liberos putant, nonne clericus in ordine est clericali, sacerdos sacerdotali, virgines virginali, vidue viduali, maritati aut uxorati in maritali seu matrimoniali? Clamante denique domino non ᵃ tantum religiosis set omnibus ovibus suis vocem ejus congnoscentibus et audientibus: ,Tollite ¹ jugum meum super vos' etc. ,Quecumque² vultis ut faciant vobis' etc. et cetera omnia que in quatuor evangeliorum continentur libris. Istis igitur regulis, doctrinis, preceptis atque consiliis auscultantes pastore, regula, lege aut ordine carebunt. Nonne epistole canonice, actus apostolorum, decreta patrum, leges, canones et jura ᵇ, sermones dictaque sermonum regule sunt, ordines sunt, leges sunt? Quod si sancti aliqui patres s|cilicet| Augustinus, Basilius, Benedictus, Anthonius Pathumius, Dominicus et Franciscus spiritu dei pleni omnique veneracione digni non solum a suis set omnibus devotis pulchras aptasque perfectionum cuderint vias et modos pro se suisque sequacibus, ita ut eciam habitu inusitato et singulari palam omnibus a communi lata et spaciosa hujus mundi via segregati vias perfeccionis et sanctitatis se amodo incedere et ad eam obligatos se ᵇ esse demonstrent, que idcirco non tam per excellenciam qua ad differenciam ordines vulgariter sint dicte, non tamen ideo sequitur, quod citra illos ordines non sint alii perfectionum modi vivendi aut vie, qui nichilominus possent et poterunt diversimode multiplicari citra ᶜ religiones? etc. Quid autem inducat novam religionem contra prohibicionem illius constitucionis, ne nimia, alibi ᵈ in libro k de vita clericorum declaratur, ubi de religione agitur.

Ergo hiis pro clericis auctoritate apostolica ordinatis quicquid te istis, o frater, habundancius accepisse gloriaris, non est hoc semper nec

---

ᵃ) non *bis* omnibus *Zusatz am Rande.*   ᵇ) *Fol. 50.*   ᶜ) se esse *auf Rasur.*
ᵈ) *Vor* citra *eine Zeile getilgt.*   ᵉ) alibi *bis* clericorum *am Rande.*
¹) *Matth. 11, 29.*   ²) *Matth. 7, 12.*

omnibus opus virtutis, nam sicut felix necessitas ad bona impellens ita non numquam infelix et miserabilis nonnullos condempnans, quibus melius fuisset mansisse in seculo. Et hec de potestate que est in edificacionem clericorum et confirmacionem sic. Porro de ea que est in destructionem et castigacionem, ut et in ipsis impleatur quod scriptum est: ,Ecce [1] positus est hic in ruinam et resurrectionem multorum in Jerusalem'. Ex habundanti habere possunt et clerici ipsi auctoritate, qua supra secundum ecclesiasticas censuras contradictores aut rebelles punire, reicere [a] aut eciam, si gloria est, incarcerari computarique inter genus servorum qui non nisi cum supplicio emendantur secundum quod scriptum est: ,Implefacies [2] eorum ignominia et querent te'. Et iterum alia scriptura dicit: ,Flagellum [3] [equo] [b] et chamus asino et virga in dorso insipientium'. Et alibi: ,Stultus [4] verbis non emendatur subaudis [c] set verberibus' etc. Et licet illud genus sic compellendum sit miserabile, tamen si emendatur fit coram deo forte non minus despicabile. Quid enim refert, qua quis salvetur via, cum liceat ei facere vasa honoris et contemptus? Quid autem habes quod non accepisti? Quod si acceperis, quid gloriaris aut inflaris erga alium frustra? Licet enim secundum attractorum qualitatem vel forte magis attrahentis voluntatem alii invitentur, alii trahantur et alii compellantur, attamen, ut verius dicatur, nullus salvatur nisi attractus. Set neque sponsa secretorum dei conscia aliud quid postularo presumit nisi: ,Trahe [5] me post te'. Non enim nos eum prius set ipse prior dilexit nos. Audi dominum dicentem: ,Nemo [6] venit ad me, nisi pater meus traxerit eum'. Sustinenda ergo esset loci mutacio hac intencione necessitatis facta. ,Cor [7] enim contritum et humiliatum', non ait humile, ne desperet, qui omnino abjectus esse videtur, deus non despicit. Sustinenda [d] ergo esset loci mutacio etc. dico de hiis, qui se senciunt non meliorandos nisi cogantur facti religiosi.

---

a) Fol. 50'.   b) equo fehlt in der Hdschr.   c) ?   d) Bis Schluss Dieppurchs.
1) Luk. 2, 34.   2) Ps. 82, 17.   3) Sprüche Sal. 26, 3   4) In der Vulgata nicht ermittelt.   5) Hohe Lied Sal. 1, 4.   6) Joh. 6, 44.   7) Ps. 51, 19.

Urkunden und Briefe.

1. *Die Communität der Domvicare verkauft mit Zustimmung des Bischofs Magnus und des Domdechanten Johann Schwanenflügel ihr bisher dem Domvicar Druchtler Wendeborstel und dessen Sohne, dem Carthäuserbruder Johann, lebenslänglich verliehenes Haus im Brühle zwischen einem Hofe der s. Paulskapelle und einem Hause des s. Pauli-klosters Bernhard (von Büderich), Rektor, und den Priestern und Brüdern im Lüchtenhofe um 120 rhein. Gulden und mit der Verpflichtung zu jährlich fünf Schillingen Zins an den Domküster. 1444 April 8.*

Wy de gemeynen vicarien in dem dome to Hildensem bekennen openbar in dussem breve vor uns unde uuse nakomen unde vor alseweme. dat wy unse frige unde eghen husz unde hof belegen in dem Brule vor Hildensem twischen dem hove, dede behoret der capellen sunte Pauwels uppe des domprovestes hove uppe de eynen halve na sunte Godeharde unde dem huse unde hove, de behoren dem geystliken convente sunte Pauwels up de anderen halve na Hildensem, unde schud van dem olden dore wente up den graven, dat wy vor dusser tid dem ersamen heru Druchtleve Wendenborstel, unsem medevicario, unde hern Johanne des sulven hern Druchtleven sone, Cartusere des klosters sunte Marien vor Hildensem, to oren liven to hebbende unde to brukende vorkoft unde vorscreven hebben, myt willen unde fulborde der vorbenomeden her Druchtleve unde heru Johan unde ok der geystliken heren, de priors unde conventes der vorgescreven Cartusers kloster, so se dat van des vorgenanten Johans wegen andrepet, rechtes unde redelikes ewiges kopes uumme der nabescreven erhaftigen unde redeliken sake unde unse unde unser* nakomen nuth unde fromen willen den ersamen hern Bernde van Buederick rectori des klerikes husz to Hildensem unde den gemeynen presteren unde kleriken, de myt one wonen unde leven in dat gemeyne, unde oren nakomen efte holder dusses breves myt openbaren schyn unde bewisinge ores willen vorkoft unde in ore brukende, hebbende, rauwelike wer autwordet hebben, vorkopen unde antworden jegenwordigen in craft[b]

---

a) *Hdschr.* unde. b) *Hdschr.* cruff.

dusses breves myt aller rechticheyt, vriheyt unde tobehoringe, alse wy 1444. wente herto dar anne unde ynne gehad hebben, vor twintich unde hundert gude Rinsche gulden, de se uns darvore goytlikeu unde wol to dancke gegeven unde betalet hebben unde wy vort in unse nuth unde fromen gewant unde gekard hebben, nomeliken hebbe wy vor sodane vorgerorde summen geldes ghekoft unde gemaket jarlike renthe seven gulden by unsen heren van dem dome to Hildensem. Darto schullen de vorgescreven her Bernd, syne medebenomten unde ore nakomen den vorgenanten her Druchtleve unde hern Johanne efte dem Cartuserkloster vorgenant, wanne unde so sick dat geborende ward, goytliken unde wol to dancke alle jar bereden unde betalen sodanen tynsz, dar se dat vorghescreven hus jarlikes na redelicheyt mochten vore vorhuret unde vormedet hebben, efte sodane vorgescreven kop nicht ghescheyn enwere, de wile de vorgenante her Druchtleff unde her Johan, syn sone, in dem levende synt. Doch schal her Bernd, syne medebenomten unde ore nakomen alle jar to ewigen[b] tiden uthe dem vorgescreven hus unde hove dem domkoster geven vif Hildensemsche schillinge. Wy ok unde unse nakomen schullen unde willen sodanes vorgescreven huses unde hoves, syner tobehoringe, rechticheyt[c] unde vriheyt den vorgenant her Bernde unde synen medebenomten unde oren nakomen rechte ware wesen unde se van der wegen aller ansprake benemen unde entlesten wedder alle manne sunder jennigen oren hinder, koste efte schaden, wur, vor weme unde wu vaken on des not unde behof ys unde dat an uns ghebracht werd. Unde alse denne solk vorgerorde ewich vorkop van uns gemeynen vicarien vorgescreven ghescheyn ys uns unde unsen[d] nakomen to nutte unde to fromen unde to gude unde ok dem almechtigen godde, unsem leven heren, to love unde to eren, uppe dat de vorghescreven her Bernd, syne medebenomeden unde oren nakomen husinge unde woninge hedden, dar se godde ynne denen mochten, so hebbe wy dut alle dem erwerdigen in god vader unde hern hern Magnus bischup to Hildensem, unsem leven gnedigen hern, unde dem werdighen hern Johan Swanenflogel domdeken to Hildensem, unsem leven hern unde prelaten, vorgebracht, myt der willen unde fulbort sulke vorgeroret ewich kop ghescheyn unde togegan ys, unde de gebeden den vorgescreven kop unde vorkop umme der vorgescreven erhaftigen unde redelike sake willen to bevestende unde to bestedigende, so on sampt unde bisundern dat geboret edder geboren mach. Unde wy Magnus van goddes gnaden biscup unde Johan Swanenflogel domdeken to Hildensem bekennen unde

---

a) *Hdschr.* goytliken goytliken. b) *Hdschr.* to ewigen to ewigen. c) *Hdschr.* recticheyt. d) *Hdschr.* unse.

1444. betugen openbar in dussem breve, dat de vorghescreven ewige kop unde
vorkop van den gemeynen vicarien unser kerken to Hildensem den vorgescreven hern Bernde, synen medebenomden unde nakomen myt unsem
willen unde fulborde ghescheyn ys, unde wente wy benomeden erkant
hebben, benuden unde erkennen, dat sodane vorkop batlick, nutlik unde
fromlick ys den* vorgescreven vicarien unde oren nakomen mer, eft se
dat vorgescreven husz beholden hedden unde ok godde unsem hern
darynne leif van den vorbenomten heren Bernde, synen medebenomten
unde oren nakomen gescheyn mach, unde so hebbe wy de bestediget unde
bevestiget unde unse macht[b] unde fulbord darto gegeven, bevestet unde
bestedet de unde gevet unse macht darto jegenwordigen in craft dusses
breves, also dat dat vorgescreven hus unde hof[c] myt alle syner rech-
tichoyt, vriheyt unde tobehoringe nu vortmer ewichliken eghen syn unde
wesen schal des vorgescreven her Berndes, syner medebenomten unde
orer nakomen, so alse dat wente an dusse tid der vorgescreven gemeynen
vicarien unser kerken egen ghehord unde gewesen ys. Doch wan her
Bernd, syne medebenometen unde ore nakomen vorgenant sulk hussz
vorgenant in tokomenden tyden wedder vorkopen wolden, so scholden se
dat tovorn den gemeynen vicarien unser kerken to Hildensem to kope
beeden unde neger dan jemande anders to kope geven unde laten, so
forder de vicarien dat kopen wolden. Dusses vorgescreven alle sampt
unde bisundern to openbarer kuntliker bevestinge unde orkunde unde uppe
dat dut stede, vast unde unvorbroken geholden werde, so also wy unde
unse nakomen dat stede, vast unde unvorbroken holden schullen unde
willen, so hebbe wy Magnus bischup, Johan deken unde de meynen
vicarien der kerken to Hildensem vor uns unde unse nakomen unse
ingesegel witliken ghehenget laten an dussen bref, de gegeven ys na
goddes bord dusent veerhundert jar darna in dem veer unde vertigesten
jar des midwekens na palmen.

*Nach dem Copialbuche der Domvicarien-Communität saec. XVI in der Bever-
inischen Bibliothek zu Hildesheim (n. 197) fol. 231'—232'; gedr. danach Krätz, Der
Dom zu Hildesheim III S. 104—107; Regest Urkb. der Stadt Hildesheim IV n. 518.*

2. *Der Domvicar Johann Rotberch überlässt mit Zustimmung der
Domvicare den Altar ss. Innocentum in der Capelle s. Anthonii am
Kreuzgang des Domes Bernhard (von Büderich), Rektor, und den Brüdern
des Lüchtenhofes zur Abhaltung einer täglichen Messe gegen jährlich*

---

a) *Hdschr.* de.   b) *nach* macht *in der Hdschr.* unde macht *wiederholt.*
c) hof *fehlt in der Hdschr.*

7 rhein. Gulden Rente von vier Hufen Landes zu Borsum. 1444
December 8.

Ek her Johan Rotberch vicarius in dem dome to Hildensem bekenne
openbar in unde myt dussem breve, dat ek myt willen, witschup unde
fulborde myner leven heren unde kumpane der vicarien in dem sulven
dome hebbe bevolen, dan unde bestediget den* altar Innocentum in der
capellen sancti Anthonii in dem vorgescreven dome in dem ummegange
belegen her Bernde rogerer des huses des Luchtehoves in dem Brule vor
Hildensem belegen unde den presteren unde klereken unde oren nakomen
darsulves, dat se schullen unde mogen in allen tokomen tyden alle dage
vor dem sulven altar eyne missen holden unde lesen in de ere goddes,
Marien der moder Jhesu Christi, alle goddes hilgen unde allen cristen
zelen to troste. Hirvor schal ek her Johan vorgnomet unde wil, de wyle
dat ek leve, unde de vorghescreven vicarii na mynem dode den vorbenomten presteren unde kleriken alle jar antworden unde don van den
veer hove landes belegen to Borsem, de nu tor [tid]ᵇ buwet Hinrick,
edder van der gulde, de myt ᶜ dem gelde in tokomenden tiden gemaket
ward, dar dusse veer hove to Borsem vore uppe eynen wedderkop gekoft
synt, seven Rinsche gulden unde nicht mer edder so vele penninge, dar
men der gulden to Hildensem mede bekomen kan unde mach, alse
veerdehalven gulden to allen paschen unde verdenhalven to sunte Michaelis
dage to den vorgescreven missen vor oblaten ᵈ. Ok schullen de vorghescreven vicarii unde ore nakomelinge na mynem, her Johan vorghescreven
dode von dem sulven gude to Borsem edder van der gulde, de darvan
gemaket worde edder koft, to ewigen tyden don unde geven lecht to den
missen to lesende unde to holdende unde klenoyde to dem altar to
beterende, so de vorghescreven vicarii mek her Johanne vorbenomt in
vortiden in orem breve myt orem ingesegel dar over unde up gegeven
unde de besegelt hebben, unde dar mede schullen de vorgescreven prestere
unde klereke up eyn unde de vicarien uppe de andern syden alles dinges
orer eyn van den deme anderen gensliken ghescheden wesen unde bliven,
van der wegen nicht mer to hope to donde hebben. Weret aver, dat de
vorgescreven prestere unde klereke edder ore nakomelinge to Hildensem
nicht wonen konden edder enmosten, wu dat to queme, so scholden jo
unde mochten de ergenanten vicarii na der fundatien twene andere arme,
frome unbelende prestere* darto bestellen unde holden, also dat vor dem
sulven altar alle dage de missen jo gelesen unde geholden worden. Dusse

---

ª) *Hdschr.* der. ᵇ) tid *fehlt in der Hdschr.* ᶜ) *Hdschr.* nyt. ᵈ) *Hdschr.*
oblatien. ᵉ) *Hdschr.* presterere.

11*

1444. vorgescreven ordinacien unde artikele love ek her Johan vorgenant den
vorbenomten prestoren unde klereken by myner tid aue alle insage wol
to holdende, unde hebbe des to orkunde myn ingesegele openbar henget
an dussen bref. Unde wy gemeynen vicarii in dem dome to Hildensem
bekennen openbar in dussem breve vor uns unde unse nakomelinge, dat
dusse vorgescreven ordinacie unde bevelinge ys ghescheyn myt unsem
guden willen, witschup unde fulborde, unde fulbordet de in dussem sulveu
breve vor uns unde unse nakomelinge also in allen tiden to blivende
unde truweliken ane alle insage wol to holdende, unde hebbet des tu
openbarer bekantnisse unde bewisinge unse ingesegele witliken unde openbar
ghohenget neden an dussen bref, de gegeven ys na goddes bord veer-
teynhundert jar darua in dem veer unde vertigesten jar in dem hilgen dage
unser leven fruwen conceptionis Marie.

*Nach dem Copialbuche der Domvicarien - Communität saec. XVI in der
Beverinischen Bibliothek zu Hildesheim (n. 197) fol. 237.*

2. *Johann, Cardinaldiakon zu s. Angeli in Rom, päpstlicher Legat
in Deutschland, ertheilt für den Besuch der Kirche des Lüchtenhofes zu
Hildesheim an bestimmten Festtagen und Gaben an dieselbe 100 Tage
Ablass. Cöln, 1449 April 8.*

Johannes miseracione divina sancti Angeli sacrosancte Romane ecclesie
diaconus cardinalis, in Germanie et nonnullis aliis partibus apostolice sedis
de latere legatus specialiter deputatus, universis et singulis Christi fidelibus
presentes litteras inspecturis salutem in domino sempiternam. Splendor
paterne glorie qui sua mundum illuminat ineffabili claritate pia vota
fidelium de ipsius clementissima majestate sperancium tunc precipue
benigno favore prosequitur, cum devota ipsorum humilitas sanctorum
precibus et meritis adjuvatur. Cupientes igitur, ut ecclesia in Orto luminum
beate Marie virginis sita extra muros civitatis Hildensemensis et consecrata
in honore sancte et individue Trinitatis, beate Marie semper virginis.
sancte Crucis, Omnium angelorum et sancti Bernwardi episcopi et confessoris congruis frequentetur honoribus fidelesque ipsi eo libencius
devocionis causa confluant ad illam, quo ibidem dono celestis gracie
uberius conspexerint se refectos, a Christi quoque fidelibus jugiter veneretur, de omnipotentis dei misericordia ac beatorum Petri et Pauli
apostolorum ejus auctoritate confisi, omnibus et singulis vere penitentibus
et confessis, qui dictam ecclesiam in nativitatis, circumcisionis, epiphanie,
resurrectionis, ascensionis et penthecostes ac Corporis domini nostri Jhesu
Christi necnon in conceptionis, nativitatis, annunciacionis, visitacionis, purificacionis et assumpcionis sepedicte beate Marie semper virginis ac

nativitatis beati Johannis baptiste, dictorum Petri et Pauli apostolorum 1449.
ac ipsius ecclesie dictorum patronorum necnon apparicionis et basilice
sancti Michaelis archangeli et ipsius ecclesie dedicacionum festivitatibus
omniumque sanctorum celebritate devote visitaverint[a] annuatim et ad
reparacionem et conservacionem ac augmentacionem[b] calicum et librorum,
vestimentorum et aliorum ornamentorum pro divino cultu inibi celebrando
necessariorum, quocienscumque manus porrexerint adjutrices, nos cardinalis
et legatus prefatus pro qualibet ipsarum festivitatum et celebritatis ac
dedicacionum centum dies indulgencie de injunctis eis penitenciis misericorditer in domino relaxamus presentibus vero perpetuis futuris temporibus
duraturis. In quorum omnium et singulorum fidem et testimonium
premissorum presentes litteras per secretarium nostrum subscriptas fieri
nostrique sigilli oblongi jussimus et fecimus appensione communiri. Datum
Colonie sub anno domini M CCCC XLIX indictione duodecima die vero
octava mensis Aprilis pontificatus sanctissimi in Christo patris et domini
nostri domini Nicolai divina providencia pape quinti anno tercio.[1]

*Nach wenig jüngerer Copie in der Necrolog-Handschrift des Lüchtenhofes im
Priesterseminar zu Hildesheim fol. 2'.*

---

a) *Hdschr.* visitaverit. b) *Hdschr.* augmentacionum.

[1] *Darunter folgende Uebersicht empfangener Ablässe:*

Item predictas indulgencias in simili littera habemus adhuc semel nobis datas
per reverendum dominum cardinalem de Cusa Nicolaum tituli ad Vincula, legatum per
Alemaniam, anno domini MCCCCLI.

Item dominus Bartoldus Panodensis consecrando cappellam sub choro dedit
singulis *[fol. 3]* causa oracionis visitantibus de uno quoque patrono et singulis reliquiis
seu reliquiarum particulis XL dies indulgencie.

Item ad crucifixum in medio ecclesie super januam XL, ad ymagines autem
ibidem Marie et Johannis XX dies.

Item ad singulas tabulas altarium martirum s[cilicet] et confessorum, quocumque
tempore et quociens quis oraciones suas ad eas direxerit, de unaquaque tabula et
unaquaque ymagine inibi depicta et de unaquaque reliquiarum particula ibidem inclusis
dantur XX dies indulgencie.

Item cappellam sub choro devote cum oracione visitantibus dantur XL dies.

Item ibidem ad altare beate Marie ad meridiem orantibus de quolibet patrono
et qualibet particula reliquiarum XL dies, in quantum hoc jura permittunt.

Item ad altare virginum ad aquilonem in cappella XL dies indulgencie.

Item ad altare summum in choro s[cilicet] apostolorum dantur dominicam
oracionem ibidem dicentibus de quolibet patrono et qualibet reliquiarum particula,
quantum jura permittunt, XL dies.

Item ad altare martirum ad aquilonem XL dies, similiter totidem ad tabulas
et ejus ymagines.

Item ad altare confessorum versus meridiem XL dies, similiter totidem ad
tabulam ibidem et ejus ymagines XL dies indulgencie.

4. *Gerichtsschein des bischöflichen Gogrefen Heinrich Krummehoff über die Beerbung eines Kindes nach Wiederverheirathung der Mutter. 1452 April 11.*

Ek Hinrek Crummehoff to desser tyd gogreve des erwerdigen in god vader unde heren hern Magni bisschuppes to Hildensem unde des gantzen landes bekenne* openbar in dessem breve vor allesweme, dat vor mek quam Henning Leyneman, dar ek sad in gehegedem gerichte to rechter dingtid dages, unde leth vragen eynes rechten ordels. Dar were eyn vrowe, de mit oren kinderen ghinge to dele unde neme denne mit orem dele eynen andern man unde de kindere in samment bleven, unde denne darna der kinder welk vorvelle van dodes wegen, wer der kinder eyn dat ander beervede edder wer dat velle uppe de moder, de sek mit orem dele vorandert hedde. Dar wart up gevunden vor recht: Na dem dat de moder sek myt orem dele vorandert hebbe unde de kinder in samment bleven, so beervet eyn kint dat ander unde envalt nicht wedder uppe de moder. Unde hir is bii varen, alze ordel unde recht utwisen, unde ek Ludeke Brandes unde Olrek Lutzen bekennen, dat wii hir sin dinglude to gewesen, unde ek Tyle Punt bekenne, dat ek dar byn by gewesen alze des landes knecht, unde ek Cord Ossenkop bekenne, dat ek byn hir eyn vorspreke to gewesen, unde ek Henning Pyper unde Tyle Koler bekennen, dat wii hir sin achtelude to gewesen. To bekantnisse desser stucke so hebbe ek Hinrek Crummehoff gogreve vorgescreven myn ingesegel an dessen breff gehenget, des wii alle vorbenomet dinglude, des landes knecht, vorspreke unde achtelude midde bruken, und is gescheyn na der gebort Jhesu Christi unses loven heren verteynhundert jar in deme twe unde voftichsten jare des ersten dinxstdages na paschen.

Nach dem Original im Priesterseminar zu Hildesheim mit beschädigtem Siegel des Ausstellers am Pergamentstreifen; in dorso gleichzeitig: Invasio bonorum Leemans ex parte mulieris.

5. *Ludwig II, Landgraf von Hessen, überlässt dem Lüchtenhofe zu Hildesheim den Weissen Hof im Brühle in Cassel zur Errichtung einer Capelle und eines Brüderhauses nach der Ordnung jenes Mutterhauses, verpflichtet die Brüder beider Häuser zu Seelmessen für ihn und seine Nachkommen und trifft Bestimmungen über die Visitation und eine etwaige andere Besetzung des Weissen Hofes. 1454 Juli 20.*

Wyr Ludewig von gots genaden lantgraffo zeu Hessen etc. Bekennen vor unsz, unser erben und nachkomen, fursten des landes zeu Hessen unde

---

*) *Orig.* bekennen.

thun kunth allen luden, die dissen unsern offen brieff sehen adder horen 1454.
lesen, das wyr zcu herczen gnummen, angesehen, betracht unde besonnen
haben, das alle diejhenne, die gottis dinst und ere dem almechtigen godde,
Marien syner werden muter und allem hymmelschen here vorsettzen,
meren und bessern, die styfften und fundyren, besundern groisz loen und
freude von dem almechtigen godde haben, fynden werden und entpfangen,
darumb so han wyr nu in dem namen unsers lieben horren Jhesu Cristi
zcu ewigem gedechtnysse, zcu heyle, troiste und selikeit unser uberaldern
und aldern seligen, auch unser und alle unser erben und nachkomen, dem
almechtigen godde, Marien syner werden muter und allem hymmelschen
herre zcu lobe und eren myt gudem fryen willen rechtlich und reddelich,
so wyr dan rechtlichs und reddelichs mugen, uffgelaissen, uffgegeben und
uffgetragen, ufflaissen, ufftragen und uffgeben auch gegenwertiglich in
und myt crafft disses brieffes erblich und ewiglich unsern frien hoff
geheissen der Wissenhoff myt syner zcubehorunge gelegen in unser staid
Cassel uff der friheit genant in dem Brule by dem Alden thore myt
synen hoeffen, buwen und umbgriffen, alsz der umbgreffen hat, den erbaren
geistlichen pristern hern Nicolao Tant von Alsfelt, her Herman von Werhern,
hern Bernde von Buderick und den pristern und cleriken des huses in
dem Luchtenhobe der jungfrauwen Marien by und vor Hildenszheim
gelegen auch in dem Brule genant, also das die egenanten prister und
alle ere nochkomen nu forther zcu ewigen tagen sulche wonunge genant
der Wissehoff inhaben, eyne capellen daryn buwen, sich des gebruchen
und darin schicken, ordinyren und settzen sullen prister und cleriken myt
erem gesynde, die da leben und eyn gotlich leben furen sullen pristerlich
orden glich und ersamlich, kuschlich, eyndrechtiglich, nicht er broit zcu
bitten und in eyme gemeyne nach aller wyse, masz, forme und ordenunge
des vorgenanten huses zcu Hyldenszheim, alse das fundyret und gestifftet
ist von dem wyrdigen hern Eckarde vom Hanensehe domprobeste zcu
Hildenszheim, wilche fundacie und insetzunge auch bestediget, zcugelaissen
und befestiget ist zcum ersten von dem erewyrdigen in got vater und
hern hern Magnus etwan bisschoff zcu Hildenszheim, darnach von dem
erewyrdigen in got hern Bernde ittzunt vorstonder des stiffts zcu Hildenszheim, auch von dem erwyrdigesten in got vater und hern hern Nicolao
cardinali de Cusa und legaten etc., alse der in Dutschlandt von unserm
helgen vater dem babeste gesant was, und auch die confirmacion und
besegelte brieffe ubber das genante husz gegeben eygentlich inhalden und
uszwysen, und darumb so soln die vorgenanten pristere und cleriken in
dem obgenanten huse zcu Cassel wonhafftig sich noch wyse und forme
des egenanten huses zcu Hildenszheim pristerlich, ordiglich und reddelich

1454. halden myt messen, gecziden, vigilien und andern gottesdynsten, guden
wercken und gebeden, auch unser aldern seligen, unser und alle unser
erben und nochkomen in eren gedechtnissen, messen und gottesdinsten
teglich und stedelich zcu ewygen zciiden haben und den almechtigen got
vor unsz bitten und auch teylhafftig machen alle ere guten wercke, es
sie myt fasten, beden, castigen und wachen geistlich und lyblich, die von
den vorgenanten pristern und cleriken und iren nochkomen zcu ewigen
zciiden mogen gescheen und gethan werden, und sonderlich so soln die
genanten prister und cleriken und alle ire nochkomen, die in dem
obgenanten huse zcu Cassel zcu iglichen zciiden synde werden, unser
aldern seligen, unsz und unser erben und nochkomen, fursten und furstynnen
des landes zcu Hessen zcu vier gezciiden in dem jare begehin myt vigilien
und messen, alse geborlich ist, und den almechtigen got vor unsz bitten
und gedechtnisse vor alle diejhenne, die usz, unserm geschlechte gestorben
adder noch am leben syn, haben. Doch myt behaldunge steder gedechtnisse und memorien, darin wyr myt ene teglich syn soln, nemlich zcu
vier zciiden in dem jare myt den selben * salmen und den gebeden darzcu
geboren vor unsz zcu halden. Wyr lantgrave Ludewig vorgenant han
auch vor unsz und unser erben den vorgenanten pristern und cleriken in
dem obgenanten huse und hoffe zcu Cassil wonende das selbe husz und
wonunge myt allen synen zcubehorungen und andern allen gutern der
vorgenanten pristern und cleriken und eren nochkomen erblich und
ewiglich gefryet und fryen ene die geinwurlich in und mit crafft disses
brieffes, also das die genanten husz und hoff, die prister und cleriken
darin wonhafftig myt den eren geistliche und werltliche fryheit haben
und sich der gebruchen soln und mogen sunder hynder und intrag unser,
unser erben und der unsern an alle geverde. Wyr han auch den vorgeschreben hoff zcu Cassil, die prister und cleriken darinne wonhafftig
myt erem gesinde und guthern und auch die prister und cleriken des
vorgenanten huses zcu Hildenszheim in unser und unser erben schuruuge,
verthediunge und beschirmunge gnomen und nemen sie darinne myt
dissem unserm brieffe, also das wyr sie schuren unde schermen woln alse
ander unser geistliche cloister in unserm lande, so ferre wyr mogen, auch
an geverde. Dar geyn die egenanten prister und cleriken desz huses zcu
Hildenszem den almechtigen got auch tegelich und stedelich vor unser
aldern seligen, uusz und unser erben bitten in eren memorien und gebeden
haben. Wer es auch, da got vor sie, das die vorgeschreben prister und
cleriken des huses zcu Cassil abetreden von der egenanten insettzunge

—————————

*) Vorlage seuben.

und des nicht enhylden in moisse vorgeschreben, ader das das vorgenante **1454.**
husz zcu Hildenszem das itztgenante husz zcu Cassil nicht besettzen
konden myt personen darzcu reddelich und togentlich, szo sullen die
erbaren geistlichen, eyn abt von Bursfelde unde eyn prior der Carthusz
zcnm Eppenberge das vysitiren, besehen und verhoren, daran syn und
bestellen, das das genante husz dan besast werde myt personen usz dem
huse zcu Collen adder zcu Monster derselben prister und cleriken adder
myt andern solchen personen gotlichs und reddelichs wesen, als vorgerort
ist. Und ab alszdan das genante husz zcu Cassil bynnen eyme adder
zcum lengsten in zcweyen jaren, so des noit geschege, myt solchen
personen nicht besatzt wurde, so solten die vorgenanten geistliche veter,
eyn abt von Bursfelde und eyn prior der egenanten Carthusz myt rade
unde wyssen unser, unser erben und nochkomen das vorgenante husz zcu
Cassil schicken, ordineren und bestellen zcu ere des almechtigen gottes,
so das gottisdinst darin gehalden und bestalt wurde, unde darumb so
sollen auch die egenanten abt und prior das vorgenante husz besehen
nnd visitiren, so dicke des noit sin und sich geboren worde, alles sunder
geverde und an argelist. Unde des zcu orkunde han wyr unser ingesegel
an dissen brieff thun hencken, der gegeben ist uff sonabent vor sanct
Marien Magdalenen tage sub anno domini millesimo quadringentesimo
quinquagesimo quarto.

*Nach dem Transsumte des Abtes Johann Amelung von Burghasungen von
1526 Jan. 3, sieben zusammengehefteten Pergamentblättern in 4° mit dem
beschädigten Conventssiegel von Burghasungen in Blechkapsel an roth-, blau- und
gelbseidener Schnur im Priesterseminar zu Hildesheim.*

6. *Ludwig II, Landgraf von Hessen, verleiht zu seiner Vorfahren
und seinem Seelenheil aufs Neue den Priestern und Clerikern im Weissen
Hofe zu Cassel diesen Hof und belehnt sie mit dem von hern Johann
Diepeln besessenen h. Kreuzaltar in der Kirche des Klosters Ahnaberg
bei Cassel. 1457 Juli 4.*

Wir Ludewig von gotis gnaden lautgrave zcu Hessen etc. bekennen
vor uns, unser erben und nachkomen, fursten des landes zcu Hessen und
thun kunt allen luten, die diessen brieff sehin ader horen lesen, das wir
zcu eynem ewigen gedechtnisse, zcu heyle, troiste und selikeit unser uber-
alderen und alderen seligen, auch unser, unser erben und nachkomen,
dem almechtigen godde, Marien siner werden muter und allem hummelischen
here zcu lobbe und eren erblich und ewiglich gegeben han unsern fryen
hoff genant der Wiessehoff mit siner zcubehorunge gelegen in unser staidt

1457. Cassil den erbarn geistlichen priesteren und cleriken und iren nachkomen in dem vorgenanten husze wonhafftig. Darumb dan dieselben priestere und cleriken und ire nachkomen unsern aldern seligen unser und alle unser erben und nachkummen in irem gedechtnissz, messen und godesdiensten tegelich und stedeclich zcu ewigen zciiten haben sollen und den almechtigen gott vor uns und unser erben bitden und auch teilhafftig machen aller irer guden werke, esz sii mit castigen, vasten, beden und wachen, geistlich und liiblich, die von den vorgenanten priesteren, cleriken und iren nachkomen zcu ewigen zciiten mogen geschen und gethan werden, als der brieff[1] in von uns daruber gegeben das und fiel mehir davon inheldet. Und nach dem wir nu nicht anders virnemen von den vorgenanten priestern und cleriken, dan das sie sich gotlich, ordentlich und auch zcuchtlich halten und dem almechtigen godde mit fliessze dienen, haben wir zcu herczen genummen eyn solichs, und uff das sie darbie blieben und eyn solichs vorbasz in zcukunfftigen zciiten zcu thunde vermogen, so han wir den megenanten priestern, cleriken und iren nachkomen umb gotis willen, das sie sich deste basz begehin und fuden mogen, gegeben und belchenet, geben und belchenen sie geinwurtlich in und mit diessem selben brieffe mit dem altare des heilgen Cruczes und siner zcubehorunge, zcynsszen, renthen, eren und nueczen nichtis uszgescheiden, als den bisz uff diesse zciit gehabt und besesszen baid her Johan Diepeln, unser lieber andechtiger, und gelegen ist in dem jungfrauwen cloistere Anenberg in unser stait Cassil, und den selben altar uns auch iczunt uffgelassen und resigniret haid in wiese und forme, als sich das geboret und das instrument resignacionis inneheldet. Und darumb soln die obgerurten priestere und cleriken und ire nachkomen solichen obgenanten altar von uns und unsern erben zcu ewigen tagen zcu lehene haben und auch darumb den almechtigen gott deste fliessiger vor uns, unser aldern und geslechte bitden und sonderlich alle tage vor der complete eyn ,Confiteor' vor uns lesen und nach der complete eyn ,Salve Regina' mit eyner collecten nemlich ,Interveniat' halden ader ,Regina celi' mit der collecten ,Prosit nobis' etc. Des zcu orkunde han wir unser ingesigel an diessen brieff thun hengen. Datum feria secunda post festum visitacionis glorioso virginis Marie sub anno domini millesimo quadringentesimo quinquagesimo septimo.

Nach dem Original mit dem Siegel Landgraf Ludwigs von Hessen am Pergamentstreifen im Priesterseminar zu Hildesheim. In dorso gleichzeitig: Littera principis antiqua super altare sancte Crucis.

---

[1] n. 5.

7. *Die Landgrafen Ludwig III und Heinrich III von Hessen,
Gebrüder, bestätigen den Priestern und Clerikern des Weissen Hofes
in Cassel unter Verpflichtung zu Gebeten dessen Besitz und den
h. Kreuzaltar in der Klosterkirche Ahnaberg. 1458 Juni 20.*

Wyr Ludewig und Honrich, gebruder, von gots genaden lantgraffen
zcu Hessen, graven zcu Czegenhain und zcu Nidde, bekennen vor unsz,
unser lieben bruder und unser erben offentlich in dissem brieffe vor allen
luthen, alsz der hochgeborner furste her Ludewig lantgraffe zcu Hessen,
unser lieber her und vater seliger, des sole der almechtige got milde
und barmherczig sin wulde, dem almechtigen godde, Marien, syner werden
muter, und allem hymmelschen here zcu lobe, syner und unser ubberaldern
und aldern seligen, unser und alle unser nochkomen unde erben selen
zcu troiste und heile den pristern und cleriken in dem Wissenhobe wonhafftig in unser stadt Cassel gelegen den selben Wissenhob myt synem
begriffe, zcubehorungen und fryheiden und auch eyn geistlich lehen,
nemlich den altar des helligen Crutzos gelegen in der kirchen zcum
Anenberge gegeben und verschreben hat noch inhalde und uszwysunge
der brieffe¹ von unserm lieben herren und vater seligen darubber gegeben,
und alsz nu derselbe unser lieber herre und vater seliger von todes
wegen abgegangen ist, so han wyr godde zcu lobe und eren vor unsz
und unser lieben bruder und unser erben den obgenanten pristern und
cleriken in dem Wyssenhobe solche verschrybunge und gyfft, alsz unser
lieber her und vater seliger in ubber den selben Wyssenhob uud auch
das geistliche lehin gegeben und verschreben hat, gewilliget, bestediget,
confirmyrt und zcugelaissen, willigen, bestedigen, confirmyren und zculaissen
in die auch geinwurtlich in und myt crafft disses brieffes, sich der zcu
gebruchen in allen eren stugken, puncten und artikeln, wie die inhalden
und uszwysen, sunder bynder und intrag unser, unser lieben bruder und
unser erben an alle geverde, und darumb so soln auch die selben pristere
und cleriken und alle ere nochkomen in dem genanten Wissenhobe wonhafftig den almechtigen got tegelich vor unser aldern seligen, auch unser
und alle unser erben und nochkomen selen fliszlich bitten und den
sonderlichon gottisdinst auch teglich thun und sich mit allen sachen
halden noch lude solcher egenanten verschrybung und in maissen sie sich
gein unsen lieben herren und vater seligen und unsz verschreben und
verplicht han und die brieffe darubber inhalden und uszwysen, und des
auch nyt laissen in keyne wyse, alles sunder geverde und an argelist.
Und des zcu orkunde so han wyr lantgraffe Ludewig obgenant als der

¹) n. 5 und 6.

eldeste furste zcu Hessen unser grosze majestat ingesegel vor uns/, unser
lieben bruder an dissen brieff thun hengken, der gegeben ist uff dinstag
noch sanct Viti tag des belligen mertelers anno domini millesimo
quadringentesimo quinquagesimo octavo.

*Nach dem Transsumt des Abtes Johann Amelung von Burghasungen von
1526 Jan. 3 im Priesterseminar zu Hildesheim.*

8. *Ernst, Bischof von Hildesheim, erläutert und ändert die von
seinem Vorgänger Bischof Magnus den Canonikern im Lüchtenhofe
verliehenen und vom Papste bestätigten Constitutionen und Statuten
hinsichtlich des Güterbesitzes, der Uebernahme kirchlicher Lehen und
anderer Punkte der Verfassung und Verwaltung.* [1] *1466 Mai 24.*

Ernestus dei et apostolice sedis gratia episcopus Hildensemensis
dilectis nobis in Christo seniori et capitulo ecclesie beate virginis Marie
in Orto luminum in Brulone prope et extra muros civitatis Hildensem
salutem. Ex injuncto nobis officio debito ad ea libenter intendimus, ut
subditi nostri, presertim qui in diviuis obsequiis laudabiliter conversantur,
a bono incepto proposito non deficiant, sed uberioribus proficiant incre-
mentis. Unde, cum olim reverendus in Christo pater et dominus dominus
Magnus recolende memorie episcopus Hildensemensis predecessor noster
eandem ecclesiam beate Marie virginis in Orto luminum in ecclesiam
collegiatam erexerit et presbyteros ac clericos, qui in ea protunc aliquamdiu
in dei servicio religiose ac honeste conversati fuerunt et qui pro tempore
existerent, canonicos dici et esse voluit ac de eorum voluntate et consensu
pro divini cultus inibi consolacione et conservacionis augmento quasdam
salubres fecit et edidit constituciones, ordinaciones et statuta, que eciam
extunc per reverendissimum in Christo patrem ac dominum dominum
Nicolaum tituli sancti Petri ad vincula presbyterum cardinalem in istis
partibus tunc apostolice sedis legatum primo et deinde etiam per sedem
apostolicam ex certa sciencia erant confirmata. Et licet protunc hujusmodi statuta satis salubriter et diligenter fuissent ordinata, nos tamen
attendentes, quod vix aliqua statuta quantumcunque perpenso digesta
consilio ad humane nature varietatem et machinationem ejus opinabilem
sufficiant eo presertim, quod vix aliquid adeo certum clarumque statuitur,
quin ex causis emergentibus in dubium revocetur, attendentes eciam, prout
ex certis relacionibus didicimus, quedam ^a que dubia insurgere poterunt

---

a) *Vorlage* quedam eciam.
1) *Vgl. S. 53; von 1473 October 25 Stiftung einer ewigen Lampe auf dem
Chore des Lüchtenhofes durch die Schneidergilde, gedr. Urkb. der Stadt Hildesheim
VII n. 780.*

in hujusmodi statutis contineri, ideoque in hujusmodi dubiis in quantum 1466.
possumus providere cupimus. Inprimis namque, prout in hnjusmodi
statutis continetur, quod presbyteri et clerici memorati de bonis eis collatis
vel conferendis seu eorum laboribus aut alio quovis titulo acquisitis vel
acquirendis vivere debeant in communi, nos circa articulum hunc attendentes, quod hujusmodi verba: ,quovis titulo acquisitis vel acquirendis'
sint omnino universalia et ideo sua virtute nihil excludant, et ideo
decernimus et declaramus sub eis omnes et singulos fructus et obvontiones
etiam ex beneficiis ecclesiasticis forte acquisitis vel acquirendis quomodolibet
provenientes debere includi. Preterea ut hujusmodi communis vita eo
melius observetur, huic adjicimus ordinacioni, quod quocies aliquis ex
hujusmodi collegio per seniorem et suos ad hoc requisitus fuerit, omnia
et singula tam mobilia quam immobilia bona, que forsan extunc eum
habere contingeret, eis sub jurejurando resignet, det et tradat ad communes usus supradictos. Et ne beneficiorum ecclesiasticorum assecutio*
forsan eorum . . b et proposito posset obesse, volumus et ordinamus,
quod nullus eorum aliquod beneficium ecclesiasticum sibi forte conferendum,
presertim quod alibi requirat residenciam, eo ibi perseverare volente,
absque scitu et consensu senioris et suorum possit acceptare. Quod
si quisquam eorum contra hoc aliud beneficium ecclesiasticum acceptaret,
eo ipso omni juri suo in hujusmodi ecclesia foret privatus. Statuimus
eciam et ordinamus, quod nemo ad congregacionem eorum recipiatur
saltem permanenter, qui non possit vel non velit institucione c statuta
eorum in laboribus et disciplina subire et quantum in eo esset observare,
nisi quis statum et statuta eorum probare vellet, qui tamen tunc ultra
annum non retineatur. Volumus eciam et ordinamus, quod nullus ad
titulum ecclesie predicte ad sacros promoveatur ordines, nisi primitus ad
manus episcopi loco capituli d promittat stabiliter e perseverandi et manendi
in ecclesia f et loco antedictis, nisi religionem reformatam ingrediatur aut
de licencia senioris et suorum alibi mittatur. Item cum, ut prefertur,
predicti hujusmodi fratres ex laboribus manuum suarum vite necessaria
debeant comparare, ne igitur ceteris laborantibus alii ocio, confabulacionibus
inutilibus vel discursibus vacent, volumus omnes et singulos hujusmodi
fratres aliquo spirituali vel corporali exercitio occupari neminique eorum
domum exire liceat, nisi primum a seniore vel in ejus absentia ab aliquo
in gradu proximiori licentiam petat et obtineat causam exitus sui assignando.
Preterea si eciam pro eorum necessitatibus laborare non habetur necesse,

a) ? b) Vorlage quostio. c) sic. d) Vorlage tituli. e) Vorlage stabiliter
autem. f) ? Vorlage intecla mit Abkürzungsstrich darüber.

1466. nichilominus pro vitando ocio et malis frequentibus inde venientibus laborare in ᵃ exercitio spirituali vel corporali non omittant. Item cum secundum apostolum ¹ quisque in ea vocacione qua vocatus est decet ut permaneat, decernimus et ordinamus, ut, si quisquam eorum, qui hujusmodi communem vitam elegerint ᵇ, ab ea retrospiciendo declinaverit, sive talis clericus sive laycus fuerit, omnia et singula mobilia et immobilia bona et res, que et quas talis ad hujusmodi communitatem sive ex hereditate sive ex donacione, industria vel labore aut alio quovis titulo contulerit vel apportaverit, eo ipso amittat, desuper contra dictam congregacionem agendi vel exigendi ullam spem habiturus. Item cum prefatis statutis subjungatur, quod dicti presbyteri et clerici de eorum hujusmodi collegio unum magis probatum eligere possint et debeant, qui senior nuncupatur et qui adjuncto sibi socio procuratore curam domesticam gerat ac in victu et vestitu quotidianam provisionem faciat, ne circa hujusmodi eleccionis modum et formam discordia aut dubitacionis scrupulus imposterum oriatur, decernimus et declaramus, hujusmodi eleccionem fieri debere secundum aliquam ex formis a sacris canonibus institutis ac hactenus observari consuetis ᶜ. Preterea ipsis etiam presencium ᵈ tenore concedimus et indulgemus, quod idem senior sic, ut prefertur, electus ac nostra auctoritate confirmatus et in et super predictos fratres canonicos ac eorum familiares et continuos commensales curam habeat animarum ac eis ecclesiastica possit et valeat ministrare sacramenta. presertim puram eukaristiam, extremam unctionem atque ecclesiasticam sepulturam, prout et quemadmodum rectoribus parochialium ecclesiarum quoad suos parochianos a jure communiter est permissum. Item prout in eisdem statutis subjicitur, quod de dicto collegio existentes hujusmodi seniori electo et eligendo obedientiam prestare et promittere, et quod ei in licitis et honestis humiliter parere debeant, huic adjicimus ordinacioni, quod huic promissioni adjungi debeat vel saltem intelligi secundum statuta domus, dummodo aliquid non precipiatur quod oberit statutis racionalibus collegii memorati. Eademque causa extunc idem senior suo viceversa promittat exemplo fidelitatem secundum statuta antedicta. Item si contingeret, hujusmodi senioris locum vacare vel eum esse absentem, extunc antiquior sacerdos vel quem fratres ad hoc elegerint ejus vicem gerat. Ut, sicut eciam prefertur et in dictis continetur statutis, quod senior adjuncto sibi socio procuratore curam domesticam gerere et provisionem

---

ᵃ) *Vorlage* et in. ᵇ) *Vorlage* elegerit. ᶜ) *Vorlage* confectis. ᵈ) *Vorlage* presenciam tenere.

¹) *1. Cor. 7, 20.*

facere debeat quotidianam, his adjicimus et volumus, quod eciam prefati **1466.** senior et procurator solum pecuniarum usum in hujusmodi congregacione habere debeant, nisi alicui ex certa et racionabili causa ad tempus aliqua committitur pecunia. Propterea etiam prohibemus, ne aliqui in illa congregacione aliquas speciales claves habeant et clausuras absque licencia senioris et fratrum. Preterea eciam senior cum duobus aliis fratribus discretis semel in anno totam domum et cameras visitet singulorum et sic visitati resignent omnes omnia sibi credita et eorum arbitrio relinquant ea tollenda, reddenda vel mutanda. Ad quod procurator pro tempore singulis annis fidelem et totalem faciat computacionem de omnibus hoc anno expositis et receptis, qua facta resignet claves et officium suum et sit in potestate senioris et fratrum, utrum ipsum reinstituerc vel alium eligere velint. Volumus eciam, quod visitatores, quos pro tempore ipsis per nos vel successores nostros deputari contigerit, admiuus eos semel in quatuor annis et quoties per predictos fratres ad hoc requisiti fuerint visiteut ac, si que ibi corrigenda, emeudanda vel reformanda inveniant, corrigant, emendent et reforment maxime circa ea, que communem dictam[a] hujusmodi eorum concernunt vitam. In qua eciam visitacione volumus, ut senior prefatus eciam ad omne non requisitus claves coram hujnsmodi visitatoribus representet, etsi ab officio suo absolvi petat, quam tunc peticionem hujusmodi visitatores admittere et eum absolvere aut hujusmodi peticionem retutare et eum ulterius in suo officio confirmare poterunt, prout eis secundum deum expedire videbitur. In quorum omnium et singulorum fidem[b] et testimonium hujusmodi nostras literas exinde fieri ac sigilli nostri jussimus appensione communiri. Et nos Eghardus prepositus, Henningus[1] decanus, Simon[2] scholasticus totumque capitulum ecclesie Hildensemensis, quia omnia et singula supradicta de placito et consensu nostro per prefatum dominum nostrum dominum Ernestum episcopum ordinata, facta, indulta ac concessa sunt, ideo eciam sigillum ecclesie nostre majus presentibus apponi jussimus in fidem et testimonium premissorum. Datum et actum sub anno a nativitate domini millesimo quadringentesimo sexagesimo sexto in profesto saucti Urbani pape et martyris.

Nach Abschrift saec. XVII—XVIII im Stadtarchiv zu Hildesheim (Hdschr. die Altstadt betr. n. 223), deren vielfach verderbter Text nach Möglichkeit verbessert wurde; die Ueberschrift lautet: Confirmatio innovationis statutorum ecclesiae Sanctae Mariae virginis in Ortolaminum in Brulone.

---

a) *Vorlage* costam. b) *Vorlage* rebus fidem.
1) *von Hus.* 2) *von der Burg.*

9. *Gertrud, Priorin, und der Convent des Klosters Lippoldsberg verkaufen dem Lüchtenhofe U. l. Frauen zu Hildesheim um 21 Gulden einen silbernen Kelch vorbehaltlich des Rückkaufes. 1474 August 28.*

Wy Gerdrudis priorynne unde de ganeze sampnunge des stiftes tom Lippoldesberge bekennen in dussem openen breve vor uns unde unse nakomen, dat wy eyndrechtliken vorkofft hebben unde in crafft dusses breves vorkopen eynen sulveren kelk, dede wecht dre marck myn anderhalf löd, vor eyn unde twyntich gulden, jo den gulden vor drittich Lubesche schillinge to rekende, de uns to guder ghenoge betalet synt unde wy de vorder in unses stifftes nut ghewand hebben, den werdigen heren hern Lamberto seniori, hern Hermene unde der gancen sampnunge der preystere unde klerke in dem Luchtehove Unser leven frawen in dem Brüle to Hildensem. Doch hebbe wy uns de macht beholden, sodenen kelk vor de vorgescreven summen wedder to kopende bynnen twen jaren na dato dusses breves. Myt unses priorates unghehangen ingesegele, des wy obgenanten alle sampt hyrto ghebruken, ghegeven na der ghebord Christi unses heren dusent veerhundert darna in dem veer unde seventigesten jare an dage sancti Augustini epyscopi et confessoris.

Nach dem Original im Priesterseminar zu Hildesheim mit dem Prioratssiegel am Pergamentstreifen. Auf dem Umbuge gleichzeitig: Feria V ante palmas (März 31) vendidimus aurifabro istum calicem pro XX florenis computando florenum pro XXXII schill., ut tunc moris fuit, anno etc. LXXVII°. In dorso wenig später: Recongnicio monialium van Lippoldsberch XXI floren. super calicem quem habemus, qui noster est, quia tempus expiravit, et ideo venditus est. Recipimus pecuniam nostram.

10. *Papst Sixtus IV bestätigt auf Bitten Heinrich Rodes im Hofe und seiner Ehefrau Elisabeth die mit Zustimmung Landgraf Heinrichs III von ihnen am Fusse des Läwenbach in Marburg begründete Collegiatkirche und das Haus der Brüder vom gemeinsamen Leben nach der Ordnung der Congregationen zu Springborn in Münster, Weidenbach in Köln und s. Martin in Wesel. Rom, 1477 April 25.*

Sixtus episcopus servus servorum dei. Ad perpetuam rei memoriam. In supreme apostolice dignitatis speculo meritis licet insufficientibus divina disponente clementia constituti ad ea nostre meditacionis aciem diligenter extendimus, ex quibus ecclesiarum et locorum ecclesiasticorum propagacio cum ecclesiasticorum ministrorum et divini cultus augmento feliciter procurari valeat. Vota quoque fidelium personarum, per que premissa subsequi conspicimus, favorabiliter exaudimus. Exhibita siquidem nobis nuper pro parte dilecti filii Henrici Roden in dem Have laici et dilecte

in Christo filie Elizabeth ejus uxoris Maguntine diocesis peticio continebat, 1477.
quod ipsi cupientes terrena in celestia et transitoria in eterna felici com-
mertio commutare, de bonis sibi a deo collatis in quadam eorum domo
et curia in pede Montis ad Rivum Leonis castri Marporch dicte diocesis
unam collegiatam ecclesiam cum certo numero sacerdotum et clericorum,
qui in communi mensa vivant ac dormitorio ad instar ecclesiarum,
collegiorum sive domorum Fontissalientis et in Widembach ac sancti
Martini inferioris Wesaliensis, Monasteriensis et Coloniensis diocesum, de
consensu dilecti filii nobilis viri Henrici lantgravii Hassie, in cujus
temporali dominio domus et curia predicte consistunt, fundare et dotare
proponunt, si eis super hoc apostolice sedis licencia concedatur. Quare
pro parte Henrici Roden, qui magister in artibus et baccalarius in decretis
existit, et Elizabeth predictorum nobis fuit humiliter supplicatum, ut ipsis
dictam ecclesiam cum campana, campanili, cimiterio et necessariis officinis
ac omnibus collegialibus insigniis et alias, ut prefertur, in honorem
sanctorum Johannis evangeliste utriusque Jacobi et Anne fundandi et
dotandi licentiam concedere et ipsam ecclesiam, postquam erecta fuerit,
congregacioni Fontissaliensis, in Widenbach et Sancti Martini ecclesiarum
predictarum eo modo, quo ille[a] invicem unite sunt, titulo tamen ipsius
erigende ecclesie firmo remanente applicare et adjungere ac alias in
premissis oportune providere de benignitate apostolica dignaremur. Nos
igitur, pium et laudabile propositum Henrici Roden et Elizabeth predictorum plurimum in domino commendantes, hujusmodi supplicacionibus
inclinati, eisdem Henrico Roden et Elizabeth ecclesiam predictam cum
campana, campanili, cimiterio et necessariis officinis[b] ac omnibus collegialibus insigniis et alias, ut prefertur, in honorem sanctorum eorundem
de consensu predicti lantgravii et absque alicujus prejudicio fundandi et
dotandi licentiam auctoritate apostolica tenore presentium concedimus ac
ipsam ecclesiam, postquam erecta fuerit, ut prefertur, congregacioni prefate
modo premisso et titulo predicto, ut premittitur, remanente eadem
auctoritate perpetuo applicamus et adjungimus, statuentes nichilominus et
eciam ordinantes, quod inibi sit prepositus aut rector ut caput, quodque
prepositus seu rector et capitulum ac sacerdotes et clerici ipsius fundande
ecclesie omnibus et singulis privilegiis, graciis, indultis, statutis et ordinacionibus per pie memorie Eugenium IIII et Calistum III et alios
Romanos pontifices, predecessores nostros, hujusmodi ecclesiis, collegiis
sive domibus Fontissaliensi et in Widembach ac Sancti Martini concessis
et in futurum per Romanos pontifices seu alias quomodolibet concedendis

---

1477. in genere gaudeant et utantur illaque ad ipsam fundandam ecclesiam
ac prepositum vel rectorem, capitulum, sacerdotes et clericos hujusmodi
de verbo ad verbum in omnibus et per omnia, ac si fundande ecclesie
ac preposito vel rectori, capitulo, sacerdotibus et clericis prefatis concessa
forent, excepto dumtaxat, quod officium non secundum Romanam sed
secundum Maguntinensis ecclesie consuetudinem in ipsa fundanda ecclesia
dicatur, eadem auctoritate extendimus per presentes, ita quod prepositus
vel rector ipsius erigende ecclesie per se vel unum ex illius canonicis
curam animarum canonicorum*, presbiterorum et clericorum predictorum
ac eorum familiarium pro tempore existentium gerat et exerceat, jure
tamen parrochialis ecclesie et cujuslibet alterius semper salvo non
obstantibus constitutionibus et ordinationibus apostolicis ac statutis et
consuetudinibus dictarum ecclesiarum unitarum eciam juramento con-
firmatione apostolica vel quavis firmitate alia roboratis ceterisque contrariis
quibuscumque. Nulli ergo omnino hominum liceat hanc paginam nostre
concessionis, unionis, applicationis, adjunctionis, statuti, ordinationis, exten-
sionis et voluntatis infringere vel ei ausu temerario contraire. Si quis
autem hoc attemptare presumpserit, indignationem omnipotentis dei et
beatorum Petri et Pauli apostolorum ejus se noverit incursurum. Datum
Rome apud sanctum Petrum anno incarnationis dominice millesimo
quadringentesimo septuagesimo septimo kalendis Maji pontificatus nostri
anno sexto.

*Nach dem auf Bitten der Cleriker des Lüchtenhofes zu Hildesheim und in
Gegenwart ihres Syndicus und Procurators Heinrich Keck angefertigten Transsumte
Johann Nickels, Dechanten zu s. Johannis bapt. in Amöneburg, Generalkommissars
des Erzbischofs von Mainz und Executors der Provinzialstatuten, von 1513 Sept. 2*
im Priesterseminar zu Hildesheim; inserirt in der Urkunde von 1477 Oct. 21 bei
Kuchenbecker, Analecta Hassiaca Coll. VII S. 32—35.*

11. Peter (Dieppurch), Senior, und der Convent des Lüchtenhofes
zu Hildesheim nehmen von Albert Spangenberch auf der Neustadt und
seinem gleichnamigen Sohne eine Obligation über 500 rhein. Gulden bei
dem Blasiusstifte zu Northeim in Verwahrung. 1481 Mai 7.

Wy Petrus senior unde gantze convent der presters unde clerken
der congregacien in Unser leven vrowen Luchtehove by Hildensem in
dome Brule bekennen openbare vor uns, unse nakomen, dat wy hebben
untfangen van Albert Spangenberch wonaftich uppe der Nyenstad vor
Hildensem unde Albertus, synem sone, in eyner hulten laden eynen vorsegelden breff sprekende uppe viif hundert Rinsche gulden, de belegen

---

*) Vorlage canicorum.

synt by sunte Blasius closter suncte Benedictus orden bynnen Northem. 1481. Sodanen breff wy dussem vorgenanten Albert Spangenberch unde Albertus, synem sone, truweliken bewaren schullen unde willen by anderen unsen breven, unde schullen edder willen sodanen breff neynen parte edder nemande doen, sodans schee myt orer beyder wille unde volborde. Aldusser vorscreven punte unde artikel to vorder wissenheit unde bekantnisse hebben wy vorgenante Petrus senior unde gantze convent der vorscreven congregacien dussen beyden parten, alse Albert Spangenberge uppe eyn unde Albertus, syneu sone, uppe ander part gegeven malk eyn reversal versegelt myt unses senioratus ingesegel na Christi bort unses heren vertcynhundert darna in deme eyn unde achtigesten jare des mandages na Misericordias domini.

Nach dem Original auf Papier in zwei Exemplaren im Priesterseminar zu Hildesheim mit dem beschädigten aufgedrückten Senioratssiegel des Lüchtenhofes in grünem Wachse (drei Wachslichter, das mittlere im Leuchter, Umschrift: † S SENIO.... LVMINVM.

12. *Peter (Dieppurch), Senior, und der Convent des Lüchtenhofes zu Hildesheim an den Rath zu Braunschweig: vertheidigen sich gegen die Klage des dortigen Bürgers Tile Prutze bei dem Rathe zu Hildesheim wegen angeblicher Vorenthaltung seines ererbten Lehens von der Aebtissin zu Gandersheim und den von Rutenberg und bitten, ihnen zum Schadenersatz zu verhelfen. 1483 August 27.*[1]

Unse ynnige gebed tovoren. Ersamen leven heren. Juwe ersamheit uns van eynes Tiles Prutzen, de sick hetet Tiil Molres, juwes borgers, clages wegen uns belangede an den ersamen hern borgermester unde rad van Hildensem boclaget, wy juwen vorscreven Tiil Prutzen borger to Brunswik syn vederlike erve vortountholdede, dar he van der gnedigen hochgebornen vorstynnen van Brunswich Sophia, ebdische des wertliken stichtes to Gandersem, sick mede belenet secht etc. Ersamen leven heren, wy gar node alsulke dinge wolde ome edder jemande don. Wy dusser clagen den ersamen heren, vorscreven borgemesteren unde rade van Hildensem hebben gegeven eyn gutlick und richtich antwort, dat juwer ersamheit to Brunswich is geschicket, unde hopen, gy wal hebbet ingenomen unde verstan, unde umme vorder endige dusser saken wy by der ergenanten gnedigen vrowen unde deme capittel van Gandersem unde ok vor den gestrengen knapen Herbrecht, Bertold unde Hinrick alle van

---

[1]) *Die Formulare über die Aufnahme von Laien aus den Jahren 1483 und 1485 vgl. oben S. 100 und 102; Schreiben des Legaten Bischofs Berthold von Castello an den Rath der Altstadt Magdeburg dd. Halle, 1484 August 1 siehe S. 92 f.*

1483. Rutenberch genant, vedderen unde broderen, de alle overheren der guderen
syn, unde vor on is verhandelt, uns hebben beclaget der unrechten anclage,
dar wy mede gemoyet werden unde in drepliken schaden unde onkost
gebracht, de uns unses rechtes willen bekennich unde bistendich wesen,
wor uns des noet is, na meygerdinges wise unde wonheit to Eggelsem
an den guderen, de belacht syn an sunte Anthonius altar by deme dome
to Hildensem, als ok dat juwe ersamheit wol erkennen mach in dussen
inbesloten breve der vorgoscreven vorstynne ebdische to Gandersem.
Ersamen, leven heren, als wy in dusser saken myt unrecht seer unde
vaken syn gemoyet unde up grote koste, arbeit unde schaden synt gebracht,
als juwe ersamheit wal merken kan, want wy deme vorscreven Tiil Prutze
to Eggelsem up syne verde unde vefte elagen hebben geantwordet, dar
dat meygerdinck uns bekande de summen geldes an deme lande, sunder
den erven den eygendom, wy den arbeit unde kost leten anstaen umme
limpes wegen. Want wy nu in vorderen schaden unde kost van den
vorscreven Tiile Prucze syn gebracht, de uns nycht steyt to lyden umme
unser behovicheit willen, wy fruntliken bidden, gy juwen borger Tiil
Prutze vorscreven willet darto holden unde vermogen, unsen schaden,
kost unde arbeit optorichten unde genoch to doen, dat uns neyn behof
sy myt geistliken rechte dat uttovermanen. Willen wy altiit gerne an
juwer ersamheit myt unsen innigen gebede verdenen. Dusser begere wy
eyn fruntlick antwort. Gescreven under unses senioratus signete des
midwekens na Bartholomei anno LXXXIII.

Petrus senior unde de gantze sammynge der presteren unde clerken
in deme Luchtehove Unser leven vrowen by Hildensem in deme Brule.

Adresse: Den ersamen unde vorsichtigen heren, borgermesteren unde
rade to Brunswiick, fruntliken gescreven.

Nach gleichzeitiger Abschrift auf Papier im Priesterseminar zu Hildesheim.

13. *Johann, Abt des Benediktinerklosters Oldenstadt bei Uelzen
an den Senior Peter Dieppurch: fragt im Auftrage der Herzogin Anna
von Lüneburg nach dem Preise des einen von ihr bestellten Psalters
behufs Bezahlung in ihrem etwaigen Hospiz in Lüneburg oder durch
Vermittlung des Godehardiklosters. 1487 April 18.*

Per temporalia festa que agimus ad eterna gaudia pervenire.
Honorabilis ac karissime pater. Illustris principissa et domina domina
Anna ducissa Lunenbergensis, domina nostra graciosa, per quendam
familiarium suorum significari mihi fecit, quod in conventu vestro duo
disposuerit psalteria scribenda, desiderans, ut vobis pro uno satisfacere

non gravaremur. Quam ob causam humiliter v[estram] p[aternitatem] 1487.
deprecor, quatinus pro uno psalterio solvendo mihi rescribendo per fratres
nostros dilectos Wilhelmum et Laurencium renunciare velitis, quantum
exponendum fuerit, et ego satis vobis faciendo pecuniam vobis paratam
disponam in Lunenborgh ad hospicium vestrum, si quod ibi certum
habueritis, vel, si magis placuerit, per patres nostros venerabiles Hildensemenses, cum ad nos venerint, vobis promptam mittemus et, si opus fuerit,
ipsi ambo vel alter eorum pro nobis fidem prestando solucionem promittent
tempore, quo et ubi volueritis, faciendam, et talis est mihi apud vestram
paternitatem fides, quod in taxando libro racionabiles esse velitis, et, cum
domine nostre graciose librum miseritis, rogo, scribere velitis, quid ego
vobis pro uno satisfacere velim vel curaverim. Super hiis quid mentis
vobis fuerit, mihi rescribere non pigritemini. Valete in Christo Jhesu.
Scriptum anno domini etc. LXXXVII" quarta feria pasce.

Frater Johannes abbas et servitor fratrum
suorum in Oldenstat prope Ullessen.

Adresse: Honorabili et religioso patri domino Petro patri domus
Luminum in Hildensem, domino in Christo sibi predilecto.

*Nach dem Original auf Papier im Priesterseminar zu Hildesheim mit Ein-
schnitten und Resten des briefschliessenden Siegels.*

14. *Mandat Johann Folkenbergs, Generaloffizials der Hildesheimischen Curie, wegen Vorladung von Zeugen zur Prüfung von Urkunden
des Lüchtenhofes in einem Prozesse desselben.* 1487 August 25.

Mandat venerabilis vir dominus Johannes Falkenberch officialis curie
Hildensemensis generalis citari in valvis ecclesie Hildensemensis et citat
omnes et singulos sua communiter vel divisim interesse putantes eorumque
procuratores, si qui sint in civitate Hildensemensi pro eisdem, quatinus
prima die juridica proxime futura conparetis in judicio legitime coram
eo ad videndum et audiendum nonnullos testes ut et tamquam testes ad
jurandum de perhibendo testimonium veritati de et super recongnicione
sigillorum, signorum manuumque notariorum certorum jurium et instru-
mentorum pro parte venerabilium fratrum de congregacione in Brulone
Ortiluminum nuncupatorum coram eo produciorum et producendorum
produci, recipi*, jurari et ad jurandum admitti ipsaque jura et instrumenta
recongnosci et pro recognitis haberi necnon, postquam recognita fuerint,
in publicam formam transsumi et exemplari necnon decretum ordinarium

---

*) *Orig. rececipL*

1487. desuper interponi vel dicendum ad causam, si quam habeant racionabilem, quare premissa minime fieri debeant, alligandum in causa et causis vertentibus inter dictos citatos er una, prefatos dominos de congregacione de et super certis recongnicionibus et adjudicacionibus rerum et bonorum ad ipsos quomodolibet spectantibus ceterisque* aliis in actis cause hujusmodi exprimendis et illorum occasione partibus ex altera. Voluit autem et mandavit idem dominus officialis judex; hanc citacionem valvis ecclesie predicte affigi inibique rite et legitime exequi et publicari, ut sic per ejus affixionem et publicacionem factas ad omnium, quorum interest, noticiam deducatur indubitatam. In cujus rei testimonium sigillum suum presentibus est impressum. Datum anno milesimo quadringentesimo octuagesimo septimo indictione quinta die vero sabati vicesima quinta mensis Augusti.

Hermannus Bonekarll notarius
pro Wilkino subscripsit.

Nach dem Original auf Papier im Priesterseminar zu Hildesheim mit Spuren des aufgedrückten Siegels; auf der Rückseite zwei notarielle Publicationsvermerke.

15. *Ludwig von Veltheim, weiland Heinrichs Sohn, verpflichtet sich als Inhaber der Winzenburg, nach der Rechtsentscheidung Bischof Bartholds auf Klage der Bauern zu Segeste zu Gunsten der Congregation des Lüchtenhofes keinerlei Schatzung, Pflichten und Dienste von deren Zehnten zu Segeste zu fordern. Burg Winzenburg, 1490 April 21.*

Ek Lodowich van Veltem saliger Hinrikes soen bekenne openbare vor my unde alle donjenen, de dussen breeff seen eder boren lesen, so alsze ek nu tor tyd besitter des slottes to Wintzenborch na anherdungbe der bure to Segeste upgesath unde angeslaghen hadde unde don bekummeren den tegeden darsulvest to Segeste belegen mynem genedigen heren van Hildensem to vorderinge synes schatgeldes van lantbede wegen, welke tegede behorich isz den ynnigen heren unde broderen in der congregacien vor Hildensem in deme Brüle unde so my sodanen kummer nicht tostadet hebben, issz um vorblyff sodane sake vor unsen genedigen heren van Hildensem biscop Bertelde van beyer parte wegen, so dat billiken unde borlike was, beseen unde vorhandelt. So denne unse genedige here vorbenompt den vorbescreven heren vor recht tovonden unde tobescheyden hefft den eergenanten tegeden mit deme hüse unde al syner tobehoringe sodaner besweringe fry unde lossz to blivende, byn ek des ok so tovreden unde segge den sulven heren unde broderen to in guden truwen unde

---

*) ?

vruntschop in dusser jegenwordigen scrifft, sodane toschedent ordel unde 1490. recht vast unde ungehindert to holdene, so dat de sulven heren van sodanen tegeden, husz unde tobehoringen guderen des sulven tegeden my effte nemant van myner wegen, noch ok den buren to Segeste noch dem slotte to Winsenborch jergent ynne vorplichtiget schullen wesen, alse schattinge, plicht eder denst darvan to gevende effte to donde, unde vorlate on des gensliken myt gudem willen alse mynen bysunderen gudon fründen. Vorder dat se god den heren vor my unde de myne truweliken bidden, vordene ek gerne jegen se se to beschermen unde to vorderen, war so myner to behoff hebben. Des to vorder bekentnisse hebbe ek mynen ingesegel drukket up spacium dusses breves na der bort godes dusent veerhundert unde* negentich des mydwekens na Qusimodogeniti up unser borch to Winsenborch in jegenwordicheyt der erwerdigen domheren her Dirik van der Schulenborch, her Büno[1] unde Lulef van Veltem veddern, mynes vedderen.

Nach dem Original auf Papier in der Beverinischen Bibliothek zu Hildesheim (Krätzsche Sammlung) mit Spuren des aufgedrückt gewesenen Oblatensiegels. In dorso von der Hand des Schreibers der Urkunde: Littere Lodewich de Veltem de libertate decime nostre in Segeste.

16. *Wilhelm der Aeltere, Landgraf zu Hessen, bestätigt den Clerikern im Weissen Hofe zu Cassel die Verleihung des Weissen Hofes und des h. Kreuzaltars im Kloster Ahnaberg daselbst durch seinen Grossvater Landgraf Ludwig und seinen Vater Landgraf Heinrich, und verpflichtet sie zu Gebeten für das landgräfliche Haus.* Cassel, *1490 April 22.*[2]

Wir Wilhelm der elter von gots gnaden lantgrave zcu Hessen, grave zcu Cziegenhayn und zcu Nidde, bekennen uffintlich an diessem unserm brieve vor uns und unser erben und nachkommende fursten zcu Hessen, nachdem als in verschienen zciiten der hoichgeborne furst her Ludwig lantgrave zcu Hessen etc., etwen unser lieber herre aldervater, des sele der almechtige gott gnedig und barmherzcig zcu sin geruche, sinen ubiraldern, siner liebden, siner liebe erben und nachkommen sehlen umb heils, hilff und troists willen den geistlichen, unsern lieben, andechtigen

---

a) *Von hier ab von derselben Hand, welche nur wegen Raummangels kleiner schrieb, hinzugefügt. Die Urkunde ist im Lüchtenhofe geschrieben.*

[1] *Heinrich von Bünau, Domherr, vgl. Bertram, Gesch. des Bisthums Hildesheim I S. 457.* [2] *Bittschrift des Lüchtenhofes an Bischof Barthold von 1491 April 3 s. S. 125—126.*

1490. pryestern und cleriken in dem Wysszenhove wonhaftig in unser stait
Cassel gelegen denselben Wysszenhoff mit sinem begrieffe, in- und
zeubehorunge und befryeheiden und eyn geistlich lehin gnant des heiligen
Crutzs altar gelegen in unseme cloistere zeum Anenberge auch in unserer
stait Cassel gegeben und verschribben hait inhalts der verschriebunge
darubir sagende, wilche allen und iglichen ires begrifs und inhalts von
den hoichgebornen fursten lantgraven Ludwigen und lantgraven Henrichen
wilant unser lieben her vater und vettern seligen und loblicher gedechtnis
fur ire liebden, irer liebden brudere und erben bewilligt und bestedigt
sin, inmaiszen irer liebe brieff[1] (den unser lieber herre vater milder
gedechtnis dosmails als eldester furst zcu Hessen untir siner liebe groiszen
majestat ingesigel am dinstage nach Viti des heiligen mertelers tag anno
domini millesimo quadringentesimo quinquagesimo octavo gegeben hait)
clerlich anzceigunge gibt. Als nu irer aller liebe iro letzsten tage uff
diessem jammertaile verflosszen und die schult der natur bezcalt, so haben
wir dem almechtigen zcu lobe, der hoichgepriisten kongynnen des hymmels
Marie und allem hymmelischem here zcu eren die berurten verschrybunge
und gift von unsem herren eldervater den gedachten pryesteren und
cleriken gescheen auch gewilligt, zcugelaiscen und bestedigt, willigen,
zculaisen und bestedigen solchs in und mit kraft dieszs briefs geinwertig-
lich sich des zcu gebruchen und zcu halten in allen puncten, stücken
und artikeln, wie die inhalden und uszwisen, sundern unser und unser
erben verhinderunge und intrag ane geverde, und dorumbe so sollen
dieselben unsere lieben andechtigen pryester und clericken und alle ire
nachkommen in dem gnanten Wysszenhoife wonhaftig den almechtigen
gott alle tage stetiglich vor unser aldern, unser, unser erben und nachkommen sele fliszlich bitten und den zcu troiste sunderlichen gotsdienst,
inmaisen die obgedachten verschriebunge vormelden, tegelichs thun, sich
auch further mit allen sachen halden nach lude der egemelten verschriebunge, als sie sich des kegen unsere aldern und uns verschriebben
han, und des nit zcu laisen in keyne wyse ane alles geverde. Des zcu
urkunde haben wir unser furstlich ingesigel vor uns und unser erben
und nachkommen an diessen brieff wisszentlich thun hengken, der geben
ist in unser stait Cassel am dornstage nach Quasimodogeniti anno domini
millesimo quadringentesimo nonagesimo.

Nach dem Original im Priesterseminar zu Hildesheim mit dem Siegel Landgraf
Wilhelms am Pergamentstreifen; in dorso gleichzeitig D; ebenda auch Transsumt
des Abtes Johann Amelung von Burghasungen von 1526 Jan. 3.

[1) Vgl. Urkunden n. 7.](#)

17. *Jordanus [Vischer] aus Münster an den Senior Peter Dieppurch zu Hildesheim: bittet, nach seinem Weggang von Cassel seine Wiederaufnahme im Hildesheimer Hause wenn auch nur als Bruder in geistlichen Dingen zu befürworten. 1492 September 22.*

Jhesum Christum qui fraternis adest colloquiis. Olim congregatis nobis quatuor fratribus in unum ad serviendum deo viventi insperata se ingessit separacio, domino id forte peccatis nostris exigentibus permittento aut humana suadente astucia. Set quia locus ille Cassellensis mihi minus conveniens, reditum de die in diem persuasit. Egi quantum potui, ut vobis bene constat, ut ad locum pristinum redire liceret. Ipsum quoque dominum Lambertum advenientem lacrimis, precibus et suspiriis pulsavi, de quo plura referre tedet. Sufficit enim dici malicia sua. Tandem in hoc convenimus, ut discedens in temporalibus et exterioribus non uterer fraternitate mea vobiscum, set in spiritualibus manerem ut ante, ita dumtaxat, si me contingeret cum aliis fratribus aut eciam religiosis perseverare. Verum quia hec convencio, ut interim comperi, fratribus minus erat nota, nunc a novo humiliter peto et toto corde pulso, ut ipse pro me agere et fratribus hoc ipsum desiderium meum insinuare paternaliter dignemini, ut me saltem in spiritualibus fratrem habeant, aliud enim non requiro. Nam et ego hactenus memoriam eorum in oracionibus meis cotidie habeo. Defunctis eciam tam in vigiliis, disciplinis et psalteriis debitum fraternitatis multa sollicitudine exolvi. Valeatis in domino et pro impensis laboribus vestris in mea institucione retribuat pro me dominus. Scriptum die Mauricii per me anno [1] d[omini] XCII

Jordanum [2] ex Monasterio.

Adresse auf der Rückseite: Honorabili ac discreto viro domino Petro rectori domus fratrum in Hildensem in congregacione, suo in Christo karissimo.

Am Schlusse der Hdschr. 351 (Fol. 212) der Beverinischen Bibliothek eingeklebter und gefalteter Originalbrief auf Papier ohne Spuren der Besiegelung.

---

[1] *Die Datirung von Dieppurchs Hand hinzugefügt, welcher unter dem Texte Folgendes vermerkte:* In sequenti colloquio Octobris per singulorum voces ibidem diffinitum fuit, admitti hanc suam peticionem, et, quod post mortem ejus asscribi debeat nomen inter fratrum receptorum vel apud unum eorum. [2] *Vermuthlich Jordanus Vyscher, von welchem das Gedächtnissbuch des Frater-Hauses zu Münster (mitgetheilt von H. A. Erhard Ztschr. des Vereins für Gesch. u. Alterthumskunde Westfalens Bd. VI 1843) S. 95 berichtet:* Obiit 1519, plenus dierum, perpetuus clericus, utilis in primis fratribus.

18. *Bruder Johannes Neer zu Herford an Goswin, Procurator des Lüchtenhofes zu Hildesheim: dankt für Unterstützung der Anfertigung eines Siegelstempels und kündigt seinen Besuch in Hildesheim an.*
Herford, 1492 December 20.

Nascituro nobis parvulo mundum exhibere presepe. Quod vos, carissime procurator, nostri memorem cum ferramento juvatorem * ex litteris vestris ad patrem nostrum dilectum datis intelleximus, gaudemus gratesque quas possumus referimus deprecantes altissimum, ut si, quo minus per nos repensum fuerit, ipse omnium bonorum retributor pro hac caritate mercedem eternam retribuat. Dabimus operam, quo primum potuerimus, II½ floreni pro hujusmodi ferramento expositi cum graciarum actione, ut decet, reddantur. Ceterum, honorabilis ac dilecte procurator, petimus et obsecramus vos et venerabilem seniorem vestrum ac omnes vestros et nostros confratres, si quo modo fieri poterit, hujusmodi ferramentum cum sua sculptura aptetur et ad profectum ducatur aptiori et convenientiori modo, quo vobis visum fuerit expedire. Et nisi venerabilis pater vester et vos dissuaseritis, place patri nostro, ut in inferiori loco ymago sive effigies alicujus fratris una cum signeto domus nostre, videlicet, ut ᵇ infra in margine, circulus in clipeo, in cujus circuli medio crux Andreatica sculperetur. Hec tamen cum ceteris sculpturis inserendis vestre industrie relinquuntur, ut ordinentur per vos, quemadmodum ordinaretis, si per vos usus ejus foret mansurus. Est mihi propositum, nisi viarum discrimina aut aliud legitimum impedimentum obstiterit, statim post festum Trium regum ¹ vos visitare. Habeo enim in locis vobis finitimis aliqua certa expedire etc. Et si tunc, videlicet in octava Trium regum aut feria quinta post Trium regum hujusmodi ferramentum aptatum atque ad perfectum ductum possem invenire, esset mihi multum gratum, ut et tunc mecum ad Hervordiam proficisci posset. Pro opera et labore sculpture libentissime cum omni graciarum actione juxta dictamen vestrum sallarium et precium condignum persolvemus etc. Valete feliciter. Venerabilem patrem vestrum ac Gerhardum Goch cum ceteris in Christo nobis carrissimis fratribus vestris nomine nostri salutacionem. Raptim ex Hervordia in vigilia Thome apostoli anno domini MCCCCXC secundo per

fratrem Johannem Neer ² ex mandato patris et senioris.

Adresse: Honorabili ac devoto domino Goswino procuratori domus fratrum presbiterorum et clericorum de communi vita cis muros civitatis

---

ᵃ) ? ᵇ) ut *bis* margine *über der Zeile.*
¹) *Jan. 6.* ²) *Nach Hdschr. VII 3307 im Staatsarchiv zu Münster fol. 17*
† *Februar 1528.*

Hildesemensis in Brulono sitis, confratri ac fautori suo in Christo sibi 1492. carissimo.

Nach dem Original auf Papier im Priesterseminar zu Hildesheim mit Ein- schnitten vom Verschlusse und Resten des mehrfach aufgedrückten Siegels (Signets), das der Beschreibung im Texte des Briefes entspricht. Es kann sich daher bei dem bestellten Eisen (ferramentum) nur um einen künstlerisch durchzubildenden Siegelstempel gehandelt haben.

19. *Ludolf und Ludwig von Wenden, Gebrüder, an Hille, Wittwe Hilmars von Wenden: bitten sie wiederholt, nach dem Dreizehnarmen- Hospital auf der Neustadt zu sehen und auf schlichte Tracht der stiftungsmässigen Jungfrauen nach dem Beispiel der Hospitäler in Lübeck und Hamburg zu halten. 1496 Mai 31.*

Wy Ludeleff unde Lodwich, gebröder, van Wenden entbeden ju, Hillen Hilmersz van Wenden zeliger nagelaten weddewen, unszen frunt- liken denst vor, unde bsundern leve wesicke. So wy ju ermolsz gebeden hebben, dat gy over langhen oppe de Nienstadt in uszes veddern her Eggerdes van Wenden zeliger ospitål gan woldet unde dar midde to segeni dat idt to der ere goddes in tucht unde eren geregeret worde, dar bidde wy ju ock noch fruntliken umme, deme so don wolden. Forder, leve wesicke, so me denne na der fundacien[1] eyne juncfruwen mangck den fruwespersonen darinne eyne* holden schal, so late wy uns bedüncken, dat der halven uszes vedderen zeliger meninge sy geweszen, dat sick sodane juncfruwe in aller mathe mher na geistlicker wisze scholde holden wen de anderen unde den andern in dögeden unde in oithmoide scholde vorgån unde den armen krancken luden trostlick unde bedensthafftigh schal sin unde sze sick myt cleideren unde orem vlege oethmodechlicken holden schal, alsze dat erlicken weddewesschen unde juncfrouwen, de sick van der warlde in oithmoidt gheven, tömelick unde geborlick ys, so alsze dat to Lubecke unde Hamborgh unde in anderen hospittalen myt sodanen fruwespersonen eyne wisze unde gewonheidt ys, dede dar neyne gefarffede cleeder dragen uthghenomen swart unde grauw, unde dragen ore doicke unde windelen, alsze dat erlicken begynen unde deynerynnen goddes, de sick van der warlt gheven, wol thêmet so tho dragen. So vorvare wy, dat dar eyne junge maget in den hospital entfangen is, dat scholde eyne olde maget sin, dat uns denne nicht wol gefalt, alsze dar ock in vortiden eyne inne gewest ys, unde de junge mynssche, alsze wy vorvaren, wil sick alle na der warlde ydelheidt myt cleideren unde flöge smucken unde

---
*) sic.

[1]) von 1440, Urkb. der Stadt Hildesheim VII n. 688 S. 408.

1496. darto inher wan sze tovoren gedhan hefft, er sze in den hospital quam.
Dat uns myt alle nicht behaget, wenthe sze wil dhem armen husze to
schaden gedien. Idt mochte komen, dat welcke frome lude darto geneget
weren den hospital to betern unde myt almis.zen to vorsetten. Wen mee
denne sege, dat dar sodane junge idele warltlicke lude inne weren, dat
worde vellichte malckem torugge teyn, dat he dat syne dar nicht to gheve.
Hirumme, leve wesicke, doidt wol umme usent willen unde underwiszet
de mynsschen, dat sze sick erlicken unde oethmoidicklicken holde, alsze
boven berorth ys, unde ore gewilde berde affstelle unde richte sick na
brôder Casper, unde wil sze dat nicht dhon, so segget broder Casper effte
eyneme anderen vorweszersz des armen huszes, offt broder Casper vorvelle
van dodes wegen, dat godt na synen gnaden friste, dat sze to unszeme
gnedigen heren van Hildenszem gân unde gebruken syner gnade radt
darto. Anders hir mochte wol eyn arger navolgen, wenthe wy dar nicht
anne twivelen, wan he effte eyn ander, so vor berorth, syne gnade dar-
umme besocht, syne gnade to der ere goddes onhe dar wol behulplick
inne ys, dat de mynssche sick anders regere effte dar ûth thee, unde wy
myt alle des nicht liden willen, wan sze sick nicht anders regeret, dat
de maget darinne blyven schal, unde gy hir ock to der ere goddes myt
dem hardesten helpen opp raden, so vele alsze gi vormôgen, dat yth husz
in eren unde dogeden mochte vortgesettet werden, desz vorsze wy uns
genslicken to ju unde vordeynenth umme ju alle tidt gerne, unde wuranne
wy juck to willen unde dennste konden sin, do wy gerne. Gescreven
amme dinstdage na Trinitatis amme sês unde negenstigstigen jare unde
myt unszer boiden ingeszegel voreggelt unde oppe dat spacium duszes
breffes gedrucket.

*Nach dem Original auf Papier im Priesterseminar zu Hildesheim mit Resten
der aufgedrückten Siegel der Aussteller; in dorso: Dut sin Ludeloffes unde Lodewiges
van Wenden breve.*

20. *Wilhelm der Mittlere, Landgraf zu Hessen, bestätigt die
Brüder im Weissen Hofe zu Cassel im Besitze des von seinen drei
Vorgängern verwilligten Weissen Hofes und des h. Kreuzaltars in der
Kirche zu Ahnaberg daselbst sowie deren Freiheit von Pflichten an die
St. Martinskirche auf Grund päpstlicher Confirmation und der Decla-
ration eines päpstlichen Commissars mit Ausnahme von jährlich einem
Pfund Casseler Währung, empfiehlt das Haus Jedermann zur Förderung
und ermahnt zu Gebeten für das langräfliche Geschlecht. 1498 Januar 4.*

Von gots gnaden wir Wilhelm der mitler lantgrave zcu Hessen und
grave zcu Czigenhain und zcu Nidde bekennen vor unsz und unszer erben

und alle unszer nachkummen uffentlich mit disszem brieffe, als der durch- 1498.
luchtig hochgeporn furst uñd her her Ludwigk lantgrave zcu Hessen,
unszer lieber eldervatter seliger, des sele got gnedig und barmehertzig
syn wolle, dem almechtigen gode zcu lobe, Marien syner werden mutter
und allem hymmelischem herre zcu lobe, syner und syner uberaldern
und eldern seligen, unszer und aller unsern nachkummen und erben selen
zcu troist und zcu heyle den andechtigen priestern und clerigken in dem
Wisszen hoffe wonhaftig in unszer stadt Cassel gelegen den selben Wisszen-
hoff mit synem begriffe, zcubehorunge und fryheyden und auch eyn
geistliches lehen, nemelich den altar des heligen Crutzsz gelegen in der
kirchen zcu dem Anebergk gegeben und verschrieben hat nach inhaltunge
und uszwisunge der brieffe von dem selben unszerem lieben heren und
eldervatter seliger gedechtnisz daruber gegeben und auch furter durch
den hochgeporn fursten und hern Ludwigk lantgraven zcu Hessen und
graven zcu Czigenhain und zcu Nidde, unszer lieben hern vatter seligen
bestediget und verwilliget worden ist inhalt des selben bestedigensbrieffe
under synem grosszen majestait ingesigel daruber uszgangen, dar inne
und midt auch unszer lieben vettern lantgraven Hinrich und lantgrave
Herman itzunt ertzbisschof zcu Collen, des gedachten unszers lieben hern
vatters seligen bruder verschribunge und bewillunge begriffen und nu itz
am jungesten der selben massen durch unszers lieben bruders lantgraven
Wilhelms des eltern willigungesbrieff[1] auch bestediget und bevestiget ist,
nach aller brieffe uszwisunge und inhalt. So nu aber wir durch schickunge
der gotlichen gnaden regirender furst des gemelten furstentumbs des
landes zcu Hessen synt, ist billich und erfurdert die loblich gewonheit,
das wir solliche gots stifftunge, die auch der selen heyle beruren und
von unszern voreltern loblicher gedechtnisz gestifftet, geordent und gemacht
syn, sollen hanthaben, die schutzen und schirmen, das sie onzurstort in
iren besten form bliben, die auch furter zcu meren und nicht zcu
mynneren. Des wir gantz von herczen zcu thun geneyget syn, hain wir
wir mit vorbetrachten mude, gutem und zciittigem rade usz fruhem eygen
willen in den aller besten masz und forme vor unsz und unszer erben
und nachkummen den obgenanten priestern und clerigken in dem Wisszenhoffe solche verschribunge und gift, als der gemelte unszer lieber herre
und eltervatter seliger gedechtnisz en uber den selben Wysszenhoff und
auch das geistliche lehen gegeben und verschrieben hait, gewilliget,
bestediget, confirmirt und zcugelasszen, willigen, bestedigen, confirmiren
und zculassen auch die in gegenwirtigen in und mit krafft disszes brieffes,

---

[1] Vgl. Urkunden n. 16.

1498. sich der zcu gepruchen und zcu besitzen in allen iren stucken, puncten und artikelen, wie die inbalten und uszwiszon, und sunderlich in der babstlicher confirmacien, auch des commissarien usz babstlicher gewalt declaracien clerlichen uszgedrucht und erclert ist, gentzlichen gehalten, volstrecket und uffgericht sulle werden on hindernisz unszer, aller unszer erben und nachkommen zcu ewigen getziiten on alle geverde, und sunderlich als in der gemelten babstlichen confirmacien und des selben commissarii declaracien uszgedrucket ist, das die gedachten priester und clerigken in dem selben Wisszenhoffe zcu Cassel sollen fry syn unde uszgenommen von allen gerechten und plichten der pharkirchen sent Mertins on das phunt heller Casselscher werunge, szo igliches jars uff ostern in den selben stifft zcu geben sie plichtich synt. Wilcher fryheit unszer egenanter seliger gedechtnisz herre eltervatter selbest personlich erbeten und erlangt hait von dem egenanten capittel sent Mertins. Darumbe willen wir und auch begeren, sie sich sulcher friiheit gebruchen zcu gots eren und des gemeynen folckes gute exempel und stichtunge, das sie den gotsdinst in kegewertikeit des gemeynen folckes tegeliken mit singen und lesen vol-pringen sollen on abpruch. Darumbe begeren wir an alle die unszern geistlich und wertlich, ir willet die egenanten priester und clerigken inne und bie iren gerechten und friiheiten halten lasszen und verteydigen, worin des noit uud nutz ist adder syn mag, und uch darin gunstich und gutwillich ertzeugen. Das willen wir pobeu den lon, szo ir darmit kegen got erwirbet, zcu erkennen nit vergessen, koment unsz auch zcu dancke. Und darumb sollen auch die selben priester und clerigken und alle ire nachkommen in dem genanten Wisszenhoffe wonhafftig den almechtigen got vor unszer eldern seligen, auch unszer und alle unszer erben und nachkommen selen fliszlichen bitten und den sunderlichen gotsdinst auch tegelichen thun und sich mit allen sachen halten nach lude sulcher egenanten verschribunge und brieffe daruber inhalten und uszwisen und des auch nicht lasszen in keyner wisz, alles sunder geverde und argelist. Und des zcu orkunde szo hain wir lantgrave Wilhelm der mitler obge-nante furste zcu Hessen unszer ingesigel an dissen brieff thun hencken. Der gegeben ist uff midtwochen nach nuwen jars tag anno domini millesimo quadringentesimo nonagesimo octavo.

Nach dem Original im Priesterseminar zu Hildesheim mit dem Siegel Landgraf Wilhelms des Mittleren am Pergamentstreifen; in dorso gleichzeitig E; Transsumt des Abtes Johann Amelung von Burghasungen von 1526 Jan. 3 ebendaselbst.

21. *Johann von Teteleben, Domherr, und Henning Bringman, beide Canoniker des Johannisstiftes und Testamentsvollstrecker des*

Domvicars Johann Bringman, verpflichten die Congregation im Lüchten- **1502.**
hofe, wöchentlich je sechs Seelmessen und Vigilien, jährlich am Matthiasfeste [1]
eine ewige Memorie und an den vier Quatembern je einen Psalter lesen zu
lassen, wogegen ihnen jährlich 27 Pfund ausgesetzt werden. 1502 September 30.

Wy Johan van Teteleben domhere unde Henning Bringman tho sunte
Johanse vor Hildensem canonike, alse testamentarien zeliger heren Johan
Bringman ichteswanne vicaries in deme dome tho Hildensem, bekennen
openbar in dussen breve vor uns, unse anderen medetestamentarien unde
unse nakomen, so de ersamen senior unde gantze samminghe Unszer leven
fruwen hus tom Luchtehove in den Brule vor Hildensem van uns
angenomen hebben, ewigen tho holden unde lesen edder bestellen dorch
itlike ore personen alle weken, wanner dar ferien syn, ses vigilien unde
ses zelemissen na willen des erbenomden heren Johan Bringmans, so se
aller bequemest mogen vullenbringen, des wy one unde oren nakomen
gensliken geloven unde getruwen. Ock schullen unde willen de ergenanten
senior unde samminge unde ore nakomen alle jar by sunte Mathies feste
vor edder na holden eyn ewige memorien efte anniversarium des ergenanten
zeliger her Johan Bringmans. Ock schullen unde willen de ergenanten
senior unde samminge unde ore nakomen alle jar by den ver quatertemper
vor edder na, so se bequemest mogen, bestellen unde laten lesen dorch
itlike oren personen ver salter, alse by enem juwelken quatertemper enen
salter. Hyrvor willen unde schullen wy unde unse anderen medetestamentarien des erbenompten heren Johan Bringmans uthe synes ewigen
testamentes redesten guderen unde jarliker renthe den ergenanten seniori
unde samminge alle jar beredeliken geven unde vernogen seven unde
twintich punt uthe den renthen bedageden jarlikes by deme rade to
Bokenum uppe dre tyde des jares, alse paschen, Johannis tho myddensomer unde Michaelis juwelkes termyns negen punt, unde ock uth den
renthen, alse ver punt vyf schillinge jarlikes by den gheisteliken juncfruwen
des closters tomme Franckenberge bynnen Gosler upp paschen bedaget,
unde ock so bevele wy uns in ore samptlike gude werken unde goddes-
denste, der se uns gunnen unde willen delhaftich maken umme cristeliker
truwe. To allen dussen vorgescreven puncten unde artikele sampt unde
bysunderen rechte orkunde unde tuchnisse hebbe wy unse ingesegele vor
uns unde unse nakomen gehenget neden an dussen breff. Gegeven na
godes borth dusenth vifhundert unde twey jar altera die Michaelis archangeli.

Nach dem Original im Priesterseminar zu Hildesheim mit den Siegeln der
Aussteller an Pergamentstreifen.

[1] *Februar 24.*

1502.   **22.** *Johann von Teteleben, Domherr, und Henning Bringman, Canoniker des s. Johannisstiftes zu Hildesheim, übergeben als Testaments-vollstrecker des Domvicars Johann Bringman dem Lüchtenhofe bei dem Kloster Frankenberg in Goslar und dem Rathe zu Bockenem zinsbar belegte 50 rhein. Gulden und 600 Lübische Pfund mit der Verpflichtung zur Abhaltung der laut Urkunden übernommenen Messen, Memorien u. A. für den Stifter. 1502 September 30.*

Wy Johan van Teteleben domhere unde Henning Bringman, der kerken sunte Johansz canonike to Hildensem, bekennen openbar in dussem breve vor uns, unse anderen, dede nu unde tokomen syn testamentarien heren Johan Bringmans ichteswanne vicaries in demo dome to Hildensem. unde alsweme, dat wy myt wolbedachten mode unde guden willen hebben overgegeven unde antwordet, overgeven unde antworden twey vorsegelde breve jarlikes tynses, den enen van deme werdigen unde geistelicen heren proveste, priorynne unde gantze convent des closters tom Franckenberge bynnen Goslere up ver punt viff schillinge elener penninghe tinses jarlikes up paschen to betalen vor veftich Rinsche gulden gekoft uude den anderen van deme ersamen rade to Bokenum up seven unde twintich punt elener penninge jarlikes tinses up dre termyn, alse paschen, Johannis to myddensomer unde Michaelis dach, to betalen vor seshundert punt Lubesch gekoft, welker breve sampt unde bysunderen overgeven unde antworden wy in craft dusses breves den ersamen unde ghesteliken seniori unde gantze convent Unszer leven fruwen Luchtehoff vor Hildensem myt unsen guden weten unde willen, dat se der mogen bruken to oren besten unde fromen unde to sture unde vulste der missen, vigilien, psalter unde memorien des ergedachten heren Johan Bringmans to holden unde lesen, so wy by one na uthwisinge orer vorsegelden breve uns gegeven by one bestalt unde bestediget hebben. Wan over dusser breve welke edder beyde afgeloset worden, so mogen se sodane gelt wedder beleggen unde vorwaren laten na oren willen, so vorder de erbenomde here Johan Bringman in sodane breve unde vorwaringe benompt werde, ane unse efte unser nukomen testamentarien weten efte vulbort efte hinder. Des to vorder bekantnisse hebbe wy unse ingesegele van unser alle wegen testamentarion benedon an dussen bref gehenget, gegeven na goddes bort dusent vifhundert unde twey jar altera die Michaelis archangeli.

Nach dem Original im Priesterseminar zu Hildesheim mit den Siegeln der Aussteller an Pergamentstreifen.

23. *Nicolaus Dorsten, (Procurator) des Magdeburger Hauses, an Johann Randenrod, Procurator des Lüchtenhofes zu Hildesheim: theilt*

Neuigkeiten aus dem Hause, Geschäftliches u. A. mit. *Magdeburg, 1503.*
1503 Mai 2.

Jhesum Christum. Karissime frater. Juvenes, de quibus scribitis, sunt apud nos recepti et spero, fiet diligencia cum ipsis. Set et dominus Hinricus Pustman [1] commendavit nobis filium scriptoris consulatus Hildensemensis nomine Hottelem [2] satis diligenter, qui et receptus est. Pelles eciam porcinas recepimus. Pecunias nostras reservetis. Statim indigebitis iterum exponere VI punt Johannis [3] Lipmanno. Set et pater noster dominus Hinricus exponit pro nobis Danenses VI fl. in moneta, quos recipiat de nostris. Iste juvenis Hermen sartor satis bene adhuc se habet, spero, erit nobis utilis. Dominus sit merces domino Lippoldo pro nobis dato floreno, pro alio satisfaciam Aswino suo congnato, qui eciam fuit nobiscum per hyemem, et ob graciam sui domini minus ab illo accepi et satis bene profecit ac proficiet spero. Gaudeo multum de relaxacione interdicti, quia prosperitas vestra nostra est salus. Dominus eciam custodiat ac cum salute deducat ac reducat patrem nostrum d[ominum] Hinricum, ac valeatis simul orantes eciam pro nobis et singulariter pro Johanne Dorsten, quatenus concessa illi sanitate cum juvenibus utiliter laboret secundum datam sibi graciam. Omnes eciam tam fratres quam juvenes competenter valemus. Ex Magdeborch anno 1503 altera die Philippi et Jacobi.

Nicolaus Dorsten.

Adresse: Honorabili viro, domino Johanni Randenrod procuratori domus fratrum Hildensemensis sibi in Christo semper dilecto.

Nach dem Original auf Papier im Priesterseminar zu Hildesheim mit Einschnitten und Resten des rückwärts aufgedrückten Siegels.

24. *Zinsbare Anlegung von 300 rhein. Gulden bei dem Rathe von Braunschweig. 1508 April 7.*

Anno domini millesimo quingentesimo octavo feria VI post Ambrosii episcopi locavimus ad redditus CCC florenos Renenses apud consulatum in Brunswick super reempcione, ut moris est, ut patet in littera.

Item primo habuimus VI^C punt parva ex parte domini Johannis Bringman, que faciunt CC flor. Renenses.

Item 2^0 habuimus C punt nova, que tunc fecerunt L flor., ex parte domini Siffridi Horn.

---

[1]) *Pfarrer der s. Lambertikirche auf der Neustadt Hildesheim, vgl. Urkb. der Stadt Hildesheim VIII n. 458 und 470 S. 418.* [2]) *Johann Hottelem, vgl. ebendaselbst Personenregister S. 942.* [3]) *Juni 24.*

1508. Item 3⁰ habuimus C punt parva ex parte Arnt Schildeszort, que fecerunt XXXIII flor. 1 punt.

Item 4⁰ habuimus LX punt ex parte burgimagistri Hinrick van Kem, que tunc fecerunt XX flor.

Summa CCC flor. et III flor. 1 punt.

Nach gleichzeitiger Eintragung auf einem Papierzettel im Priesterseminar zu Hildesheim.

25. *Ludolf, (Procurator) des Magdeburger Hauses, an Hermann. Procurator des Lüchtenhofes: bestellt Dintensubstanz und graues Tuch. Magdeburg, 1511 Juni 26.*

Jhesum Christum loco salutis. Karissime frater Hermanne. Mitto vobis 1 fl., pro quo peto comparare michi velitis substanciam ad incaustum, quia pene nichil habemus, et mittere eam velitis circa festum sancti Mauricii[1] cum aliquo certo bajulo. Pawel de Aquis dabit vobis fl[orenum], XL Mathier pro fl. Item sicuti dixistis, cum essem vobiscum, quod pannum griseum bene disponeretis, si ita sentitis adhuc, hoc peto significotis michi, cum habueritis certum nuntium, et ego promptissime pecunia mittam. Et rogo, ne hec molesta sint vobis. Ego vellem, quod in aliquo possem vobis esse obsequio, cum summa diligentia libens implerem. Valete et salutate patrem vestrum venerandum nomine meo et omnes fratres et specialiter hospitularium et cocum Bartolt, qui michi fuerunt solacio, cum essem vobiscum. Iterum valete. Ex Magdeburg in die Johannis et Pauli anno domini XVᶜ XI.

Ludolphus vester quem scitis.

Adresse: Provido ac devoto fratri Hermanno procuratori domus fratrum in Ortoluminum b. Marie in Hildensem, sibi in Christo semper dilecto.

Nach dem Original auf Papier im Priesterseminar zu Hildesheim mit Einschnitten und Resten des briefschliessenden Siegels.

26. *Heinrich[2], Senior, und der Convent des Lüchtenhofes zu Hildesheim verleihen Ludolf Surink, Scholaster des Kreuzstiftes, und Luder, seinem Sohne, die Confraternität und Theilnahme an ihren geistlichen Werken. 1512 April 8.*

Nos Hinricus senior ceterique presbiteri et clerici domus Ortiluminum beate Marie semper virginis prope et extra muros civitatis Hildensemensis

---

[1] *Sept. 22.* [2] *Hoff, vgl. Register.*

in Brulone venerabili ac charissimis nobis in Christo domino Ludolpho 1512.
Surinck scholastico ac canonico ecclesie sancte Crucis in Hildensem necnon
Ludero Surinck filio ejus salutem perque devotorum suffragia vitam
apprehendere eternam. Licet jure divino generaliter omnibus charitatis
intuitu obligemur, precipue tamen illis, quorum efficaciter erga nos
devotionis, charitatis ac liberalitatis experimur affectum. De quorum vos
numero cognoscentes ac gratos nos exhibere volentes, vobis ac parentibus,
cognatis, benefactoribus et cuilibet vestrum presencium tenore concedimus
nostram confraternitatem participiumque omnium bonorum nostrorum
spiritualium, que per nos efficere dignabitur divina clemencia, in vita et
post mortem, asscribentes insuper et nomina vestra in numero prefatam
confraternitatem habentium, pro quibus omni anno solemus octies vigilias
et missas legere conventualiter, adjicientes ex gracia speciali, quod, cum
dies obitus vestri, quem felicem facere dignetur dominus, nobis per presentes denunciatus fuerit*, faciemus pro vobis vigiliarum missarumque
solemnia et subsidia. In cujus rei testimonium ex speciali gracia sigillum
nostri conventus appendimus. Datum anno domini millesimo quingentesimo[b]
duodecimo in cena domini.

*Nach gleichzeitiger Abschrift im Priesterseminar zu Hildesheim; auf dem
langen und einem zweiten Blatte Papier stehen ausserdem Rentenverschreibungen
für obigen Scholaster Ludolf Surinck aus den Jahren 1513—1515.*

27. *Bruder Peter Hümel an den Pater des Lüchtenhofes: bietet
ein Bund Bibeln zum Tausche gegen ein Hildesheimer Missale an.
1514 September 20.*

Wirdige liffe her patter. Mein willige dinst di sint ju allthit berait.
Gunstige her. Ik sende ju bey Johannes Hemen 1 bund bibeln, di wolde
der official to Mynden gerne heffen, unde hatt mek gebetten, dat ik mit
Merten Fuxberg seinent halben wolt rede haben, dat Merten im di bibeln
wolt thun vor dat misal, dat he heffen scholde. Hete di bibeln gern
mitgenomen, wolt ik nit thun. Also ist mein meinung, so Merten kümt
unde he desz tofreden ist, so wil ik 1 ungebunden misal Hildesemense
vor di bibeln nemen. Bite derhalffen, mek 1 sendet mit nagster fhur
und ob Merten nit tofreden worde sein, wil ik seinent willen vir machen
und di bibeln wider enphangen. Ik heffe dem official di bibeln[c] auff
V gulden angeschlagen, hette di liffer dan datt misal. Mek namt bund[c],

---

a) *Vorlage* fuit.   b) *Vorlage* quingetisimo.   c) *Orig.* wibeln.   d) *?*

13*

1514. dat Merten nit schrifft oder kümt, so er auff Martini wol hier sein.
Domit got bevollen. Datum mitboch Quatertemper 1514.

Peter Hümel
ewer williger.

Adresse: Dem wirdigen heren, dem pater in der congregaszien to
Hildesem, meinem günstigen heren.

*Nach dem Original auf Papier im Priesterseminar zu Hildesheim mit Resten
der Besiegelung.*

28. *Ludolf von Veltheim, Domdechant, nimmt den neugewählten
und bestätigten Senior Paul Nagelsmedt von Ahlen und den Convent des
Lüchtenhofes in die Union und Immunität des Domstiftes auf und
bestätigt sie in der Verwaltung des Altars s. Anthonii in der gleichnamigen
Capelle im Kreuzgang des Domes. 1536 August 19.*

Ludolphus de Veltem decanus ecclesie Hildensemensis. Universis et
singulis presentes nostras litteras visuris, lecturis seu legi audituris ac
illi vel illis, ad quem vel ad quos presentes nostre littere pervenerint,
salutem in domino et presentibus fidem indubiam adhibere. Noveritis,
quod coram nobis personaliter constitutus venerabilis et religiosus dominus
Paulus Nagelsmedt de Alen domus clericorum Hortiluminum beate Marie
virginis in congreatione vulgariter nuncupate in Brulone prope et extra
muros civitatis Hildensemensis novissime per clericos dicte domus senior
seu pater electus ac juxta statuta et consuetudines ejusdem domus confirmatus et de presenti regens principalis principaliter pro se ipso ac
nomine clericorum sepedicte domus se et eosdem clericos in et ad unionem
et emunitatem cleri et personarum ecclesie Hildensemensis juriumque et
privilegiorum ejusdem recipi sibique regimen et gubernamen et admini-
strationem perpetue commende altaris sancti Anthonii in ejusdem sancti
Anthonii capella in ambitu ecclesie Hildesemensis predicte sita cum
omnibus fructibus, juribus, redditibus et obventionibus suis universis juxta
jam dicte commende fundationis tenorem et laudabilem hactenus obser-
vatam consuetudinem committi per nos humiliter petiit ac debita cum
instantia postulavit. Nos tunc Ludolphus decanus prefatus, attendentes
petitionem et postulationem hujusmodi fore justam et consonam rationi,
quodque justa petenti non sit denegandus assensus, idcirco prefatum
dominum Paulum seniorem, patrem seu rectorem una cum clericis domus
Hortiluminum predictis recepto tamen primitus ab eodem domino Paulo
stipulacione et promissione in manibus nostris prestitis, quod nobis et

successoribus nostris decanis ecclesie Hildensemensis in solitis, licitis et 1536.
consuetis juxta supradicte commende altaris sancti Anthonii fundationis
tenorem obediens erit, ad unionem et emunitatem cleri et personarum
ecclesie Hildensemensis juriumque et privilegiorum ejusdem recepimus
eidemque domino Paulo patri propterea coram nobis constituto et id flexis
genibus humiliter petenti commendam ad altare sancti Anthonii predictam
cum fructibus, redditibus, juribus, obventionibus et emolumentis suis
universis juxta dicte commende et altaris fundationem per birreti nostri
capiti ejus impositionem commisimus, prout recipimus, et committimus
per presentes, mandantes nihilominus supradicto domino Paulo patri de
prespecificatis fructibus et obventionibus plenarie et integre respondcri
In quorum omnium et singulorum fidem et testimonium premissorum
presentes nostras litteras jussimus et fecimus sigilli nostri appensione
communiri. Datum et actum Hildensem in congregatione domus predicte
anno a nativitate domini millesimo quingentesimo tricesimo sexto sabbato
post festum assumptionis gloriose virginis Marie.

*Nach dem Original im Priesterseminar zu Hildesheim[1] mit dem Siegel des
Ausstellers am Pergamentstreifen.*

29. *Bischof Valentin von Teteleben verleiht für Gebete des Vater-
unser und Schuldbekenntnisse vor dem von ihm geweihten Crucifixe in
der Kirche des Lüchtenhofes 40 Tage Ablass. Hildesheim im Bischofs-
hofe, 1539 August 14.*

Nos Valentinus dei et apostolice sedis gratia episcopus Hildesemensis
universis et singulis Christi fidelibus presentes litteras nostras visuris,
audituris et lecturis salutem in domino sempiternam. Quoniam divina
gracia clemens et pia semper prona est ad indulgentiam, idcirco nos, qui
vices dei in ecclesia sancta nobis commissa licet indigni gerimus, gratiam,
quam ex plenitudine ipsius accepimus, Christifidelibus pietatis affectu,
cum hoc a nobis humiliter petitur, libenter impartimur. Cupientes itaque,
ut tabula, imago seu signum crucifixi, per quod salvator noster salutem
humani generis operatus est, quod nuper supplicantibus honorabilibus
nobis in Christo syncere dilectis seniore et capitulo ecclesie beato Marie
virginis Hortiluminum in Brulone prope et extra muros civitatis nostre
Hildesemensis congregatio nuncupata, ipso die sanctorum Petri et Pauli[2]

---

[1]) *Ebendaselbst bis auf geringe Abweichungen gleichlautende Urkunde des
Domdechanten Burchard von Oberg für denselben Rektor dd. Hildesheim, 1557
Januar 4 (in octava sanctorum Innocentum).* [2]) *Juni 29.*

1539. benediximus ac consecravimus ac etiam postmodum ipsis humiliter postulantibus, ut eandem tabulam et imaginem crucifixi honorantibus ac venerantibus de spirituali ecclesie thesauro indulgentias misericorditer elargiri dignaremur. Quapropter, ut eadem tabula, imago et signum crucifixi tanto devotius ac honorificentius a cunctis Christifidelibus, uti decet, habeatur et tractetur majorique reverentia veneretur, omnibus et singulis vere penitentibus, confessis et contritis ante ipsam tabulam, imaginem seu signum crucifixi orationem dominicam flexis genibus dicentibus vel culpam suam recognoscentibus aut alia quecumque humilitatis ac devotionis et reverentie signa ostendentibus quadraginta dies indulgentiarum tocies, quotiens id fecerint, in remissionem suorum peccaminum de dei nostri misericordia confisi damus, concedimus et elargimur per presentes. In quorum omnium robur et testimonium presentes nostras concessionis indulgenciarum perpetuo duraturarum litteras sigillo nostro inferius appenso communiri fecimus. Date in civitate Hildesemensi in curia solite nostre residencie die decima quarta mensis Augusti anno a nativitate domini millesimo quingentesimo tricesimo nono.

Nach dem Original im Priesterseminar zu Hildesheim mit einem Bruchstück des Siegels Bischof Valentins in Holzcapsel am Pergamentstreifen.

20. *Dietrich Fyneman sichert der Congregation im Lüchtenhofe aus Dank für die lebenslängliche Aufnahme und Verköstigung in demselben 100 Gulden und dereinst seinen Nachlass zu vorbehaltlich gewisser Bestimmungen zu Gunsten seiner Verwandten und für den Fall seines unfreiwilligen oder freiwilligen Wegganges. 1554 Mai 16.*

Ick Theodericus Fynemhan bekenne openbar in dussem breve vor my, myne erven, erffnhemen und alszweme, dewile und alsze de erhafftigen heren, pater und fratres der congregatien im Brule vor Hildenszem umbe etlicher guder hern und frunde willen szo gunstig erschenen und my by sick in orhe behuszinge, kost, fuer und beddegerede holdung de tidt mynes levendes angenhomen und szollichs my vorszegelt und vorbrevet, dat ick jegen szodane gunsth und willen my darinne geschein den gemelten hern patri und fratribus hundert gulden munthe und nha mynem affstervende alle myn gudt, dat sy in gelde, boiken, huszgerade und clenodia, wath ick des itzt hebbe und hirnach overkomen mach, wo de genhomet werden mogen, nichts darvan uthbescheiden dan alleyne myne kleider, rocke, hoszen, wammes und hemmede, de schullen mynem broder ader, dar de nicht were, mynen negesten blodeszvorwandten thogestalt und gegeven werden tho eyner mylden gave by dem husze der congregatien tho blyvende, ick averst den gunst und willen by den hern pater 1554. und fratribus beholden, dar ick bynnen den negst folgende viff jarn edder darnha beengstiget worde, dat ick van dem patre und fratribus wiken mosthe, dat sze alszedenne vor jeden jar und nha antal der tidt twintich gulden munthe ahn den vorgeschreven hundert gulden twintich gulden kostgeldes affreken schullen, und szo denne van den hundert gulden wes overigs were, dat schullen sze my mith allem andern mynem gude folgen laten, idoch alszo, dar ick boven de viff jar by onhe etlige tydt bleve und were, dat onhe darvor ock dat borlige kostgelt gegeven werde. Ick hebbe ock vorwilliget und bewillige, szo ick bynnen gemelten viff jarn uth eigenem willen van den hern wiken worde, dat sze my alszedenne van den hundert gulden nichts weddergeven schullen, sundern schullen my alszedenne myne andern guder frig folgen laten doch alszo, dar ick boven de viff jar by onhe were, dat ohne darvor van mynen andern gudern dat borlige kostgelt ock gegeven werde. Ick schal und wil ock, dewile ick by den fratribus byn, mith ethen und drincken my den fratribus gelick holden. Ick schal averst und wil nicht tho jennigem arbeide in orhem husze vorplichtiget syn dan wes my szulvest gelevet, doch mith vermidung alle desjennigen, dar uth dem husze und fratribus schade und wedderwille enthstaen mochte. Dat alle rede und love ick upgemelte Theodericus Fyneman vor my, myne testamentarien und erven stede, vast und unvorbroken wol tho holdende in guden truwen und geloven. Des allen tho mherer orkunde hebbe ick dusszen breiff mith myner eigen handt underschreven, und dewile ick neyn eigen ingeszegel hebbe, szo hebbe ick den erwerdigen und erbarn hern Borcharde van Oberge domdeken tho Hildenszem, mynen gunstigen heren, umbe syn segel ahn dusszen breiff thor tuchnisse aller vorgeschreven tho hengende gebeden, und ick Borchardus van Oberge bekenne, dat ick umb bede willen hern Diderick Fynemans myn ingesegel ahn dusszen breiff thor withschup und tuchnisse aller vorgeschreven hebbe gehenget heten nach Christi unszers hern gebort veffteinhundert und im veher und vefftigesten jare mithweckens in den pinxsten.

> Ick[a] Diricus Fyneman bekenne myt myner egen hant, alle duth myt mynem wetende, wyllen geschen alle wyl holden.

Nach dem Original im Priesterseminar zu Hildesheim mit Einschnitt von der Besiegelung; in dorso von wenig späterer Hand: Litorae Theoderici Fineman quondam commensalis nostri.

---

a) *Von hier ab eigenhändig.*

31. *Aus Briefen des Rektors Paul (Nagelsmedt) von Ahlen zu Hildesheim an die Rektoren des Herforder Fraterhauses Bartholomäus Vechel († 1528) und Gerhard Roggel († 1548).*[1]

Collecta sunt haec ex epistolis patris Hildesiensis.

1526.   Anno 1526 senatus Hildesiensis[a] exegit et extorsit a fratribus Hildesiensibus II ½ ^{c} fl.

Fratres in Cassel audivimus esse in tribulatione et metu. Habent enim in aedibus suis currus et bombardas cum multis carrucis et thecis suis. Coguntur etiam ursum et duos venaticos canes alere, qui sunt eis satis onerosi, magis tamen gravat eos metus expulsionis.

De domo Magdeburgensi nescio quid scribam. Patri, ut video, nulla cura est de ovibus suis. Ipse totaliter immutatus vagat iu mundo et nesciunt fratres, an unquam sit reversurus.

Venit in profesto[2] Laurentii quidam de Merszeburgh, qui dixit fratres ibidem amplius non esse. Quod si ita esset, miserabiliter essemus decepti. Ego pro viribus meis visitassem illos, nisi nostra tribulatio et quae in mundo est dissentio de religiosis prohibuisset simulque paupertas nostra, quae necessitatibus illorum succurrere non potest[b].

Audivimus, patrem Monasteriensem resignasse officium suum, reliquisse fratres et sorores repetisse.

Ex literis Pauli Alen patris Hildesiensis ad Bartholomeum Vechelium patri Hervordensi[c] anno 1526 scriptae.

1540.   Intelligo ex literis tuis, quod suspicaris statum ecclesiasticum monachatum et id genus hominum in brevi periturum[d], et hoc ipsum ego suspicor tecum. Exigunt et habere volunt annuatim III ^{c} fl. a patribus et monasterio sancti Michaelis, II ^{c} habere volunt a monasterio sancti Godehardi, a regularibus in Sulta II ^{c} fl. et a nobis miseris, qui vix possumus nos sustentare, centum florenos. Excusavi me et fratres meos allegando paupertatem nostram coram toto senatu, sed nichil profeci. Tandem obtuli cum consensu fratrum II^c fl. et cum illis non fuerunt satiati.

Et nos, cum nihil amplius dare possemus et ipsi minacibus verbis instarent nec sic plura promitteremus, prohibiti sumus domum exire neque

---

a) *Am Rande zu den einzelnen Absätzen vermerkt* Hildesienses fratres, Casselenses *etc.* b) *Danach eingetragen:* Pater Merszeburgensis prima vice pasche suam fidem servavit. Quid amplius facturus sit in posterum, nescimus. 1528. c) *sic.* d) ? *Hdschr.* venituram.

1) *Die Todesjahre nach der hier zu Grunde liegenden Hdschr. (s. S. 202) fol. 17.*
2) *Aug. 9.*

emere neque vendere vel in foro et plateis ambulare, donec faceremus 1540. secundum voluntatem eorum.

Abbas monasterii sancti Michaelis cum aliquibus monachis civitatem exivit. Consulares monasterii illius clenodia conscripserunt et locum, in quo continentur eadem clenodia, sigillo munierunt*.

Opprimimur novis exactionibus, nam senatui Hildesiensi numerabimus X fl. Michaelis et X fl. nativitatis Christi ad muniendam civitatem. Vicini quoque nostri novum aqueductum [1] faciunt, ad quem jam XX fl. circa Jacobi apostoli et quinque in octava Bartholomei et, cum opus perfectum fuerit, exponemus ultra C fl. et magistros artis in expensis habemus.

Ex literis Pauli Alensis ad Roggelium anno 1540 scriptis.

Ex literis Pauli Alensis ad Roggelium anno 1542. 1542.

Princeps elector [2] dux Saxonie cum landtgravio [3] coacto numeroso militarium copiarum exercitu pene sine ullo resistente invaserunt ducis Henrici Brunopolitani in plus minus octo diebus omnem ditionem cum ea parte Hildesiane diocoesis, quam hactenus violenter occuparat. Ad castrum ducis principale Wulfenbutel die uno cum dimidio tormentis certatum est, verum orta inter eos qui in castro fuerunt discordia saluti suae consulentes ipsum castrum hostibus tradiderunt.

Ex ejusdem literis ad eundem.

Omnium monasteriorum Hildesii bona a consulatu descripta, conclusa et signata sunt, singula in suis locis acceptis secum clavibus, ne cuiquam nostrum sit ulla facultas ea recipiendi, quinque tantum calices reliquerunt nobis pro sacrificio.

Ex literis ejusdem ad eundem 1543. 1543.

Ordinaverunt predicatores, quod fratribus liceret accedere ecclesias in civitate quascumque vellent et audire quemcunque vellent praedicatorem, nos tamen hucusque fuimus contenti cum illo concionatore qui nobis in vicinia est, in ecclesia sancti Godehardi.

Ceterum noverit p[aternitas] t[ua], quod nos et fratres praedicatores, fratres minores, canonici regulares cum laicis qui sunt in Indagine [4], qui infirmorum curam solent habere et ipsos visitare, et septem monachi apud sanctum Godehardum habitum monasticum eximimus, quinque abbatis jussu

---

*) *Hierzu von anderer Hand die irrige Notiz: Ex literis ad Rocholium 1526.*
[1]) *Vgl. S. 140 und Anm.* [2]) *Kurfürst Moritz von Sachsen.* [3]) *Landgraf Philipp von Hessen.* [4]) *Die Willigen Armen im Langenhagen.*

1543. in aliud ejusdem ordinis monasterium conccsserunt, quatuor adhuc ibidem
in habitu perseverant cum Carthusiensibus ot Benedictinensibus apud
s. Michaelem et monialibus apud sanctam Mariam Magdalenam in confusionem omnium nostrum qui habitum exuimus. Calices, tabernacula
aurea et argentea sive monstrantias et omnia quae in auro et argento
fratres praedicatores et minores habucrunt, ordinati a consulatu tulerunt,
fregerunt, conflamarunt et inde monetam cudere volunt. Nos adhuc
ornamenta nostra et calices habemus sicuti et alia monstrantia, inclusa
tamen sub potestate consulatus, qui retentis clavibus abierunt, ot sic in
omnibus monasteriis fecerunt.

Ex literis Pauli Alensis ad Roggelium anno 1543.

Unsir breve, slotell unde segell synne wy nicht mechtich. Twe van
unsen klercken gan ad s. Paulum, twe sin* de lenck ad studium. In de
sulven scholle gan ock de jungen fratres van der Sulten, de regulares
unde Benedictini de monasterio sancti Godehardi. Ad sermonem môthe
wy ghan nha willen der predicante.

*Nach der Handschrift des Herforder Fraterhauses saec. XVI—XVII im
Staatsarchiv zu Münster (VII 3307, Pap 4°) fol. 1—4'.*

Nachträge zu Urkunden und Briefe.

1. *Wilhelm der Aeltere, Herzog zu Braunschweig und Lüneburg,
bestätigt die Aufnahme von Schwestern des Augustinerklosters Wittenburg
durch den Rath von Eldagsen in dem Hofe jenes Klosters, gestattet
ihnen den Tuchschnitt und anderen Gewerbebetrieb und nimmt sie in
seinen Schutz. 1437 August 8.*

Wy Wylhelm von godes genaden hertoghe to Brunswyck unde Lunenborch bekennen oppenbar yn dussem breve vor uns unde unse erven, alse
unse leven andechtyghen, de geystliken manne prior unde samnynghe to
Wyttenborch hebben gesath yn unse stadt Eldagessen yn eren vryen hooff
ytlyke oetmodyghe ynnyghe juncfrowen unde susteren, de gode unsem
leven heren, alse wy wol ervaren hebben, truweliken deynen, unde ock
alse unse leven getruwen de rad unde de gementhe to Eldagessen erghe-
screven de selven juncfrowen unde susteren angenommen hebbet myt en

---
*) ?

to wonnende, dat ys gescheyn myt unsem guden wyllen unde vulborde
unde wy vulbordet ene vort umme godes wyllen wand unde lenewant to
makende, to snydende unde der ampte to brukende na erer bequemycheit
unde nud. Unde up dat se de vorder den almechtygen god vor uns
bydden, so wylle wy unde unse erven se vorbydden unde vordedynghen
lyck unsen anderen undersaton. Dusses to bekantnysse hebbe wy unse
ingesegel lathen henghen an dussen breff. Gegheven na godes bort
verteynhundert yar dar na yn deme seven unde dryttygesten jare in sunte
Ciriakes daghe.

*Nach dem Transsumt in der Bestätigung Herzog Erichs von Calenberg von
1501 November 11 (s. folgende Nummer).*

2. *Erich I, Herzog von Calenberg, bestätigt Mutter Fenne Cramers
und den Jungfrauen des Schwesternhauses Marienthal zu Eldagsen das
eingerückte Privileg Herzog Wilhelms d. Ä., seines Grossvaters, von 1437
(n. 1), dehnt ihr Gewerberecht auf die Handwerke aus, nimmt sie
in seinen Schutz, befreit das Kloster von Schatzung und allen Diensten,
bestätigt ihm alle jetzigen und künftigen Privilegien des Rathes von
Eldagsen und den Mitgebrauch der Weide und Holzmark nach Empfang
einer Summe Geldes; Katharina, Erichs Gemahlin, ertheilt ihre Zustimmung.
1501 November 11.*

Wy Erik von godes genaden hertoghe to Brunswyck unde Lunenborch bekenne oppenbar yn dussem unsen vorsegelden breve vor uns unde
unse erven unde* vor al de yenne, de des von unser wegen yn rechte
edder gewonte yn nakomenden tyden mochten krygen to schyckende unde
to doende. So unse leven andechtigen de geystlyke moder Ffenne unde
juncfrowen des cloesters unde susterhuses to Mariendael bynnen Eldagessen
von unsem older her vader hertoghe Wylhelme salyger togelaten synt
myt unsen leven getruwen dem rade unde gementhe to Eldagessen to
wonnende, lenewant unde want to makende, to snydende unde to vor-
kopende unde dar sulvest der ampte to brukende na ynholde eynes
vorsegelden breves von deme upgenanten unsem oelder her vader salyger
vorsegelt unde alsus ludende ys von deme begynne an went to dem ende:
(Es folgt die vorhergehende Urkunde). Welkeren breff unde privileygyen
wy upgenante Erick hertoghe to Brunswyck unde Lunenborch bestedygen
unde bevesten unde vorder yn macht vor uns unde unse medebescreven
wyllen holden sunder alle argelyst unde se vorder begenade, dat se nycht
alleyne der ampte vorgescreven scholt bruken sunder ock anderer ampte

---

*) unde bis doende im Orig. durchstrichen.

1501. alse scraden, schomaken, smedden, ratmaken unde anders den vorgescreven
juncfrowen to ereme vorrade unde undersaten bohovich. Angeseyn dan
de upgenanten moder Ffenne Cramers unde juncfrowen deme almechtigen
gode truweliken deynen vor uns, unse vorstynnen unde vorstendom den
leven god nacht unde dach vlytlyken bydden, nemen wy unde unse
meddeboscreven de vorgescreven moder unde juncfrowen, er cloester unde
al er guth unde undersaten yn unse beschuth, beschermynghe unde vor-
dedyngk unde wylt to allen tyden er lyff und guth beschutten, bescermen
unde vordedynghen gelyck unseme egenen hoffgesynde. Dar to vryghe
wy unde unse meddebescreven, se unde alle er guth, wo men dat benomen
mach und namen hefft, von allen schath, schulde, deynst unde plycht, de
uns unse cloestere unde ander undersaten von rechte edder ghewonten
plegen to doende, dat sy myt wagen, myt pagen, yn hertoch edder doch
anders, wo men den namen ghevet edder yn nakommenden tyden namen
· konde edder wolde geven nycht aff uthbeschcyden, also dat se alles
deynstes unde schattes na dusser vorsegelynghe scholt vry, ledych unde
loess syn, unde wy unde unse meddebescreven scholt noch enwylt de
vorgescreven juncfrowen unde ere meddebescreven na dusser tydt myt
neyneme schatte, schulde edder denste vorder beswaren noch dorch unse
amptlude, fogede unde alle undersaten beswaren laten. Ock bestedyghen
unde bevcesten wy unde unse medebescreven alle privilegya unde vryheyt,
von den unsen getruwen dem rade unde ghemente to Eldaessen den vorbenompten juncfrowen yn geledenen tyden vorsegelt edder noch yn
nakommenden tyden vorsegelt mochten werden, unde wylt de sulven unse
getruwen unde undersaten von Eldagessen alle tydt dar to vormogen unde
holden, se den upgenanten juncfrowen yn allen articulen unde punten na
ynholde erer segele unde breve scholt stede, vast unde unvorbroken sunder
alle argelyst unde yenige ynsage unde wedderrede ewychlyken holden.
Ock gheven wy en de macht, dat se unde ere nakommere yn unseme
vorstendom korne unde wulle edder anders wath, wo men dat benomen
mach, to erer behoff unde noittrufft eres cloesters mogen kopen, weyde,
water unde holtmarke gelyck unsen getruwen to Eldagessen medde to
allen tyden scholt bruken. Vor welke vryheyt, bestedynghe, bevestynghe,
alle articule unde punte hoven gescreven wy eyne nochaftyge summen
goldes tor noghe entfanghen hebbet. Alle unde ytlyke punte vorbenompt
loven wy Erick hertoghe to Brunswyck unde Lunenborch vor uns unde
unse meddebescreven den vorbenompten moder Ffennen Cramers und
juncfrowen to Maryendael bynnen Eldagessen unde eren nakomeren stede
unde vast sunder argelyst to ewygen tyden to holdende. Unde wy Katerina
von godes genaden geboren von Sassen hertochynne to Brunswyck unde

Lunenborch bekennen oppenbar vor uns, unse erven unde alsweme, de 1501.
dussen broff seyn, horen eddor lesen, dat alle dusse bovengescreven punte
unde articule synt gescheyn myt unsem wolbedachten guden wyllen unde
vulborde. Unde umme vormerynghe wyllen des deynstes des almechtygen
godes unde tonegynghe, de wy to den susteren unde ereme cloester hebben,
unde dat se unsen leven heren god nacht unde dach stedelyken unde
truweliken vor uns bydden to ewygen tyden, de wyle dat cloester steydt,
vor yn deme levende, na yn deme dode, love wy duth alle den vor-
gescrevenen moder Ffennen Cramers unde juncfrowen unde alle eren
nakommeren des susterhuses unde cloesters to Mariendael bynnen Eldagessen mede to holdende alle de tydt unses levendes. Unde wy unde unse
erven wyllen se medde helpen beschutten, beschermen unde vordedyngen,
wor ene des noith unde behoeff ys, unde se nummer mer wormede beswaren
lathen noch dorch uns noch dorch yemande von unser weghen. Dusses
to bekantnysse hebbe wy Eryck von godes genaden hertoghe to Brunswyck
unde Lunenborch unse ingesegel to merer bevestynghe dusses breves mydt
sampdt unser gemalen wytlyken an dussen broff henghen heten na Cristi
gebort vyfteynhundert yaer unde eyn amme daghe sancti Martini episcopi
et confessoris.

*Nach dem herrschaftlichen Original-Exemplar auf Pergament im Staatsarchiv
zu Hannover (Kleinere Calenbergische Städte n. 32); die Besiegelung und Unterschrift
scheinen abgeschnitten zu sein.*

Statuten der Congregation im Lüchtenhofe.

Prologus[a] **primus sive prefacio in**[b] **statuta nostra.**

Cum domus nostra Hildensemensis extrema sit et infima vel inter alias merito abjecta, quare primo pre ceteris pene omnibus domibus fratrum habuerit statuta demptis consuetudinibus domus ordinaria et apostolica auctoritatibus, primum est scire. Domus etenim ista a principio per Godfridum fratrem domus fratrum Hervordensis clericum inchoata et deinde per dominum Bernardum presbitrum fratrem domus fratrum Monasteriensis adjunctis sibi sociis fratribus ex utraque domo assumpta, aptata et necessariis huic operi aliqualiter ordinatis more patrum ac fratrum occidentalium vite communis cepit ambulare et conversari ab anno domini MCCCCXL ac deinceps. Videns autem dominus Bernardus primus pater, modum vite hujus insolitum in partibus Saxonie videri et quasi suspectum derisui ac diffamacioni patere, quam ipse ore pape Eugenii[1] laudari audivit[2] sedens ad pedes ejus, laboravit et effecit domni sue superducere sive superimponere alium titulum scilicet juris, idest titulum collegiatus, ut isto titulo usitaciori, famoso ac nobili tota vita et fratrum conversacio illustrata careret diffamacionibus, suspicionibus ac derisionibus adversariorum reddereturque magis famosa ac celebris, manente nichilominus pristine conversacionis humilitate, eo quod ista vita fratrum bene convenire videretur atque ab expertis adjudicaretur isti titulo juris. Erat enim cortisanus et privilegia, quibus nunc innituntur patres in Monasterio domus Fontis Salientis, ipse missus ad hoc a magno illo patre domino Hinrico de Ahus[3] detulit a curia. Ipsa sunt privilegia, supra que et magister Gabriel[4] fundat domos suas. Set, ut experiencia docuit,

---

a) *Fol. I.* b) *in statuta nostra durchstrichen. Dass diese Vorrede kaum vor 1480 von Dieppurch abgefasst ist, ergiebt seine im hohen Alter sehr kleine Handschrift in Uebereinstimmung mit der Bemerkung set adhuc nec post multos annos (S. 207). Ursprünglich dem Statutenbuch vorausgeschickt, wurde der Prologus, wie es scheint, erst in später Zeit die Annalenhandschrift vorn eingeklebt (vgl. S. 1 Anm. a).*
1) *Eugen IV 1431—1447.* 2) *Vgl. S. 28.* 3) *Vgl. L. Schultze, Heinrich von Ahaus, der Stifter der Brüder vom gemeinsamen Leben in Deutschland (Luthardts Ztschr. 1882) und Realenc. I S. 264—268.* 4) *Vgl. S. 28 Anm. b und Personenregister unter Biel.*

frustra fuit illa estimacio istius boni patris. Nam vestitus fratrum humilis et abjectus, paupertas, labor manuum et vocacio personarum ad illam vitam aliud quid hominibus denunciant, ita ut hujus tituli assumptio a talibus personis remotus penitus absorbeatur. Ipsi enim sunt, de quibus apostolus: „Videte[1] vocacionem vestram, ubi inter vos sapiens, ubi scriba" etc. Propterea fratres pro tempore nolebant unanimiter consentire in titulum istum set manere in modo et estimacione pristine conversacionis more patrum suorum occidentalium. Nam neque patres et fratres in Monasterio predicta illo tempore set adhuc nec post multos annos sua acceptarunt privilegia. Placuit autem bone domino Bernardo voluntas bona fratrum suorum, et dissimulans ulterius noluit exigere consensum unanimem eorundem, committens divine ordinacioni intentum suum, sciens in uno supposito posse consistere et constare hoc opus assumptum in tali casu.

Sicque[a] hoc negocium infectum permansit omnibus diebus vite sue. Elapsis itaque sex annis vel circiter post mortem domini Bernardi[2] pii patris fratres paulatim experiencia edocti cognoscebant, vitam suam et illum terminum juris se mutuo bene posse compati nec ipsis obesse, dummodo ipsi velint tacere nec in luce hujus termini ad horam exultare neque inaniter de eo gloriari, set neque ipsum quasi propulsatorem confusionis ac vite sue injuste diffamacionis invocare et allegare, set pocius consciencie proprie testimonio viteque sue sinceritate jocundari eamque indeclinabiliter tenere et in ea confusione omnium oblocutorum suorum contempta perseverare, consolante eos capite suo et dicente: „Si[3] patrem familias Beelzebub vocaverunt, quantomagis domesticos ejus?" Hec inter se discucientes et maturis consiliis examinantes tandem vix ad satisfaciendum privilegiis patris sui et nichilominus ad tenendam immobiliter pristinam vite sue simplicitatem consenserunt unanimiter in privilegia ista licet difficulter et non nisi cum condicione hac sanctissime servanda, scilicet ut ille titulus juris „Collegium" et omnia alia nomina dignitatum, sicut non est necesse eos habere in usu, sic et omnino supprimantur, aboleantur et sepeliantur[b] nisi extrema urgente necessitate. Hunc autem terminum statuta, licet de eo fieret questio, non tamen adeo abhorrebant, cum eciam communis sit scolaribus et aliis, deservire autem eum posse pro utraque parte, sicut et factum est, s[cilicet] ad satisfaciendum privilegiis et continuandam vitam communem, facto libro[4], in quo conscripta

---

a) Fol. I'. b) Hdschr. sepeleantur.

1) 1. Cor. 1, 26. 2) † 1457. 3) Matth. 10, 25. 4) Diese Handschrift ist leider nicht auf uns gekommen. Vgl. die Einleitung zu den folgenden Statuten.

sunt statuta domus. In quibus continentur omnia puncta, ad que tenentur fratres tenore privilegiorum propriis in locis, sive ordinaria sive apostolica auctoritatibus confirmantur. Omnia autem pene alia puncta sive statuta sunt de modo nostre conversacionis necessariora salvis adhuc consuetudinibus domus. Hac igitur de causa statuta illa facta sunt et sic modificata, ut non solum non infirment set conveniant magisque confirment statuantque vitam patrum primitivorum. Sunt insuper sic consummata, ut plenarie in se contineant omnia predictum titulum de necessario concernencia in omnibus dimittendis aut agendis sive in cotidianis exerciciis sive in divinorum ecclesiasticorum nocturnis diurnisque persolvendis ac tenendis officiis in tantum, ut numquam necesse sit recurrere aut producere originalia privilegia, executoria aut bullas, set sufficiat per omnia pro eorundem plenaria et finali satisfactione inherere et servare statuta illa domus. Proinde nullum admittant spiritum contraria suadentem aut alia sub specie eciam cujuscumque honestatis aut utilitatis, set bene sint contenti et vitam istam quietam et humilem continuantes inviolatamque et ipsi suis relinquant posteris, scientes hoc, quod cerimonialia et cetere solempnitates non requiruntur de necessitate, ymmo parum aut nichil ad rem faciunt. Res autem collegii secundum faciem ecclesie est una mensa spiritualis et corporalis, unum dormitorium et unum refectorium unaque respublica. In foro autem dei sive consciencie est habere cor unum et animam unam et omnia habere in communi unicuique quoque distribuere, prout opus est. Summum igitur nostrum sit studium rem hanc significatam primo et principaliter secundum exemplar patrum nostrorum excolere, hoc est tenere vitam castam, communem absque proprietate ulla, concordem per proprie voluntatis mortificacionem et resignacionem in obediencia vera. Amen.

Statuta domus seu congregationis Fratrum Hildesiae.

Proemium* in Statuta Fratrum Communis Vitae.

Convenit, ut congregatis nobis in unum, unum requiramus, unum sapiamus, idipsum dicamus omnes, et non sint in nobis scismata, aspicientes in omnibus et ante omnia nascentis primum fidei Christianae integritatem et exemplar perfectissimum ecclesiae primitivae, de qua in actis apostolorum scribitur: ,Multitudinis¹ credentium erat cor unum et anima una'. Unitatem itaque morum, operum et voluntatum hic commendatam habemus, tanquam maxime necessariam his, [qui]ᵇ in domo domini coelesti regi militare contendant. Proinde quos una intentione uni domino servituros, in unum constat aggregari, etiam congruit eisdem vitae observantiis et statutis regulari. Sed priusquam statutorum editionem accedamus, ne cuiquam authoritas vertatur in dubium, authoritatem ipsam primo declarandam ᶜ duximus.

Cum pridem in domibus nostris praesbiteri et clerici secundum formam institutionis earundem eam apostolica quam ordinaria auctoritatibus comprobatam, castam, concordem et communem vitam laudabiliter duxissent, bonae memoriae quondam venerabilis dominus Henricus de Ahus, vir memorandae conversationis et vitae, sagaci prorsus oculo futura conjiciens et gregi suo imminentia verisimiliter pericula praevidens ac praecavere contendens, ne forte quorumque, ut ceperat, dens aemulationis et oblocutionis iniquae simplicia corda jugi fatigatione corroderet, quod absque juris, religionis aut ordinis approbati titulo conventicula suspecta facerent, et velut novitatis praesumptores ignotum hactenus vitae modum Christi ecclesiis inducerent, sedem apostolicam, cui deo autore tunc foelicis recordationis Eugenius papa quartus ² praesidebat, devotus requisivit per dominum Bernhardum de Buderich tunc fratrem domus Fontissalientis Monasterii, postea primum fundatorem, rectorem domus Hortiluminum Hildesiae, et quas plantaverat vineas paterne et vere apostolicae pietati offerens fulcire legitimo juris amplioris ᵈ titulo ac privilegiis latioribus

---

a) *pag. 1.* b) qui *fehlt in der Hdschr.* c) *pag. 2.* d) *pag. 3.*
¹) *Apostelgesch. 4, 32.* ²) *1431—1447, vgl. S. 28 ff.*

supplex postulavit. Neque vero effectu caruit, piae petitionis instantia supplicationem Apostolicus accepit, largius singula indulsit quam fuerat postulatus. Capellas itaque domorum nostrarum in collegiatas ecclesias erexit ac collegialibus titulis et insigniis decoratas perpetuo in simul univit, incorporavit et annexuit et in communi vita per singulos prae-positos et canonicos habitandas et conservandas declaravit. Verum ne noxia libertate effluerent, singulas domos salubri limitatione coercuit. ordinationes certas et statuta condidit et pro foelici directione atque statu unitarum ecclesiarum et personarum earundem ulteriora quaeque statuta sive decreta condendi eaque condita atque confecta immutandi, corrigendi, addendi, minuendi, prout ipsis expediens videbitur, generali capitulo plenam et liberam concessit voluntatem ac potestatem. Principalia igitur vitae nostrae fundamenta, nedum ex generalibus canonum decretis, praesertim ubi clericorum vita instituitur, verum etiam ex specialiter nobis in dictis constitutionibus apostolicis, quae sequuntur, jacienda sunt.

Statuta[a] et ordinaciones ex bulla Eugeniana.

Statuit in primis ac declaravit sancta sedes apostolica, quecunque[b] ecclesiae sanctae Trinitatis Fontissalientis Monasteriensis, sancti Michaelis ad Latum Rivum Coloniensis ac sancti Martini in Wesalia inferiori Monasteriensis et Coloniensis dioecesium in collegiatas ecclesias erectae in simul sint adjunctae, applicatae, unitae, incorporatae perpetue[c] et annexae, ita quod unius ecclesiae canonicus cujuslibet aliarum ecclesiarum dictarum canonicus censeatur, firmis tamen remanentibus singularum ecclesiarum titulis. Ipsaeque erectae ecclesiae per praesentes et futuros canonicos perpetuis futuris temporibus habitentur et conserventur. Qui-cunque dictarum ecclesiarum canonici in aliqua ipsarum ecclesiarum continuo residere missasque et alia divina diurna et nocturna officia alias juxta Romanae curiae consuetudinem continuo celebrare, dicere et recitare et, dum eis videbitur, cantare teneantur. Quicunque etiam dicti canonici praesentes[d] et futuri in communi, absque tamen mendicitate vivant, ita quod nullus ex canonicis hujusmodi collegiorum aliquid proprii habere. tenere aut possidere seu sibi quomodolibet vendicare possit, sed omnia et singula, res et bona canonicorum de collegio hujusmodi per ipsos seu eorum aliquem tam ex haereditate aut haereditatibus quam per labores manuum suarum vel alias quomodolibet, licite tamen acquisita hactenus vel in posterum acquirenda illi vel illis ex erectis ecclesiis praefatis, in qua vel quibus eos tempore acquisitionis hujusmodi residere contigerit,

---

extunc perpetuo applicata fuisse et esse censeantur et ad eam vel eas,
etiam si canonicus seu canonici hujusmodi, ex cujus seu quorum persona
vel personis res et bona praedicta, ut praemittitur, illi vel illis tunc
provenerint, a consortio canonicorum necnon ab hujusmodi collegio recesserit
vel recesserint seu alias quomodolibet ipsius collegii esse desierit, perpetuo
spectare debeant et pertinere. Quicunque etiam fructus, redditus et
proventus quarumlibet ecclesiarum praefatarum, rerum et bonorum prae-
sentium et futurorum non per speciales portiones, sed duntaxat inter
canonicos in illis pro tempore residentes* communiter et alias in eorum
et dictarum ecclesiarum suarum usum et utilitatem distribuantur et
exponantur. Statuit insuper, quod singulae erectae ecclesiae per singulos
praepositos, qui de numero canonicorum hujusmodi collegii existant, perpetuis futuris temporibus regantur pariter et gubernentur. Quicunque
hujusmodi praepositi per generale capitulum canonicorum hujusmodi
collegii ad tempus seu tempora, de quo seu quibus ipsi generali capitulo
videbatur, eligi valeant, absque alicujus desuper faciendae apostolicae seu
ordinariae confirmationis seu provisionis adminiculo, alias juxta statuta et
ordinationes per generale capitulum facienda. Ac etiam, quod quilibet
praepositorum sic electus per generale capitulum, quotiens eis videbitur,
a regimine et gubernatione ecclesiae, ad quam sic electus extiterit,
amoveri et loco ipsius tunc amoti seu illius ex dictis pro tempore prae-
positis, cujus suae tunc electionis tempus lapsum extiterit, alius denuo
alias, ut praemittitur, ad regimen seu gubernationem hujusmodi eligi
valeat seu deputari. Quicunque etiam praepositus^b sic electus seu
deputatus per generale capitulum propterea propriam vel specialem
portionem non habeat in bonis, proventibus, fructibus, redditibus, emolumentis aut obventionibus ecclesiae seu collegii, sed ei in communi, sicut
cuilibet ex aliis canonicis de canonicis hujusmodi collegii duntaxat vitae
necessaria ministrentur.

Haec sunt decreta, ordinationes atque statuta apostolicae sedis pro
nostris ecclesiis in genere edita atque sancita, quae tanquam fundamenta
praemisimus nostri status vitae communis et caeterorum statutorum per
generale capitulum additorum et addendorum secundum facultatem a
dicta sede apostolica commissam atque datam, in his verbis quae sequuntur:
.Praeterea generali capitulo collegii canonicorum hujusmodi, quod pro
tempore fieri contigerit, quotiens opus fuerit, quodcunque, quaecunque et
qualiacunque pro statu et directione foelici eorum ac dictarum ecclesiarum
divinique cultus in eis conservatione et augmento salubria, decentia, honesta

---

a) *pag. 6.* b) *pag. 7.*

14*

et utilia statuta, ordinationes, constitutiones ac decreta* faciendi et condendi illaque sic confecta immutandi, corrigendi, addendi et minuendi, prout ipsis expediens videbitur et sub poenis condecentibus per ipsos pro tempore canonicos observari, mandandi et decernendi necnon ab eis pro tempore deputandis officialibus omnes et singulos praepositos et canonicos, praesbyteros, clericos et personas ecclesiarum praedictarum et cujuslibet earundem pro suis excessibus et delictis alias juxta statuta et ordinationes facienda hujusmodi, castigandi, corrigendi, puniendi et eorum officiis necnon rebelles ex eis de collegio praedicto privandi et ab illis realiter amovendi et alia circa hoc pro tempore necessaria et oportuna faciendi et exequendi, ita quod privatus pro tempore de collegio canonicorum hujusmodi seu amotus ab eodem aut alias extra illud contra statuta et ordinationes praedictas permanens extunc inantea canonicus ejusdem collegii censeri et privilegiis concessis vel eorum aliquo gaudere non debeat, concedimus ac indulgemus plenam et liberam facultatem ac etiam potestatem.'

Tali^b itaque authoritate sedis apostolicae suffulti ad infrascriptorum statutorum editionem et conditionem in dei nomine duximus procedendum, declarantes in primis, quod haec ipsa statuta neminem obligabunt ad culpam, sed ad poenam duntaxat temporalem in transgressione earundem sustinendam, protervia atque contemptu semper exclusis. Rector etiam in suo conventu dispensandi habeat potestatem in se et in aliis fratribus, cum sibi videbitur expedire, maxime in his, quae ad observantias et exercitia corporalia pertinere videntur. Librum istum constitutionum saepius in conventu fratrum legendum decernimus. In tres autem partes dividitur, quarum prima generalis capituli formam, domorum visitationem, electionem rectorum, fratrum receptionem et expulsionis articulos continet. In secunda de officiis et in tertia de generalibus observantiis per ordinem singula tractabuntur.

Prima* pars statutorum.

De capitulo generali.

Sub forma capituli generalis rite et capitulariter congregati ordinamus et statuimus, ipsum generale capitulum per eos, qui ex unitis domibus annuatim in dominica Jubilate ad colloquium Monasteriense conveniunt, deinceps ibidem esse celebrandum, donec et quousque aliud desuper deliberatum et statutum fuerit. Ad quod repraesentandum accedet praepositus domesticus sive rector cum quatuor canonicis sibi per capitulum

---

a) pag. 8.　b) pag. 9.　c) pag. 10.

deputatis et praepositi sive rectores aliarum unitarum ecclesiarum et domorum, unusquisque cum socio canonico sibi per capitulum suum aeque deputato. Admittantur etiam rectores aliarum domorum fratrum etiam extra unionem nostram, qui de aliqua domorum nostrarum unitarum assumpti fuerint. Similiter et confessores sororum admittantur. Si aliquis praepositorum ex causa* infirmitatis vel alterius cujuslibet inevitabilis necessitatis ad capitulum hujusmodi venire non poterit, mittet alium ex canonicis pro se una cum socio, quem ipse secum ducturus fuerat. Quod si ex negligentia se absentaverit pro causa levi vel ficta, punietur ad dictamen capituli generalis. Alias autem absentia ejus alterius cujuslibet ex praemissis capitulo generali in suo processu, auctoritate et vigore praejudicialis non erit. Hi pariter accedentes ad capitulum generale celebrandum sub invocatione spiritus sancti capitulum incipient, flexis genibus dicentes antiphonam ‚Veni sancte Spiritus‘ etc., versus ‚Emitte spiritum‘ etc. et collectam ‚Deus qui corda‘ etc. Praepositus domesticus sit dux verbi, proponendo quae habuerit proponenda, dehinc caeteros ad proponendum evocet, vota singulorum colligat et, si quid per vota concludendum fuerit, secundum votorum pluralitatem concludat et diffiniat. Singuli autem ex praemissis non nisi unam vocem habeant. Tractabunt in omni charitate et modestia de statu, habitudine, profectu et defectu singularum domorum et personarum seu quaecunque pro ᵇ tempore tractanda occurrerint. Unusquisque libere sed humiliter proponat, quicquid pro communi utilitate sibi visum fuerit expedire. Si quid facta propositione non statim decerni poterit, signetur seorsum, donec propositis omnibus maturiori deliberatione concludatur. Quicquid ergo per eos ita conclusum ac determinatum fuerit, per tria generalia capitula continua, priusquam statuti vim atque vigorem obtineat, approbetur. In quorum primo, si quid conceptum fuerit, singulis domibus examinandum proponatur. In secundo examinatum, si placuerit, approbetur, ut per annum ad probam practicando observetur. In tertia sic observatum et probatum determinante capitulo vel confirmetur vel rejiciatur. Confirmatum autem deinceps statuti vim obtineat. Similiter si quid abolendum fuerit, revocetur per tria capitula. In primo abolendum examinetur, in secundo ab observatione ad annum cessetur, in tertio, si ex toto abolendum fuerit, rejiciatur de caetero neminem obligaturum. Siu autem ad pristinum vigorem revertatur, nisi forte tantae necessitatis evidentia, quae dilacionem damnose seu ᶜ periculose pateretur, statutum aliquod suaderet citius vel confirmari vel abrogari, diffinitionibus et determinationibus capituli generalis secundum

---

ᵃ) *pag. 11.* ᵇ) *pag. 12.* ᶜ) *pag. 13.*

formam praemissam approbatis et confirmatis stabitur et obedietur ab omnibus membris dictarum domorum sub poena privationis vocis capitularis aut ordinis loci seu alia quavis correctione in authoritate generalis capituli constituta. Postquam singula pro qualitate causarum in capitulo diffinita fuerint, deputentur visitatores singulis domibus secundum formam in capitulo de visitationibus conscriptam. Quo facto expletis omnibus concludatur capitulum generale cum brevi exhortatione ad servandum et servari faciendum statuta capituli et ea quae ordinata sunt, et finiatur cum psalmo ‚Ecce¹ quam bonum' etc., Kyrieeleison, Christe eleison, Kyrie eleison et ‚Ne nos' etc., versus ‚Salvos fac servos' etc., ‚Esto nobis domine' etc., ‚Domine exaudi' etc., ‚Dominus vobiscum' cum collecta ‚Miserere quaesumus domine', ut in capitulo² receptionis fratrum, deinde et Benedictio dei patris etc.

De* visitationibus domorum.

Visitatores seu officiales per generale capitulum singulis domibus deputentur duo ex canonicis nostri generalis capituli, viri probatae conversationis et boni testimonii extra domum visitandam residentes. Qui officium suum diligenter et legitime exercentes tam diu annuatim seu quotiens visum fuerit expedire, domum illam visitabunt, donec generale capitulum alios duxerit deputandos. Deputabuntur autem hii, quos unaquaeque domus expresse nominaverit sibi per generale capitulum deputandos. Tales itaque sic nominati et deputati quam primum poterunt injunctum sibi expleant officium. Quos fratres domus visitandae cum omni reverentia suscipient et eorum admonitioni, correctioni et adhortationi libenter in omnibus acquiescent. Facturi igitur visitationem in audientia conventus fratribus adventus sui causam indicent et facta exhortatione authoritate generalis capituli exhortando praecipiant omnibus ᵇ et singulis, ut si qui sunt in conventu excessus aut defectus tam in capite quam in membris emendatione digni, absque omni pactione vel intuitu amoris et odii proferant et requisiti veritatem non simulent, ita tamen, quod omnis passio et rancor animi ac suspiciosae proclamationes penitus abscedant. Si quae levia sunt et feliciter emendari possunt, rectoris correctione et capitulari proclamatione emendentur, nisi fortassis quis saepius admonitus se emendare neglexerit. Exeuntibus deinde fratribus singulos vicissim revocent incipiendo a seniore usque ad novissimos, ita tamen quod rector auditis omnibus ultimo vocetur. Scrutentur diligenter de statu domus, si vigeat observantia statutorum et disciplinae, si perduret adhuc primitiva

---

ᵃ) *pag. 14.* ᵇ) *pag. 15.*
¹) *Ps. 132, 1.* ²) *Vgl. S. 218—222.*

simplicitas an passim subintret insueta curiositas, si sit charitas perfectionis vinculum, si concordiae unitas inter fratres, si sint aliqui insolentes seu domesticae pacis turbatores seminantes inter fratres discordiam, detractatores, murmuratores, sectatores ocii, loquacitatis et dissolutionis[a] amatores, si etiam rector sit communis disciplinae zelator et excessuum emendator, si domesticae curae pervigil administrator, si ei exhibeatur reverentia a fratribus, si monitis ejus obtemperent, si quos patiatur rebelles. Provideant tamen ut viri prudentes, ne mule creduli cito moveantur suspicionibus infirmorum nec tamen ignaviter dissimuletur, quod relatione fide digna didicerint emendandum. Postea cognitis cognoscendis et in scriptis redactis capitulum imponant et convocatis omnibus primo expediantur familiares et imposita paenitentia pro modo culparum exeant, deinde clerici et hi similiter accepta poenitentia discedant. Deinde per ordinem unumquemque ex canonicis proclament et pro qualitate culparum sive excessuum satisfactionem imponant. Similiter et rectorem, qui etiam absolutionem ab officio petat, admonitione debita emendabunt. Si rector aut aliquis fratrum pro culpa, quam in publicum proferre eorum judicio non deceat, corrigendus fuerit, seorsum id fiat advocatis, si quos duxerint advocandos, diligenter etiam attendant, ne quid incaute in medium proferant, quod non tamen emendationis quam turbationis[b] aut dissensionis seminarium fiat. Et tunc suae commissionis officium se legitime executos existiment, si visitatione sua excessus castigaverint et sublatis e medio scandalis pacem ecclesiae redditam reliquerint. Peractis omnibus, si quae generaliter observanda vel cavenda fuerint, summarie in charta conscribant. Conscriptam in capitulo pronuncient et deinceps temporibus certis in conventu fratrum pronunciandam committant. Si quacunque occasione inevitabili visitatores ambo pro explendo officio suo convenire nequeant, per alterum eorum assumpto sibi socio expleatur. Si visitatores in scrutinio visitationis accusationes notabiles sive excessus in rectorem vergere perspexerint, pro quibus merito amovendus esset, seu aliis rationabilibus causis adjunctis exonerationem officii sui ipse instantissime peteret, consentiente utrobique in ejus absolutionem capitulo domestico, vocatum eum in capitulum a regimine suo exonerent et relata sibi pro administratione facta gratiarum actione generalis capituli authoritate absolvant. In institutione vero novi rectoris secundum formam subscriptam[c] canonice procedatur. Depositus autem stabit deinceps in domo sua, in qua canonicus receptus est, locum inter fratres secundum ordinem suae receptionis accepturus, nisi forte ob causam rationabilem alibi provideretur.

---

a) *pag. 16.* b) *pag. 17.* c) *pag. 18.*

De electione rectoris.

Cum aliquam ecclesiarum sive domorum nostrarum per[a] praedecessoris obitum, resignationem vel alias quomodolibet vacare contigerit. idipsum quantotius visitatoribus domus, si praesentes non fuerint, intimetur. Statuat deinde capitulum domus viduatae ipsis visitatoribus certum diem electionis novi rectoris infra juris terminum, scilicet trium mensium, quem tamen praeveniant, quantum poterunt, vocatis interim fratribus capitularibus, si qui absentes intra provinciam fuerint. Per hos itaque visitatores aut vices eorum gerentes, si propter inevitabilem necessitatem alter vel ambo venire non possent, et per omnes fratres capitulares domus providendae non inhabiles vocatorum absentia[b] non praejudicante repraesentabitur capitulum generale pro electione novi rectoris. Statuto autem die electoribus praecedenti die jejunio purificatis missa de Sancto spiritu per seniorem visitatorem solemniter decantetur pro ejusdem spiritus sancti gratia impetranda. Qua finita in loco capitulari aut in choro ecclesiae capitulariter per pulsum campanae congregatis et praesentibus omnibus, qui debent et volunt et possunt commode interesse, capitulum imponatur ac unus visitatorum diligenter exhortando moneat unumquemque per districtum dei judicium, quatenus semotis omnibus favore, odio, privato commodo et qualibet alia sinistra intentione solo divini timoris intuitu et communi domus utilitate eligat vel eligi consentiat in rectorem domus unum ex canonicis viduatae domus aut alterius cujuslibet domorum unitarum de gremio nostri generalis capituli existentem, quem vitae et probatae conversationis testimonio aetate, moribus et scientia judicaverit idoneum, disciplinae domesticae et ecclesiae cui praeficiendus est tam in spiritualibus quam temporalibus magis profuturum, ita[c] tamen, quod eligendus jam actu rector in alia domo non existat. Veruntamen si in viduata domo pridem in canonicum receptus fuisset, tunc posset eligi in hujus domus rectorem, non obstante quod alterius domus regimini praesideret. Tacta exhortatione procedatur ad electionem. quatenus de jure fuerit procedendum.

Modus eligendi rectorem hujus domus.

Die electioni deputato convocentur fratres mane et admoneantur iterum, ut deo optimo maximo debita devotione pro foelici hujus rei successu preces fundant et sacra de spiritu sancto solemnia peragantur. Hisce finitis et fratribus omnibus communicatis notarius cum testibus vocentur ad refectorium et senior fratrum fratres caeteros convocabit

---

[a] *Hdschr.* rectorem per.   [b] *pag. 19.*   [c] *pag. 20.*

causamque convocationis eis indicet atque exponat. Postea unus visitatorum (: si adfuerint:) vel senior fratrum aut etiam ipse notarius, prout commodius fieri poterit, diligenter exhortando moneat unumquemque* eligentium per districtum dei judicium, quatonus semotis omnibus favore, odio, privato commodo et qualibet alia intentione sinistra solo divini timoris intuitu et communi utilitate domus eligat vel eligi consentiat in rectorem domus unum ex fratribus viduatae domus, quem vitae et probatae conversationis testimonio, aetate, moribus et scientia judicaverit idoneum tam in spiritualibus quam temporalibus magis profuturum. Hocquo stipulatis manibus notario promittant singuli. Deinde preces sequentes flexis poplitibus dicantur: ,Veni, Sancte spiritus, reple tuorum corda fidelium et tui amoris in eis ignem accende, qui per diversitatem linguarum cunctarum gentes in unitatem fidei congregasti', Kyrie eleison, Christe eleison, Kyrie eleison, Pater noster, ,Et ne nos inducas', ,Emitte spiritum tuum et creabuntur', ,Et renovabis faciem terrae', ,Salvos fac domine servos tuos, ,Deus noster', ,Sperantes in te', ,Mitte nobis domine auxilium de sancto et de Syon', ,Tuere nos', ,Esto nobis domine turris fortitudinis a facie inimici', ,Nihil proficiat inimicus in nobis et filius iniquitatis non apponat nocere nobis', ,Domine exaudi ᵇ orationem meam et clamor meus ad te veniat', ,Deus qui corda fidelium sancti spiritus illustratione docuisti, da nobis in eodem spiritu recta sapere et de ejus semper consolatione gaudere per dominum', ,Actiones nostras quaesumus domine et aspirando praeveni et adjuvando prosequere, ut cuncta nostra operatio a te semper incipiat et per te incepta finiatur per dominum nostrum'.

Possunt et haec, si placuerit, proponi: An omnibus simul electionem legibus conformem instituere placeat aut an aliquis eorum aliquid habeat, quod contra haec juste objici queat, an electo in licitis et honestis juxta tenorem privilegiorum et statutorum nostrorum parere et obedire animo statuerint et decreverint.

Post haec a seniore fratre papyrum, attramentum et pennae notario procurabuntur. Claves etiam et statuta electo praesentanda adferantur. Discedant deinde fratres a notario et testibus et iterum ordine vocati veniant quilibetque illorum votum suum in unum fratrem viduatae domus expresse coram notario et testibus transferat. Et vota singulorum notarius ᶜ in praesentia testium colligat et annotet. His finitis convocentur omnes et publice (: si ita videbitur expedire :) vota singulorum legantur. Deinde videant assidentes et examinent, quisnam electorum majores et saniores habeat voces. Post haec surgat senior visitatorum aut illis non praesentibus

---

ᵃ) *pag. 21.* ᵇ) *pag. 22.* ᶜ) *pag. 23.*

senior fratrum viduatae domus̄ propalet electionem electi et dicat: ‚Ego
pro me et mecum similiter eligentibus eligo fratrem N. in rectorem hujus
domus‘. His peractis ponant terminos tres, in quibus libere liceat venire,
si qui velint et habeant contradicere electioni, electo aut modo electionis,
primum hora prima, secundum secunda, tertium tertia vel aliter, secundum
quod tempus exigit. Post quos terminos, si nihil obstat vel obstaculis
complanatis et compositis advocato electo inquirant, si consentiendo
electioni submittere se velit dei ordinationi et suorum fratrum voluntati,
quo consensum praebente in templo coram summo altari dicat ei senior
visitatorum aut fratrum clara voce: ‚Promittite fratribus vestris fidelitatem
secundum statuta domus‘. Qui stipulatis manibus dicat: ‚Promitto‘.
Tunc tradens ei claves et statuta committet ei officium ᵃ rectoris adjiciens:
‚Et ego authoritate capituli nostri confirmo te in officio rectoratus in
nomine patris et filii et spiritus sancti‘. Post haec flexis genibus dicatur:
‚Te deum laudamus etc.,ᵇ — — Deinde ᶜ electus ducatur ad stallum in
choro deturque ei realis possessio dicendo: ‚Hic requies mea in seculum
seculi‘. Et fratres singuli venientes viceversa illi obedientiam et fidelitatem
promittant ad manus illo dicente: ‚Promittis mihi obedientiam in licitis
et honestis secundum statuta domus?‘, respondendo: ‚Promitto‘. Quibus
peractis et oratione dominica dicta ducatur ad cameram patris.

De forma receptionis fratrum.

Quia domus ac congregationes nostrae ab apostolica sede ad hoc
institutae sunt, ut per seculi ᵈ abrenunciationem in communi sine proprietate, in puritate cordis, castimonia corporis, voluntatis expropriatione,
humili subjectione, concordi et charitativa conversatione, mundi et carnis
concupiscentiis morientes soli Christo vivamus, tales in fratres nostros
perpetuos ᵉ recipiendos fore decernimus, de quibus post diligentem pro-
bationem et vitae testimonia praesumi possit, quod eos ad sic inter fratres
vivendum non rei familiaris paupertas, non seculi adversitas, non animi
levitas sed dei timor, salutis desiderium, spes proficiendi ac per spiritum
sanctum infusa Christi charitas induxerit ac promoverit. Statuimus igitur,
quod nullus ante decimum octavum aetatis annum in domo nostra
probandus admittatur, nisi valde calleret ingenio. Sed et adminus antequam in fratrem recipiatur, per annum probetur. Recipiendi etiam
diligenter interrogentur, utrum sint liberi, legitimi, si in aliqua alia domo
vel ordine instituendi steterint, si infames, suspecti, si morbum occultum,

---

ᵃ) pag. 24.   ᵇ) Es folgt eine ganze Seite mit Gebetsanfängen.   ᶜ) pag. 25.
ᵈ) seculi auf Rasur.   ᵉ) pag. 26.

maxime incurabilem actu vel dispositione habuerint, si alicui virgini aut foeminae fidem praestiterint, si voto constricti sint, si vinculo excommunicationis ligati aut beneficiati sint. Illegitimos enim, servos, infames, debiles vel morbosos, votis constrictos et excommunicatos non recipimus. Si haec et his similia nobis occultare temptaverint et postea reperta veritate res aliter sese habuerit, non obstante receptione rejiciendi[a] sunt. Duplicem autem modum recipiendi statuimus, unum quo in fratres duntaxat perpetuos, non tamen canonicos, alterum quo in fratres canonicos seu capitulares recipiantur. Postquam igitur recipiendus in fratrem duntaxat perpetuum, non canonicum de nostris statu, vita, statutis, consuetudinibus et casibus expulsionis, quantum sufficere videbitur, instructus fuerit et probatus, de consensu capituli statuto die communionis fratres in loco capitulari seu ecclesia conveniant et consentientibus eis vel majori parte in ejus receptionem flexis genibus interrogante rectore, quid petat et desideret, humiliter dicat: ‚Peto propter deum recipi in fratrem hujus domus‘. Cui rector praesentibus notario et testibus respondeat: ‚Frater, domus ista et congregatio instituta est et a sede apostolica approbata et confirmata pro praesbyteris et clericis caste, concorditer et in communi viventibus secundum apostolica decreta et nostri generalis capituli statuta tibi jam dudum exposita et cognita. Si tibi placet talem vitam nobiscum ducere et in ea ad finem vitae perseverare et si promissionem[b] solitam tibi aeque cognitam desuper facere decreveris, nunc libere edicas‘. Quo respondente: ‚Sic placet et ad hoc me recipi humiliter peto et desidero‘, deinde dicat rector: ‚Frater N., nos annuimus petitioni tuae et recipimus te in domum et fraternitatem nostram, facientes te participem omnium bonorum nostrorum spiritualium et temporalium in vita pariter et in morte, in nomine patris et filii et spiritus sancti amen‘. Ipso quoque in genibus manente fratres legant et ipsi flexis genibus psalmum: ‚Ecce[1] quam bonum et quam jocundum habitare fratres in unum‘ — — [c]. Residentibus[d] deinde fratribus dicat rector: ‚Ecce, frater, deinceps tibi proprium habere non licet, ideo coram notario isto et testibus facies resignationem sive donationem inter vivos omnium bonorum tam ex haereditate quam per labores manuum tuarum vel alias quomodolibet licite tamen acquisitorum vel in posterum acquirendorum huic domui et ejus mensae communi in meliori forma solitam fieri. Resignationem hujusmodi sponte factam[e], ad manus notarii legat expresse promissionem

---

a) pag. 27. b) pag. 28. c) Es folgen 1 1/2 Seiten mit Gebetsanfängen.
d) pag. 30. e) sic.
1) Ps. 132.

suam in haec verba: ‚Ego frater N. juro et promitto, quod collegio et domui nostrae 'Hortiluminis in Brulone prope et extra muros Hildense- menses, ad quam nunc juxta ordinationes et decreta generalis capituli propter deum receptus sum, deinceps fidelis ero et vivam secundum formam statutorum et consuetudinum ejusdem caste, concorditer et in communi absque omni proprio, secundum quod domus ista simul cum aliis nostrae unionis a* sede apostolica instituta, confirmata et privilegiata est. Et quia mihi jam deinceps proprium habere non licet, ne cum Anania et Zaphira spiritui sancto mentiri videar, idcirco bene deliberatus omnibus melioribus via, modo et forma, quibus id fieri potest ac in jure viribus subsistit, donatione inter vivos do, confero et irrevocabiliter assigno omnia et singula, res et bona mihi tam ex haereditate vel haereditatibus quam per labores manuum vel alias quomodolibet licite tamen acquisita hactenus vel in posterum acquirenda dicto collegio domus Hortiluminis beate Mariae ejusque mensae communi. Insuper quia in privilegiis nostris palam habetur, quod bona etiam recedentium perpetue spectare debeant et pertinere ad ecclesias quibus fuerant applicata, ideoque bona fide promitto, si me (: quod deus avertat :) de domo et congregatione hac secundum apostolica decreta et ordinationes generalis capituli propter rebellionem vel inobedientiam contumacem expelli aut motu proprio vel passione victum recedere con- tingat, quod tunc cum pace recedam, nihil repetendo nisi quod rector^b sua sponte mihi voluerit assignare. Et si fortassis causae aliquae vel quaerelae inter me et quamcunque personam vel personas nostrarum domorum exortae fuerint, stabo discussioni et diffinitioni nostri vel parti- cularis vel generalis capituli omni appellatione postposita neque pro his aliquem trahendo ad quodcunque judicium per me vel alium molestabo. Nec unquam contra praedicta dispensationem aut absolutionem petam in praejudicium, scandalum vel gravamen fratrum nec aliqua utar impetrata vel motu proprio concessa. Sic me deus adjuvet et haec sancta dei evangelia. In quorum fidem et evidens testimonium hoc chyrographum[1] praesens propria manu scripsi anno domini N. die vero N. mense N.' Expletis omnibus requiratur notarius et recipiantur instrumenta vel chyrographa fratrum a notario testibus adhibitis statim subscribantur. Et rector admoneat fratrem receptum de proposito suo praesenti et pro- fectu in futurum, ne unquam respiciat retro, sed perseverans usque ad mortem in anteriora se extendat eundo de virtute ad virtutem, prout gratia et^c unctio spiritus docuerit. Et^d ex hinc exhibeant se fratres recepto

---

*) pag. 31.   ᵇ) pag. 32.   ᶜ) et unctio *über der Zeile.*   ᵈ) pag. 33.
¹) Vgl. S. 100—102.

magis benevolos et apertos. Frater vero recipiendus in canonicum seu
capitularem hoc modo recipiatur: Congregatis rectore et fratribus capitularibus in loco capitulari exponat rector fratri recipiendo ibidem in genibus
provoluto summarie narrando primam institutionem domus, quae castam,
concordem et communem vitam requirit, unionem domorum nostrarum
apostolica authoritate factam et ipsarum generale capitulum et ejus
facultatem, decreta apostolica et statuta desuper condita, prout hic omnia
dudum novit ac etiam ad ea se pridem promissione astrinxit, postea
interrogando subinferat: ‚Si igitur pro majori subsistentia promissionis
tuae petis propter deum recipi in membrum antedicti capituli generalis
et in hujus ecclesiae canonicum seu capitularem secundum statuta nostri
generalis capituli, dicas.' Quo respondente: ‚Hoc peto ac desidero', dicat
rector: ‚Frater N., nos annuimus petitioni tuae et recipimus te in fratrem
et canonicum seu capitularem hujus ecclesiae ª N., dantes tibi stallum in
choro et locum in capitulo et participationem omnium bonorum nostrorum
spiritualium et temporalium in vita pariter et in morte secundum apostolicas
sanctiones et nostri generalis capituli statuta. In nomine patris et filii
et spiritus sancti amen'. Quo facto faciat promissionem solitam sub hac
forma, quae sequitur: ‚Ego frater N. canonicus ecclesiae beatae Mariae
domus Hortiluminis in Brulone prope et extra muros Hildensemenses juro
et promitto, quod fideliter uiti et laborare volo pro perpetua conservatione
et foelici profectu unionis domorum nostrarum factae authoritate apostolica,
quodque generali nostro capitulo in suis ordinationibus, diffinitionibus et
statutis legitime factis et faciendis obediam, quamdiu membrum ejus fuero.
Semper etiam secreta tam ejusdem generalis quam cujuslibet particularis
capituli celabo, ad quemcumque statum devenero. Sic me deus adjuvet
et sancta dei evangelia, salva nihilominus promissione pridem per me
facta in suo robore et ᵇ vigore.' Deinde brevi exhortatione admoneatur, ut
deinceps deo oblatum se meminerit studeatque ei, sicut pollicitus est, irre-
praehensibili conversatione militare et nominis sui memor canonica instituta
vitae conformitate conservet. Insuper, si interdum laicus recipiendus est,
eisdem modo et forma recipiatur quibus clerici. Si tamen scribere nescit,
scedula promissionis et resignationis ab alio in vulgari scripta legatur
per ipsum, alioquin per alium ipso praesente et approbante in haec
verba:

‚Ich broder N. bekenne mit düsser jegenwordigen schrifft, dat ick
schlichtes umme goddes willen und nicht umb vordenet lohn tho eschende,
allene umme myner bede willen thogelathen bin tho dem fraterhuse des

———
ª) pag. 34. ᵇ) pag. 35.

Lüchtehoffes in Hildeszheim, dar godde nnd den fratribus tho denende in
allen dingen, de my gebeten werden, uude will gehorsam und fredesam
syn unde bekennen myne schuldt gerne und geduldich annehemen, wen
ick gestraffet werde, nnd veniam bidden und nachfolgen de besten und
frömesten fratres alle tydt, ock mych nicht underwynden anderer sachen,
sunder ick wyll truwelicken arbeyden* in allen dingen, de my werden
bevohlen, ock werde ick geropen van dem einen arbeide tho dem andern
nichtes uthgenohmen, und wil mich gerne beflitigen de tydt nuttlichen
tho des huises beste und forderingo thothobringende nha inholdinge aller
artyckel don leyebroders dusses huises gewontlich. Ick will ock vor-
nemlich mynem pater und institutori openbaren alle myn herte nnd
beköringe und ohres rades leven in allen sacken. Wehret ock (: dar gott
vor sy :) dat ick anderst dede und wehre wedderspennig edder vacken
murrede, achtersprecke, logenhafltig gefunden worde und twydracht
mackede, wat eygenes besittonde edder vorbargende und in andern
schwaren sacken betreden worde, de men hyr nicht plege tho lydende,
und ick in sodanem vormahnet und mich nicht beterde, so will ick nha
willen des patris und fratres, alse ohne dat duncket, fredesamlich van
hyr gahn, alse ick mit frede thogelaten byn, und ock thofreden wesen.
wat se my denne geven willen in kledinge edder dranckgelde. Derowegen
overgeve ick alles, wat ick an erve und gudern beweglich und unbeweg-
lich jegenwordigen helbe edder thokumpstiglich bekomen⁵ konde, den
gedachten fratribus tho des huises besten tho gebruckende. Dusse vorgeschreven dinge alltbosamende und besunder betuge ick mit eigener handt.
Geschehen in dem jar unsers heren dusendt N. N. N. an dem N. dage
des maentes N.'

Deinde interrogetur, an sic, ut lectum est, ad sancta dei evangelia
promittat et bona sua resignet, quo respondente: ,Imo sic promitto et
resigno', requiratur notarius, ut supra de receptione clericorum.

De casibus expulsionis.

Ne una ovis morbida caeteros inficiat, unius quoque incorrigibilis
temeritas pluribus ansam praebeat delinquendi, statuimus et ordinamus,
quod, si aliquis fratrum in infra scriptorum articulorum uno vel pluribus
culpabilis inventus fuerit, visitatorum vel generalis aut etiam particularis
capituli domestici judicio loco et omni, quod sibi in domo competebat,
jure privetur et a fratrum societate⁶ projiciatur penitus et realiter expellatur,

---

a) pag. 36. b) pag. 37. c) pag. 38.

admonitus prius, ut pacifice recedat, sicut cum pace receptus est, neque aliquem ex fratribus praesumat aliquatenus molestare. Committimus etiam rectori, quid et quantum taliter expulso dare velit nisi tantum vestes suas, quibus quotidie usus est. Primus articulus sive casus expulsionis est iste. Si quis receptus frater caderet in aliquem errorem vel heresim contra catholicam fidem aut in articulum vel punctum contra unitatem et communionem sanctae matris ecclesiae pertinaciter obduraturus. Secundus, si quis contra rectorem et fratres rebellis existeret ac pluries admonitus se non emendaret et velut induraturus nec rectoris nec fratrum nec etiam visitatorum consiliis se submittoret acquiescens. Tertius, si lapsum carnis incideret vel occasiones ad perpetrandum exquireret aut alia manifesta et scandalosa perpetraret, ex quibus toti congregationi confusio et derogatio contingeret. Quartus, si congregationem[a] nostram vicio proprietatis macularet, ita quod pecuniam propriam habere et ca vel re aliqua pro suo libitu uti vellet, ac talem rem vel pecuniam contra rectoris requisitionem sibi specialiter insinuatam teneret publice vel occulte. Quinto, si literas furtive et silenter emitteret vel sibi missas secrete aperiret et legeret. Sextus, si aliquod furtum committeret vel clausuras aliquas in domo vel extra domum furtive aperiret aut nocturno tempore domum silenter et suspecte exiret. Septimus, si in civitate existens sine licentia extra domum pernoctaret. Octavus, si lites vel placita sine scitu et licentia rectoris attemptaret vel moveret. Nonus, si jugo servitutis vel gravibus debitis aut vinculo matrimonii seu aliqua notabili infirmitate corporis aut sensuum gravatus esset et hoc in sua receptione non expressisset. Decimus, si aliquibus specialibus exercitiis contra rectoris et fratrum voluntatem insisteret nec vellet[b] esse contentus in victu et vestitu, in labore et requie et aliis bonis moribus statutis et consuetudinibus domus nostrae. Si quis itaque fratrum, quod absit, in aliquo praedictorum articulorum vel eorum pluribus depraehensus et ideo de domo hac sive collegio expulsus seu amotus fuerit, hac constitutione declaramus, talem sic amotum extunc inantea nostrae domus et collegii fratrem aut canonicum non censeri omnibusque juribus nostris et privilegiis nudatum nullo eorum gaudere posse vel debere. Reconciliationem vero hujusmodi et restitutionem, si condigna satisfactione paenitentiam sponte subire promiserit, consentientibus rectore et fratribus consilio totius capituli reservamus.

---

a) *pag. 39.* b) *pag. 40.*

Secunda[a] pars statutorum.

De officio rectoris.

Quia rectori canonice instituto universalis cura atque respectus totius conventus tam in spiritualibus quam temporalibus incumbit, ut prudens paterfamilias super grege et domo sibi commissis omni diligentia vigilabit, ne quid salubre de primaria institutionis disciplina sub eo depereat aut nocivum emergat, tanquam de his omnibus rationem altissimo redditurus. Providendum est igitur sibi, ut bona conversatione sua omnibus exemplum disciplinae fiat, forma gregis factus, ut sicut caeteros praelatione ita et digna conversatione antecedat nec accepta abutatur potestate sed erga fratres suos matura benignitate sit praeditus et discretione praecipuus, quatenus erectos dura cervice et rebelles virga correctionis ad normam disciplinae revocet et dejectos animos baculo consolationis sustentet. Sint praeterea fratres ei cordiales fideliter illi assistendo[b], maxime ubi pro pace fratrum et disciplina domus laborat. Sed et humiliter se eidem submittant et omnem benevolentiam, obedientiam et reverentiam debitam ei, imo in eo Christo exhibeant, coram eo in omni habitu suo, gestu et moribus verecunde et disciplinate se habeant nec unquam verba contra modestiam et disciplinam coram eo proferre praesumant. Non tamen eum praepositi vel proprii nominis vocabulo sed patrem, dum ei loquendum fuerit, vocitabunt. Specialem portionem seu proprium secundum apostolicum decretum non habeat, ideo sit conformis fratribus suis in victu et vestitu, cavens omne quod non decet humilem servum dei, mensam fratrum ipse benedicit. Errores quoque legentium ubilibet corrigit aut alteri corrigendos committit. Commessationes tam in domo quam extra domum, quantum cum honestate poterit, caveat. Religiosis tamen et devotis personis adventantibus honestam hospitalitatem exhibeat et pauperibus quantum potest subveniat. Utque fratribus suis liberius servire valeat, de causis forensibus, quae domum aut fratres non contingunt, nisi quantum charitas exigit et[c] requisitus fuerit, non se intromittat. Extra claustra domus ultra unam dietam absque capituli sui vel majoris partis consilio non proficiscatur. Infra hos terminos si proficisci opus habuerit extra domum pernoctaturus, vicerectori aut procuratori causam itineris ante exitum indicabit. Si autem exiens casu pernoctari eum foris contingat, cum redierit, his duobus causam suae morae aperiat. Confessiones fratrum ipse audiat, coassumpto vicerectore, si opus fuerit. Eorum, qui de via redeunt, relationes primo ipse audiet. Claves ad omnes fratrum

---

[a] *pag. 41.*   [b] *pag. 42.*   [c] *pag. 43.*

cellas et ad singulas clausuras habeat. Ipse etiam cum vicerectore et procuratore sigillum commune, privilegia domus, literas reddituum, pecunias seu praeciosa quaeque, quae ad procuratoris curam non pertinent, in cista communi cum tribus differentibus clausuris conservet, et quilibet eorum unam clavem ex his custodiat. Deposita in pecuniis vel aliis rebus cum scitu trium praedictorum in eadem cista conservari debent, quibus annotata sit schedula mentem deponentis continens. De quibus etiam sine depositoris consensu nihil accomodari aut expendi debet. Vicerectorem et procuratorem consentiente capitulo aut majori parte ipse instituet et destituet, quotiens expedire judicaverit, caetera officia ipse fratribus committet, horum tamen duorum consilio praeaudito. Et licet in partem solicitudinis eos, quibus officia committit, assumat, singulorum tamen directioni, profectui et emendationi eum insistere oportebit, propter quod et officiales saepe ad eum recurrentes cum ipso conferant, ejus instructionem humiliter acceptando. In adventu domini vel circa festum nativitatis Christi cum vicerectore aut procuratore vel altero eorum visitabit totam domum et singulorum fratrum cellas, ne proprietatis vicium in aliquo pullulare incipiat aut fratres in necessariis defectum patiantur, caute providens, ut cuique sicut opus habet dispensetur. Collationes et colloquia domestica debitis temporibus teneat et in ejus absentia vicerectori tenenda committat. Causas graves et arduas, utpote receptionis fratrum ad probam vel ad perpetuum domicilium seu in canonicum, promotionis ad sacros ordines, translationes* personarum ad alia loca, emptionis et venditionis pensionum et bonorum vel etiam debitorum, appensionis sigilli conventualis, aedificationis novarum et praeciosarum structurarum et caetera omnia quae supra vel infra specifice de consensu totius aut majoris partis capituli actitanda esse designantur, ad ipsum capitulum referre et secundum ejus diffinitionem tractare teneatur. In aliis vero minus arduis secundum datam sibi a domino sapientiam singula paterna sollicitudine gubernet usurus frequenter vicerectoris et procuratoris consilio. Debita tamen ultra decem florenos et structuras mediocres non faciat horum consilio non audito.

De' vicerectore.

Quoniam necesse est, ut in absentia rectoris aliquis sit ex fratribus canonicis qui vices ejus gerat, ad quem habeatur concursus pro tractandis et suscipiendis causis et negociis domus, pro consiliis et responsis dandis et recipiendis in his, quae sine[b] periculo usque in reditum patris differri

---

a) *pag. 45.* b) *pag. 46.*

non possont, statuimus et ordinamus, quod rector fratrem sacerdotem boni
testimonii de gremio capituli sui, in quem capitulum aut major pars
consenserit, vicerectorem instituat. Hic ita assumptus et institutus, sive
ex ordine successionis senior sit an non, vices rectoris eo absente agat.
Et ne quid disciplinae depereat, tota diligentia invigilet. Capitulo interim
ipse praesideat, fratres officiales ad ipsum referent, si quid causae patre
absente emerserit, et eidem singuli sicut patri humiliter optemperabunt.
Si quid autem altioris aut gravioris negocii tractandum fuerit, quod absque
periculo differri possit, patris determinationi reservet. Officiales fratres
non instituet neque destituet neque fratres recipiet, multominus locum in
capitulo alicui concedat. A lectione simul et ministerio mensae, si eum
ordo tetigerit, dum patris vices gerit, erit supportatus, quae tamen per
alium fieri providebit. In sinistro choro locum primum et aliis ubilibet
locum patri proximum et eo absente primum obtinebit*. Dum infra septa
domus rector inveniri potest, ipsius non erit licentiam dare fratribus
egrediendi quoquam aut aliquid quippiam notabile faciendi. Si quid in
rectoris conversatione reprehensibile fuerit, ad hunc pertinebit admonitione
privata emendare. Deinceps vero praesentiae rectoris omnem tanquam
unus ex fratribus deferre curabit honorem.

De procuratore.

Procuratorem domus rector de consensu sui capituli vel majoris partis
instituet, virum prudentem, fidelem ac timentem deum, qui in negociis
domus neminem circumveniat nec circumveniatur ab aliquo. Huic incumbit
quotidiana sollicitudo provisionis necessariorum totius domus. Proventus
reddituum, pensionum et obventionum quarumcunque ex fratrum laboribus
aut alias quomodolibet provenientes ipse diligenter emonebit ac recipiet,
recepta^b ac exposita, debita et credita eorumque solutionis diem caute
et fideliter conscribat, commissa diligenter conservet, promissa fideliter
impleat. Pecuniae summam notabilem, ultra viginti florenos, si quam
habet ad necessariorum provisionem aut debitorum solutionem non necessariam, rectori praesentet cistae communi imponendam. Ipsius est cum
rectore mensae providere, cum coco tractare, quae et qualiter coquenda
sunt. Sollicitus sit, ut in necessariis domus praesertim coquinae singula
tempestive procurentur. Quod ut expedite facere valeat, cocum aut alium
fratrem ad hoc sibi deputatum pro comparandis necessariis aut expediendis
negociis ad forum vel alibi in civitate duntaxat emittere poterit. Alias
aliquem emittendi aut ipse domum exeundi sine rectoris scitu aut licentia

---

potestatem non habeat. Ipse quoque diligentem respectum adhibeat, ne domus aedificia depereant, circa quae si quid reparandum fuerit, de consilio rectoris fiat. Pro operibus etiam domus, in quibus multorum manibus opus est et expeditio exquiritur[a], conventum omnem seu quotquot habet necessarios convocare[b] poterit. Feria sexta post matutinas in conventione rectoris, procuratoris et unius fratrum, ut infra habetur, accepta et exposita praeteritae hebdomadae in charta conscripta rectori et confratri ad hoc deputato ostendat. Eadem etiam die coquinam et cellarium caeterasque domus officinas diligenter conspiciat, ne quid per incuriam aut negligentiam depereat. In magnis seu gravibus praeter communem sollicitudinem occurrentibus semper ad rectoris et eo absente vicerectoris consilium recurrat. Semel vero in anno infra octavam nativitatis[1] Christi in praesentia fratrum capitularium de omnibus computationem integram et legalem faciat. Qua facta claves deponat et absolutionem ab officio petat, similiter etiam omnes fratres, quibus officia commissa sunt, facta de his computatione faciant. Circa quam rector se habeat, secundum quod sibi de consilio fratrum capituli visum fuerit expedire. Et licet officio Marthae fungens[c] sollicitus sit et turbetur erga plurima, quietem mentis tamen non abjiciat, quin potius ad vacandum sibi quotiens oportune poterit, se introrsus recolligat atque legendo, meditando et orando turbulentos animi sui motus[d] mitigare satagat.

De cellerario.

Committatur cellarium cum suis attinentiis uni fratrum capitularium, qui panes, cerevisiam, amphoras et urceolos et caetera potandi vasa in locis suis diligenter custodiat, panes et potum per pistorem debito tempore fieri procuret. Illata in cellarium sollicite[e] et munde custodiat et, ne quid depereat, diligenter perspiciat. Cellarium nemo qui in eo non opus habet intret nec in eo absque rectoris licentia comedere aut bibere quisquam praesumat. Ad cellerarium spectat panem et potum refectorio fratrum inferre et post refectionem eadem atque vasa mundata ad propria loca reponere. Sit etiam benevolus fratribus ad porrigendum potum et panem, dum extra horam refectionis[f] a rectore haec ipsa recipiendi licentiam obtinuerint. Sub hujus etiam respectu sint omnia frumenta domus et instrumenta ad braxandum necessaria, pro frumentis reponendis granaria apta habeat et bene disposita et, ne pluviali tempore quicquam depereat, diligenter obstructa. Tempestive sibi de eisdem providere apud

---

a) *pag. 49.* b) *Hdschr.* convocari. c) *pag. 50.* d) *Hdschr.* motos. e) *Hdschr.* sollicite. f) *pag. 50.*

1) *Dec. 25.*

procuratorem sollicitet, ut ad braxandum paratus esse queat. Hic annuales redditus frumentorum a villicis accipiat et diligenter registro suo cum aliis necessariis inscribat ac post divae Margaritae[1] festum, cum a rectore requisitus fuerit, de acceptis et expositis computationem faciat. Frumenta saepius, ne muscida fiant, vertat. De farina et brasio aliisque ad braxandum necessariis tempestive provideat, ne glacie vel alia molendi difficultate impediatur.

De scripturario.

Et quoniam probata illa ab antiquo patrum sententia omnibus generaliter in monasteriis degentibus servis dei manuum labores indixit propheticumque[a] praeconium labores manuum suarum manducantes beatos cecinit, hanc etiam consuetudinem pro vitando ocio[b], quod viciis omnibus fomitem suggerere novit, tum etiam pro transigenda necessitate apud nos districtius volumus observari, assumentes pro opere tanquam proposito nostro principali magis congruente laborem sacros libros conscribendi aut etiam extraneorum codices ligandi. Qua propter rector domus ordinabit ad hoc fratrem aliquem sollicitum et activum, qui fratrum laboribus praesit et a quo unusquisque scribenda recipiat simul et scribendi instrumenta. Sub ejus respectu erunt pergamena, pennae, scripturalia, incaustum gallarum et substantiale bonum atque probatum et caetera omnia instrumenta ad scribendum oportuna. Ipse singulis, ne quis ocio vacet, quid et quomodo scribat aut operetur, sollicitus injungat atque, ut injunctum opus multa sollicitudine ac diligentia perficere ac perfectius emendare studeat, solerter exhortetur et informet. Novitios ad melioris literae usum per se vel alium inducat. Attendere etiam habebit, ut fratres laboris tempore absque evagatione, ocio seu inordinata occupatione diligenter operi[c] sibi deputato insistant. Contrarium facientes seu dispositioni ejus in praemissis minime obtemperantes rectoris discussioni atque castigationi relinquat. Ipsius etiam est, singulis sextis feriis, nisi festum impediat, statim post caenam fratres convocare, ut quisque sibi opus suum. quod per hebdomadam operatus est, ostendat, et tunc scripta fratrum corrigat et emendet. Alieni, qui apud nos libros scribi seu alias aptari faciunt, ad ipsum referendi sunt, cum quibus summa cautione conveniat et conventionis formam scedulis duabus, una concordante alteri, sibi assignatis diligenter inscribat, ut omnis ambiguitatis scrupulum tenor conventionis absolvat. Evocet igitur ad hujusmodi conventionis firmitatem de scitu rectoris procuratorem vel alium discretum fratrem, quatenus

---

a) *pag. 52.*   b) *ocio auf Rasur.*   c) *pag. 53.*
1) *Juli 13.*

testimonium habeat, ut in ore duorum vel trium omne dissidium, si quod oriri posset, absolvatur. Pecuniam etiam pro arra accipiat, priusquam opus inchoetur, perfectum quoque non tradat, priusquam precium integre sit solutum, nisi aliter rectori visum fuerit. Receptum vero undecunque precium diligenter registro* suo inscribat et post computationem procuratoris etiam ipse in praesentia rectoris et procuratoris computationem de anno praeterito integram faciat et pecuniam procuratori fideliter praesentabit, ut registro domus inscribatur et communem cedat in usum.

De rubricatore.

Deputetur unus pro rubricatura et floratura frater ad hoc aptus. Qui habeat lazurium et alios colores pro suo officio necessarios. Aureas tamen literas absque speciali licentia non faciet. Scripturarii directionibus in illuminandis libris sibi per eum traditis obtemperabit nec in aliis libris sibi per eum non traditis quicquam operetur nisi ex speciali rectoris scitu et consensu.

De magistro novitiorum.

Summa diligentia praelatum invigilare oportebit, ut novelli fratres, qui ad probam recipiuntur, talibus erudiantur[b] institutis, ne, dum eorum tractabilis est aetas, male sibi libera atque neglecta insolescat, quin potius ita eorum, dum formabilis est, indoles imbuatur, ut contracta innocentis vitae qualitas ducatur in habitum, etiam posteris in regularis disciplinae tyrocinio profutura. Recipiendi sunt itaque adolescentes bonae indolis et literaturo competentis[c], qui circumspectis undecunque conditionum qualitatibus discreto probentur examine, si constantes fuerint in proposito nec levitatis spiritu ducantur, si sincera fuerit deo serviendi intentio, si sanctae simplicitatis induere possint affectum, si in magisterio disciplinae praeceptoris voluntati prompta possint subjectione acquiescere, si se suaque parati sint penitus abnegare, si denique ad quaelibet nostra instituta corporis incolumitatem, ut portare possint atque ut servare velint, spontaneam adferant voluntatem. In hoc itaque constituendus est eis a rectore probabilis vitae frater, qui eis doctrina et magisterio praesit et in artibus liberalibus instituat ac summa industria teneros animos probatae conversationis erudiat institutis. Sub cujus institutione fratres maneant, donec ad sacrum[d] sacerdotii ordinem admissi fuerint, nisi aliter rectori et capitulo visum fuerit expedire. Et ut solertius injuncti operis vices exequatur, singula, quae circa eos aguntur, cognita habebit. Cavebit autem, ne desidia aut negligentia sua, si quid in conversatione eorum reprehensibile

---

*) *pag. 54.* b) *Fol. 55.* c) *Hdschr.* competentes. d) *pag. 56.*

inventum fuerit, neglectum abeat vel impunitum. Capitulum culparum interdum cum eis celebrabit, culpas in medium productas emendatione debita correcturus. Si quis insolens, protervus, inobediens vel rebellis contra eum vel ejus praecepta fuerit, severiori rectoris correctione puniendum denunciet.

De sacrista.

Ecclesiae et ejus ornamentis custodiendis unum de fratribus praeficiet rector, sub cujus respectu erunt omnia, quae ad explenda officia divina fuerint necessaria. Hic tota sollicitudine invigilet, ut creditas sibi sacras res, clenodia et vestes diligenter et munde custodiat, ne quid per incuriam suam negligentius recludatur aut* reclusum corrumpatur. Si quid maculatum aut attritum fuerit, ut statim abluatur et reparetur, procuret. Omnia, quae in custodiam recipit, scripto habeat annotata, ut sciat, si quid desit et pro quibus debeat, cum exigitur, reddere rationem. Libri ecclesiae sub ejus respectu erunt, in quibus, si quid corrigendum aut reparandum fuerit, ut corrigatur et reparetur, diligentiam adhibebit. Manutergia, albae, altarium pallae, lintheola pro calicibus decenti semper mundicia celebrantibus ministrabit, calices omni anno in jejunio lavabit aut lavari faciet. Utensilia ecclesiae et ipsam ecclesiam adminus quator in anno ante summa festa, chorum vero saepius purgabit. Ecclesiam etiam et altaria secundum exigentiam festorum et temporum decenti ornabit apparatu. Prunas in hyeme et ad incensum, quotiens opus fuerit, provideat. Ceram pro luminaribus, oleum, thus, vinum et panes triticeos et caetera quaeque necessaria tempestive procuret, quod ex his aliunde procurandum fuerit, de manu procuratoris accepturus. Omnes confusiones et negligentias[b] diligenter caveat. Tempore communionis fratrum pallam consecratam corporali desuper exposito duo fratres superpelliciati teneant, ne periculum contingat. Diem vero communionis sacrista ex commissione rectoris fratribus per biduum praenunciabit. Ipsius est januas ecclesiae aperire et claudere ac signa quaeque ad missas et ad alia divina officia secundum ecclesiae consuetudinem, quam in ordinario ecclesiae conscriptam habet, debitis temporibus pulsare, lampadem in ecclesia semper ardentem conservet. Idem etiam horologii curam habeat.

De cantore.

Cantorem institui oportet a rectore, qui omnia cantanda et legenda in divino officio secundum debitum ordinarium et ceremoniales consuetudines ordinabit, quatenus humiliter et devote et sine errore et confusione dei

---

a) *pag. 57.* b) *pag. 58.*

officia persolvantur. Cui etiam providendum est, quando temperate, quando submisse* divinum sit officii peragendum, ut secundum numerum cantantium et officii qualitatem et temporis prolixitatem cantum protendat vel acceleret. Quod ut sine clamore dissono fiat, nutu vel signo ostendet ejusque directioni voces singulorum acquiescent nec facile ei quisquam praejudicet. Rectori enim ejus correctio reservatur. Caute ergo singula praevideat, ne ipse offendat seu alios errare faciat. Quod si ipse incipiendo erraverit, caeteri taceant, donec errorem suum ipse, quam cito intellexerit, emendet et distortum cantum ad propriam qualitatem erudite vocis discretione reducat. Si quid in libris depravatum, dissonum vel erroneum fuerit, ejus incumbit sollicitudini, ut ad regulas probatae artis corrigatur. Ipsius est qui de cantandi arte et usu minus habent humiliter et benevole erudire et, donec plenius didicerint, melius convenit, ut tales seu alii vocibus dissoni sileant aut fictis vocibus submurmurent quam cantare volendo quod nesciunt aliorum voces dissonare compellant. Ad cantorem spectat ea, quae generaliter seu communiter cantanda sunt, intonare[b] ac etiam fratribus cantanda ordinare, errantium errores corrigere, absentium vices, si quid eis ordinatum fuerit, per se vel alium supplere et universaliter in singulis superintendere, ut debite et perfecte divina officia persolvantur.

De librario.

Deputabit rector unum ex fratribus, qui praesit armario sive bibliothecae domus, cujus custodiae committantur omnes libri domus exceptis his, qui ecclesiae pro divino officii assignantur, pro quibus sollicitus sit, ut debite et munde conserventur, non correcti emendentur et super omnia, ne per negligentiam suam distrahantur. Idcirco in principio et in fine libri titulum domus inscribere curet. Registrum de qualitate et numero librorum apud se habeat et aliud simile sub rectoris custodia erit, ut sciatur, unde ab eo ratio exigenda sit. Statuimus etiam et ordinamus, ut libri fratris defuncti[c] scitu rectoris ad bibliothecam conferantur et registro ejusdem inscribantur. Si libri aliqui extra domum concedendi sunt, per librarium diligenter conscribantur, simul et terminus praefixus, quando restituentur. Nullos tamen codices ultra quatuor menses nec libros notabiles extra domum sine scitu rectoris concedat. A personis ignotis pignus aequivalens aut fidejussorem cognitum accipiat. Clavem autem bibliothecae praeterquam bibliothecario et rectore domus nemo habeat, sed petentibus fratribus eis libri ex armario a bibliothecario notatis tamen

---

a) *pag. 59.* b) *pag. 60.* c) *pag. 61.*

locis benigne concedantur. Nullus item fratrum caeterorum codicem quemcunque extra domum sine scitu et licentia rectoris concedere praesumat. Caveant etiam diligenter de libris Teutonicis, ne tales pro studio in domo vel extra domum ministrent, nisi de materia plana fuerint, intelligibiles, correcti et diligenter examinati.

De vestiario.

Vestiarium rector instituat, sub cujus respectu erunt omnia, quae ad vestitum et stratum pertinent fratrum. Hic [a] de panno nigro, albo et vestimenta et caetera necessaria fieri ordinabit eaque de scitu rectoris secundum temporis et personarum exigentiam fratribus ministrabit, diligenter providens, ne quis defectum patiatur aut superfluis abundet, sed distribuat cuique, prout opus habet et facultas domus praevalet. Caligae fratrum de nigro panno, corio vel lineo fiant. Laici autem de panno nigro aut lineo semper habeant, nisi aliter rectori videretur. Et dum novum aliquod vestimentum ministraverit, vetus resumat, nisi rectori et sibi pro fratris necessitate vel infirmitate aliter visum fuerit expedire. Interdum etiam quaedam pro fratrum utilitate et exercitiis expedit alterare. Caveat diligenter, ne vestes fratrum sint curiose notabiles in longitudine, brevitate, latitudine seu strictitudine, colore, precio et figura. In omnibus utilitati consulat et humilitati, nihil tribuat novae vanitati. Vestes fratrum et quae ad stratum pertinent ipsius et sartoris (: si in domo habetur :) respectu in uno vestibulo conserventur, sollicitus, ne tineis aut alia incuria consumantur et dereant [b] ac fratrum usibus reddantur inepta. Si quae rupta seu attrita fuerint, reparari, sordida et maculata tempore congruo ablui procurabit. Fratres caveant, ne curiosa aut superflua petant. ministrata grate accipiant, diligenter a corruptela custodiant, nihil pro sua utilitate respuentes nec alia petentes, nisi manifesta incommoditas aliud petere cogat. Susceptas vestes absque rectoris noticia et consensu inter se commutare omnino non liceat.

De infirmario.

Infirmorum curam rector committat uni ex fratribus benigno et patienti, qui sollicitus sit, ut, si cui corporalis molestia supervenerit, in principio remediis oportunis subveniatur. Si vero infirmitas invaluerit, ad domum infirmorum eos deduci faciet providebitque infirmis secundum domus possibilitatem quae necessaria sunt, et quantum potest sedulum eis exhibeat pietatis obsequium. Omnino caveatur, ne infirmi negligantur nec ulla res temporalis [c] eorum saluti praeferatur. Sint omnes fratres,

---

a) *pag. 62.* b) *pag. 63.* c) *pag. 64.*

maxime procurator et coquus benevoli ad ministrandum infirmis, quae eis conveniunt secundum statum suae infirmitatis et consilium medici, si consultus fuerit. Consulendus est enim, si haberi potest et si ita fieri videbitur oportunum, infirmis tamen primo eucharistiae sacramento munitis. Si quid medicinae aut alterius rei, quam aliunde comparare oporteat, necessitas aegritudinis exposcit, de manibus procuratoris infirmarius expensas postulabit. Sane ad patientiam admonendi sunt, dum misericordiam domini super se senserint, meritoque sicut sanos a sanis ita aegrotos ab aegrotis saecularibus discrepare majori patientia debere cogitent. Infirmarius legitima infirmorum occupatione praepeditus in absentia chori et capituli coeteris licentia utatur largiori. Verumtamen ne a conventualibus oneribus et observantiis omnino reddatur alienus, subservientes sibi in hoc habeat unum vel plures substitutos, qui multa benignitate se exhibeant infirmis solatiosos et obsequiosos, et si morbi valetudo vitae periculum indixerit [a], jugi sedulitate assistant nec facile quoquam digrediantur nisi infirmario praesente et concedente. Caveant fratres infirmos visitando, ne contracta apud eos notabili mora fabulationibus vacent inanibus nec dissolutiones qualescunque in verbis aut moribus ibidem exerceant, ut non tam infirmi solatium quam disciplinae subterfugium quaesisse videantur. Ubi si quis culpabilis ab infirmario admonitus non desisteret, ut deinceps accedere prohibeatur aut alias emendetur, ad patris noticiam deferre curabit. Ad infirmarium spectat, aegritudine ingravescente ea, quae ad infirmorum communionem et sepulturam necessaria sunt, procurare. Si opus fuerit, excubiae circa infirmos vicissim distribuantur, ut bini et bini simul vigilent, lectioni et orationi insistentes. Nomina etiam fratrum defunctorum in tabula ascribantur.

De hospitario.

Hospitarius ordinabitur unus ex fratribus, moribus et disciplina, quantum fieri potest, eruditus. Qui supervenientes [b] hospites devote suscipiens et omnibus honorem congruum impendens maxime religiosis et devotis sciat singulis, prout ratio exigit. morem gerere et deferre obsequium. Ad cameras hospitum, ubi sua reponant, ducat, loca necessaria ostendat et secundum temporis et personarum qualitatem de refectione aliisque necessariis ad rectoris dispositionem eisdem provideat. Quo absente vicerectoris et procuratoris studio debite et honeste tractentur. Utensilia et caetera quaeque sibi deputata munda conservet et, ne quid depereat, diligenter prospiciat. Caveat summopere, ne verbo, exemplo aut

---

a) *pag. 65.* b) *pag. 66.*

ministerio hospites scandalizet aut de negociis secularibus aut rumoribus externis cum eis conferat. Exceptis rectore, procuratore et hospitario nemo nisi vocatus ad hospites sive extraneos adventantes se ingerat aut eisdem, nisi breve verbum, si obviaverint, loqui praesumat. Vagos et ignotos sine literis testimonialibus aut rectoris scitu hospicio non recipiat. Consilium tamen, ut ad alia hospicia communia dirigantur, impendere curet. Sub hospitarii[a] etiam cura mensalia, mappae, manutergia aliaque his similia tam refectorii quam domus hospitum erunt.

De ligatore librorum.

Pro ligandis libris deputabitur unus a rectore, sub cujus respectu erunt omnia instrumenta ad ligaturam requisita ac etiam instrumenta carpentandi, si in domo carpentator non fuerit. Hic erit sollicitus cum procuratore pro asscribus, corio, auricalco et caeteris ad officium suum necessariis, ut scilicet debito tempore sibi per procuratorem disponantur, sine cujus etiam consilio et informatione emendo, vendendo seu commutando nihil attemptabit. Libros ligandos a scripturario accipiat ligatosque eidem restituat, qui precium laboris pro eisdem receptum registro suo inscribat, de his debito tempore facturus rationem. Sit in labore suo fidelis et circumspectus et tractabilis, ut procuratoris et scripturarii directionibus ingenium suum accomodet[b] et labores.

De tonsore.

Tonsoris officium uni ex fratribus per rectorem committatur. Sub cujus respectu erunt omnia instrumenta ad rasuram pertinentia. Ad hunc spectat lixivium temperare et sexta qualibet hebdomada balneum fratribus praeparare. Quo fratres honeste ac modeste utentur, omnem dissolutionem et verbositatem omnino caveant, sed vel silencium tenere aut orare vel de aedificativis et necessariis invicem conferre studeant. Abrasio criminum, prout rector ordinaverit, fiat. Sollicitus itaque erit, ut hoc temporibus suis fiat, correquisitis pertinenter praedispositis. Huic per procuratorem candelae et alia ad hoc necessaria ministrentur. Summa itaque sollicitudine caveat, ne damnoso incendio periculum contingat.

De coquo. [c]

Ad coquinam ordinabitur a rectore frater patiens et benignus, providus ac coquendi arte quantum fieri potest industrius. Sub ejus respectu erunt utensilia coquinae et quaecunque ad coquendos cibos necessaria. Sollicitus sit, ut debito tempore diligenter et munde coquenda praeparet et, ne

---

a) *pag. 67.* b) *pag. 68.* c) *pag. 69.*

quid crudum vel intemperatum fratribus offeratur, solerter caveat, hospitario etiam et infirmario benignum se exhibeat, sciens Christo praestari quicquid propter Christum hospitibus seu infirmis exhibitum fuerit. Ad procuratoris directionem singula ordinabit, quem et maturo tempore, ut necessaria procuret, sollicitabit. Non sit personarum acceptor sed aequa mensura a rectore vel procuratore sibi praestituta unicuique cibos distribuat. Exceptis rectore, procuratore, infirmario quoque et hospitario, dum actu reficiendos habent infirmos vel hospites, nemini coquinam sine licentia rectoris intrare liceat.

De* hortulano.

Hortulanum rector instituat aliquem ex fratribus, qui curam horti gerat et olerum, quatenus suis omnia temporibus serantur, plantentur, purgentur et conserventur. Provideat igitur de diversis seminibus omnium plantularum ad usum fratrum congruentium et singula tempore suo serat et plantet. Vites et arbores respiciet et tempore debito easdem per se vel per alium innovari et putari faciat. Fructus ex eisdem collectos et ad loca deputata repositos rectoris dispositioni relinquat. Coquum etiam, dum ad id vacare poterit, in adjutorem sibi advocare licet.

Tertia* pars statutorum.

De servanda perpetua castitate.

In scripturis sacris, *quibus ad erudiendam Christi plebem mira sanctorum patrum devotio laboravit, unumquemque pro suo sexu, gradu et ordine instituens, ubi ad eos, qui in sortem domini vocati sunt, sermo dirigitur, nihil ita in eorum vita et moribus exigitur quam ut talis in eis pudicitiae vigor et puritatis eminentia resplendeat, quae castimoniam inviolati corporis, conversacionis integritate polliceatur. Caveant igitur rector et fratres omnem familiaritatem faeminarum nec suspecta munera recipiant neque in eos oculos figant, memores, quod impudicus oculus impudici cordis est nuncius. Confessiones saecularium faeminarum audire, domos sororum ad nostram curam suscipere, confessores illis aut socios de domibus nostris praeficere nisi matura deliberatione praehabita et capituli domestici consensu nullibi attemptetur. Pueros de sacro fonte levare*, nuptiis et mulierum conventibus interesse nulli fratrum sine speciali licentia rectoris liceat. Ubicunque comparendum est in publico, providendum est nobis summopere, ne quid fiat in verbis aut moribus,

---

*) *pag. 70.* ᵇ) *pag. 71.* ᶜ) *pag. 72.*

quod cujuscunque intuentium offendat aspectum, sed quod nostrum deceat statum. Per inhonestas et suspectas plateas nemo transeat neque facile quis per longam viam solus mittatur, ne illecebrosa insidiatoris occasio, ubi prius non fuerat, peccandi excitet voluntatem. Caveantur summopere in cogitationibus, jocis, verbis, gestu, visu, tactu, nedum alieni sed et etiam proprii corporis, quaecunque aliquo modo impuritati occasionem excitare aut fomitem poterunt compraestare. Verecundiam quoque tanquam castitatis custodem amplectentur singuli in omnibus actibus interioribus et exterioribus cunctisque verbis et moribus in secreto et publico constituti. Nec unquam soli inverecunde actitent, quae ab aliis sciri nollent, semper animo volventes, quod etiam ea, quae latent homines, oculis divinae majestatis patent et aspectibus angelorum.

De ª concordia mutua servanda.

Concordia nutrit amorem, qua etiam parvae res crescunt, sicut econtra discordia maximae dilabuntur. Ut itaque concorditer conversemur, et sit nobis cor unum et anima una. Statuimus et monemus, ut fratres singuli cordiales sint et aperti rectori domus neminemque audiant, qui eidem detrahere ejusve famam denigrare aut alias fratres contra eum informare vellet. Quod si contingeret, detrahentem unusquisque cohibeat dicens, se sperare, quod illa producta ita se non habeant nec talia velle audire protestetur. Si tamen rector in gravi et scandalosa culpa esset, duo ex senioribus informati de facto rectorem per se vel per vicerectorem, ut talia emendare curet, humiliter admoneant. . Quod si negligeret nec evidentibus rationibus satisfaceret, apud visitatores vel generale capitulum remedium salutare requiratur. Fratres etiam simul benigne, dulciter, humiliter conversentur, non sint praesumptuosi, audaces, nimis liberi ad invicem ᵇ, potissime caventes verba dura, clamorosa et aspera, quibus charitas fraterna laedi possit. Si quis per fratrem aliquid fieri desiderat, non imperando sed rogando obtineat. Si a fratre frater corripitur, pie suscipiat, non replicet, non excuset sed recognita culpa veniam petat, emendam promittendo, memor quia melior est a sapientibus corripi quam stultorum adulationibus decipi et quod fraudulentis osculis odientis praeferuntur vulnera diligentis. Non diversorum opiniones in conventu fratrum sectas ponant, non diversos ritus et quod alter vituperet alter consulat, et sic divisa domus, pax, quies et charitas ipsa decedant. Singularitates noxias velut venenum fugiant, communibus vestitu, cibo, somno, exercitiis, moribus singuli sint contenti. Unusquisque se omnibus esse imperfectiorem

---

ª) *pag. 73.*   ᵇ) *pag. 74.*

sentiat, proprios defectus non alienos semper videat, ab omnibus admoneri
et corripi affectet, viliora quaeque ministeria exhibere omniumque ultimus
esse velit exemplo ejus qui dixit: ‚Discite¹ a me, quia mitis sum* et
humilis corde'. Omnibus etiam benefacere studeat, in fraterno servitio
jocundus semper et spontaneus et paratus. Austerus suis, compassivus
et misericors defectibus alienis. Sic tamen omnes diligat, ut vicia nullius
amet. Nullus denique de alienis factis aut negociis se propria authoritate intromittat, nisi quantum commissum sibi requirit officium. Nullus
cameram alterius eo absente nisi a patre aut ejus inhabitatore jussus
ingrediatur. Praesente vero fratre ingressurus licentiam obtineat et
ingressus nihil ibidem manibus contrectare aut ex ea asportare absque
licentia praesumat. Caveat summopere unusquisque offensam fratrum
suorum praecipue rectoris domus, cui omnes et singuli reverentiam exhibeant
et benevolentiam, subjecti eidem totaliter et humiliter in obedientia charitatis. Si quidem obedientia totius religionis et Christianae conversationis
initiale fundamentum, cursus et finis est. In ipsa summa virtutum clausa
est, ipsa simplici gressu hominem ad Christum ducit. Ipsa liberat a
reddenda deo ratione deᵇ se ipso. Ipsa summa libertas est, qua obtenta
vix homo peccare possit. Ad hanc summopere hortamur et statuimus,
quatenus omnes et singuli ei, quem in sua congregatione loco dei vicarium
et rectorem acceperunt, obedientiam exhibeant promptam et voluntariam.
Vere enim obediens et qui pro Christo caret omni arbitrio nihil novit
difficile, nihil injustum. Nemini aliud velle aut nolle liceat, nisi quod
rector domus faciendum indixerit. Nihil fieri a quoquam debet, quod
rectori celare vel eum latere vellet. Admonitiones ejus vel correctiones
benevole sine excusatione suscipiant, culpam agnoscentes, emendam promittendo. Nec rectori duntaxat sed alterutrum praeferentes, invicem
subjici contendant, alter alterius, maxime autem juniores seniorum monitis
humiliter acquiescendo. Ideoque quotiens vocabitur frater ad obedientiam,
respondeat ‚Adsum'. Et cum sibi quid injungitur, parato semper animo
respondeat ‚Libenter'. Si etiam ex fragilitate humana frater cum fratreᶜ
disceptaret aut commotionis verbum contra eum emitteret, nequaquam
snper hoc iracundia sol occidat, sed juxta evangelicum praeceptum, priusquam cubitum vadat, se fratri offenso reconciliet petitione veniae et sponsione
emendae. Quod si temere negligeret, temeritas hujuscemodi impunita
non abeat. Si vero dissensio gravior inter fratres hoc modo non placaretur,
quolibet existimante se ab alio pati injuriam, rectoris consilio et judicio

---

a) *pag. 75.* b) *pag. 76.* c) *pag. 77.*
¹) *Matth. 11, 29.*

acquiescere ejusque vel saltem domestici capituli discussione contentari debent.

De proprietatis abdicatione.

Quia secundum traditionem apostolicam proprietati quorumcunque temporalium renunciavimus ac communi nos vitae dedimus, eorum imitantes exemplum, quibus cor unum et anima una, omnia communia fuisse describuntur, caveant fratres singuli, ne quisquam rei etiam minimae proprietatem desideret nec quicquam ut tale possideat vel suum esse dicat, contentus* quod sibi de communibus bonis domus ministretur, prout opus habet et facultas communium rerum suppetit. Strictissime igitur prohibemus, ne quisquam rem aliquam, pecuniam, vestem, librum, victualia aut jocalia sine rectoris licentia, a quo mediate vel immediate omnia sunt recipienda. habeat, teneat, recipiat vel dispenset. Observandi etiam vel abscondendi rem aliquam, cistam clausam seu alias clausuras habendi facultas omnibus interdicitur, nisi rectoris licentia accesserit. Pecuniam rectore et procuratore exceptis nemo habeat aut tractet, nisi alicui ex causa commissum fuerit, qui cessante causa quod superest procuratori praesentabit. Si alicui oblata vel donata fuerit res aliqua vel munus praetiosum aut vile, id statim rectori deferat, si ejus praesentiam habere poterit, sin autem. postea praesentet, contentus quicquid ejus discretio de re data duxerit faciendum. Licentia autem praelati, quae in accipiendis exigitur, etiam in dandis muneribus merito requiratur. In adventu vel circa festum nativitatis Christi visitante rectore fratrum cellas unusquisque omnia reposita^b praesentabit, rectoris arbitrio relinquens, si aliqua ex eis recipere. alteri tradere aut immutare velit. Quod etiam fieri quandoque expedit. ne forte quis aliquam rem amore inordinato detineat et velut proprium vendicans maculam vitae communi inferat. Frater aliquis jussus de una cella ad aliam transire in habitandum absque licentia nihil de prima secum accipiet nisi quaternum quem scribit cum suo exemplari. Nullus fratrum patrimonium suum aut debite emonebit, nisi nomine domus sibi commissum fuerit. Non tamen facile mittendi sunt ad sua patrimonia exigenda, ne hac occasione sicut quandoque contigit ad seculum revertantur. Proprias causas occulte tractare nemini^c liceat. Quapropter literas missas aperire aut scriptas emittere nullus praesumat, nisi prius easdem rectori aperiendas atque legendas tradiderit, contentus extunc, quicquid de eis legendis seu emittendis rectori visum fuerit expedire. Nullus etiam fratrum testamenti. tutelae, fidejussionis aut procurationis onus, nisi quantum domum concernant

---

a) *pag. 78.* b) *pag. 79.* c) nemini auf *Rasur.*

acceptabit. Quod et rector* declinabit et, ubicunque bona pace et salva honestate poterit, etiam amicis negabit. Denique ordinamus et statuimus, quod nullus beneficiatus in fratrem recipiatur neque frater receptus beneficium aliquod ecclesiasticum acceptat, nisi paratus sit ipsum permutare vel resignare, quandocunque rectori et fratribus capituli visum fuerit expedire. Quapropter constituat rectorem domus in procuratorem irrevocabilem ad permutandum tale beneficium vel resignandum totiens, quotiens noverit oportunum. Nihil interim de hujuscemodi beneficii proventibus sibi approprict, sed sicut caetera omnia ex laboribus manuum vel alias quomodocunque mensae communi applicata etiam ista communi usui venient dispensanda. Et ne quacunque occasione hanc sanctam evangelicam paupertatem labefactari contingat, seculares sacerdotes aut aliae personae, senes vel juvenes, qui propria sua retinere et expensas sibi apud nos procurare aut infra septa nostra domos sibi construere vellent, ad cohabitandum nobis nisi per breve tempus et probationis gratia nullatenus[b] admittantur, etiam si multa bona temporalia ex eis domui nostrae provenirent. Disciplinam namque in se ferre non possunt et faciliter inveniunt sequaces.

De lectione mensae et refectione fratrum.

Indignum est valde, ut proviso viliori servo nobilior dominus negligatur et refecto corpore anima famescat. Statuimus, quod sub refectione lectio sacra Latine et Germanice recitetur, ad quam omnes sub silentio attente auscultabunt et, si ob reverentiam hospitum seu aliam causam aliquando fratribus licentia loquendi concedatur, quod tamen rarius fieri debet, caveant omnino, ne ad inania, jocosa et secularia verba se conferant seu cachinno et dissolutionibus pariter scandalizentur, quin potius religiosa honestate atque morum gravitate diligenter observatis ex occasione lectionis de scriptura sacra mutuo tractent aut aliis aedificativis sermonibus invicem[c] modeste consolentur. Lectiones ordinabuntur per vices hebdomadales a senioribus descendendo sitque lector mensae ante praevisus, ut debite, distincte et tam alte, ut ab omnibus audiri valeat, sententias et verba pronunciet. Inter legendum correctori aurem humiliter accomodabit, ut, si quando eum emendare necesse fuerit, intelligere valeat. In ministrando similiter quilibet clericorum et laicorum exceptis tamen diaconis et sacerdotibus hebdomadam suam faciat, ubi, si quis ministrantium notabilem strepitum faciet, cibum vel potum effuderit aut alias confusionem vel negligentiam commiserit, genu flectens veniam petat. Singulis diebus

---

*) pag. 80. b) pag. 81. c) pag. 82.

bis reficimur, in prandio hora decima et in coena post quintam, nisi jejunandum esset, tunc enim semel reficimur in die hora undecima. Alias extra horam debitae refectionis nemo absque licentia comedat vel bibat infirmis et ambulantibus exceptis. Dominicis diebus, secundis, tertiis et quintis feriis nisi jejunium obstiterit, carnibus vescimur, non tamen duplex earum coctio[a] excedatur, assaturae vero interdum ex gratia, rarissime tamen concedantur. Quartis feriis et sabbatis vescimur lacticiniis, sexta feria jejunatur in unica refectione secundum morem patriae. Paschalis tamen solemnitas infra octavam jejunium non recipit. Rectoris etiam discretioni relinquitur, si quando propter graves labores aut alias sibi necessarium et oportunum videretur, fratribus gratiam facere voluerit, non tamen plenam refectionem ministrabit. Per adventum refectio moderari poterit, ultima tamen hebdomada ante festum nativitatis Christi singulis diebus unica tantum refectio ministrari solet, per quadragesimam singulis diebus semel reficimur quadragesimalibus, excepto dominico die, tunc enim bina refectio ministratur. In omnibus summis profestis et vigiliis necnon in profestis beatae Mariae virginis et Omnium sanctorum vescimur semel quadragesimalibus. Jejuna etiam ecclesiae, quatuor tempora vel alia dioecesana sunt observanda, quoad sanos in[b] quadragesimalibus vel secundum morem ecclesiae et dioecesis. Tribus diebus rogationum utimur lacticiniis bina refectione, in vigilia tamen ascensionis domini una tantum. Ante festa communionis per triduum vel ad minus per biduum abstinendum erit a carnibus, ante summa tamen festa amplius. Denique cum gratiarum actione sobrie et disciplinate fratres cibum capiant, caventes excessum in quantitate cibi, qualitate et sumendi modo, et nequaquam vagabundi oculis hinc inde curiose circumspiciant. Qui notabiliter in hoc excesserint et admoniti non destiterint, debita correctione puniantur. Ad mensam fratrum aliquem adducere seu alios invitare nemini liceat absque rectoris licentia praeobtenta. Dum signum ad mensam factum fuerit, silentium diligenter observetur et fratres ad refectorium properantes psalmum interim ‚De profundis‘[1] etc. cum collectis consuetis orabunt. A communi etiam fratrum refectione licentia non obtenta nemo se absentare praesumat. Ad mensam autem sacerdotum non nisi diaconi admittantur, caeteri clerici omnes, novitii et laici suam mensam specialem habeant.

De[c] silentio servando.

Ab hora septima vespere usque ad horam septimam sequentis diei, similiter a signo prandii usque ad signum laboris silentium stricte observatur.

---

a) *pag. 83.*　b) *pag. 84.*　c) *pag. 85.*
1) *Ps. 129.*

Aliis horis intermediis, si quis tempore laboris necesse habet cellam alterius intrare et cum fratre loqui, cellam interim quam ingreditur relinquat apertam et locutionem quanta poterit brevitate temperet et quam citius ad cellam suam redeat nec quisquam occasione hujus licentiae fabulas hinc inde productas praesumat innectere. Etiam singulare silentium injungatur eis, qui temporibus laboris sive quietis vagis discursibus et fabulationibus vacare fuerint notati et quibus solitudo cellae et silentium tedio sunt, etiam aliis gratia loquendi utentibus ad solitudinem restringantur. In labore exteriori ea, quae ad operis necessitatem spectant, rara et submissa voce loqui licet. Nec tamen magisterium sibi quisquam assumat, sed quid operandum sit ab alio discens non garrulam linguam sed operariam manum afferat. Nonnunquam etiam psalmorum orationes silentium interrumpant. In ecclesia, in [a] refectorio fratrum, in transitu publico, ante cellas fratrum non solum silentii temporibus verum etiam aliis temporibus quibuscunque silentium diligentius observetur. Qui in his locis assuetus esset silentium interrumpere absque evidenti utilitate aut necessitate, digna satisfactione poeniteat et nihilominus singularis silentii poena non careat.

De labore et requie fratrum.

Quia in desideriis est omnis ociosus manusque remissae aegestatem operantur, statuimus, ut unusquisque fratrum operi sibi injuncto diligenter insudet nec tamen quicquam operis praeter id quod ex commissione vel officio faciendum accepit, sua sponte incipere aut perficere praesumat, quatenus laboris diligentia sic ocium eliminet, ut et corporis fatigatio et obedientialis subjectio multiplicata praemia mereantur. Ab hora igitur septima usque ad horam prandii laborandum erit pro communi, a prandio iterum usque ad coenam laboramus. Post coenam aut corrigendo aut alias laborando opus repetitur usque ad septimam. [b] Deinde fratres sacrae lectioni, studiis et recollectionibus incumbent et in cellis se cohibeant, inutiles circuitus devitando, donec post octavam ad lectum festinent, honeste et caste manibus et brachiis per modum crucis ante pectus cancellatis cruribusque extensis super latus quiescendo se componant, orantes et spiritualia meditantes, donec obdormire incipiant, et ita sequenti die hora quinta vel paulo ante excitati ad divinas laudes et exercitia solita summa alacritate consurgant.

---

[a] *pag. 66.* [b] *pag. 87.*

De divinis officiis et ceremoniis.

Ad matutinas hora quinta vel paulo ante per campanam signo facto
cum summa disciplina et alacritate ad ecclesiam conveniant, ubi illud
omnino est cavendum, ne divinae laudis officia et caeterae observantiae
cerimoniales arida quadam et obtusa consuetudine incipiant frequentari.
Solvendo igitur horas et divina officia moderate et modesto non nimis
cursorie nec nimis* tractive legendum vel cantandum est, sed in medio
versus pausandum est, deinde uniformiter continuandum, summa diligentia
praecaventes, ut absque confusione divina persolvantur officia. Quicunque
in cantu vel lectione chorali fallitur et alios secum erraie aut alias confusionem notabilem fecerit, finitis officiis veniam petat. Cum recedendum
est de choro finitis officiis, prius genua flectantur et oratio dominica
subjungatur et tunc dato signo receditur. A choro licentia non petita
nemo se absentare praesumat, qui chorum ingreditur vel egreditur aut
per medium chori transierit seu coram venerabili sacramento praeterierit.
prius versus altare se inclinet. Exiturus tamen verbo vel signo prius
licentiam obtineat ad ,Gloria patri‘ et ubicunque laus Sanctae Trinitati
exhibetur, ad gloriosum nomen Jesu et beatissimae virginis Mariae, ad
ultimum versum hymnorum et quotiescunque praetiosi sanguinis Jesu
Christi aut incarnationis ejus memoria recolitur, demisso parumper capite
devote inclinetur. Ad Te deum et ad cantica evangelica stamus, majorem
spiritus alacritatem exhibentes, cantante choro nemini private aliquid[b]
legere aut libris incumbere conceditur composite ac decenter absque omni
penitus dissolutione singuli se habeant, attente et alacriter divina solventes
officia. Et quia in officiis divinis et ceremonialibus observantiis secundum
exigentiam temporum ac festorum per anni circulum multiformis occurrit
diversitas propter varios ritus ecclesiarum et dioecesium, in quibus domus
unitae consistunt, diffinivit generale capitulum, ut seorsim habeatur in
singulis domibus registrum seu ordinarius ecclesiae de omnibus plene
determinans et quid, quomodo, quando, per quem vel quos tenendum
vel faciendum sit, diffinite praescribens, ut non ad placitum quorumcunque
sanctae ecclesiae officia sed regulatis semper observantiis expleantur, ita
tamen quod secundum domorum et personarum facultatem in summis
festis et aliis quibusdam solemnioribus missae et alia officia divina cum
solemnitate cantus persolvantur.

De[c] privatis fratrum exercitiis.

Ut autem singulos dies expendamus utiliter et apud unumquemque
solitudo sancta fructificet, quotidianum in cellis studium in hoc est

---

a) *pag. 88.*   b) *pag. 89.*   c) *pag. 90.*

adhibendum, ut ex continuato labore studii aliquid resideat in conscientia, resplendeat in vita, traducatur in usum. Propterea vigiliarum primitiae domino sunt consecrandae, ita ut, quamprimum fratres excitati fuerint, frontibus suis salutare signum crucis imprimant, pro explendis matutinis officiis in alacritatem suam animus redigatur. Hinc ad ecclesiam properantes per choros instar caelestis militiae toto nitantur dominum corde simul et voce laudare. Postea regressis ad cellas fratribus et expletis quae restabant orationibus reformando interiori homini tota impendatur intentio, ut vincendis passionibus, domandis concupiscentiis, mortificandis propriis voluntatibus emendandisque paulatim moribus cura quotidiana desudet, matutino tempore certa unicuique diei praefigenda est regula et singulae materiae singulis diebus revolvendae* atque sic recollectis in unum viribus proponendum est servo dei speciale virtutis exercitium, ad quod per diem continua dirigatur intentio, ut nulla unquam dies sentiatur absque fructu transacta, quae non quotidiano perfectui de proposito speciali debitum apposuerit augmentum. In operibus quae in cellis fiunt pene singulis horis unusquisque singulas orationes habeat praefixas, quamvis porro breviores, quibus vel devotis continuata vigore perduret vel torpens excitetur in deum affectus. Tandem transacto die post septimam horam iterum recollectioni et studiis sacrarum literarum vacabitur. Studia vero devota petenda sunt, quae magis affectum inflammant quam intellectum illuminant. Expletis omnibus facta in vespere peractae diei supputatione, si quid fuerit negligentius peractum, si contra statuta domus quicquam attemptatum, si propositum conceptum minime observatum, loco, tempore et modo suo non abeat impunitum et nihilominus solicite emendandum alteri diei imponatur. In summis festis et alias, prout rector disposuerit, clerici omnes et laici de manu rectoris in summa missa communicabunt.ᵇ Praecedenti vero die fratres omnes convocati reconciliando se invicem venias petant.

De capitulo domestico et colloquio mensili.

Capitulum particulare domesticum repraesentabitur per rectorem et eos, qui expresse in canonicos recepti sunt et admissi, quod totiens celebrandum erit, quotiens pro quotidianis emergentibus et tractandis causis fuerit oportunum, in quo illum unusquisque locum et ordinem teneat, quem tempore acceptationis suae ad canonicatum sortitus est, nisi forte aliquis quacunque occasione propter culpam suam dilatus fuisset. Qui quidem cessante causa dilationis hujusmodi postquam ad canonicatum

---

a) pag. 91. b) pag. 92.

suscipitur, restituendus erit ad locum et ordinem suum pristinum. Statuimus etiam et ordinamus, quod rector, procurator et vicerector semper feria sexta mane post lectas matutinas conveniant et de necessariis domus conferant. Si quid autem notandum fuerit, id per vicerectorem in prothocollum deliberatione[a] tamen matura habita diligenter scribatur. Ea etiam hora portarius pecuniam adferat et procurator, quae hebdomada praeterita accepit et exposuit, in chartula conscripta in praesentia rectoris et vicerectoris supradicti ostendat, quae chartulae a rectore conserventur, donec circa festum nativitatis Christi generalis computatio facta fuerit, tunc enim Vulcano tradantur. Praeterea in principio cujuslibet mensis solaris, quando commode fieri potest, servabitur colloquium per rectorem et suos capitulares. In quos semper aliquot capitula horum statutorum legantur et moveat unusquisque libere sed humiliter, si quid consideravit utile pro communi statu domus et congregationis nostrae, praesertim si statuta et consuetudines domus diligenter observentur aut si in aliqua sui parte depereant, si quid novum, inusitatum sive nocivum communi profectui in spiritualibus vel temporalibus emergat. Ad quae rector respondebit vel cum aliis, quod facto opus sit, deliberabit. Et quicquid per capitulum vel majorem partem conclusum fuerit, diligenter exequatur, ita tamen quod nihil ordinetur, quod generalis capituli decretis sive statutis aliquatenus[b] contrarium vel dissonum comprobetur. Quod si quis contentiosus et inquietus pacis turbator reliquos offenderet nec admonitus quiesceret, silentium eidem imponatur et si proterve, nimis inverecunde irrumperet, a capitulo excludatur, donec satisfactione praemissa discat in suo ordine humiliter et cum submissione, quae inspiraverit dominus, dicere ac proferre. Non passim unusquisque in verba prorumpat sed requisitus in ordine suo dicat, si ultra hoc proponendum aliquid vel interrogandum habet, licentiam prius a praesidente requirat. Hoc autem maxime caveatur. ne de secretis tractatibus capituli quicquam reveletur alicui, qui de capitulo non fuerit seu per quem publicum fieri possit. Qui contra fuerit, a capitulo arceatur et nihilominus secundum exigentiam causae poenam condignam sustineat, donec in gratiam fratrum restituatur. Et ne impunitas viciorum ansam[c] praebeat delinquendi, statuimus et ordinamus, quod celebrato colloquio domestico mensili surgat primo junior et sic eodem ordine cacteri fratres omnes et flexis genibus culpam suam dicant, si contra statuta vel consuetudines domus aliquid fecerint, si silentium non[d] servaverint, in choro vel mensa confusionem vel negligentiam commiserint, si damnum aliquod frangendo vel perdendo rem aliquam domo

---

a) *pag. 93.*   b) *pag. 94.*   c) *Hdschr.* ansum.   d) *pag. 95.*

intulerint, talibus et similibus in medium productis, etiam ut ab aliis admoneantur, humiliter supplicabunt. Responsio vero accusati non nisi humilis sit et verecunda culpam agnoscens veniam petat, promittens emendam. Nemo alium accuset in scandalosis et enormibus culpis, nisi id possit testimonio sufficienti comprobare. Alioquin ad dictamen rectoris poenae subjaceat competenti. Et quicquid illic in correptione fratris profertur, ita sit zelo disciplinae conditum, ut etiam charitatis sit dulcedine temperatum, ne non tam videatur proclamans intendere fratris emendationem quam rancoris explere vindictam. Nullus suam vel alterius culpam contentiose aut pertinaciter defendat. Qui contra fecerit seu accusatus impatienter et furibunde responderit, praesidentis arbitrio digne castigetur. Qui frequentius fabulis vacare et extra cellam supervacue vagare aut a choro seu alia quavis conventuali frequentia se absentare aut paci* et quieti fratrum effreni libertate turbationem inferre aliasque notabiliter et frequenter excedere et haec statuta infringere soliti fuerint, singularis silentii custodia, veniae petitionibus aut frequentioribus disciplinis emendentur et ad dictamen rectoris aut, si enorme crimen (quod absit) commissum foret, totius capituli domestici judicio et deliberatione punientur. In omnibus his sicut prohibetur praelato exercere crudelitatem, ita quoque indicitur, ne resoluta segnitiae transgressoribus poenas debitas infligere dissimulet Non enim est crudelitas crimina punire sed pietas. Caveat igitur, ne noxia benignitate subditorum excessus foveat et extirpari jam nequeant, cum longe consuetudinis passim radice succreverint. Si enim ea quae male usurpantur omittimus, ad excessus aliis viam aperimus.

Faxit omnipotens deus optimus maximus, ut omnes actiones vitae nostrae ad sui nominis gloriam et animarum nostrarum salutem perpetuam sua benignitate dirigantur. Amen.

---

*) pag. 96.

Protokolle und Aktenstücke über die Colloquia der unirten Frater- und Schwesternhäuser in Münster.

(1431—1506.)

Prologus[a]**. Capitulum primum. De primaria institucione.**

Quoniam secundum primevam domus nostre institucionem collegialiter nobis ac religiose in communi et clericali vita convivendum ac corporali exercicio operandum novimus, institucionem aut morum honestatem hactenus observatas deperiri non sinentes set pocius cotidiana exercitacione ac religiosa conversacione easdem cupientes roborari et confirmari, litteris commendatas posteris transmittere decrevimus, quatinus debitis recitate temporibus occasione ignorancie ablata operi mancipentur efficacius, succurrere eciam festinantes refrigescenti caritati futureque inopie, qua plerumque dominante negligencia aut pruriente diviciarum copia pristina simplicitas ac virtutum fundamentum humilitas aboleri consuevit. Communis etenim vita clericorum necessaria maxime hiis, qui deo irreprehensibiliter militare cupiunt, conscripta in non ignoti libri loco, nisi congruentibus ordinacionibus statutisque, quibus omnia et singula certis temporibus, locis discretis subjaceant distribucionibus aut difficulter aut non diu consistere set neque pax aut disciplina prevalebit perdurare. Nam licet, ut in actibus scribitur apostolorum, ‚multitudinis[1] credentium fuerit cor unum‘, foret eciam aliqualis distribucio agendorum qua dicitur: ‚Et distribuebatur unicuique, prout opus erat, eo quod nullus eorum aliquid suum esse dicebat, set erant illis omnia communia‘, nichilominus tamen ordinacionibus adhuc superadditis novis, videlicet qui verbo dei et qui preessent mensis, ‚sedatum est‘, ut ibidem legitur[2], ‚murmur Grecorum‘. Quare et apostolus hujus ordinacionis non ignarus dicit: ‚Omnia autem ordinate fiant in vobis. Ubi enim nullus ordo, ibi confusio, discordia et perturbacio.‘ Magis autem, dum non commune dormitorium neque communis tantum mensa set communis nobis commendetur vita. Restat manifeste, totam nostram vitam idest omnia nostra communitati ac

---

[a] *Fol. [I.]*
[1] *Apostelgesch. 4, 32.* [2] *Apostelgesch. 6, 1.*

uniformitati famulari debere. Non enim mortui sumus set utique vivimus, quando laboramus, legimus, scribimus, oramus vel aliud quid facimus, quibus omnibus ordinate actis communis* construitur vita. Opponitur namque communitati fera illa vineam depascens domini singularitas. Debent ergo primum omnium illam persequi atque statuere, ut unius sint moris in domo, quibus arripere conplacuit jura communitatis. Quod cum agitur caritas dei et proximi in multitudine, ordinatur secundum optantis sponse vocem ‚Ordinate in me caritatem', propter illam enim assequendam communis instituta dinoscitur vita, de qua dicimus[1]: ‚Ecce quam bonum et quam jocundum habitare fratres in unum'. Nichil enim salutis confertur rebus temporalibus esse communes, voluntatibus autem et moribus discordes, sed et frustra adhibetur medicina, ubi non curantur vicia. Usitatum eciam presupponitur dissidium, ubi regnat meum tuum. Sollicicius ergo instituenda set efficacius suut exequenda que uniformitatis et caritatis gracia ordinantur in unionem et congregacionem non lapidum, domorum aut dumtaxat corporum, set multo amplius voluntatum morumque bonorum. Quibus fit, ut et ipsa inimicis nostris terribilis ut castrorum acies ordinata appareat clericorum congregacio sive vita. Que ordinacio et discipline rigor veluti pedagogus, quo nec minima dilabi sinuntur, ne paulatim decidere contingat, est totius religiositatis et honestatis custos et summa. Qua laxata et neglecta, quemadmodum sepibus maceriisque depulsis vinea domini electa feris et inimicis patet depascenda[b]. Cujus mali mater est minimorum studiorum negligencia, rerum temporalium copia et cupiditas que est venenum caritatis dei et proximi excludens timorem domini nichil negligentem. Quibus sublatis sicut bono et moderato regimine salubrius conservatur corporis sanitas[c] quam per inmoderanciam sauciatum reformatur, sic et facilius et cum minore labore usu bonorum morum salvatur disciplina quam recuperatur dilapsa. Et hec gracia communitatis dicta sufficiant. Porro de clericorum continencia non est nostrum facere statutum novum, cum ad eandem necessitamur dictis et preceptis patrum. In quorum dictis non solum de illa set et de aliis clericali dignitati necessariis inveniuntur satis utilia, in quibus couversari et efficaciter exequi valde prodesset opinioni set et saluti clericali et communis populi. Que diligenter quesita sicut illustrant clericalis dignitatis titulum, sic contempta dehonestatum ac depravatum ostendunt clerum. Inter que clericorum ornamenta non minima est submissa obediencia. Que licet familiarior sit virtus religiosorum, non

---

a) *Fol. [I'.]* b) *Hdschr.* de depascenda. c) *Fol. II.*
[1]) *Ps. 133, 1.*

tamen minus omnium devotorum corda sua ex caritate in cadem castificare
volentium, maxime tamen eorum, qui communem et concordem propo-
suerunt ducere vitam. Cujus obediencie laus et utilitas in multis
scripturarum reperitur locis. Ipsa nempe est errantium regula, discordiarum propulsatrix, inexpertorum doctrina, scrupulosorum portus, ydeotarum
et simplicium infallibilis sapiencia, auctrix meritorum, serenitas consciencie,
mater discrecionis et compendium tocius spiritualis vite, sine qua frustra
conduntur statuta, irrita sunt omnia precepta*.

Unionsvertrag und Statut der zum jährlichen Colloquium
in Münster vereinigten rheinischen und westfälischen
Frater- und Schwesternhäuser. 1431.

In* nomine sancte et individue Trinitatis patris et filii et spiritus
sancti amen. Anno nativitatis domini MCCCCXXXI nos Hinricus de
Ahues rector domus clericorum Fontissalientis in Monasterio, Nycolaus
Donss rector domus clericorum ad Latum rivum id est tzo Widenbach
in Colonia, Conradus Westerwolt rector domus clericorum in Hervordia,
Martinus Lewardi rector domus sororum in Borken, Hermannus de Alen
rector domus sororum in Scuttorpe, Johannes Visscher rector domus
sororum in Coesveldia et Hermannus Gudesberch rector domus sororum
in Wesalia, presbiteri, presentibus recognoscimus, quod matura diliberacione
prehabita sponte et voluntarie de pleno consensu et voluntate nostra et
omnium presbitrorum, clericorum et familiarium, rectricum, magistrarum
et omnium personarum et membrorum domorum nostrarum predictarum
fecimus unam caritativam fraternitatem et simul concordavimus et firmiter
proposuimus pro nobis et pro omnibus successoribus nostris ac nos et
nostros successores perpetue obligavimus et constrinximus, quod omni
anno excusacione postposita, nisi esset inevitabilis casus et necessaria
causa, volumus simul convenire in civitate Monasterio in domo clericorum
Fontis Salientis feria quarta ante dominicam Cantate post pascha ac ibidem
manere ad minus per biduum et tractare et conferre mutuo et ad invicem
de profectu et utilitate nostra et domorum nostrarum et personarum,
quarum curam gerimus, et quicquid ibidem ordinatum et diffinitum fuerit

---

*) *Nach zwei bis drei dick durchstrichenen Zeilen folgt am Schlusse der
Seite von Dieppurchs Hand:* Inabiles activi aut passivi ad eligendum sunt leprosi,
criminosi, ab omni disciplina absoluti, nisi ex gracia eis daretur, excommunicati,
suspensi, interdicti nec possunt eligere nec eligi infames. *Die ganze Rückseite, auf
welcher, soweit noch erkennbar, die Capitel der Statuten und ihre Verlesung an
den Monatsanfängen verzeichnet sind, ist mit Papier zugeklebt. Es folgt ein
unbeschriebenes Blatt und dann der Text mit alter Foliirung.* b) *Fol. 1.*

de communi nostro consensu et conclusum, hoc tenere volumus et ad nos et personas domorum nostrarum predictarum obligamus et constringimus, salva semper obediencia prelatorum nostrorum, in quorum prejudicium nichil [a] ordinare vel disponere, ut eo amplius nos ipsi et persone domorum nostrarum crescamus in virtute, in caritate dei et proximi, in puritate et castitate mentis et corporis. Nam ex privilegiis nostris nobis indultum est, quod possumus aliqua ordinare et disponere pro nobis et utilitate domorum nostrarum, que nobis et profectui nostro ac pro pace deservire videntur, ut sic perseverantes in bono, in recta fide, in communione sancte matris catholice ecclesie in melius semper proficientes pervenire tandem possimus ad regnum beatitudinis eterne, quod nobis concedat qui sine fine vivit et regnat deus. Amen.

In die convencionis nostre, quando primo convenerimus, legemus flexis genibus ,Veni sancte spiritus', Kyrie, Christe eleison, Kyrie, Pater noster et ,Ne nos emitte spiritum t|uum] et cre|ator] domine exaudi, oremus. Deus qui corda actiones nostras scis [b] et quesumus domine'. Et postea rector domus Fontis Salientis faciet parvam exhortacionem, scilicet que sit racio convenciouis nostre, et exhortetur singulos, ut unusquisque provideat sibi, si habet aliqua movenda pro communi utilitate. Et omnes qui conveniunt prandebunt et dormient in domo nostra et non alibi sine licencia communi et erunt contenti duobus ferculis et quatuor, habebunt in prandio unam quartam vini cuilibet dando crosibolum. Quando autem conveniunt simul qui interesse debent colloquio ad locum deputatum, tunc legentur hec conscripta, quibus lectis recitabuntur a singulis nomina defunctorum incipiendo a rectore domus Fontis Salientis et sic deinceps per ordinem. Quibus recitatis dicatur [1] ,Oremus' pro fidelibus defunctis, psalmus ,De profundis' cum Requiem et Kyrieeleison, Pater noster et per rectorem domus dicetur ,Et ne nos' cum collecta ,Deus venie largitor' et ,Deus, cujus numine', ,Fidelium deus'. Quibus [c] finitis scribantur nomina absensium, si qui fuerint, et recitentur littere, si absentes aliquas miserint.

Deinde rector domus proponat, si aliqua habuerit proponenda. Deinde ceteri presentes proponant et rector domus interroget et ceteri taceant, nisi interrogentur. Et illud, quod conclusum fuerit, scribatur per aliquem, qui ad hoc per rectorem domus fuerit deputatus, et forte utile esset, quod ille sit procurator domus. Et nemo extra colloquium nostrum debet propalare, si quid ordinatum fuerit, quod propalari non debeat. Et si quis haberet necessitatem exeundi, debet petere licenciam a rectore domus.

---

a) *Fol. 1'.* b) *Hdschr.* fi et. c) *Fol. 2.*

1) *Vgl. Erhard, Gedächtnissbuch des Fraterhauses zu Münster S. 89 f.*

Et si quis nostrum inculpatus fuerit, ipse, si opus est, exibit de colloquio et alii terminabunt, quid fieri debeat, quorum determinacioni ipse culpatus stabit. Quod si facere noluerit, ipse de societate et colloquio nostro non erit. Et si infra annum aliqua emerserint que differri non possunt, si pervenerint ad rectorem domus Fontis Salientis et desideratum fuerit ab eo, determinent illud cum fratribus domus sue, si poterit. Quod si non poterit, vocet unum vel duos de societate vel colloquio nostro, qui venient ad eum sine contradictione, et determinent, quod determinandum fuerit. Et expense, que fiunt pro communi utilitate, de communi pecunia persolvantur. Similiter expense, que fiunt tempore colloquii nostri. Nam unusquisque nostrum imponet unum florenum Renensem, ut habeamus aliquid pro communi et in casu, quo aliqua domus haberet dampnum magnum vel gravamen, sul veniretur ei. Et sicut in ista die conveniunt ad colloquium, sic et in aliis diebus sequentibus, donec colloquium sit finitum. In fine, quando colloquium concluditur, deputabuntur visitatores singularum * domorum nostre societatis et quivis signabit nomina defunctorum recitanda, cum venerit ad domum, ut fiant oraciones pro eis, et quilibet qui scit legere dicet IX lecciones pro defunctis, et qui non scit vigilias debet dicere pro vigiliis quinquaginta Pater noster et Ave Maria, quando eis conveniens fuerit. Et pro conclusione colloquii dicetur psalmus ‚Domine exaudi' secundum, ut exercicium fit de vespere.

Ut domus nostre in sancta devocione crescant et conserventur, visitatores in communi colloquio deputati visitabunt domos, quamprimum poterint. Et quando ad domum visitandam venerint, tunc congregatis personis domus visitande visitator principalis aliquam exhortacionem faciat de observacione propositi nostri et de disciplina domus, exhortans singulas personas, ut de rectore et de rectrice, de seipsis ad invicem et de totius domus statu quicquid super hiis, de quibus interrogati fuerint, accusacione dignum vel emendacione cognoverint, singuli sincere nec amore nec timore moti seu timore dicant. Nemini tamen crimen imponant, quod probare non possunt. Et tunc legatur carta, si aliqua in ultima visitacione fuerit relicta ibidem et scripta. Et sic visitator cum suis sociis redeat ad locum suum. Et postea singule persone audiantur et scribantur, que reperta fuerint scripto digna. Primo inquiratur de rectore sive rectrice, utrum conservet et ᵇ conservari faciat disciplinam in surgendo de mane, in prandio, in labore, in silencio et maxime in principali proposito, quod pax et concordia et disciplina sit in domo, in castitate, in communione rerum omnium

---

temporalium. Et si pax in domo non fuerit, causa cum omni studio requiratur, qua cognita reformetur pax et qui culpabilis repertus* fuerit corrigatur. Item inquiratur, an domus gravata sit debitis, et secundum quod inventum fuerit, secundum hoc procedatur. Et si domus fuerit sororum, singulariter inquirant visitatores, quomodo confessor habeat se cum sororibus, scilicet quod nulla sororum intret domum confessoris et utrum se provide habeat, quando ipse intrat domum sororum, et quod absque notabili causa nec nimis mane nec nimis tarde loquatur cum sororibus et utrum aliqua sororum videatur habere notabilem familiaritatem cum confessore. Et si quid visitatores invenerint emendacione dignum, cum summa diligencia studeant hoc corrigere et emendare. Videant tamen visitatores, ne absque evidenti et racionabili causa persona confessoris apud ipsas personas vilescat aut fama ejus vel reverencia in aliquo minuatur. Universis igitur expeditis cartam conscribant que publice legatur omnibus personis domus presentibus et cum hoc in vigilia nativitatis domini et in vigilia pasche et penthecostes et assumpcionis gloriose virginis Marie. Et faciant exhortacionem et ordinent singula et sic recedant et nulla beneficia exigant et, si oblata fuerint, non recipiant et diligenter caveant, ut excessus domus visitate nemini revelent nec alicui causa consilii vel cui prodesse poterit. Et si domus privilegia habuerit, quod illis moderate utatur, et certi sint confessores de privilegiis suis, quantam eis conferant auctoritatem maxime in absolucionibus et celebracionibus precipue tempore interdicti.

Expedire eciam videtur, quod omnes domus presbitrorum et clericorum habeant rectorem et procuratorem, et si rector domus moriretur, quod tunc fratres domus de consilio visitatorum eligant alium et electum non deponant nisi consilio eorundem. Eciam rectricem eligant secundum consilium visitatorum et confessoris. Similiter eam non deponant nisi de* consilio eorundem. Et si aliqua domus haberet aliquid depositum, quod ad hoc sit communis cista cum tribus clavibus diversis. Similiter si domus haberet aliquam summam pecunie, quia rector sive procurator et rectrix sive procuratrix non debent plus habere de pecuniis quam indigent pro cotidianis necessariis, alia pecunia si fuerit erit in cista communi et unam clavem habebit rector sive rectrix, aliam procurator sive procuratrix, terciam unus vel una, cui hoc rector sive confessor sororum commiserit. Et omni quindena vel ebdomada, si quid notabile pecunie superfuerit, ad cistam ponetur. Et singulis annis fiet in singulis domibus conputacio de receptis et expositis, de debitis et debitoribus,

---

*) Fol. 3. b) Fol. 3'.

quando hoc conveniencius fieri poterit. Insuper in singulis domibus
ordinentur officia, in domibus presbitrorum per rectorem, in domibus
sororum per confessorem et rectricem, scilicet quod unus sit qui presit
vestibus, qui sollicitus sit, ut laventur, sarciantur et distribuantur, sic
similiter in domibus sororum. Similiter sit qui presit coquine et orto.
Item hospitarius et infirmarius. Et sint in domibus nostris omnia communia et distribuatur unicuique, prout opus fuerit, ut sit in domibus
pax et concordia, castitas et communis vita. Et ad domum presbitrorum
nullomodo ingrediantur mulieres et ad domum sororum non ingrediantur
viri, nisi necesse fuerit.

De modo refectionis sumus contenti, quando non est jejunandum,
prandio et cena, nisi essemus in gravibus laboribus, et contenti erimus
duobus ferculis. Et quarta feria sumus sine carnibus, nisi esset dies
nativitatis Christi. Feria sexta jejunamus, et quando communicandum
est, ad minus per triduum vel per biduum abstinemus a carnibus. In
adventu domini reficimur cotidie lacticiniis exceptis feriis sextis, quia tunc
jejunamus. Dominica in quinquagesima¹ reficimur carnibus et secunda et
tercia feria post quinquagesimam reficimur² lacticiniis. In ceteris vigiliis
et jejuniis conformamus nos universali ecclesie et aliis bonis Christianis,
sed assaturis non utimur, nisi essent notabiles et reverendi hospites.

Protokolle und Aktenstücke der unirten Frater- und
Schwesternhäuser zu Münster.

1431.   In nomine domini amen. Anno domini quo supra sic omnes simul
concordavimus, quod, quicquid in communi colloquio ordinatum vel
determinatum fuerit, quod hoc debeat scripto tradi, ne per oblivionem
depereat sed legatur et teneatur.

In primo eodem tempore concordatum fuit, quod in prima visitacione
debet investigari a singulis personis domorum nostrarum, utrum velint
stare dictamini et determinacioni dictorum, qui ad colloquium conveniunt,
et si hoc consenciunt, tunc hoc scribatur ad librum, ubi conscripte sunt
consuetudines domus, et si aliqua postea contradixerit pertinaciter, quod
tunc privari poterit domo et loco suis, et maxime quod rectores et
rectrices domorum stent sub determinacione colloquii et ulterius persone
domorum acquiescant rectoribus suis et rectricibus et rectrix acquiescat
confessori in omnibus bonis. Et sic interrogatum fuit a visitatoribus et
omnes interrogati consenserunt.

_____
a) Fol. 4.
¹) 7. Sonntag cor͞Ostern.

Item, quando aliquid conclusum et determinatum in colloquio fuerit, quod probari debet, hoc propalabitur in singulis domibus, ut probetur per unum annum, et sic in sequenti colloquio, si placet, approbetur vel reiciatur, in tercio, si placet, assumatur et teneatur vel ex toto reiciatur. Item nullus nostrum presumat aliquam novam domum vel locum accipere nisi de communi consensu colloquii.

Item nullus nostrum presumat publice predicare nisi de communi consensu, et si permissus fuerit, sit eo magis circumspectus in conversacione sua et discretus in materiis et sermonibus suis.

Item si aliquis nostrum perciperet aliquid de aliquo, unde homines possint scandalizari, hoc debet eidem verbo vel scripto iusinuare, magis [a] credat ex bona confidencia fratrem innocentem et excuset eum apud loquentem quam consenciat dicenti saltem prima facie.

Item non suadebimus conjugatis divorcium, nisi velint ingredi ambo religionem, nec clericis resignacionem beneficiorum nec senibus resignacionem bonorum suorum.

Item vota obediencie nullo modo volumus exigere vel suscipere. Si tamen aliquis rovisset deo, quod ipse vellet obedire rectori domus, et si votum videtur sibi esse materia majoris profectus et stabilitatis, hoc permittimus.

Item si contingeret inter nos vel alios devotos vel religiosos discordia, semper erimus parati stare determinacioni fratrum, qui conveniunt ad colloquium.

Item proposuimus, quod, si rector alicujus domus nostre confraternitatis obierit, quod velimus adjuvare et solliciti esse, ut domus acquirat rectorem valentem tam in domibus clericorum quam sororum, et hoc tamdiu, quamdiu persone dicte domus submisse sunt ox animo et caritate determinacionibus nostris communis colloquii et visitacionis mutue. Similiter erimus solliciti, quod confessores sororum habeant socium et quod in omnibus domibus sororum sit rulla et minutum collocutorium.

Item quod mutuo possumus nos corripere et ammonere et hoc unusquisque debet alteri fideliter et humiliter exhibere et eciam exhibitum caritative suscipere et acquiescere, quia sanctus Augustinus dicit in epistola [1] ad sanctum Jeronimum „Multo est mirabilius et laudabilius libenter suscipere corrigentem quam audacter corrigere deviantem'.

Ista fuerunt ordinata et diffinita anno domini MCCCCXXXI presente venerabili patre nostro domino priori [2] in Northorne et omnibus patribus

---

a) Fol. 4'.

1) Dieser Brief ist nicht ermittelt worden.   2) Heinrich.

predictis, et postea ipse et conventus in Northorne capitulariter consenserunt, quod ipse dominus prior et sui successores erunt presentes in nostro communi colloquio et jurabunt pro visitacione dictarum domorum singulis annis.

1432. Anno[a] domini MCCCCXXXII in festo beatorum apostolorum Petri et Pauli[1] placuit singulis patribus et singulis singularum domorum personis. prout requisite fuerant anno precedenti, quod colloquium singulis annis continuetur.

Item deliberabitur, quid deputabitur confessoribus sororum, si per visitacionem deponerentur.

Item eodem tempore pater prior et conventus in Northorne consenserunt, quod prior intersit colloquio et juvet ad visitacionem.

1433. Anno domini MCCCCXXXIII in dominica Cantate[2] confirmatum et conclusum fuit ab omnibus patribus presentibus, quod colloquium nostrum semper continuetur, sic quod omnes patres sint presentes feria quarta ad vesperas vel ad minus ad completorium, et hoc placuit omnibus et singulis et ideo omnes patres presentes tunc hic pro se et suis successoribus et domibus subscripserunt.

Ego frater Hinricus prior in Northorne huic diffinicioni propria subscripsi manu et ex corde consensi.

Et ego frater Arnoldus prior domus sancti Meynulphi in Bodeken plene consensio et approbo.

Et ego Hermannus Scutken confessor sororum inclusarum domus sancte Agnetis in Thenis[b] consencio et approbo corde et animo.

Et ego Godefridus de Hemert rector domus clericorum in Amesfordia[3] consencio et approbo toto corde et pleno affectu.

Et ego Hinricus Ahus rector domus clericorum Fontissalientis in Monasterio ex corde et affectu subscribo et approbo.

Et ego Nicolaus Denss rector domus clericorum tzo Widenbach in Colonia ex cordis affectu subscripsi.

Et ego Conradus Westerwolt rector domus clericorum in Hervordia prope Parvam molam ex intimo corde subscripsi.

Et[c] ego Martinus Lewardi confessor sororum in Borken ex animo subscripsi.

---

a) Fol. 5. b) sic. c) Fol. 5'.
1) Juni 29. 2) Mai 10. 3) Ammersfoort.

Et ego Johannes Visschor confessor sororum in Coesfeldia ex animo subscripsi.

Et ego Hermannus Gudesberch confessor sororum in Wesalia ex animo subscripsi.

Eodem anno et die fuit diffinitum, quod infra annum confessores sororum debent suas habitaciones sic disponere, ut non sit contigua domui sororum, ad vitandum pericula et diffamiam, et quod habeant socium secum et, si posset fieri, quod non haberent necesse transire per domum sororum, quando celebrabunt missam, et quod nullo modo sorores intrent domum confessoris et nec confessor nec aliquis vir sine notabili et evidenti necessitate ingrediatur domum sororum, et si omnino necesse esset ingredi domum, quod predicatur sororibus, ut fugiant et caveant se, nec confessor nec aliquis permittatur solus ingredi sine socio.

Item diffinitum est, quod unus Theutonicalis liber quem intitulabant factores ,De vita Christiana', qui continet multa pungitiva nec conformia dictis sanctorum, quod ille comburatur, quicumque habuerit illum.

Item quod libri Theutonicales non concedantur extra domum laycis vel clericis, nisi sint de plana materia et sana doctrina.

Item commissum fuit visitatoribus, utrum sorores debeant immediate laborare, quando de mane surgunt, vel prius dicere matutinas.

Item quod sumptus solvantur de communi tempore visitacionis.

Item quod dominus prior in Bodeke sit presens in colloquio nostro. Et hoc impetratum fuit capituli sui per dominum Nicolaum [1] in Colonia et scriptum in registro ipsorum, quod consenserunt.

Item omnia diffinita et formam colloquii debent singuli fratres scilicet rectores habere secum in scriptis et quod diffinita teneantur. Quod si non factum* fuerit, quod tunc rector et subditi puniantur secundum diffinicionem colloquii et quod rectores sciant totum statum domus et quod subditi debite, humiliter, obedienter et virtuose instituantur, ut non commutetur color optimus et primus conversacionis nostre primitive, qui fuit optime institutus et custoditus.

Item non intromittamus nos de fornicatoribus monachis et monialibus et de hiis, que spectant ad prelatos.

Item quando convenimus maxime in presencia secularium, quod caveamus dissoluciones et detractiones et mutuo caveamus contenciones eciam de quacunque materia et quod non queramus nos ipsos set

----

*) Fol. 6.

[1]) Deuss von Alsfeld, Rektor des Hauses Weidenbach in Köln, vgl. Erhard, Gedächtnissbuch S. 91.

communem caritatem et simus dicibiles et hospitales et tempore locionis pedum caveatur dissolucio.

Item quando fit collacio sororibus, caveantur verba ‚sponsus' et ‚sponsa' et similia. Et in dominica et festis mittantur ad minus aliqui vel alique scilicet duo vel quatuor ad ecclesias parrochiales.

1434.   Anno domini MCCCCXXXIIII approbatum fuit in communi colloquio, quod confessores sororum deberent habere socium presbitrum vel ad minus clericum secum. Item quod domus presbiteri non deberet esse contigua domui sororum. Item quod unusquisque confessorum sororum deberet esse de aliqua domo clericorum, ut, si deponeretur, non haberet necesse evagari vel mendicare.

Item commissum fuit visitatoribus in Wesalia, ut viderent de domo sororum in Dynslaken, que eodem anno ob rogatum ducisse Clivensis[1] a venerabili patre domino priore in Northorne, domino Hinrico de Ahus, domino Nycolao[2] et domino Hermanno[3] fuerat incopta cum quatuor personis. Quibus dominus Arnoldus ibidem domum dedit, contulit et resignavit coram duobus scabinis et notario et testibus.

1435.   Anno domini MCCCCXXXV in communi colloquio propositum fuit, quod, si quis visitacionem sibi injunctam non faceret vel scripta visitatorum non[a] compleret vel alternaret vel subordinaret, sicut contingit in certis domibus, quibus penis subjacere deberet qui talia presumeret. Tales pene fuerunt dilate ad futurum colloquium.

Item diffinitum fuit, quod quicunque non posset venire ex necessaria causa, quod ille mitteret, si esset confessor sororum, socium suum cum littera excusacionis et pecuniam contribucionis. Si vero esset rector domus clericorum, quod tunc mittoret duos de domo sua cum littera excusacionis sue et pecunia contribucionis sue, alias subjaceret penis colloquio diffiniendis.

Item domus sororum ter Lippe[4] erat admissa, dummodo consulatus ibidem vellet sigillare litteram, cujus pater prior de Bodeke secum sumpsit copiam.

Item fuit diffinitum, quod, si dominus Arnoldus de Dynslaken nou vellet cum sororibus vivere in communi ibidem et curam earum gerere in temporalibus et spiritualibus et dimittere eis pecuniam debitam et reddere acceptam, sicut fuit intellectum tempore acceptacionis domus,

a) *Fol. 6'.*
[1] *Maria, Tochter des Herzogs Johann von Burgund.*   [2] *Vgl. S. 255 Note 1.*
[3] *Wernen von Godesberg, zweiter Rektor des Hauses Springborn in Münster,* vgl. *Erhard a. a. O.*   [4] *Lippstadt.*

quod tunc domus relinqueretur et rectrix cum sua socia revocaretur. Et dominus Arnoldus tunc presens approbavit consilia patrum et propria manu predicta confirmavit.

Item quod domus clericorum in Wesalia acceptatur, dummodo littera concepta per consulatum fuerit sigillata.

Anno domini MCCCCXXXVI multa de anno preterito, videlicet XXXV,   **1436.** manserunt indiscussa propter festinanciam domini prioris de Northorne, quia recedere voluit.

Item non fuit provisum de visitatoribus propter guerras, quamvis tamen visitatum fuit per dominum priorem et dominum Henricum[1].

Item propter absensiam domini prioris in Bodeke nichil fuit diffinitum de domo sororum in Lippia pro rectore et ceteris ibidem necessariis.

Anno domini MCCCCXXXVII sabbato[2] ante dominicam Cantate   **1437.** conclusum fuit, quod pater noster dominus prior in Bodeke habebit specialem respectum[a] ad domum sororum in Lippia et erit pro primo sollicitus, ut dominus Johannes Gheerdunck presit eis et sit confessor earum, et dominus Hinricus et fratres domus Fontissalientis solliciti erunt, ut concedatur supradicto domino Johanni presbiter, qui sit cum eo per mensem vel duos pro informacione et adjutorio.

Item pro domo sororum in Essendia[3] videbatur patribus, ut duo visitent caritativa visitacione et audiant et referant in futurum, quid faciendum sit, scilicet dominus Nycolaus[4] et dominus Arnoldus[5].

Item videtur patribus, ut semper duo de colloquio nostro pergant ad colloquium partium inferiorum, ut duo viceversa de colloquio eorum venirent ad colloquium nostrum, ut mutuo caritas servetur. Et ut specialiter nunc deputentur duo, quibus dicatur, ut in futuro anno pergant et sint ibidem feria sexta[6] ante Misericordias, quia tunc habent colloquium patres congregacionum inferiorum, et deputati sunt dominus Hermannus in Wesalia et dominus Conradus in Hervordia. Item videtur patribus, ut de cetero patres colloquii nostri sint in Monasterio feria quarta[7] post dominicam Jubilate et feria quinta[8] proxima habeant colloquium.

Item de jejuniis in adventu et post LXX[am][9] videtur patribus, quod faciamus sicut patres parcium inferiorum[b] et fratres.

Item videtur, quod non exigamus contribucionem a patribus religiosis propter conventum.

---

a) *Fol. 7.* b) *Nach* inferiorum *durchstrichen* sed de adventu disponat rector et post LXX am in secundis feriis sine carnibus.

1) *Heinrich von Ahaus.*   2) *April 27.*   3) *Essen.*   4) *Dense.*   5) *Prior von Bodeken.*   6) *1438 April 25.*   7) *Mai 7.*   8) *Mai 8.*   9) *9. Sonntag vor Ostern.*

Item, quod exhortentur fratres unusquisque in modo suo vivendi sive in religione sive extra, ut in proposito suo bono proficiant et perseverent et nulli modo vivendi detrahatur nec loco, ubi regulariter vivitur. Item videbatur, ut nullus patrum portet ex toto aut nigrum aut ex toto griseum.

1438. Anno domini MCCCCXXXVIII non convenimus ad colloquium propter certas causas animum patris nostri domini Hinrici[1] ad hoc moventes. Ideo etc.

1439. Anno[a] domini MCCCCXXXIX defuncto venerande memorie dilecto patre nostro domino Hinrico de Ahus[2] electus fuit in successorem ipsius dominus Hermannus de Weerne in dominica Cantate[3] presentibus venerabilibus patribus et approbantibus domino priore in Bodeke, procuratore Remberto de Northorn, domino Nycolao rectore domus clericorum in Colonia, domino Gherardo Reess rectore domus clericorum in Doesborch, domino Reynero in Borken, domino Johanne Visscher in Coesveldia, domino Hermanno in Schuttorp, domino Arnoldo in Dynslaken, domino Johanne Gherdynck[4], sororum confessoribus, necnon presentibus omnibus presbitris, clericis et laycis receptis in domo clericorum in Monasterio ac consencientibus deumque laudantibus et orantibus, ut spiritus bonus quiescat super eum tocius discipline et virtutis.

Accepto igitur et habito patre predicto pacifice et caritative inceptum fuit colloquium et in primis per omnes patres prescriptos conclusum, quod quilibet rector clericorum seu rectrix sororum singulis annis tempore visitacionis talem se exhibeat visitatoribus, ut, si saniori parti fratrum sive sororum una cum visitatoribus expediens videatur, quod onus suum seu officium alteri imponatur, extunc sine contradictione libenter cedat, consenciat et exoneratum se gaudeat, secundum quod omnes reformati religiosi facere habent.

Item fuit conclusum pro Hildenshem, quod mitterentur duo exploratores expensis colloquii, qui perspicerent cuncta diligenter et investigarent, si res concordaret cum fama, quam diu audivimus, quibus reversis patres viciniores una cum patre in Monasterio possent diffinire, quid expedire melius discernerent.

Item fuit conclusum pro Borken, quod nullo modo volunt patres, quod sorores maneant cum fratribus extra[b] civitatem in illo novo loco quem

---

a) Fol. 7'. b) Hdschr. ex.
1) von Ahaus. 2) † 1439, vgl. Erhard a. a. O. S. 91. 3) Mai 3. 4) in Lippstadt, vgl. S. 257.

emerunt, sed pocius reddatur locus illi, a quo emptus est. Sin autem, ponatur ibi aliquis colonus, qui sororibus annuatim det censum suum ad cavendas distracciones fratrum et sororum et scandala, que timentur posse evenire.

Item* fuit conclusum pro Wesalia, quod dominus Godfridus de Kempis sit ibi loco domini Hermanni tempore suo cessante pestilencia, qui eciam introducet eum de omnibus informando et amicis ipsum recommendando.

Anno domini MCCCCXL fuit conclusum in colloquio, quod, quia 1440. dominus misericorditer pepercit fratribus domorum nostrarum in Monasterio et Colonia, idcirco ad augmentandum gloriam nominis sui diligencius juvaremus pro nova congregacione in Hildenshem, et sic fuerunt missi ad hoc incipiendum dilecti fratres nostri dominus Bernardus[1] et d[ominus] Reynerus[2] cum aliis clericis, quibus eciam de communi consensu patrum colloquii dedimus pecunias a nobis pro colloquio diu collectas, videlicet XX florenos Renenses et residuum, scilicet quinque pro expensis nostris ad coquinam in Monasterio.

Item de Volcmersen[3] fuit conclusum pro domo sororum incipienda, quod, quando pater prior de Bodeke demandaverit et paratus fuerit, quod tunc mittantur sibi tres vel quatuor sorores de Borken, de consilio domini Hermanni[4], domini Johannis Visscher et domini Alberti.

Item de Essendia fuit conclusum et de Kalker, pro qua dominus Theodericus de Herxem rogavit, quod dominus Nycolaus disponat eis confessores d[ominum] Alhardum et d[ominum] Dytmarum ceteris paribus et dispositis etc.

Item conclusum fuit, quod de litteris[b], quas dominus Bernardus[5] portavit, omnino taceamus, donec videamus finem negocii ecclesie cum papa et consilio.

Item fuit conclusum, quod in casibus juris, maxime de interdicto servando stemus consiliis jurisperitorum et quod non utamur graciis nostris largius quam ipsi nobis declaraverint.

Anno domini MCCCCXLI feria quarta[6] ante dominicam Cantate 1441. conclusum fuit, quod pater noster dominus prior in Bodeke sollicite respiciat, ut major fiat custodia in Lippia apud sorores ad vitandum

---

a) *Fol. 8.* b) *Hierzu später am Rande bemerkt* privilegiis a curia Romana, que nunc sunt acceptata.
[1] *von Büderich, der erste Rektor des Lüchtenhofes.* [2] rubricator, *vgl. S. 1.*
[3] *Volkmarsen, Regbez. Wiesbaden.* [4] *Wernen.* [5] *von Büderich.* [6] *Mai 10.*

17*

pericula et diffamiam, quia domus presbitri satis contigua est domui sororum et janue aperte alterius ad alterum etc.

Item in Borken non acquiescunt visitatoribus. Ordinetur aliter vel committantur civitati et curato et non intromittamus nos de illis, si nolunt nos audire.

Item, si possemus impetrare ab ordinario pro omnibus in dyocesi Monasteriensi, quod non indigeremus ire dominicis diebus ad ecclesiam parrochialem.

Item tempore interdicti simus cauti propter conscienciam et legamus submissius in capella oraciones nostras et divinum officium.

Item videtur patribus, ut in Monasterio habeatur secunda domus clericorum, prout dominus Johannes Rossmit [1] ordinavit in testamento et ultima voluntate sua, ut patet.

1442.   Anno domini MCCCCXLII concordatum fuit in colloquio nostro, quod post LXX[am][2] faciamus sicut alii patres, scilicet quod his ministretur refectio fratribus in die et in adventu tribus diebus, scilicet tercia, quinta et sabbato fiat[a] gracia, aliis diebus jejunent[b].

Item scripta colloquii corrigantur et redigantur in pauca et quod quivis tunc habeat et eciam consuetudines.

Item de septem psalmis legendis potest qui voluerit ex gracia non ex debito, et de jejuniis in sexta feria et de butiro comedendo committitur rectori domus pro tempore et loco.

Item videtur patribus, quod habeatur secunda domus clericorum in Monasterio[3] et faciant fratres diligenciam ad attrahendum clericos.

Item, quod quilibet confessor sciat et habeat in scriptis casus papales et episcopales et sciat privilegia sua, ne incaute quis agat.

Item videtur patribus, quod Bertoldus concedatur sororibus in Coesfeldia.

Item in ordinacione clericorum solum requirantur sacerdotes, dummodo tres[c] vel quatuor fuerint sacerdotes in eadem congregacione presentes.

Item layci de cetero acceptandi non habeant vocem uisi vocati vel rogati in negociis domorum et hoc predicatur eis tempore recepcionis eorum.

Item patribus placet, quod Johanni Clyvis[4] committatur cura domus in Wesalia.

a) *an Stelle des durchstrichenen* eciam bis reficiantur.   b) *Nach* jejunent *durchstrichen* uisi rectori aliter videretur.   c) *Fol. 9.*
[1]) *der Mitarbeiter Heinrichs von Ahaus, vgl. L. Schulze, Realenc. 3. A. S. 267.*
[2]) *9. Sonntag vor Ostern.*   [3]) *Vgl. Note 1.*   [4]) *Vgl. Erhard a. a. O. S. 110.*

Item placet patribus, quod dominus Conradus[1] incipiat domum sororum in Hervordia.

Item omnibus computatis post colloquium nostrum manserunt VII floreni Renenses pro communi usu colloquii nostri.

Anno domini MCCCCXLIII concordatum fuit in colloquio nostro, quod **1443.** unusquisque nitatur tempestive venire ad colloquium et nemo sine magna necessitate se absentet, et tunc scribat excusacionem suam petendo licenciam, mittendo eciam simul et retribucionem consuetam.

Item, quod unusquisque habeat ordinata per patres et eciam consuetudines domus sub pena trium abstinenciarum in pane et aqua.

Item conclusum fuit a patribus, quod commune colloquium servari debeat in loco attenus servato et quod nemo propter privatam causam proponat de mutacione loci pro colloquio, nisi notabilis causa ibidem servari vitaret, et tunc in arbitrio et disposicione rectoris domus clericorum in Monasterio cum fratribus suis erit providere de convenienciori loco.

Item conclusum fuit, quod domus in Xerstede[2] in Saxonia taliter, ut narrabatur, accepta non perficiatur. Si contra fecerint, quicquid eis inde evenerit imputabitur eis. Et quod scribatur domino Johanni Loef[3] et matri in Eeldassen, quod non intromittant se de tali domo.

Item conclusum fuit, quod due sorores carnales nec mater cum filia faciliter recipiantur in una domo nisi de communi consensu colloquii et visitatorum.

Anno[a] domini MCCCCXLIIII propter absenciam domini prioris de **1444.** Northorne et domini Nicolai[4] multa permanserunt indiscussa. Conclusum tamen fuit, quod unusquisque sobrie utatur privilegiis suis et non nimis large.

Item videbatur patribus universis, quod dominus Nycolaus concederet amore dei domino Bernardo in Hildenshem fratrem suum Hinricum Huls[5].

Item nichil fuit diffinitum de domo sororum in Grollo[6] et pro rectore et ceteris ibidem necessariis.

Item conclusum fuit, quod, quicumque de cetero non exposuerit contribucionem ad continuandum commune colloquium, non bibat vinum, nisi prius solvat.[b]

---

a) Fol. 9'. b) Die auf dem Fol. 9' untere Hälfte eingeklebten Blatte folgende Niederschrift Item — denunciata von 1486 siehe später unter jenem Jahre.
[1] Westerwolt. [2] Sarstedt, Stadt, Regbez. Hildesheim. [3] Pater und Beichtvater des Schwesternhauses zu Eldagsen, vgl. S. 36 und Register. [4] Denss. [5] Vgl. Register. [6] Groll, Kotten, Kreis Hagen, Regbez. Arnsberg.

Item de communi consensu patrum dedimus domino Bernardo in
Hildenshem X florenos Reuenses et singulis complanatis habemus adhuc
septem florenos Renenses pro colloquio.

Ab* anno d[omini] MCCCCXLIX usque ad LVIII exclusive non
fuerunt servata colloquia aliqua propter dissensiones et tribulaciones
civitatis Monasterii.

1458.   Anno supradicto LVIII dominica Cantate [1] fuit innovatum colloquium
presentibus ibidem venerabilibus patribus prioribus monasteriorum regularium in Northorne et Bodeke rectoribusque domorum clericorum, sororum
Monasteriensis, Coloniensis, Wesaliensis, Borken, Kostvel, Schuttorp, Hervorde,
Hildensem, Eldagessen.

In quo conclusum est, quod, licet permittatur usus pileorum tempore
pluviarum, caumatis aut frigoris vel aliis etc. ad dictamen rectoris, tamen
omnino caveri debet curiositas etc.

Item prohibebantur deferri birreta et sandalia iu communitate fratrum
dempta dispensacione racionabili.

Item, quod singulis annis fiant visitaciones domorum sub expensis
domorum visitatarum.

Item, quod in eleccionibus rectorum rector Monasteriensis per se aut
alium adesse debeat sub expensis electorum. Domus[b] nostra non sic
facere consuevit neque umquam fecit.

Item confessores sororum non admittuntur ad tractatus de necessitate.

1459.   Anno domini MCCCCLIX feria II[a2] post dominicam Jubilate ibi fuit
discussus modus, quid darent sorores confessoribus singulis annis, qui
ob senium quiescerent aut ad instanciam sororum aut alia practica
deponerentur.

Item placuit notare, que essent puncta ardua, propter que vocandi
essent fratres aut sorores.

Item placuit, ut visitatores non essent faciles et precipites set maturi
et discreti in deposicione rectorum, et, si fieri posset, quod pocius differrent et causas ad colloquium posterius deferrent, ubi plena fiat determinacio.

Item[c] pro ordinandis ad sacros ordines placuit, quod faciant caucionem auctoritate publica et legitima, quod maneant circa communem
vitam et institucionem domus, nisi cum consilio et scitu et consensu

---

rectorum et fratrum suorum intrent ordinem de observancia sub hac condicione, si ibi non fuerit professus, quod redeat ad domum.

Item, quod nemo jam actu positus vel in futurum ponendus de domibus nostri colloquii ad[a] sorores debeat deponi vel remitti nisi in presencia et de consensu rectoris sui ad hoc vocati, nisi subesset enorme peccatum et evidens scandalum.

Item nemo deinceps concedatur ad aliquem locum, ubi rector suus non deberet esse visitator vel de ejus consensu alius de colloquio.

Item placuit de consulto doctorum concipere certam formam absolucionis in futuro colloquio proponendam et deliberandam.

Item[b], quod omnia puncta in colloquiis signata deferantur et ostendantur fratribus et discussione facta per rectores referantur ad futurum colloquium reicienda vel admittenda. Idem fiat cum sororibus.

Item commissum fuit domino Brunoni[1] scribere efficaciter omnibus et singulis domibus virorum ac mulierum colloquii nostri, ut superiores veniant cum pleno consensu suppositorum suorum. Non[c] consenserunt nostri. Set[d] secundum punctum immediate precedentem[e] — ibi Nota — puncta signata in colloquiis deferantur et ostendantur fratribus.

Anno[f] d[omini] MCCCCLXV feria[g] 6[a 2] post dominicam Jubilate **1465.** concordatum fuit, ut rectores domorum, quando congruentius valerent, convenire deberent ad tractandum de statutis et consuetudinibus concordandis vel meliorandis, et quod in unum redigi debeant dicta colloquiorum. Non[h] invenitur factum.

Item placuit omnibus, ut rectores de cetero diligentius ad colloquium nostrum conveniant nec de facili excusacionem pretendant, et quod supposita membra ad hoc inducantur, ut non impediant propter ampliorem caritatem nutriendam et servandam.

Anno sequenti LXVI tempore eodem fuerunt puncta predicta in suo **1466.** robore servata. Et domus clericorum in Rostok tamquam immediate filia domus Fontissalientis colloquio nostro incorporata fuit.

Item placuit annuere instanciis et peticionibus pro inchoacione domus nove in Alen[3], ita tamen, ut dominus Bruno cum certis assumendis videat

---

a) ad sorores *Zusatz am Rande.* b) *Zu diesem Punkte am Rande bemerkt* Nota. c) Non *bis* nostri *Zusatz Dieppurchs.* d) Set *bis* fratribus *desgl.* e) *Hdschr.* precedente. f) *Fol. 11.* g) feria 6 a *über der Zeile nachgetragen.* h) Non *bis* factum *Zusatz Dieppurchs.*

1) *Bruno Dyrken von Wesel, dritter Pater des Fraterhauses zu Münster, vgl. Erhard a. a. O. S. 92.* 2) *Mai 10.* 3) *Ahlen, Regbez. Münster.*

et experiatur, an cuncta oblata realem consequi possint effectum. Quo facto detur opera ad perficiendum.

Item ut, sicut ante biennium propositum fuerat et proxime servatum, quod deinceps compareant feria II post Jubilate et feria 6ᵃ, incipiatur. Item nomina defunctorum VIII etc.

1469.   Itemᵃ anno d[omini] MCCCCLXIX feria VIᵃ¹ post Jubilate radicatum est, quod actum est in erectione ecclesie parrochialis in Butzbach Moguntinensis dyocesis in collegialem ecclesiam de vita communi et acceptata est ad colloquium et eidem incorporata sicut alie domus in Ringavia² et Koningsteyn.

Item motum fuit expedire, quod remedium apponeretur, ne reeligerentur de domo ad domum, et conclusum, quod semper domus quecunque reeligere potest suum suppositum.

Item de renovanda domo scolarium in Monasterio, ad quam manutenondam dantur redditus dati et suppellectilia.

Item ad instanciam prioris in Bodeke et sororum in Uuna recepta est domus sororum in Unna ad colloquium more antiquo, quamdiu submisse et dicibiles sunt, et subvenietur eis de confessore, quantum possumus.

Item placuit, quod absentes de cetero duplicem faciant contribucionem, nisi racionabilem assignaverint causam pro usu colloquii. Absentes fuerunt rectores de Hildensem, Cassel, Rostok, de Valle Marie in Ryngavia et Koninksteyn etc. Setᵇ non placuit hoc nostris set nec tentum est.

1470.   Anno domini MCCCCLXX incorporata est domus sororum in Alen colloquio more antiquo, s[cilicet] quamdiu sunt submisse et dicibiles, ut provideatur eis de confessore, quem hactenus non habuerunt. Similiter et domus sororum in Buderik.

Ubiᶜ conclusum est, ut prius conclusa redigantur in compendium per rectorem domus Coloniensis in futuro colloquio examinanda. Item conclusum et promissum fuit, de cetero fieri visitaciones infra hunc annum. Item motum fuit expedire, ut fieret generalis unio omnium de colloquio nostro. Item de revocacione fratrum in Dynslake et alterius in Lubike. Itemᵈ contribuciones absentum emonende sunt per rectorem domus in Wydenbach in usum colloquii, nisi subesset racionabilis causa absentum.

ᵃ) Fol. 10ᵃ', irrthümlich 9 foliirt. ᵇ) Set bis tentum est Zusatz. ᶜ) Hierzu unten bemerkt: Nec hoc anno invenitur factum. ᵈ) Fol. 10ᵃ'. Am Rande zu diesem Beschlusse bemerkt Infectum mansit.

¹) April 28. ²) Marienthal im Rheingau.

Item conclusum, quod non esset repugnancia, quod non exigimus votum et nichilominus caucionem habeamus per modum instrumenti sub stipulacione manus etc. Eciam quamdiu non habuimus aliquam potestativam superioritatem nobis concessam, utcumque obici possit, qua jam habita cessant objecta, dummodo non fiat more religiosorum.

Item conclusum, quod in proximo futuro colloquio conveniant patres sabbato ante dominicam Jubilate ad vesperas.

Absentes fuerunt multi etc.

Anno domini MCCCCLXX XIX die mensis Maji matura deliberacione 1470. prehabita de et super generali quadam unione omnium congregacionum colloquii Fontissalientis Monasterii omnes et singuli rectores earundem pro tunc presentes consenserunt in dictam unionem faciendam pro se et domibus suis, quantum in eis fuit, et subscripserunt et firmaverunt, subjectos esse velle et stare dictamini et diffinicionibus generalis capituli per unionem istam instituendam secundum tenorem privilegiorum Fontissaliensium dudum obtentorum ac fideles sese exhibere interponendo partes suas pro hujusmodi unionis impetracione et manutencione ad honorem dei et utilis nostri profectus augmentum. Infecta[a] permansit non obstantibus supradictis.

Et ego Lambertus rector domus fratrum in Hildensem consencio in prescriptam generalem unionem faciendam et impetrandam pro me et domo mea, quantum in me est, et promitto me velle esse subjectum et stare dictamini et diffinicionibus generalis capituli modo prescripto instituendi teste hac scriptura manu me propria. Reclamatum[b] est et revocatum constanter ac strictissime, eciam si additum non fuisset ,Quantum in me est'. Mansit infecta illa unio.

Itaque[c] consensu omnium habito de unione facienda per extensionem privilegiorum apostolicorum ad eos, quibus nondum previsum fuit, accedentibus manibus adjutricibus[d]. Placuit eciam determinare, quod facta ista unione ad representandum capitulum generale assumantur rector sive prepositus collegii Fontissalientis cum quatuor de domesticis suis fratribus ad hoc specialiter electi, deinde vero rectores sive prepositi singularum domorum unusquisque cum fratre sibi per conventum suum deputato. Quod si habere non posset, saltem litteram testimonialem secum ferat, quod sui conventus in eo plena consistat auctoritas. In quo quidem capitulo determinabuntur, quonam in loco sequenti anno capitulum generale

---

a) Infecta bis supradictis Zusatz Dieppurchs. b) Reclamatum bis unio Zusatz von Dieppurchs Hand. c) Fol. 12; 10 und 11 übersprungen. d) sic.

fuerit celebrandum. Omnia* habent nichil ad domum nostram, quia noluit esse in unione illa.

Item placuit concipere statuta et ordinaciones, presertim que essencialia nostri status ac privilegiorum concernunt, capitulo generali offerenda.

1471. Anno d[omini] MCCCCLXXI ipsa dominica Jubilate[1] presentibus, quorum interesse solet, placuit, quod in quolibet colloquio rector domus Monasteriensis cum duobus aliis, quos ad se receperit, debeat ordinare visitatores pro singulis domibus nec quisquam recedat, nisi prius sciat suos visitatores. Domus[b] Hildensemensis habet et habuit visitatores suos determinatos auctoritate ordinaria.

Item claves de domibus non tradantur forensibus. Et quod, qui habent claves de domo sine licencia, non creant sub pena privacionis claris.

Item de pace domorum placuit, quod tractanda cum fratribus non fiant cum auctoritate superiorum.

Item[c], quod non permittantur sorores addiscere cantum vel Latinum.

Item quia obiit in die Quirini[2] venerabilis pater dominus Fredericus[3] rector Fontissalientis, placuit, ut eidem subrogando committatur, ut instituere debeat novam domum scolarium.

Item placuit, ut ad longius sabbato ante Jubilate sint patres in Monasterio pro colloquio.

Item absentes fuerunt etc.

1473.   Anno[d] d[omini] etc. LXXIII facta est unio patrum, domorum, personarum et rerum Monasteriensis, Coloniensis, Wesaliensis, Hervordensis, Rosticensis, Cassellensis, Butzbachensis, Ringavia et Koniksteyn. Mansit[e] infecta et fuit annullata.

Fiat deinceps convencio patrum ad colloquium sabbato ante Jubilate ad tres annos continuos.

In civitatibus, ubi sunt domus fratrum vel sororum, aut alias non pernoctetur quis in domibus secularium nisi de licencia ibidem rectoris et significacione necessitatis.

1476.   Anno[f] MCCCCLXXVI concessum fuit a patribus usque ad revocacionem eorundem pro domibus Hildensemensi et Cassilensi, quod patres

---

a) Omnia *bis* illa *Zusatz Dieppurchs.* **b)** Domus *bis* ordinaria *desgl.*
c) *Fol. 12'.* **d)** *Fol. 13, jedoch durch* De *anno* LXXIII *ibi und Hand hierher verwiesen.* **e)** Mansit *bis* annullata *Zusatz.* **f)** *Fol. 13.*
1) *Mai 5.* **2)** *April 30.* **3)** de Mera de Trajecto Inferiori *vgl. Erhard a. a. O. S. 93.*

earundem alternatis annis veniant ad colloquium propter prolixitatem vie et carenciam vecture salva contribucione mittenda[a].

Institutum[b] est, ut annis singulis mittatur ad fiscum publicum per unamquamque domum fratrum et sororum unus scoterus Anglicus id est . . .[c] et erunt cum contribucionibus absentium sub respectu patrum Monasteriensis et Coloniensis in usum publicum, si forte fuerint faciende alique expense pro omnibus vel singulis domibus, quemadmodum jam occurrit de nova domo in Marcborch instituenda. Cujus exploracio commissa fuit patri Monasteriensi et ut acceptaret eam pro domo et fratribus suis.

Confessores monialium et sororum de colloquio nostro annuatim veniant cum patribus suis ad colloquium.

Absentes sine legitima et literatoria licencia et missa contribucione plectantur carencia debiti fraternitatis, si illo anno defuncti fuerint.

Non mittentes contribucionem sequenti anno duplum solvant[d].

Profugi fratres, qui extra legitimam licenciam vagantur, non colligantur ad hospicium, donec constet de eorum recepcione et reconciliacione[e].

Anno[f] d[omini] MCCCCLXXVII fuerunt ibi patres de Daventria et **1477.** Swollis et presentate fuerunt littera et supplicacio, in quibus continebatur, quare domus nostra non esset reputanda talis filia domus Monasteriensis quemadmodum domus Coloniensis aut Wesaliensis et idcirco non possent cogi nostri ad intrandam illam unionem, eciam non obstante, quod senior dominus Lambertus subscripserit contra voluntatem suorum, quamquam addidit : ‚Quantum in me est‘. Supplicacio autem continebat, quod essent contenti nec in sinistram partem nobis interpretarentur, si non omni anno set in 2° anno, si consensus fratrum annueret, in 3° autem veniret et tunc contribueret ½ florenum et sufficeret, quod intimaret fratribus.

Nota[g]. Hoc modo sequenti domus nostra in Hildensem se habuit et habet erga colloquia patrum Monasterii missa ad eos supplicacione rogantes, ut salva caritate sic annuerent, eo quod nullam auctoritatem [a]liam[h] nisi caritatis habeant super domum nostram, anno domini MCCCCLXXVII. Cujus sensus est talis, s[cilicet] quod senior noster pro tempore adminus semel in triennio vadat ad colloquium Monasteriense vel

---

a) *Hierzu am Rande* Non consensimus sub hac forma *und nach* mittenda: Non nos consensimus. b) *Zusatz am Rande:* Non consensimus. Mansit infectum. c) *Raum leergelassen.* d) *Hierzu bemerkt* Non consensimus. e) *Zusatz:* Utinam hoc servatum fuisset pristinis diebus. f) *Fol. 13'. Hier setzt Dieppurchs Hand ein* g) *Nota bis* ubi eas queras *auf Fol. 12'.* h) [a]liam nisi caritatis *am Rande.*

Swollense veniensque dumtaxat tunc consuetam contribucionem contribuat et hanc suam profectionem insinuasse fratribus sufficiat. Quod si pluries ire in isto triennio racio coegerit, de consensu fratrum, adminus sacerdotum* suorum fiat. Item diffiniciones patrum colloquii, cum nobis relate fuerint, sic acceptamus, quasi ad probandum nobis proposite sint, si in eas consentire velimus.

Quere in alio libro de annalibus gestorum domus nostre, ubi latius determinatur. Quere in ordine temporum anni s[cilicet] MCCCCLXXVII folio C 8 [1]. Litteras illas excusatorias de unione predicta respice ibi folio C 8, ibi inveniens, ubi eas queras.

1478.   Anno[b] etc. LXXVIII misimus litteram ad dominum Johannem Veghe, an placeret nobiscum impetrare in curia de supportacione religiosorum etc. et quod clerici legerent horas de domina et VI pater noster etc. Super quibus non consenserunt etc., eo quod de capitulo censerentur . . . [c]. Similiter mansit infectum, licet temptatum fuisset in curia Romana, propter preciositatem.

1479.   Anno etc. LXXIX iterum fuerunt in colloquio patres Egbertus de Daventria et Albertus de Zwollis. Et quia senior noster pre infirmitate pergere non potuit ad colloquium et quia tertius annus fuit, in quo omnino se presentare debuit, misit illac pro se cum contribucione duos sacerdotes, s[cilicet] Albertum et Jo[annem] Bocoldie. Ubi dicebatur, si non posset venire senior in 2⁰ anno, tamen adminus semper veniret in 3⁰ aut aliquem vel aliquos pro se mitteret. Quod omnino consensimus, ymmo hoc supplicabamus prius, desiderabant autem, ut utiquam aliquando veniremus et ut omnia essent sopita. Egre tamen tulerunt, nos esse ejusdem sensus, et libentius vidissent et pro hoc laborabant, ut omni anno veniremus, quamquam nichil proficerent nostris fideliter contra agentibus.

Item dicebatur, quod patres sororum non intrarent domos sororum nisi propter edificare et quod nec officialis nec episcopus dispensare in hoc posset dempta necessitate administrandi sacramenta et in necessitate simili etc.

Copiam littere excusatorie, quando senior, cum 3[us] annus esset, in quo ut arbitratum fuit per ipsum et suos, ut adminus venire deberet, et

---

*) sacerdotum am Rande an Stelle des im Texte getilgten capitularium.
b) Fol. 13'. Anno bis preciositatem durchstrichen, am Rande Vacat. c) Nach censerentur ein Wort durchstrichen.

¹) Leider beginnt die zweite Foliirung der Annalen erst mit C 9.

tamen non venit in propria persona, quere folio C 8 [1] in alio libro de annalibus domus cum parva admonicione memoriali.

Anno [a] d[omini] etc. LXXXI venit ad nos dominus Johannes pater 1481. Cassellensis feria III [a] [2] post dominicam Cantate de colloquio Monasteriensi, in quo, ut dixit, nil specialiter motum fuit, maxime habebant tractare de patribus sororum. Cumque mencio facta fuisset de patre in Hildensem etc., ait quidam ‚Abcidatur‘. Dominus autem Johannes Veghe pater in Monasterio, qui et finito colloquio ibidem adhuc existentibus patribus resignavit, cui substitutus fuit procurator Thymandus [b], respondit, patrem in Hildensem venturum in 3° anno. Hoc ipsum similiter dicendum commisi domino Johanni patri de Cassel. Ibidem eciam denunciabatur mors domini Lamberti per patrem de Cassel. Qui dimissorio recepto et termino certo prefixo, in quo rediret et obedienciam ut alii fratres faceret aut alium prelatum eligeret, sub quo caste, concorditer et obedienter staret etc., nullum horum fecit. Ipse fuit tercius pater [3] domus nostre in Hildensem, cui presedit XIII annis, cujus probitatis inicio ante prelaturam et ad tempus in prelatura simile vix aut non experti fuimus. Causa autem dimissorii ejus fuit, quia noluit prestare obedienciam electo suo successori secundum privilegia et statuta domus. Fuit autem bonorum morum et bone consciencie vir in se set minus zelosus pro aliis et pro disciplina.

Anno d[omini] LXXXII misimus ad colloquium Monasteriense fratrem 1482. nostrum Johannem Wesalie, eo quod tercius fuit annus, in quo ire habuit senior in propria persona, si non [c] senectute pregravatus et aliis prevaluisset. Eo tempore tanta discordia fuit inter civitatem et episcopum Hildensemensem, quod opinio fratrum fuit, ut hoc eciam anno quamquam tercio ueminem illac mitteremus [d], set quia seniori hoc consilium nichil placuit, sciens pro vero, quod hanc excusacionem non recepissent ut racionalem, decrevit omnino et egit, ut mitteretur predictus frater. Quem et ad colloquium admisissent, si aliquid intimare patribus in commisso habuisset, nichil enim ei commisi nisi ut compareret et litteram excusacionis mee presentaret patri Monasteriensi. Quam libenter acceptans benignissime rescripsit, nullam mencionem faciens‚ omni anno veniendi, set tantum, ut caritatem mutuam servemus. Insuper addidit, excusacionem meam fore racionalem nec ibi mihi foret necesse laborandum. Inprecabatur eciam

---

[a] *Fol. 15.* [b] *sic.* *Tymann Brabandes von Koesfeld, vgl. Erhard a. a. O. S. 94.* [c] *non Zusatz am Rande.* [d] *an Stelle des ursprünglichen* misissemus.
[1] *Fehlt in der Hdschr., vgl. S. 208 Note 1.* [2] *Mai 22.* [3] *Vgl. S. 88—90.*

nobis deprecatorie ad dominum, bona super domo inchoata in civitate Magdeborch etc. omnia fuerunt ad votum. Benedictus dominus. Pater Thymannus successor domini Johannis Veghe scripsit.

Feria[a] 4[a 1] post Bartholomei per singulorum voces conclusum est sub forma illo tempore concepta in illa estate recipere deinceps laycos singulariter nec cum aliqua solempnitate nec exigere obedienciam anno LXXXII et sub illa forma recipere Evard. Et quod faciant resignacionem coram notario vel dent cyrographum. Concepta autem fuit hec forma et 3[b] colloquio conclusa, quod factum fuit illo anno in die Anne[2] matris Marie, ubi eciam conclusum fuit de statutis ab episcopo impetrandis. id factum est. Item, ut nemo presbitrorum tempore divinorum cum teristro intret ecclesiam, maxime chorum, hoc admissum fuit, similiter ad mensam. ut vitarent quantum possent, bis diffinitum est.

Proponantur eciam hec clericis ad colloquium admittendis.

Quia de corpore colloquio sunt in sacris constituti, deliberetur, an ordinandi ad sacros ordines prius jurent aut promittant bona fide prestiti juramenti laborare pro conservacione domus in temporalibus et spiritualibus, stare eciam in dissensionibus diffinicioni colloquio. Item servare secreta colloquio domus nostre nec umquam revelare, eciam si eos recedere contingeret.

1483.   Feria 3[a 3] post Misericordiam anno LXXXIII proposuimus senior, Hinsberg, Gerhardus, Gobelinus presente domino Johanne patre Cassellensi et predicta placuerunt omnibus per voces, ut illa instituerentur et non esset necessaria 3[a] recepcio. Item predicta possent proponi eciam ad colloquium admittendis.

A patre de Cass[el], an teneant pro Derico et Alberto mortuo et si confederacione illa[b] legant in colloquio et cum laycis utsupra et cum ordinandis utsupra et cum statutis ab episcopo noviter impetratis. Post mortem patris domini Johannis circa Bernwardi deposicionem[4] scripserunt nobis fratres de Cassel proprio motivo, velle continuare et stare in illa confraternitatis confederacione, anno LXXXIII.

1482.   Item anno LXXXII feria IIII[5] post Bartholomei in die sancti Augustini per voces singulorum admissum fuit, ut reciperetur Evard

---

parve stature satis sub forma recepcionis laycorum hac, vide ibi [1], non
ut obstante permaneret in habitu laycali capucio non collotenus induto.
Et sic factum est.

Anno LXXXVI in colloquio mensis Novembris motum fuit et omnibus   1486.
placuit, quod fratres domus nostre, qui apud sorores resident et non
tenent illa puncta pro se scripta sive sua statuta, carcant in et post
mortem debito fraternitatis in domo nostra neque recognoscere eos pro
fratribus nostris eciam in vita eorum.

Item similiter motum fuit et omnibus placuit, quod duo clavigeri
amodo deficientibus modernis duobus non sumantur secundum ordinem
illum, quo ad domum venerunt, set isti censeantur in gradu proximiori,
qui judicio senioris et duorum aut trium fratrum a colloquio ad hoc
deputatorum fuerint electi.

Anno LXXXVI dominica [2] post Omnium sanctorum convocati Hinsberg, Gerhardus Goch, Ger[hardus] Arnoldi, Gerhardus Dorsten, Hinricus
Stralen cum seniore hoc ipsum per voces firmaverunt, quando illa summa
ferenda fuit ad Brunswik pro censu annuali.

Nota [a]. Domino Eghardo preposito de Wenden majoris ecclesie   1487.
. . . . [b] a[nno L]XXVII cum consensu colloquii dedimus clavem ad domum
nostram, sic quod nemini alii eam tradat et repeciatur in morte ipsius.

Similiter [c] et viceversa senior fratribus suis fidelitatem illam, quam
promisit in [d] electione sua fratribus suis, fideliter conservare nitatur, quam
matura deliberacione in colloquiis et cum consilio visitatorum sic inter-
pretandam et diffiniendam, primo quo ad spiritualia sic, quod primevam
domus institucionem in sta[tutis] sive consuetudinibus custodiat, conservet
pro posse suo in . . ., et si que aliunde ordinacione quasi aut diffinicione
vel statuta superaddere vel inducere utile foret in volante prius fratribus
proponantur et in volante [e]. . . . . .

Anno LXXXIII consuluit nobis dominus Egbertus pater Daventriensis   1483.
mittere ad colloquium Monasteriense, eo quod illo anno majus ibi futurum
colloquium propter domum novam in Berlicum in Frisia, quamquam ipse
morte preventus non venerit, et misimus Gobelinum et Gotwinum et
placuit negocium set et institucionis privilegium. Et ut non omitteremus

---

a) Fol. [14 a'.] b) Das Folgende bis L] unsicher, da ein Theil der Schrift
mit dem oberen Rande abgeschnitten ist. c) Die folgenden neun Zeilen sind durchstrichen und nicht durchweg sicher zu entziffern. d) Vor in durchstrichen illis.
e) Es folgen elf dick durchstrichene Zeilen.
[1]) Das in der Hdschr. folgende Zeichen findet sich nicht bei dem Texte in
der Annalenhandschrift (vgl. S. 102). [2]) Nov. 5.

exequi, alias suadere vellent ad colligendas personas ad manutenendum etc. Scripsit seniori hec et in fine subjunxit sobrie, so proposuisse patribus, ut seniorem Hildensemensem sufficeret venire ad colloquium semel in triennio, ita tamen, ut per hoc caritas non tepesceret. Ad quod quia contenti sunt, scripsit seniori.

Item* ibidem admoniti fuerunt nostri, diffinitum esse quondam neminem acceptare debere novam domum nisi cum consilio colloquii, ad quod nostri tacuerunt, quia* super hoc nil previsi aut preavizati fuerant. Qui tamen bene respondere potuissent, multa diffinita esse, que non tenentur, set neque domus nostra* ullas acceptat diffiniciones, nisi nobis prius proponantur, si in eas consentire velimus, hancque diffinicionem sic eciam posse intelligi debere sicut et alias quasdam. Non debere acceptari novam domum absque colloquii consensu, id est ad quam domum patres colloquii gravari deberent contribucione pecunie, suppellectilium, librorum etc. aut personarum. Item sufficere eciam, quod acceptata aliqua domo tempore oportuno denuncietur patri Monasteriensi vel colloquio. Item cum ad colloquium quondam scripsissemus supplicacionem de veniendo semel in triennio ad colloquium, addidimus, quod diffiniciones patrum sic acceptemus quasi nobis propositas, si in eas consentire velimus. Super quo dominus Jo[annes] Vege eo tempore pater sic inter infausta sua aliqua scripta scripsit: ,Certe nemo est qui invitos cogat, nemo qui nolentibus quicquam talium imponat'. Require in libro annalium folio C 8 ¹.

Item scientes patres, nos non inire velle unionem, non advocatis nostris iterum inter se unionem reinchoare ceperunt eodem tempore. Dabatur tamen nostris extra sigillum colloquii intelligere, conceptam et reassumptam unionem secundum formam priorem licet modicum mitigatam, ut eo facilius alliceret.

Cujus unionis hec breviter fuit summa:

§ [1.] Primo, quod hec unio fieret ad instar unionis Monasteriensis, Coloniensis et Wesaliensis. Et certe quantum egimus, ne in illa unione trium domorum predictarum esse vel communicari putaremur, invenies in libro annalium foliis circiter C 8 ¹ etc., quanto minus illam novam intraremus.

§ [2.] Secundo: Fiat generale capitulum modi et forme privilegii Eugenii etc.

---

*) Fol. 15'. ᵇ) quia bis fuerant am Rande. ᶜ) Nach nostra durchstrichen collegiata.

¹) Fehlt in der Hdschr., vgl. S. 268 Anm. 1.

Correlarium: De hoc capitulo existentes nemo decetero poterit fundare aliquam domum fratrum, sicut hactenus in aliqua cathedrali civitate vel famosa et magna, quia ibi communiter collegiati, timentes se per illos reformari aut denigrari, nullomodo eos admitterent. Expertum est. Correlarium 2 dum. Admittendi erunt in parvis oppidis vel in ecclesiis extra oppida desolatis reformaturi et instauraturi collapsa et abjecta vel in oppidis parvis erigere ecclesias collegiatas, ubi utrobique magnus erit labor vel vexosa adversitas et in scolaribus attrahendis per collaciones nulla oportunitas, in recipiendis autem hospitibus vagis, violentis et ingratis infausta et inevitabilis necessitas.

§ [3.] Tercio*, quod universale capitulum celebrabitur de triennio in triennium, unum in Alemania superiori et aliud in bassiori salvis provincialibus capitulis, in quibus tamen nichil diffiniatur in prejudicium generalis.

Correlarium: Ad nichil vel quasi ad nichil proderunt provincialia capitula nisi ad videre et audire et tempus et pecuniam consumere.

Correlarium 2 um: Nichil in eisdem erit diffiniendum, set omnia proponenda capitulo generali servanda erunt ad discuciendum, si sint in ejus prejudicium.

§ [4.] Quarto: Vigore illius capituli generalis canonicus unius domus censebitur et canonicus aliarum domorum.

Correlarium: Omnes sub titulo unionis illius habebunt eadem statuta maxime principalia, que principalia ita sonent et sonabunt, quod omnia alia singularium domorum minus principalia in servitutem redigentur capituli generalis, quo facto minus servabuntur et minus curabuntur minora, ymmo tandem pro nichilo reputabuntur et tunc fiat sermo qui scriptus est: ,Qui negligit minima, paulatim decidet'.

Correlarium 2 um: Oportet, quod tandem hoc titulo inclusi unum habeant ordinarium propter personas nunc ad illam tunc ad istam domum mittendas et similia, ut b omnia fiant secundum exemplar in monte religiosorum ostensum mutatis dumtaxat nominibus s[cilicet] ordine in unionem.

§ [5.] Quinto: Nullus pretextu illius unionis propria levitate se transferre habet ad aliam domum nisi capituli generalis diffinicione.

Correlarium: Subditi maxime instabiles neglecto proprio prelato quasi minus auctoritativo ad alas capituli generalis appellando volabunt eciam in facilimis causis. 2 um. Sepe inter rectorem et aliquos minime

---

a) Fol. 16. b) ut his unionem Zusatz.

obedientes erunt dissensiones vel animositates et unusquisque neglecta domus utilitate sive in temporalibus sive spiritualibus tempus suum miserabili quadam expectacione redimet et consumet.

§ [6.] Sexto*: Ut per illam adjuventur, reinstaurentur vel subleventur domus oppresse, desolate, destructe incendio, pestilencia, fame vel auctoritate unquam. Parum illis calamitatibus oppressis subvenietur domibus. Nulli enim dubium, quin oblatis eis talibus domibus, que[b] non sunt de illa unione, libentius in personis occurrerent quam a novo alia loca inchoarent. Sicque[c] non esset necesse, propterea illas domos istam intrare unionem. Que eciam si deficerent in victualibus, eo pauciores assumende essent persone, que sufficerent comedere etc. De libris studendis tot possent accomodare, quibus lectis alios concedere. De oppressione injuriarum sufficere illis possint judicia pauperum aliorum, „quorum[1] est et regnum celorum" aut certe rerum amissione vel eorundem donacione vel paciencie scuto emere pacem, dicente domino „Michi[2] vindicta' etc. Quo modo aliquando plus lucratur et spiritualiter et temporaliter quam suffragantium[d] multitudine, sicut expertum vidimus. Illi enim invidorum patent oculis, isti autem compacientium et bonorum sibi conciliant animos hominum. Qui enim fossatis muniunt civitates, qui ad resistendum adversis contribuunt condentes thezauros, procul odorantur bella et se preparent ad discordias et animositates nec ad suscipiendam justiciam vel ad pacem[e]. Sic enim plerumque non edificantur set destruuntur civitates, dum in multitudine diviciarum hic gloriatur et confidit et alius brachium suum ponens carnem obstruunt utique vias caritatis et pacis nemine se volente humiliare. Ideoque propterea inire illam unionem non est necesse.

Item. Nulli domui licebit instaurare aut acceptare alibi novam domum absque licencia capituli generalis set nec notabilem facere structuram in domo maxime sumptuosam, quia erit in prejudicium generalis capituli. Fitque hec unio una pollitia sive res publica, cujus caput generale capitulum, item una ecclesia, cujus supposita omnium domorum efficiunt unum corpus sub capite capituli generalis sicut monachi unius ordinis et capituli, nisi quod volentes se exemere ab illa unione ceteris paribus non poterunt cogi manere saltem in judicio ecclesie. Eruntque omnino subjecti ac servi capituli generalis. Hoc patet, quia instantes apud eosdem patres, ut in

---

*) Fol. 16'.   b) que bis unione am Rande.   c) Sicque bis unionem dregl.
d) Hdschr. suffrangantium.   e) Am Rande [p]aciencium nachgetragen?
1) Luc. 6, 20.   2) Rom. 12, 19.

3⁰ anno sufficeret nos venire ad colloquium, diu nolebant consentire, quamquam nulla unione set neque alia aliqua auctoritate nisi sola caritate libera eramus conjuncti, ut supra diffusius reperitur. Quali ergo nos putas obligacioue constringerent illi unione insertos?

§ |7.| Septimum* et octavum est de ordinandis visitatoribus, ad quos habeatur recursus in hiis, que non possunt expectare capitulum generale. Et quod ad illud capitulum vadat prelatus cum concanonico suo unusquisque de sua domo.

Item consequens erit, ut visitatores referre habebunt capitulo generali non solum statum domus in disciplina et pace set et quot et quales sint persone singularum et quantum tenentur vel in quantis habundent, in argento, auro, prediis, edificiis et similibus, quia secundum hoc possunt mutare personas et transmittere et iterum remittere vel omnino alienare et alibi collocare propter novas domus instituendas, quas de cetero capitulum generale acceptabit et disponet. Et ᵇ quanta qualiaque exinde possint prodire incouveniencia, cum quis magna sollicitudine congregaret pro domo sua, quorum tamen capitulum generale haberet distribuendi potestatem, facile perpenditur.

Item non multo tempore elapso oportet fieri contribucionem vel exactionem domorum unitarum pro capituli generalis provisione et communi utilitate, pro instituendis domibus, pro privilegiis, pro adhesionibus in placitando, pro solario visitatorum, pro causis gerendis communis capituli, pro defectu quarundam domorum in necessariis eisdem subveniendis dempta ᶜ prima contribucione pro istis privilegiis impetrandis novis, s|cilicet| pro nova tantarum domorum unione. Et timendum, quod nonnulle domus hujusmodi subvencionibus fiduciate eo magis sollicite non erunt nec pro temporali profectu nec multum pro disciplina innitendo visitatoribus et diffinitoribus generalique capitulo. Idcirco sequitur, quod hec unio apta erit tantum illis domibus vel ecclesiis, que ita habundant temporalibus frugibus et redditibus et similibus, ut nulli sit necesse laborare set, nisi intendunt studio, divinis officiis vel pro delectacione sibi aut alteri aliquid facere aut sibi ipsis vacando, deo inherendo vel pro recreacione ad beneplacitum laborare aut scribere aliqua.

Item ordinarii seu principes, sub quibus resident aut bona sua habent hujus ᵈ unionis canonici, nulli dubium volunt de hujusmodi bonis habere

---

a) *Fol. 17.* b) Et *bis* perpenditur *Nachtrag con derselben Hand.* c) dempta *bis* unione *am Rande nachgetragen.* d) h. u. c. *am Rande.*

suas propinas, non obstante quod sint sub protectione domini pape.
Similiter habere volunt episcopi jus visitandi aliquociens licet cum dampno
predictarum domorum aliquando in temporalibus et spiritualibus. Item
jus exaccionis et contribucionis sive procuracionis, quod nec religiosi evadere
poterunt *.

Demum b sequitur, hanc unionem s[cilicet] canonicorum peroptime
deservire domibus sive collegiis, que c in omnibus ita previsi d sunt, ut
laborare necesse non habeant set principaliter inherere divinis officiis.
nocturnis sive diurnis, preesse ecclesiis, cantare, predicare, contemplacioni
vacare etc. Et sic convenit magis personis ad hec aptis, s[cilicet] litte-
ratis et bono d personatis aut bacculariis ceterisque qui humilibus exerciciis
nequaquam subdi paciuntur, prout experiencia cotidiana edocemur, cum
eciam qui in principio laboriose et ferventes fuerunt tandem nonnumquam
inveterati laborare, humiliari aut obedire postea vix cogi poterunt, ut
aliquando de necessitate eos poni apud sorores oporteat aut alibi. (Quapropter humiles, simplices et mediocriter litterati et pauperes magis nostre
institucioni conveniunt, de quibus apostolus : ,Videte ¹, fratres, vocacionem
vestram, quoniam non multi sapientes, non multi nobiles secundum carnem.
set abjecta mundi elegit deus' etc. Tales enim oportet esse communes
et in nullo privilegiatos. Propter hec et alia domus Hildensemensis
supersedit, nolens se intromittere in illam unionem, sicut et prius dudum
fecerat.

Proposuerant c enim ac diffinierant super sua privilegia nil aliud
assumere, set caritatem et familiaritatem cum omnibus patribus aut domus
fratrum in perpetuum conservare salvis tantummodo illis duobus punctis.
s[cilicet] quod sufficeret seniorem illorum in triennio cum contribucione
venire ad colloquium Monasteriense et, si plus aut amplius ire deberet.
fieret cum consensu adminus omnium sacerdotum aut colloquii. Secundus
punctus, quod nollent esse obligati ad diffiniciones colloquii sicut domus
Coloniensis et Wesaliensis et alie, que aliquomodo unite sunt cum matre
sua domo Monasteriensi, set cum tali differencia, s[cilicet] quando diffiniciones patrum eis proponuntur, in eorum sit potestate et arbitrio ac
deliberacione matura, an eas velint acceptare. Propterea numquam volebant
diffiniciones patrum acceptare, que eos adducerent in aliquam obligacionem
coactivam sive necessariam. Ut sunt iste diffiniciones: Quod rector deberet
venire cum plena potestate consensus omnium suorum ad colloquium.

---

*) *Zusatz:* Verte folium hoc. *Vgl. S. 275.* b) *Fol. 17'.* c) *Hdschr.* qui
d) *sic.* e) *Proposuerant bis* etc. multa alia *Fol. 18, durch Zeichen mit dem Vorhergehenden verbunden.*
¹) *I. Cor. I. 26. 27*

Item, quod rector omni anno veniret ad colloquium. Item, quod non venientes et excusacionem litteratoriam pretendentes nichilominus deberent mittere contribucionem aut in sequenti anno reddere duplum. Item, quod superaddi deberet contribucioni consuete stuferus. Item de ordinandis visitatoribus per rectorem domus Monasteriensis, cum nos ipsi habeamus nostros visitatores. Item, quod rector Monasteriensis deberet per se aut alium a se deputatum interesse in eleccione rectorum domorum clericorum. Quas elecciones usque hodie nos solemus et solebamus eciam ipsis irrequisitis perficere per nostros visitatores propinquiores. Nimis enim remoti sunt a nobis etc. multa alia.

Anno* LXXXIIII misimus ad colloquium Zvollense Gobelinum et 1484. Nicolaum Dorsten, qui tamen non tempore colloquii illuc venerunt impediente infirmitate, set postea iverunt per partes illas[b] ad Friseam. Nam dominus Gobelinus electus fuit in seniorem pro domo fratrum in Berlicum, quia precedenti anno mortuus fuit dominus Johannes Derikes de Wesalia, senior in Berlicum, frater domus nostre in Hildensem. Set et iste dominus Gobelinus senior ibidem mortuus fuit et ibidem in ecclesia sancti Anthonii tom Gnadesberg dicti in choro apud predictum Johannem sepultus in die s. Bonifacii[1] anno sequenti[c] s[cilicet] LXXXV. Ideoque dereliquimus Berlicum patrum inferiorum consilio revocantes nostros.

Anno LXXXV adhuc vivente domino Gobelino misimus Gerhardum 1485. Goch procuratorem cum Conrado Rad, presbitros, ad colloquium Zvollense et ut eciam videret, qualiter succederet nostris karissimis in Berlicum. Ad quos in Zvollis convenit dominus Gobelinus cum Gerhardo Bolsvardie de Barlicum. Patres autem adhuc dubitabant, an domum in Barlicum suo inserere vellent colloquio maxime propter titulum illum collegium[d] et differebant adhuc diffinire non obstante supplicacione senioris in Hildensem per litteram illuc missam. Volebant enim hoc tractare prius in colloquio Monasteriensi, eo quod eodem anno habebant interesse colloquio Monasteriensi. Hiis* sic stantibus dominus Gobelinus cum procuratore nostro et aliis duobus prefatis repedavit in Frisiam ad Barlicum perseverante nichilominus infirmitate Gobelini. Qui consilio habito propter causas certas detinuerunt ibi Conradum Rad presbitrum et remiserunt nobis Nicolaum Dorsten cum Gerhardo procuratore nostro. Quibus circa penthecostes[2] redeuntibus in Hildensem statim post festum sacramenti

---

a) *Fol. 17'.* b) *Hdschr.* patres illos. c) anno *bis* nostros *Zusatz.* d) *Nach* collegium *durchstrichen* canonicorum. e) *Fol. 18.*

1) *Juni 5.* 2) *Mai 22.*

insecuti eos Conradus Rad et Conradus Meppis venientes similiter ad
Hildensem denunciaverunt nobis mortem Gobelini infaustam, inopinabilem
et deplorandam. Post cujus mortem mittentes Johannem Hinsberg cum
Conrado Rad ad Barlicum ex consilio patrum Daventriensium, Zvollensium
et Groningbensium resignavimus et dimisimus locum illum cum domu-
nostre magno dampno in rebus et personis. Nam[a] locus ille maxime
disconveniebat complexioni fratrum nostrorum. Omnes enim infirmabantur.
aliqui quasi ad mortem, alii antem moriebantur utsupra, alii incipiente
infirmari citius rediere.

1486.   Item[b] circa annum domini etc. LXXXVI questio fuit inter fratres,
quis censeretur e fratribus esse in gradu proximiori, cui committendi
essent claves ciste communis vel qui gereret vicem vicesenioris absentis.
    Et fuit eo tempore pronunciatum, quod diffinicione fratrum colloquii
duo vel tres fratres deberent eligi, qui cum consilio senioris haberent
deputare, quis ex omnibus aptior esset pro hujusmodi negocio, et ille
assumi deberet, eciam si non esset antiquior frater in ordine.
    Eodem tempore eciam dictum fuit, quod consilio sacerdotum et
senioris determinandum esset, qui deberent ordinari ad sacra, quorum
consilio similiter esset standum, eciam si non assumerentur antiquiores
in ordine fratrum.   Feria VI[1] ante dominicam adventus fuerunt predicta
unanimiter per singulas voces admissa. Similiter feria[2] post circumcisionis
cum sequentibus clausulis. Similiter feria IIII[3] ante purificacionis. Confessores sororum, si deprehensi fuerint non servare statuta pro[c] ipsis facta,
careant in domo nostra debito exequiarum pro fratribus receptis solite
fieri nec scribentur in libro mortuorum nomina eorum.
    Item ibidem. Sicut emuntur pro tunicis superioribus IIII ulne pro
floreno Renensi, sic emantur pro capuciis III ulne pro I floreno Renensi.
Hec omnia tempore supradicto sunt denunciata.

    Anno[d] LXXXVI scripsi litteram excusatoriam veniendi ad colloquium.
eo quod tunc tercius volvebatur annus et hic essent guerre magne et
omnes ambulantes paterent rapinis et despoliacionibus, sicut cum dampno
nostro et ipsi experti sumus, set et nec religiosis parcitur etc. Ubi et
addidi: ‚Contribucionem hujus anni libenter dabimus et jam misissemus.
si sine periculo possemus.' Ipso anno perrexit rector domus Monasteriensis
ad colloquium Zvollense.

_____

    a) Nam bis rediere nachgetragen. b) Item bis denunciata Fol. 9' auf ein-
geklebtem Blatte, von Dieppurchs Hand. c) Hdschr. pro pro. d) Fol. 18'.
    1) Dec. 1. 2) 1487 Jan. 2. 3) Jan. 31.

Anno XC misimus Gerhardum Goch et Stralen ad colloquium **1490.**
Monasteriense et gratanter accepti sunt, set patres Daventrienses et alii
non fuerunt ibi. Perrexit autem pater Monasteriensis ad colloquium
Zvollense, ut solitum est. Contribuerunt autem nostri circiter VIII stuferos
parati adhuc superaddere, set nolebant accipere.[1]

Anno 1496 ivit rector[2] per se cum socio sacerdote Hinrico Trajecti **1496.**
ad colloquia Svollense et Monasteriense et placuit valde omnibus patribus
adventus noster et cum multa benignitate suscepti sunt et nullam in
ambobus colloquiis voluerunt accipere contribucionem propter nimios
labores, quos habuimus in longo dispendio viarum. Et tunc fuit conclusum, quod futuro anno celebrabitur capitulum generale et adesse deberent
omnes patres congregacionum tam fratrum quam sororum ad tractandum
de modo convenienti pro disciplina fratrum servanda in primeva simplicitate et fervore primitivorum patrum.

Anno domini 1497 fuit rector domus Hildensemensis in colloquio et **1497.**
sollicitavit multum, ut patres dignarentur venire ad Hildensem ad visitandam domum nostram in capite et in membris aut deputare aliquos
certos patres, qui vice eorum visitarent. Ad quod multum difficiles
fuerunt tam propter pericula viarum tum propter nimiam distanciam et
quedam alia obviancia. Senserunt tamen omnes in communi, ut expediret
pro vita fratrum conservanda, ut visitaciones fierent per patres nostros
quam per ceteros religiosos. Si igitur pater Magdeburgensis et Cassellensis fuissent presentes, tunc voluissent ordinasse, ut domus fratrum longe
distantes ab eis invicem visitarentur certis patribus deputatis ad quamlibet[a]
domum. Set in absencia eorum nichil diffinierunt. Pater tamen Monasteriensis habens causam expediendam in Marckburch dixit, si receperit a
fratribus scripta, quod adventus ejus esset nobis gratus et vellemus
libenter acquiescere bonis consiliis, que ad timorem dei nos promoverent,
vellet libenter venire per Cassel ad nos in Hildensem nostris expensis
expeditis causis suis. Fuit tamen magis[b] consilium ejus, ut irem obviam
patri Davantriensi qui perrexit versus Marckburch, ut cum patre Marck-
burchensi in eadem reysa descenderet ad Hildensem. Quod conatus fui
facere cum omni diligencia, set priusquam venissem Cassel in vigilia[3]

---

a) Hdschr. quemlibet.   b) Fol. 19.
[1] Letzte eigenhändige Eintragung des Rektors Diepparch († 1491), vgl. Necrologium unter Peter und Paul. Sein Nachfolger war Goswin Wagening, der schon
nach 14 Monaten resignirte (vgl. Register). [2] Johannes Hinsberch, der nach zwei
Jahren und sieben Monaten resignirte, vgl. ebendaselbst. [3] Mai 3.

ascensionis domini, ante biduum perrexit de Marckburch versus Coloniam, s[cilicet] in die Philippi et Jacobi[1]. Sic misi scripta ad Marcburch et reliqui in Cassel. Utinam pater Monasteriensis veniret, si facultas adesset. quia gratus erit adventus ejus.

Item fuit motum in colloquio, quod patres non faciles essent ad mittendum fratres extra domos suas, quia cedit communiter in detrimentum spiritualis profectus et efficiuntur vani et seculares.

1498.
Anno 1498 nullus fuit ex parte nostra ad colloquium set immediate finito colloquio, videlicet 4ᵃ feria[2] post dominicam Cantate venerunt ad nos patres venerandi dominus Jasperus pater de Daventria et dominus Hinricus Themme[3] pater de Monasterio, qui visitaverunt[a] nos auctoritate ordinaria et resignacionem rectoris[4] tunc pro tempore existentis censensu fratrum et multis respectibus eos ad hoc moventibus acceptaverunt et alium electum[5] a fratribus predicta auctoritate confirmaverunt, qui officio visitacionis fideliter peracto ulterius perrexerunt versus Magdeburch ad similiter visitandum.

Deliberanda in colloquio anno 1498 ista fuerunt proposita et scripta: De his, qui se ipsos promovere moliuntur apud sorores, placuit, ut numquam promoveantur ad illum locum, quem ipsi sollicitaverunt. Conclusum fuit 1499, sic continuetur.

Item de aliquibus fratribus, qui tanquam recessuri renunciant loco domus sue et ita facile passionibus suis acquiescunt, quid fiat.

Item placuit pro determinacione precedentis articuli, ut, si frater aliquis recessurus petat se dimitti, ut ad alium locum vel religionem vadat, renunciet juri, quod habet in domo, et si postea peniteat et repetat graciam, sit in facultate patris et fratrum, ut capitulariter vel recipiatur vel permittatur sibi, ut vadat alibi, prout elegit.

Item deliberatum est de numero fratrum, qui venturi sunt cum patribus ad capitulum, et de majoritate vocum, super quo plenius disseretur in futuro capitulo.

Item de confessoribus sororum etc.

Item[b] . . . . Jam[c] decisum est per electionem novi rectoris.

1499.
Anno[d] domini 1499 fuit rector domus Hildensemensis in colloquio Monasterii et fuit admissus propter antiquam caritatem et privilegia

---

ᵃ) Vorher wenige Worte dick durchstrichen. ᵇ) Nach Item eine halbe Zeile dick durchstrichen. ᶜ) Vor jam eine halbe Seite dick durchstrichen. ᵈ) Fol. 19ᵛ.
1) Mai 1. 2) Mai 16. 3) Der achte Rektor, vgl. Erhard a. a. O. S. 35.
4) Johannes Hinsberch, vgl. S. 279 Note 2. 5) Heinrich Hoff († 1520), vgl. Register.

Eugenii ad capitulum generale, et fuerunt contenti, quod semel veniret in biennio, et nullam obligacionem exigebant ab eo, set quod tantummodo domus nostra maneret in illa unione capituli generalis salvis privilegiis, statutis, fundacione domus et consuetudinibus nostris, et multum reprehendebant, quod tam faciliter habemus recursum ad monachos, set volebant, quod domus nostra deberet visitari a patribus nostris deputatis per capitulum generale, illo salvo quod semper deputarent aliquem vel aliquos jam nobis deputatos per ordinarium et quod rector domus Hildensemensis deberet visitare alias domos, ubicumque ordinaretur a capitulo generali, et fuerunt nostri contenti, sic tamen, quod non excluderemus a nostra caritate et visitacione patres parcium inferiorum. In quo erant edificati patres pro majori parte in Monasterio.

Acta in colloquio anno 1499.

Item de patre [1] domus fratrum Rostoxensis, qui obtulit voluntatem suam et fratrum suorum ad submittendum se patribus colloquii in omnibus et per omnia.

Item placuit patribus super forma discipline accipiende, ut fiat honestiori modo ad scapulas.

Item placuit, ut pater Marpurgensis et Hildensemensis visitacionis officium faciant hoc anno in Cassel.

Item placuit, ut pater Wesaliensis cum patre Monasteriensi visitent domum in Rostock.

Item de absencia patris Hervordensis, que habetur pro contumacia.

Item super istis duobus articulis sequentibus visum est, ut eligantur tres diffinitores.

Item ut fratres eligendi et intraturi capitulum eligantur per fratres presente patre.

Item placuit, ut punctus ille in statutis de visitatoribus eligendis per capitulum . . . [a]

Anno domini 1499 circa festum nativitatis [2] Marie dominus Jasperus pater Daventriensis et rector domus hujus visitaverunt domum fratrum in Magdeburch et invenerunt domum orbatam rectore per liberam cessionem Johannis Zedelem, qui taliter qualiter prefuit, et reelegerunt dominum Nicolaum Dursten in rectorem.

Anno [b] domini millesimo quingentesimo fuit rector domus Hildensemensis in colloquio Zwollensi et Monasteriensi cum rectore domus **1500.**

Magdeburgeusis. Item in colloquio Zwollensi isto anno erant presentes pene omnes rectores congregacionum de colloquio Monasteriensi et nichil specialiter ibi fuit determinatum, set facta fuit generalis querimonia a multis de negligencia visitatorum. Item multa movebantur de defectibus patrum sororum, similiter in Monasterio. Item pater de Cassel isto anno fuit in Monasterio.

1601.   Item anno domini 1501 fuit rector domus Hildensemensis in colloquio Monasteriensi et nichil specialiter fuit ibi determinatum propter infirmitatem patris in Monasterio. Pater Daventriensis erat ibidem personaliter et pater Coloniensis presidebat colloquio et erat dux verbi. Item pater de Cassel isto anno fuit in Monasterio. Item eodem anno in die sancti Mathei [1] apostoli et evangeliste visitaverunt domum nostram pater Daventriensis et Marpurgensis et ulterius perrexerunt cum rectore domus hujus et visitaverunt domum Magdeburgensem, Casselensem et Marpurgensem.

1602.   Item anno domini 1502 circa festum sancti Martini [2] rector domus fratrum in Marpurch et domus hujus visitaverunt domum in Cassel et resignacionem domini Lamberti rectoris pro tempore consensu omnium fratrum acceptaverunt [a] . . . nostrum . . . . . . electum in locum . . .

1603.   Item anno domini 1503 rector domus Hildensemensis fuit in colloquio Zwollensi et Monasteriensi.

1605.   Item anno domini 1505 obiit dominus Nicolaus Dorsten rector domus fratrum in Magdeburch.

1506.   Item anno domini 1506 rector domus Hildensemensis, Casselensis et Magdeburgensis fuerunt in colloquio Monasteriensi et fuit ibidem propositum et tractatum de unione omnium domorum nostrarum.

Necrologium des Lüchtenhofes saec. XV—XVI.

Kalendis Januarii.

1. A. Circumcisio Domini.

3. C. Obiit Gerhardus Dorsten frater noster, sacerdos, anno domini 1505.

5. E. Obiit Johannes Lowerdie, frater noster, clericus. Item anniversarius Wulpeke quondam ancille* decani Breyger continentis. Item memoria Herman Ernstinges et Sieke uxoris ejus et omnium de illa stirpe X tal. Iterum XXX tal. Item memoria secunda domini Johannis Misinensis episcopi suffraganii Hildensemensis. Memoria, pro quibus Boldewyn desiderat, dedit X ß.

6. F. Epiphania domini.

9. B. Anniversarius Arnt Schildesort qui multa dedit. Obiit anno 1508.

13. F. Octava Epiphanie.

15. A. Memoria prima Tülen Wolters et uxoris ejus ac filiorum et memoria Henningh Danckleves, Geseken uxoris ejus, filiorum et omnium de progenie eorum.

17. C. Anthonii confessoris. Servatur solenniter in ecclesia nostra ex institutione domini Ludolphi Suringk canonici et scholastici ecclesie s. Crucis. Et sequenti die memoria Ludolphi et Luderi Suringk, parentum, amicorum et benefactorum ipsorum et omnium fidelium defunctorum.

19. E. Memoria Cord Clöt, Elzebe uxoris et omnium de progenie.

22. A. Epiphanii episcopi. Anniversarius domini preposti Egbardi de Wenden ecclesie Hildensemensis. Qui quia habet memoriam in omni ebdomada per annum, potest asscribi aliis proximioribus, sic enim visum fuit fratribus in colloquio. Memoria Elzebe Vlacken.

25. D. Conversio s. Pauli apostoli.

---

*) *Ueber* ancille: dedit XX floronos.

E. Memoria Luderi Beckman, uxoris et parentum eorum et omnium
de progenie et ministrabitur assatura cum albo pane.

Carta. 29. A. Memoria Hinrick Danckleves, uxoris et filiorum et omnium de
illa progenie.

31. C. Memoria parentum atque benefactorum domini Hermanni Eyken
vicarii in Monte. Dedit IIII florenos. 1499⁰.

1. D.   Kalendis Februarii.
2. E. Purificacio b. Marie virginis.
5. A. Obiit Theodericus frater noster laycus 59ᵃ. Memoria Johannis
Batenborch fratris domus clericorum in Wesalia. Item memoria
domini Hinrici primi rectoris domus fratrum in Monasterio.
Item memoria Hinrici Sichman fratris de Wesalia pictoris
tabule summi altaris. Item memoria Johannis Colonie fratris
de Monasterio, qui edificavit nobis domum scriptoriam.

6. B. Anniversarius domini Ludowici episcopi Miszinensis ac suffraganei Hildensemensis. Obiit 1508, dedit XXX talenta. Anniversarius fratris nostri Rodolphi presbiteri. Obiit Monasterii
in domo fratrum et ibidem sepultus anno 1548.

9. E. Anniversarius domini Jordani Westfal vicarii ecclesie s. Crucis.
Dedit XXX tal. anno XIIII.

14. C. Valentini martiris. Anno domini 1506 obiit in Magdeborch dominus Johannes Hinsberch quondam rector domus hujus.
Una dierum 4ᵒʳ temporum in XL servabitur memoria
domini Eghardi de Hanense canonici ecclesie Hildensemensis,
parentum et omnium de progenie eorum.

19. A. Obiit Arnoldus Trajecti, frater noster, clericus LXIIII. Memoria
prima der Boeckmegerschen, dedit XX florenos. Memoria
Bertoldi Vleghe qui obiit Agathe¹ virginis villanus anno LXXX.
Dedit quasi omnia sua set et multum nobis tenebatur, cui et
necessaria providimus in vita sua.

22. D. Cathedra s. Petri. Obiit frater Hinrick Regenboghe laicus
portarius, frater noster, MDXVII.

24. F. Mathie apostoli. Servatur solenniter ex institutione
d[omini] Ludolphi Suringk et sequenti die memoria Ludolphi
et Luderi Suringk, parentum, amicorum et benefactorum et

ᵃ) 59 über der Zeile.
¹) Febr. 5.

omnium fidelium defunctorum. Anniversarius d[omini] Joannis Bringmau viccarii ecclesie Hildensemensis.

ı. *26.* A. Memoria prima Gretkeu Arndes, mariti, parentum et omnium de progenie eorum. Dedit C ß.

27. B. Obiit Godeke, frater noster laicus, qui in dominica Reminiscere obiit et fuit frater per XXXIII annos receptus, anno domini MCCCCXCI.

Obiit Bertoldus Nyendorp, clericus secularis, qui dedit nobis XXX florenos Renenses in auro. Habet anniversarium perpetuum.

28. C. Iª Memoria Cort Eyken, uxoris ejus et omnium de progenie eorum. Dedit centum nova ß. Ministrabitur fratribus albus panis.

Item in omni el domada per XL¹ servabitur adminus semel generalis memoria omnium in nostra confraternitate existentium, sic quod adminus sexies hoc fiat in jejunio et bis in communi ebdomada, id est octies in omni anno adminus.

Memoria Elzebe Vlacken. Dedit XX flor.

Quarta feria ante dominicam Invocavit servabitur prima memoria Katherine Albomes. Item una dierum quatuortemporum post Invocavit servabitur secunda memoria ejusdem. Item Henrik Bensdorp et uxoris et omnium de progenie ipsorum semel tantum in XLª¹. Memoria Hinrick van Kemme proconsulis.

Memoria Eggard Wiringh, Gezeke uxor, Cord Terwin, Alhet uxor, Hans Susterman, Geseke uxor. Dedit XX flor. in au[ro].

Kalendis Marcii.

1. D. Obiit frater noster Thomas laicus carpentarius, missus in Meydenborch receptus, anno domini MCCCCXCI. Obiit frater noster Johan Brynck laycus sutor receptus anno domini MCCCCXCIX.

5. A. Memoria prima Henningh Danckleves, Geseken uxoris ejus, filiorum et omnium de progenie eorum defunctorum. Obiit Arnoldus Alen, frater noster sacerdos missus in Meydeborch, anno domini MCCCCCI. Memoria Ilsebe Bolshusen et domini Werneri de Redon.

---

¹) quadragesima, *die sechswöchige Fastenzeit vor Ostern.*

7. C. Perpetue et Felicitatis. Obiit dominus Joannes Susati. quondam pater domus fratrum in Cassel, qui ultra triginta annos apud nos mansit. Obiit anno domini 1560.

8. D. Memoria sive anniversarius Katherine Schulten. Dedit LX ß. Obiit 1503.

10. F. Memoria domini Hinrici Vurban presbitri et der Beckersche. famule ejus. Memoria domini Johannis Kulensmit presbitri. Dedit IIII flor.

11. G. Memoria magistri Arnoldi Bevelten rectoris scholarium in Embrika. Dedit VIII flor. in auro, 1502. Memoria der Boensche cum sua progenie, que dedit XVI flor.

12. A. Gregorii pape. Anniversarius Henningi Aschwin et Mechtildis uxoris ejus, qui contulerunt nobis bona sua. Item memoria Hans Volkelant, qui dedit X florenos, et uxoris ejus et eorum progenies. Item memoria Eghardi Harlsem, quondam cantoris in ecclesia Hildensemensi. cujus memoria eciam in carta.

13. B. Anniversarius Gerhardi cappellani clerici, fratris nostri, anno domini MCCCCLXXXVI. Memoria domini Hermanni et domini Conradi, fratris ejus, presbitrorum, Dassel.

15. D. Anniversarius domini Bertrammi Stannenbene, parentum cognatorumque ejus, pro quibus ipse desideravit. Dedit calicem bonum litteramque reddituum IIII florenorum de centum florenis, qui redempti sunt, et alia etc.

E. Aprilis XVII ª.

17. F. Obiit LXIIII ᵇ Nycolaus Kalker, frater noster, clericus. Memoria secunda der Boeckmegerschen. Margareta Heumeyersche memoria. Ermegart Bilens memoria.

G. Anniversarius der Brunhuschen nomine Hazeke, soror d[omini] Jo[annis] Cramer. Que dedit, respice inter benefactores.

21. C. Benedicti abbatis.

25. G. Annunciacio dominica. Obiit frater Herman Polekman van Alen, laycus domus hujus, anno 1552.

Carta. 26. A. Memoria cujusdam femine, que dedit XXIIII [ß] ᶜ.

27. B. Memoria Gert Helmich et omnium de progenie. Obiit Joannes Dyckman, frater noster laicus, anno domini 1545.

ª) sic. Weshalb Aprilis XVII (= XVII kal. Aprilis?) in rother Schrift geschrieben, ist nicht ersichtlich. ᵇ) LXIIII über obiit. ᶜ) Vgl. später unter dem 29. September.

28. C. Obiit Evert Berman layeus, frater noster receptus, anno domini MCCCCLXXXVII.

29. D. Anniversarius domini Johannis Cramers, vicarii majoris ecclesie Hildensemensis. Que dedit, quere inter benefactores. Memoria domini ¯ Hinrici Lupi. Memoria Bartoldi Geversen. Anniversarius Ilsen Garthusen.

[Kalendis Aprilis.]

4. C. Ambrosii episcopi.

8. G. Anno domini MCCCCXCVI obiit Conradus Meppis sacerdos, frater noster, et anno MD obiit Rutgerus Juliaci, frater noster, sacerdos.

Anniversarius domini Henningi episcopi Hildensemensis et omnium episcoporum Hildensemensium et eorum, qui in servicio ipsorum decesserunt et occisi sunt. Et tenebitur semper in prima die feriali post octavas pasche.

9. A. Memoria tercia domini Johaunis episcopi Misinensis ª. Memoria Hinrik van dem Damme. Dedit IIII flor. Memoria domini Johannis Esschershusen. Dedit VII flor.

11. C. Obiit dominus Nicolaus Dorsten, frater noster, sacerdos et quartus rector domus fratrum in Magdeburch, 1505. Obiit frater Joannes Zellen, sacerdos et scripturarius, anno domini 1554.

14. F. Tiburti et Valeriani ᵇ. Obiit frater noster Johannes Zegest, sacerdos et procurator, anno 1554.

17. B. Memoria secunda Tiilen Wolters et uxoris ejus ac filiorum. Et memoria Henningh Danckeleves, Geseken, uxoris ejus, filiorum et omnium de progenie eorum. Anniversarius domini Siffridi Horn, canonici ecclesie sancti Andree in Hildensem, qui obiit anno domini MCCCCXCVIII.

ı. *23.* A. Georgii martiris.

24. B. Memoria Hans Eckhagen et omnium de illa progenie.

25. C. Marci evangeliste.

28. F. Anniversarius domini Brunonis, precipui benefactoris. Hic ardeant quatuor lumina, quia de precipuis est benefactoribus.

29. G. Memoria Cord Clôt, Elzebe uxoris et omnium de progenie.

30. A. Memoria Hinrick Danckleves, uxoris et filiorum et omnium de illa progenie. Anno domini 1553 obiit broder Hinrick Monasteriensis, portarius et sartor.

ª) Hdschr. Misnensis. ᵇ) Hinter Valeriani im Vordun Maji in rother Schrift.

Kalendis Maji.

1. B. Philippi et Jacobi.

2. C. Anno domini 1507 obiit Johannes Ysernlo, frater noster, sacerdos missus in Magdeborch et ibidem receptus. Anniversarius Kine Stygers, domini Conradi Louden, Wichman Steffens. Dederunt utensilia valentia X flor. Memoria Wilhelmi Ruremundensis, qui obiit Rome. Dedit clenodia valentia VIII flor.

3. D. Invencionis s. Crucis[a].

4. E. Anniversarius LXXXI[b] domini Lamberti Holtappel tercii rectoris. Resignavit, prefuit XIII annos et quia post resignacionem noluit prestare obedienciam successori et manere frater domus nichilominus, potest anniversarius ejus servari hic vel apud alium. eo quod fideliter prefuit et laboravit. Sic placuit fratribus. Item memoria der Hautschemekersche.

5. F. Godehardi episcopi.

8. B. Anniversarius Godfridi, primitivi fratrum domus nostre clerici. Obiit[c] LIII⁰.

9. C. Anno domini 1539 obiit Johan van Goer, frater noster laicus.

10. D. Anno domini 1507 obiit Stephanus Bever, frater noster, sacerdos missus in Magdeborch et ibidem receptus.

11. E. Anno domini 1507 obiit dominus Johannes Randenrod, quintus rector domus fratrum in Magdeborch et frater domus nostre. Eodem die et anno obiit Johan Eschuys, frater noster laicus, missus in Magdeborch et ibidem receptus.

12. F. Nerei, Achillei et Pancratii. Anno LIII obiit Hinricus frater noster laycus. Anniversarius domini Conradi Stekeldey, presbitri, et memoria matris ejus. Que dedit, respice inter benefactores.

14. A. Anno domini 1528 obiit Wilhelmus Ruremundensis, frater noster, sacerdos.

15. B. Anno domini 1536 obiit dominus Conradus Paderbornis, VII rector in Magdeburg, qui fuit a suis expulsus et nobiscum defunctus 15. Maii anno utsupra.

17. D. Memoria Luderi Beckman, uxorum, parentum eorum et omnium de progenie eorum et ministrabitur fratribus assatura cum albo pane.

---

19. F. Anno domini 1530 obiit Joannes Tzirenberch, frater noster, sacerdos jubilarius.

rta. *21.* A.

22. B. Anno domini 1546 sabbato ante dominicam Misericordia domini obiit magister Henningus Pirgallius[1], qui quinquaginta florenos nobis dedit ad perpetuum anniversarium cum multis libris suis ad liberariam.

24. D. Anniversarius Alheit Groven. Dedit XX talenta.

25. E. Urbani martiris.

27. G. Obiit dominus Johannes Bocoldie, primus rector et inchoator domus fratrum in Magdeborch filie domus nostre et ipse frater noster, anno d[omini] etc. MCCCCLXXXVII[0] dominica[2] infra octavam ascensionis. Anniversarius Diderick Grimpen, Gertrud uxoris ejus, parentum et omnium de progenie eorum defunctorum. Qui dederunt VIII florenos Renenses. Obiit frater Arnoldus Goer, presbiter jubilarius et poeta, ipso die ascensionis domini hora XI.

30. C. Memoria, pro quibus Hinrick Wiringh desiderat, utet 6ᵃ in 4ᵒʳ temporibus.

31. D. Cancianorum martirum.

Item una dierum quatuor servabitur memoria Hans Boenstede et uxoris ejus. Item una dierum quatuortemporum post penthecostes servabitur memoria Hinrick van Kem. Item memoria domini Eghardi de Haneuse, canonici[b] ecclesie Hildensemensis, parentum ejus et omnium de eorum progenie.

Kalendis Junii.

1. E. Anniversarius magistri Tylmanni de Czirenberch, ex cujus testamento acquisivimus centum et viginti florenos in auro et servabimus lumen sepinum in choro nostro. Plura alia acquisivimus in libris et utensilibus. Obiit 1503. Item dedit nobis X florenos, cum adhuc viveret, et desideravit memoriam. Obiit Joannes Hasselt frater noster, presbiter in domo fratrum in Culmone partium Prussie missus pro ejusdem domus reformatione, ibidem anno domini 1512.

a) ? b) Hdschr. canonico.

[1] Vgl. dessen Brief aus Leipzig von 1524 Neues Archiv f. Sächs. Gesch. u. Alterthumsk. VII S. 143 und jetzt meine Studien zur Hildesheimischen Geschichte (Hild. 1902) S. 147. [2] Mai 27.

3. (i. Obiit Johannes Calcar, frater noster, presbiter in domo fratrum in Wesalia subtrahendo se ab obediencia senioris. Set quia diu et multum hic laboravit, habeatur memoria ejus hic vel ubi convenit et ob rogatum fratris ejus scilicet Alberti Calcar. Obiit anno LXXIII.

4. A. Memoria secunda Henningh Danckleves, Gescken uxoris ejus, filiorum et omnium de progenie eorum defunctorum.

5. B. Bonifacii et sociorum ejus. Obiit Gobelinus presbiter, frater domus nostre, pater in Berlicum, anno MCCCCLXXXV.

6. C. Obiit Gotfridus Calcar presbiter, frater noster, anno d[omini] MCCCCXCI.

7. D. Obiit frater Johannes Beverloe sacerdos anno domini MDXXVI.

9. F. Anniversarius domini Johannis Dringhenberges plebani in Lafferde majori. Item anniversarius domini preposti in Verden Johannis Vry.

10. G. 2ª memoria Cort Eyken, uxoris ejus et omnium de progenie eorum. Dedit 1½" ₰. Ministrabitur fratribus albus panis.

15. E. Viti et Modesti martirum.

16. F. Anno domini 1508 obiit Cornelius, frater noster laicus. Compassionis beate Marie virginis servatur ex institutione domini Ludolphi Zuringk utsupra Anthonii cum memoria ibidem signata.

Curta. *18.* A.

19. B. Gervasii et Prothasii martirum.

24. G. Nativitas Johannis baptiste.

25. A. Anniversarius domini Theoderici Breyger decani in monte sancti Mauricii, singularis benefactoris et confratris nostri. Nicolaus Quitzau canonicus ecclesie Hildensemensis et kentzeler hic habeatur" in memoria. Item memoria Hermen Ernsting 2ᴬ. Sike et Elzebe, uxorum ejus.

29. E. Petri et Pauli apostolorum. Anniversarius domini Petri Typorch quarti rectoris. Anno domini MCCCCXCIIII obiit. Ardeant · hic quatuor lumina. Anniversarius domini Hinrici Hoff 7ᵐⁱ rectoris domus hujus. Anno domini 1520.

Kalendis Julii.

1. G. Anniversarius Bernardi Luchen et Margarete, uxoris ejus prime, et Elyzabeth, uxoris ejus secunde, et Henninghi filii ejus et consanguineorum et affinium et amicorum ejus. Item memoria quarta domini Johannis episcopi Misnensis.

ᵃ) *Hdschr.* habeantur.

2. A. Visitacionis b. Marie.

7. F. Anno domini 1507 obiit dominus Hinricus Borneman, sextus
rector domus fratrum in Magdeborch et frater domus nostre.

8. G. Kyliani et sociorum ejus.

10. B. Anniversarius Bartoldi Geversen, qui contulit nobis XX florenos.

11. C. Anniversarius Hinrick van Kallen, fratris nostri layci, anno 1520.

15. G. Divisionis apostolorum.

·ta. 16. A. Memoria Luderi Beckman, parentum ejus et parentum uxoris
ejus et omnium de progenie eorum et ministrabitur fratribus
assatura cum albo pane.

17. B. Memoria patris et matris Hinrick ter Loghe et pro quibus ipse
desideravit. Dedit X flor.

19. D. Memoria tercia Tiilen Wolters et uxoris ac filiorum et memoria
Henningh Danckleves, Gieseken, uxoris ejus, filiorum et omnium
de progenie eorum. Memoria der Mugesksche. Dedit X talenta
1504. Memoria, pro quibus dominus Jordanus Westphal desideravit. Memoria Ilsebe Bolshusen et domini Werneri de Reden.

G. Marie Magdalene.

25. C. Jacobi apostoli. Anno domini 1564 obiit frater Henny
Schaper, laicus et cocus noster.

26. D. Anne. Servatur utsupra Anthonii ex ejusdem institutione et
sequenti die memoria, ut ibidem habetur.

27. E. Memoria Hinrick Kommenade et omnium de illa progenie.

29. G. Anniversarius Hinrick Dancleves et memoria uxoris et filiorum
et omnium de illa progenie.

30. A. Abdon et Sennes martirum.

1. C. **Kalendis Augusti.**

4. F. Obiit Albertus Calcar presbiter, frater noster, anno MCCCCLXXX.
Memoria domini Johannis Havernacke. Dedit X florenos.

5. G. Oswaldi regis. Memoria Tyle Westval, uxoris et omnium
de progenie eorum. Anno LXI obiit Conradus Monasterii, frater
noster, clericus. Memoria Hillen de Kniggeste. Dedit X florenos.
Obiit Hinricus Zegest sacerdos, frater noster, 1524.

8. C. Anno domini MCCCCLXXXIII obiit in Frisia dominus Johannes
Derekes*, presbiter et frater domus nostre, de Wesalia oriundus,
frater carnalis domini Brunonis quondam patris domus fratrum

---

a) Ueber der Zeile zwischen beiden Namen nachgetragen Wesalie.

19*

in Monasterio. Fuit enim predictus Johannes missus a domo fratrum in Hildensem ad Frisiam pro inchoanda nova domo fratrum ibidem ad opidum nomine Berlicum eodem anno, quo obiit, quo* supra.

XIIII auxiliatorum servatur solenniter in ecclesia nostra ex institutione domini Ludolphi Zuring et sequenti die memoria ejusdem cum vigiliis et missis.

9. D. Anniversarius Conradi Barenstede, qui dedit XX flor.

10. E. Laurentii martiris.

11. F. Anniversarius domini Theodrici Steyn canonici ecclesie sancte Crucis. Dedit X flor. 1507.

Carta. A.

15. C. Assumpcionis s. Marie.

17. E. Obiit Petrus Bursalie sacerdos, frater noster, anno domini MCCCCXCV. Memoria Brant et uxoris ejus. Philippus Stedevelt, Evert Zelke et omnium de progenie. Dederunt X ƻ.

22. C. Octava assumpcionis.

23. D. Anniversarius Gesekeu Danckleves et memoria Henningh, mariti ejus, et omnium de progenie amborum. qui dederunt LXX florenos Reuenses et multa alia et habent adhuc VIII memorias per annum preter anniversarium.

24. E. Bartholomei apostoli. Anniversarius Eghardi Harlsem cantoris ecclesie Hildensemensis. Item memoria uxoris Anthonii Grevensteyn Greteke. Obiit dominus Bernwardus Wever 9. rector domus hujus anno domini 1566.

25. F. Anniversarius domini Eghardi de Hauense canonici ecclesie Hildensemensis, parentum ejus et omnium de eorum progenie.

26. G. Memoria Cord Clôt, Elzebe uxoris et omnium de ista progenie.

27. A. Obiit Johannes Radis, frater noster, missus in Magdeborch et ibi receptus, set obiit in Hildensem clericus anno domini MCCCCLXXXVIII.

28. B. Augustini.

29. C. Decollacio s. Johannis baptiste. Obierunt Hinricus Zedeler et Gobelinus Paderbornensis, fratres nostri, clerici, anno domini MCCCCXCV. Memoria Hillebrandi Helliman, matris ejus et der Gerlandescheu. Vide cartam.b

---

30. D. Obiit Hinricus Stralen sacerdos, frater noster. anno domini MCCCCXCV. Anniversarius domini Johannis Bracht plebanus* ad sanctum Lambertum. Dedit XX florenos.

31. E. Memoria tercia Henningh Danckleves, Geseken uxoris ejus, filiorum et omnium de progenie defunctorum.

Kalendis Septembris.

1. F. Egidii, Sixti, Sinnicii. Obiit dominus Jasperus Marpurgh rector domus fratrum in Daventria, qui fuit magnus zelator status nostri et visitator multarum congregacionum, anno domini MDII. Obiit frater Nicolaus Colonie presbiter in Culmen partium Prussie, missus illuc pro reformacione domus fratrum ibidem, anno [domini] MV^{C}XXII.

4. B. Obiit frater noster Dyrick Reer laicus anno domini 1560.

6. D. Memoria Katherine Schulten.

8. F. Nativitatis sancte Marie.

9. G. Memoria Elzebe Vlacken.

t a. *10.* A. Memoria episcopi Magni Hildensemensis.

12. C. Memoria Albert Havekesbecke, fratris nostri layci et novicii, qui ad annum stetit nobiscum et per bonam conversacionem de voluntate fratrum obtinuit annuam memoriam. Memoria tercia Cort Eyken et Margarete uxoris ejus que hic obiit et omnium de progenie. Ministrabitur f[ratribus] al[bus] pa[nis].

13. D. Obiit Anthonius Messchede, frater noster, clericus. anno domini MCCCCXCV.

14. E. Exaltacio s. Crucis. Obiit Johannes Dusseldorp, frater noster. presbiter, factus rector 2us domus fratrum in Magdeborch, anno domini MCCCCXCV. Anno LXIII obiit Wilhelmus, frater noster, presbiter. Item memoria Greteke Kannegetersze. Procuravit calicem et dedit IIII florenos.

16. G.

Memoria. pro quibus Hinrick Wirinck desideravit, quere in 4^{or} temporibus in XL. Item una dierum quatuor temporum post exaltacionis sancte Crucis servabitur memoria Hinrick van Kemme. Item memoria d[omini] Eghardi de Hanense canonici

---

missis legetur collecta ‚Omnipotens sit deus. cui nunquam sine spe misericordie supplicatur' unius sacerdotis et bis ‚Salve regina‘ conventualiter cum collecta de domina addendo collectam pro defunctis, orantes pro domino Hillebrando Helliman vicario ecclesie Hildensemensis, Ghesa matre ejus et Ilsabe relicta Hinrick Gerlandes et pro quibus ipse desyderavit.

a) *sic.*

ecclesie Hildensemensis, parentum et omnium de progenie eorum
defunctorum.

17. A. Lamberti episcopi.

18. B. Anno LXIII obiit Hinricus de Ysenako, frater noster, presbiter.
Memoria tercia Hermen Ernstinges, Syke et Elzebe, uxorum ejus.

21. E. Mathei apostoli.

22. F. Memoria Margareten Zalsenbusen. Dedit XX ℔.

23. G. Anniversarius domini Bernhardi primi fundatoris hujus domus
et rectoris. Item memoria Rudgeri patris ejus carnalis, ex
cujus parte contribntum fuit ad ecclesie nostre edificacionem.
Ardeant hic quatuor lumina ad vigilias.   Obiit anno LVII.
Obiit Jordanus Vischer clericus receptus hic et in Monasterio
anno 19.

28. E. Obiit Gerhardus Goch sacerdos, frater noster, anno MCCCCXCV.

29. F. Michaelis archangeli.   Hic servatur festum et memoria
domini Ludolphi Suringk utsupra Anthonii confessoris.   Memoria
cujusdam femine que dedit XXIIII ℔.

Item bis in omni communi ebdomada adminus habeatur
memoria habentium confraternitatem nostram.

Kalendis Octobris.

1. A. Remigii confessoris.

4. D. Francisci.

6. F. Anniversarius domini Johannis Loen [1] secundi rectoris anno
domini MCCCCLXIII.   Item memoria parentum et amicorum
ejusdem.   Memoria Hermen Dreyger, a quo habemus annuatim
IIII β.   Eciam dedit ollam eneam.   Memoria domini Eggardi [2]
episcopi Sleszwicensis.   Memoria Hans van dem Pol et omnium,
pro quibus dispositum est.   Obiit Arnoldus Valkenborch, frater
noster, sacerdos, anno domini 1536.   Memoria Ilsebe Bolshusen
et domini Werneri de Reden.   Memoria Hans Boenstede et
uxoris ejus.

7. G. Marci pape.   Obiit Gisbertus de Goüda clericus, frater noster,
anno domini MCCCCXCV.   Obiit Bartolt Regenboge, frater
noster laicus, anno domini 1541.

---

[1] Johann Hoge von Lochne, vgl. S. 37—39 und S. 17.   [2] Durkop, später
unter den Wohlthätern (s. Register).

'arta. 8. A. Obiit 1522*) broder Hans Oldenborch, novicius noster, in Culmen partium Prussie, missus illuc pro erectione ac reformatione domus fratrum ibidem.

9. B. Dyonisii cum sociis s|uis|. Anniversarius domini Johannis episcopi Misinensis, suffraganii quondam episcopi Hildensemensis. Qui obiit anno MCCCCLXVII. Item anniversarius domini Hinrici Nolten quondam decani in Monte sancti Mauricii. Dedit 8 tal. Item memoria Arnt Hatensne, qui dedit nobis auratam casulam cum leonibus, et Geseken uxoris ejus, et calicem dederunt.

10. C. Gereonis cum sociis.

14. G. Obiit Cord Vischer, frater noster laicus, anno 1514.

15. A. Speciose virginis. Obiit Meynardus, frater noster, clericus, anno domini MCCCCXCV. Memoria quarta Tiilen Wolters et uxoris ejus ac filiorum et memoria Henningh Danckleves, Geseken, uxoris ejus, filiorum et omnium de progenie eorum.

18. D. Luce evangeliste.

23. B. Severini episcopi.

26. E. Anniversarius Henrici de Rutenberch vasalli, qui obiit in anno jubileo versus Romanam curiam. Dedit nobis centum florenos Renenses 1500.

27. F. Memoria Luderi Beckman, parentum ejus et parentum uxoris ejus et omnium de progenie eorum et ministrabitur fratribus assatura cum albo pane. Obiit Petrus Walbeck sacerdos, frater noster sexagenarius, in domo nostra anno domini 1541.

28. G. Symonis et Jude apostolorum. Memoria Hinrick Danckleves, uxoris, filiorum et omnium de illa progenie.

29. A. Memoria uxoris Gerken Langen et domini Hermanni Sassenhusen, Arnt Anden et Hans Scholt. Acceptavimus anno domini MCCCCXCVIII. Memoria Diderick Grimpen. Gertrud, uxoris ejus, parentum et omnium de progenie eorum.

|Kalendis Novembris.|

1. D. Omnium sanctorum. Hic servatur institutio et memoria domini Ludolphi Suringk sicuti Anthonii confessoris.

2. E. Commemoracio omnium fidelium defunctorum. Memoria 2ª Gretken Arndes, mariti et omnium de progenie

---

a) *In der Hdschr. über* Obiit.

ejus. Dedit C ꝟ. Memoria domini Liborii Paderbornis vicarii ecclesie sancte Crucis. Dedit V florenos.

3. F. Obiit Johannes Oldenborch, frater noster, clericus, anno domini MCCCCXCV.

4. G. Memoria Cord Clôt, Elzebe uxoris et omnium de progenie. Obiit anno 1544 frater Ludolphus Munder sacerdos, procurator hujus domus et 5. rector domus fratrum in Magdeborch et jubilarius.

Carta. 5. A. Anniversarius Elzebe de Tremonia, que dedit calicem bonum et alia.

8. D. Octava Omnium sanctorum. Obiit frater Hynricus Regenbogen sacerdos et procurator anno domini 1563.

9. E. Commemoracio omnium defunctorum. Anniversarius domini Johannis Wissel patris et senioris Albe curie in Cassil, fratris domus nostre in Hildensem, anno domini MCCCCLXXXIII. Anniversarius Elzebe Eckhagen. Dedit 1 flor. 1518. Obiit Hermannus Lymborch, frater noster, sacerdos anno domini 1541.

10. F. Memoria Corth Bornemans. Memoria domini Nicolai Guldenbock. Memoria domini Hinrici Lauwen.

11. G. Martini episcopi.

13. B. Brictii episcopi.

19. A. Elizabet vidue.

20. B. Bernwardi episcopi.

22. D. Obiit frater noster Hermannus Rintelen sacerdos, primus post dominum Bernhardum de primitivis, diu procurator et scripturarius. Multum laboravit postea ad instanciam priorum, regularium et aliorum, positus confessor sororum de domo nostra primus in Eldagesen circiter ad XVII annos. Ibidem obiit anno XCL

23. E. Clementis pape.

24. F. Obiit Johan, frater noster laycus, sartor et cocus, anno LXIII. Obiit dominus Hinricus Brandis vicarius ecclesie sancte Crucis anno 1508. Que dedit, require infra. Anniversarius domini Hinrici Vurhan presbitri et der Beckersche, famule ejus. Dederunt LX ꝟ.

25. G. Katherine virginis.

26. A. Illacionis beate Marie.

29. D. Anniversarius Derikes Frank, fratris nostri layci, carpentatoris, anno LXXIX. Obiit dominus Paulus Nagelsmet de Alen octavus rector hujus domus. Prefuit 39 annis. Obiit anno 1559.

30. E. Andree apostoli. Servatur solemniter in ecclesia nostra ex fundatione Ludolphi Zuring et sequenti die memoria ejus in vigilia et missis et Luderi Zuring, parentum eorum, amicorum, benefactorum et omnium fidelium defunctorum.

[Kalendis Decembris.]

t a. 3. A. Memoria domini Eghardi Hanenzee propositi ecclesie Hildensemensis et memoria prima Johannis episcopi Misinensis suffraganei.

4. B. Barbare virginis.

5. C. Anniversarius domini Hinrici Gottingen, sacerdos, confrater et commensalis noster, qui ultra 200 flor. in auro nobis dedit cum omnibus rebus suis. Obiit anno 1541.

6. D. Nicolai episcopi. Obiit dominus Laurentius de Brugis rector domus fratrum in Culmen in Prussia, ibidem missus pro reformatione, anno domini MDXXIII.

7. E. Obiit frater noster Bernhardus clericus anno domini MCCCCXC.

8. F. Memoria quarta Henningh Danckleves, Geseken, uxoris ejus, filiorum et omnium de progenie eorum defunctorum.

10. A. Anniversarius domini Lamberti Dachmisse vicarii ecclesie Hildensemensis, qui obiit anno MD primo. Dedit XX flor.

11. B. Memoria Alheit Groven et omnium de illa progenie.

13. D. Lucie virginis.

15. F. Memoria Hinrick van Kem proconsulis et omnium de illa progenie. Item una dierum quatuor temporum post Lucie servabitur tercia memoria Katherine Albomes et simul Henrik Bensdorp, uxoris ejus et omnium de progenie ipsorum. Item memoria domini Johannis Wittenze. Item memoria quarta Hermen Ernsting, Syke et Elsebe, uxoris ejus. Memoria, pro quibus Hinrick Wiringh desideravit. Item memoria domini Eghardi de Hanense canonici ecclesie Hildensemensis et omnium de progenie ejus.

18. B. Obiit frater noster Sebastianus sacerdos anno domini 1504.

19. C. Memoria parentum atque benefactorum domini Hermanni Eyken vicarii in Monte. Dedit XX flor. adhuc vivens. Obiit anno 1502.

20. D. Memoria 4a Cort Eyken et Margarete uxoris ejus et omnium de progenie eorum. Dedit 1½ ℔. Ministrabitur albus panis.

21. E. Thome apostoli.

24. A. Vigilia.

Item omni mense servabitur memoria domini Egghardi Harlsem cantoris ac canonici majoris ecclesie Hildensemensis,

Ludolfi et Mieken, parentum ejus, fratrum ac sororum, consanguineorum, affinium, benefactorum, amicorum ejus et omnium fidelium defunctorum. Item servabitur memoria domini Theoderici Breier decani in Monte sancti Mauricii et parentum, fratrum, consanguineorum, affiuium ejusdem una cum memoria domini cantoris. Hee memorie scripto sunt in carta de pergameno, que appenditur lapidi in choro illo die, quando peragende sunt, ut non sit necesse totiens inscribere lapidi, et addatur in fine carte semper: ,Et omnium benefactorum vel oraciones nostras desiderantium'.

25. B. Nativitas domini.
    C. Stephani prothomartiris.
    D. Johannis apostoli.
    E. Innocentum.
    F. Thome Cantbuariensis.
    A. Silvestri pape.

Verzeichnisse der Wohlthäter, Rectoren, Brüder des Lüchtenhofes u. A.

Niederschrift des Rektors Peter Dieppurch.ᵃ

Quiaᵇ demptis patribus fratribusque nostris predecessoribus, qui laboraverunt pro domus hujus nostre erectione, fuerunt alii multi, qui dei intuitu piaque devocione pro ejusdem progressu manus porrexerunt adjutrices, quorum ut non omnino memoria aboleatur, registro facto subnotare ut racioni consonum dignum duximus, ut si non semper tamen adminus quater in anno secundum morem nostrum hactenus observatum et amodo servandum institutum omnium in generali memoria, aliquorum eciam in speciali sive singulari secundum exigenciam exprimantur nomina benefactorum, illis videlicet temporibus, quibus ante quatuor summa festa totius anni ad tenendum exercicium spirituale convenire solemus. Ubi rogatis veniis et examinatis culpis, ut moris est, senior negligencias emendandas et alia oportuna occurrencia sermone exhortatorio discutere ac corrigere solet, maxime autem, ut omnes injurias vel querelas seu quicquid adversus alium quis habere poterit ex corde dimittant et lesam caritatem mutuo se invicem humiliantes et reconciliantes reformare studeant, ut vel sic circa instans festum preteritorum obliti et ex corde pacificati novo vel innovato proposito in anteriora extenti devocius ac ferventius errata corrigere et in melius proficere queant. Devitent eciam ac precaveant sollicicius omnes occasiones scandalorum vel perturbacionum, negligenciarum seu confusionum in legendo, cantando, maxime in ecclesia et ubique in omnibus agendis, ut non sit opus venias petere seu aliquorum ac alicujus correpcione festum instans materia lugubriori obfuscare, set pocius disciplinis acceptis pro retroactis satisfacereᶜ. Disciplinis autem acceptis cum ‚Nostris malis affer' etc. et ‚Salvator mundi' etc. cum suis collectis fiat memoria et recitacio benefactorum nostrorum et fratrum nostrorum defunctorum seu aliorum oraciones nostras desiderantium, et maxime si

---

ᵃ) Hdschr. 351 der Becerinischen Bibliothek zu Hildesheim Fol. 173' -182', alle folgenden Verzeichnisse und Aktenstücke aus der Necrologhandschrift (Ge 67) im Priesterseminar daselbst. ᵇ) Fol. 173'. ᶜ) Fol. 174.

,340)

Verzeichnisse der Wohlthäter. Rektoren.

quid singulariter committi debet oracionibus fratrum pro pace vel aliis *incommoditatibus insurgentibus.* Quibus intimatis cum psalmis, ‚Ad te *levavi oculos* etc. et rersibus ‚Salvos fac servos tuos et ancillas tuas‘, *Mitte eis auxilium* de sancto‘, ‚Esto eis domine turris fortitudinis‘, ‚Nichil *proficiat inimicus in eis*‘. ‚Domine exaudi‘ etc., collecta ‚Deus qui caritatis *dominus*‘. ‚De profundis clamavi‘ etc. et suis collectis datur benediccio.

Benefactores precipui sunt isti.

Dominus Bruno presbiter pie memorie.
Dominus Conradus Stockeldey et mater ejus.
Dominus" Johannes Cramer et soror ejus Haseke.
Henningh Aswin et uxor ejus.
Bernhardus Luchem et uxor ejus Margareta.
Magnus quondam episcopus Hildensemensis et Egbardus de Hanenzee quondam prepositus ecclesie majoris, quorum privilegiis et auxilio domus nostra non parum sublevata fuit.
Johannes episcopus Misincnsis suffraganeus episcopi Hildensemensis, qui omnia nobis largiter consecravit.
Eghardus[b] de Wende prepositus ecclesie majoris, qui et defensor et impetrator fuit quorundam privilegiorum nostrorum.

Nomina[c] fratrum nostrorum defunctorum.

Dominus Bernardus rector primus et fundator domus nostre.
Gotfridus clericus senex, qui ante adventum fratrum domui previdit.
Hinrik laycus et cocus noster quondam.
Derik laycus et cocus.
Conradus Monasteriensis clericus.
Wilhelmus Sutloen presbiter.
Hinricus Ysenak presbiter.
Dominus Johannes Loen presbiter et rector 2[us] domus nostre.
Johan laycus et cocus noster.
Arnoldus Trajecti clericus.
Nicolaus Calcar clericus.
Johannes[d] Calcar, frater ejus, sacerdos.
Johannes Lewardie.
Derik Frank laycus antiquus.
Albertus Calcar presbiter.
Dominus Lambertus rector 3[us].

---

a) *Fol. 174'.* b) *Fol. 175.* c) *Darüber steht Et aliorum infra scriptorum.*
d) *Fol. 175.*

Dominus Johannes Wissel rector in Cassel, frater domus nostre.
Dominus Johannes Derike de Wesalia senior in Berlicum.
Dominus Gobelinus senior in Berlicum. Ambo jacent sepulti in Frisia.
Gerhardus Cappellis obiit in Magdeburch anno LXXXVI.

Dominus Johannes Bocoldie rector et fundator domus fratrum in
Magdeburch obiit in domo sue recepcionis in Hildensem anno d[omini] etc.
LXXXVII.

Item in generali pro patribus et fratribus ac sororibus vivorum seu
mortuorum omnium congregacionum de conversacionis nostre modo civitatum Monasteriensis, Daventrie, Swollis, Colonie, Wesalie, Hervordie, Cassel.
Et omnium aliorum devotorum sive religiosorum.

Item[a] pro parentibus nostris carnalibus, pro fratribus, sororibus,
cognatis et amicis.

Item oremus et pro nobis ipsis invicem singuli pro omnibus singulariter, ut salvemur.

Item pro omni ecclesia dei, pro omnibus in sublimitate positis, pro
episcopo nostro et dominis nostris de capitulo, pro consulatu et omnibus
fautoribus nostris preces nostras desiderantibus.

Registrum benefactorum nostrorum.

Dominus Bruno presbiter, quondam canonicus aule episcopalis Hildensemensis, primus benefactor noster ab inicio et maximus omnium in donis.
Nam ab anno primo adventus fratrum in Hildensem et deinceps usque
in finem vite sue instrumenta et alia utensilia subministrando domum
nostram promovit. Qui et circa finem vite sue se et omnia sua domui
conferendo apud nos obiit. In pecuniis enim circiter trecentos florenos
R[enenses] sive in redditibus sive in debitis remissis vel in promptis
nobis dedit cum omnibus suis clenodiis et utensilibus, que pauca non
fuerunt. Inter que dedit calicem bonum et aptum forma et fortitudine[b]
et quantitate deauratum, quem ipsemet fertur fecisse, eo quod mirificus
fuerit artifex. Nondum perfectus est calix, eo quod capulus vel nodus
stipitis adhuc patet foraminibus gemmis[c] vel lapidibus preciosis implendis.
Quorum eciam lapidum poliendorum et aptandorum artem habuit et
instrumenta hujus operis nobis reliquit cum multitudine lapidorum[d] nondum
formatorum cum multis aliis instrumentis aptis ad diversa. Item ornamentum et missale quasi novum in pergameno per fratrem domus scriptum,
cujus et nichilominus precium solvit. Item breviarium suum cum ordinario

---

a) Fol. 176. b) Fol. 176'. c) Zusatz am Rande: Perficiebatur anno LXXXII
impositis floribus pro lapidibus. d) sic.

de papiro, quorum erant due partes, unum leccionarium et alia pars erat
iu qua habentur psalterium, antiphonae et responsoria de tempore et
sanctis per annum. Tercia ejus pars ejusdem magnitudinis set non
spissitudinis erat ordinarius secundum dyocesim Hildensemensem. Item
medicinalia s[cilicet] Engelbertum cum aliis libris. Item omnia vestimenta, lectos, lintheamina et multa utensilia et instrumenta alia pene pro
omnibus fratrum officiis. Usque hodie non est inventus similis illi benefactor, qui tam liberaliter domum ditaverit nostram, nichil exigens sive
in missis, vigiliis seu aliis oracionibus, prout moris est pene omnibus, set
solo dei intuitu et propter deum, absque omnis vicissitudinis vel retribucionis
spe. Super qua re cum admirando dominus Bernardus dixisset, quid
nam pro eo fieri juberet post mortem, respondit, sufficere deum horum
memoriam habere. Hujus autem viri anniversarium servamus IIII kalendas Maji.

Dominus[a] Conradus Steckeldey presbiter stetit apud nos quasi ad
tres annos honeste conversando, qui decedens pene omnia sua dedit
fratribus, in pecuniis ultra centum florenos R[enenses] in subsidium
structure maxime ecclesie. Item calicem argenteum nondum ex toto
deauratum[b], item missale et breviarii duas partes cum leccionibus cum
tercia parte, in qua habentur psalterium. vigilie etc., omnia de pergameno.
adjecta ista condicione, ut a domo nostra alienari non debeant. Item
lectum et alia utensilia. Ipse elegit apud nos sepulturam disponens, fieri
memoriam suam et matris sue a fratribus. Cujus anniversarius una cum
memoria matris ejus servatur XIII kalendas Junii.

Hennigh Aswin cum uxore sua dedit nobis domum suam in Nova
civitate prope novum hospitale, que[c] vendita est pro XXVIII florenis, et
omnia utensilia sua, in pecuniis vero circa[d] XVI talenta et ultra. Quorum
anniversarius servatur.

Elizabeth de Tremonia dedit calicem angulatum in pede unde de
liiste summi altaris. Item VII marcas Lubicenses. Item X florenos
R[enenses] et servabitur anniversarius ejus.

Dominus Johaunes Dringherberghes plebanus quondam in Lafferde
Majori dedit quinquaginta florenos R[enenses] anno d[omini] LXII in die
sancti Nicolai[1], idest medietatem reddituum centum florenorum depositorum
apud capitulum ecclesie majoris, nam aliam partem dedit predicatoribus
ad sanctum Paulum, quam redimentes datis L florenis predicatoribus[e]

---

a) *Fol. 177.* b) *Zusatz am Rande:* Fecimus hunc deaurari anno 1460 vel
circiter. c) que *bis* florenis *an leergelassener Stelle nachgetragen.* d) circa *bis* ultra
desgl. e) *Fol. 177'.*
1) *Dec. 6.*

fratres litteram istam emerunt. Ejus anniversarius in missis et vigiliis servabitur in die sanctorum Primi et Feliciani [1].

Dominus Johannes Cramer vicarius ecclesie majoris, cujus anniversarius servatur IIII kalendas Aprilis [2], et soror ejus Haseke dederunt nobis pro fundacione altaris sancti Anthonii ducentos florenos R[enenses]. Item eadem domina predicta dedit nobis dimidiam decimam et sex mansos censuales cum omnibus suis attinenciis[a] pleno jure in districto ville Zeghesten Hildensemensis dyocesis consistentes, ut patet in litteris. Et servabitur missa perpetua una singulis diebus pro ipsius domine donatricis et pro parentum, fratrum et amicorum suorum salute, et potest celebrans legere missam quamcunque voluerit in[b] summo altari in choro. Ipsa est missa cotidiana seu communiter conventualis in choro.

Katherina Albomes dedit L florenos et annuatim unum florenum R[enensem] sublevandos apud Hinricum van Verden et servabitur in ebdomada una missa pro defunctis exceptis solompnibus octavis et tres memorie cum vigiliis et missis. Una servatur feria secunda ante Invocavit pro omnibus fidelibus defunctis, alia una dierum quatuor temporum post Invocavit pro abbate Swanenvlogele [3], Johanne de Hamelen, Katherina Albomes et aliis, de quibus ipsa nata est. Item tercia in quatuor temporibus post Lucie pro se et suis parentibus, sicut desideravit, scilicet Hinrico et Drudeke. Addidit antem in octava Marie Magdalene anno d[omini] LXII adhuc[c] XX florenos R[enenses], ut supradicta eo diligentius serventur.

Bernardus Luchen et uxor ejus Margareta, parentes Henninghi quondam fratris nostri, post[d] autem regularis facti, dedit centum marcas Lubicenses. Item ex parte Hennighi sublevavimus L florenos R[enenses], cum quibus redempta fuit littera centum florenorum predicta ex parte plebani de Lafferde. Quorum anniversarius servatur circa festum Margarete [4] non obstante, quod Bernardus predictus obiit XLVII die [5] ante visitacionis Marie et uxor ejus in die sancte Katherine [6].

Dominus Eghardus Harlsem canonicus et cantor ecclesie majoris dedit nobis LXIIII talenta et servabimus perpetuis temporibus in omni mense semel vigiliam, quibus omnes clerici et presbitri interesse debebunt, nisi legitime impediti fuerint, et altera die celebrare volentes legant missas pro defunctis vel collectas, in memoria habentes eum ac Ludolfum et Mieken, parentes ejus, de Harlsem, fratres. sorores et consanguineos,

---

a) Hdschr. attinentienciis.   b) in bis zum zweiten choro Zusatz.   c) Fol. 178.
d) post auf Rasur.
1) Juni 9.   2) März 29.   3) Johann Swanenvlogel, Domdechant 1436—66 und Dechant des Johannisstiftes 1464.   4) Juli 13.   5) Juli 1.   6) Nov. 25.

benefactores, familiares ac omnes fideles defunctos.   Dedit et X talenta
ad missam in ebdomada Rorate die illa, qua festum occurrerit annunciacionis domini, que servatur una cum missa eadem Wedekindi ut infra.
Dedit [a] et ͺalia circa mortem suam.   Require infra.

Decanus de Northem anno d[omini] LIX dedit III florenos R[eneuses]
propter deum et ad communem fratrum utilitatem, ut sui essemus memores in missis, vigiliis ac aliis bonis operibus.

Dominus [b] Hinricus Lupi dedit XL florenos R[eneuses] et servabimus
duas missas in ebdomada perpetue, unam de domina nostra aliam pro
defunctis exceptis octavis solempnibus, et venerunt ad structuram domus.
Ejus memoria erit XIII kal. Maji.

Dominus Wedekindus Warborch dixit, se domino dedisse mortuo [c]
Bernardo ducentos florenos R[enenses].   Et licet nulli nostrum de tanta
constabat summa, tamen magna contraversia coram prelatis nostris cum
ipso domino Wedekindo habita consultum nobis fuit, ut propter scandalum
et dispendium vitandum cederemus ipsi utet in littera, sicque nos [d]
obligantes acceptavimus unam perpetuam missam de domina nostra
singulis diebus, nisi racionabilis causa vel magnum festum obsisteret.
Desideravit eciam, ut eo die, quo festum annunciacionis beate Marie
virginis occurreret, per totum istum annum eodem die legeretur officium
istius festi scilicet Rorate etc.   In memoriam sui et progenitorum suorum
fiant predicta.   Eaque de causa et propter Eghardum Harlsem legimus
Rorate in ebdomada semel eo die, quo festum annunciacionis [1] illo in anno
occurrerit, prout acceptavimus ab ipso ordinatum, et solventur ambe per
unam missam.

Anno d[omini] MCCCLX dominica Cantate [2] ordinatum fuit per
dominum Theodericum Breyer decanum ecclesie sancti Mauricii in Monte
prope Hildensem et per Johannem Bringman et Johannem Moghelkem
cum consensu aliorum contestamentariorum testamenti bone memorie
Johannis Steynberghe presbitri [e], ut senior unacum fratribus suis domus
Ortiluminum beate Marie virginis in Brulone legant vel legere faciant
singulis annis centum octoginta tres missas animarum cum totidem vigiliis,
que medium annum representant, et XXXII psalteria, pro quibus videlicet
seniori et fratribus distributor prefati testamenti dabit singulis annis
VIII talenta et VIII β pasche, VIII talenta et VIII β Michaelis, quamdiu
ipsis placet hec acceptata servare.

ᵃ) Dedit bis infra Nachtrag.   ᵇ) Fol. 178ʹ.   ᶜ) mortuo am Rande.   ᵈ) nos
obligantes auf Rasur.   ᵉ) Fol. 179.
¹) März 25.   ²) Mai 11.

Patres colloquii Monasteriensis dederunt in primo anno XL⁰ adventus fratrum in Hildensem domino Bernardo pro congregacione facienda de contribucionibus XX florenos R[enenses]. Item anno dehinc XLIIII⁰ dederunt X florenos. Dicebatur* nobis, quod ex parte scripsimus et continuavimus breviarium ordinarii Monasteriensis pro eisdem florenis in Hildensem. In quo et ego ipse multum scripsi.

Theodericus Diepenbek dedit ad subsidium tabule summi altaris IIII florenos R[enenses].

Hinrik van dem Damme dedit III florenos et uxor ejus de Demsche dedit nobis ornamentum sericum cum duobus clipeis.

Uxor Corts Rades quondam pie memorie dedit nobis albam et quedam clenodia argentea de suo quondam ornatu.

Alheyt^b Kersten Hermans anno domini LX dedit nobis XX florenos R[enenses] et servabimus omni ebdomada semel missam unam pro defunctis et unam vigiliam perpetue.

Dominus Theodericus Breyer decanus in Monte dedit nobis decem talenta, cujus memoria servabitur kalendis¹ Februarii, centum et LXIX florenos et singulis IIII^or ebdomadibus serventur vigilie et alia die misse. Et hoc fit eo die, quando utsupra agitur memoria similiter omni mense pro domino cantori Harlsem.

Dominus Johannes Wittense dedit nobis quinque florenos R[enenses] et aliqua utensilia, qui obiit in adventu.

Heydenrick mercator dedit nobis IIII florenos R[enenses].

Dominus Hinricus Sifridi dedit nobis pilam, scutellas, lectum parvum et^c magnum caldarium. Cujus memoria servatur.

Dominus^d Conradus canonicus sancti Johannis in Dammone dedit florenum. Cujus memoria servabitur.

Dominus Fredericus canonicus sancti Johannis in Dammone dedit nobis lectum. Cujus^e memoria servabitur.

Ludolfus pictor de Hamelen dedit nobis parvam tabulam depictam, ubi beata virgo sedens tenet puerulum Jhesum ludentem im hackebret^f assistentibus angelis et concinnentibus, et lapidem bonum ad terendum colores.

De Frederksche dedit 1 florenum et ollam, quo rasor utitur in officio suo^g.

---

a) Dicebatur bis scripsi Zusatz von derselben Hand. b) Fol. 179'. c) et bis caldarium nachgetragen. d) Fol. 180. Dominus bis servabitur später durchstrichen. e) Cujus memoria durchstrichen. f) hackebret an leerer Stelle eingefügt. g) Zusatz: quondam, per alind vas jam fit.

¹) Febr. 1.

Dominus Hinricus Griptant dedit nobis VII florenos, ut servetur memoria benefactoris sui domini Johannis Eschershusen in profesto[1] sanctorum Gordiani et Epymachi. Servatur[a] idibus[2] Maji.

Episcopus Magnus Hildensemensis, qui largiter dedit privilegia nobis in primo anno adventus fratrum, desiderat pro se et suis orare, ut patet in littera. Similiter et dominus Eghardus prepositus ecclesie quondam Hildensemensis singularis adjutor, fautor et promotor domus nostre.

Set[b] et Eghardus de Wende successor et consanguineus domini prepositi predicti et ipse prepositus ecclesie Hildensemensis, singularis fautor et promotor noster, qui nobis procuravit privilegia de confirmacione senioris, de visitacione domus etc. Ipse fuit executor privilegiorum nostrorum ab apostolica sede impetratorum[c]. Dedit[d] XX florenos, ut pro eo et quibus desiderat legatur missa una in ebdomada super altare martirum, si fieri potest, alias legatur in alio loco.

Dominus Johannes episcopus Misinensis ecclesie in pontificalibus, vicarius episcoporum ecclesiarum Hildensemonsis et Myndensis, omnia nobis consecranda consecravit et fratres nostros ordinavit liberaliter. Dedit nobis idem litteram reddituum centum florenorum post mortem suam, quo decedente deinde servabitur ejus anniversarius. Dedit et pro locione pedum pelvim.

Wulpeke ancilla domini decani Breygers in Monte dedit in valore circiter XX florenos Renenses. Anniversarium habet.

Herman Ernstinghes et Syeke uxor ejus dederunt X talenta. Memoria pro ipsis et consanguineis.

Fuerunt[e] eciam adhuc et alii benefactores ab inicio domus nostre. quos conscriptos habuit Godfridus quondam pie memorie, cujus registrum. cum non invenimus, propter multas nostras edificacionum distractiones amissum creditur. Horum nomina novit deus, qui et requiescant in sancta pace amen.

Fuerunt rursum et alii quamplures, qui collaborando aut fratres nostros informando domum sublimarunt nostram, tam religiosi quam fratres conversacionis nostre, de quorum numero sunt:

Johannes Colonie frater Monasteriensis, qui domum nostram scriptoriam edificavit utsupra[3].

Hinricus Calcar frater Hervordensis, qui fecit nobis ferramentum hostiarum et docuit alia oportuna fratres.

Dominus Reynherus rubricator primus in Hildensem, pater monialium.
Dominus Johannes Loff, postea confessor sororum in Eeldagessen.
Theodericus Blitterswik frater Monasteriensis, de quo supra.
Johannes Batenborch, qui obiit in Wesalia, de quo supra.
Gerhardus Munteburc, transiit ad regulares.
Conradus Pattenzee frater Hervordensis congregacionis, quiescit apud nos utsupra[1].
Hinricus Xanctis, qui obiit pater primus in Rostik[2], frater[a] Hervordensis et eciam noster.
Hinricus Wesalie, qui obiit in Monasterio, de quo supra.
Petrus de Tremonia, ex cujus parte habemus calicem, frater[b] Monasteriensis, ipse incepit Clymacum[3].
Petrus de Hervordia, qui in principio cum Godfrido aliquando habitavit.
Hinrik pictor, frater Wesaliensis congregacionis, qui pinxit tabulam summi[c] altaris.
Johan Hessze de Hervordensi congregacione, pergamentarius.
Hinricus Huls pater quondam primus in Cassel, nunc rector sororum. Scripsit[d] testamentum vetus.
Bertoldus Ymmenhusen rector domus in Cassel[e].
Ludwicus, qui missus in Cassel obiit sacerdos ibidem.
Henninghus Luchem quondam frater domus nostre, regularis factus.
Civis[f] quidam Lubicensis dedit nobis pannum, pro quo vendito sublevavimus XX talenta.   Vocabatur Kentzeler[g].
Henrik Sasse in Lubek dedit ad subsidium monstrancie nostre.
Hinrik Backer in Lubek fuit benefactor noster in procurando.
Egbardus Harlsem cantor quondam ecclesie Hildensemensis, de quo supra[4].   Obiit in die Bartholomei[5].   Deposuit apud dominos nostros in summo CC florenos reddituum X florenorum annualium, de quibus nos dabimus sororibus ad s. Mariam Magdalenam IIII, reliquos VI nos tenemus sub titulo fundacionis altaris Marie virginis in cappella nostra, ubi servabitur ejus memoria et suorum a[h] celebrantibus ibidem.   Ad quam tamen noluimus nos obligare, licet valde desideraverit eciam auctoritative.   Quod si contingeret redemi predictos redditus, tunc nos habebimus C florenos et ipse

---

a) *frater bis noster* Zusatz.   b) *frater bis* Clymacum *Zusatz auf Rasur.*
c) *summi* altaris *Zusatz.*   d) Scripsit *bis* vetus *Zusatz.*   e) *Dazu bemerkt* quondam.
f) *Fol. 181'.*   g) *Namen an leergelassener Stelle eingetragen.*   h) *a bis* ibidem *und* Ad quam *bis* auctoritative *Zusatz, das Folgende bis* dudum *Zusatz von Dieppurche Hand.*
1) *Vgl. S. 18 f.*   2) *Vgl. Lisch, Jahrb. d. Ver. f. Meckl. Gesch. u. Alt. IV S. 22.*
3) *Johannes Climacus, nach seiner Schrift „die Leiter" genannt, vgl. Wetzer u. Welte, Kirchenlexikon 2. A. VI S. 1639 f.*   4) *S. 303.*   5) *Aug. 24.*

sorores C florenos. De quibus ipse sorores habent litteram a nobis, quam nolunt nobis ostendere eciam instantibus. Jam divisi sumus. Ipse habent litteram C florenorum a dominis nostris et nos similiter C florenorum litteram. Set sepissime nichil nobis dant. Dedit et speculum historiale impressum et missale.

Dominus Johannes Havernacken de Luneborch dedit X florenos R[enenses] anno LXXIX circa assumpcionis [1], qui venerunt ad subsidium VI florenorum reddituum annuatim de monasterio in Clusa eodem anno pro CL florenis emptorum ex parte jugerum, quos vendidimus, ut habetur in registro procuratoris[a]. Transpositi sunt dudum.

Phiiken Bode dedit VIII florenos, qui similiter venerunt ad predictos redditus.

Similiter et XX floreni ex parte domini Egghardi prepositi de Wenden venerunt ad predictos redditus, de quibus supra.

Dominus[b] Hinricus Nolten quondam decanus in Monte. Memoria. Dedit X talenta.

Dominus Hermannus Dassel et dominus Conradus frater ejus, presbitri. Memoria.

Uxor Anthonii Grevensteyn, que dedit V florenos Renenses. Memoria.

De Bokmeyersche duas memorias. Dedit XX[ti] florenos.

Margareta Heumeyersz dedit bonum pellicium.

Hans Volkelant dedit X florenos R[enenses] et dotavit lampadem. Memoria sui et uxoris et omnium de progenie ipsorum.

Ermegart Bylens dedit XXX β. Memoria.

Bertolt Gheversen dedit XX florenos. Habet anniversarium et memoriam.

Dominus Johannes Vry prepositus in Verda dedit medium plaustrum siliginis. Anniversarius.

Nicolaus[c] Quitzau canonicus ecclesie Hildensemensis dedit VIII talenta. Füke Boden dedit VI talenta.[d]

Dominus Johannes Havernak[e] de Lunenborch dedit X florenos.

Bertold Vlege, qui omnia sua nobis dedit, cui et in vita sua dedimus sumptus.

Hazeke de Brunhuschen soror domini Johannis Cramer dedit[f] nobis dimidiam decimam in Segest et quasi omnia bona sua post mortem, que ultra centum florenos R[enenses] valuerunt.

---

a) procuratoris bis dudum Zusatz. b) Fol. 182. c) Fol. 182'. d) Darauf folgt, in der Hdschr. durchstrichen: Dominus Theodericus Lindeman medicus dedit candelabrum gracile et longum pulcrum et mensam rotundam et angularem. e) Vgl. oben und S. 311. f) Von hier ab andere Hand.
1) Aug. 15.

Arnt Hattensne civis Brunswicensis dedit nobis aureum ornamentum cum leonibus et ceteris omnibus correquisitis, quod Geseke uxor ejus post obitum approbavit. Insuper eadem Geseke dedit nobis anno 1495 calicem argenteum deauratum, ut ipsa et vir ejus, filii ac filie haberent perpetuam memoriam nobiscum. Et fuerunt hospites nostri benigni, quamdiu vixerunt, quotiens venerunt fratres ad eos.

Geseke Danckleves dedit XXX florenos R[enenses] in auro et desideravit quatuor memorias perpetuas pro Tiil Wolters et omnium suorum cognatorum et heredum et pro Henning Danckleves et pro se et amborum parentum, cognatorum et heredum. Eadem femina dedit nobis adhuc semel XXX flor. R[enenses] et desideravit anniversarium et duas memorias. Item dedit nobis adhuc X flor. R[enenses] et pannum lineum cum aliis et desideravit duas memorias.

Hinrick van Rutenberch filius Herbordi de Rutenberch dedit nobis centum florenos. Ipse fuit magnus prefectus in Sturwold et obiit in via versus curiam Romanam anno 1500 qui fuit annus jubilei, et nichil specialiter a nobis desideraverunt sui.

Nomina* benefactorum, qui notabiliter domui nostre subvenerunt a principio ejus institucionis, hic sequuntur annotata.

Pro quibus jam inscriptis et inscribendis duodecies in anno fiat memoria cum vigiliis et missis, sicut patet in scedula, in qua cum aliis mencio eorum fit, que appenditur semel in omni mense.

Inter quos omnes primus et precipuus est honorabilis vir dominus Bruno pie memorie, cappellanus quondam episcopi Hildensemensis Magni et antecessoris ejusdem. Qui ab inicio eo tempore bene fecit domui nostre, quando maxime necessarium fuit. Nam in redditibus et pecuniis dedit trecentos florenos Renenses, ex quibus eciam pro parte emptus est locus habitacionis nostre. Dedit et calicem bonum et fortem, in cujus pede sculptum est nomen ejus. Item ornamentum, missale et omnia sua utensilia, que fuerunt communiter singulariter bona et electa et non pauca, sic quod nullum officium in domo nostra fuerit, quod non suis utensilibus uteretur ac decoretur usque hodie s[cilicet] anno d[omini] MCCCCLXXIX⁰.

---

*) Hdschr. Ge 67 des Priesterseminars zu Hildesheim Fol. 38.

Non est inventus similis illi fidelis benefactor, qui tam liberaliter tamque magnifice domum nostram dotavit et eo tempore, quando maxime indiguit. Et quod mirandum, laudandum atque omni dileccione amplexandum et usque hodie est inauditum, nichil pro omnibus hiis nec a presentibus neque a futuris fratribus in vigiliis, missis aut psalteriis legendis vel aliis unquam exegit vel eciam admonitus exigere voluit nec in minimo domum nostram onerare aut gravare consensit, quemadmodum communiter omnefacere solent, eciam quantumque dantes licet eciam parum et multa exigentes. Super quibus admonitus dignum laude et paucissimis imitabile verbum respondit: ‚Sufficit deum', ait, ‚horum que facio habere memoriam.' Quare dignum et justum est hujus viri venerabilis perpetuam habere memoriam et anniversarium precipuum solempnem. Qualia autem dederit, quere in libro de annalibus domus [1].

Dominus Johannes episcopus Misinensis, suffraganeus episcoporum Hildensemensis et Myndensis dyocesum, liberalissime omnia nobis consecrans ecclesiam, cimiterium cum duobus altaribus in principio et campana subito una die dedit centum florenos. Habet anniversarium et annuatim IIII memorias.

Dominus Conradus Stickeldey nobiscum stans, nobiscum decedens in cimiterio nostro sepultus eciam pene omnia sua dedit nobis. In pecunia ultra centum florenos dedit ad subsidium structure ecclesie nostre. Calicem argenteum in vola tantum deauratum, quem senior deaurari fecit, per totum sculpto nomine ejus subtus pedem ejus. Item missale parvum. duas partes breviarii cum tercia parte, in qua habentur psalterium, vigilie etcetera, totum in pergameno. Ejus anniversarius habetur cum memoria matris ejus.

Dominus Theodericus Breyer decanus montis sancti Mauricii apud Hildensem, amicus fautorque domus nostre, dedit X talenta. Habet anniversarium. Item LXIX florenos ordinans, ut semper ultra quatuor ebdomadas serventur vigilie et misse. Hoc idem fieri similiter disposuit Eghardus Harlessem cantor ecclesie Hildensemensis et expeditur una vice.

Henningh Asswyn cum uxore sua dedit domum suam cum area in Nova civitate Hildensemensi, civis ibidem, et omnia utensilia ejus, in pecunia vero circiter XVI talenta et ultra. Habet anniversarium.

Elizabeth de Tremonia dedit calicem magnum et pulchrum habentem pedem more monstrancie angulatum. Item liistam [*]. Item VII marcas Lubicenses et X florenos. Habet anniversarium.

---

[*] *Nach* liistam *durchstrichen* sive antependium.

[1] *Vgl. S. 14 f.*

Dominus Johannes Dringerberges dedit quinquaginta florenos anno LXII, plebanus quondam Lafferden Majori. Habet anniversarium.

Dominus Johannes Cramer vicarius ecclesie Hildensemensis et soror ejus Hazeke dederunt ducentos florenos, ut cotidie legamus missam in cappella sancti Anthonii in ejusdem altari in summo, quamdiu nostrum fuerit altare idem, idest quamdiu habuerit senior noster commissariatum ejus. Alias legemus eas in domo nostra, que tamen solvi non possent cum missa summi altaris cotidiana. Nam et illam instituit predicta domina venerabilis perpetuo servandam et* quod missa illa est conventualis semper vel ut semper erit de tempore. Habet anniversaria suis in locis. Dedit insuper eadem venerabilis domina honesta et virtuosa in continencia vitam ducens vulgariter de Brunhuschen nuncupata a viro suo, cui fuit desponsata, licet ad nupcias ejus non pervenerit morte eum preveniente, in testamento suo duos lectos cum pulvinaribus duobus et una lodice, item pelvim et caldarium magnum, item instrumenta braxandi, item X scutellas stamneas cum X similiter scissoriis stamneis, complicatam mensam, eyn rode beken, den Zelentroste, calicem deauratum, missale magnum, viginti II florenos in auro, de glose uppe dat Pater noster, tres ollas, duos lintheres, duas capsas cum aliis utensilibus, que non omnia acquisivimus.

Gretike Kannegeters dedit parvum calicem IIII^or florenorum cum aliis. Habet memoriam.

Bertold Vlege rusticus in Rutenberg dedit nobis pene omnia sua bona. Habet anniversarium. Cui eciam providimus in victu vel aliis usque ad mortem.

Dominus Johannes Havernake de Luneborch dedit X florenos. Habet memoriam.

Katherina Albomes dedit quinquaginta florenos et unum annuatim sublevandum ab Hinrik van Verden et servabitur jugiter in ebdomada una missa pro defunctis exceptis octavis solempnibus. Item tres memorie cum vigiliis et missis, una feria II^a post Invocavit, alia in eadem ebdomada una die quatuor temporum pro Alberte Swanenvlogele, Johanne de Hamelen, Katherina Albomes et aliis ejus progenitoribus. Tercia servabitur die una quatuor temporum post Lucie[1] pro se et suis parentibus et pro quibus ipsa desideravit, s[cilicet] pro Hinrico et Dinkede. Addidit adhuc XX florenos Renenses, ut eo melius serventur predicta, anno LXII octava[2] Marie Magdalene et in assignacione memoriarum predictarum assignet

---

*) Fol. 38'.
¹) Dec. 13.   ²) Juli 29.

sacrista semel vel bis, et pro Hinrik Bensdorp et ejus uxore et qui de eorum sunt progenie et domini Hinrici filii eorum. Qui fuerunt congnati et amici predicte Katherine Albomes et ideo condescenditur hic cum eis. Modicum enim obtulernnt s[cilicet] VIII talenta.

Bernhard Luchen et uxor ejus Margareta, parentes Henninghi quondam fratris nostri, qui miserabiliter obiit factus postea regularis. Ex parte quorum sublevavimus centum quinquaginta florenos. Hii tres habent unum anniversarium.

Dominus Eghardus Harlsem cantor ecclesie Hildensemensis dedit LXIIII talenta. Et servabimus omni mense semel vigiliam, cui adesse debent omnes presbitri et clerici, nisi legitime impediti fuerint, altera die volentes celebrare legant pro defunctis vel collectas, in memoria eum habentes et Ludolphum et Myken, parentes ejus, de Harlsem, fratres, sorores, consanguineos, benefactores, familiares et omnes fideles defunctos. Item addidit X talenta. Item dedit missale et speculum impressum historiale. Item fecit nobis apud dominos nostros redditus annuales IIII florenorum depositis ibidem centum florenis pro fundacionis sublevamine altaris b. Marie virginis in cappella nostra, ut legentes suam et suorum ibidem memoriam tenerent, quod vehementer ac auctoritative desideravit fieri patre fratribusque dissimulantibus et non consentientibus. Item missa ‚Rorate‘ cum suo officio, ut in die annunciacionis[1] beate Marie tenetur per annum, in illo die, quo isto anno fuit festum annunciacionis beate virginis Marie, ex parte domini Wedikindi, ut infra. Ad quam missam sic continuandam addidit predictus Egbardus Harlsem predicta X talenta.

Idem enim dominus Wedikindus de Warborch nobiscum ad tempus stans statim post mortem domini Bernardi primi fundatoris domus nostre evigilans dixit, se dedisse successive domino Bernardo ad domus utilitatem ducentos florenos, quos exposcebat a fratribus nichil inde scientibus set vehementer admirantibus, motis querimoniis coram prelatis nostris oculis flentibus etc. Pro quo pacificando de consilio prelatorum nostrorum pro nobis zelantium eo promptius, quo tamen tota domus nostra insignita est titulo beate virginis, acceptavimus et obligavimus nos[a] ad tenendam omni die unam missam de domina nostra demptis magnis festivitatibus, ubi potest addi collecta, sic tamen ut ‚Rorate‘ cum suo officio legatur eo die quo in ebdomada fuit festum annunciacionis[1], utsupra dictum est. Idem Wedikindus factus regularis obiit in Wittenborch.

---

[a] *Fol. 39.*
[1] *März 25.*

Haus Volkelant dedit X florenos.   Ipse dotavit[1] lampadem cum oleo in choro ante venerabile sacramentum, ut semper ardeat die noctuque. Hoc sacrista custodiat bene.   Sartores exponunt hos redditus.   Dedit et ornamentum viride.   Habet memoriam.

Dominus Bertrammus presbiter Stannebeen dedit annuatim IIII florenos Renenses ad subsidium fundacionis altaris martirum ad aquilonem ante chorum et ut misse ibidem facte prosint ad salutem anime ipsius, parentum cognatorumque ejus.   Item dedit missale parvum, quod venditum est pro XIII talentis, item lectum cum mappis sive palleis, item redditus IIII^{or} florenorum, quorum tres distribuantur [in usus pauperum sive in victu sive vestitu vel in subsidium scolarium, si acquireremus domum scolarium, quartum nos habebimus pro labore.   Item dedit nobis debita sua, que simul fuerunt floreni quinquaginta apud civem Hildensemensem nomine Jacob Drucker et est dubium, si unquam solventur.   Dedit et calicem bonum et aptum, sub cujus pede sculptum est nomen ejus.   Dedit et duo breviaria in papiro et psalterium in pergameno.   Dedit et alia utensilia, quorum pauca acquisivimus propter bonum pacis.   Habet anniversarium unum pro se, parentibus cognatisque suis.

Item semel in ebdomada tenebimus unam missam pro defunctis in altari martirum predicto pro domino quondam preposito Eghardo de Wenden et pro quibus ipse desideravit.   Quando tamen in eodem altari fieri non posset, fiat alibi, sicut melius convenit.   Et in eadem missa habeatur similiter memoria domini Bertrammi, parentum et cognatorum suorum.

Item dominus Eghardus quondam prepositus de Hanenzee ecclesie Hildensemensis, magnus fautor, promotor atque defensator in principio domus nostre, de quo asserebat dominus Bernardus, quod post deum non habuerit hominem nisi eum, in quo confidens spem profectus domus nostre poneret.   Ipse tumultum contra fratres in principio mitigavit tam apud clerum quam ad senatum, et nisi ejus industria fecisset, non fuissent circa nos pacata omnia, set nec habitacionis nostre locus et vinetum ad votum cessissent et cetera.   Insuper ante mortem suam commendavit fratres successori suo et aliis.   Habet memoriam.

Huic successit dominus Eghardus de Wenden in prepositura ecclesie Hildensemensis, fautor et promotor eque magnus et fidelis in omnibus. Dedit XX florenos pro servanda missa et utsupra pro defunctis.   Item dedit ducentos florenos pro instauracione domus scolarium facienda in Hildensem et eorundem necessitate.   Quod si, cum temptatum et

---

[1] *Vgl. Urkb. der Stadt Hildesheim VII n. 780.*

elaboratum esset, non posset habere effectum, tunc possent cedi in usus domus nostro et subsidium pauperum scolarium convertendorum et instruendorum.

Dominus Hinricus Brandis de Vechta, singularis fautor, vicarius sancte Crucis in Hildensem. Qui notabiliter procuravit domui nostre testamentariatus sui officio, ubicumque potuit.

Magister Tilmannus de Czyrenberch dedit X florenos in auro. Item * acquisivimus ex testamento ejus centum et XX florenos pro lumine sepino in choro et memoria.

Hilla de Kniggesce soror domini prepositi Eghardi de Wenden dedit X florenos. Habet memoriam.

Juttike de Luttikemeyersze, cujus maritus primus fuit Tiel Pape, hujus filius fuit Conradus Pape. 2ᵘˢ ejus maritus fuit Henning Luttikemeyer, obiit XVI kal. Decembris ¹. Dedit XX florenos desiderans pro se et predictis orare. Quia autem predictos florenos dedimus patri et fratribus nostris in Magdeborch, ipsi servant anniversarium dicte domine cum memoriis illorum predictorum. Sufficit hic inter benefactores nostros eam annumeratam quo ad nos.

Dominus Eggardus Durkoep doctor decretorum, canouicus ecclesie Hildensemensis et sacri palacii apostolici causarum auditor et dehinc episcopus ecclesie Sleszvicensis etc., anno domini MCCCCXCII impetravit nobis solempnia privilegia ᵇ transferens titulum collegii canonicorum ad pristinam vite nostre simplicitatem idest ad titulum collegii presbitrorum et clericorum, manentibus nichilominus omnibus privilegiis primis a sede apostolica et ordinario concessis facta insuper extensione eorundem super filias domus nostre. Laboravit in hoc usque in quintum annum per se et suos sollicitacione instanti bulla plenarie auctoritatis expedita cum sigillo plumbeo in cordula sericca glaucei et subrufi coloris dependente in signum, quod ulteriori execucione et discussione opus non habebat, ad perpetuam rei geste memoriam in fronte insignita. Quare et nos, sicut dignum est, perpetuam ejus volumus habere memoriam pro optabili nobis impenso servicio ymmo beneficio tanto anniversario ejus hoc in libro scribendo denunciato nobis obitu ejus, quem felicem faciat deus.

---

*) Item bis memoria Zusatz. ᵇ) Fol. 39'.
¹) Dec. 16.

Fuerunt[a] et alii benefactores ab iuicio domus, quorum forte Godfridus conscripserat nomina, que[b] in hoc libro non sunt scripta nec a nobis inventa. Quorum anime requiescant in pace amen.

Super hiis fuerunt adhuc alii, qui collaborando aut docendo domum nostram promoverunt, demptis hiis, qui infra inter confraternitatem habentes et inter singulares benefactores connumerantur. Quorum aliqui fuerunt religiosi, aliqui ad tempus nobiscum steterunt probandi et probaturi, nonnulli eciam recepti, qui non perseveraverunt. De quorum multitudine paucissimos hic ponimus:

Dominus Reynerus rubricator, frater Monasteriensis, regularis factus.

Dominus Johannes Loff, frater Monasteriensis, primus pater sororum in Eldagessen.

Johannes Batenborch obiit frater in Wesalia probus.

Gerhardus Munteburc obiit regularis.

Hinricus Xanctis frater receptus in Hervordia et in Hildensem. Obiit pater domus clericorum in Rostik[1].

Petrus, frater Hervordensis, qui aliquando visitavit Godfridum in Hildensem, aliquando ad tempus cum solo solus mansit.

Johan pergamentarius, frater Hervordensis, ex dyocesi Hildensemensi.

Bertoldus Ymmenhusen, frater receptus in Hildensem, post pater in Cassel, demum pater sororum in Ymmenhusen.

Ludowicus, frater receptus in Monasterio et in Hildensem. Ipse dedit domum suam parvam sororibus facta ibi domo sororum in Ymmenhusen in Hassia.

Hermannus Koppel vel Enghus, frater receptus in Hildensem, adiit ordinem predicatorum, ubi quantum profecerit testes sunt confratres ejus predicatores.

Hinricus Dulmanie abiit ad minores, frater receptus.

Johannes Berca similiter ivit ad minores, frater receptus.

Bernardus Dulmanie, frater receptus in Hildensem.

Hermannus Bruse de Lubec, frater receptus in Hildensem.

Claus sartor et carpentarius, fidelis laborator.

Thomas laycus, cocus noster.

Borchard conversus de Richenberg, fecit et docuit fratres facere vitra.

Johannes Magdeborch postea uxoratus, penituit licet sero, obiit in matrimonio.

---

[a] *Fol. 35'.* [b] *Hdschr.* qui.
[1] *Vgl. Jahrb. des Vereins für Mecklenb. Gesch. u. Alterthumskunde IV S. 9.*

Quis retinere posset nomina aut numerum fratrum eorum venientium et recedentium, quorum aliqui steterunt vix ad mensem, alii paulo plus, plerique ad dimidium annum, nonnulli ad integrum, aliqui ad duos annos, alii ad tres, plerique ad quatuor, quinque, sex etc., dicam ne ad XII. XVI vel XX annos? O judicia domini abissus multa. Qui stat, videat, ne cadat. Timete dominum, omnes sancti ejus.

Nota eciam, quod de confraternitatem nostram desiderantibus aliqui eorum habere volunt litteram. Et quia non sumus nos religiosi aut monachi, quibus in usu est multum jejuniare, vigilare, disciplinari etc. multo plus quam fratribus, idcirco non est nostrum, more ipsorum in confraternitatum nostrarum litteris hujusmodi austeritatum nominibus gloriari aut eorundem vel tenuem facere mentionem, set sufficit simpliciter in generali bonorum nostrorum spiritualium, que per nos operare dignabitur dominus, facere nobis bene motos et confraternitatem nostram desiderantes participes secundum exemplaria inferius in fine quasi libri demptis tribus foliis posita[1], sin non habes meliora.

Verzeichniss der Rektoren des Lüchtenhofes.

Nomina patrum rectorum sive seniorum domus nostre defunctorum.

Primus[a] rector, pater et fundator fuit domus nostre Ortiluminum honorabilis vir dominus Bernardus de Buderic oriundus. Qui prefuit annis XVI multis laboribus et incommodis pro eadem confectus. Obiit[b] anno 1457.

Deinde dominus Johannes Loen discipulus ejus, frater domus nostre, prefuit annis VI. Obiit[c] LX[III].

Exhinc dominus Lambertus de Colonia oriundus in Ymmenhuse educatus, frater domus, prefuit annis XIII. Quibus elapsis resignavit[2] propter infirmitatem suam. Obiit in Hassia in monasterio monialium tunc, nunc regularium nomine Merkenshusen[3] cappellanus. Obiit[d] LXXX.

Quartus dehinc rector vir honorabilis fuit dominus Petrus Typorch Maguntinensis dyocesis oriundus, frater domus hujus. Prefuit annis XVII.

---

a) Fol. 43. b) Obiit anno 1457 Zusatz Ende saec. XV. c) Obiit LX desgl., III offenbar am Rande weggeschnitten. d) Obiit LXXX desgl.
1) Fol. 42. 2) 1476 vgl. S. 74 unter 1478. 3) Merxhausen, Kloster südöstl. v. Wolfhagen.

qui fuerat unus de primitivis fratribus cum domino Bernhardo primo rectore Hildensemensis, diu cocus. Obiit XCIIII*.

Quintus dehinc fuit d. Goswinus Wageningh ex partibus Gelrie. Prefuit anno uno mensibus duobus diebus XXIIII. Resignavit.

Sextus dehinc fuit dominus Johannes Hinsberch ex diocesi Leodiensi. Prefuit annis duobus mensibus septem diebus XIII. Resignavit. Obiit anno domini 1506.

Septimus dehinc rector fuit dominus Hinricus Hoff de Trajecto. Prefuit annis XXII mensibus duobus. Obiit anno 1520 in die apostolorum Petri et Pauli [1].

Octavus rector fuit dominus Paulus Nagelsmet de Alen oriundus Monasteriensis diocesis. Prefuit annis fere 39. Obiit anno 1559 in vigilia Andreae apostoli.

Nonus rector fuit dominus Bernwardus Wever a Reden Hyldensemensis diocesis. Praefuit anno uno mensibus quatuor. Obiit anno 1566 in die Bartholomei [2] apostoli.

Decimus rector fuit Bernhardus Wedeman Bechemensis Monasteriensis diocesis. Praefuit annis ferme tribus. Resignavit.

Verzeichniss der in die Confraternität Aufgenommenen.

Hii[b] sunt, qui habent confraternitatem[c] nostram, inter quos conscribendi sunt fratres recepti decedentes de Cassel et Magdenborch propter fraternam confederacionem pariter initam, quorum primus fuit Petrus Grevenrade, Nicolaus Amsterdammis 2[us].

Magnus episcopus Hildensemensis cum consanguineis suis, qui prima nobis contulit privilegia largiter.

Dominus Bruno cappellanus ejus, singularis noster benefactor.

Eghardus prepositus ecclesie Hildensemensis, singularis fautor et precipuus promotor domus nostre, de Hanenze.

Ludwicus [3] lantgravius Hassie cum omni sua progenie, qui dedit Albam curiam in Cassel pro fratribus nostris.

Dedericus Breyer quondam decanus in Monte sancti Mauricii.

---

a) Obiit XCIIII *Zusatz Ende saec. XV.* b) *Fol. 36.* c) *Hdschr.* confraternitate.
1) *Juni 29.* 2) *Aug. 24.* 3) *Ludwig III, Landgraf 1458—1471.*

Dominus Hermannus Wolf scolasticus ibidem.
Dominus Hermannus Ruman.
Geseke Pob.
Tiel Lampe et uxor ejus Geseken cum sua eorum progenie.
Dominus Hermannus Pinick.
Derik Gulsowe et uxor ejus Beyke.
Dominus Hermannus Ammenshusen.
Bernt Backer et uxor ejus Beyke.
Dominus Conradus Kissenbrug. Dedit florenum.
Geert Buknecht.
Grecte Kannengheters, que dedit parvum calicem et LIII floreno-
Renenses.
Juncvrowe Gertrud.
Alheit Schraders.
Geertrud Remensniders.
Elzebe Benemesse.
Elizabeth de Tremonia.
Dominus Johannes Cramer vicarius in summo et Hazeke, soror ejus.
Dominus Johannes Dringhenberg plebanus in Laflart.
Dominus Conradus Stickeldey.
Ermegharth. Dedit XXX β.
Hinrik Sasse
Hinrik Backer ⎠ Lubicenses cives, procurarant forte aliqua.
Broder Gerlagh. Edificavit aliqua in domo nostra propter deum.
Dominus Hinricus Sifridi, dedit caldarium, lectum et alia.
De Frederikse dedit florenum et ollam eream.
Margareta Heumersze d[edit] pellicium bonum, tunicam et alia.
Bertram Stannenboyn et Elzebe uxor* ejus.
Dominus Bertramus Stannenbeen, filius eorundem.
Claus Olrikes.
Katherina Olrikes.
Elzebe Olrikes.
Margareta Wylant.
Hansz van der Molen.
Greteke uxor ejus.
Hinrik Brothagens.
Gertrud
Hans ⎠ Brothagens.

---

*) Hdschr. uxoris.

Dominus Johannnes Bringman.

Hans Everdesse cum uxore et Hanse cum filio s[uo].

Lucia quedam. Dedit V florenos.

Herman Cok et Wulbel uxor ejus cum eorum progenie tota. Dedit III talenta.

Wedego Cleyneberch in Eembek et uxor ejus.

Dominus Godfridus cappellanus in Derneborch. Dedit 1 ℔.

Ludeke van Eynem et uxoris ejus.

Alheit Vischer.

Hans Lamp et due uxores ejus et Holman.

Frater Johannes Menden clericus in Cassel Albe curie.

Hinrik Quant et Katherina uxor ejus.

Rutgher Deriko pater domini Bernardi primi rectoris.

Else Berners. Dedit florenum.

Lencke van Holte dedit florenum.

Anthonius dyaconus domus fratrum in Cassel.

Anthonius Grevensteyn et Elzebe uxor ejus. Ipse Anthonius dedit VI talenta adhuc in vita et sanus.

Dominus Olricus Schaper, Wernerus ejus frater et soror.

Wolbeke Staterrogen de Lunenborch.

Johannes Typel et Johan cocus, fratres in Cassil.

Doctor Thomas phisicus, qui collegit nostros in Magdeborch.

Dominus Johannes Petri similiter cum nostris agens in Magdeborch.

Arnt Hattensnee, Gezeke uxor ejus dederunt ornamentum deauratum et calicem.

Dominus Johannes senior domus fratrum Albe curie in Cassil, qui obiit in die 4[or] coronatorum[1] anno d[omini] LXXXIII.

Frater domus nostre in Hildensem Johan Tymmerman, frater in Cassel.

Neesken Koeks dedit pallium bonum nigrum.

Dominus Wedekindus plebanus in Asel.

Dominus Theodericus Rudeman.

Myke Frederikes, Henningh cum ipsorum progenie.

Dominus Petrus Kyndervader.

Cord Steen cum uxore sua et filiis suis.

Ludeke Borneman.

Alheit Borneman, uxor ejus, cum filiis et filiabus s[uis] dederunt XX talenta.

---

[1] *Nov. 1.*

Johannes Strael clericus.
Ludovicus Typel presbyter.
Hinricus Moers cle[ricus].
Hinricus Ysernlo cle[ricus].
Johannes Homborch presbiter.
Conradus Raed cle[ricus].
Nicolaus Amsterdam.
Johannes Tungris cle[ricus].
Petrus Grevenrad cle[ricus], fautor
    bonus domus.

fratres in Cassel.

Pro predictis et omnibus futuris hic asscribendis habentibus confraternitatem nostram celebrentur adminus octies vigilie et misse in anno.
sex in jejunio et due in communi ebdomada post Michaelem.

Hans* Zedeler cum uxore ejus Nalen nomine.
Alheyt Bensche.
Elzebe Schillesord florenum dedit.
Broder[b] Gerlach laycus ex pauperibus mendicantibus fideliter nobis
laboravit propter deum in principio.
Hinric Sychman laycus, frater Wesaliensis, depinxit tabulam cum
duabus alis summi altaris anno uno.
Dominus Conradus Westerwold, rector domus Hervordie.
Hinricus Calcar, frater Hervordensis, sculpsit ferramentum hostiarum
ac alia oportuna docuit.
Dominus Johannes Colonie de Monasterio edificavit nobis domum
scriptoriam magnam cum aliis fideliter laborando.
Theodericus Blittersuik, frater Monasteriensis, multum collaboravit.
scripsit Ysidorum De summo bono pro domo.
Hinricus Piper, frater Monasteriensis, fideliter laboravit, scripsit pro
domo missale littera rotunda, item collaciones et instituta patrum.
Hinricus Huls, quondam frater domus, pater sororum, scripsit pro
domo vetus testamentum.
Henninghus Luchen de Lubic scripsit pro domo quasi quatuor partes
legendarum de sanctis et alia. Frater domus, postea regularis, obiit taliter
qualiter.
Petrus de Tremonia presbiter, frater Monasteriensis. Ex parte ejus
habemus calicem. Ipse incepit Clymacum.[1]

_____

a) _Fol. 36'_.   b) _Von hier bis_ Conradus Pattenze _einschliesslich am Rande
mit rothem Striche als_ fratres _zusammengefasst_.

1) _Vgl. S. 307 Note 3._

Conradus Pattenze, clericus Hervordensis, deputatus a patribus pro domo Hildensemensi, timens favorem notorum et congnatorum ex humilitate egit, ut revocaretur ad Hervordiam, ubi factus procurator de tecto ecclesie cadens nutu dei infirmatus remissus est ad Hildensem natale solum quasi ibi curandus, licet frustra. Nam quem non potuimus vivum, retinemus jam defunctum. Ipse est qui primus in nostro cymiterio sepultus est. Jacet quasi in medio cymiterio magis declinans ad occidentem et austrum.

Dominus decanus N. quondam in Northeym dedit III florenos.

Dominus Theodericus Diepenbek dedit IIII florenos.

De Dempse dedit ornamentum.

Conigundis, mater Conradi fratris nostri Rad, dedit albam et ornamenta sponsalia argentea.

Heydenric mercator dedit IIII florenos.

Dominus Hinricus Sifridi dedit pilam, lectum, scutellas.

Dominus Conradus dedit florenum, dominus Fredericus lectum, ambo canonici ad sanctum Johannem.

Ludolphus pictor de Hamelen dedit parvam tabulam beate virginis cum puerulo Jhesu ludenti* in instrumento musico concinnentibus angelis. Dedit et lapidem bonum pro terendis coloribus.

De Frederikse dedit florenum et ollam eream.

Theodericus Lindeman doctor medicine dedit candelabrum altum hastulis ornatum et mensam rotundam.

Hinric Sasse civis Lubicensis.

Dominus Hermannus Dassel et dominus Conradus, frater ejus.

Hinric Backer civis Lubicensis aliqua procuravit.

Borchardus Hamelen, scriptor episcopi Bertoldi Hildensemensis.

Elzebe Cops dedit fibulas argenteas et pallam.

Fiiken Boden dedit VI talenta anno LXXIX post Cantate. [1]

Gezeke Radesse dedit fibulas argenteas et pallam.

Ernst, Barward, uxor ejus,	van Stockem.
Sebant, Vredeke, uxor ejus,	Ex parte eorum habemus
Dominus Stacius canonicus ecclesie Hildensemensis,	rum habemus
Item dominus Statius,	decimam in
Steppe van Mander, Soffeke, uxor ejus,	Zegsten.
Lippoldus, Neyse, uxor ejus.	

a) *Hdschr.* ludentem.
[1] *Mai 9.*

Annalen und Akten.   21

Cord, Neyse, uxor ejus,
Geerd et omnes de progenie ejus, $\Big\rangle$ de Stockem.

Dominus Hinricus Lorber, dedit florenum Ungariensem.

Hans Varnlosze, dedit florenum Renensem.

Dominus Henninghus Schraders plebanus sancti Nicolai dedit XVII β.

Hilbord Lurinsz dedit casulam rubeam cum stola, manipulo.

Ylzebe Beynemans cum viro suo. Tyel Beynemans dedit VI talenta.

De Snelsche dedit duo candelabra virginis, ne alienentur hinc, desideravit. Dedit adhuc duo.

Peter to Bremis, Maria, uxor ejus.

Peter Rarick, Ilsebe, uxor ejus.

Dominus Hermannus Pynynck.

Hermen Ernstynges, Syeke et Elzebe, uxores ejus, dedit XL talenta.

Claes Wynterveldes, Elzebe, uxor ejus.

Johannes Kegel, frater domus fratrum in Magdenborch receptus.

Johannes Unna receptus. Johannes Amersfordie.

Helmken Teynberen.

Dominus Eghardus Durekôp doctor decretorum, sacri palacii apostolici auditor causarum, factus dehinc episcopus ecclesie Sleszvicensis, cum suis ministris. Qui procuravit nobis privilegia, ut infra inter precipuos benefactores habetur.

Reyner Woutersz cum uxore sua Ane de Remst, parentes fratris nostri Goswini, cum fratre Wouter et sororibus Elizabet et Rykelant, qui eciam partem patrimonii Goswini dederunt.

Dominus Johannes Balke vicarius sancti Mauricii.

Arnt Vreter pellifex cum uxore et filiis.

Henrik Klot et Armgart, uxor ejus, et Hans Balin et ipsorum progenies. Dederunt florenum Renensem.

Meister Cort barbatonsor cum uxore etc.

Alheit Molleners.

Luderus Beckman cum uxore s[ua] Anna et matre Metken etc.

Dominus Lodewicus Hoyszen pastor in Kirchfreusperch.

Dominus Johannes Freustborch in Dernenborch cappellanus.

Hinricus Rolandi rector universitatis Hervordensis.

Johannes Moller, frater in Magdenborch, clericus receptus.

Bertoldus Kleyeman sacerdos in summo, dedit X talenta.

Hermen Mollener, Geysken, uxor ejus.

Ludeke sartor, domus fratrum Magdenborchensis laicus receptus.

Paulus, frater in Magdeborch laicus receptus, cocus eorum.

Henningus Broseke clericus, frater in Magdeborch.

Ylsebe[a] der Heren.

Xander Negenborn.

Dominus Siffridus Horn.

Dominus Jordanus Westfael.

Dominus Hinricus Brandis.

Dominus Hermannus Koltoven.

Hans Eckhagen, Ilsebe uxoris ejus et omnium de progenie.

Luke Cram.

Henning Danckleyff cum uxore sua Geseke Dancklevesche.

Dominus Nicolaus Holste sacerdos, plebanus ecclesie sancte Margarete in Monte, dedit bonam bibliam ligatam et preparatam.

Johannes Kulensmyt, frater in Magdenburg receptus.

Hinric, laicus frater in Cassel, Johan Tymmerman, laicus frater in Cassel.

Meister Cord aurifaber cum uxore.

Jutte, relicta Hennigh Frerikes, cum suis.

Dominus Johannes Terwyn canonicus ecclesie s. Crucis cum suis parentibus.

Christina, que multa dedit.

Frater Hans sutor receptus in Magdeburg.

Henning Herbordes et Henning Boen cum uxore de Boensche. Ab eis habemus calicem unum.

Dominus Theodericus Steyn canonicus ecclesie sancte Crucis Hildensemensis cum suis progenitoribus dedit VI talenta.

Dominus Wernerus Raphôn vicarius in Embeck dedit 1 tal.

Wesselus Emerke, Geseke uxor ejus, parentum et filiorum ac omnium de progenie amborum.

Tyle Eyckmeyger, Margareta uxor cum eorum progenie.

Hermen Lodewyges, duo Alheyt, uxores ejus, cum eorum progenie.

Lodewich Smet, Beyke uxor ejus, Tyle Meyger, uxor[b] ejus, cum eorum progenie.

Elzebe Blanckes cum maritis.

Geseke Boden.

Hans Dreyger cum uxore.

Katherina Schulten, dedit LX talenta.

Fye Hauwschildt dedit VIII ½ ß.

Dominus Henningus Bringman canonicus ecclesie s. Johannis.

Dominus Lambertus rector[c] domus fratrum in Cassel.

---

a) *Fol. 37.*   b) *Hdschr.* uxoris.   c) *Ueber* rector *nachgetragen* quondam.

Johannes Bocoldie sacerdos, frater in Magdoborch.
Dominus Bernhardus quondam rector domus fratrum in Cassel.
Hinricus Lipman sacerdos, frater in Magdeborch.
Hinricus Dusberch sacerdos, frater in Cassel.
Johannes Dorsten sacerdos, frater in Magdeborch.
Johannes Costfeldie sacerdos, frater in Magdeborch.
Frater Clauwes Bever laicus in Magdeborch.
Frater Hermen Paderborn laicus in Magdeborch.

Stephanus Herderwyck ⎫
⎬ clerici et novicii in Magdeborch.
Johannes Monasterii ⎭

Frater Evert laicus in Magdeborch.
Item de Hochwegesche.

Verzeichniss verstorbener Brüder.

Nomina* fratrum nostrorum receptorum defunctorum.

Primus Godfridus clericus senex forte circiter octogenarius qui fuit eciam primitivus domus clericorum in Hervordia circiter ad decem annos ibidem residens, donec congregarentur fratres. Deinde ad Hildensem veniens et residens nichilominus et ibidem laboravit pro facienda domo fratrum et convertendo animas tam masculorum quam juvencularum. In quo negocio ita laboravit, ut non solum circumquaque Hildensem ad domos sororum aut ad monasteria mitteret personas, verum eciam Hervordiam et ad civitatem Monasteriensem excresceret fructus ejus. Interim ut unus dicere solebat: ‚Mirares, quocunque venero, invenio ejus celebre nomen aut ejus germen'. Stetit similiter ultra X annos in Hildensem antequam mitteretur dominus Bernardus ad eum cum suis procurando necessaria suo modo in pecunia et utensilibus.

Hinric cocus et carpentarius. Deric cocus.
Conradus Monasterii clericus.
Wilhelmus Sutlon presbiter, obiit in Cassel missus.
Hinricus Ysenac presbiter. Johan sartor et cocus.
Arnoldus Trajecti industriosus musicus vix anno completo receptus in extremis ob rogatum Jo[hannis] Hinsberch.
Nicolaus Calcar clericus. Johannes Calcar presbiter.

---

*) Fol. 41.

Johannes Lewardie clericus Friso, ex cujus patrimonio sublevavimus circiter **LXXX** florenos Renenses.

Deric Franc laycus carpentarius annosus.

Albertus Calcar presbiter.

Dominus Johannes Wissel senior domus Casillensis.

Dominus Johannes Wesalie pro rectore missus in Berlicum, frater antiquus obiit ibidem.

Dominus Gobelinus similiter missus ad Berlicum pro rectore domus statim et ipse ibidem obiit.   Quare et dimisimus locum istum revocatis fratribus.

Gerhardus Cappellis* obiit in Magdeborch, ubi fuerat concessus.

Evart laycus portarius noster.

Dominus Johannes Bocoldie primus pater et inchoator domus fratrum in Magdeborch, sacerdos et frater noster.

Johannes Radis clericus, laycus portarius.

Bernhardus clericus.

Godeke laycus annosus.

Thomas laicus carpentarius qui obiit in Magdenborch.

Godfridus Calker presbiter.

Dominus Hermannus pater in Eldagessen de primitivis fratribus nostris, sacerdos.

Petrus Bursalie sacerdos.

Hinricus Zedeler ⎫
                 ⎬ accoliti, uno die obierunt.
Gobelinus ⎭

Hinricus Stralen sacerdos et procurator altera die, in unum sepulchrum sepulti.

Anthonius Messchede clericus.

Johannes Dusseldorp presbiter 2[us] rector domus Magdenburgensis illuc destinatus.

Gerhardus Goch sacerdos.

Gisbertus de Gouda clericus.

Meynardus clericus.

Johannes Oldenborch clericus.

Conradus Meppis sacerdos.

Johan Brinck laicus et sutor.

Rutgerus Juliaci sacerdos.

Arnoldus Alen sacerdos.

Johannes Wert missus in Magdeborch.

----

*) ?

Sebastianus Hachenborch sacerdos.

Gerhardus Dorsten sacerdos.

Nicolaus Dorsten sacerdos 4 us rector domus Magdeburgensis illu destinatus.

Johanues Hynsberch sacerdos qui obiit in Magdeborch, quondam rector domus hujus.

Johannes Ysernlo sacerdos.

Stephanus Bever sacerdos.

Johan Eschuys laicus.

Dominus Johannes Randenrod quintus rector domus fratrum in Magdeborch.

Dominus Hinricus Borneman VI us rector domus fratrum in Magdeborch.

Aufzeichnungen über die Weihen der Kirche, Altäre, Schenkungen u. A. *1449—1473.*

1449. In* nomine domini amen. Anno a nativitate ejusdem MCCCCXLVIIII venerabilis in Christo pater et dominus dominus Johannes dei et apostolice sedis gracia episcopus ecclesie Misenensis necnon in pontificalibus vicarius generalis reverendorum in Christo patrum ac dominorum dominorum Magni Hildensemensis et Alberti Mindensis episcoporum dominica[1] immediate post sabbatum, in quo cantatur aurea missa in majori ecclesia Hildensemensi, consecravit ecclesiam domus nostre cum tribus altaribus. ista tria altaria postea ad alia loca translata sunt, ut infra patebit, v cimiterio, conferens singulis devote in eadem oracionem dominicam adjunct in fine Ave Maria devote genu flexo dicentibus XL dies indulgencie. Similiter et ante quodlibet altare eandem oracionem dicentibus totidem necnon devote cimiterium circumeuntibus totidem.

1459. Anno insuper domini MCCCCLIX idem venerabilis pater et domiuus prenominatus in die undecim milium virginum[2] consecravit campanam nostram nomine Mariam, largiens tam pulsanti quam devote ad sonitum ejus ad horas canonicas vel missas seu eciam tempore tonitrui aut fulminis vel, quocienscumque ad dei honorem pulsata fuerit, ad ecclesiam oratum convenientibus XL dies indulgencie. Item omnibus ad sonitum ejus ad Ave Maria vespere factum devote genibus ter eandem oracionem dicentibus

---

*) Fol. 1.

[1]) Juni 15. [2]) October 21, vgl. S. 41.

XL dies. Item anno LXX incipiebatur de mane pulsare pro pace obtinenda[a] ex parte episcopi Ernesti[1] eciam XL. Eodem die consecravit tabulam summi altaris nostri cum alis suis, tribuens dicentibus oracionem dominicam flexis genibus XL dies. Item tabulam parvam consecravit continentem ymaginem beate Marie depictam et puerulum Jhesum in gremio habentem, largiens memoratam oracionem coram ea flexis genibus dicentibus totidem. Item consecravit ymaginem salvatoris humeris agnum bajolantem, tribuens singulis coram ea in refectorio humilitatis seu obediencie causa veniam petentibus totidem. Item singulis ante quamlibet istarum ymaginum vel ante tabulam genibus flexis oracionem dominicam pro pace ecclesie dicentibus de qualibet particula tabule vel alis seu ymaginibus impositis XL dies conjunctim et non divisim. Item in ecclesia nostra missam celebrantibus et ministrantibus contulit totidem. Item contulit omnibus[b] pro libraria domus nostre scribentibus ad quodlibet capitulum XL dies. Item omnibus et singulis pro communi bono et profectu domus nostre verbo vel opere quocumque loco vel tempore quantulumcumque vel quocienscumque pia et recta intencione aliquid facientibus contulit XL dies. Item eodem anno consecravit nobis crucifixum, quo utimur in palmis, et tabulam depictam cum tribus regibus genibus flexis coram eis oracionem dominicam et Ave Maria dicentibus XL dies. Anno domini MCCCCLXV dominus Johannes episcopus consecravit ymaginem lapideam b[eate] Marie virginis tenentem in ulnis puerulum Jhesum, conferens ter dicenti Ave Maria XL dies. Postea autem fuit ante portam versus plateam extra domum anno dehinc LXVII anno in die sancti Gregorii[2].

Item sunt et alie adhuc indulgencie ecclesie nostre. Quore post duo folia ista[3].

Anno[c] ab incarnacione domini millesimo CCCCXLVIII dominica[3], 1448. que fuit XIII[4] kalendas Novembris in crastinum habens XI milium virginum[5], consecrata est ecclesia nostra domus nostre tom Luchtehave beate Marie virginis prope et extra muros civitatis Hildensem in honore sancte et individue Trinitatis, beate Marie virginis, sancte Crucis, sancti Bernwardi episcopi, Omnium angelorum Omniumque sanctorum. Cujus dedicacio servatur in una dominicarum infra festum sancti Michaelis[6] et sancti Andree[7] apostoli[d].

---

a) *Hdschr.* obtinendo. b) *Hdschr.* omnibus omnibus. c) *Fol. 1'. Ueber den folgenden einzelnen Abschnitten ist mit rother Tinte hervorgehoben Ecclesia nostra. Capella, Ad altare Apostolorum u. s. w.* d) *Es folgt eine fast zwei Zeilen umfassende Rasur.*

1) *1458—71.* 2) *März 12.* 3) *Vgl. S. 165 Anm.* 4) *Oct. 20.* 5) *Oct. 21.* 6) *Sept. 29.* 7) *Nov. 30.*

1472.   Anno dehinc ejusdem MCCCCLXXII elevata, instaurata et prolongata ecclesia* eadem edificata est sub choro structura testudinata et dedicata in honore beate Marie virginis cum duobus altaribus, sicque violatis altaribus reedificata* et reconsecrata sunt sub et cum titulis sequentibus. Dedicacio itaque capelle beate Marie virginis sub choro servanda erit dominica die post festum sancti Jacobi[1] apostoli in estate.

Altare apostolorum in choro, ipsum est summum, consecratum est ad honorem sanctorum apostolorum Petri, Pauli atque Andree et Omnium sanctorum apostolorum et evangelistarum, sanctorum Quatuor doctorum, sanctarum Ursule et XI milium virginum. Cujus dedicacio est dominica post Bartholomei[2] apostoli.

Ad[c] hoc altare apostolorum servabitur cotidiana perpetua missa pro anima domine venerabilis Hazeke, derelicte quondam Hanse Bruninghes, et animabus parentum, fratrum, cognatorum amicorumque ipsius salute. Et potest celebrans legere missam, quam voluerit, et institucione venerabilis patris domini Bernardi primi et consensu omnium suorum eciam sequacium debet legi missa secundum ordinarium de tempore vel sanctis, ad quam predicta donatrix dedit dimidiam decimam et VI mansos censuales in districto ville Zeghesten.   Item adhuc addidit XXI florenos in prompto.

Altare martirum ipsum est ante chorum ad aquilonem. Consecratum est ad honorem sancti Johannis baptiste et omnium patriarcharum, sanctorum martirum Stephani, Ignatii, Laurencii, Clementis, Johannis et Pauli. Cosme et Damiani, Tiburcii et Valeriani, Georgii, Viti, Vincencii, Justi et Arthemii, Lamberti, Petri, Erasmi, Thome Canthuariensis, Mauricii et sociorum ejus et omnium sanctorum martirum. Cujus dedicacio servanda est dominica post Lamberti[3] martiris.

Ad[d] altare martirum dedit dominus Bertramus Stannenbene annuales perpetuos redditus IV florenorum, ut ibi misse fiant pro salute ejus, parentum et cognatorum ejus.   Dedit et alia, quere infra.   Quorum memoria comprehendatur sub missa ibidem legenda semel in omni ebdomada ex parte domini Eghardi de Wenden prepositi ecclesie majoris, qui dedit XX florenos.

Altare confessorum ipsum est ante chorum ad austrum. Consecratum est ad honorem sanctorum Martini, Godehardi, Epiphanii et Bernwardi et

---

a) ecclesia *Zusatz am Rande.*   b) *Vor* reedificata *Rasur.*   c) *Fol. 2, durch Finger als zu der vorhergehenden Eintragung gehörig verwiesen.*   d) *Zusatz auf Fol. 2 zu dem Vorhergehenden.*

1) *Juli 25.*   2) *Aug. 24.*   3) *Sept. 17.*

Silvestri, Nicolai, episcoporum et sanctorum confessorum, Anthonii, Benedicti, Bernhardi, Dominici, Thome, Vincencii et Francisci et omnium confessorum, sanctarum Marie Magdalene, Elizabeth Anneque viduarum. Cujus dedicacio habetur dominica* post Omnium[1] sanctorum.

Altare beate Marie virginis ipsum est sub choro ejusdem virginis gloriose ad austrum. Consecratum est ad honorem ejus et singulariter ob veneracionem dominice annunciacionis, sanctorum Johannis evangeliste et Thome apostolorum, Fabiani, Sebastiani et sanctorum Innocentum martirum. Cujus[b] dedicatio est dominica die post festum Felicis[2] et Adaucti martirum. Quod instituit, fundavit ac dotavit honorabilis vir dominus Eghardus[3] canonicus et cantor ecclesie Hildensemensis pro salute anime sue suorumque parentum et benefactorum set et animarum omnium fidelium defunctorum, deprecans devote, in missis ibidem legentibus predictorum haberi memoriam.

Ad[c] altare beate Marie virginis sub choro dedit honorabilis dominus Eghardus Harlsem cantor ecclesie Hildensemensis redditus de centum florenis apud dominos nostros in summo sublevandos V florenorum, addidit et aliud centum reddituum similiter V florenorum, de quibus unum florenum retinentes alios IIII dabimus sororibus ad sanctam Mariam Magdalenam. Si autem redimerentur, tunc nos habebimus C et ipse C. Dedit et missale etc. totum, ut ibi haberetur memoria ejus, parentum, cognatorum, amicorum, benefactorum etc., pro quibus ipse desiderabat. Hoc enim fuit desiderium ejus.

Altare virginum ipsum est sub choro in predicta capella ad aquilonem. Consecratum est ad honorem sanctarum virginum Agathe, Cecilie, Agnetis, Lucie, Katherine[d], Gertrudis, Speciose, Undecim milium virginum, Barbare, Margarete, Katherine de Zenis omniumque sanctarum virginum, sancti Michaelis, Omnium angelorum et omnium beatorum Spirituum. Cujus dedicacio habebitur dominica post festum nativitatis[4] beate Marie virginis.

Omnibus et singulis capellam et altaria predicta causa oracionis quocumque tempore visitantibus vel oraciones suas ad ea dirigentibus de singulis set et de unoquoque patrono necnon et singulis reliquiarum particulis date sunt et dantur XL dies indulgencie.

Anno domini MCCCCLXXIII dominica quinquagesime[5] consecrato   1473. sunt ymagines et date dies indulgencie ad crucifixum XL, ad Marie et

---

a) dominica *über der Zeile nachgetragen.*   b) Cujus *bis* festum *auf Rasur.*
c) *Hierher gehöriger Zusatz auf Fol. 3.*   d) *Fol. 2.*
1) *Nov. 1.*   2) *Aug. 30.*   3) *von Harlessem.*   4) *Sept. 8.*   5) *Febr. 28.*

Johannis sub eo **XX**ti et tot de qualibet particula reliquiarum, item ad
unamquamque tabularum altarium martirum et confessorum, quociens
oraciones ad eas diriguntur, et de unaquaque ymagine ibi depicta et
unaquaque particula reliquiarum inclusarum ibidem dies **XX**ti indulgenciarum.[1]

Formulare von Confraternitätsbriefen. *1482 und s. a.*

Hac simplici forma possunt confici littere confraternitatum
nostrarum.

Nos[a] N. senior domus clericorum beate Marie v[irginis] Ortiluminum
prope et extra muros civitatis Hildensemensis ceterique presbitri ac clerici
recognoscimus per presentes, nos dare et dedisse dilecto nobis in Christo
domino N. participium nostro confraternitatis faciendo eum participem
omnium bonorum nostrorum spiritualium, que per nos efficere dignabitur
divina clemencia, asscribemus quoque nomen ejus in numero aliorum
confraternitatem nostram habencium, pro quibus solemus omni anno octies
vigilias et missas legere. † Datum anno MCCCCLXXXII die N. sub
nostro signeto etc.

Si in vita fuerit et desideraverit, apponatur illa clau-
sula ante datum immediate † tam in littera predicta quam
in sequenti, scilicet † ,adicientes ex speciali gracia, quod, cum dies
obitus ejus, quem felicem facere dignetur dominus, nobis per presentes
denunciatus fuerit, faciemus pro eo vigiliarum missarumque solempnia
aut subsidia'. Datum anno etc.

Alia solempnior.

Nos N. senior ceterique presbitri ac clerici domus Ortiluminum
b. Marie v[irginis] extra et prope muros civitatis Hildensemensis dilectis
nobis in Christo N. et N. etc. salutem perque devotorum suffragia vitam
apprehendere eternam. Licet jure divino generaliter omnibus caritatis
intuitu obligemur, precipue tamen illis, quorum efficaciter erga nos devocionis, caritatis ac liberalitatis experimur affectum. De quorum vos numero
cognoscentes ac gratos nos exhibere volentes vobis ac cuilibet vestrum

---

a) *Fol. 42. Das gesperrt Gedruckte ist in der Handschrift unterstrichen.*
1) *Auf Fol. 2'—3 folgt der Ablassbrief des Cardinallegaten Johann von 1443
und das Verzeichniss von Ablässen, vgl. S. 164—165, Fol. 3'—4 Indulgencie
staciouum curie Romane, Fol. 5—10' ein Kalender mit ganz vereinzelten Eintragungen über Memorien, die in dem folgenden Necrolog wiederkehren.*

presentium tenore concedimus nostram confraternitatem participiumque*
omnium bonorum nostrorum spiritualium, que per nos operare dignabitur
divina clemencia in vita et post mortem, asscribentes insuper et nomina
vestra in numero eorum prefatam confraternitatem nostram habencium,
pro quibus omni anno solemus octics vigilias et missas legere, † adici-
entes etc., si sic expedit, utsupra. Datum anno etc.

Expedit enim pro nobis, ut non more religiosorum
faciamus mencionem laborum, vigiliarum, disciplinarum,
castigacionum, jejuniorum, abstinenciarum etc. in litteris
confraternitatum nostrarum, de quibus nobis coram deo et
hominibus non est gloriandum sicut ipsis gloriosis.

Aufzeichnung über die Ausführung des Interdiktes.
[Gegen Ende saec. XV.]

Circa[b] interdictum custos observet diligenter, ut janue et fenestre
claudantur ecclesie eo scilicet respectu, ne tempore divinorum qui non
sunt de corpore nostre congregacionis admittantur aut, si interfuerint, ab
ipso ut exeant placide ac benigne moneantur. In interdicto tamen non
apostolico set ordinario aut episcopali possunt interesse nedum novicii
nostri set eciam familiares, continui commensales, condomestici, hospites
et commorantes, sicut habemus in privilegiis Magni Hildensemensis episcopi, ut in libro[1] privilegiorum domus nostre folio 2⁰, 3ᵘ et 4⁰ reperitur.
Similiter in privilegio[1] apostolico Eugenii admittuntur eciam familiares
servientes folio 2⁰. Solent tamen aliqui religiosi, divites et vasalli interdum habere privilegia, quod ubique possunt interesse divinis. Et si tales
videntur fidedigni et noti, judicio senioris poterunt eciam ipsi admitti.

Verpflichtung zu Messen, Vigilien und Psalmen für den Domvicar Johann Bringman. *1502 September 30.*[2]

Anno[c] domini millesimo quingentesimo secundo in die sancti Jeronimi
presbiteri acceptavimus omni hebdomada sex missas defunctorum pro
domino Johanne Bringman quondam vicario ecclesie Hildensemensis a

---

*) participiumque *bis* digna *auf Rasur.* b) *Auf der Innenseite des Vorder-
deckels der Necrologhandschrift (Ge 67) des Priesterseminars zu Hildesheim.*
c) *Fol. 44.*
1) *Leider nicht erhalten.* 2) *Vgl. S. 192.*

testamentariis ejusdem domini Johannis prefati sub certis condicionibus, ut sequitur. Iste misse dividentur apud sex sacerdotes, ut quilibet suam habeat diem. Si vero alicui legittimum occurrerit impedimentum propter festa vel alias, potest anticipare vel alia die recuperare legendo collectam seu habendo ejus memoriam vel alium ad satisfaciendum pro eo rogare. Si vero anniversaria fratrum seu benefactorum occurrerint, dicat collectam et sit contentus. Idem fieri potest, si alie memorie et misse defunctorum occurrerint celebrande. Item sufficit, ut in omnibus festis IX l[eccionum] dicatur tantum collecta pro memoria. Similiter a festo Palmarum usque ad octavas pasche et in aliis octavis solempnitatum. Item si casus occurrerint, quod vel propter absenciam fratrum et similia impedimenta et diversa officia secundum ritum ecclesie legenda officium defunctorum legi non poterit, precedant officia ab ecclesia instituta et dicatur collecta pro memoria.

Item eodem die acceptavimus omni hebdomada sex vigilias trium leccionum, ut singulis diebus ferialibus legantur per unum e fratribus clericis, eciam si novicius fuerit, exceptis solempnibus festis anni, et dividantur, ut quilibet suum custodiat diem, et in cujus die contigerit in communi legi vigilias, habeat simul memoriam et sufficit, et si aliquis legittime fuerit impeditus, potest alia die recuperare vel alium ad satisfaciendum pro eo rogare.

Item[a] eodem die acceptavimus quatuor psalteria legenda, videlicet ut circa jejunia 4[or] temporum legatur unum psalterium per aliquos sacerdotes seu clericos nostro consueto more concludendo cum oracione dominica et collectis consuetis.

Item[b] omni ebdomada tenebitur una missa de tempore vel de sanctis ex parte Heyneke Knyp et suorum, quam legit frater.

Aufzeichnung über die täglichen Messen im Lüchtenhofe.
[Nach 1502 September 30.][1]

Omni[c] die fiat una missa in summo altari de tempore vel de sanctis occurrentibus ex parte domini Johannis Cramer vicarii quondam in summo et Haseke sororis ejus alias de Brunhusesche, optime matrone virginis et vidue, domui nostre dudum bene note.

---

a) *Fol. 44'.* b) *Das Folgende Zusatz.* c) *Fol. 45.*
1) *Vgl. die vorhergehende Aufzeichnung.*

Item omni die fiat una missa de domina nostra, pro quibus dominus Wedekindus desideravit, sic tamen ut illo die, in quo fuit festum annuntiationis[1], eodem die sequenti anno integro legatur officium ‚Rorate celi', et ita compleat simul desiderium Eghardi Harlszem quondam cantoris ecclesie Hildensemensis, qui idem officium eodem prefato die teneri optavit, nisi impediat festum canonicum.

Item illo die, in quo fuit festum conceptionis[2] Marie, frater, qui habet illam feriam, legat per integrum annum prefato die officium ‚Salve sancta pa[rens]'. In v[esperis] dicat: ‚Quicunque celebrant Tuam conceptionem'. Prefatio: ‚Et te in conceptione' et in complementum dicat: ‚In cujus conceptione hec tue obtu[limus] Ma[jestati]'. Et sic simul compleat domini Siffridi Horn desiderium.

Item frater ille, qui habet feriam sextam, compleat simul desiderium domini Hinrici Lupi, et si in illam feriam ceciderit festum annuntiationis vel conceptionis Marie, committatur officium pro domino Hinrico Lupi alteri fratri pro illo anno tantum.

Misse legende de domina	Dominica die feria secunda feria tercia feria quarta feria quinta feria sexta sabbato	quam custodit frater.

Feria tercia per totum annum fiat una missa de sancta Anna pro domino Siffrido Horn, nisi impediat festum canonicum, et tunc dicat collectam de ea, quam custodit frater.

Omni sexta feria fiat una missa de sancta Cruce vel de quinque vulneribus Christi pro magistro Tilemanno Tzirenbarch. Quam missam custodit frater.

Omni ebdomada fiat una missa de tempore vel de sanctis pro Heyneke Knyp et suis. Quam missam custodit frater.

Omni[a] die preterquam in dominica die fiat una missa pro defunctis, pro domino Johanne Bringman quondam vicario in summo. Sic tamen frater ille qui habet secundam feriam simul compleat desiderium Katharine Albomes. Prima collecta pro uno sacerdote, alia pro una famula, nisi impediat festum canonicum.

---

[a] Fol. 45'.
[1] März 25. [2] Dec. 8.

Similiter qui terciam feriam habet compleat simul desiderium domini Hinrici Lupi et prima collecta erit beati Petri.

Item qui quartam feriam habet compleat simul desiderium domini Eghardi de Wenden quondam prepositi ecclesie Hildensemensis et domini Bartrami Stannenbene et suis in altari martyrum. Si impedimentum intervenerit, fiat alia die vel altari. Collecta beati Petri.

Etiam qui quintam feriam habet compleat simul desiderium domini Siffridi Horn. Collecta beati Petri.

Item qui sextam feriam habet compleat simul desiderium der Kerstenschen et dicantur ambo collecte sub una conclusione.

Pro defunctis misse legende Pro domino Johanne Bringman	Feria secunda feria tercia feria quarta simul pro feria quinta feria sexta sabbato	Katharina Albomes domino Hinrico Lupi domino Eghardo et Bertramo domino Siffrido Horn de Kerstensche	quam tenet frater.

Vigilie legende	Dominica die pro de Carstensche quam custodit frater. feria secunda feria tercia feria quarta feria quinta feria sexta sabbato	pro domino Johanne Bringman quam tenet frater.

Item in omnibus quatuor temporibus legatur unum psalterium pro domino Johanne Bringman.

Festkalender des Lüchtenhofes.

Nota.[a] Quandocumque est festum canonicum, semper aperiatur tabula summi altaris.

Januarius.

1. Kal. A. Circumcisio domini. II subd[iaconi.] Aperiantur ambe ale summi altaris. In altaribus martirum, confessorum. virginis appendantur festivalia antependia, post vesperas preparabitur iterum ferialiter in omnibus altaribus manentibus apertis alis summi altaris primis usque ad commemoracionem

---

[a] Hdschr. 351 der Beverinischen Bibliothek zu Hildesheim Fol. 186.

diei s. Silvestri inclusive, quod altare eciam tegatur palla apostolica.ª

2. b. Octava Stephani. III r[esponsoria].
3. c. Octava Jo[annis] apostoli. III r[esponsoria].
4. d. Octava Innocentum. III r[esponsoria].
5. e. Vigilia claustralis. Preces non dicuntur. Officium.
6. f. Epyphania domini. II d[iaconi].ᵇ Aperiantur ale omnium altarium, antependia et omnia festivaliter preparentur, pulsus ad missam fit circa mediam octave. Post 2ᵃˢ vesperas preparetur altare summum apostolice et prime alo maneant aperte per octavam. Alia altaria preparentur ferialiter preter altare confessorum propter festum sequens s[cilicet] commemoracionem sancti Silvestri et tunc eciam preparetur ferialiter.
7. g. Commemoracio Silvestri. II subd[iaconi].
13. f. Octava Epiphanie. II subd[iaconi]. Hylarii confessoris. Antiphona. Ad ambas vesperas potest accendi cereus in summo altari. Post 2ᵃˢ vesperas claudatur tabula et preparetur altare ferialiter.
14. g. Felicis confessoris. III r[esponsoria].
16. b.ᶜ Marcelli pape. III l[ectiones].
17. c. Anthonii abbatis. IX l[ectiones]. II d[iaconi]. Preparetur altare confessorum festivaliter et aperiantur prime ale summi altaris. Festum chori.
18. d. Prisce virginis. III l[ectiones].
20. f. Fabiani Sebastiani IX l[ectiones]. I c[anonicus]. Preparetur altare b. Marie, quia ibi sunt patroni, apostolice.
21. g. Agnetis virginis IX l[ectiones]. I vic[arius.] Preparetur altare virginum apostolice.
22. A. Epiphanii episcopi. II subd[iaconi]. Vincencii martiris. Antiphona. Officium. Preparetur summum altare apostolice et altare confessorum festivaliterᵈ, quia patronus. Et aperiatur tabula martirum propter s[anctum] Vincentium, quia patronus.
24. c. Thymothei apostoli. III l[ectiones]. Aperiantur prime ale summi altaris.
25. d. Conversionis s. Pauli. II subd[iaconi]. Projecti martiris. Antiphona. Summum altare apostolice preparetur.

---

28. g. Octava Agnetis. III l[ectiones]. Aperiatur tabula virginum.

Carta. *29.* A Valerii episcopi. IX l[ectiones]. I vic[arius].

Post Christi lavacrum nova luna decemque dierum.
Sequens post sabbatum alleluia jubet silendum.

ebruarius.

1. d. Kal. Brigide virginis. Ant[iphona]. Vigilia claustrales preces dicuntur. Officium.

2. e. Purificacio b. Marie. II d[iaconi]. Provideatur de candelis pro omnibus, quorum unus servetur per annum pro morientibus. Ecclesia* preparabitur festivaliter. Pulsus ad missam hora 7ᵃ. Habent aquam benedictam. Inchoata prefacione benedictionis cereorum afferat prunas pro thurificacione. Post dictam prefacionem sequitur collecta, qua dicta asperguntur cerei et post thurificant et fit aspersio in choro et lecta collecta aspersionis accendantur cerei et ministrentur fratribus cantante choro. Lumen ad r[esponsorium]. Deinde ante Ave Gratia et fit processio. Juxtaᵇ altare in corn[u] dextero benedicuntur cerei positi super assere vel sede ad dexteram sacerdotis, post 2ᵃˢ vesperas omnia deponentur dempto altari martirum propter Blasium.

3. f. Blasii episcopi IX l[ectiones]. I vic[arius]. Tabula martirum sit aperta.

5. A. Agathe virginis IX l[ectiones]. I vic[arius]. Preparetur altare virginis apostolice.

6. b. Dorothee virginis. IX l[ectiones]. II subd[iaconi]. Maneat hac die preparatum.

9. e. Appolonie virginis III r[esponsoria]. Aperiatur tabula virginum. Octava purificacionis IX l[ectiones]. I canonicus. Aperiatur tabula summi altaris et beate Marie.

10. f. Scolastice v[irginis] ant[iphona].

12. A. Festo commemoracionis¹ b[eate] Marie virginis, quod semper tenetur sabbato ante LXX², potest altare summum et beate Marie in cappella preparari apostolice, si placet.

Post festum pueri, ubi sit nova luna, require
Quarta sequens feria, tibi dat jejunia vera.

---

a) Am *Rande* Cantabitur Salve [Regina] in 2ᵉ completorio, collecta . . . (am *Rande weggeschnitten*). b) Juxta *bis* dextero am *Rande on Stelle des im Texte durchstrichenen* In medio choro ante pulpetum.

¹) = compassio Mariae   ²) *Der 9. Sonntag vor Ostern.*

14. c. Valentini[a] martiris. III l[ecciones].

In capite jejunii memoria. In quatuor temporibus deinde iterum memoria. Item per XL[1] semel in omni ebdomada pro habentibus confraternitatem nostram memoria habeatur.

22. d. Cathedra Petri. IX l[eccioncs]. I c[anonicus] Aperiantur prime ale. Ad missam dentur ornamenta donacialia[b] blavia.

23. e. Vigilia. Preces. Officium.

24. f. Mathie apostoli. II c[anonici]. Preparetur summum altare apostolice. Si in jejunio venerit, tunc antependium appenditur apostolicum et III[a] et VI[a] possunt post mediam septimane legi vocatis fratribus per campanam et hora IX[a] ad missam summam et vesperas.

28. c. Feria III[a] ante diem cinerum ante prandium procuret stipides, funiculos, panniculos etc. ad cooperiendos sanctos, altaria et omnem ornatum ecclesie et suspendatur velum templi in medio chori et detrahatur velum ante tabulam summi altaris, super quod ponatur mappa habens liistam in qua stat ‚Ecce nunc tempus' cum antependio interciso albo et blavio. Tabule altarium in cappella exponantur per jejunium propter humididatem ibidem dempto festo annunciacionis beate virginis, in quo reponatur illud altare respiciens. Post vesperas colligat et purificet cineres de ramis palmarum consecratis combustos. Nota, quod ante prandium non deponitur ornatus ecclesie set post prandium.

Marcius.

1. d. Kal. Conversionis Marie Magdalene. II subd[iaconi]. Hujus commemoracio fit feria tercia ante feriam IIII cinerum post dictam l[eccionem]. Aperiatur tabula confessorum.

3. f. Conegundis regine. Antiphona. Officium. Octava s. Mathie IX l[ecciones]. I vicarius.

7. c. Perpetue et Felicitatis. Antiphona. Thome de Aquino. II subdia[coni]. Est patronus confessorum.

12. A. Gregorii pape. II subd[iaconi]. Appendatur antependium apostolicum ad summum altare. Festum[c] chori. Anniversarius.

17. f. Gertrudis virginis. Antiphona. Apud nos IX l[ecciones]. Festum chori.

---

a) *Fol. 187'.* b) *?* c) *ron hier ab am Rande.*
¹) quadragena, quadragesima *die sechswöchige Fastenzeit ror Ostern.*

Feria IIII in capite jejunii signo facto hora nona vel
pocius ante dictis septem paternoster in communi vel privatim
benedicentur cineres per sacerdotem indutum suppellicio cum
stola ante pulptum in medio chori assistente sacrista et tenente
scutellam cum cineribus semper ad dexteram sacerdotis posita
prius ibidem matta cum scabello ad flectendum genua, habita
eciam aqua benedicta tantummodo* ad aspergendas cin[eres].
Et datis cineribus et cantatis antiphona cum responsorio
‚Emendemus‘ fiat processio duobus cantantibus letaniam usque
ad Kyrieleison ultimum inclusive. Post Pater noster legatur
et ‚Ne nos‘, ‚Ego dixi‘ cum precibus majoribus cum collectis
suis apud letaniam. Deinde ‚Media vita‘ cum versu ‚Pecca-
vimus‘ et collecta ‚Exaudi d[omine] s[ancte]‘. Deinde missa
fiat ordine suo, quam ᵇ solemus cantare et sub ‚Recordare‘ vel
circiter pulsetur ad vesperas legendum. Nota. Sabbatis in
XL¹ hora consueta cantamus completorium similiter dominicis
diebus et ergo sabbatis exponantur superpellicia tempestive.
Ante processionem portatur baculus cum cruce nec fit aspersio
per circuitum. Et per XLᵃ fit summa missa ferialibus diebus
post mediam ad horam decimam, post quam pulsatur ad
vesperas. Verte folium.

19. A. Joseph nutricus domini.   IX l[ecciones] apudᶜ nos tantum.
Festum chori.

21. c. Benedicti abbatis. Antiphona. IX l[ecciones]. Festum chori.

25. g. Annunciacio b. virginis. II diac[oni]. Si in jejunio
venerit, velum circa horam 8 vel ante sustollat, similiter velum
summi altaris et aperiatur tota tabula et preparetur altare ut
in festis b. Marie.   In altaribus martirum et confessorum
aperiantur tabule absque alia preparatura tamen.   Altare
b. virginis preparetur solempniter.   In cujus profesto hora
decima pulsatur ad vesperas, signentur duo pro versu cantando
exposita stola pro thurificacione.   In die sancto pulsetur circa
VII ad 3ᵃ et 6ᵃ cantandas. Si fiet processio, pulsetur VIII¹.
sin autem modicum post, cum crucibus sive vexillis.   Post
prandium circa 4ᵃᵐ deponetur ornatus. Si post pasca venerit,
omnia tenentur sic in festis ejusdem virginis. Si fit processio,
omnia sicut in die pasce.

ᵃ) tantummodo *bis* cineres *Zusatz am Rande.*   ᵇ) quam *bis* tempestive
Nachtrag.   ᶜ) apud *bis* tantum *Zusatz.*
   ¹) *Vgl. S. 337 Note 1.*

26. A. Ludigeri episcopi. Ant[iphona].

31. f. Clerici vadunt ad cappellam pro legenda vespera de domina. Nota eciam, quod, si non habentur rami palmarum ad cineres, accipiantur alii cineres. Notandum eciam, quod hora 4ᵃ pulsatur ferialibus diebus ad vigiliam usque ad feriam 4 ᵃᵐ ultime ebdomade exclusive demptis sabbatis, dominicis in* et pro festis IX leccionum. Ad missas per XL ᵃ ¹ utimur ornamentis nigris vel albis ferialibus diebus usque ad dominicam passionis, extunc possunt uti rubeis maxime in dominicis.

1. g. Kal.   Aprilis.
    Adventus reliquiarum Cancianorum ant[iphona].
4. c. Ambrosii episcopi. IX l[ecciones]. II vic[arii]. Si in jejunio venerit, appendatur antependium apostolicum. Si post pasca, prime ale aperiuntur. Festum chori.
5. d. Vincentii ᵇ. Confessor patronus in altari confessorum.
    A. Festum pasche quere infra cum die Palmarum et diebus sequentibus ultime ebdomade. Memoria.
14. f. Tyburcii martiris et Valeriani IX l[ecciones]. II subd[iaconi]. Altare martirum preparetur, si post pasca venerit, apostolice.
23. A. Georgii martiris. IX l[ecciones]. II subd[iaconi]. Altare martirum preparetur apostolice.
    c. Marci ᶜ evangeliste. IX l[ecciones]. II vic[arii]. Letania major. Officium. Summum altare apostolice ornetur. Hora sexta legitur missa de sancto Marco. Et iterum hora media decime vel circiter pulsetur ad VII paternoster et ad missam. Ante pulsum ponat super altare summum duos cussinos sericos hinc inde et reliquiis apertis ponat duo capita reliquiarum super illos cussinos deferenda per duos presbitros per processionem amictos ᵈ stolis, quas pro eisdem exponat sacrista ante pulsum. Similiter et tunc vexilla deponentur inferius. Et signet tempestive ante primam missam duos lecturos letaniam, ut sint provisi. Exponat mappam pro cruce portanda. Lectis septem paternoster usque ad letaniam fit missa. Qua finita cantantes ‚Exurge‘ etc. porrigetur seniori missale pro collectis legendis et finita antiphona ‚Surgite sancti‘ procedant ad medium chorum cantaturi letaniam, et continuo processio fit sine asper-

---

ᵃ) in et pro *Zusatz am Rande.* ᵇ) *Diese Zeile jüngerer Zusatz.* ᶜ) *Am Rande* Stacio. Festum chori. ᵈ) *Hdschr.* amicti.
¹) *Vgl. S. 337 Note 1.*

sione. Nigrum ornamentum detur ad missam. Et nota, quod quandocumqne tenentur votive misse sive pro pace, pro salute vivorum, pro pestilencia etc., semper datur nigrum ornamentum et omnibus diebus rogacionum.

f. Vitalis martiris. III l[ecciones].

Maius.

1. h. Kal. Philippi et Jacobi. II c[anonici]. Walburgis. A[ntiphona]. Altare ornetur summum apostolice et manebit sic per festa s. Crucis translacionis, s. Godehardi.

2. c. Chatharine* de Senis ¹ patrona virginum.

3. d. Invencionis s. Crucis. I c[anonicus]. Alexander, Eventius et Theo[dulus]ᵇ. Altare summum manebit utsupra et poterunt aperiri ale altaris martirum propter martires Alexandrum. Eventium et Theodulum.

4. e. Translacio s. Godehardi. II c[anonci]. Maneat utsupra set altare confessorum ornetur festivaliter.

5. f. Deposicio s. Godehardi. II c[anonici]. Tota ecclesia ornetur festivaliter sicut in festis bcate Marie virginis. Ordinentur duo pro Alleluia in missa. Post vesperas 2ᵃˢ omnis ornatus removetur et ale tabule altaris summi exteriores maneant aperte et ornatus ejus s[cilicet] altaris summi et altare b. Ma[rie] virginis.

6. g. Johannis ante portam Latinam. II subd[iaconi]. Post vesperas deposito ornatu summi altaris ferialiter preparentur omnia.

10. d. Gordiani et Epymachi. III l[ecciones].

12. f. Nerei, Achillis et Pancracii. III l[ecciones].

g. Servacii episcopi. I vi[gilia].

16. c. Peregrini martiris. III l[ecciones].

25. e. Urbani pape. III l[ecciones].

31. d. Cancianorum. Officium. IX l[ecciones]. II sub[diaconi]. Preces claustrales, que tamen non dicuntur nisi post octavam Corporis Christi. Petronille v[irginis]. Antiphona. Aperiatur tabula martirum.

1. e. Kal.　　　　　　Junius.

2. f. Marcellini et Petri. III l[ecciones].

3. g. Erasmi martiris. I c[anonicus]. Reportacio sanguinis d[omini]. Antiphona. Altare martirum preparetur apostolice.

---

a) *Jüngere Eintragung.* b) *Am Rande* Officium. Festum chori.
¹) *Sonst April* 30.

5. b. Bonifacii et so[ciorum] ejus. III l[ecciones].

9. f. Primi et Feliciani martirum. III l[ecciones].

11. A. Barnabe apostoli. III l[ecciones]. Aperiantur prime ale summi altaris.

12. b. Basilidis, Cyri et Naboris martyrum. III l[ecciones].

15. e. Viti, Modesti et Crescencie martirum. II subdiaconi IX l[ecciones]. Preparetur altare martirum apostolico.

17. g. Quinque sanctorum. IX lecciones. I c[anonicus].

18. A. Marci et Marcelliani martirum. III l[ecciones]. Officium.

19. b. Gervasii et Prothasii martirum. III l[ecciones]. Officium.

21. d. Albani martiris. III l[ecciones]. Officium.

22. e. Decem milium martirum. IX l[ecciones]. II subdiaconi. Aperiatur tabula martirum. Officium.

23. f. Vigilia. Preces. Officium.

24. g. Johannis baptiste. II diaconi. Preparetur altare martirum festivaliter et aperiantur prime ale summi altaris et super eo ponatur palla apostolorum et antependium rosarum magnarum et pulptum cooperietur. Et caput Johannis baptiste ad altare ponatur. Et altare hoc martirum maneat preparatum per sequentem diem s. Johannis et Pauli. Et summum altare festivaliter et pulpita cooperiantur festi[valiter] et dantur 2 ª ornamenta ad summam missam.

26. b. Johannis et Pauli martirum. I canonicus. Preparetur altare martirum apostolice.

28. d. Leonis pape. Antiphona. Vigilia. Officium.

29. e. Petri et Pauli apostolorum. II subdiaconi. Preparetur summum altare sicut supra Johannis baptiste et maneat sic, nisi quod antependium deponatur et apostolicum appendatur.

30. f. Commemoracio Pauli apostoli. I c[anonicus]. Ottonis episcopi. A[ntiphona].

1. g. Kal Julius. Antiphona. Officium.

2. A. Visitacio b. Marie. II diaconi. Processi et Martiniani. Ad processionem ymnus de sacramento. Preparetur tota ecclesia sicut in festis aliis ejusdem festivaliter. Et per octavam maneat summum altare apostolice preparatum, similiter altare ejusdem v[irginis]. Salve ª Regina in 3º completorio cantabitur cum co[llecta] Fidelium.

ª) Salve *bis* fidelium *am Rande*.

4. c. Odalrici episcopi. Antiphona. Officium.

6. e. Octava Petri et Pauli. IX l[ecciones].

8. g. Kyliani et sociorum ejus. Antiphona. Officium.

9. A. Octava visitacionis Marie. II subdiaconi.

b. Septem fratrum. IX lecciones. I canonicus. Aperiatur tabula martirum.

13. e. Hinrici regis. I canonicus. Margarete virginis. Antiphona. Officium. Altare virginum preparetur apostolice.

15. g. Divisionis apostolorum. II subdiaconi. Summum altare preparetur apostolice.

21. f. Praxedis virginis. III r[esponsoria].

22. g. Marie Magdalene. II subdiaconi. Aperiantur prime ale summi altaris et altare confessorum preparetur festivaliter.

23. A. Appollinaris martiris. III lecciones. Liborii e[piscopi]. An[tiphona].

24. b. Christine v[irginis]. Antiphona. Vigilia. Preces. Officium.

25. c. Jacobi apostoli. II ca[nonici]. Christoferi martiris. Antiphona. Summum altare preparetur apostolice et maneat ibidem tabula aperta per diem sequentem s. Anne vidue.

26. d. Anne vidue matris Marie. II subdiaconi. Altare confessorum festivaliter ornetur. Festum chori.

28. f. Panthaleonis martiris. I c[anonicus]. Innocencii pape. Antiphona. Officium. Aperiatur tabula altaris martirum.

29. g. Octava Marie Magdalene. II subdiaconi. Officium. Felicis* et sociorum ejus. Antiphona. Aperiatur tabula confessorum.

30. A. Abdon et Sennes martirum. L[eccio].

31. b. Nota.[b] Est dedicacio cappelle b. virginis Marie sub choro.

Augustus.

1. c. Kal. Vincula Petri. I c[anonicus]. Machabeorum. Antiphona. Aperiantur prime ale summi altaris. Stacio[c]. Erit processio sicut in die Cor[poris] Christi. Hymnus intordictu fuit et ,Gloriosa'.

d. Stephani pape et martiris. Antiphona[d]. Octava Anne. IX l[ecciones]. Aperiatur tabula confessorum.

---

*) sic. [b]) Zwischen Nota und est Rasur.   [c]) Stacio bis Gloriosa am Rande.
[d]) über durchstrichenem III l[ecciones].

3. e. Invencio s. Stephani prothomartiris. I c[anonicus]. Preparetur altare martirum festivaliter, quia patronus est.

5. g. Oswaldi regis et martiris. II subdiaconi. Dominici*. Aperiatur tabula martirum.

6. A. Transfiguracio domini nostri Jhesu Christi. II subdiaconi. Aperiantur ale summi altaris cum antependio, cum maguis rosis, liista apostolorum. Festum chori.

7. b. Sixti^b et sociorum ejus. I vicarius. Donati. Antiphona. Affre. Antiphona. Ardea[t] cerus.

8. c. Cyriaci et so[ciorum] ejus. III l[ecciones]. XIIII auxiliatorum. IX l[ecciones] dicuntur. Apostolico preparetur [altare] martirum.

9. d. Romani martiris. Antiphona. Vigilia. Preces. Officium.

10. e. Laurencii martiris. II subdiaconi. Preparetur summum altare apostolico et altare martirum festivaliter.

11. f. Tiburcii martiris. III l[ecciones].

13. A. Ypoliti martiris. I vicarius.

14. b. Eusebii presbitri. Antiphona. Preces. Vigilia. Officium.

15. c. Assumpcionis^c b. Marie. II sacerdotum antiquiorum. Omnia solempniter preparentur. Procurentur herbe cum frugibus s[cilicet] piris, pomis vel similibus ad benedicendum post terciam ante pulptum in medio choro. Ad processionem ymnus fit posterior. Et permaneat ecclesia in suo ornatu per diem sequentem s[cilicet] sancti Bernwardi, quia patronus ecclesie est. In cujus die post 2as vesperas deponatur ornatus, nisi quod summum altare maneat per octavam apostolico preparatum et altare beate Marie festivaliter.

16. d. Bernwardi episcopi translacio. II subdiaconi. Vide supra in alio latere.

17. e. Octava Laurencii. Antiphona. Officium. Maneat aperta tabula martirum, quia patronus precipuus.

18. f. Agapiti martiris. Antiphoua. Officium.

19. g. Magni martiris. Antiphona.

20. A. Bernardi abbatis. II subdiaconi. Preparetur altare confessorum apostolice. Festum chori.

22. c. Octava assumpcionis. I c[anonicus]. Thimothei et Simphoriani. Antiphona. Officium. Potest accendi cereus in summo

---

a) *Nach* Dominici *grössere Rasur.* b) *sic.* c) *Am Rande* Salve Regina [in] completorio cantabitur cum [collecta] ‚Fidelium‘.

altari, quod altare sic cum suo ornatu permaneat usque post Bartholomei, tunc post 2ᵃˢ vesperas deponatur ornatus et post completorium claudatur tabula. Preces. Vigilia. Officium.

24. e. **Bartholomei apostoli.** II c[anonici]. Habes ibi* totum supra immediate.

26. g. Herenei et Habundi martirum. III l[ecciones].

27. A. Rufi martiris. Antiphona.

28. b. Augustini episcopi. II subdiaconi. Hermetis antiphona. Officium habet. Festum chori. Proparetur altare summum apostolico et maneat totum sic propter festum Jo[annis] baptiste.

29. c. Decollacionis Johannis baptiste. II subdiaconi. Sabine v[irginis]. Antiphona. Officium. Altare martirum preparatur festivaliter et ponatur ibidem caput ejus de alabastro.

30. d. Felicis et Adaucti martirum. II subdiaconi. Maneat altare martirum sic propter Felicem et Adauctum.

31. e. Octava sancti Bartholomei. IX l[ecciones]. I canonicus. Aperiantur prime ale summi altaris.

Nota. Dominica prima post Bartholomei est dedicacio summi altaris. Et dominica debinc prima post Felicis et Adaucti est dedicacio altaris b[eate] v[irginis] Marie in cappella.

September.

1. f. Kal. Egidii, Sixti, Synicii confessorum. I vicarius. Prisci antiphona, Verene antiphona.

4. b. Octava Augustini. I vicarius. Possunt aperiri ale prime summi altaris.

7. e. Vigilia. Preces non dicuntur.

8. f. Nativitatisᵇ Marie. II diaconi. Adriani martiris. Antiphona. Preparabitur ecclesia tota festivaliter, sicut consuetum est in ejus festivitatibus.

9. g. Gorgonii martiris. III l[ecciones].

11. b. Prothi et Jacincti martirum. III l[ecciones].

14. e. Exaltacionis Crucis. I c[anonicus]. Cornelii et Cypriani martirum. Antiphona. Officium. Summum altare preparetur apostolice cum antependio rosarum magnarum et pulptum ornetur. Tabula altaris martirum aperiatur.

---

a) *Hinweis auf die vorhergehende Eintragung.* b) *Am Rande* Salve regina can[tabitur] in 2ᵘ completorio cum collecta ‚Fidelium‘

15. f. Octava nativitatis. 1 c[anonicus]. Nicomedis. Antiphona. Maneat ornatus summi altaris et altaris Marie. Tabula aperiatur. Nota. Dominica post nativitatis Marie est dedicacio altaris virginum in cappella.

16. g. Eufemie v[irginis]. III lecciones. Lucie et Ge[miniani]. Antiphona.

17. A. Lamberti episcopi et martiris. II subdiaconi. Post cujus festum prima dominica est dedicacio altaris martirum. Aperiantur alo altaris martirum et preparetur apostolice.

20. d. Vigilia. Preces. Officium.

21. e. Mathei apostoli. II c[anonici]. Altare summum preparetur apostolice et in secundis vesperis ejusdem aperiantur reliquie summi altaris propter sequens festum.

22. f. Mauricii et sociorum ejus. I c[anonicus]. Lutrude v[irginis]. Antiphona. Preparetur altare martirum apostolice.

23. g. Tecle, Digne et Merite v[irginum]. Antiphona. Anniversarius* domini Bernardi primi fundatoris hujus domus. 4 or lumina ardebunt ad vigilias.

26. c. Officium. Preces propter vigilias claustrales.

27. d. Cosme et Damiani martirum. II subdiaconi. Altare martirum preparetur apostolice.

29. f. Michaelis archangeli. 1 c[anonicus][b]. Tota ecclesia preparetur festivaliter, quia patronus est ejusdem. Post 2[as] vesperas deponetur ornatus nisi summum altare, quod manebit sic propter festum s. Jeronimi, et exteriores alc summi altaris manebunt aperti. Potest hic pulsari ad horas et summam missam circa octavam, quia communiter tardius comedimus propter hospites.

30. g. Jeronimi presbitri. II subdiaconi.
Nota. Prima dominica post Michaelis est communis ebdomada et commemoracio omnium fidelium, in qua legemus vigilias majorum leccionum dominica, feriis 3ᵃ, 5ᵃ et iterum in dominica, nisi dedicacio nostra in unam dominicarum illarum caderet. Tunc transponi poterunt vigilie. Que dedicacio semper teneatur in una dominicarum ad placitum, que occurrunt infra Michaelis et sancti Andree festa. Et in missa dicitur prefacio de sancta Trinitate.

---

*) Anniversarius *bis* vigilias *am Rande.* **) I c. *wiederholt.*

October.

1. A. Kal. Remigii episcopi. I vicarius.

4. d. Francisci confessoris. II c[anonici]. Preparetur altare confessorum festivaliter. Et aperiantur prime ale summi altaris. Et est festum chori, quo et clerici veniunt ad horas cauonicas propter indulgencias papales, nisi quod terciam et sextam unusquisque per se leget similiter et nonam, si fuerit jejunium.

7. g. Marci pape et confessoris. III l[ecciones].

9. b. Dyonisii et so[ciorum] ejus. I vicarius. Aperiantur ale martirum.

10. c. Gereonis et so[ciorum] ejus. II subdiaconi. Preparetur altare martirum apostolice cum antependiis per festum sequens.

11. d. Justi, Arthemii et Honeste. II subdiaconi.

14. g. Calixti pape et martiris. III l|ecciones|.

15. A. Speciose virginis. II subdiaconi. Preparetur altare virginum apostolice.

16. b. Galli confessoris. III l|ecciones].

Nota. Prima dominica post communem ebdomadam tenetur festum septem gaudiorum beate Marie, nisi duplex festum impediat, quod tunc anticipetur vel postponatur. Et preparetur altare summum, sicut solet fieri Johannis baptiste, et altare beate Marie festivaliter.

18. d. Luce* evangeliste. II subdiaconi. Preparetur summum altare apostolice.

19. e. Januarii et sociorum ejus. III l[ecciones|.

21. g. Undecim milium v[irginum]. II subdiaconi. Summum altare preparetur apostolice cum antependio magnarum rosarum et aperiantur reliquie et altare virginum, similiter preparetur. si in dominica venerit, pulptum et signentur duo pro Alleluja in missis.

22. A. Severi episcopi. Antiphona.

23. b. Severini episcopi. III l[ecciones].

25. d. Crispini et Crispiniani. III l[ecciones].

27. f. Vigilia. Preces. Officium.

28. g. Symonis et Jude apostolorum. II ca[nonici]. Summum altare preparetur apostolice.

31. c. Quiutini martiris. Antiphona. Preces propter vigiliam. Officium.

---

*) Am Rande Festum chori.

Ultimum Trinitatis tenetur ultima dominica vacante ante adventum. Tota ecclesia preparatur festivaliter, quia summum festum et ecclesia consecrata est in honore s. Trinitatis, quod[a] et in duobus colloquiis conclusum est.

November.

1. d. Kal. Omnium sanctorum. II d[iaconi]. Cesarii. Antiphona martirum. Preparetur tota ecclesia sicut in festivitate b. Marie virginis s[cilicet] celebri[b]. Et leguntur post vesperas vigilie defunctorum. Post vigilias omnia reponentur[c], nisi quod tabula maneat aperta usque post completorium, et propterea poterit bene modicum posite 3[a] pulsare ad vesperas.

2. e. Commemoracio omnium fidelium animarum.

8. d. Quatuor Coronatorum. I vicarius. Octava Omnium sanctorum apostolorum apostolice preparatur.

9. e. Theodori martiris. III l[ecciones].

11. g. Martini episcopi. II subdiaconi. Menne martiris. Antiphona. Preparetur altare confessorum festivaliter. Aperiantur prime ale summi altaris.

13. b. Brictii episcopi. I vicarius.

Nota. Prima dominica post Omnium sanctorum est dedicacio altaris confessorum.

18. g. Octava[d] Martini episcopi. III l[ecciones]. Aperiatur tabula confessorum.

19. A. Elizabeth vidue. II subdiaconi. Altare confessorum preparetur festivaliter et aperientur prime ale summi altaris.

20. b. Deposicio Bernwardi. II subdiaconi. Ornetur tota ecclesia festivaliter ut in festis beate virginis, quia patronus patrie et nostre ecclesie. Post 2[as] vesperas omnibus depositis maneat ornatus altaris virginis propter Ceciliam.

21. c. Vigilia. Preces claustrales. Officium.

22. d. Cecilie virginis et martiris. II subdiaconi. Vide supra immediate.

23. e. Clementis pape. I vicarius. Felicitatis. Antiphona. Altare martirum preparetur apostolice.

24. f. Crisogoni martiris. III l[ecciones].

---

[a] quod bis est *Zusatz.* [b] ? *Nach* celebri *durchstrichen* Ad vesperas primas pulsatur hora 4[a]. Deinde per hyemem ferialibus diebus circa mediam ad quintam demptis vigiliis nativitatis, Epiphanias et purificacionis Marie. Post purificacionis pulsatur sicut prius per annum. [c] *Hdschr.* reponetur. [d] *Am Rande* Stacio.

25. g. Katherine virginis. II subdiaconi. Altare summum preparetur apostolice propter festum sequens b. virginis. Item preparetur eciam altare virginum fostivaliter. Ad 2ᵃˢ vesperas preparetur altare b. virginis et pulptum ornetur et signentur duo cantaturi versum ad responsorium.

26. A. Festum chori. Illacionis beate Marie. II subdiaconi.

29. d. Saturnini et so[ciorum] ejus. Vigilia. Preces dicuntur. Officium.

30. e. Andree apostoli. II c[anonici]. Preparetur summum altare apostolice.

Adventus domini indubitanter imponitur dominica post illacionis.

December.

4. b. Barbare v[irginis]. II subdiaconi. Altare virginum preparetur apostolice.

6. d. Nicolai episcopi. II subdiaconi. Altare confessorum preparatur festivaliter et aperiantur prime ale summi altaris et maneant usque ad festum Marie.

7. e. Octava b. Andree. I vicarius.

8. f. Concepcionis Marie. I c[anonicus]. Adventus reliquiarum ejusdem. Tota ecclesia preparatur festivaliter sicut in festis ejusdem. Post 2ᵃˢ vesperas deponetur ornatus, nisi quod tabula summi altaris manet usque post completorium. Non fit processio nec communio, nisi donec adventus domini perveniret tam prope utputa in profesto Barbare, tunc posset communio fieri in die concepcionis, si sic placeret.

11. b. Damasi pape. Antiphona.

13. d. Lucie virginis. I vicarius. Preparatur altare virginum apostolice.

15. f. Hic nos servamus adventum reliquiarum beate Marie. Aperiatur tabula altaris b. Marie.

Una dierum quatuor temporum post Lucie erit memoria et preparetur summum altare apostolice. Festum chori.

20. d. Officium. Vigilia. Preces.

21. e. Thome apostoli. II c[anonici]. Preparetur summum altare apostolice. Patronus* est virginis.

24. A. Festum chori. Aperiantur prime ale. Vigilia. Preces. Officium.

---

*) Patronus est virginis *von viel jüngerer Hand.*

25. b. Nativitatis domini n[ostri] Jhesu Christi. II sacerdotes antiquiores. Omnia preparantur solempniter sicque permaneant usque Innocentum inclusive, nisi sequenti die esset dominica dies. Tunc post II^{as} vesperas deponatur, ut hic sequitur. Deponatur magna candela. Reliquie claudantur. Interiores ale claudantur remanentibus apertis exterioribus. Palle summi altaris deponantur et propter liistam cum summa diligencia complicentur cum antipendio, cujus loco suspendatur aliud cum magnis rosis et supponatur mappa cum liista nigra habente tres ymagines pectorales beate virginis cum ramusculis intextis et reponantur cussini et panniculi, quibus decorata sunt pulpita. Item altaribus martirum, confessorum, virginum deponantur superiores palle, que eciam antipendiorum supplent vices in festivitatibus beate virginis et cooperiantur cum ferialibus mappis. Similiter et antependia deponantur et complicentur et sic permanebunt per octavam.

26. c. Stephani prothomartiris. II d[iaconi].

27. d. Johannis apostoli. II sacerdotum vicarii. Patronus^a virginis Marie.

28. e. Innocentum puerorum. II subdiaconi. Patroni^b sunt virginis Marie.

29. f. Thome episcopi et martiris Cantuariensis. I vicarius.

31. A. Silvestri pape. I c[anonicus]. Peragitur in crastino Epiphanie.

---

a) Patronus bis Marie von viel jüngerer Hand. b) Patroni bis virginis desgl.

Anordnungen für den Gottesdienst.

[Gegen Ende 15. Jahrh.]

Stacio.[a] Dominica prima adventus domini aperiantur primo ale summi altaris maxime propter communionem fratrum. Cetera ut in simplici dominica, nisi esset aliquis sanctus.

In profesto nativitatis Christi, si dominica fuerit, tunc feria VI[a] ante, scopetur ecclesia et mundentur utensilia ejus. Et tunc in dominica signetur prophetia per aliquem cantanda et potest dari ad summam missam sericum ornamentum et potest summum altare preparari ante missam solempniter. Festum chori, si extra dominicam venerit, et aperiantur primo ale tantum.

Sin autem, facto prandio[1] ornabitur ecclesia tota solempniter, nisi quod vexilla non producantur, nec fit processio, nisi venerit dominica die. et tunc cum solis crucibus sine vexillis circuitur. Omnia cantanda signentur ante prandium, ut sint fratres previsi de cantandis. Et ordinetur sic. quando convenienter fieri potest, ut omnes aliquid cantent. Ideo qui cantant lecciones, non cantent prophetias set juniores. Item, quando duo simul cantant sive versus sive Alleluia vel aliud, sic ordinetur, ut sciens cantum vel bene vociferatus combinetur cum non scienti vel non vociferato, ut unus alterius adjuvetur auxilio.

Hora[b] tercia cantamus vesperas, quia post 4[tam] imus ad collacionem.[c]

Ad versum in vesperis primis et Alleluia in summis festivitatibus duo de senioribus ordinentur presbitris. In aliis autem magnis festivitatibus duo de mediocribus, in minoribus vero duo de junioribus, quamquam aliter posset fieri pro temporis exigencia. Et cum consensu senioris ordinentur qui cantent missas usque Innocentum[3] exclusive et liber[c] generacionis.[4] In nocte nativitatis domini signentur pro Alleluia, Dominus dixit duo boni cantores, ad secundam missam duo de junioribus, ad summam duo de senioribus utsupra. Signet et prophetias. Item duos bonos cantatores cantantes ante pulptum. Hodie cantandus et alii duo in choro respon-

---

a) Hdschr. 351 der Bererinischen Bibliothek su Hildesheim. Fol. 198'.
b) Fol. 199. Hora bis collacionem über der ersten Zeile nachgetragen.   c) sic.
1) Mittagessen.   2) Imbiss.   3) Dec. 28.   4) Matth. 1. 1.

deant ‚Quis est iste'. Item post completorium accedentibus tenebris accendantur candele sepine in omnibus altaribus singule in singulis, quas exiens sacrista tempestive ante aliorum collacionem accendat, ut venientibus fratribus ad ecclesiam sint accensa[a]. Et per totam noctem[b] ardeant omnes lampades. Sepine candele in altaribus extinguantur signo facto ad requiem et dempta lampade in refectorio, que lucet eciam in transitu, adhuc alia lampas vel candela ardeat in refectorio. Vel sic ordinetur, ut candela sepina ponatur ad locum lampadis, que lucere solet in transitu, et lampas suspendatur in refectorio. Suscitatis ad matutinum fratribus reaccendantur omnes sepine candele in altaribus et lampas vel candela alia que extincta fuerat signo facto ad requiem, quia in transitu inferiori suffecit ardere unam dormientibus fratribus et aliam in superiori transitu similiter, et deinceps omnes ardeant usque ad diem. Quia autem in media nocte surgimus ad cantandas matutinas, tempestivius fiat signum ad collacionem id est circa mediam quinte[c] et circa VI am fiat signum ad requiem.

Item dum cantatur IX[a] leccio, sacrista impleat ampullas et ad summum altare exponat ornamentum divisum, i[d est] una pars unius coloris alia alterius, et celebraturus exeat chorum et preparet se cum sacrista, ut parati sint et immediate post IX responsorium inchoetur missa, et ad illam missam non fit pulsus et ad elevacionem concrepetur cum cymbalis. Post elevacionem exponatur alba ornamenti serici pro lecturo librum generacionis, qui stolam flectat super levam venientem et conjunctam sub dextera, et immediate benediccione facta accipiat levita vel presbiter loco ejus benediccionem et cantet liber generacionis, ad quod eciam thurificetur, et propterea tempestive procuret ignem. Quando Tedeum cantatur, semper pulsetur campana. Celebraturus missam in aurora immediate post matutinum confiteatur.

Ad primam pulsetur hora 5ᵃ, qua finita totus chorus immediate vadat ad cappellam pro cantanda missa in aurora. Alii autem sacerdotes qui volunt possunt manere et confiteri et legere missas, ita tamen, ut circa mediam octave omnes habeant finem, et propterea preparentur altaria tempestive ante primam, ut sub missis sint quieti. Calices tamen numquam dentur, nisi jam in precinctu velint legere, quod semper per totum annum sic teneatur. Similiter custodiat sacrista, quod capsa calicum cum sacristia semper maneat clausa. Ad quam eciam missam sicut nec ad primam non thurificatur.

---

a) *Hdschr.* accensi. b) *Hdschr.* noctem noctem. c) *Fol. 199'.*

Ad[a] summam missam pulsatur circa mediam octave et non fit aspersio neque processio nisi in dominica et tunc ordinentur qui cantent ymnum ‚O beatus partus illa, virgo cum' etc. Ad summam missam thurificatur. Post[b] istam missam non cantatur ‚Recordare'.

Nota. Per istam ebdomadam dabuntur ornamenta, prima die optima et sic descendendo per singulos dies adminus preciosa, sic tamen, quod 2[a] die ad summum altare detur secundum aureum et tercia die, quod habet duos clipeos in dorso, et 4[a] die rubeum sericum. Similiter fit in ebdomada pasche et penthecostes et tunc feria 4[a] potest dari ornamentum intercisum vel viride. De preparacione altarium in die Innocentum require in kalendario in loco suo.

Circumcisionis. Require in loco suo. Accendantur candele sepine mane et vespere in capella una, in altari confessorum una, in refectorio ante imaginem una. Similiter fiat in Epiphania domini.

Epyphanie. Require in loco suo. Optimum ornamentum datur et possunt tria lumina incendi ad summam missam.

Purificacionis. Require in loco suo.

In capite jejunii. Require in loco suo.

Dominica[c] Palmarum in profesto admoneatur procurator, ut acquirat ramos palmarum, quos sacrista industriose dividat in tot partes quot sunt fratres. Seniori vero et antiquiori fratri dentur arundines[1] marine cum paucis palmulis. Altaria manent, ut sunt ferialiter. Primas vesperas non cantamus. Post mediam septimam[d] pulsetur ad requiem. Ad primas missas dentur rubea ornamenta non serica, ad summam missam rubeum sericum. Ad primas missas fiat signum post mediam ad horam sextam propter longius officium ante sextam. Similiter et aqua benedicta consecretur tempestivius propter temporis brevitatem.

Sub tercia preparetur ante chorum quasi in medio ecclesie locus pro crucifixo ibidem ponendo et adorando post processionem in stacione et substernetur lodex rubeus vel alius pannus ad hoc aptus et superponator crucifixus cussino cum trunco capiti supposito, ut decentius oscalari possit, vel sede, ita ut caput crucifixi sit quasi super caput ymaginis domini Bernardi in lapide ibidem sculpti. Et posito sic crucifixo superponat ei rubeam casulam crucifixo indutam revelato tamen capite. Vexilla minora appendantur stipitibus suis et ponantur inferius circa altaria in

_____

a) Fol. 200. b) Post bis Recordare Nachtrag. c) Fol. 200'. d) Hdschr. septimane.

1) Schilfrohr.

ecclesia, que post processionem vel missam iterum deponantur et ad locum suum suspendantur retro summum altare. Ad* summam missam hora VII* pulsabitur. Et lecta 3* benedicentur palme posite super assere penes summum altaris cornu dexterum situate supposito eidem sede ardente cereo. Palme distribuantur, cum cantatur antiphona ,Fulgentibus' palmis aqua benedicta prius aspersia, quam in prompto ibidem habeat. Signetur eciam clericus cantaturus leccionem libri Exodi. Similiter et qui cantet in stallo versum ,Unus autem', qui eciam cantabit ,Ab illo ergo' etc. et unus de antiquioribus bene vociferatus, qui in medio ante pulpetum cantet ,Expedit vobis' etc. Et fiet processio cum antiphona ,Cum appropinquasset Jherusalem', ,Cum audisset', ,Ante sex dies' etc. Quibus finitis in stacione procedant ante crucifixum duo ad hoc ordinati et ydonei cantantes ymnum ,Gloria, laus et honor'. Quo finito procedant alii duo similiter ad hoc signati, qui ibidem ante crucifixum cantent antiphonam ,Pueri Hebreorum', qua a choro repetita accedant alii duo cantantes secundum ,Pueri Hebreorum', si assint persone sufficientes, alias enim possent ambe antiphone ille ,Pueri Hebreorum' per duos priores cantari. Interea denudetur crux per totum et accedens senior ante crucem cum arundine marina percuciat crucifixi caput ter cantans antiphonam ,Scriptum est [1] enim: Percuciam pastorem', et choro prosequente ,Et [1] dispergentur' etc. Interim ipse senior provolutus osculatur crucem et deinde alii secundum ordinem osculentur crucifixum cantante choro ,O crux, ave spes' etc. cum aliis versibus, et si non [b] sufficiunt, reiterentur alii versus ibidem, s[cilicet] ,Quo° vulneratus', et tunc ascendat chorus cum responsorio ,Ingrediente domino' et dicto versu cum sua collecta fiat missa suo ordine. Et reportetur crux ad cappellam sublevatis aliis ibidem. Similiter et asser et sedes, super quibus posite fuerunt palme, removeantur ab altari. Et post prandium recolligens sacrista palmas reponat super ecclesiam vel alibi eas reservans usque ad diem cinerum, i[d est] ad caput jejunii, comburendas, ex quarum cineribus tunc consecratis imponet sacerdos capitibus fratrum.

Post Palmarum sacrista colligens hinc inde cereorum fragmenta cum procuratore sollicitet, ut fiant tempestive cerei ad festum pasce et eciam principaliter cereus pascalis, qui non multum excedat in longitudine sex pedes, de quo avizetur eum faciens.

Feria [d] IIII post Palmarum deponatur velum immediate post missam vel post prandium. Et ante prandium laventur et mundentur candelabra

<hr>

a) Fol. 201. b) Fol. 201'. c) sic. d) Fol. 202. Ueber dem Texte eine zum Theile getilgte Eintragung über eine Reinigung der Kirche 1494.

[1] Matth. 26, 31.

et lavachra multiplicatis adjutoriis et, si que sint indigencia majori labore, per noctem jaceant in fecibus cerevisie vel in siliquis. Similiter ante prandium exportentur omnes matte propter scolares, qui veniunt ad confessiones, ex quorum discursibus impedirentur manente aperta ecclesie janua, quia immediate post prandium incipient purgare totam ecclesiam. Et purgetur arena in qua* jaciuntur sputa cum suis stipitibus primum. Et allata scala retro summum altare cum molli scopa de sporta ficuum facta mundentur fenestre, parietes, tabula retro summum altare. Deinde omnia alia per totam ecclesiam similiter, set et crucifixum cum Maria et Johanne super januam chori caute cum ala aucina. Deinde mundantes sedilia vel stalla prius bene aspergant aqua propter pulveres ibidem habundantes et scopent chorum, ecclesiam et cappellam, set in cappella non est opus aspergere aqua. Deinde excuciantur in orto matte, que modeste et leviter excuciantur, eo quod plus leduntur ex indiscreta excussione quam in toto anno ex communi suo usu. Quo facto eodem die reponantur ad loca sua. Et non pulsatur amodo ad vigilias. Signet lecturos lecciones ad matutinam, quia decctero usque ad feriam 4^{am} inclusive post pascha omnes visitent chorum[b].

Candelabra[c] mundata ponat retro altare martirum usque ad sabbatum sanctum. Set feria V* propter officii dignitatem et sacramenti institucionem ad missam ponantur consueta ferialia candelabra super summum altare. Set feria 6* in parasceue ponantur candelabra lignea tempore officii, que jacent sub summo altari[d].

Feria quinta in cena domini prima dicta subjungitur immediate 3*. Quibus lectis post vel circa quintam vel VI^{am} calefiat aqua munda ad lavandas calices per sacerdotem vel in sacris existentes et renoventur panniculi calicum et patenarum. Et possent lavari antiqui panniculi cum smigmate[1] in illa aqua calida, si patitur tempus, sin autem, fiat alio tempore cum lixivio et recludantur calices in locis suis. Item tempestive aperiatur capsa venerabilis sacramenti* et monstrancia magna exponatur et ad cistam, que est in sinistro latere altaris[f], ponatur usque post prandium vel cenam sequentis diei propter calicem cum venerabili sacramento ibidem ponendum et mundetur capsa prius et ponatur corporale substrato illi aliquo panniculo mundo. Et faciat exponi per sacerdotem indutum superpellicio cum stola, si necesse est, pixidem sacrati olei, quod extractum

a) *Hdschr.* quo.   b) *Hierzu jüngerer Zusatz* incipiendo a matutinis 5ta ferie.
c) *Fol. 202'.*   d) *Jüngerer Zusatz:* Non canitur amplius completorium ante diem pasche.   e) *Hierzu am Rande nachgetragen* Hoc est, ubi crisma stat in medio summi altaris.   f) *Fol. 203.*
1) *Putswalbe.*

oleum ponat super asserulum mundum. Deinde cum lino vel lana mundet vasculum, que omnia cum asserulo projiciat in ignem* habito tamen prius oleo novo.

Idcirco sollicitet procuratorem, ut tempore congruo afferat crisma et prius imponat lanam bombiceam vasculo et non comburatur antiquum crisma nisi prius habito novo. Item exponat stolas super superpellicia sacerdotum communicandorum et det sacerdoti parvas oblatas pro communicaturis ponens magnum calicem cum fistula in pulpito. Hora nona preparet altare exponens ornamentum rubeum sericum et statim pulset ad legendum 6 **ᵃᵐ** ᵇ et nonam, quibus lectis cantetur missa, et sic cessat pulsus usque ad sabbatum sanctumᶜ. Admoneatur eciam celebrans, ne negligat duas hostias magnas consecrare. Ad Sanctus non fit signum cum campana in turri. Ad elevacionem fiat signum cum cymbalis¹ in memoriam prime hujus sacramenti institucionis. Ad Agnus dei non datur osculum, ne videamur participare osculo Judeᵈ proditoris. Communicato celebranti porrigatur psalterium, quia vespere cum missa finiunturᵉ. Sub Magnificat aperiatur iterum capsa venerabilis sacramentiᶠ et afferat ignem in thuribulo et finita complenda accedant duo accipientes singuli candelam suam a latere altaris stantes retro sacerdotem, unus ad levam alius ad dexteram, medius autem thurificans. Et cum sacerdos levaverit calicem, precedant eum non timpanizando set choro cantante submissa voce ,Hoc corpus' etc. Sacrista autem thurificet contra capsam venerabilis sacramenti et posito calice cum venerabili sacramento ad capsam det sacerdoti thuribulum qui et ipse thurificet contra sacramentum et claudatur immediate capsa. Deinde denudentur altaria et palle etc, ornatus eorum portentur ad auram vel ventum et sic denudata manebunt usque ad sabbatum sanctum, set vela ymaginum maneant usque ad sabbatum.

Post prandium vel feria 6ᵃ parasceueᵍ circa Vᵃᵐ horam deponetur ab ecclesia sepulchrum et ponatur ad cappellam inter altaria b. virginis Marie et virginum.

Adʰ mandatum.²

Post terciam horam post prandium incipiat preparare necessaria ad locionem pedum, quia adminus in media quarte et quinte horarum fieri debet signum ad collacionem sive mandatum¹.

ᵃ) *Zusatz am Rande* id est ad patellam. ᵇ) 6 ᵃᵐ et nonam *Zusatz statt des durchstrichenen* terciam et VI ᵃᵐ. ᶜ) *Am Rande später nachgetragen* nec ante diem. s. pasche pulsatur mane seu vespere Ave Maria. ᵈ) *Fol. 203'.* ᵉ) *Nach* finiuntur *Zusatz* non requiritur. ᶠ) *Am Rande Zusatz* relinquatur aperta, quando offertur calix cum venerabili sacramento ad officium divinum. ᵍ) *Hdschr.* paravesce. ʰ) *Fol. 204.* ¹) *Am Rande später Zusatz:* Citius calefiat aqua, quia statim tacta communiter tenetur mandatum.

¹) *Klappern.* ²) *Die Fusswaschung.*

Accipiat ergo cacubum capientem adminus tynam aque et modicum plus et calefiat et allato cacubo cum aqua calida in refectorium prope fornacem. Ponatur tyna aque frigide ex uno latere et alia tyna vacua ex alio latere, in quam infundatur aqua, qua loti sunt fratres, et supponatur cacubo circulus straminous. Et habeatur ibi pelvis hospitularii et alia pelvis concessa a rasoribus, cum qua hauritur aqua. Item habeantur ibi linthei* due adminus, quibus tergantur pedes fratrum, que mappule sive linthei mundentur, expurgentur in illa aqua calida postea* et suspendantur ad acrem. Item quando portat linthea ad refectorium, tunc portet et libellum, ex quo legantur collecte ad mandatum*. Item post completum parvo facto intervallo fiat signum ad requiem sic tamen, quod prius respiciatur locus, ubi calefacta est aqua, ne fiat periculum ignis, et omnia ibidem reordinentur. Et tyna, in qua est aqua locionis pedum, precipue cum munda aqua expurgetur propter necessaria coquine.

Parasceves* surgimus circa horam noctis duodecimam. Finitis matutinis immediate tenetur exercicium, ad quod portabit sacrista* pro danda unicuique bona ... Et ad convocandum fratres ad divina fiat signum cum tabula. Post quintam collocato in cappella sepulchro cum assere suo imposito, super quo sternetur mappa summi altaris apostolica, super quam ad occidentem ponat cussinum magnum laneum pulchra varietate decoratum et super illud adhuc aliud lineum cum amictu* pro sudario involuto. Sepulcro supponantur quatuor lapides cocti* sub stipitibus sive basibus singulis unum et tegatur sepulchrum cum cortina altaris Beate virginis et antipendio summi altaris ejusdem coloris et forme. Consuantur in tribus et 4^{or} locis set in capite sepulchri appendantur due mappe pulchriores modice consute hinc et* inde, ut tantummodo conmaneant, descendentes quasi ad terram, quorum fila correspondeant mappe predicte* summi altaris apostolici, cujus lysta reflexa pendeat ante introitum sepulchri.

Deinde ponat crucifixum ibidem super scabellum altaris Virginum supposito ei lodice, quo et in palmis usus fuit. Altare parvum inter altaria beate Virginis Marie et altare Virginum, super quo per annum stare solet crucifixum, exponat extra ecclesiam ad acrem, set truncus crucifixi feratur ad chorum ad sinistrum latus altaris summi. Ad primam et terciam fiat signum cum ligno hora VI^a. Hora VIII^a vel modicum

―――――
a) *Nach* linthei *durchstrichen* una qua circumcingitur senior et alie. b) postea *über der Zeile nachgetragen.* c) et duo antipendia munda que requirentur tempestive a sart[oribus] *am Rande nachgetragen.* d) *Fol. 204'.* e) *Nach* sacrista *und nach* bona *Lücke in Folge von Rasur.* f) *Hdschr.* amicto. g) *Hdschr.* coctos. h) et inde *über der Zeile nachgetragen.* i) *Fol. 205.*

sternantur vestes aut tapecia a loco crucifixi usque ad gradus inclusive,
ubi et matta poni posset, et pro stacione extra chorum in ecclesia sternat
mattas et in medio ecclesie preparet locum, ubi ponatur crucifixus sicut
in Palmis, super caput ymaginis domini Bernardi. Ponat eciam mattam
ante pulpetum pro leccionibus legendis. Summum altare tegatur una
palla tantum feriali propter officium, quo facto iterum tollatur. Rubeum
sericum ornamentum exponetur. Signabuntur duo clerici pro legendis
leccionibus*. Item duo ad cantandum ,Populo meus' etc. et duo alii ad
,Agyos'. Et item duo boni cantores ad ,Crux fidelis' et fiat signatura hec
ante primam, ut provisi sint canturi.

Ad officium fiat signum hora IX positis prius candelabris ferialibus[b]
super altare ardente uno cereo usque canonem vel communionem. Sub[c]
prima leccione exponat albam cum ceteris pro dyacono vel sacerdoto
canturo ,Levate' vel eciam passionem, si requiritur[d].

Finitis oracionibus, que pro omnibus leguntur, discalcientur omnes
preter sacerdotes crucem ferentes et ministros altaris. Et statim descendat
chorus ad ecclesiam ad stacionem extra chorum. Ubi eciam totum
officium hodiernum fieri deberet, si locus pateretur, quia extra portam
passus est dominus. Interim induat alius sacerdos omnia ornamenta,
eciam casulam, qui deducat cum celebrante crucifixum per staciones
tres cum totidem exprobacionibus populi Judeorum. Ante quos immediate
transeant discalciati duo cantantes ,Populе meus' etc., nisi[e] sacerdotes
deducentes crucem velint cantare, quod factum est. Quibus respondeant
alii duo similiter discalciati ,Agyos'[f], ,O Theos' etc., quod cantantes ter
flexis genibus vertant se ad crucem. Deinde et chorus similiter flexis
genibus cantet ,Sanctus' etc. Et fiat processio illa sine candelis et thuri-
bulis aut gaudiosa solempnitate. Post ultimum ,Sanctus' discooperientes
sacerdotes crucifixum cantent ter ,Ecce lignum' et cantante choro versum
,Beati immaculati in via' etc. ponant crucifixum ad locum sibi preparatum
ibidem et provolutus senior adoret crucifixum osculando, quem sequentur
omnes alii secundum ordinem cantante choro ,O crux ave' etc. Deinde
cantata[g] antiphona, ,Dum fabricator' etc. cum ,O admirabile' procedant
ad chorum ante pulpetum duo boni cantores qui immediate incipiant,
,Crux fidelis' etc., sub quo ymno ascendat processio ad chorum. Interim[h]
sacrista reindutus calcios portet, ampullas vini et aque ad altare et

---

a) *Am Rande Zusatz* 2[aa] leccionem id est epistolam legat subdyaconus
vel a . .   b) ferialibus *über durchstrichenem* ligneis.   c) *Fol.* 205'.   d) *Nach* requiritur *Zusatz* Faciunt hoc diaconi ministrantes.   e) nisi *bis* factum est *ziemlich gleichzeitiger Zusatz am Rande.*   f) *Hdschr.* Ayos.   g) *Hdschr.* cantato.   h) *Fol.* 206.
    ¹) fabricarentur?

aperiat capsam venerabilis sacramenti. Et circa finem ymni afferat ignem pro thure et dum cantatur ultima repeticio, det thuribulum sacerdoti ministranti, qui cum eo vadat ad capsam. Prius tamen accipiant duo clerici duo lumina ab altari summo, unusquisque suum, stantes apud sacristam habentem thuribulum, unus ad levam et alius ad dexteram, qui omnes precedant celebrantem ad referendum calicem cum venerabili sacramento. Quo pervenientes flexis ibidem genibus detur sacerdoti celebranti thuribulum, quo thurificante capsam reddat thuribulum consocio et accipiens calicem adoracione prius facta cantetur submissa voce ‚Hoc corpus‘ etc., sine nola precedant sacerdotem, quo veniente ad altare stent retro, donec finiatur ‚Hoc corpus‘ et tunc reponent candelas ad loca sua ad altare et recedant. Et continuet sacerdos officium suum. Et communione facta deferatur ei psalterium pro legendis versibus. Sub vesperis sacrista ponat mattas pro staciono in cappella. Similiter et ponat mattam ante os vel aperturam sepulchri pro sacerdotibus crucifixum intra ponentibus. Post Magnificat afferat ignem pro thuribulo et precedente choro ad sepulchrum in cappella cum responsorio ‚Sicut ovis‘, ‚Ecce* quomodo‘ etc. Ceroferarii et thurificator ultimi in processione vadant ad crucifixum sequente eos e vestigio sacerdote celebraturo cum socio suo induti ornamentis rubeis. Accipiat sacerdos thuribulum et thurificet crucifixum. Deinde[b] cum reverencia accipiant isti duo sacerdotes crucifixum precedentibus ceroferariis et thuribulo deferant ad sepulchrum et sedentes in genibus in matta ibidem ante sepulchrum sacerdos thurificet sepulchrum prius et sic imponant posito super faciem ejus amicto. Et thurificetur contra sepulchrum, donec finiantur responsoria ‚Sicut ovis‘, ‚Ecce quomodo‘. Deinde dicatur versus ‚In pace‘[c]. Deinde reascendente stacione ad chorum cum responsorio ‚Sepulto[d] domino‘ maneat ibi lumen ardens usque ad noctem resurrectionis. Deinde iterum denudetur summum altare et exuant se sacerdotes. Item reimponatur monstrancia magna ad capsam cum sacra unctione et caute reponatur monstrancia magna, ne janua eam tangat in claudendo. Matte cum tapetis etc. omnia reponantur ad loca sua sive ante comestionem sive post.

Hora vesperarum circa quartam vel quintam deponantur omnia vela sive ymaginum sive altarium. Stipites autem velorum colligantur et super ecclesiam ponantur ad loca sua. Similiter et restes sive resticuli complicentur et ad cistam reponantur, quando vacat tempus. Item circa

---

a) Ecce quomodo *auf Rasur.* b) *Fol.* 206'. c) *Nach* pace *durchstrichen* cum collecta ‚Deus qui in filii t[ui]‘ etc., pro quibus ibidem legendis deferatur ad cappellam liber, in quo ea habeantur. d) Sepulto domino *auf Rasur.*

septimam potest facere signum ad requiem, eo quod mane surreximus, licet non surgamus citius solito. Item lampas in cappella posset bene ardere, quamdiu manet[a] ibi crucifixus in sepulchro adminus.

Sabbato[b] sancto finitis matutina, prima et 3[a], que sub uno pretextu leguntur, ornetur ecclesia solempniter ac si in die pasche, omnia altaria solempniter, vexilla minora appendantur stipitibus suis et prius cum ala mundentur et ad loca sua reponantur, similiter et majora. Item et flabella, quibus musce abiguntur, ad parietes supendantur prope altaria, que post Michaelis deposita includantur. Item tabula summi altaris cum ala aucina et molli caute per omnia mundetur cum ipso altari. Ponat autem asserem super altare in medio protegens sigillum altaris, ne tangatur, quod fiat in omnibus altaribus et quandocumque standum erit in altaribus aliis temporibus, quia soluto et aperto vel fracto sigillo violatur altare.

Item signet IIII[or] pro leccionibus legendis incipiens ab antiquiori sacerdote. Et duos pro cantando ymno ,Inventor rutili' etc. Et cum consilio senioris signet qui cantet ,Exultet jam', qui et ignem benedicere potest, si presbiter fuerit. Et duos bonos cantores pro ymno ,Rex sanctorum'. Item quinque foramina fodiat in cereo pascali signancia vulnera Christi, quibus imponitur thus. Ad medium foramen aliqui imponunt mirram et exponat mappam imponendam collo ejus qui tenebit cereum consecrandum. Similiter cum eadem mappa in die pasce ad processionem portatur idem cereus. Item ponat candelabrum feriale summi altaris apud stallum[c] ad dexteram altaris ad meridiem, ita ut tangat sedilia, super quo ponatur cereus ante consecracionem et post.

In[d] medio septime et octave componens sacrista aliqua sarmenta subtilia et sicca faciliter incendenda in patella super carbones mortuos et excusso de silice igne incendatur et afferens aquam benedictam ponat apud ignem, antequam legant 6[am] et 9[am]. Vel fiant hec tunc primum post lectas VI[am] et IX[am] percuciente sacerdote ignem de silice propriis manibus jam eundem consecraturos. Ad VI[am] autem et ad IX[am] legendas fit signum circa octavam, postquam compulsatum est in summo, quod signum fiat super asserem.

Et ponat pro officio ornamentum intercisum s[cilicet] coloribus viridi et subrufo.

Quando legitur nona, induat se consecraturus ignem, qua finita sub ,Miserere' veniat ad locum cum duobus ceroferariis et thure, cerci non sint accensi set accendendi per ignem sacratum remanentibus vexillis in choro. Et oracione 2[a] lecta aspergatur ignis aqua benedicta et accendantur

---

a) *Fol. 207.* b) *Fol. 207'.* c) *Hdschr.* stallam. d) *Fol. 208.*

candele cum stipite sulfureo ad hoc ibidem predisposito. Et impleatur igne benedicto thuribulum. Interea cantatur ,Inventor rutili' etc., cum quo immediate ascendant chorum et ibidem finiatur.

Sub ymno duo accipiant vexilla et duo candelas* duas, quintus thuribulum, sextus cereum pascalem habens mappam in collo et hic stet ad dexteram benedicentis ignem, non omnino ad latus ejus set magis ita, ut videat vultum benedicentis, retro quos stet thurificator. In^b quo latore apud tenentem cereum pascalem stet unus ceroferarius, ultra tamen ad orientem habens cereum incensum de igne noviter consecrato. Ultra quem stet vexillifer. In sinistro latere stent similiter eodem ordine, quasi circulariter in modum corone circumstent benedicentem. Habeat apud se ibidem sacrista frusta thuris cerei foraminibus imponenda et majus frustum ponatur ad medium. Que frusta porriget benedicenti, quando cantat ,Fugat odia', que accipiens teneat ad candelam ardentem, ut calefiat, et sic imponat singula. Cumque pervenerit ad locum s[cilicet] ,set jam' columpne hujus accendatur cereus pascalis et extinguantur omnia lumina et eciam lampades et reaccendantur a lumine cerei pascalis'.

Finita^d benedicione immediate legatur leccio illa ,In principio' etc. et ponat cereum pascalem super candelabrum predictum ibidem et ardeat usque ad finem misse et tunc portetur apud sepulchrum in cappellam ibidem ardens ad elevacionem crucifixi in noctem pasche, cui tamen, ne nimis consumatur, frustum antiquum aliud supponi poterit. Sub leccionibus ardebit cereus unus. Quando cantatur ,Kyrieleison' a choro, incendatur alius eciam ad missam. Ad ,Gloria in excelsis' pulsatur campana. Non fit signum tamen cum campana in turri ad ,Sanctus'. Ad elevacionem pulsatur cum cymbalis. Officium non cantatur, quia territe mulieres cum silencio in sepulcro nil domino offerentes de unguentis recesserunt.

Sub* vesperis non est opus presentare psalterium celebranti, quia manifestum est.

Post prandium signet cantanda ad matutinam in nocte sancta et eciam in die pasche. Lecciones legant antiquiores presbiteri et senior terciam. Clerici cantent versus ,Venite, exultemus', cantant duo boni cantores de presbiteris antiquioribus. Item duo qui cantent ,Quem queritis' et duo qui respondeant ,Jhesum Naza[renum]'. Item duos ad ,Salve festa'. Item quatuor ad crucifixum et ,Recordamini' et possent esse duo ex sacerdotibus vel unus, alii de clericis. Duos de antiquioribus sacer-

---

a) Hdschr. acandelas. b) Fol. 208'. c) Nach pascalis Zusatz: Item pro ,Rex sanctorum' duos bonos cantores. d) Hdschr. Finito. e) Fol. 209.

dotibus pro Alleluia. Item similiter ex eisdem duos bonos cantores pro versu ,Dicant nunc'. Item abluat ampullas, si non fecit. Item si de velis, restibus, stipitibus vel aliis nondum sunt composita, reposita vel ordinata, hoc compleat. Ad completorium[a] pulsatur Ave Maria. Item potest ignem consecratum residuum in patella dare coco. Hora[b] VI[a] vel circa fiat signum ad requiem.

In[c] sancta nocte pasce surgimus ante XII, crux tamen non sublevetur, nisi prius in summo compulsetur ad ejus sublevacionem. Sacrista autem de sero, antequam ad requiem vadat, disponat duos cereos et thuribulum et duas stolas ponat, unam pro seniore et pro alio in ordino propinquiori crucifixum sublaturis. Et commonifaciat[d] cocum, ut ignem habeat pro thuribulo. Ponat similiter et truncum crucis super summum altare. Ponat et vexillas inferius, unam apud altare martirum et aliam confessorum. Ponat et lumina sepina in candelabris in choro pro cantandis matutinis. Sternat et pannum inferius in medio ecclesie incipiens a capite ymaginis domini Bernardi versus januam ecclesie etcetera ut in die Palmarum vel parasceues pro locando ibi crucifixo et adorando et osculando immediate post sublevacionem. Hec omnia de sero disponat, ut in nocte sancta in prompto habeantur.

Suscitatis igitur fratribus ante XII et signo facto super tabulam in choro, insuper omnibus fratribus suppelliciatis et ceroferariis duobus et thuribulo preparatis descendat chorus ad stacionem in ecclesiam non ad cappellam cantans submissa voce ,Cum rex glorie' usque[e] ad ,Advenisti', quod non cantent, nisi sacerdotes cum crucifixo sint presentes apud altare martirum. Nam isti duo sacerdotes amicti stolis sequentes processionem cum ceroferariis et thuribulo descendent ad cappellam et tunc primum apud sepulcrum custos thus in thuribulum ponat et seniori tradat, qui thurificet contra sepulchrum sedens in matta prius ibidem posita, et tollentes crucifixum precedentibus ministris ascendant ad ecclesiam incipiente choro ,Advenisti' et ponentes crucifixum ad locum preparatum cum reverencia adorent et osculentur incipiento seniore, faciant[f] etiam sic omnes reliqui cantante choro consueta. Item nota crucifixo in cappella sublato sit ibi frater ad hoc deputatus, qui tollat cereum pascalem cum suo[g] candelabro, in quo stat et antecedens omnes s[cilicet] ceroferarios, thurificatorem etc. ascendens ad ecclesiam ponat cereum cum suo candelabro ad caput retro

---

a) *Zwischen* completorium *und* pulsatur *über der Zeile* non *hinzugefügt.*
b) *Geändert aus* Hore. c) *Fol. 209'.* d) *sic.* e) *Fol. 210.* f) *faciant auf Rasur.*
g) *Hdschr.* suo suo.

crucifixi ibidem ponendi, ut non impediat adorantes. Ceroferarii autem stent ad dexteram unus, alter vero ad sinistram. Thurificator autem stet ad pedes aliqualiter a longe, ne et ipse impediat adorantes. Vexilliferi stent circa gradum. Nota*, quando portatur crux ad summum altare, scilicet quando processio in cappella est et cantant ‚Quem queritis‘ etc., tunc maneant duo fratres, qui cum vexillis vadant ad chorum et stent in medio chori cum vexillis et non prima vice, quando osculati fuerint crucifixum. Post ad oracionem omnium precedant ceroferarii et thurificator stacionem ascendentem ad chorum cum antiphona ‚Christus resurrexit‘ vel ‚Regina celi‘ et incipiantur matutine et cessabit pulsus campane, qui incipi debet, quando cantat chorus ‚Advenisti‘, et* ponatur cereus pascalis ad pedes crucifixi et ardeant tria lumina ad matutinam in summo altari.

Quando inchoatur responsorium III^m ‚Dum transisset‘, afferatur ignis pro thuribulo et veniens et stans in medio thurificet contra altare, donec perveniatur ad ‚Gloria patri‘, quo finito et inchoata repeticione venientes ceroferarii candelas suas accendentes stent apud thurificatorem, unus hinc et alius inde, usque ad finem repeticionis. Et reinchoato ‚Dum transisset‘, vertunt se immediate ad chorum et incipiant ire ante processionem, primo ceroferarii, deinde thurificator, et vadant ad crucifixum ibidem stantes in ordine quo prius. Chorus autem totus et qui cantaturi sunt ‚Quem queritis‘ etc. descendant ad sepulchrum sine solempnitate. Senior autem cum socio suo non descendant set sequentes ceroferarios cum reverencia stantes ante crucifixum cantantibus angelis in cappella ‚Quem queritis?‘. Senior accipiens thuribulum thurificet contra crucifixum nonies et reddito thuribulo ministro ad statim ascendant chorum precedentibus qui ferant^c cereum paschalem, deinde ceroferarii cum thurificatore, et ponant crucifixum ad stipitem suum in summo altari ibidem ad hoc posito.

Interea^d hii duo qui cantant in cappella ‚Quem queritis‘ stabunt ante ostium monumenti inter altare virginum et sepulchrum (representant enim angelos loquentes mulieribus respicientes eos qui representant mulieres), quibus et loquuntur dicentes ‚Quem queritis‘, qui et stent contra eos s[cilicet] angelos circiter ad tres passus. Et idcirco omnia illa cantanda sunt submissa voce. Et gerentes vices angeli canturi ‚Venite et videte‘, vertant se ad sepulchrum. Qua antiphona finita et alia inchoata s[cilicet] ‚Cito euntes‘ secundi duo s[cilicet] mulieres adstatim se vertentes et sudarium tollentes precedant chorum sequente processione et dent sudarium presbitris stantibus ante altare summum. Quod accipientes cantent omnibus quiete in stallis suis stantibus ,Surrexit dominus de sepulchro' etc. totam. Qua finita incipiatur ,Te deum' et continuo pulsetur campana usque ad finem ,Te deum'. Cereus autem pascalis cum suo candelabro ponatur super scabellum summi altaris ante crucifixum usque ad finem matutine. Quibus finitis deferatur crucifixus cum suo trunco super asserulum ante altare confessorum ibidem preparatum et ibidem ponatur. Posito ante eum cereo paschali qui ibidem stet usque post summam missam vel ponatur cum suo candelabro, quando cantatur ,Sanctus' vel per totam missam in choro ante gradus sanctuarii.

Post prandium imponatur cum omni cautela ad pendens candelabrum, in quo firmetur stipitibus, lignis aut resticulis, ita ut erectus et suffultus firmiter stet et erecte cereus.

Item habetur pannus diversimodis sericis partibus discoloratus in sacristia ad hoc aptus, ut suspendatur super crucem cum stipite super summitatem crucis cum corrigia. Qui pannus cum asserulo sabbato sancto assint in sacristia preparata ad hoc, ut in mane in prompto habeantur, ita tamen, ut super predicto asserulo supersternatur pannus alius geprentet cum draconibus et ymaginibus beate Marie virginis. Qui eciam pannus superponitur sedibus, truncis sive asserulis, quandocumque crucifixus ponitur in medio ecclesie, utsupra patuit. Item quandocumque deferendus est crucifixus ante processionem, exponatur mappa pro eodem portando.

Hora quarta pulsetur ad primam, post quam tempestive consecretur sal et aqua.

Ad primas missas det optima ornamenta post deaurata.

Nota. Post summam missam [id est] sub sexta senior vel quem ipse ordinaverit vadit immediate ad coquinam vel refectorium benedicturus cibos cum custode habente librum, superpellicium, stolam et aquam benedictam.

Feria[b] 2[a] pasce et per illud sequens biduum signentur pro leccionibus legendis antiquiores in ordine post illos tres qui legerunt in pasche die sancto. Similiter fiat cum Alleluia et cum versu ,Dicant nunc'. Set et ornamenta descendendo ab optimis ad inferiora exponentur.

Feria IIII pasce post prandium sustollatur sepulchrum et ponatur super ecclesiam et caute cum eo procedatur, ne aliquid de eo frangatur.

---

a) *Fol. 211'.* b) *Fol. 212.*

Tectum deponatur et seorsum tractetur, donec superius vehatur. Velamina autem panorum ejus suspendantur[a] ad auram ad curiam et referatur ad locum suum aliud altum scabellum, quod ibidem solet stare.

Post vesperas claudat tabulam summi altaris remanentibus apertis exterioribus alis. Et deponat magna candelabra et deponatur mappa cum antependio, que palla cum omni diligencia plicetur et cum modestia reponatur ad cistam inferius et alio palle super eam. Et antependium cum magnis rosis[b] reappendatur et altare tegatur cum palla habente liistam cum tribus ymaginibus s[cilicet] Marie, Katherine etc., super quam aliam ponat meliorem inter feriales, et[c] reponantur candelabra ferialia.

In aliis altaribus depositis melioribus antependiis et coopertoriis iterum supertegantur suis ferialibus coopertoriis manentibus alis tabularum apertis et pallis cum suis liistis festivalibus. Pulpeta eciam detegantur.

In octava pasce potest aperiri tabula summi altaris et cooperiantur pulpita in sabbato in albis ad primas vesperas, ad quas eciam signet duos pro versu ad responsorium ,Dum transisset'. Item tres pro leccionibus in matutinis. Item duos pro ymno ,Salve festa'. Item quatuor ad ,Crucifixum', ,Recordamini'. Posset thurificari ad evangelium. Si eciam voluerit senior thurificare in primis vesperis, ponat ei stolam[d].

Post 2[as] vesperas omnia preparentur ferialiter clausis tabulis, nisi festum sequeretur, quod aliter quid requireret.

Dominicis[e] omnibus a pascha usque ad octavam Corporis Christi aperiantur prime ale summi altaris ad vesperas sabbato precedenti. Et signentur duo clerici lecturi ante pulpitum ,Salve festa', ,Crucifixum', ,Recordamini', non fit processio.

Festum patronorum, quod peragitur[f] dominica tercia post pascha, nisi duplex festum impediat, quia tunc anticipabitur vel post ponetur in dominicam precedentem vel sequentem. Et ecclesia preparabitur festivaliter sicut in diebus beate Marie. Hora septima pulsabitur ad requiem, ad[e] processionem sicut in octava pasche.

Dominica quinta ecclesia preparabitur sicut in festis beate Marie virginis festivaliter, magna candelabra ponentur. Non aperiantur loca reliquiarum in pede summi altaris propter concursum hominum et furtum

---

et* tunc nec prime ale ibidem aperiantur. Recedentibus turbis ad summam missam possent aperiri eciam alie ale.

Nota, quod sabbato precedenti propter adventum reliquiarum domine nostre in eadem dominica V^a scindantur gramina in copia, unde sternantur ecclesia, transitus etc. de mane ejusdem dominice. Ponatur^b mensa parva in refectorio vel alibi, que contegatur duabus mappis ad hoc aptatis et super eam duo vasa vitrea impleta cum cervisea et aqua benedicenda per reliquias.

Ponantur illa vasa duo vitrea super altare b. Marie in cappella benedicenda ibi per reliquias. Et^c signontur cantanda, omnia sicut in octava pasche. Et quia ante secundam horam noctis surgimus, ante septimam fiat signum ad requiem. Finitis matutina cum prima conspergantur ecclesia, transitus et locus sive via usque ad portam domus graminibus, candelabra altarium omnium ponantur retro apud pedes altarium, sicut ponuntur, quando misse fiunt. Deportentur vexilla extra chorum hinc inde in ecclesia et libri in choro reponantur seorsum et abscondantur, maxime parvi, propter furtum.

Item observetur diligenter adventus domine nostre, ut reverenter occurrat processio illis ante januam eos modicum expectans, quasi ut adhuc in ecclesia existentibus inopinate illis superveniat, ut contigit et hoc vituperabiliter anno domini MCCCCLXXV, que fuit magna confusio et multis suspecta. Que confusio, ne unquam contingat, observet custos pulsum magnarum campanarum sancte Crucis, quia ante compulsum ibidem cum una bis pulsatur. Et postquam ibidem compulsatum est, pulset custos pro advocacione fratrum ad chorum. Et fratribus ibidem expectantibus maneant firmiter clause janue chori, alias cum multitudine intrent alieni, ut vix se vertere et occurrere reliquiis prevaleant fratres. Idcirco exeuntibus illis ultimus post se accludat ostium maneatque adminus in choro unus, qui illis procedentibus accendat tria lumina in altari summo, qui et audiens inchoari ,Regina celi' incipiat pulsare. Qui exeuntibus reliquiis chorum iterum pulset, quamdiu donec certitudinaliter domum exierint.

Exeuntes^d igitur processionaliter obviam eis usque ad portam sive januam ab intra stent mutantes processionis ordinem, ut sint primi qui fuerunt exeuntes ultimi et ceroferarii et thurificator sint adhuc extremi et stent retro sacerdotes. Cum autem viderint reliquias, tradatur seniori thuribulum habenti stolam in collo, ut ipse ter vel circiter thurificet contra

---

reliquias et incipiatur ‚Regina celi‘ et reddat thuribulum sacriste ibidem qui cum ceroferariis antecedant immediate reliquias et intrantes ecclesiam intrent primum cappellam beate Marie sub choro, s[cilicet]* ceroferarii, thurificator et portantes reliquias et ibidem in altari b. Marie virginis consecrent cerevisiam et aquam. Deinde reascendentes intrent chorum et stent ante reliquias coram summo altari thurificatore thurificante contra reliquias in summo altari. Et nota, quod processio intrans ecclesiam non intret cappellam set directe chorum continuantes antiphonam ‚Regina celi‘. Nota ociam, quod uni committatur qui exploret, quando reliquie exierint valvam civitatis et jam sunt in Brulone. Tunc dicat seniori, quod dicat fratribus, ut processionaliter exeant, et melius est, ut ibi modicum expectent quam negligencia fiat. Quo autem ordine benedicantur fratres cum reliquiis et ubi stent et an ipsi vadant ad benedicentes seu tenentes reliquias ante summum altare, ut ibi benedicantur aut econtra benedicentes vadant ad singulos benedicendos fratres, relinquitur ordinacioni senioris ordinandum vel quandoque inscribendum, quare et spacium vacuum hic sufficiens in sequentibus relinquimus. Et* recedentibus reliquiis deducantur prius ad benedicendum cereviseum et aquam. Melius est tamen, ut fiat in cappella scilicet benedicendo cerevisiam et aquam utsupra, ne sine causa illuc videantur intrare et hoc ridiculose nil ibi operis habentes.

Nota.* Si fuerit interdictum, sicut anno etc. LXXVIII et LXXXII contigit, tunc occurritur eis consueto more sine cantu et excluso populo, si fieri potest, legatur ‚Regina celi‘ vel adminus excluso ex choro populo. Et tunc reliquie immediate cum processione vadant ad chorum et in descensu a choro immediate intrent cappellam. Quibus chorum ascendentibus deputetur unus qui immediate claudat chorum. Missa ordine suo peragatur cum processione sicut in octava pasche. Ornamentum det aureum vel deauratum secundum. Post II^as vesperas preparentur omnia ferialiter set prime ale tabule summi altaris non claudentur usque ad octavam Corporis Christi nisi tunc feria 6^a sequeretur notabilis sanctus.

In^d rogacionibus[1] servamus sicut in die Marci idest in letania majori, nisi quod in vigilia ascensionis ultima missa erit de vigilia. Nota.^b Si festum apostolorum Philippi et Jacobi[2] in diebus rogacionum venerit, tunc hora VI^a more solito legentur misse prime et hora

---

a) s. bis aquam *Zusatz am Rande*. b) Et bis aquam *durchstrichen*. Statt dessen Melius bis habentes von derselben Hand hinzugefügt. c) *Fol. 214'*. d) *Fol. 215'*. e) *Hierzu am Rande bemerkt* vel aliter sic *unter Verweisung durch Zeichen auf den unten folgenden Nachtrag vom Jahre 1486*.
     ¹) *Die drei Tage vor Himmelfahrt*. ²) *Mai 1*.

media octave pulsabitur ad VII Paternoster, quibus lectis sequetur missa
de rogacionibus, post quam fiat processio cum letania etc. ut supra. Hora
autem IX[a] pulsabitur ad summam missam[a], ante quam tercia et VI[a]
legentur. Deinde missa cantata dicetur nona. Sic factum fuit anno
d[omini] etc. LXXV in festo predictorum, quod occurrit feria[1] 2[a] post
Vocem jocunditatis.

Si autem hiis diebus occurrat festum deposicionis s[ancti] Godhardi
e[piscopi][2], hora VI[a] legetur missa de rogacionibus, et in summo non
fiebat processio de letania anno d[omini] LXXXIII, quia ad processionem
ibidem omnia conveniunt collegia. Nos autem bene possemus processionem tenere de letania, qui tunc aliam non habemus. In rogacionibus
autem, quia comedimus hora XI, secundum hoc potest pulsare.

Anno d[omini] LXXXVI festum Philippi[3] et Jacobi similiter venerunt
feria 2[a] post dominicam Vocem jo[cunditatis]. Ubi post primam missam
lectam hora VI[a] hora media octave pulsabatur ad terciam, cui continuo
subjungebatur missa de sanctis, post quam legebatur VI[a].

Deinde hora media X[e] pulsabatur ad summam missam, que subjungebatur lectis VII psalmis penitencialibus etc. de rogacionibus. Post quam
fiebat processio letanialis, post quam legebatur IX[a]. Et hic modus
communior est. Hoc tamen servato, quod, si in vigilia ascensionis
venerit festum IX lectionum, tunc III[a] et VI[a] dicentur ante missam de
festo et IX[a] immediate post illam et non post missam rogacionum, eo
quod tunc dicuntur versus ,Oramus domine' cum collecta de vigilia
ascensionis.

Ascensionis[b] domini. In cujus vigilia scindantur gramina sternenda
in ecclesia et preparetur ecclesia festivaliter sicut in festis beate Marie
virginis. Ad omnes horas cereus ardebit in summo altari. Duo signentur
pro ymno per circuitum s[cilicet] ,Oramus domine' et duo pro ,Alleluia'
in die sancto.

In die fit processio generalis cum crucifixo preeunte, qua facta
refertur crucifixus ad locum suum in cappella. Et potest poni ornamentum
optimum aureum. Post vesperas II[as] omnia repreparentur ferialiter
demptis primis alis summi altaris, quod eciam tegatur palla apostolica.

Penthecostes, ante quod festum feria 6[a] immediate precedente
scobetur ecclesia.

In vigilia ante primam missam signentur lecturi lecciones ad summam
missam quatuor incipiendo ab antiquioribus ut in pascha et duo pro

---

a) *Hdschr.* missa. b) *Fol. 216.*
1) *Mai 1.* 2) *Mai 4.* 3) *Mai 1.*

‚Rex sanctorum‘ etc. Post primam missam preparatur ecclesia ut in vigilia pasce. Et hora IX ᵃ pulsatur ad missam. Ad ‚Gloria in excelsis‘ pulsatur campana utsupra in pascha sabbato. Ad elevacionem sicut in vigilia pasce pulsatur cum cymbalis. Et signentur tres cantaturi lecciones sicut in die pasche, similiter cum Alleluia fit et cum versibus responsoriorum in nocte. Et fiat signum ad requiem ante horam septimam, quia ante horam secundam noctis surgimus. Item scindantur post prandium gramina pro ecclesia sternenda. Et feria 6ᵃ sequenti cum levi scopa expurgentur predicta gramina et ponantur ad locum debitum pro feno ad necessarium reservanda. Deinde potest ecclesia conspergi aqua et clausis tabulis vel similibus propter pulveres ex toto scopari, quod eciam observetur, quandocunque gramina sternuntur in ecclesia. In die sancto pulsetur ad missam post septimam ante mediam et fit processio generalis, in qua cantent ad hoc signati ymnum ‚Veni creator‘, post quem versum cantent ‚Accende lumen‘ aliis versibus omissis, propterea eis predicatur canituris etc. Ornamenta tam ad summum altare quam ad alia ministrentur sicut in pasca. Thurificetur ad evangelium.

Feriaᵃ IIIIᵃ quatuor temporum signet lecturus leccionem libri sapiencie in missa et nullus ad Alleluia et pulsetur ad missam modicum post nonam lectis tamen prius ante missam tercia et VIᵃ, quia jejunium est. Post secundas vesperas repreparentur altaria per omnia sicut in feria IIIIᵃ post pascha signatum invenies.

Trinitatis, in cujus profesto ecclesia beatoᵇ Marie preparabitur sicut in festisᶜ. Exponatur stola et thus pro thurificacione. Signentur cantaturi in die sancto ymnum ‚O lux beata‘ velᵈ votis supplicibus. Et quia ymnus brevis, ideo preoccupent citius egredi chorumᵉ. Nota eciam: Quia longas habemus lecciones, potest citiusᶠ pulsari ad requiem.

Post secundas vesperas repreparentur omnia ferialiter demptis primis alis summi altaris.

Corporis Christi. In cujus profesto s[cilicet] feria IIIIᵃ de mane modicum post quintam sacrista mundet domunculam ad levam summi altaris positam et imponatur corporale, super quo monstrancia ponatur, substrato tamen prius panniculo, et veniens celebraturus vel alius sacerdos cautissime eamᵍ mundet cum penna tam interius et exterius, exponens semisperulam, in qua stabit hostia, excutiet et mundet eam diligenter et

---

ᵃ) *Fol. 217.* ᵇ) beate Marie *Zusatz.* ᶜ) *Nach* festis *durchstrichen* summis *und wenige andere Worte.* ᵈ) vel votis supplicibus *Zusatz.* ᵉ) *Fol. 217′.* ᶠ) *Nach* citius *durchstrichen* in die noctis Trinitatis. ᵍ) *Am Rande erklärend bemerkt* monstranciam.

exquirens hostiam pulchram[a] et ei loco congruam coaptet eam semisperule et imponat, ut fortiter stet et, si necesse est, posset ei modicum abscindere. Et notet diligenter, quo ordine eadem semisperula sit imponenda, ne hostia tangat vitrum, similiter, quomodo superponi debeat tectum, ne post communionem coram omnibus ante altare errando et temptando deducat tempus et presentibus generet[b] tedium et indignacionem. Omnibus hiis rite notatis accipiat corporale, super quo est celebraturus, et expandat sive extricet eam super altare totam, sicut quando lecturus est evangelium, et super eo ponat semisperulam non stantem set jacentem super corporali, reflectens super eam partem corporalis, ita ut non[c] videatur, ne adoretur in ea hostia ei imposita et committatur ydolatria, et sic jaceat, ut hostia sit ad sacerdotem, pes autem semisperule jaceat versus pedem altaris. Deinde ponat super altare monstranciam sine tecto seorsum, ut jaceat et palla vel suo panniculo copertorio tegatur. Similiter faciat et tecto monstrancie in altari posito seorsum. Hec omnia faciet ante sextam, antequam ad missam pulsetur.

Celebrans autem et canonem inchoare volens attrahat ad se istam semisperulam cum sua hostia ei inclusa a sinistra parte calicis, ita ut illa hostia quasi jaceat apud hostiam sacerdotis consecrandam.

Et[d] cum dixerit ,Accipite et manducate ex hoc' etc., teneat hostiam apud hostiam in semisperula et ambas intuens et consecrare intendens perficiat verba consecracionis. Quibus dictis post elevacionem sue hostie erigens semisperulam cum suo venerabili[e] ponat ex via retro calicem propter confusiones vitandas et perficiet ulterius cum calice. Et nota, quia propter negligencias, que utinam numquam essent facte, tempore communionis fratrum vel quandocumque consecrande essent plures hostie, possent hostie poni apud hostiam sacerdotis vel alique earum ut vise reducerentur sacerdoti ad memoriam, quatinus intencionem suam referret actualiter ad omnes hostias.

Sumpto igitur tandem venerabili sacramento et exhausto sanguine ponens calicem ad dextrum cornu altaris conjunctos tenens digitos s[cilicet] pollicem cum indice cum aliis digitis sumens argenteum spacum idest den drad illius semisperule caute, ut non tangat hostiam, posita prius et erecta ante se monstrancia studiose sperulam istam cum venerabili sacramento immittat vitro, ita ut sacramentum non tangat vitrum, si fieri potest. Et si convenienter non potest supponere tectum, tunc superponat ori monstrancie mundissimum pannum propter muscas et

---

a) *Fol. 218.* b) *Hdschr.* generat. c) non *über durchstrichenem* multum *nachgetragen.* d) *Fol. 218'.* e) *Dazu über der Zeile nachgetragen* sacramento.

accipiat ablucionem et tunc potest cum omnibus digitis cooperire. Quod autem post ablucionem non imponit et sperulam et tectum, quando melius sic conveniret, ideo fit, si in tractanda[a] sperula non omnibus ad votum cedentibus denuo attingere venerabile sacramentum aut aliquid de ea decidere contingeret, hoc[b] posset tunc adhuc absumi, quia adhuc jejunus censetur ante ablucionem et ejus absumpcionem vel tunc eciam non esset necessaria 2[a] ablucio et sufficit una ablucio, ut consuetum est in casu, si contingere haberet necessario attingere vel dirigere venerabile sacramentum in semisperula dirigendum. Hec autem omnia exemplariter posita sint non abiciendo meliorem modum, dummodo tamen vitetur negligencia et nimia mora occupato sacerdote cum monstrancia, quod aliquibus devocionem plus tollit quam augmentat.

Qualiter[e] autem exponatur hostia extra monstranciam et absumatur, quere infra post II folia[d] Feria 6[a].

Ad primas vesperas sternantur gramina prius abcisa in choro et in ecclesia et grossiora serventur in mane diei sancte ad sternendum in via. per quam venerabile sacramentum processionaliter cum reverencia defertur, maxime tamen in istis locis, ubi nichil viride crescit, sicut ante coquinam et circa. Ecclesia preparetur per omnia solemniter sicut in die pasce'. Signentur duo canituri versum responsorii in vesperis et lecciones in matutinis et Alleluia in die. Item colliget flores ramusculosque herbarum bene redolencium, quos circumliget candelis summi altaris, que et deferontur in processione ante venerabile sacramentum. Quibus eciam herbis ornetur domus tabernaculi, in quo imponetur venerabile sacramentum, similiter et super et circa altare[f] et scabellum. Antequam pulsetur ad vesperas, sacrista aperiat domum predictam venerabilis sacramenti et hora tercia ordinet pulsantem, ipse vero superpelliciatus ponat stolam seniori, si nondum fecit, incendat duos cereos et candelabrum, quod in medio summi altaris stare solitum est, ponat introrsum ad aquilonem ejusdem altaris ex via, ut venerabile sacramentum locum habeat, sicut facere solet, quandocumque thurificatur idem altare in vesperis, et accipiat alium cereum ad manum et cymbula expectans ibi ante sacramentum finem pulsus et senioris adventum. Quo veniente et attingente mon-stranciam percuciat seu resonare faciat cymbala tamdiu, donec positum sit sacramentum in altari. et tunc extinguens unum[e] cereum alium ponat ante venerabile sacramentum a latere tamen, ut venerabile sacramentum clare videri possit ab omnibus. Similiter pro inreposicione venerabilis

a) Hdschr. tranctanda. b) Fol. 219. e) Qualiter bis Feria 6[a] Zusatz. d) Fol. 221 (vgl. S. 372). e) pasce Zusatz am Rande. f) Fol. 219'. g) Hdschr. unam.

sacramenti in domunculam sub ultima collecta incipiat se preparare per
omnia ut prius et imposita monstrancia et reposita candela cum cymbalis
adstatim claudat capsam imposita cruce ferea et recludat cum suis seris.
Ad completorium aperiat capsam et incendat cereum ponendum super
candelabrum, quod stat in pariete. Qui cereus per totam octavam ibidem
accendatur*, quando non exponitur, sub omnibus horis canonicis. Et in
omnibus missis exponetur sacramentum. Ad requiem eciam citius fiat
signum, quia citius surgemus.

Ad matutinas et ad vesperas in die sancto et ad summam missam
immediate ante terciam et ad secundas vesperas cum eadem reverencia
et ordine exponitur et imponitur, sicut predictum est in primis vesperis.
Et semper iterum reclaudatur. Item signentur duo pro ymno ,Verbum
supernum' etc. in processione, quem tamen non cantent nisi in processione
finito responsorio ,Homo quidem'. Ornamenta dentur per omnia sicut
in die pasche.

Ad processionem afferat aquam pro aspersione et sub primo responsorio post ,Asperges' afferatur ignis pro thuribulo et duo accedentes ad
altare accipiant singuli cereum et stent juxta thurificatorem hinc inde
ante summum altare, quorum unus quaciat cymbala, quando sacerdos
accipit monstranciam. Sacerdos enim indutus casula deaurata accipiens
sacramentum ad processionem vertit faciem, qua recedente sequantur
ceroferarii immediate cum cymbalis, deinde thurificator, quem sequetur
sacerdos cum venerabili sacramento. Et circuitur per totum habitacionis
nostre locum. Et nota, quod, quantumcumque sit aura pluviosa* aut
via maculosa, numquam debet sacerdos portans venerabile sacramentum
ire super calopede^b. Item habeat custos apud se tunicam monstrancie,
in casu si inciperet pluere, quia tunc induceretur monstrancia. Item, si
omnino plueret, tunc posset processio differri ad dominicam infra octavam.
Item maximam lucernam, in qua possent poni tria lumina, mundet et
in ea ad minus unum lumen imponat, que deferatur ante sacramentum,
si non est aura ventosa. Si autem est aura ventosa, imponantur ad minus
duo vel tria lumina. Posset eciam accipi minor lucerna, que retro
summum altare habetur facta ex laminis ferreis stagneatis, quando pulchra
et tranquilior fuerit aura. Quia autem, ubicumque fuerit corpus Christi,
ibi deesse non debet ignis sive lumen, ideo propter certitudinem videtur
necessarium, quandocumque venerabile sacramentum extra tectum sub
divo defertur, sit ibi lucerna cum lumine propter aeris ventorumque
incertitudinem, prout communiter in ecclesiis fieri videmus. Cum autem

---

a) *Fol. 220.* b) *statt des ursprünglichen* calopedibus. c) *Fol. 220'.*

processio et venerabile sacramentum pervenerint ad ecclesiam, omnes vertentes se flexis genibus inchoantibus qui ymnum cantabant ,O salutaris hostia' compleant versum istum. Quo completo surgentes imponant' ,O sacrum convivium' etc. Item cum tenente venerabile sacramentum sacerdote et in sequencia se ad chorum vertente cantaverit ,Ecce panis angelorum' sacrista previsus de thuribulo et ceroferariis hinc inde stantibus genibus flexis assistant cymbalis quassatis. Nota post 2ᵃˢ vesperas repreparabitur ferialiter manente summo altari apostolice preparato. Omnesᵇ visitamus chorum per octavam propter indulgenciam, quando jejunamus, addita tercia ad matutinam et primam et media undecime pulsatur ad 6 et nonam, alias quando non jejunatur, pulsatur media decime ad terciam et 6ᵃᵐ. Nota. Post hanc octavam deponantur vexilla secundum ritumᶜ illa ante chorum.

Feriaᵈ 6ᵃ immediate post octavam Corporis Christi pro deponenda monstrancia et absumendo venerabili sacramento posset servari hic modus, videlicet ut celebraturus modicum ante horam VIᵃᵐ induat se, antequam pulsetur ad missam, sacerdotalibus dempta casula vel superpelliciatus et stola amictus accipiens corporale explicet, sicut ante actionem fieri solet. Deinde precedente cum lumino sacrista superpelliciato cum debita reverencia sine nola deferat sacramentum super altare. Et ideo induente se sacerdote sacrista interim reserat domunculam sacramenti et habeat secum ministraturum clericum ad missam qui assit sacerdoti se induenti. Sacerdos igitur cum reverencia monstrancie removens tectum cum spacu i[ʃd est] mit dem sulveren trade extrahat semisperulam cum sacramento cavens, ne vitrum tanget, quod si notabiliter fieret, cum vino lavandus esset locus ille, ubi tetigisset, ab ipso vel alio jejuno accepturo. Quam extractam ponat super altare cooperiens eam plica corporalis reflexa desuper et interim pulsetur ad missam et sacerdos vadens induat casulam, perficiat ordine consueto jacente retro calicem venerabili sacramento in sperula. Monstranciamᵉ potest omnino amovere ab altari, quia expiravit solemnitas. Cum autem in canone pervenerit usque ad ,Libera nos q[ui]' etc., antequam frangens hostiam suam dicat ,Per eundem dominum nostrum' etc. accipiens clausis suis digitis conjunctis s[cilicet] pollice et indice cum aliis digitis illam semisperulam cum venerabili sacramento teneat super patenam et extrahens caute excutiat parum super patenam illam semisperulam, uhi corpus domini stetit, ut fragmenta, si que fuerint, non alibi

---

ᵃ) *Hdschr.* imponat. ᵇ) Omnes *bis* 6ᵃᵐ *Zusatz.* ᶜ) ? ᵈ) *Fol. 221.* ᵉ) Monstraciam *bis* solemnitas *Zusatz unter dem Texte.*

set in patenam* decidant, hostiam vero ponat in patenam super aliam.
Et accipiens indifferenter unam illarum frangens super calicem dicat ‚Per
eundem‘, reponens particulas super integram hostiam, ut, si fieri posset,
una sumpcione totum insumat, quia unum est corpus domini. Quod si
non fieret set per partes insumeret, tunc sumpta una parte nichil dicat
set toto assumpto tunc primum dicat ‚Corpus domini nostri‘ etc. Semisperulam jacentem et non stantem ponat apud ceteras partes monstrancie
in altari per totam missam jacentis et non stantis, nulla enim solempnitas
vel ostensio amodo fiat monstrancie set sic jacens potius contegatur aut*
ab altari removeatur. Sacerdos autem finita missa omnibus sacerdotalibus
exutus et fratribus recedentibus sine superpelliciis accipiens monstranciam
eam sequestrato tecto tunica sua indutam set et tecto panno suo consueto
involuto ad loca sua caute reponat. Monstranciam sic introrsum ponant,
ut superveniens claudenda non attingat eam janua. (Qui meliorem nescit,
posset sic procedere). Isto modo enim concludendi festum et inchoandi
utsupra in feria IIII nullum fastidium generari poterit audientibus missam.

Dedicacionis⁰ ecclesie⁴, in cujus profesto sit purgata ecclesia, quod
fiat ante feriam VIᵃᵐ et ante vesperas, preparetur ecclesia solempniter
sicut* in summis festivitatibus. Signet duos pro versu. Signentur et
duo pro ymno ad processionem incipientes a versu ‚Hoc in templo‘. Item
duos de antiquioribus pro ‚Alleluia‘. Vexilla minora appendantur et
circumferantur. Lumina aliqua accendantur in parietibus apud caracteres
ad placitum. Post secundas vesperas repreparabuntur omnia ferialiter
et post completorium tabula ex toto claudatur.

Nota, quod sacrista diligenter commonifaciat seniorem de observacione
dedicacionis, quod nobiscum est festum mobile. Observandum ad placitum
in una dominicarum infra festa Michaelis et Andree, ut non negligatur.
Quod posset bene ita ordinari, ut fieret circa medium mensis Octobris
propter communionem fratrum, quia Michaelis non possunt bene communicare fratres propter advenientes hospites. Est tamen dies Michaelis dies
communionis fratrum nostrorum alibi, et quando convenienter et utile
esset fieri, bene possent communicare in illa die, si dies dedicacionis
non nimis prope esset.

In dediacione cappelle nostre sub choro, que servatur dominica
immediate sequenti festum s. Jacobi apostoli in estate, ornetur cappella
cum suis altaribus solempniter.

ᵃ) Fol. 221'. ᵇ) aut bis removeatur gleichzeitiger Zusatz am Rande. ᶜ) Fol. 222.
ᵈ) ecclesie über der Zeile. ᵉ) sicut Zusatz am Rande. ᶠ) Fol. 222'.

In[a] dedicacione summi altaris ornetur illud altare sicut in summis festivitatibus et aperiantur due prime ale tabule ejus per totum diem, set tempore misso aperiatur tota tabula usque ad finem misse. Ad quam detur ornamentum aureum. In dedicacionibus aliorum altarium ornetur unumquodque sicut in summis festivitatibus et detur ornamentum sericum.

Anweisung für den Küster.

Ad[b] sacristam spectat totam ecclesiam cum omnibus in ea contentis fideliter ac reverenter custodire et conservare, ut utensilia ejus in numero custodiat, munde conservet et sacrata reverenter tractet. Lampadem in choro coram venerabili sacramento continuo ardentem conservet propter reverenciam sacramenti et statutum ecclesie et fidelitatem ad eos, qui eam dotando instituerunt. Providebit bonum et purum vinum et integras hostias pro missa, mundas mappas pro altaribus et pallas, mundissima corporalia, duos panniculos ad unum calicem et panniculos ad dexterum cornu cujuslibet altaris. Altare quodlibet tegatur duabus pallis consecratis adminus et non ultra tres set in parasceue tempore officii tegetur nisi una palla consecrata. Ipse et alii ad missam ministrantes solliciti et certi sint de vino et aqua pregustando et dicendo sacerdoti ‚Vinum est, aqua est', set quando communicare debent, odoratu percipiant fusa gutta ad manum eamque cum digito terendo. Habeat et registrum, in quo conscripti sint omnes libri ecclesie nostre notabiles, ut missalia, psalteria. leccionaria, breviaria, gradualia[c] et similia. Calices, ornamenta et clenodia precipua ecclesie deputata jam habita et que suis temporibus dantur. inscribere non negligat et paratus sit semper racionem reddere de eis. Tempora communionum fratrum observet et seniorem commonifaciat et tunc in lapide scribendo fratribus diem communionis exponat. Similiter faciat cum anniversariis, memoriis, vigiliis et similibus suis temporibus scripto tempestive communitati insinuando. Set et leccionos lecturos[d] similiter signet. Et temporibus debitis ad divina pulset, ad que venientes legemus uniformiter non nimis alte nec nimis basse nec nimis festinanter, facientes pausam in medio versu. Providebit eciam pro candelis in die

---

a) Fol. 223.   b) Fol. 225.   c) Hdschr. gradalla.   d) Fol. 225'.

purificacionis, quorum unus adminus servetur pro morituris per annum. Cotidianis diebus ardebunt duo cerei. In summis festivitatibus tres ad summam missam et ad matutinas et vesperas ardebunt cerei. In aliis altaribus ad missam unus cereus ardebit, nisi* patronus, festum aut alia causa impediat. In capite jejunii pro cineribus et in dominica Palmarum de palmis, iu bona feria quinta de calida aqua pro locione pedum ad mandatum per seniorem fratrum pedes lavantem perficiendum. In parasceue preparet viam ad processionem strato pavimento pro deductione crucis ad stacionem et sepulcrum. In cujus eciam noctis medio surgentes post matutinam babeat virgam pro bona disciplina danda omnibus incipiendo a seniore, servato prius exercicio aut examine culparum. Post fiet commemoracio et generalis oracio pro benefactoribus vivis et defunctis. Quod exercicium similiter tenetur ante festa penthecostes, assumpcionis Marie et nativitatis, licet non in nocte. In nocte nativitatis domini et pasche surgimus in media nocte vel circa more aliarum ecclesiarum, set in penthecostes et assumpcionis Marie ante secundam horam noctis. In die nativitatis* domini ad ,Benedicite' dicitur ,Verbum caro factum est', in parasceue ,Christus factus est obediens', in pascha ,Hec dies, Alleluia pasca nostrum', ante prandium benedicentur cibi ,Ad gracias agimus' etc. ad prandium et cenam pro psalmo ,Laudate' dicitur ,Confitemini', cum quo processionaliter itur ad ecclesiam tantum illo die. In penthecostes dicitur ,Spiritus domini'. Singulis dominicis diebus faciat consecrari sal et aquam per ebdomedarium, cum qua circueat cymiterium aspergendo, nisi processio per omnes fratres, ut in magnis festivitatibus fieri solet, celebrari deberet, ad quam omnes nitantur esse presentes. Ipsius est preparare sive disponere virgam, quandocumque in communi danda est disciplina. Ipse ordinabit eos, qui lecturi aut canituri sunt lecciones, prophecias, versiculos, Alleluia, Agyos*, Gloria, Laus, ymnos ad processionem etc. Et sit previsus, ut non fiant confusiones, et sit sollicitus, ne desit arena pro sputis jaciendis, quam eciam adminus circa summa festa vel alias, quando necesse est, cum ceteris utensilibus mundet et expurget. Et sic omnia circa primas vesperas disponat, ut parata et aptata sint omnia et confusio vitetur, quia melius est prevenire quam preveniri. Tempestive eciam pulset, ne agitandum sit. Absentes notet, quos et cum scitu senioris notet. Item nulli alieno aut hospiti vel commensali ad breve tempus sacramentum eucaristie, sacre inunctionis aut sepulture administretur in domo nostra, nisi nobis certitudinaliter constet de vita ejus et quod habeat licenciam a curato suo, et nichilominus tamen hoc fiat cum con-

---

*) nisi *über der Zeile nachgetragen.* b) *Fol. 226.* c) *Hdschr.* Ayos.

silio quorundam discretorum fratrum, eo [quod]ᵃ privilegiaᵇ nostra in hujusmodi ministrandis tantum se extendunt ad continuos commensales et familiares nostros. Item quilibet fratrum adminus semel in die legat vel audiat missam, nisi legitimum obstet impedimentum. Item a festo Omnium sanctorum inclusive usque ad purificacionis exclusive ferialibus diebus ad vesperas pulsetur infra mediam quarte et quinto horarum, nisi cantande essent vespere, tunc hora 4ᵃ, festivis autem diebus per totum annum hora IIIᵃ. Item quandocumque in conventu leguntur vigilie, tunc sequenti die fiat missa animarum et quivis clericorum legat commendaciones animarum. Et quivis clericorum habeat suam feriam in ebdomada, in qua legat vigilias et sequenti die commendaciones animarum.

Statuten und liturgische Anordnungen Bischof Bartholds für den Lüchtenhof. 1482.¹

Que sequuntur statuta sunt ordinaria auctoritate confirmata.

Statuimus eciam, quod ordinaciones subjecte a predecessoribus nostris nobis relicte et ipso usu in mores nostros commutate ac ordinaria auctoritate confirmate in divinis peragendis inconvulse teneantur et continuentur. Singulis enim diebus surgendum erit circa horam terciam noctis, si non maturius ad peragendumᶜ in ecclesia officium matutinale cum prima mediate vel immediato, qua lecta post primum ‚Benedicamus' sub eodem pretextu subjungitur ‚Exultabunt s[ancti]', lunaciones sanctorumque natalicia legantur loco et tempore magis consuetis et congruis. Septem psalmi penitenciales cum letania, psalmus pro defunctis cum collectis congruis, hore de beata virgine relinquuntur lecturis seorsum. Ferialibus diebus circa horam VIᵃᵐ fiat missa conventualis adminus una, si non plures, in XLᵃ fiat adhuc una missa circa horam X, si non impedimentum interveniatᵈ, post quam immediate subjunguntur vespere ante cenam. Similiter fiat in letaniis, s[cilicet] adhuc una missa circa horam X in vigilia ascensionis, prima erit de rogacionibus et 2ᵃ de vigilia. Similiter fiat, quando votive misse pro pace vel alia causa quacumque leguntur in communitate vel in conventu. Unusquisque enim fratrum audiat vel

---

ᵃ) quod *fehlt in der Hdschr.* ᵇ) *Fol.* 226'. ᶜ) *Hdschr.* pagendum. ᵈ) *Fol.* 227.
¹) *Vgl. S.* 377 *Anm. 1.*

legat omui die missam unam ª adminus si non de tempore, tamen peculiarem, nisi legitimum obstet impedimentum. Eisdem ferialibus diebus terciam et VI ᵃᵐ horas potest quivis legere seorsum loco et tempore ipsi congruis, similiter et nonam, quando jejunatur. Quando vero non jejunatur, exeundo a mensa legatur in ecclesia nona, similiter fiat de completorio. Ad vesperas circa horam terciam per annum fiat semper signum demptis ferialibus diebus in XL, eciam si festum ibidem occurrat ᵇ. In dominicis diebus et festis et celebribus vel ferialibus diebus quibusdam, quando id racio postulat, ut in exequiis mortuorum et quando fratres communicare debent vel tale quid occurrat et quando cantamus horas vel missas, exponantur superpellicia pro fratribus induenda, alias enim communiter non utimur superpelliciis, numquam autem cappis. Nulli tamen nostrum liceat interesse divinis in choro aut confessiones audire nisi talari tunica induto aut superpelliciato. Item sufficiat semper dominicis diebus sive quibuscumque festivitatibus ebdomedarium vel alium loco ejus preesse choro, similiter hiisdem diebus et aliis unum habere ministrantem ad missam. Et nullus nostrum ministrabit nisi suppelliciatus. Si contingeret tamen adesse suffraganeum vel solempnes personas hoc exigentes aut ex alia racionabili causa, possent ministrare subdyaconus, dyaconus vel sacerdotes eorum implentes hiis non habitis. Item in omnibus diebus dominicis aut festivitatibus circa horam VI premittatur summe misse una adminus missa ᶜ, quando haberi poterit. Item accoliti nostri ad perpetuum domicilium recepti resignatis bonis suis ecclesie nostre legant horas de beata virgine et sancte Crucis, VI psalmos penitenciales cum letania in cappella vel alias, prout ordinatur, dominicis autem diebus et celebribus legant cum sacerdotibus in choro horas canonicas, nisi obediencia aliud dictet vel suadeat.

Anno eodem ¹, eo denique tempore, quo supradicta statuta ordinaria fuerunt auctoritate confirmata, in eadem bulla concessum est nobis, nisi obstante ordinario aliter specificante. ut liceat: ‚Kyrioleison', ‚Gloria in [excelsis]', ‚Sanctus', ‚Agnus' item missa, epistola, evangelium, passionem domini, ‚Te deum' cantare in notis nobis placitis, tenere novum festum pasce in octava et in dominica V ª. Item de processionibus faciendis sufficiat ebdomedarium vel alium dominicis diebus consecrata aqua benedicta circuire cymiterium cum socio aspergendo. Quando autem fit

---

ª) *Hdschr.* una. ᵇ) *Nach* occurrat *durchstrichen:* A festo tamen Omnium sanctorum usque purificacionis exclusive ferialibus diebus potest fieri tardius. ᶜ) *Fol. 227'*.

¹) *1482, vgl. S. 93 und Anm. 1.*

generalis processio, tunc ordinentur cantanda ante, in et post [circuitum] secundum proporcionem nostre ecclesie aut loco circuitus in stacioue ad placitum. Et quia ad vesperas non descendimus, possumus dimittere suffragia, que propter descensum dicuntur. In dedicacione ecclesie nostre possumus* super antiphonam ,Tu domine' V psalmos, ,Omnia laudate' in tono III⁰, sic enim tenuimus anno eodem et sequenti, responsorium ,Terribilis' vel ,Benedic, do[mine]', prefacio de sancta Trinitate, in cujus et honorem dedicata est nostra ecclesia. Que dedicacio, quia mobilis est utsupra, si in eam venerit sanctus, potest exponi, similiter et vigilie, si venerit in una dominicarum communis ebdomade, si sic placet. Item de vigiliis mortuorum legemus tantum vigilias pro nostris aut nobis commendatis etc. dempto in communi omnium commemoracione post Omnium sanctorum similiter in XL, ubi ᵇ omni die legimus vigilias demptis dominicis, sabbatis et festis diebus ibi occurrentibus. Possemus eciam aliquando legere vigilias III leccionum. Non eciam tenemur ad psalmum ,De profundis', ad vesperas sabbatis et dominicis diebus ad primam, set quod legimus ,De profundis' etc. dominicis diebus, quando habetur nocturnus vel circa festum, nisi sit magnum vel summum. Hoc fit domino Bernardo primo fundatore instituente pro domino Brunone etc.

Item quia frequenter leccionem habemus ad mensam, nisi ex speciali gracia et licencia interrumpatur aliquando, sufficit de libris testamentalibus veteris ac novi testamenti nunc istum tunc illum legi ad mensam nec opus est omni anno omnes finire. Item pro tenendo capitulo vel colloquio sufficit nobis convenire in loco honesto et apto, quia singularem locum ad hoc non habemus, ad tractandum de communi nostro profectu vel defectu in spiritualibus sive temporalibus, ubi eciam in bona feria quinta in collacione servare possumus mandatum lavante seniore omnium fratrum pedes. In festis beate virginis Marie patrone nostre ad vesperas vel eciam aliarum magnarum festivitatum tenere responsorium festo illi congruo et officium ,Recordare' vel ,Ave Maria' de beata virgine. Item illa duo officia ejus s[cilicet] ,Vultum tuum', ,Salve sancta' indifferenter mutatis mutandis dicere possumus, set et in aliis ordinarii locis in causa racionabili demere, addere vel variare pro nostra devocione possumus. Dedit insuper in fine littere ejusdem nobis et omnibus dicentibus in fine collectarum sive in missis sive horis ,Et famulos tuos papam et antistitem nostros una cum ecclesia catholica ab omni adversitate custodi' XL dies indulgenciarum.

Item ᶜ sequens punctus, scilicet ,Et quia cotidie leccionem habent integram ad mensam, nisi quandoque ex speciali gracia data licencia

---

ᵃ) *Das Folgende verderbt.* ᵇ) *Fol. 229.* ᶜ) *Fol. 228ᵗ.*

interrumpatur, liceat lecciones matutinales abbreviare, prolongare aut variare' stetit in prima littera, quam dominus episcopus Hildensemensis legit, approbavit, concessit et indulsit liberalissime et habundantissime, dans nobis licenciam eciam super ordinarium, set in littera de pergameno et sigillata omissus fuit ille punctus*. Quibus non obstantibus punctum eundem focimus retractare et confirmare anno LXXXIIII sabbato[1] ante dominicam Invocavit, cui propria manu subscripsit sic: ‚Placet, ut lecciones hujusmodi aptent secundum congruenciam, prout fratribus videbitur expedire, absque mutacione alia ordinarii ecclesie nostre Hildensemensis. B[artoldus] episcopus manu propria scripsit.'

Item ille punctus in privilegiis predictis s[cilicet] ‚Item ut et in aliis locis ordinarii in causa racionabili possitis demere, addere vel variare pro devocione vestra' non absque differencia notabili intelligendus est, quasi nos poterimus aliter auctoritative ordinare set pro ablacione remorsus consciencie in casu, si pro loco aut tempore aliquid tale contingeret aliter quam habet ordinarius, non habeamus inde facere scrupulum. Nam ordinare et ordinata per alios approbare, ratificare et confirmare ad epis-copum pertinet et papam integre[b] quo ad registrum ordinarii precipue.

Circa[c] interdictum custos observet diligenter, ut janue et fenestre claudantur ecclesie eo scilicet respectu, ne tempore divinorum qui non sunt de corpore nostre congregacionis admittantur, aut, si interfuerint, ab ipso ut exeant placide ac benigne moneantur. In interdicto tamen non apostolico set ordinario aut episcopali possunt interesse nedum novicii nostri set eciam familiares, continui commensales, condomestici, hospites et commorantes, sicut habemus in privilegiis Magni Hildensemensis epis-copi, ut in libro[2] privilegiorum domus nostre folio 2°, 3° et 4° reperitur. Similiter in privilegio apostolico Eugenii admittuntur eciam familiares servientes folio 20. Solent tamen aliqui religiosi divites et vasalli interdum habere privilegia, quod ubique possunt interesse divinis, et si tales videntur fidedigni et noti, judicio senioris poterunt eciam ipsi admitti.

Item[d] sacrista disponat, ut adminus octies in anno legantur vigilie pro hiis, qui sunt in nostra confraternitate, sex adminus in XL[a] et alie in communi ebdomada. Item duodecies in anno circa kalendas cujuslibet

---

a) *Nach* punctus *durchstrichen:* Ideoque videtur, quod quoad consciencuam eo similiter aliis possumus uti, quia viva voce datus, intencione eciam sigillandi.
b) ? c) Circa *bis* admitti *von anderer Hand.* d) *Fol. 229.*
1) *1484 März 6.* 2) *Nicht erhalten.*

mensis pro benefactoribus nostre domus. Item officii sui est cum infirmario disponere que spectant ad communionem, inunctionem et sepulturam fratrum nostrorum. Quando enim inungi debet frater, assint omnes sacerdotes cum fratribus coadjuvantes inungentem maxime in legendo agendam. Et habeatur ibi scutella non preciosa, quia statim conburenda set munda, item sal et aqua[a] pro ablucione crismatis, que omnia facta locione et extensione digitorum conburantur.

Item inuncto fratre commoneat ibidem presbitrum aut seniorem, ut annunciet[b] fratribus in communi, antequam recedant, ut unusquisque clericorum legat unum psalmum de VII psalmis ad unamquamque horarum de domina cum versu ‚Salvum fac s[ervum]‘ et collecta ‚Deus infirmitatis‘. Presbitri vero idem faciant, quando non habent nocturnum, set habito nocturno tunc ad quemlibet psalmum pro defunctis subjungant versum ‚Salvum fac‘ cum collecta ‚Deus infirmitatis‘. Layci vero unum Pater noster et Ave Maria ad quamlibet horam. Si infirmus vixerit ultra octo dies, tunc deinceps legetur versus ‚Salvum‘ cum collecta ‚Deus infirmitatis‘ sine psalmo, donec infirmus per se poterit intrare ecclesiam. Idem fit ante inunctionem fratris, i[d est] tunc incipitur legi pro eo versus ‚Salvum‘ cum collecta, quando ita infirmatur, quod ecclesiam intrare non poterit. Et dividantur vigilie seu excubie circa infirmum adminus duo et duo sibi succedentes leccioni, oracioni, meditacioni[c] aut aliis bonis exerciciis insistentes vel legant matutinam, septem psalmos etc.

Infirmo incipiente mori percuciatur tabula et conveniant fratres dicentes Pater noster, Ave Maria, Credo. Et aspergatur infirmus et circa eum locus sepe aqua benedicta. Et detur ei cereus benedictus ad manus. Et si tam validus est et expedire videtur, interrogentur ab eo interrogaciones Anselmi aut aliis bonis et ipsi congruis exhortetur verbis. Et legant fratres letaniam morientium s[cilicet] ‚Ora pro eo‘ etc. Item commendaciones animarum, ‚Subvenite‘, septem psalmos vel alia bona, commendantes animam ejus devotis oracionibus gracie et misericordie dei et infinito merito passionis Christi, intercessioni beate Marie virginis et omnium sanctorum. Et si mora fieret in agonia, posset legi evangelium ‚Sublevatis Jhesus oculis in ce[lum]‘ aut cum tota sequenti secundum Johannem passione Christi s[cilicet] ‚Egressus est‘.

Defuncto fratre perficiatur agenda mortuorum legendo et admoneantur ibidem fratres et intimetur eis, quid lecturi sunt pro fratre recepto mortuo, ut infra patebit. Et recedentibus fratribus deputentur ibi

---

a) et stuppa scilicet de lino über aqua nachgetragen.　b) Hdschr. annunciat.
c) Fol. 229'.

manentes et corpus tollentes et circumligantes, prius tamen lavetur, si indiget. Et involutum corpus sindone aut lintheamine ponatur super terram supposito stramine vel matta vel pocius, si ad manum habetur, superponatur gerule mortuorum et supersternatur lodex ardente super eo continue lumine, donec ad sepulcrum deferatur. Et sepeliatur* sine sarcophago. Si ante prandium tempestive moritur, deferatur ad ecclesiam et legantur super eo vigilie et misse et circa horam vesperarum sepeliatur. Si autem tempus ante prandium non patitur, ut legantur vigilie, delato corpore ad ecclesiam legatur saltem missa et vigilie legantur post prandium, in quorum fine sepeliatur licet tardius. Si post prandium moritur, legantur vigilie et deputentur excubie ad vigilandum utsupra alternatim et altero die lectis pro eo missis sepeliatur ᵇ, nisi forte salubriori consilio propter cadaveris fetorem aut pestilencie periculum anticipetur sepultura, et expedit, quod post ejus expiracionem differatur sepultura usque ad octo vel circiter horas. Statim autem post fratris recepti mortem convocatis fratribus singulis datur bona disciplina legendo psalmum ‚Miserere‘ cum collecta pro fratre. Et singulis diebus per octavam vigilie in communi IX leccionum prima die lecciones erunt ‚Quando celebramus‘, octava die ‚Parce mihi‘, aliis diebus infra octavam ‚Ne des al[ienis]‘ legentur per omnes fratres. Deinde quivis continuet per se vigilias III leccionum usque ad XXXᵐ diem, in qua omnes iterum simul legemus vigilias IX leccionum. Lecciones erunt ‚Parce mihi‘. Et quilibet leget pro eo integrum psalterium infra tricennarium addendo ad quemlibet psalmum ‚Requiem eternam‘ et ubi cessatur, addatur collecta. Completo psalterio addatur antiphona ‚Tuam deus deposcimus‘, Kyrie ter, Pater noster, ‚Et ne‘, ‚Requiem eternam‘, ‚A porta inferi‘ cum collecta ‚Pie recordacionis‘, ut in agenda. Quivis eciam sacerdotum legat pro eo quocitius XXX missas. Layci nescientes psalterium legere legant pro eo centum quinquaginta Pater noster et Ave Maria, pro vigiliis autem singulis ᶜ XXX Pater noster, Ave Maria. Et denuncietur infirmario et sacrista sollicitantibus obitus fratris in aliis domibus fratrum nostrorum et aliorum devotorum, religiosorum et amicorum. Et sacrista asscribat nomen ejus defuncti recepti in suo kalendario, ut deinceps ejus anniversarius non negligatur singulis annis. Pro nondum vero receptis fratribus superiora fieri possent caritate dominante, nisi quod anniversarii eorum non teneantur neque nomina eorum asscribantur, nisi senior consencientibus fratribus ob meritum laboris et probitatis aliquem alium inter receptos annumerare adjudicaret.

ᵃ) *Fol. 230.* ᵇ) *Am Rande nachgetragen:* In prima vigilia post obitum fratris ardeant 4 ᵒʳ lumina et portentur eciam ad sepulturam. In sepultura funeris preferatur crux, deposita vexilla et habeatur thuribulum et aqua benedicta. ᶜ) *Fol. 230'.*

Item* sacrista omni sabbato perlustret ecclesie pavimentum, parietes, fenestras et gradus ad chorum et ad cappellam, et si ibi invenitur aliqua notabilis macula vel immundicia, abstergat, utputa si fuerint notabilia retia aranearum in fenestris aut alibi et pulveres in angulis graduum supradictorum vel circa sedilia, ubi intratur, similiter si in pavimento jaceret calamus aut macula calopediis aut calceis extraneorum congesta, hec et similia expurget.

Similiter et amphoras, crusibula et precipue ampullas a maculosis deformitatibus mundet exterius et a fecibus interius et precipue, quando habet novum vinum aut mustum que habundant in fecibus.

Item vinum in estate ponatur ad locum frigidum et, si in superficie fieret pulverosum, i[d est] si haberet desuper kaam, coletur per mundum lintheum ante missam. Et quandocumque replet ampullas, prius pervideat et introvideat et vertendo ad manum concuciat, ut sciat ibi non esse araneas aut alias vermes.

Si[b] emeremus vinum in aliquo vase, sicut anno domini MCCCCXCIIII. quod venit de Cassel et fuit novum et adhuc cum fecibus, tunc hujusmodi deberemus seorsum ponere sic, ut clarificetur per se, scilicet ad 4[or] decim dies vel circa, post hoc ducillare ad aliud vas mundum et aptum leviter, ne feces introeant simul. Tunc eodem tempore quidam bonus sacerdos, amicus fratrum, preparavit nobis vascula semper prius cum panno lineo et sulphure immerso et id incendebat et introduxit in vasculo clauso desuper et hoc, antequam infunderetur vinum, eciam interdum, postquam fuerat immissum vinum, ut semper recens et bonum vinum maneret. Set nos postea ex consilio audito posuimus tantummodo. postquam vinum fuerat in vase (sicut jam dictum est) vor dat spunt frustum lardi ad hoc aptificatum, sic quod cutis lardi tegat desuper foramen et lardum introrsum sit. Post mensem aut duos renovamus. Et ita bene vinum duravit ad longum tempus, quia hoc nichil aeris intromittit ad vinum.

Item commonifaciat preparatores altarium, ut bene perlustreut pulpeta ponenda ad altaria, antequam super altaria ponantur, propter araneas et vermes, similiter et missalia.

Item[c] quandocumque intrat ecclesiam, videat, an lampas ardeat, quam ita temperare studeat, quod non nimiam flammam evomat in obscuracionem et fetorem ecclesie et eciam consumpcionem olei superfluam. Videat, quod et candele erecte stent in altaribus et, si que male extincte

---

a) Fol. 231. b) Si bis ad vinum Zusatz von anderer Hand. c) Fol. 231'.

fuerint vel nimis effluxerint, corrigat, ut denuo sine aliqua incommoditate reaccendi poterant. Colligatque frusta cereorum parvorum ad affigenda cornibus, cum quibus incendantur candele, que ita caute incendantur, ut nulle guttule cadant ad mappas altarium. Similiter et apud lampades habeantur talia frusta. Item de lumine lampadis nota: Accipiatur de filis illis, de quibus fiunt candele sepine, que sint munde et albe et bene siccate, fila decem ad lampadem in choro, ad alias lampades sufficiant fila octo[a] vel novem. De schalmen wal to hope wrynen unde dreygen unde darna schalmen se overstriiken mit den fingeren edder handen, bit dat se slicht werden, unde also schullen sy bliven, unde men schal sy nicht meer dreyen to hop ad longitudinem pedis vel amplius esse possunt. Et quando mundat lumen in lampade, tunc primum reincendat frustum candele et elevans ferramen tum in quo est ligmen cum digito excuciat favillam, quod non cadat ad oleum, et tunc cum digitis ex toto expurget et componat fila in rotundum et digitos mundet ad calceos nec ad vestimenta, et hoc fiat ante matutinam hora VII[a] post missam, quando pretangit[b] ante prandium et quando pretangit ante vesperas et postquam pulsaverit ad requiem, quod et ipse faciat, et renovata lampada in choro vadens ad requiem efflet in hyeme lampades ante chorum, in refectorio et superius in transitu clausis prius omnibus januis inferius. Item lampades teneat claras et quando sunt obfuscate oleo, mundet infundens cyneres cum urina, qua pulchriores fiunt quam cum calida aqua, et cum manu imposita caute mundet, ne frangantur. Possent eciam accipi cyneres isti, per quas factum est lixivium tempore locionis fratrum.

Item quando oleum in lampadibus antiquatur et fit obscurum et spissum, tunc infundat aquam tamdiu, donec ex toto consummatur. Caveat tamen, ne hoc faciat, quando gelare solet in hyeme, quo consumpto exponens eam et trunco ad hoc consueto imponens imponat novam infundens oleum mundato prius licmine cum suo ferramento. Oleum autem illud antiquatum servetur ad limendum cum eo calceos. Item adminus semel in anno circa pasca mundet domunculam lampadis in choro prius interius exposita lampade in suo trunculo perforato cum penna vel antiqua ala reicienda tamen et supponat papirum pro recipienda illa nigredine, quam det rubricatoribus.

Deinde exterius cum alia ala sufflando et leviter ventilando extergat incipiens a superioribus ferramentis, in quibus pendet, et sic consequenter usque ad tectum, ad quod iterum accipiat aliam pennam adhuc mundam. Deinde tria firmamenta illa sustenencia domunculam et candelulas suas

---

a) *Vor* octo *8 durchstrichen?* b) *Fol. 232.*

sculpendo cum antiquo ferramento sive cultello, ubi opus est, postea cum madido panno tergantur, prius domuncula superius, deinde cum alio antiquo et tamen parum valente panniculo madidato similiter et reliqua tergantur, hoc* precauto, quod, quando panniculus nimis maculatur, quod tunc proiciatur et alius sumatur. Et si qffid ingredinis ceciderit super pavimentum, similiter cum pennis sufflando et ventiletur et reiciatur.

Item officii sui est mundare semina ad oleum et sollicitare procuratorem, ut oleum exprimatur temporibus oportunis. Habeat tamen semper adminus quartam unam de oleo propter certitudinem, ut numquam careat. Novum sive recens oleum, cum steterit ad VIII° cel circiter dies, paulatim effundat sine conmocione, ut feces maneant, quas tandem effuso pene omni oleo det coco.

Quando habemus vas vini pro sacrificio*.

De* preparacione misse.

Circa mediam ad sextam horam veniens sacrista signet celebraturos et, si sint isto die legende vigilie, designet eciam ante duos dies* vel circa, quando sunt fratres communicaturi, que tamen semper signentur cum consilio senioris, s|cilicet] vigilia et communio. Sic eciam signet celebraturos ad altaria, ut, si fieri potest, in omnibus altaribus equaliter legatur. Deinde aperiat loca ornamentorum. Calices ipsemet presentabit statim ante inchoacionem misse et sollicicius eodem numero recludantur.

Dominicis diebus et IX leccionum, festis confessorum et v[irginum]' utimur subrufis ornamentis. Diebus martirum et quando legitur de passione, detur rubeum simplex. Quando ferialiter legitur de beata virgine vel virginibus, datur simplex album, set in festis dantur festivalia. Item quando legitur pro defunctis et in XL* et in rogacionibus, tunc dentur ornamenta nigra. Que si non habentur, dentur simpliciter alba. Ferialibus diebus det infima ornamenta.

In festis apostolorum dentur ad primas missas rubea set non serica ornamenta. Ad summum altare autem ornamentum sericum cum clipeis in dorso aut aliud sericum duplicis coloris, subrufi et viridis.

Si festum IX leccionum, sancti vel sanctorum notabilium venerit in dominicum diem, aperiantur prime ale summi altaris et detur ad summam ibi mensam unum de sericis ornamentis, si fuerit martir rubeum, si confessor aut virgo blaveum aut album.

De* cereis et cera.

Sacrista circuiens sepe colligat frusta cere sive effluencias et guttulas ex candelabris et alias reservans mundas pro novis cereis, maculosas autem et nigras seorsum reservans, donec habeat copiam earum, quas aliquando innovet et reformet hoc modo. Imponatur cera antiquata caldario, olle vel lebeti imposita aqua, cui addatur accetum modice s[cilicet] ad XX^{ti} vel XXX* talenta cere una quarta aceti. Eciam posset fieri cum zeemwator, i[d est] cum qua flavus^b mellis bulitus est etc., et buliatur ad tria Miserere secundum alios ad horam et plus imposita herba que dicitur ledelich alias^c . . . vel goltworcel, si haberi poterit, et tunc propter eandem herbam imponatur post bulicionem modicum allun et deposita de igne frigefiat, donec incipiat cera bestalpen, s[cilicet] quando acquirit parvas pustilas, quia tunc feces descendant. Et quando deponitur de igne, tunc dat spumam que deponatur. Et quando bestalpet, utsupra dictum est, tunc salmet boven reyn avegeten, et si venerint feces, cesset modicum, donec ille deorsum decidant. Quod si infrigidatur, iterum ad ignem ponatur, ut calefiat. Et posset mundissimum primo effusum fundi singulariter ad vas et similiter alia. Quando autem tandem non plus quod valet haberi poterit, tunc totum effundat in vas singulare s[cilicet] illas feces et det sutori, ligatori librorum aut sartori, qui addentes picem liquefaciant et pro se reservent.

Et^d quando sunt faciendi cerei, tunc cum procuratore disponat, ut ante ebdomadam fiant et bene indurentur, antequam utantur. Et proprimo ponantur ad locum planum et rectum, donec indurentur, alias curve et distorte fient.

Informabit sacrista novicios, quod in ministracione misse modeste se habeant, diligenter advertant et quomodo altaria preparare debeant et ornamenta explicare et recomplicare. Cereum incendant, quando jam vult legere ‚Confiteor' etc. Unus cereus cotidiane ardebit in inferioribus altaribus exceptis magnis festivitatibus, et quando sunt patroni altarium, tunc lecto ‚Confiteor' incendat cereum secundum et diligenter inspiciat, ne pereffluant set munde ardeant. In hyeme additur sepinum lumen, quod emungatur adminus ante Evangelium, sub memoriis et ante complendas. Et tunc eciam ministratur patella ignis celebranti sub ‚Confiteor' post Evangelium, sub memoriis et complendis et, quando vult ventilare cum patella ignem, recedat ab altari aut exeat ecclesiam, ne pulveres maculent altare vel sacrificium. Et quando aura est tam frigida, quod

---

a) *Fol. 234.* b) *Hdschr.* favus. c) *Nach* alias *Raum für ein Wort leergelassen.* d) *Fol. 234'.*

timetur congelare vinum, tunc apportabunt post Evangelium ampullas et tunc eciam in sacristia sub lavacro ponatur pelvis, ne lapis impleatur glacie. Post offertorium datur sacerdoti aqua ad manus. Finita memoria prima vel circa finem accendat cereum ad elevacionem et tympanizatur ad elevacionem more solito, set tempore interdicti non. Potest tamen fieri in summo altari modicum signum cum manu vel digitis, set in aliis altaribus nullum signum fiat. Sub 2ᵃ memoria* reextinguitur cereus ad elevacionem et in extinctione cereorum reerigant licmen, ut facilius denuo reaccendantur. Posset eciam in cornu extinctorio esse cera, qua facilius suffocaretur cereus et defluxus cereorum removeantur. Quando legitur evangelium Johannis, extinguuntur cerei. In hyeme autem maneat una candela sepina in cappella et una superius altarium martirum et confessorum, set ministrantes non reportent ardentem candelam ad sacristiam.

Item sacrista summa diligencia provideat, ne sacristia sit aperta nullo ibi fratrum presente et maxime, quando calices non sunt inclusi. Similiter observet, quod capse circa summum altare sint recluse et omnia inclusa, nec semper credat auditui set personaliter finita missa auscultet et manu temptet.

Item palle et tegumenta altarium cum ornamentis, quando est aura pulchra et serena, exportentur ad aerem et tunc fenestre ecclesie et cappelle aperiantur et prevideatur, ne repentinus irruat ymber, quod tunc citissime claudantur.

Item campanam in turri liniat ac respiciat videatque, ut ibidem funes campane, cerei pascales et similia adhuc valeant. Quando linienda est campana, prius mundentur loca et tunc liniantur pinguedine, qui colligitur ex bulitis pedibus bovinis aut vaccinis, cum qua eciam linitur horologium, et colligitur circa Michaelis.

Verzeichnisse der Utensilien, Paramente, Bücher u. A.

Deᵇ utensilibus ecclesie nostre anno domini MCCCCLXXXIIII.

Habemus 10ᶜ calices. Magnum et ineptum, quo utuntur fratres tempore communionis.

Alium habentem pedem ad modum monstrancie, quo communiter utuntur in summo altari.

ᵃ) Fol. 235. ᵇ) Fol. 236. ᶜ) 10 über durchstrichenem VIII, die Numerirung 1 bis 6 am Rande durchstrichen.

Tercium domini Brunonis, in cujus pede insculptum est nomen ejus, et est satis aptus.

Quartum altum et minus aptum. Misimus[a] ad Magdeborch anno 87.

Quintum domini Conradi Stickeldey, in cujus pede subtus nomen ejus inscribitur.

Sextum bonum et aptum.

Septimum misimus fratribus nostris in Magdeborch, argenteum parvum non nisi in vola deauratum, quem procuravit nobis Greteke Kannegetersz.

Octavum habet dominus Hinricus Pynig, quem dedit nobis dominus Bertramus scribens in testamento suo: ,Ubi sepultus fuero, ibi manebit calix meus et missale', et quia in nostro jacet cymiterio, desideravit predictus dominus, ut haberet eum ad suam vitam cum aliis, et admissum est.   } vacat.

Qui obiit anno domini LXXXIIII circa Corporis Christi[1].

Exinde acquisivimus calicem istum, qui satis placuit et aptus est.

Item nonum calicem maximum et pulchrum ponderantem III marcas VI ½ lotoues, quem fieri fecimus de materialibus nostris pro majori parte, addito aliquantulo de argento domini preposito de Wenden ecclesie majoris.

Quo tempore eciam factum est vas illud deputatum pro absumpcione sive ablucione fratrum tempore communionis ad modum calicis set altius quam calices fieri solent, quia deservire debet non pro calice, unde nec consecratum est. Factum de argento domini predicti de Wenden dempta vola sive scutella desuper et pede, que fuerunt de nostris, set non hastile sive stips.

Habemus[b] jam anno domini MCCCCX[C][c] per totum novem consecratos calice[s]. Decimus autem non est consecratus n[ec] calicis modo factus, set tantum ad communionem fratrum clericorum etc. deserviens.

Item[d] habemus adhuc calicem bonum et aptum ex parte domini Siffridi Horn canonici ecclesie sancti Andree.

Item habemus duos bonos calices de Stathagen, qui sunt eque magni quasi et ejusdem artificii, quos promeruimus scribendo eis etc. pro XXX florenis.

Item bonus calix nobis datus anno domini MCCCCXCV ab Arnt Hattenze et uxore sua tunc defunctis de Brunswik, qui habet argenteos clipeos in pede, et quando movetur, tunc auditur aliquid, quod impositum est ei in stipite ejusdem ab artifice.

---

a) Misimus bis 87 Zusatz. b) Habemus bis Andree am Rande nachgetragen. c) Von C in Folge Beschneidens des Blattrandes nur Spur erhalten. d) Item bis Andree von jüngerer Hand, derselben, welche unten Item habemus bis ab artifice schrieb.
1) Juni 17.

De* ornamentis, primo* de sericis et melioribus.

Habemus duo ornamenta deaurata, unum ex parte domini Wedekindi. Item purpureum rubeum secundum ex parte Arnoldi Hattensnee civis Brunswiczensis. Deinde habemus alia serica decem. Primum habet argenteos clipeos in dorso.

Secundum est duplicis coloris subrufi et viridis.

Tercium est uniformis coloris viridis, quod habemus ex parte Volkelandis.

Quartum uniformis coloris mirabilis a fratribus de Colonia.

Quintum rubeum dedit Hinric Quant cum uxore.

Sextum habet albam glaucam, quod* misimus in Barlicum.

Septimum est eciam rubei coloris.

Octavum ex parte domini Petri Kindervader rubeum.

Nonum blaveum simplex.

Decimum est intextum aviculis, quod⁴ misimus in Magdeburgh anno MCCCC87.

Undecimum antiquum aureis filis intextum.

Duodecimum, quod dedit de Snelsche cum alia quadam matrona, cum crucifixo in dorso, et* est quodammodo viridis coloris ornamentum. Item blavium.

Habemus et de panno Arns¹ sex rubea indumenta, quorum tres sunt geprentet, unum' eorum cum alba cruce gesticket venit Magdeburgh.

Item unum blaveum similiter geprentet et aliud duplicis.

Item unum viride feriale cum avibus contextum cum serico cruce.

Item rubeum Arns¹ feriale novum cum serico viride cruce, quod dedit uxor Alberti Remmerdes. Coloris* blavei et rubei simplex, dedit dominus Johannes Wittenzee, quod* misimus in Barlicum.

Item tria de panno brun geprentet ex parte duarum matronarum Hildensemensium, quorum¹ unum missum fuit in Magdeburg anno LXXXVII.

Habemus et quinque alba ornamenta, quorum unum geprentet est per dominum Hinricum fratrem nostrum de Ysenac, qui et alia geprentet fecit.

Sextum* eciam geprentet venit ad Frisiam.

Item tria glauca de panno lineo geprentet et duo nigra.   Item¹ 4 tum glaucum datum fuit fratribus in Magdeburg.

---

a) *Fol. 236'.* b) primo bis *melioribus Zusatz.* c) quod bis **Barlicum** *Zusatz.* d) quod bis 87 *desgl.* e) et bis *ornamentum desgl.* f) unum bis **Magdeburgh** *desgl.* g) *Fol. 237.* h) quod bis **Barlicum** *Zusatz.* i) quorum bis LXXXVII *desgl.* k) **Sextum** bis **Frisiam** *desgl.* l) Item bis **Magdeburg** *desgl.*

¹) = von *Arnheim.*

Summa ornamentorum XXXV[a].

Item tria nigra recepimus anno 1505, quorum optimum dedit custos ecclesie majoris Hyldensemensis.

Item aliud dedit dominus Henricus Brands, quo utimur diebus ferialibus in altari apostolorum, coloris[b] varii.

Superpelicia[c] sunt XXX, quorum unum est in cappella sancti Pauli[d] in curia domini prepositi ecclesie majoris et[e] tria in Magdeborch data fratribus nostris.

De liistis et pallis.

Summum altare habet liistas et mappas et antependia solempne, festivale, apostolicum, feriale et quadragesimale. Item[f] unam listam cum scriptura ‚Salve Regina‘, que data est fratribus in Magdeborch.

Altaria[g] martirum, confessorum et virginum habent sua antependia solempnia, festivalia et ferialia set mappas tantum festivales et feriales.

Altare beate Marie virginis habet mappas, liistas et antependia festivalia et ferialia simul annexa.

Coopertoria pulptorum sunt duo.

Duo parvi cussini de serico et alia tria de lino sunt deflorate. Et alii duo[h] cussini magni deflorati apti pro sede celebrantis et ad supponendum crucifixo in palmis, in parasceue et in sepulchro et in resurrectione, quando adoratur.

Burse[i] corporalium[k] sunt XX[l] et tria solemnia, quarum una, ut estimo, venit ad Frisiam, blavei coloris, fluel, habens monile deauratum, in quo habetur arbor impressa. Item una serica bursa rubea habens monile cum litera G. Data est in Magdeborg cum corporali.

Corporalia consecrata in cista sunt X et[m] non sacrata XIII.

Panniculos altarium et librorum sive emunctoria circiter LX.

Pepla ad calices circiter XL, quorum[n] unum habent fratres in Magdeborch, et II cum calicibus.

Cantrus stagneus pro aqua afferenda cum aliis.

Item parvus cantrus stagneus pro vino infundendo ad ampullas.

Ampullarum numerus X[o] paria.

Summum altare habet tria candelabra ferialia et similiter tria festi-

---

a) geändert in XXXVI. b) coloris varii Zusatz. c) Fol. 238. d) Pauli bis prepositi durchstrichen, über Pauli Anthonii. e) et bis nostris Zusatz. f) Item bis Magdeborch Zusatz. g) Fol. 238'. h) duo in tres geändert. i) Fol. 239. k) Hdschr. corpalium. l) geändert aus XV. m) Vor et und nach XIII Rasuren. n) quorum bis calicibus Zusatz. o) geändert aus V.

valia. Item in choro unum grossum, quo utimur in vigiliis, cum multis fistulis. Item duo martirum, II confessoium, II virginis, II virginum, IIII adhuc, quorum utimur in portatilibus. Item pro sepinis candelis I in summo altari, II in sacristia et parvum adhuc etc.

De libris ecclesie.

Est missale integrum in notula scriptum per fratrem Petrum[1] et aliud integrum in simili forma per eundem quidem inceptum set per alios fratres completum.

Item missale in textura cum toto cantu pro summo altari deserviens, quod scripsit Hinricus Stralen.

Item[a] unum missale texture non ex toto integrum, quod complevit frater Gisbertus, fuit inceptum forte pro precio a domino Hermanno fratre, habet in prima littera ymaginem fratris genuflectentis[b]. Aliud[c] est in textura similiter integrum. Quartum integrum preter ferias VI[ta] post Corporis Christi, quod[d] dedit cantor ecclesie Hildensemensis Harlsem. Aliud, quod dedit dominus Conradus Stickeldey. Dedit et dominus Bruno magnus benefactor missale, pro quo vendito scribatur[e] aliud suo nomine.

Aliud est ot votivale parve forme et spissum, quod dedit dominus Bertramus, quod[f] venditum est domino Hermanno Pyninck canonico ecclesie sancti Andree pro XIII ꝑ.

Item aliud votivale latum et tenue spectat ad altare sancti Anthonii in summo ibidem restituendum, in casu si privaremur illo altari vel si nollemus nec possemus illud custodire, et tunc reaccipiemus missale nostrum, quo nostri utuntur ibi, eo quod integrum sit et omnia ibi habentur vel adminus ipsis necessaria celebrantibus.

Habemus[g] duas partes breviarii, estivale et hyemale, cum leccionibus, et terciam partem cum psalterio communi sanctorum etc. a domino Conrado Stickeldey. Item breviarium sine leccionibus, quod scripsit Wilhelmus et Albertus. Item aliud, quod continet in se aliquas historias notatas, scripsit Petrus[1]. Item aliud similiter sine leccionibus scripsit

---

a) Item *bis genuflectentis von anderer Hand eingefügt.* b) *Am Rande durchstrichen:* Habemus ex toto anno domini MCCCCXCVI IX missal[ia], quorum unum concessimus domino Sif[fri]do, scilicet illud cum albo coreo, quod dedit cantor Arlsem. Aliud de is[tis] est in cappella s. Anthonii, lo[co] cujus habemus hic voti . . . eo . . . *(?) An den ergänzten Stellen ist die Schrift am Rande weggeschnitten.* c) *Fol. 239'.* d) *Hdschr.* quom. e) *scribatur bis nomine Zusatz.* f) *quod bis ꝑ desgl.* g) *Fol. 240.*

1) *Dieppurch.*

Johannes Vesalie. Item unum aliud, quod scripsit pro majori parte Gerwinus. Item aliud, quod scripsit Gerhar[d]us Dursten, cum* magno psalterio impresso et ymno. Item aliud in papiro scripsit Johannes Hinsberch pro clericis sine collectis. Item aliud, quod habemus ex parte domini Brunonis, similiter in papiro cum capite collectarum et psalterio. Item collectarium in papiro. Item breviarii in papiro ex parte domini Bertrami due[b] partes. Item ordinarium, quem[c] incepit Jo[annes] Dusseldorp et Arnoldus perfecit, in papiro ligatum in asseribus et alius ordinarius in asseribus scriptus per clericum secularem in papiro pro precio.

Item alius papireus in copertorio domini Conradi Stickeldey.

Item alius liber in pergameno pro Alleluia et versibus, qui dicitur Alleluiarius.

Item gradualia quatuor.

Antiphonaria III quarto completo.

Psalterium in magna forma. Aliud in mediocri, ad que scripsit Gotfridus breviarium sine leccionibus et cantum, qui apud fratres cantatur. Ad magnum competenter, ad parvum minus apte scripsit.

Sex alia parva psalteria in antiqua scriptura et[d] septimum et octavum impressum.

Item psalterium in pergameno ex parte domini Bertrammi cum* ymnis et precibus.

Item psalterium magnum in pergameno in textura cum ymno.

Item psalterium in asseribus cum ymnis et communi sanctorum correctum secundum summum.

Est[f] antiquus liber horarum domine nostre cum vigiliis asscriptis et articulis etc. Et alius liber cum ymnis et canticis et adhuc parvum cantuale. Liber de musica et thonis. Item alius liber cum historiis quibusdam in pergameno extra ordinarium.

Item diurnale in pergameno in brevitura.

Breviarius papireus[g] spissus cum rubeo corio sine clausuris set corrigiis.

Item textus evangeliorum quatuor.

Item 4[or] agende, in quibus eciam habetur de infirmis, quarum due sunt in brevitura set quinta est antiqua agenda, in qua omnia preter pro infirmo habentur.

Item monstrancia argentea.

---

a) cum *bis* ymno *Zusatz am Rande.* b) due partes *desgl.* c) quem *bis* perfecit *desgl.* d) et *bis* impressum *Zusatz.* e) cum *bis* precibus *desgl.* f) *Fol. 240'.* g) *Hdschr.* paupireus.

Item ciborium parvum argenteum pro conservacione venerabilis sacramenti propter infirmos. Et ibidem phiola parva ad ablucionem tempore communionis infirmorum.

Item fistula argentea ad communionem fratrum deserviens.

Item duo* vascula oley sacri de auricalco id est crisma.

Item^b caput b. Johannis baptiste in scutella totum de alabastro.

---

a) *Geändert statt des ursprünglichen* vasculum. b) *Fol.* 241.

PERSONENREGISTER.

(Die nicht eingeklammerte Zahl bezeichnet die Seite, A. = Anmerkung.)

Friedrich, Canonikus des Johannisstiftes auf dem Damme zu Hildesheim 305. 321.
— s. Braunschweig und Lüneburg. Mers.
Friesen, die (1490) 112. Sitte und Sprache der — (1482) 100. deren Eigenschaften (1488) 111.
Friese (Friso), ein 325.
Friso, Gerhard, Frater (1484) 103.
Vry, Johann, Dompropst zu Verden 290. 308.
Vurhan (Furehan), Heinrich, Presbyter, Procurator des Dreizehnarmenhospitals auf der Neustadt Hildesheim (1477) 79. und seine Dienerin 286. 296.
Fuxberg, Merten (1514) 195. 196.
Fye s. Hauwschildt.
Fyneman (Fynemhan), Dietrich (1554) 198.

Gabriel s. Biel.
Garthusen, Ilse 287.
Gebhard s. Goch.
Geversen (Gheversen), Barthold 287. 308.
Gerke s. Lange.
Gerhard (Gherardus, Geert, Gert, Geerd), Frater (1483) 270. Caplan (1486) 286.
— s. Arnoldi. Bolsward. Buknecht. Capellis. Dorsten. Friso. Goch. Helmich. Munteburc. Reess. Roggel. Stockem.
Gerlach (Gerlagh), Bruder 318. Laie von den armen Mendikanten 320.
Gerland, Ilsabe, Wittwe Heinrichs — (1516) 293 A. die Gerlandesche 292.
Gertrud (Ghertrudis, Geseke, Ghesa, Geysken, Gezeke), Priorin des Klosters Lippoldsberg (1474) 176.
— Jungfrau 318.
— (1436) 11.
— s. Boden. Brothagens. Danckleves. Emmerke. Grimpe. Hatensnee. Helliman. Lampe. Mollener. Pob. Radesse. Remensniders. Susterman. Wiry.
Gerwin (Gervinus, Gerwinus), Priester,

Schreiber einer Handschrift 391. (1482) 99. in Berlikum (1485) 105. (1486) 107. (1488) 111. (1490) 112.
Gherdynck (Gheerdunck), Johann, Beichtvater des Schwesternhauses zu Lippstadt (1437) 257. (1439) 258.
Gherhardi, Johannes, Domglöckner zu Hildesheim (c. 1468) 11.
Gisbertus, Frater, Schreiber eines Missale 390.
— s. Gouda.
Gobelinus, Priester (1480) 87. Frater des Lüchtenhofes (1482) 99. (1483) 270. 271. (1484) 100. erwählter Senior des Hauses zu Berlikum 277 († 1485) 100. 105. 277. 278. 290. 301. 325.
— s. Paderborn.
Goch, Gebhard, Priester (1480) 87.
— Gerhard, Procurator des Lüchtenhofes (1485) 277. Frater (1486) 271. (1489) 112. (1490) 279. Vizesenior 124. (1491) 123. 126. (1492) 186. († 1495) 294. 325.
Godeke, Laienbruder (1484) 103. Schneider († 1491) 116. 285. 325.
Goer, Arnold, presbiter jubilarius et poeta 289.
— Johann von —, Laie, Bruder († 1539) 288.
Götting (Gottingen), Heinrich, Frater, zum Akolyten geweiht (1487) 110. nach Plön entsandt (1496) 134. confrater und commensalis des Lüchtenhofes († 1541) 297.
Goswin, Priester (1489) 112. Procurator des Lüchtenhofes (1492) 186.
— s. Wagening. Wouterss.
Gottfried (Godfridus), Bruder vom gemeinsamen Leben zu Herford, dann in Hildesheim (1440) 1-4. Gründer des Hildesheimer Hauses 153. 206. (1441) 4. dessen Bekehrungsthätigkeit seit c. 1420 324. erster Frater 129. 300. 307. 315. dessen Register der Wohlthäter 306. 315. (1449) 20. dessen Tod und Biographie (1453)

ORTSREGISTER.

Verzeichnung der Güter und Schliessung
der Klöster (1542) 201.
Einsetzung von je zwei Verwaltern (super-
intendenten) für die Klöster (1546) 137.

a. Andreasstift.
Canoniker:
Horn, Siegfried.
Pining, Hermann.
a. Bartholomäistift auf der Sülte
(Zulta, Sulta, Sulte, Sultenses) 38 . 68.
(1485) 106. dessen Prior und Refor-
mator (1442) 6. dessen Kirche (1475)
68. dessen Zerstörung (1546) 141.
Prior:
Busch, Johann.
Regularkanoniker des Stiftes 36 . 37.
(1463) 65 . 307. (1540) 200.
Canoniker und junge Fratres des Stiftes
(1543) 201 . 202.

h. Kreuzstift.
Propst: ·
Wenden, Ekkehard von —.
Scholaster:
Suring, Ludolf.
Canoniker:
Stein, Dietrich.
Terwin, Johann.
Westfal, Johann.
Vicare:
Brandis, Heinrich.
Paderborn, Lihorina von —.
Westfal, Jordan.
Curie des Kreuzstiftes bei der Stadtmauer
mit Capelle von den Brüdern ge-
miethet (1443) 7.

h. Kreuzkirche (1443) 7. Läuten der
grossen Glocken der — 365.

a. Johannisstift.
Dechant (1464) 303 A.
Swanenvlogel, Johann.
Canoniker:
Bringman, Henning.
Conrad.
Friedrich.
Plettenberg, Heinrich.

Patres zu Hildesheim (Benediktiner) (1487)
181.
s. Godehardikloster (1443) 78. (1444)
160. (1446) 13. (1457) 26. (1540)
200. (1545) 141.
Aebte:
Stemmen, Lippold von —.
Bredenbeck, Bertram.
Abt des Godehardiklosters 71. an der
Pest gestorben (1471) 66. Abt und
Spaltung des Klosters (1543) 201 . 202.
Mönche des Klosters (1471) 66. (1543)
202. 16 Brüder an der Pest gestorben
(1473) 66. familiares (1473) 66.
Schuhmacher im — 71 . 72.
a. Godehardikirche, Prediger der — (1543)
201. Wiederübertragung der Pa-
rochialrechte an die s. Paulikirche
(1547) 141. Kistenherren der —
(1545-1547) 141. Graben hinter dem
Godehardikloster (1466) 52. Be-
festigung hinter dem Godehardikloster
(1514) 138.
Befestigung hinter der Godehardimühle
(1517) 138.
a. Michaeliskloster (1540) 200. (1543)
202. Abt des Michaelisklosters 71.
Weggang des Abtes, Verzeichnung der
Kleinodien 201.
Michaeliskirche, Kirchweihe der — (1449)
165.
Collegiatstift (s. Mariae Magdalenae) im Schüsselkorbe (in
Cartallo) (1440) 3. 4.
Senior:
Werner.
Canoniker:
Bruno.
Hermann.
Kreuzgang und Kirche im Schüsselkorbe
(1447) 14.
a. Maria Magdalenenkloster (1502)
136. (1543) 202. Convent des — 329.
Schwestern des — 307. 308. Mino-
ritenkloster a. Martini (1543) 202.
Ablegung des Mönchsgewandes 201.
Dominicanerkloster s. Pauli (1462)
302. (1524) 139. Ablegung des Mönchs-

SACH- UND WORTREGISTER.